【宋】杜大珪 編　顧宏義 蘇賢 校證

名臣碑傳琬琰集校證

五

歷代碑誌彙編

上海古籍出版社

名臣碑傳琬琰集下卷十一

潁濱遺老傳上[一]　文定公蘇轍①

潁濱遺老姓蘇氏，名轍，字子由②。父曰眉山先生，隱居不出[二]，老而以文名天下，天下所謂老蘇者也。歐陽文忠公以文章獨步當世，見先生而歎曰：「予閱文士多矣③，獨喜尹師魯、石守道，然意常有所未足。今見君之文，予意足矣。」先生既不用於世，有子軾、轍，以所學授之，曰：「是庶幾能明吾學者。」母成國太夫人程氏，亦好讀書，明識過人，志節凛然[三]。每語其家人：「二子必不負吾志。」

轍年十九舉進士[四]，釋褐。二十三舉直言[五]，仁宗親策之於廷。時上春秋高，始倦於勤。轍因所問，極言得失，曰：

陛下即位三十餘年矣，平居靜慮，亦嘗有憂於此乎，無憂於此乎？臣伏讀制策，陛下既有憂懼之言矣。

---

① 文定公蘇轍　「蘇轍」下，文海本有「自撰」二字。

② 字子由　按，蘇軾詩集卷三六次韻秦少游王仲至元日立春三首其二自注曰：「子由，一字同叔。」

③ 予閱文士多矣　「予」原作「子」，據文海本、庫本及欒城後集卷一二潁濱遺老傳上改。

然臣愚不敏，竊意陛下有其言耳，未有其實也。往者寶元、慶曆之間，西羌作難，陛下晝不安坐，夜不安席。天下皆謂陛下憂懼小心如周文王。然自西方解兵，陛下棄置憂懼之心二十年矣①。古之聖人，無事則深憂，有事則不懼。夫無事而深憂者，所以爲有事之不懼也。今陛下無事則不憂，有事則大懼。臣以爲憂樂之節易矣。臣疎遠小臣，聞之道路，不知信否。

近歲以來，宮中貴姬至以千數②，歌舞飲酒，優笑無度。坐朝不聞咨謨，便殿無所顧問。三代之衰，漢唐之季，女寵之害，陛下亦知之矣。久而不止，百蠹將由之而出。內則蠱惑之所汙，以傷和伐性；外則私謁之所亂，以敗政害事。陛下無謂好色於內，不害外事也。今海內困窮，生民愁苦，而宮中好賜，不爲限極，所欲則給，不問有無。司會不敢爭，大臣不敢諫，執契持敕，迅若兵火。國家內有養士、養兵之費，外有北狄、西戎之奉，陛下又自爲一阱，以耗其遺餘。臣恐陛下以此得謗，而民心不歸也。

策入，轍自謂必見黜，然考官司馬君實第以三等。范景仁難之，蔡君謨曰：「吾三司使也，司會之言，吾愧之而不敢怨。」惟胡武平以爲不遜，力請黜之。上不許曰：「以直言召人，而以直棄之，天下謂我何？」宰相不得已，寘之下第[六]，除商州軍事推官。知制誥王介甫意其右宰相，專攻人主，比之谷永，不肯撰詞。宰相韓魏公哂曰：「此人策語，謂宰相不足用，欲得婁師德、郝處俊而用之，尚以谷永疑之乎？」知制誥沈文通亦考官也，知其不然，故文通當制，有「愛君」之言[七]。諫官楊樂道見上曰：「蘇轍臣所薦也，陛下赦其狂直而收之，盛德之事也，乞宣付

---

① 陛下棄置憂懼之心二十年矣　「二十」原作「三十」，據欒城後集卷一二潁濱遺老傳上及東都事略、宋史蘇轍傳改。按，據宋史卷四八五夏國傳上，慶曆四年與西夏議和，距此時嘉祐六年實爲十七年，言「二十年」者乃舉其成數。

② 宮中貴姬至以千數　「千」原作「十」，據欒城後集卷一二潁濱遺老傳上、欒城應詔集卷一二御試制策及東都事略、宋史蘇轍傳改。

史館。」上悦從之。

是時，先君被命修禮書，而兄子瞻出簽書鳳翔判官，傍無侍子，轍乃奏乞養親三年。子瞻解還，轍始求爲大名推官。逾年，先君捐館舍。及除喪，神宗嗣位既二年矣①，求治甚急。轍以書言事，即日召對延和殿。時王介甫新得幸，以執政領三司條例。上以轍爲之屬，不敢辭[八]。介甫急於財利而不知本，吕惠卿爲之謀主，轍議事多牾。一日，介甫出一卷書，曰：「此青苗法也。諸君熟議之，有不便以告，勿疑[九]。」它日，轍告之曰：「以錢貸民，使出息二分，本以救民乏困②，非爲利也。然出納之際，吏緣爲姦，雖有法不能禁；錢入民手，雖良民不免非理費用；及其納錢，雖富民不免違限。如此則鞭箠必用，州縣事不勝煩矣。唐劉晏掌國計，未嘗有所假貸。有尤之者，晏曰：『使民僥倖得錢，非國之福；使吏倚法督責，非民之便。吾雖未嘗假貸，而四方豐凶貴賤，知之未嘗逾時。有賤必糴，有貴必糶。以此四方無甚貴賤之病，安用貸爲？』晏之所言，則漢常平法耳。今此法見在，而患不修。公誠有意於民，舉而行之，劉晏之功可立竢也③。」介甫曰：「君言有理，當徐議行之。」後有異論，幸勿相外也。」自此逾月不言青苗。會河北轉運判官王廣廉召議事④，廣廉嘗奏乞度僧牒數千道爲本錢，陝西漕司私行青苗法⑤，春散秋斂，與介甫意合，即請而施之河北[一〇]。自此，青苗法遂行於四方。

---

① 及除喪神宗嗣位既二年矣　「二年」，東都事略、宋史蘇轍傳同，欒城後集卷一二潁濱遺老傳上作「三年」。按，據本書中集卷四二老蘇先生洵墓誌銘，蘇洵卒於治平三年四月，則蘇轍除喪時當在熙寧元年，時神宗繼位二年。

② 本以救民乏困　「乏」，欒城後集卷一二潁濱遺老傳上作「之」。

③ 劉晏之功可立竢也　「竢」，欒城後集卷一二潁濱遺老傳上作「竣」。

④ 會河北轉運判官王廣廉召議事　「河」原作「海」，據庫本及欒城後集卷一二潁濱遺老傳上改。

⑤ 陝西漕司私行青苗法　「陝西」上，欒城後集卷一二潁濱遺老傳上有「行」字，宋史蘇轍傳有「於」字，「於」字義長。

初，陳陽叔以樞密副使與介甫共事①，二人操術不同。介甫所唱，陽叔不深和也。既召謝卿材、侯叔獻、陳知儉、王廣廉、王子韶、程顥、盧秉、王汝翼等八人〔一一〕，欲遣之四方，搜訪遺利。中外傳笑，知所遣必生事迎合，然莫敢言者。轍求見陽叔，陽叔逆問：「君獨來見，何也？」對曰：「有疑，欲問公耳。近日召八人者欲遣往諸路，不審公既知利害所在，事有名件，而使往案實之耶？其亦未知其實，漫遣出外，網捕諸事也？」陽叔曰：「君意謂如何？」對曰：「昔嘉祐末，遣使寬卹諸路〔一二〕，事無所指②，行者各務生事。既還奏，例多難行，爲天下笑。今何以異此？」陽叔曰：「吾昔奉敕看詳寬卹等事，如范堯夫輩所請多中理。」對曰：「今所遣如堯夫者有幾？」陽叔曰：「所遣果賢，將不肯行，君無過憂。」對曰：「公誠知遣使之不便，而恃遣之者不行③，何如？」陽叔曰：「君姑退，得徐思之。」後數日，陽叔召屬官於密院④，言曰：「上即位之初，命天下監司具本路利害以聞，至今未上。今當遣使，宜得此以議。可草一劄子，乞催之。」惠卿覺非其黨中意，不樂，漫具草⑤，無益也。轍知力不能救，以書抵介甫、陽叔，指陳其決不可者，且請補外。介甫大怒，將見加以罪。陽叔止之，奏除河南推官〔一三〕。

會張文定知淮陽，以學官見辟，從之三年，授齊州掌書記。復三年，改著作佐郎。後從文定簽書南京判官。居二年，子瞻以詩得罪，轍從坐，謫監筠州鹽酒税〔一四〕，五年不得調。平生好讀詩、春秋，病先儒多失其旨，欲更

① 陳陽叔以樞密副使與介甫共事　「陽叔」，龍川略志卷三議遣八使搜訪遺利、宋宰輔編年録卷五作「暘叔」，是。按，宋史卷三一二陳升之傳稱陳升之字暘叔，「初名旭，避神宗嫌名改焉」。又東都事略卷八〇陳升之傳亦稱其「字陽叔」，作「陽」字不確。

② 事無所指　「指」，龍川略志卷三議遣八使搜訪遺利作「措」。

③ 而恃遣之者不行　「遣之者」，欒城後集卷一二潁濱遺老傳上、龍川略志卷三議遣八使搜訪遺利作「遣者之」。

④ 陽叔召屬官於密院　按，龍川略志卷三議遣八使搜訪遺利云「暘叔召予及惠卿、端於密院」，與傳文異。

⑤ 漫具草　「漫」，龍川略志卷三議遣八使搜訪遺利作「謾」。

爲之傳[一五]。老子書與佛法大類，而世不知，亦欲爲之注[一六]。司馬遷作史記，記五帝三代，不務推本詩、書、春秋，而以世俗雜説亂之，記戰國事多斷缺不完，欲更爲古史[一七]。功未及究，移知歙績溪，始至而奉神宗遺制。居半年，除秘書省校書郎。明年至京師，除右司諫[一八]。宣仁后臨朝，用司馬君實、吕晦叔等，欲革弊事。舊相蔡確、韓縝、樞密使章惇皆在位，窺伺得失，中外憂之。轍言曰：

先帝臨御僅二十年，厲精政事，變更法度，將以力致太平，追復三代。是以擢任臣庶，多自小臣致位公相，用人之速，近世無與比者。究觀聖意，本欲求賢自助，以利安生民，爲社稷長久之計，豈欲使左右大臣媮合苟容，出入唯唯，危而不持，顛而不扶，竊取利禄以養妻子而已哉？然自法行以來，民力凋弊，海内愁怨。先帝晚年，寢疾彌留，照知前事之失，親發德音，將洗心自新，以合天意，而此志不遂，奄棄萬國。天下聞之，知前日弊事，皆先帝之所欲改，思慕聖德①，繼之以泣。是以皇帝踐祚，聖母臨政，奉承遺旨，罷導洛，廢市易，損青苗，止助役，寬保甲，免買馬，放修城池之役，復禁鹽鐵之舊②，黜吴居厚、吕孝廉、宋用臣、賈青、王子京、張誠一、吕嘉問、蹇周輔等。命令所至，細民鼓舞相賀。臣愚不知朝廷以爲凡此誰之罪也？上則大臣蔽塞聰明，逢君之惡；下則小臣貪冒榮利，奔競無耻。二者均皆有罪，則大臣以任重責重，小臣以任輕責輕，雖三尺童子，所共知也。

今朝廷既罷黜小臣，至於大臣則因而任之，將復使燮和陰陽，陶冶民物。臣竊惑矣。竊惟朝廷之意，將

① 思慕聖德 「慕」原作「棠」，據庫本及欒城後集卷一二潁濵遺老傳上改。

② 復禁鹽鐵之舊 「禁」，欒城後集卷一二潁濵遺老傳上及長編卷三六八元祐元年閏二月己丑條作「茶」，似是。

以體貌大臣，待其愧耻自去，以全國體。今確等自山陵以後，猶偃然在職，不肯引咎辭位，以謝天下。謹按確等受恩最深，任事最久，據位最尊，獲罪最重，而有靦面目，曾不知愧。確等誠以昔之所行爲是耶，則今日安得不争？以昔之所行爲非耶，則昔日安得不言？窮究其心，所以安而不去者，蓋以爲是皆先帝所爲，而非吾過也。夫爲大臣，忘君徇己，不以身任罪戾，而歸咎先帝，不忠不孝，寧有過此？臣竊不忍千載之後，書之簡策，大臣既自處無過之地，則先帝獨被惡名。此臣所以痛心疾首，當食不飽，至於涕泗之横流也。陛下何不正其罪名，上以爲先帝分謗，下以慰臣子之意。今獨以法繩治小臣，而置確等，大則無以顯揚聖考之遺意，小則無以安反側之心。故臣竊謂大臣誠退，則小臣非建議造事之人，可一切不治，使得革面從君，竭力自效，以洗前惡。伏乞出臣此章宣示確等，使自處進退之分，臣雖萬死不恨也。

三人竟皆逐去，然卒不以其前後反覆歸咎先帝罪之，世以爲恨。呂惠卿始謟事介甫，倡行虐政，以害天下。其後勢鈞力抗，則傾陷介甫，甚於仇讎，世尤惡之。時惠卿自知罪大，乞宫觀自便，不預貶竄。轍具疏其姦，請加深譴。乃以散官安置建州[一九]，天下韙之。

司馬君實既以清德雅望專任朝政，然其爲人不達吏事，知雇役之害，欲復行差役，不知差、雇之弊，其實相半，講之未詳，而欲一旦復之[二〇]。民始聞而喜，徐而疑懼，君實不信也。王介甫以其私説爲詩書新義，以考試天下士，學者病之。君實改爲新格，而勢亦難行。方議未定，轍言：「自罷差役，至今僅二十年，吏民皆未習慣。況役法關涉衆事，根牙磐錯，行之徐緩，乃得審詳。若不窮究首尾，忽遽便行，恐既行之後，別生諸弊。今州縣役錢，例有積年寬剩，大約足支數年。若且依舊雇役，盡今年而止，催督有司審議差役，趁今冬成法，來年役使鄉户。但使既行之後，無復人言，則進退皆便。」又言：「進士來年秋試，日月無幾，而議不時決，傳聞四方，不免惶惑。詩賦雖號小技，而比次聲律，用功不淺。至於治經，誦讀講解，尤不可輕易。要之，來年皆未可施行。欲乞先降指揮，來年科場一切如舊，惟經義兼取注疏及諸家議論，或出己見，不專用王氏學，仍罷律義。令天下舉人知有定論，一意爲學，以待選試。然後徐議元祐五年以後科舉格式，未爲晚也〔二二〕。」衆皆以爲便，而君實始不悦矣。

是歲，上將親饗明堂，轍言曰：

三代常祀，一歲九祭天，再祭地，皆天子親之。故於其祭也，或祭昊天，或祭五天，或獨祭一天，或祭皇地祇，或祭神州地祇，要於一歲而親祀必徧。降及近世，歲之常祀，皆有司攝事，三歲而後一親祀。親祀之疏數，古今之變，相遠如此。然則其禮之不同，蓋亦其勢然也。

謹按國朝舊典，冬至圜丘，必兼饗天地，從祀百神。若其有故，不祀圜丘，別行他禮，或大雩於南郊，或大饗於明堂，或恭謝於大慶，皆用圜丘禮樂神位。其意以爲皇帝不可以三年而不親祀天地百神故也。臣竊見皇祐明堂遵用此法，最爲得禮。自皇祐以後，凡祀明堂，或用鄭氏說，獨祀五天帝；或用王氏說，獨祀昊天上帝。雖於古學各有援據，而考之國朝之舊，則爲失當。蓋儒者泥古而不知今，以天子每歲徧祀之儀，而議皇帝三年親祀之禮，是以若此其疏也。

今者皇帝陛下對越天命，逾年即位，將以九月有事於明堂，義當並見天地，徧禮百神，躬薦誠心，以格靈貺。臣恐有司不達禮意，以古非今，執王、鄭偏說以亂本朝大典。夫禮沿人情，人情所安，天意必順。今皇帝陛下始親祠事，而天地百神無不咸秩，豈不俯合人情、仰符天意？臣愚欲乞明詔禮官，今秋明堂用皇祐明堂典禮，庶幾精誠陟降，溥及上下。

時大臣多牽於舊學，不達時變〔二三〕，奏入不報。然轍以爲周禮一歲徧祭天地，皆人主親行，故郊丘有南北，禮樂有同異。自漢唐以來，禮文日盛，費用日廣，事與古異，故一歲徧祀不可復行。唐明皇天寶初，始定三歲一親郊，於致齋之日，先享太清宮，次享太廟，然後合祭天地，從祀百神。所以然者，蓋謂三年一次大禮，若又不遍，則於人情有所不安。至於遍祭之禮，已自差官攝事，未嘗少廢。此近世變禮，非復三代之舊。而議者欲以三代遺文參亂其間，失之遠矣。至七年，上將親郊，轍備位政府，乃與諸公共伸前議，合祭天地，識者以爲當[二三]。

初，神宗以夏國内亂，用兵攻討，於熙河路增置蘭州，於延安路增置安疆、米脂等五寨①。至此，夏國雖屢遣使②，而未修職貢。二年，夏始來賀登極，使還未出境，又遣使入界③。朝廷知其有請地之意，然大臣議棄守未決[二四]。轍言曰：

頃者西人雖至④，而疆埸之事初不自言。度其狡心，蓋知朝廷厭兵，確然不請，欲使此議發自朝廷，得以爲重。朝廷深覺其意，忍而不予，情得勢窮，始來請命。今若又不許，使其來使徒手而歸，一失此機，必爲後悔。彼若點集兵馬，屯聚境上，許之則畏兵而予，不復爲恩；不予則邊釁一開，禍難無已。間不容髮，正在此時，不可失也。今議者不深究利害，妄立堅守之議，苟避棄地之名，不度民力，不爲國計，其意止欲私己自便，非社稷之計也。

臣又聞議者或謂棄守皆不免用兵，棄則用兵必遲，守則用兵必速，遲速之間，利害不遠，若遂以地予之，

---

① 於延安路增置安疆米脂等五寨　「米」原作「朱」，據鐵琴銅劍樓本、庫本及欒城後集卷一二潁濱遺老傳上補。又，據皇朝編年綱目備要卷二二元祐元年七月「夏人來議疆事」條云時「鄜延路增置塞門、安疆、米脂、浮屠、葭蘆五寨」。則稱「延安路」者不確。

② 夏國雖屢遣使　「屢」字原闕，據庫本、欒城後集卷一二潁濱遺老傳上補。

③ 二年夏始來賀登極使還未出境又遣使入界　按，宋史卷四八六夏國傳下載：「元祐元年二月，始遣使入貢。五月，遣鼎利、罔豫章來賀哲宗即位。六月，復遣訛囉聿來求所侵蘭州、米脂等五砦。」則此「二年」當作「元年」。

④ 頃者西人雖至　「頃」原作「潰」，據鐵琴銅劍樓本、庫本及欒城後集卷一二潁濱遺老傳上補。

恐非得計。臣聞聖人應變之機，正在遲速之際，但使事變稍緩，則吾得筭已多。昔漢文景之世，吴王濞内懷不軌，稱病不朝，積財養兵，謀亂天下。文帝專務含養，置而不問，加賜几杖，恩禮日隆。濞雖包藏禍心，而仁澤浸漬，終不能發。及景帝用晁錯之謀，欲因其有罪，削其郡縣，以爲削之亦反，不削亦反；削之則反疾而禍小，不削則反遲而禍大。削書一下，七國盡反。至使景帝發天下兵，遣三十六將，僅而破之。議者若不計利害之淺深，較禍福之輕重，則文帝隐忍不決近於柔仁，景帝剛斷必行近於强毅。然而如文帝之計，禍發既遲，可以徐爲備禦；稍經歲月，變故自生，以漸制之，勢無不可。如景帝之計，禍發既速，未及旋踵，已至交兵；鋒刃既接，勝負難保，社稷之命，決於一日。雖食晁錯之肉，何益於事？今者欲棄之策與文帝同，而欲守之計與景帝類。臣乞宣喻執政，欲棄者理直而禍緩，欲守者理曲而禍速，曲直遲速，孰爲利害？况今日之事，主上妙年，母后聽斷，將帥吏士，恩情未接，兵交之日，誰使效命？若有羽書沓至，勝負紛然，臨機決斷，誰任其責？惟乞聖心以此反覆思慮，早賜裁斷，無使西戎别致猖狂，棄守之議，皆不得其便①。

於是朝廷許還五寨[二五]，夏人遂服[二六]。

轍尋遷起居郎，爲中書舍人[二七]。時朝廷起文潞公於既老，以太師平章軍國重事。初，元豐中，河決大吴，先帝知故道不可復還，因導之北流，水性已順，惟河道未深，堤防未立，歲有決溢之患，本非深害也。至此，諸公皆未究悉河事，而潞公欲以河爲重事，中書侍郎吕微仲、樞密副使安厚卿從而和之。始謂河西北流入泊淀，久必淤淺，異日或從北界入海，則河朔無以禦狄。故三人力主回河之計，諸公莫能奪。吕晦叔時爲中書相，轍間見問曰：「公自視智勇孰與先帝？勢力隆重能鼓舞天下孰與先帝？」晦叔驚曰：「君何言歟？」對曰：「河決而北，自

---

① 皆不得其便 「其」原作「共」，據庫本及欒城後集卷一二潁濱遺老傳上改。

先帝不能回，而諸公欲回之，是自謂智勇、勢力過先帝也。且河決自元豐，導之北流，亦自元豐，是非得失，今日無所預。諸公不因其舊而修其未完，乃欲取而回之，其爲力也難，而其爲責也重矣①。」晦叔唯唯曰：「當與諸公籌之。」既而回河之議紛紛而起，晦叔亦以病没。

轍遷户部侍郎，嘗因轉對言曰：

財賦之原，出於四方，而委於中都。故善爲國者，藏之於民，其次藏之州郡。州郡有餘，則轉運司常足；轉運司既足，則户部不困。唐制天下賦稅，其一上供，其一送使，其一留州。比之於今，上供之數可謂少矣。然每有緩急，王命一出，舟車相銜，大事以濟。祖宗以來，法制雖殊，而諸道畜藏之計，猶極豐厚。是以斂散及時，縱捨由己，利柄所在，所爲必成。自熙寧以來，言利之臣不知本末之術，欲求富國，而先困轉運司；轉運司既困，則上供不繼；上供不繼，而户部亦憊矣。兩司既困，故内帑别藏雖積如丘山，而委爲朽壤，無益於筭。故臣願舉近歲朝廷無名封樁之物，歸之轉運司。蓋禁軍闕額與差出衣糧，清汴水脚與外江綱船之類，一經擘畫，例皆封樁。夫闕額禁軍，尋當以例物招置，而出軍衣糧，罷此給彼，初無封樁之理。至於清汴水脚雖減於舊，而洛口費用實倍於前。外江綱舡雖不打造，而雇船運糧，其費特甚。重復刻剥，何以能堪？故臣謂諸如此比，當一切罷去。況祖宗故事，未嘗有此。但有司固執近事，不肯除去。惟陛下斷而與之，則轉運司利柄稍復，而户部亦有賴矣。

朝廷重違近制，卒不能改。尋又言：

臣謹以祖宗故事考今日本部所行，體例不同，利害相遠，恐合隨事措置，以塞弊原。謹昧死具三弊以

① 而其爲責也重矣　「責」原作「青」，據庫本、欒城後集卷一二潁濱遺老傳上及龍川略志卷七議脩河決改。

聞：其一曰分河渠案以爲都水監，其二曰分胄案以爲軍器監，其三曰分修造案以爲將作監。三監皆隸工部，則本部所專，其餘無幾，出納損益，制在它司。頃者司馬光秉政，知其爲害，嘗使本部收攬諸司利權。當時所收不得其要，至今三案猶爲它司所擅，深可惜也。

祖宗參酌古今之宜，建立三司，所領天下事幾至太半，權任之重，非它司比。推原其意，非以私三司也。事權分則財利散，雖欲求富，其道無由。蓋國之有財，猶人之有飲食。飲食之道，當使口司出納，而腹制多寡，然後分布氣血，以養百骸，耳目賴之以爲明，手足賴之以爲力。若不專任口腹，而使手足、耳目得分治之，則雖欲求一飽，不可得矣，而況於安且壽乎？今户部之在朝廷，猶口腹也，而使他司分治其事，何以異此？自數十年以來，群臣不明祖宗之意，每因一事不舉，輒以三司舊職分建他司。利權一分，用財無藝。他司以辦事爲效，則不恤財之有無；户部以給財爲功，則不問事之當否。彼此各營一職，其勢不復相知。雖使户部得才智之臣，終亦無益。能否同病，府庫卒空。今不早救，後患必甚。

昔嘉祐中，京師頻歲大水，大臣始取河渠案置都水監。置監以來，比之舊案，所補何事？而大不便者，河北有外監丞侵奪轉運司職事。轉運司之領河事也，郡之諸埽，埽之吏兵、儲蓄，無事則分，有事則合。水之所向，諸埽趨之，吏兵得以併功，儲蓄得以併用。故事作之日，無暴斂傷財之患；事定之後，徐補其闕，兩無所妨。自有監丞，據法責成，緩急之際，諸埽不相爲用①，而轉運司不勝其弊矣。此工部都水監爲户部之害一也。

先帝一新官制，並建六曹，隨曹付事，故三司故事多隸工曹，名雖近正，而實非利。昔胄案所掌，今内爲

① 諸埽不相爲用 「埽」原作「掃」，據文海本、欒城後集卷一二潁濱遺老傳上及上文改。

軍器監而上隸工部，外爲都作院而上隸提刑司。欲有興作，户部不得與議。訪聞河北道近歲爲羊渾脱，動以千計。渾脱之用，必軍行之水①，津渡無船②，然後須之。而其爲物，稍經歲月，必至蠹敗。朝廷無出兵之計，而有司營職，不顧利害，至使公私應副，虧財害物。若專在轉運司，必不至此。此工部都作院爲户部之害二也③。

昔修造案掌百工之事，事有緩急，物有利害，皆得專之。今工部以辦職爲事，則緩急利害，誰當議之？朝廷近以箔場竹箔積久損爛，創令出賣，上下皆以爲當。指揮未幾，復以諸處營造歲有科例④，遂令般運堆積，以破出賣之計。臣不知將作見工幾何，一歲所用幾何，取此積彼，未用之間，有無損敗，而遂爲此計。本部雖知不便，而以工部之事，不敢復言。此工部將作監爲户部之害三也。

凡事之類此者多矣，臣不能遍舉也。故願明詔有司，罷外水監丞，舉河北河事及諸路都作院皆歸轉運司。至於都水、軍器、將作三監，皆兼隸户部，使定其事之可否，裁其費之多少。而工部任其功之良苦，程其作之遲速。苟可否、多少在户部，則傷財害民，户部無所逃其責矣；苟良苦、遲速在工部，則敗事乏用，工部無所辭其譴矣。利出于一，而後天下貧富，可責之户部矣。

朝廷以爲然，從之，惟都水監仍舊[二八]。

① 必軍行之水　「之」，庫本作「乏」。
② 津渡無船　「津」，欒城後集卷一二潁濱遺老傳上作「過」。
③ 此工部都作院爲户部之害二也　「户部」原作「工部」，據庫本及欒城後集卷一二潁濱遺老傳上改。
④ 復以諸處營造歲有科例　「科例」，欒城後集卷一二潁濱遺老傳上作「料制」，欒城集卷四一請户部復三司諸案劄子作「料例」，宋史蘇轍傳作「科制」。

轍自爲中書舍人①，與范子功、劉貢父同詳定六曹條例。子功領吏部。元豐所定吏額，主者苟悦群吏，比舊額幾數倍②。朝廷患之，命量事裁減，已再上再却矣。子功奉使[二九]，轍兼領其事。吏有白中孚者進曰：「吏額不難定也。昔之流内銓，今侍郎左選也。事之煩劇，莫過此矣。昔銓吏止十數，而今左選吏至數十。事不加舊而用吏至數倍，何也？昔無重法重禄，吏通賕賂，則不欲人多，以分所得。今行重法、給重禄，賕賂比舊爲少，則不忌人多，而幸於少事。此吏額多少之大情也。舊法，日生事以難易分七等，重者至一分，輕者至一釐以下，積若干分而爲一人。今若取逐司兩月事，定其分數，則吏額多少之限無所逃矣。」轍以其言遍問屬官，皆莫應，獨李之儀對曰：「是誠可爲也。」即與之儀議之曰：「此群吏身計所係也。若以分數爲人數③，必大有所損，將大致紛訴，雖朝廷亦將不能守。」乃具以白宰執，請據實立額，竢吏之年滿轉出，或事故死亡者勿補，及額而止，不過十年，羡額當盡。功雖稍緩，而見吏知非身患，不復怨矣。諸公以爲然，遂申尚書省，取諸司兩月生事。諸司吏皆疑懼，莫肯供。再申乞榜諸司，使知所立額，竢它日見闕不補，非法行之日即有減損也。榜出，文字即具。至是成書，以申三省。左僕射吕微仲大喜，欲攘以爲己功，以問三省吏，皆莫曉。有諸司吏任永壽者，頗知其意[三〇]。微仲悦之，於尚書省創吏額房，使永壽與三省吏數人典之。小人無遠慮而急於功利，即背前約，以立額日裁損吏員，復以好惡改易諸吏局次。凡近下吏人，惡爲上名所壓者，即爲撥出上名於他司；閑慢司分欲入要地者，即自寺監撥入省曹之類是也。凡奏上行下，皆微仲專之，不復經三省。法出，中外洶洶，微仲既爲御史所攻④，永壽亦以恣横贓汙以徒

---

① 轍自爲中書舍人　「人」原作「之」，據庫本及欒城後集卷一二潁濱遺老傳上改。

② 比舊額幾數倍　「比」原作「此」，據庫本及欒城後集卷一二潁濱遺老傳上改。

③ 若以分數爲人數　「人數」下原衍「爲」字，據欒城後集卷一二潁濱遺老傳上及宋史蘇轍傳删。

④ 微仲既爲御史所攻　「史」原作「吏」，據庫本及欒城後集卷一二潁濱遺老傳上改。

罪刺配。久之，微仲知衆不伏，乃使左右司再加詳定，略依本議行下[三一]。

時子瞻自翰林學士出知余杭，朝廷即命轍代爲學士，尋又兼權吏部尚書[三二]。未幾，奉使契丹。虜以其侍讀學士王師儒館伴。師儒稍讀書，能道先君及子瞻所爲文[三三]，曰：「恨未見公全集。」然亦能誦服伏苓賦等[三四]，虜中類相愛敬者。

辨證：

[一]潁濱遺老傳上　本傳又載於蘇轍欒城後集卷一二，題同。按，蘇轍，東都事略卷九三、宋史卷三三九有傳。朱子語類卷一三〇自熙寧至靖康人物云：「子由深，有物，作潁濱遺老傳，自言件件做得是。如拔用楊畏、來之邵等事，皆不載了。」又，金王若虛滹南遺老集卷三七文辨云：「古人或自作傳，大抵姑以託興云爾，如五柳、醉吟、六一之類可也。子由著潁濱遺老傳，歷述平生出處言行之詳，且詆訾衆人之短以自見，始終萬數千言，可謂好名而不知體矣。既乃破之以空相之説，而以爲不必存，蓋亦自覺其失也歟。」

[二]隱居不出　本書中集卷四二老蘇先生洵墓誌銘云：「初，（歐陽）脩爲上其書，召試紫微閣，辭不至，遂除試秘書省校書郎。會太常修纂建隆以來禮書，乃以爲霸州文安縣主簿，使食其禄。」

[三]母成國太夫人程氏亦好讀書明識過人志節凛然　本書中集卷二六蘇文忠公軾墓誌銘云：「公生十年，而先君宦學四方，太夫人親授以書。聞古今成敗，輒能語其要。太夫人嘗讀東漢史至范滂傳，慨然太息。公侍側，曰：『軾若爲滂，夫人亦許之否乎？』太夫人曰：『汝能爲滂，吾顧不能爲滂母耶？』」

[四]轍年十九舉進士　東都事略蘇轍傳稱其「與兄軾同舉進士」，據本書中集卷二六蘇文忠公軾墓誌銘，蘇軾於嘉祐二年進士及第。

[五]二十三舉直言　長編卷一九四嘉祐六年八月乙亥條載仁宗「御崇政殿，策試賢良方正能直言極諫著作佐郎王介、福昌縣主簿蘇軾、澠池縣主簿蘇轍」。

〔六〕宰相不得已寘之下第　長編卷一九四嘉祐六年八月乙亥條云當時以「軾所對第三等，介第四等，轍第四等次。以軾爲大理評事、簽書鳳翔府判官事，介爲祕書丞、知靜海縣，轍爲商州軍事推官。時轍對語最切直，……諫官司馬光考其策入三等，翰林學士范鎮難之，欲降其等。蔡襄曰：『吾三司使，司會之名，吾媿之而不敢怨。』惟胡宿以爲策不對所問，而引唐穆宗、恭宗以況盛世，非所宜言，力請黜之。光言是於同科三人中，獨有愛君憂國之心，不可不收。而執政亦以爲當黜，上不許，曰：『求直言而以直棄之，天下其謂我何？』乃收入第四等次。及除官，知制誥王安石疑轍右宰相，專攻人主，比之谷永，不肯爲詞。韓琦笑曰：『彼策謂宰相不足用，欲得婁師德、郝處俊而用之，尚以谷永疑之乎？』改命沈遘，遘亦考官也，乃爲之辭。已而諫官楊畋見上曰：『蘇轍臣所薦也，陛下赦其狂直而收之，此盛德事，乞宣付史館。』上悦從之。」按，據宋史卷二一一宰輔表二，時宰相爲富弼、韓琦。

〔七〕故文通當制有愛君之言　呂氏雜記卷下云：「初，歐陽文忠公舉蘇子瞻，沈文通（遘）舉蘇子由應制科，兄弟皆中選。時王介甫知制誥，以子由對策專攻上身及後宮，封還詞頭，乃喻文通爲之詞曰：『雖文采未極，條貫靡究，朕知可謂愛君矣。』蓋文與介甫意正相反。子由謝啟云：『古之所謂鄉愿者，今之所謂中庸常行之行。古之所謂忠告者，今之所謂狂狷不遜之徒。』又云：『欲自守以爲是，則見非者皆當世之望人。欲自訟以爲非，則所守者亦古人之常節。』」

〔八〕時王介甫新得幸以執政領三司條例上以轍爲之屬不敢辭　據宋史卷一四神宗紀，王安石爲執政，領三司條例司皆在熙寧二年二月。龍川略志卷三與王介甫論青苗鹽法鑄錢利害云「熙寧三年，予自蜀至京師，上書言事。神宗皇帝即日召見延和殿，授制置三司條例司檢詳文字。時參政王介甫、副樞陳暘叔同管條制事，二公皆未嘗知予者」。按，其「熙寧三年」當作「熙寧二年」。

〔九〕一日介甫出一卷書至有不便以告勿疑　龍川略志卷三與王介甫論青苗鹽法鑄錢利害云時「介甫召予與呂惠卿、張端會食私第，出一卷書，曰：『此青苗法也，君三人閱之，有疑以告，得詳議之，無爲他人所稱也。』予知此書惠卿所爲，其言多害事者，即疏其尤甚，以示惠卿。惠卿面頸皆赤，歸即改之」。

〔一〇〕與介甫意合即請而施之河北　龍川略志卷三與王介甫論青苗鹽法鑄錢利害稱「會河北轉運判官王廣廉召議事，予閱條例司所撰諸法，皆知其難行，而廣廉常上言乞出度牒數十道鬻，而依關中漕司行青苗事，春散秋斂以侔利，與惠卿所造略相似，即請之以出施河北，而青苗法遂行於四方」。皇朝編年綱目備要卷一八熙寧二年「九月，行青苗法，置常平官」條稱「遂請先行於河北、京東、淮南三路」。

[一一] 既召謝卿材侯叔獻陳知儉王廣廉王子韶程顥盧秉王汝翼等八人　據皇朝編年綱目備要卷一八熙寧二年四月「遣使察農田水利賦役」條、宋史卷一七七食貨志役法上所載，此八人中無陳知儉、王子韶，而有劉彝、曾伉。宋史卷一七七食貨志役法上：時「詔制置條例司講立役法。二年，遣劉彝、謝卿材、侯叔獻、程顥、盧秉、王汝翼、曾伉、王廣廉八人行諸路，相度農田水利、稅賦科率徭役利害」。

[一二] 昔嘉祐末遣使寬卹諸路　忠獻韓魏王家傳卷五稱當時韓琦「選官分詣諸路，寬恤民力，均定田稅」。明道雜誌載「嘉祐中，韓魏公當國，遣使出諸道，以寬恤民力爲名。使既行，魏公大悔之，每見外來賓客，必問：『寬恤使者不擾郡縣否？』意恐詔使搔擾，民重不安也。無幾，皆罷之。王荆公行新法，每遣使，其大者曰察訪，小至於興水利、種稻田，皆遣使，使者項背相望於道。荆公嘗言：『讀大小雅，言周文武故事。而小雅第二篇便言『皇皇者華』，君遣使臣」，故遣使爲先務。』二公所見如是」。

[一三] 奏除河南推官　皇朝編年綱目備要卷一八熙寧二年八月「蘇轍罷」條稱其「爲河南府推官。轍爲三司條例司檢詳文字，至是以書抵陳升之、王安石，論遣使按求農田、水利、徭役之失。又曰：『發運之職，今將改爲均輸；常平之法，今將變爲青苗。夫商賈之事，曲折難行，其買也先期而與錢，其賣也後期而取直，多方相濟，委曲相通，倍稱之息由此而得。今官買是物，必先設官置吏，爲費已厚，然後使民各輸所有，非良不售，非賄不行，是以官買之價必貴。及其賣也，弊復如前，商賈之利何緣可得？徒使謗議騰沸，商旅不行。此均輸之說，轍所未諭也。常平條敕，纖悉具在，患在不行，非法之弊，必欲修明舊制，不過以時斂之以利農，以時散之以利末。今乃改其成法，雜以青苗，逐路置官，號爲提舉，別立賞罰，以督虧欠，法度紛紛，何至如此？況錢布於外，凶荒水旱有不可知，斂之則結怨於民，捨之則官將何賴？此青苗之說，轍所未諭也。』且乞補外任。上閱轍狀，問安石：『轍與軾何如？』安石曰：『軾兄弟大體以飛箝捭闔爲事。』上問所以處轍，曾公亮請與堂除差遣，故有是命。」

[一四] 子瞻以詩得罪轍從坐謫監筠州鹽酒稅　長編卷三〇一元豐二年十二月庚申條載蘇軾因「烏臺詩案」而「責授檢校水部員外郎、黄州團練副使，本州安置，不得簽書公事，令御史臺差人轉押前去」，著作佐郎、簽書應天府判官蘇轍監筠州鹽酒稅務，云「獄事起」，駙馬都尉王詵「嘗屬轍密報軾，而轍不以告官，亦降黜焉」。

[一五] 平生好讀詩春秋病先儒多失其旨欲更爲之傳　晁志卷二著録蘇轍蘇氏詩解二十卷，云：「其説以毛詩序爲衛宏作，非孔氏

之舊，止存其首一言，餘皆删去。按司馬遷曰：『周道闕而關雎作。』揚雄曰：『周康之時，頌聲作乎下，關雎作乎上。』與今毛詩序之意絶不同，則知序非孔氏之舊明矣。雖然，若去序不觀，則詩之辭有溟涬而不可知者，不得不存其首之一言也。」又卷三著録穎濱春秋集傳十二卷，云：「大意以世人多師孫明復，不復信史，故盡棄三傳，全以左氏爲本。至其不能通者始取二傳、啖、趙。」

［一六］老子書與佛法大類而世不知亦欲爲之注　晁志卷一一著録蘇子由注老子二卷，云：「子由謫官筠州，頗與學浮屠者遊，而有所得焉，於是解老子。嘗曰：『中庸云：「喜怒哀樂未發謂之中，發而皆中節謂之和。致中和，天地位焉，萬物育焉。」此蓋佛法也。六祖謂「不思善，不思惡」，則喜怒哀樂之未發也。蓋中者，佛法之異名，而和者，六度萬行之總目。致中極和而天地萬物生於其間，非佛法何以當之？天下無二道，而所以治人則異。古之聖人，中心行道而不毁世法，以此耳。』故解老子，亦時有與佛法合者。其自序云耳。」捫虱新話卷三蘇黄看佛書云：「蘇子由作老子解，多與佛書合，時亦用其語，當是先看佛書，知其旨趣，故時參用耳。其與筠僧道全語，自謂得之儒書，此誇全也。……子由又嘗與子瞻語，子瞻以其所解老子，比詩春秋傳、古史差不及。此亦是子由於佛書未能自得，故雖用其意而時有牽强，比三書言古今之迹自是不及。以此故屢曾刊定，屢質之子瞻，晚年得子瞻一言，方肯自信。」

［一七］欲更爲古史　容齋隨筆四筆卷一一譏議遷史云：「蘇子由作古史，謂太史公易編年之法，爲本紀、世家、列傳，後世莫能易之，然其人淺近而不學，踈略而輕信，故因遷之舊，别爲古史。今其書固在，果能盡矯前人之失乎？指司馬子長爲淺近不學，貶之已甚，後之學者不敢謂然。」苕溪漁隱叢話後集卷三〇東坡五云：「苕溪漁隱曰：『子由古史云：「二世屠戮諸公子殆盡，而後授首於劉項。」余按史記，二世爲趙高所殺，子嬰立，降漢王，漢王以屬吏，項王至斬之。則授首於劉項者乃子嬰，非二世也。又云：「陸遜之於孫權，高潁之於隋文，言聽計從，致君於王伯矣，而忮心一起，二臣不得其死，可不哀哉！」余按吴志，陸遜上疏諫孫權不宜易太子，權不聽，因憤恚卒。又按北史，煬帝以高潁謗訕朝政，誅之。二人非孫權、隋文所殺，其牴牾如此。子由譏司馬遷作史記淺近而不學，踈略而輕信，故因遷之舊而作古史，乃反若是，寧不畏後人之譏乎？』」

［一八］除右司諫　按長編卷三五七元豐八年六月戊子條載吕公著奏舉官僚，其中「承議郎蘇轍、新授察官王巖叟，並有才氣，可充諫官或言事御史」。

［一九］吕惠卿始謟事介甫至乃以散官安置建州　長編卷三七三元祐元年三月己卯條載資政殿大學士、正議大夫、新差知揚州吕

惠卿提舉崇福宮，云「以引疾，從其請也」。卷三八〇元祐元年六月甲辰條云：「資政殿大學士、正議大夫、提舉崇福宮呂惠卿落職，降爲中散大夫、光禄卿、分司南京，蘇州居住。以諫官蘇轍等言惠卿姦惡，及知太原府日，違登寶位赦敕出兵西界，故有是命。」又辛亥條云：「呂惠卿責授建寧軍節度副使，本州安置，不得簽書公事。從諫官王巖叟等四人所奏也。」又宋史卷四七一呂惠卿傳載：「哲宗即位，敕疆吏勿侵擾外界。惠卿遣步騎二萬襲夏人於聚星泊，斬首六百級，夏人遂寇鄜延。惠卿見正人彙進，知不容於時，懇求散地。於是右司諫蘇轍條奏其姦曰：『惠卿懷張湯之辨詐，有盧杞之姦邪，詭變多端，敢行非度。王安石强佷傲誕，於吏事宜無所知，惠卿指擿教導，以濟其惡。又興起大獄，欲株連蔓引，塗污公卿，賴先帝仁聖，每事裁抑，不然，安常守道之士無噍類矣。安石於惠卿有卵翼之恩，父師之義，方其求進，則膠固爲一，及勢力相軋，化爲敵讐，發其私書，不遺餘力，犬彘之所不爲，而惠卿爲之。……如惠卿之惡，縱未正典刑，猶當投畀四裔，以禦魑魅。』中丞劉摯數其五罪，以爲大惡。乃貶爲光禄卿，分司南京，再責建寧軍節度副使，建州安置。中書舍人蘇軾當制，備載其罪於訓詞，天下傳誦稱快焉。」

〔二一〇〕不知差雇之弊其實相半講之未詳而欲一旦復之　按本書中集卷二六蘇文忠公軾墓誌銘云：「時君實方議改免役爲差役。差役行於祖宗之世，法久多弊。編户充役不習，官府吏虐使之，多以破産。而狹鄉之民，或有不得休息者。先帝知其然，故爲免役，使民以户高下出錢，而無執役之苦。行法者不循上意，於雇役實費之外，取錢過多，民遂以病。若量出爲入，毋多取於民，則足矣。君實爲人，忠信有餘而才智不足，知免役之害而不知其利，欲一切以差役代之。」又邵伯温邵氏見聞録卷十一云：「獨役法新舊差、募二議俱有弊，吴、蜀之民以雇役爲便，秦、晉之民以差役爲便。荆公與司馬温公皆早貴，少歷州縣，不能周知四方風俗，故荆公主雇役，温公主差役，雖舊典亦有弊。蘇内翰（軾）、范忠宣（純仁），温公門下士，復以差役爲未便；章子厚（惇），荆公門下士，復以雇役爲未盡。内翰、忠宣、子厚雖賢否不同，皆聰明曉吏治，兼知南北風俗，其所論甚公，各不私於所主。元祐初，温公復差役改雇役，……議者謂差、雇二法兼用則可行。雇役之法，凡家業至三百千者聽充，又許假借府吏、胥徒，雇之無害；衙前非雇上户有物力行止之人，則主官物、護綱運，有侵盗之患矣。惟當革去管公庫、公廚等事，雖不以坊場、河渡酬其勞可也。雇役則皆無賴少年應募，不自愛惜，其弊不可勝言。故曰差、雇二法並作並用，則可行也。」

〔二一一〕然後徐議元祐五年以後科舉格式未爲晚也　按長編卷三七四元祐元年四月庚寅條於蘇轍奏章下記云：「從之。」

〔一二〕時大臣多牽於舊學不達時變　愧郯録卷三南北郊載：「元祐之議，主合祭者呂大防、蘇頌、蘇轍、鄭雍、蘇軾、顧臨、范祖禹、錢勰、李之純、蔣之奇、喬執中、吴立禮、張瓛、王欽臣，主分祭者范百禄、范純禮、彭汝礪、范子奇、曾肇、王覿、豐稷、韓宗道、劉安世、孔武仲、陳軒、盛陶、宇文昌齡、楊畏、董敦逸、黄慶基、虞策、孫路、歐陽棐、韓治、朱彦、宋景年、閻木、杜純，而欽臣則僅乞以初見天地並祭以謝丕況，純又主苑中爟火望祠之議者也，武仲議亦稍異。」

〔一三〕至七年至識者以爲當　龍川略志卷八天子親祀天地當用合祭之禮云：「及七年，上將親祀圓丘，予與諸公面講前議，多以合祭爲允，惟呂微仲（大防）本好古學，鐫喻久之，乃聽。范子功（百禄）横議，意謂天子之事天地，如家人之養父母，雖不可廢一不養，要不可同養於聽事耳。予應之曰：『父母不可同養於聽事，此禮之微文也。三年祀而地不得預，此則廢一養，禮之大闕也。』争之，終不能合。……他日，復於上前議之。……呂大防曰：『范百禄之言皆合周禮，臣等亦知之，但事不可行耳。』太皇太后宣喻曰：『卿等非不知此，蓋事有礙也。議尚未決，他日將決於上前。』行至崇政殿門，微仲驟謂予曰：『今廢三代舊典，而行開元故事，可乎？』予曰：『今捨三代而從漢、唐者，非止一事矣：天子七廟，今乃一廟九室；廟祀一帝一后，今諸后並配。事各適時，豈必三代？』微仲乃伏。及對，太皇太后以衆議爲允，於是始復合祭。」

〔一四〕朝廷知其有請地之意然大臣議棄守未決　皇朝編年綱目備要卷二二元祐元年七月「夏人來議疆事」條云：「上即位，夏國纔遣使來賀登極，還未出境，又遣使入界。朝廷知其有請地之意，然棄守之議未決。使人至，見於延和殿，輒安奏曰：『神宗自知錯。』上起立，怒久之，内侍張茂則曰：『與押伴理會。』移時方退。於是孫覺首議棄蘭州。而司馬光謂：『此數寨者，田非肥良，不可以耕墾，地非險要，不可以守御，欲因天子繼統，悉加毁撤，歸其侵地。』劉摯謂：『供億戍守，窮竭財力，其最大者莫如蘭州，不若捐一空城與之。致於鄜延、河東新置堡寨，願深詔大臣，早有定計。』鄜延帥趙卨欲留塞門、安遠二寨，其餘或存或廢，乞密降付臣遵守。呂陶謂：『實於邊防無分毫之益。』環慶安撫范純粹謂：『收復廢州，略無所利。乞令虜以所陷官吏丁夫悉歸朝廷，而所削之地並從給賜。』范純仁之論亦然。蘇轍謂：『增置州寨，坐困中國，願決計棄之。』王存謂：『夏國疆界終難久守。』王巖叟謂：『守之無所得，棄之不足惜。』文彦博謂：『邊臣欺罔生事，第恐不能持久，却須自棄，不若推恩賜予。』惟上官均、孫路以爲不如治兵積穀，畫地而守。前熙河機宜穆衍亦言：『蘭州棄則熙河危，熙河棄則關中摇動。唐自失河、湟，吐蕃、回鶻一有不順，則警及國門，逮今二百餘年。非先帝英武，孰能克復。今一旦委之，恐滋後患。』詔除元係中國及西蕃舊地外，候送到陷没人口，委邊臣給賜。」又，宋史卷四八六夏國傳下又載：「蘇轍兩疏請因其請地而與之，司馬光言：『此邊鄙安危之機，不可不察。靈夏之役，本由我起，新開數砦，皆是彼田，今既許其内附，豈宜靳而不與？彼必曰：「新天子即位，我卑辭厚禮以事中國，庶幾歸我侵疆。今猶不許，則是恭順無益，不若以武力取之。」小則上書悖慢，大則攻陷新城。當此之時，不得已而與之，其爲國家之恥，無乃甚於今日乎？群臣猶有見小忘大，守近遺遠，惜此無用之地，使兵連不解，爲國家之憂。願決聖心，爲兆民計。』時異議者衆，唯文彦博與光合，遂從之。」

［二五］於是朝廷許還五寨　宋史卷四八六夏國傳下云：元祐四年「六月，稍歸永樂所獲人，遂以葭蘆、米脂、浮圖、安疆四砦與之」。又云：元祐「八年四月，復遣使以蘭州一境易塞門二砦，詔數其違順不常而却其請」。則知塞門寨未嘗與西夏，故所謂許還之五寨，實僅四寨。

［二六］夏人遂服　宋史卷四八六夏國傳下云西夏受四寨之後，於元祐五年「冬，攻蘭州之質孤、勝如堡」；六年「九月，圍麟、府三日，殺掠不計」；「七年，屢攻綏德城，以重兵壓涇原境，留五旬，大掠，築壘于没烟峽口以自固」。按，此云「夏人遂服」者，乃自誇飾之辭耳。

［二七］爲中書舍人　長編卷三九二元祐元年十一月戊寅條載「起居郎蘇轍、起居舍人曾肇並爲中書舍人」。又卷三八七元祐元年九月丁卯條注引吕氏家塾記曰：「元祐初，蘇轍爲直舍人院，有司檢舉，自官制行，舍人院廢，今舍人職事乃在中書後省，於是改權中書舍人，遂爲故事。」

［二八］朝廷以爲然從之惟都水監仍舊　長編卷四二二元祐四年二月己巳條云：「於是户部言：『自官制以來，三司所掌錢穀事務，分隸五曹，寺監皆得主行，官司既無邦計盈虚之責，各物取辦一時，不量户部有無利害因依，横費百端。請令軍器、將作、少府、都水監，太府、光禄寺等處，轄下係應干申請、創修、添修、計置、收買材料錢物、改鑄錢料、興廢坑冶之數，並先申户部看詳檢覆，候與奪定許令造作物數，從本部關赴本轄部分，督責寺監依功限差工匠造作。内河防急切申稟不及者，聽逐急應副畢，亦申户部點檢。』從之。」注曰：「蘇轍自敘請復户部三司諸案，『朝廷皆以爲然，從之，惟都水如舊』。據實録載户部所言，略與轍不同。」

［二九］子功奉使　本書中集卷二九范資政百禄墓誌銘云：「元祐初，水官請於北京之南開孫村口引河還故道，宰相主之，朝論異同不決。三年冬，命公與給事中趙君錫同行視。」按，范百禄字子功。

〔三〇〕有諸司吏任永壽者頗知其意　長編卷四四四元祐五年六月末條云「任永壽本非三省吏也，爲人精悍而猾，嘗預元豐吏額事，適以事至三省，獨能言其曲折」。

〔三一〕微仲既爲御史所攻至久之微仲知衆不伏乃使左右司再加詳定略依本議行下　長編卷四四四元祐五年六月「是月」條云：「時吏被排斥者紛然詣御史臺訴不平，臺官因言：『吏額事在後省，成就已十八九，永壽等攘去才數月，而都司擅擬優例，冒賞徇私，不可不懲。』諫官繼以爲言，章數十上」。又云：「蘇轍時爲中丞，具言後省所詳定皆人情所便，行之甚易，而吏額房所改皆人情所不便，極難守，且大信不可失，宜速命有司改從其易，以安群吏之志。大防知衆不伏，徐使都司再加詳定，大略如轍前議行之。」

〔三二〕時子瞻自翰林學士出知余杭朝廷即命轍代爲學士尋又兼權吏部尚書　長編卷四二九元祐四年六月丁未條載「户部侍郎蘇轍爲吏部侍郎，後三日改翰林學士」。又癸亥條載「翰林學士蘇轍兼吏部尚書」。

〔三三〕師儒稍讀書能道先君及子瞻所爲文　按欒城集卷一六奉使契丹二十八首神水館寄子瞻兄四絶之三云：「誰將家集過幽都，逢見胡人問大蘇。莫把文章動蠻貊，恐妨談笑卧江湖。」蘇軾詩集卷三一次韻子由使契丹至涿州見寄四首其三云：「氊毳年來亦甚都，時時鴂舌問三蘇。」自注曰：「余與子由入京時，北使已問所在。後余館伴，北使屢誦三蘇文。」

〔三四〕然亦能誦服伏苓賦等　按，蘇轍服伏苓賦，載於欒城集卷一七。

名臣碑傳琬琰集下卷十二

潁濵遺老傳下[一]　文定公蘇轍自撰

還朝，爲御史中丞[二]。命由中出，宰相以下多不悦。所薦御史[三]，率以近格不用。自元祐初革新庶政，至是五年矣，一時人心已定。惟元豐舊黨分布中外，多起邪説，以摇撼在位。吕微仲與中書侍郎劉莘老二人尤畏之①，皆持兩端，爲自全計，遂建言欲引用其黨，以平舊怨，謂之「調亭②」。宣仁后疑不決[四]。轍於延和面論其非，退，復再以劄子論之。其一曰：

臣近面論君子小人不可並處朝廷，竊觀聖意，似不以臣言爲非者。然天威咫尺③，言詞迫遽，有所不盡。退伏思念，若使邪正並進，皆得預聞國事，此治亂之幾，而朝廷所以安危者也。臣誤蒙聖恩，典司邦憲，臣而不言，誰當救其失者？

---

① 吕微仲與中書侍郎劉莘老二人尤畏之　按，據宋史卷二一二宰輔表，此時中書侍郎爲傅堯俞，劉摯爲門下侍郎。按，劉摯字莘老。

② 謂之調亭　「亭」，文海本、庫本及欒城後集卷一三潁濵遺老傳下作「停」。按，下文同。

③ 然天威咫尺　「威」，文海本作「顔」。

謹復稽之古今，考之聖賢之格言，莫不謂親近君子、斥遠小人，則人主尊榮，國家安樂；疏外君子、進任小人，則人主憂辱，國家危殆。此理之必然，非一人之私言也。其於周易，所論尤詳，皆以君子在内、小人在外爲天地之常理，小人在内、君子在外爲陰陽之逆節。故一陽在下，其卦爲復；二陽在下，其卦爲臨。陽雖未盛，而居中得地，聖人知其有可進之道。一陰在下，其卦爲姤；二陰在下，其卦爲遯。陰雖未壯，而聖人知其有可畏之漸。若夫居天地之正、得陰陽之和者，惟泰而已。泰之爲象，三陽在内，三陰在外。君子既得其位，可以有爲；小人莫居於外，安而無怨，故聖人名之曰「泰」。泰之言安也，言惟此可以久安也。方泰之時，若君子能保其位，外安小人，使無失其所，則天下之安未有艾也。惟恐君子得位，因勢陵暴小人，使之在外而不安，則勢將必至於反覆。故泰之九三曰：「無平不陂，無往不復。」

竊惟聖人之戒深切詳盡，所以誨人者至矣。獨未聞以小人在外，憂其不悦而引之於内，以自遺患者也。故臣所上劄子，亦以謂小人雖決不可任以腹心，至於牧守四方，奔走庶務，各隨所長，無所偏廢，寵禄恩賜，彼此如一，無一可指，如此而已。若遂引而寘之於内，是猶畏盜賊之欲得財而導之於寢室，知虎豹之欲食肉而開之以坰牧，天下無此理也。且君子小人，勢同冰炭，同處必争。一争之後①，小人必勝，君子必敗。何者？小人貪利忍恥，擊之難去；君子潔身重義，知道之不行，必先引退。故古語曰：「一薰一蕕，十年尚猶有臭。」蓋謂此矣。

先帝以聰明聖智之資，疾頽靡之俗，將以綱紀四方，追迹三代。今觀其設意，本非漢、唐之君所能髣髴

① 一争之後　按，自「之後」以下至「至誠之功，存於不息。有」一葉文字，底本錯置於中集卷一二范文正公仲淹墓志銘内，據鐵琴銅劍樓本、庫本及欒城後集卷一三潁濱遺老傳下移正。

也，而一時臣佐不能將順聖德，造作諸法，率皆民所不悦。及二聖臨御，因民所願，取而更之，上下忻慰。當此之際，先朝用事之臣皆布列於朝，自知上逆天意，下失民心，徬徨踧踖，若無所措。朝廷雖不加斥逐，其勢亦自不能復留矣。尚賴二聖慈仁，不加譴責，而宥之於外，蓋已厚矣。今者政令已孚，事勢大定，而議者乃欲招而納之①，與之共事，欲以此調亭其黨。臣謂此人若返，豈肯徒然而已哉？必將戕害正人，漸復舊事，以快私忿。人臣被禍，蓋不足言，臣所惜者，祖宗朝廷也。

蓋自熙寧以來，小人執柄二十年矣。建立黨與，布滿中外，一旦失勢，晞覬者多。是以創造語言，動摇貴近，脅之以禍，誘之以利，何所不至？臣雖未聞其言，而概可料矣。聞者若又不加審察，遽以爲然，豈不過甚矣哉？臣聞管仲治齊，奪伯氏駢邑三百，飯疏食，没齒無怨言。諸葛亮治蜀，廢廖立、李嚴爲民，徙之邊遠，久而不召。及亮死，二人皆垂泣思亮。夫駢、立、嚴三人者[五]，皆齊、蜀之貴臣也，管、葛之所以能戮其貴臣，而使之無怨者，非有它也，賞罰必公，舉措必當。國人皆知所與之非私，而所奪之非怨，故雖仇讎，莫不歸心耳。

今臣竊觀朝廷用捨施設之間，其不合人心者尚不爲少。彼既中懷不悦，則其不服固宜。今乃直欲招而納之，以平其隙，臣未見其可也。詩曰：「無競維人，四方其訓之。」陛下誠以異同反覆爲憂，惟當久任才性忠良、識慮明審之士，但得四五人常在要地，雖未及臯陶、伊尹，而不仁之人知自遠矣。惟陛下斷自聖心，不爲流言所惑，毋使小人一進，後有噬臍之悔，則天下幸甚。

臣既待罪執法，若見用人之失，理無不言，言之不從，理不徒止，如此則異同之迹益復著明。不若陛下

① 而議者乃欲招而納之　「議者」下，欒城後集卷一三潁濱遺老傳下、欒城集卷四三再論分别邪正劄子有「惑於浮説」四字。

早發英斷，使彼此泯然無迹可見之爲善也。

奏入，宣仁后命宰執於簾前讀之，仍喻之曰：「蘇轍疑吾君臣遂兼用邪正，其言極中理。」諸公相從和之。自此參用邪正之說衰矣[六]。轍復奏曰：

聖人之德，莫如至誠；至誠之功，存於不息。有能推至誠之心，而加之以不息之久，則天地可動，金石可移。況於斯人，誰則不服？臣伏見太皇太后陛下、皇帝陛下隨時弛張，改革弊事，因民所惡，屏去小人。天下本無異心，群黨自作浮議。近者德音一發，衆心渙然。正直有依，人知所嚮。惟二聖不移此意，則天下誰敢不然？衛多君子而亂不生，漢用汲黯而叛者寢。苟存至誠、不息之意，自是太平可久之功。此實社稷之福，天下之幸也。

然臣以謂昔所柄任，其徒實繁，布列中外，豈免窺伺？若朝廷施設必當，則此輩覬望自消。昔田蚡爲相，所爲貪鄙，則竇嬰、灌夫睥睨宮禁。諸葛亮治蜀，行法廉平，則廖立、李嚴雖流徙邊郡，終身無怨。此則保國寧人之要術，自古聖賢之所共由者也。臣竊見方今天下雖未大治，而祖宗綱紀具在，州郡民物粗安。若大臣正己平心，無生事要功之意，因弊修法，爲安民靖國之術，則人心自定，雖有異黨，誰不歸心？向者異同反覆之心，蓋亦不足慮矣。但患朝廷舉事，類不審詳。曩者黄河北流，正得水性，而水官穿鑿，欲導之使東，移下就高，汩五行之理。及陛下遣官案視，知不可爲，猶或固執不從。經今累歲，回河雖罷，减水尚存，遂使河朔生靈財力俱困。今者西夏、青唐，外皆臣順，朝廷招來之厚，惟恐失之。而熙河將吏創築二堡，以侵其膏腴；議納醇忠，以奪其節鉞。功未可覬，争已先形。朝廷雖知其非，終不明白處置。若遂養成邊釁，關陝豈復安居？如此二事，則臣所謂宜正己平心、無生事要功之意者也。

昔嘉祐以前，鄉差衙前，民間常有破産之患。熙寧以後，出賣坊場，以雇衙前，民間不復知有衙前之苦。

及元祐之初，務於復舊，一例復差，官收坊場之錢，民出衙前之費。四方驚顧，衆議沸騰。尋知不可，旋又復雇。雇法有所未盡，但當隨事修完。而去年之秋，復行差法。雖存雇法，先許得差。州縣官吏利在起動人户，以差爲便。差法一行，即時差足，雇法雖在，誰復肯行？臣頃奉使契丹，河北官吏皆爲臣言：「豈朝廷欲將賣坊場錢別作支費耶？不然，何故惜此錢而不用，竭民力以供官？」此聲四馳，爲損非細。又熙寧雇役之法，三等人户並出役錢。上户以家産高强，出錢無藝；下户昔不充役，亦遣出錢。故此二等人户不免咨怨。至於中等，昔既已自差役，今又出錢不多，雇法之行，最爲其便。及元祐罷行雇法，上下二等忻躍可知，唯是中等，則反爲害。臣請且借畿内爲比，則其餘可知矣。畿縣中等之家，例出役錢三貫，若經十年，爲錢三十貫而已。今差法既行，諸縣手力，最爲輕役；農民在官，日使百錢，最爲輕費。然一歲之用，已爲三十六貫。二年役滿，爲費七十餘貫。罷役而歸，寬鄉得閑三年，狹鄉不及一歲。以此較之，則差役五年之費，倍於雇役十年。賦役所出，多在中等。如此，安得民間不以今法爲害，而熙寧爲利乎？然朝廷之法，官户等六色役錢只得支雇役人，不及三年處州役，而不及縣役，寬剩役錢只得通融鄰路鄰州，而不及鄰縣。人户願出錢雇人充役者，只得自雇，而官不爲雇。如此之類，條目不便者非一。故天下皆思雇役而厭差役，今五年矣。如此二事，則臣所謂宜因弊修法，爲安民靖國之術者也。臣以聞見淺狹，不能盡知當今得失。然四事不去，如臣等輩猶知其非，而况於心懷異同、志在反覆，幸國之失有以藉口者乎？臣恐如此四事，彼已默識於心，多造謗議，待時而發，以撼搖衆聽矣。伏乞宣喻宰執，事有失當，改之勿疑；法或未完，修之無倦。苟民心既得，則異議自消。陛下端拱以享承平，大臣逡巡以安富貴。海内蒙福，上下所同，豈不休哉！

然大臣怙權耻過，終莫肯改。比轍爲執政[七]，三省又奏除李清臣吏部尚書。給事中范祖禹封還詔書，進呈不允，祖禹執奏如初。左正言姚勔亦言不當。三省復除蒲宗孟兵部尚書，轍謂諸公：「且候邦直命下，然後議此如何？」皆不應[八]。及簾前，微仲奏：「諸部久闕尚書，見在人皆資淺，未可用。又不可闕官，須至用前執政[九]。」上有黽俛從之之意。轍奏：「前日除李清臣，給諫紛然爭之未定。今又用宗孟，恐不便。」宣仁后曰：「奈闕官何？」轍曰：「尚書闕官已數年，何嘗闕事？今日用此二人，正與去年用鄧溫伯無異。此三人者，非有大惡，但昔與王珪、蔡確輩並進，意思與今日聖政不合。見今尚書共闕四人，若並用似此四人，使互進黨類，氣勢一合，非獨臣等耐何不得①，亦恐朝廷難耐何矣。且朝廷只貴安靜，如此用人，臺諫安得不言？臣恐自此鬧矣。」宣仁后曰：「信然，不如且靜。」諸公遂卷除目持下。轍又奏：「臣去年初作中丞，首論此事，聖意似以臣言爲然。今未及一年，備位於此，若遂不言，實恐陛下怪臣前後異同。」上曰：「然。」乃退。

六年春，詔除尚書右丞。轍上言：「臣初與兄軾同受業先臣②。薄祐早孤，凡臣之宦學，皆兄所成就。今臣蒙恩與聞國政，而兄適以召還，本除吏部尚書，復以臣故，改翰林承旨，臣之私意尤不遑安。況兄軾文學政事皆出臣上，臣不敢遠慕古人舉不避親，只乞寢臣新命，得與兄同備從官，竭力圖報，亦未必無補也。」不聽③。

時呂微仲與劉莘老爲左、右相。微仲直而闇，莘老曲意事之，大事皆決於微仲，惟進退士大夫，莘老陰竊其柄[一〇]，微仲不悟也。轍居其間，迹危甚[一一]。莘老昔爲中司，臺中舊僚多爲之用，前後非意見攻，宣仁后覺之。莘老既以罪去[一二]，微仲知轍無它，有相安之意。然其爲人則如故，天下事卒不能大有所正，至今愧之。蓋是時

---

① 非獨臣等耐何不得　「耐何」，庫本及長編卷四六五元祐六年閏八月甲子條作「奈何」。按，下文同。

② 臣初與兄軾同受業先臣　「初」原作「切」，據欒城後集卷一三潁濱遺老傳下改；「先臣」原作「元臣」，據文海本、庫本及欒城後集卷一三潁濱遺老傳下改。

③ 不聽　「聽」下，欒城後集卷一三潁濱遺老傳下有「踰年遷門下侍郎」七字。

所爭議，大者有二：其一西邊事，其二黃河事。

初，夏人來賀登極，相繼求和，且議地界，朝廷許之。本約地界已定，然後付以歲賜。久之，議不決。明年，人多保忠以兵襲涇原①，殺掠弓箭手數千人而去。朝廷隱忍不問，即遣使往賜策命[一三]。夏人受禮倨慢，以地界爲詞，不復入謝，且再犯涇原[一四]。四年，乃復來賀坤成，且議地界。朝廷急於招納，疆議未定，先以歲賜予之[一五]。尋覺不便，乃於疆事多方侵求，不守定約。而熙河將佐范育、种誼等又背約侵築質孤、勝如二堡②[一六]，夏人隨即平盪。育等又欲以兵納趙醇忠，及擅招蕃部千餘人，朝廷却而不受，西邊騷然。轍力言其非，乞罷育、誼，更擇老將以守熙河。宣仁后深以爲是，而大臣主之。轍面奏：「此輩皆大臣親舊[一七]，不忍壞其資任，雖其同列，亦不敢異議。陛下獨不見黃河事乎？當時德音宣喻至深至切，然非大臣意，至今不了。人君與人臣事體不同，人臣雖明見是非，而力所不加，須至且止。人主於事，不知則已，知而不得行，則事權去矣。臣今言此，蓋欲陛下收攬威柄，以正君臣之分而已。若專聽其所爲，不以漸制之，及其太甚，必加之罪，只如韓維專恣太甚，范純仁阿私太甚，皆不免逐去。事至如此，豈朝廷美事？故臣之意，蓋欲保全大臣，非欲害之也。」宣仁后極以爲然，而不能用。

六年六月，熙河奏夏人十萬騎壓通遠軍境上[一八]，挑掘所爭崖巉，殺人，三日而退。乞因其退軍，未能復出，急移近裏堡寨於界上修築，乘利而往，不須復守誠信。諸公會議都堂，轍謂微仲：「今欲議此事，當先定議欲用

---

① 人多保忠以兵襲涇原　「人」上，欒城後集卷一三潁濱遺老傳下有「夏」字。按，「人多保忠」，諸史多作「仁多保忠」。

② 而熙河將佐范育种誼等又背約侵築質孤勝如二堡　「种誼」原作「稱誼」，據欒城後集卷一三潁濱遺老傳下、欒城集卷四四論熙河邊事劄子、龍川略志卷六西夏請和議定地界及宋史蘇轍傳、卷三三五种誼傳改。

兵耶，不用兵耶？」微仲曰：「如合用兵，亦不得不用。」轍曰：「凡欲用兵，先論理之曲直。我若不直，則兵決不當用。朝廷頃與夏人商量地界，欲用慶曆舊例，以漢蕃見今住坐處當中爲界，此理最爲簡直。夏人不從，朝廷遂不固執。蓋朝廷臨事，常患先易後難，此所謂先易者也。既而許於非所賜城寨依綏州例，以二十里爲界，十里爲堡鋪，十里爲草地。非所賜城寨，指謂延州塞門、義合、石州、吴堡、蘭州諸城寨，通遠軍定西城。要約纔定，朝廷又要於兩寨界首相望侵係蕃地一抹取直，夏人黽俛見從。要約未定，朝廷又要蕃界更留草地十里，通前三十里，夏人亦又見許。凡此所謂後難者也。今者又欲於定西城與隴諾堡相望一抹取直，所侵蕃地凡百數十里。隴諾祖宗舊疆，豈所謂非所賜城寨耶？此則不直，致寇之大者也。今雖欲不顧曲直，一面用兵，不知二聖謂何？」莘老曰：「持不用兵之説雖美，然事有須用兵者，亦不可固執。」轍曰：「相公必欲用兵，須道理十全，敵人横來相加，勢不得已，然後可耳。今吾不直如此，兵起之後，兵連禍結，三五年不得休，將奈何？」諸公乃許不從熙河之計。明日面奏之，轍曰：「夏人引兵十萬，直壓熙河境上，不於他處作過，專於所争處殺人、掘崖嶮，此意可見。此非西人之罪，皆朝廷不直之故。」微仲曰：「朝廷旨揮亦不至大段不直。」轍曰：「熙河帥臣輒敢生事，奏乞不守誠信，乘夏人抽兵之際，移築堡寨。臣以爲方今堡寨雖或可築，至秋深馬肥，夏人能復引大兵來争此否？」諸人皆言：「今已不許之矣。」轍曰：「臣欲詰責帥臣耳，若不加詰責，或再有陳乞。」諸人皆曰：「竢其再乞，詰責未晚。」宣仁后曰：「邊防忌生事，早與約束。」諸人乃聽[一九]。

已而蘭州又以遠探爲名，深入西界，殺十餘人。轍曰：「邊臣貪功生事，不足以示威，徒足以敗壞疆議，理須戒敕。」不聽[二〇]。既又以防護打草爲名，殺六七人，生擒九人。微仲知不便，欲送還生口，因奏其事。轍曰：「邊臣貪冒小勝，不顧大計，極害事。今送還九人甚善，可遂戒敕邊臣。」微仲不欲曰：「近日延安將副李儀等深入陷没，已責降一行人，足以爲戒①。」轍曰：「李儀深入，以敗事被責。蘭州深入得功，若不戒敕，將謂朝廷責其敗事，而喜其得功也。」宣仁后曰：「然。」乃加戒敕。然七年夏人竟大入河東。朝廷乃議絶歲賜、禁和市，使沿邊諸路爲淺攻計，命熙河進築定遠城〔二一〕。夏人不能争。未幾，復大入環慶〔二二〕。復議使熙河進築汝遮，中書侍郎范子功獨不可。度其意：昔延安帥臣趙卨，范氏姻家也〔二三〕，方議地界，以綏州二十里爲例，議出於卨。熙河斥其不可，議久不決，而卨死，故子功持之。轍謂之曰：「綏州舊例，施於延安可耳。熙河遠者或至七八十里，其不從宜矣。方論國事，親舊得失，不宜置胷中矣。」衆皆稱善，而子功悻然不服。會西人乞和，議遂不成。未幾，右相蘇子容以事去位，子功以同省待罪〔二四〕，因遂其請，實以汝遮故也。

轍自爲諫官，論黄河東流之害。及爲執法，最後論三事：其一存東岸清豐口，其二存西岸披灘水口，其三除去西岸激水鋸牙。朝廷以付河北監司，惟以鋸牙爲不可去。轍於殿廬中與微仲論之，微仲曰：「無鋸牙則水不東，水不東則北流，必有患②。」轍曰：「然北京百萬生靈，歲有決溺之憂，何以救之？且分水東入故道，見今淤合者多矣③，分水之利亦自不復能久。若俟漲水已過，盡力修完北流堤坊，使足勝漲水之暴，然後徹去鋸牙，免北京危急，此實利也。」莘老曰：「河北監司不如此言，奈何？」轍曰：「公豈不知外官多所觀望耶？」微仲曰：「河事至大，難以臆斷。」轍曰：「彼此皆非目見，當以公議參之耳。」及至上前，二相皆以分水爲便。轍具奏前語，且曰：「必欲重慎，候漲水過，故道增淤，即并力修完北隄，然後徹去鋸牙，庶幾可也。」退至都堂④，二相遽批聖語

---

① 足以爲戒　「戒」原作「成」，據文海本、庫本及欒城後集卷一三潁濱遺老傳下改。

② 必有患　「患」，文海本作「害」。

③ 見今淤合者多矣　長編卷四五六元祐六年三月末條、龍川略志卷七議修河决作「見今故道雖中間通流，兩邊淤合者多矣」。

④ 退至都堂　「退」，欒城後集卷一三潁濱遺老傳下作「近」，似誤。

曰：「依都水監所定。」轍語堂吏：「適所奏不然。」莘老失措①，微仲知不可，乃曰：「明日別議。」卒改批「不得添展」乃已。

八年正月，都水吴安持乞於北流作軟堰②，定河流，以免淤填。時微仲在告，轍奏曰：「先帝因河決大吴，導之北流，已得水性。惟堤坊未完，每歲不免決溢，此本黄河常事耳。是時北京之南，黄河西岸有闞村、樊村等三斗門，遇河水泛溢，即開此三門，分水北行於無人之地，至北京北合入大河，故北京生聚無大危急。自數年來，大臣創議回河，水官王孝先、吴安持等即塞此三門，貼築西堤，又作鋸牙馬頭，約水向東，直過北京之上，故北京連年告急。然約水既久，東流遂多於往歲。蓋分流有利有害。秋水泛漲，分入兩流，暫時且免決溢，此分水之利也。河水重濁，緩則生淤，既分爲二，不得不緩，故今日北流淤塞，此分水之害也。然將來漲水之後，河流東、北，蓋未可知。臣等昨於都堂問吴安持，安持亦言：『去年河水自東，今年安知河水不自北？』」宣仁后笑曰：「水官尚作此言，況它人乎？」轍又奏曰：「臣今但欲徐觀夏秋河勢所向，水若東流，則北流不塞，自當淤斷；水若北流，則北河如舊，自可容納。似此處置，安多危少，行之無疑。若行險，徼幸萬一成功如水官之意，臣不敢從也。乞先令安持等結罪，保明河流所向，及軟堰既成③，有無填塞河道，致將來之患，然後遣使按行，具可否利害。」后復笑曰：「若令結罪，必謂執政脅持之。且水官猶不保河之東、北，況使者暫往乎？姑別議之可也。」

二月，微仲乃朝，轍具以前語諭之。微仲口雖不伏，而意甚屈，曰：「軟堰且令具功料申上，朝廷更行相度。」

---

① 莘老失措　「失措」，長編卷四五六元祐六年三月末條、龍川略志卷七議修河決作「大不悅」。
② 都水吴安持乞於北流作軟堰　「軟堰」，龍川略志卷七議修河決作「土堰」。
③ 及軟堰既成　「及」原作「天」，據欒城後集卷一三潁濱遺老傳下、龍川略志卷七議修河決改。

轍曰：「如此終非究竟，必欲且爾，亦可。」八日，轍方在式假，三省得旨批曰：「依水監所奏。下手日，具功料取旨。」轍以非商量本意，以劄子論之。微仲即日在告。十二日，轍入對，奏曰：

自去年十一月後來，至今百日間耳，水官凡四次妄造事端，摇撼朝廷。第一次安持十一月出行河，先乞一面措置河事。舊法馬頭不得增損，臣知安持意在添進馬頭，即旨揮除兩河門外，許一面措置。安持姦意既露。第二次乞於東流北添進五七埽緷。臣知安持意欲因此多進埽緷，約令北流入東，即令轉運司同監視，不得過所乞緷數。安持姦意復露。第三次即乞留河門百五十步，臣知安持意在回河，改進馬頭之名爲留河門，即不許。安持計窮。第四次即乞作軟堰。凡安持四次擘畫，皆回河意耳。臣昨已令中書工房問水監兩事：其一，勘會北流元祐二年河門元闊幾里？逐年開排，直至去年，只闊三百二十步，有何緣故？其二，勘會東流河門見闊幾步？每年漲水東出，水面南北闊幾里？南面有無堤岸？北京順水堤不没者幾尺？將來北流若果淤斷，漲水東行，係合併北流多少分數？有無包畜不定？今兩問猶未答，便即施行，實太草草。

后嗟嘆久之，深以所言爲然。二十四日，與微仲同進呈，微仲曰：「蘇轍所議河事，今軟堰已不可作，無可施行。」轍曰：「軟堰本自不可作。然臣本論吴安持百日之間四次妄造事端，動摇朝聽。若令依舊供職，病根不去，河朔被害無已。」微仲曰：「水官弄泥弄水，别用好人不得，所以且用安持。」轍曰：「水官職事不輕，奈何以小人主之？易曰：『開國承家，小人勿用。』未聞小人有可用之地也。」此後是非終不能決。

會宣仁晏駕。九年正月，安持奏乞塞梁村口，縷張包口，開清豐口以東雞爪河。八日，轍以祈穀宿齋三省，即令安持與北京留守司相度施行。時微仲爲山陵使，行有日矣。轍見之待漏，語及河事。微仲直視曰：「此大事，不可不慎。」轍曰：「誠然，公亦宜慎之。」時范堯夫爲右相，舊不直東流。轍告之曰：「當與微仲議定，乃令西去。」堯夫曰：「命已下，奈何？」轍曰：「事有理，誰敢不從？」議於皇儀門外，再降指揮，使都水與本路安撫、提、轉同議可即施行，有異議亟以聞。堯夫自外來，始意轍與微仲比，及此大相信服。既而安撫許沖元乞候過漲水，因河所向，閉所不行口。堯夫奏「乞令許將與吴安持同議，一面施行」。轍曰：「河勢難定，恐須令諸司共議，乃得其實。」上以爲然。既行，上特宣諭曰：「河事不小，可遣兩制以上二人按行相度。」堯夫曰：「河役已起，方議遣官，恐稽留役事。」上曰：「但使議論得實，雖遲一年何損？」乃遣中書舍人呂希純、殿中侍御史井亮采往視之。二人歸，極以北流爲便。方施行，樞密簽書劉仲馮援舊例乞與河議。仲馮本文潞公、吴沖卿門下士也，其言紛然，呂、井之議遂格，而轍亦以罪見逐。於是河流遂東，凡七年，而後北流復通[二五]。

微仲之在陵下也，堯夫奏乞除執政，上即用李邦直爲中書侍郎、鄧聖求爲尚書右丞。二人久在外，不得志，遂以元豐事激怒上意，邦直尤力。舊法，母后之家，十年一奏門客。時皇太妃之兄朱伯材以門客奏徐州富人竇氏，堯夫無以裁之。一日日中，請轍於都堂與邦直議之。轍曰：「上始親政，皇太妃閤中事，當遍議之。車服儀制，已付禮部矣。皇太后月費，尚書省已奏乞依太皇太后矣。皇太妃宜付户部議定。至於奏薦，亦當議，有所予，付吏部可也。凡事付有司，必以法裁處，朝廷又酌其可否而後行，於體爲便。」明日奏之，上曰：「月費俟内中批出。奏薦，皇太后家減二年，皇太妃十年。」議已定，邦直獨曰：「此可爲後法，今姑予之可也。」上從之。邦直之附會類如此[二六]。

會廷策進士，邦直撰策題，即爲邪説以扇惑群聽[二七]。轍論之曰：

> 伏見御試策題歷詆近歲行事，有欲復熙寧、元豐故事之意。臣備位執政，不敢不言。然臣竊料陛下本無此心，其必有人妄意陛下牽於父子之恩，不復深究是非，遠慮安危，故勸陛下復行此事。此所謂小人之愛君，取快於一時，非忠臣之愛君，以安社稷爲悦者也。
>
> 臣竊觀神宗皇帝以天縱之才，行大有爲之志，其所施設，度越前古，蓋有百世而不可改者也。臣請爲陛

下指陳其略。先帝在位近二十年，而終身不受尊號；裁損宗室，恩止袒免①，減朝廷無窮之費；出賣坊場，雇募衙前，免民間破家之患；罷黜諸科誦數之學；訓練諸將慵惰之兵；置寄禄之官，復六曹之舊；嚴重禄之法，禁交謁之私；行淺攻之策，以制西戎；收六色之錢，以寬雜役。凡如此類，皆先帝之睿筭，有利無害，而元祐以來，上下奉行，未嘗失墜者也。至於其它，事有失當，何世無之？父作之於前，子救之於後，前後相濟，此則聖人之孝也。

漢武帝外事四夷，内興宫室，財用匱竭，於是修鹽鐵、榷酤、均輸之政，民不堪命，幾至大亂。昭帝委任霍光，罷去煩苛，漢室乃定。光武、顯宗，以察爲明，以讖決事，天下恐懼，人懷不安。章帝即位，深鑒其失，代之以寬。愷弟之政，後世稱焉。及我本朝真宗皇帝，右文偃革，號稱太平，群臣因其極盛，爲天書之説。及章獻明肅太后臨御，攬大臣之議，藏書梓宫，以泯其迹。仁宗聽政，亦絶口不言，天下至今韙之。英宗皇帝自藩邸入繼，大臣過計，創濮廟之議，朝廷爲之洶洶者數年。及先帝嗣位，或請復舉其事，寢而不答，遂以安靖②。夫以漢昭、章之賢，與吾仁宗、神宗之聖，豈其薄於孝敬而輕事變易也哉？蓋有不可不以廟社爲重故也③。是以子孫既獲孝敬之實，而父祖不失聖明之稱。此真明君之所務，不可與流俗議也。臣不勝區區，願陛下反覆臣言，慎勿輕事改易。若輕變九年已行之事，擢任累歲不用之人，人懷私忿，而以先帝爲詞，則大事去矣。

---

① 恩止袒免 「袒」原作「祖」，據庫本、欒城後集卷一三潁濱遺老傳下及宋史蘇轍傳改。

② 遂以安靖 「靖」，欒城後集卷一三潁濱遺老傳下作「静」。

③ 蓋有不可不以廟社爲重故也 「不可不以」原作「不可以」，據欒城後集卷一三潁濱遺老傳下、卷一六論御試策題劄子二首之一補「不」字。

奏入不報。再以劄子面論之，上不説。李、鄧從而媒蘖之，乃以本官出知汝州[二八]。居數月，元豐諸人皆會於朝，再謫知袁州。未至，降授朝議大夫，分司南京，筠州居住[二九]。居三年，責授化州别駕，雷州安置[三〇]。未朞年，或言方南行，兄弟相遇中塗；至雷，賃富民屋以居，復移循州[三一]。今上即位，大臣猶不悦，徙居永州。皇子生，復徙岳州，已乃復官①，提舉鳳翔上清太平宫。有田在潁川，乃即居焉。居二年，朝廷易相[三二]，復降授朝請大夫，罷祠宫。

凡居筠、雷、循七年，居許六年[三三]。杜門復理舊學，於是詩春秋傳、老子解、古史四書皆成。嘗撫卷而歎，自謂得聖賢之遺意，繕書而藏之。顧謂諸子：「今世已矣，後有達者，必有取焉耳。」家本眉山，貧不能歸，遂築室於許[三四]。先君之葬在眉山之東，昔嘗約祔於其庚②[三五]，雖遠，不忍負也，以是累諸子矣。

予居潁川六年，歲在丙戌，秋九月，閱篋中舊書，得平生所爲，惜其久而忘之也，乃作潁濱遺老傳，凡萬餘言。已而自笑曰：「此世間得失耳，何足以語達人哉？」昔予年四十有二，始居高安，與一二衲僧游[三六]，聽其言，知萬法皆空，惟有此心不生不滅。以此居富貴、處貧賤，二十餘年而心未嘗動，然猶未覩夫實相也。及讀楞嚴，以六求一，以一除六，至於一六兼忘，雖踐諸相，皆無所礙，乃油然而笑曰：「此豈實相也哉？夫一猶可忘，而况遺老傳乎？雖取而焚之可也。」

辨證：

［一］潁濱遺老傳下　本傳又載於蘇轍欒城後集卷一三，題同。

---

① 已乃復官　「官」，欒城後集卷一三潁濱遺老傳下作「舊官」。按，東都事略、宋史蘇轍傳稱其復太中大夫。

② 昔嘗約附於其庚　「庚」原作「庾」，據欒城後集卷一三潁濱遺老傳下改。

〔二〕爲御史中丞　據長編卷四四二，蘇轍於元祐五年五月壬辰自翰林學士爲龍圖閣直學士、御史中丞。

〔三〕所薦御史　按，指蘇轍薦舉吕陶、吴安詩爲御史，見欒城集卷四三薦吕陶吴安詩劄子。

〔四〕宣仁后疑不決　長編卷四四三元祐五年六月丁未條云：「先是，蘇頌既除左丞，翰林學士闕，三省議所補，傅堯俞引鄧温伯，劉摯曰：『嘗除吏部，以言而罷，事甚近。』堯俞曰：『向者遷也，今舊物爾。』衆皆曰：『然。』乃擬上，太皇太后曰：『温伯兼是延安府牋記舊臣，乃隨龍人也。』命既下，王巖叟封還，以温伯姦邪，前草蔡確官制，略曰『獨嘉定策之功』，首相王珪制則曰『與定策』而已，此確黨也。太皇太后諭曰：『謂温伯確黨，非也。昔論相州獄事，與確大異。今且可罷承旨，以龍圖閣學士爲侍讀。』而巖叟復封還之，（梁）燾、（朱）光庭及劉安世等皆繼論列，謂：『温伯柔佞，雖未能爲大惡，敗亂政事，然素不與正人爲黨，而陰邪小人附之者不一，近遂舉陸佃自代，此又見其志。漸恐引類不已，消長之勢必自此始。』已而太皇太后諭曰：『言者必疑温伯別有進用，所以如此争論。然止是見得眼前事，向後亦未可知，安能今日扼温伯進也？昨害民之事，更改不少，知他久後如何？每思及此，令人不可堪，然臺諫之言不可不行。』遂以温伯知南京。劉摯進曰：『若不忘温伯異時是可任使，即諭曰：「與記，當待別除差遣。」』既退，坐殿廬，將書聖旨，許將、傅堯俞揣上所諭之意，乃曰：『此須再稟。』歸，步于廊，吕大防密語摯曰：『所諭如此，奈何？』摯曰：『昨政事更改，皆合人情，無可論。但失意之人無害于政者，合進則與進之可也。』後二日，大防與將及堯俞先集漏舍，摯與韓忠彦後至，將趨朝，大防立語摯曰：『適漏舍議温伯當伸初命。』進白太皇太后曰：『此除本出於執政進擬，若見得允當，固合如此執持。』又曰：『言事官當并與稍遷。』而燾等論温伯不已，故皆移官。然燾等闔門不敢出者久之。太皇太后尋諭大防等曰：『燾等何久不受命？然亦思慮來必有所難，今須少加恩禮。』大防曰：『未審如何加恩禮？』諭曰：『欲遣人押令受命供職。』衆皆贊之，于是遣内東門使臣押燾、光庭赴閤門受命，初至幕次，又遣御藥院陳衍面諭二人，遂命入謝。而劉安世以病告未出，亦遣使就其家諭以此意，仍賜之食，安世訖不受命。」注曰：「蘇轍言朝廷兼用邪正，其議論蓋自此始，不可不詳記也。」又乙卯條云：「時宰相吕大防、中書侍郎劉摯建言，欲引用元豐黨人，以平舊怨，謂之『調停』。太皇太后頗惑之。」

〔五〕夫駢立嚴三人者　按，論語憲問：「奪伯氏駢邑三百，飯疏食，没齒無怨言。」注：「孔曰：伯氏，齊大夫。駢邑，地名。齒，年也。伯氏食邑三百家，管仲奪之，使至疏食，而没齒無怨言，以其當理也。」又按，清阮元積古齋鐘鼎彝器款識卷五周彝伯爵彝云：「考柳山寨有古城基，即春秋之駢邑。論語云『奪伯氏駢邑三百』，此器出當其地。」則此處蘇轍以駢邑代指伯氏。

〔六〕自此參用邪正之説衰矣　長編卷四四九元祐五年十月己酉條云：「知大宗正丞事徐君平、荆湖南路轉運判官虞策並除爲監察御史。以御史中丞蘇轍、翰林學士承旨鄧温伯薦也。」長編紀事本末卷一〇一逐元祐黨上載紹聖元年六月甲戌上官均言：「呂大防、蘇轍擅操國柄，不畏公議，引用柔邪之臣，如李之純擢爲御史中丞，楊畏、虞策、來之邵等皆任爲諫官、御史。是四人者，傾險柔邪，嗜利無耻，其所彈擊者皆受呂大防、蘇轍密諭，或附會風旨，以濟其欲。」按，長編卷四六八元祐六年十二月辛巳條載梁燾言：「臣等累曾奏聞，以謂邪正不可並用，陛下深以爲是，知邪正之必相攻也，今並用矣。……有向來姦黨已用之人，今復在要路者。又有姦黨後進之人，今在言路者。」又卷四五一元祐五年十二月辛卯條載劉摯言：「君平江南人，嘗從王安石學，蘇轍舉爲御史。……轍尋常多召君平及岑象求議事，彼不知君平異趣，故不疑爾。」宋史卷三五五來之邵傳云：「之邵資性姦譎，與楊畏合攻蘇頌，論頌稽留賈易知蘇州之命。又論梁燾緣劉摯親黨，致位丞弼。又論范純仁不可復相，乞進用章惇、安燾、呂惠卿。」又同卷虞策傳云：「策在元祐、紹聖時，皆居言職。雖不依人取進，亦頗持兩端。」則時蘇轍薦舉爲御史者，亦頗有主張或同情熙豐者。

〔七〕比轍爲執政　據長編卷四五五，蘇轍於元祐六年二月癸巳，自龍圖閣學士、御史中丞拜中大夫、守尚書右丞。

〔八〕皆不應　長編卷四八五元祐六年閏八月甲子條載時王巖叟「謂蘇轍曰：『邦直如何？』轍曰：『給事中已再封駮，諫官亦有言。今更欲用蒲宗孟爲兵部尚書，那得安静？』巖叟曰：『子由宜力争。』轍曰：『彦霖盍相助？』巖叟許諾。及會議，巖叟謂（呂）大防曰：『一人議論未已，更可進一人否？』大防曰：『宗孟却無他事。』巖叟曰：『要之亦非公議所與。』轍曰：『且候邦直命下，然後議此如何？』皆不應。轍欲於簾前敷陳，巖叟曰：『此所望也。』」按，王巖叟字彦霖，李清臣字邦直。

〔九〕諸部久闕尚書見在人皆資淺未可用又不可闕官須至用前執政　按容齋隨筆三筆卷一〇前執政爲尚書云：「祖宗朝，曾爲執政，其後人朝爲它官者甚多。自元豐改官制後，但爲尚書。曾孝寬自簽書樞密去位，復拜吏部尚書。韓忠彦自知樞密院出藩，以吏書召。李清臣、蒲宗孟、王存皆嘗爲左丞，而清臣、存復拜吏書，宗孟兵書。先是元祐六年，清臣除目下，爲給事中范祖禹封還，朝廷未決，繼又進擬宗孟兵部。右丞蘇轍言：『不如且止。』左僕射呂大防於簾前奏：『諸部久闕尚書，見在人皆資淺，未可用，又不可闕官，須至用前執政。』轍曰：『尚書闕官已數年，何嘗闕事？』遂已。胡宗愈嘗爲右丞，召拜禮書、吏書。自崇寧已來，乃不復然。」

〔一〇〕惟進退士大夫莘老陰竊其柄　宋史卷三四〇劉摯傳稱其「與呂大防同位，國家大事，多決於大防，惟進退士大夫，實執其柄」。

〔一一〕轍居其間迹危甚　按，時有洛黨、蜀黨、朔黨之爭。長編卷四七一元祐七年三月戊戌條載「三省進呈程頤服闋，欲除館職判登聞檢院，太皇太后不許，乃以爲直秘閣、判西京國子監。初，頤在經筵，歸其門者甚衆，而蘇軾在翰林，亦多附之者，遂有洛黨、蜀黨之論。二黨道不同，互相非毁，頤竟罷去。及進呈除目，蘇轍遽曰：『頤入朝，恐不肯静。』太皇太后納其言，故頤不得復召」。

〔一二〕莘老既以罪去　宋史卷三四〇劉摯傳稱其「持心少恕，勇於去惡，竟爲朋讒奇中。先是，邢恕謫官永州，以書抵摯。摯故與恕善，答其書，有『永州佳處，第往以俟休復』之語。排岸官茹東濟，傾險人也，有求於摯不得，見其書，陰録以示御史中丞鄭雍、侍御史楊畏，二人交章擊摯，遂箋釋其語上之，曰：『「休復」者，語出周易「以俟休復」者，俟他日太皇太后復子明辟也。』又章惇諸子故與摯之子游，摯亦間與之接。雍、畏謂延見接納，爲牢籠之計，以冀後福。宣仁后於是面喻摯曰：『言者謂卿交通匪人，爲後日地。卿當一心王室，若章惇者，雖以宰相處之，未必樂也。』摯皇懼退，上章自辨，執政亦爲之言。宣仁后曰：『垂簾之初，摯排斥姦邪，實爲忠直。但此二事，非所當爲也。』以觀文殿學士罷知鄆州」。按，長編卷四八四元祐八年六月戊午條云：「或曰：畏與蘇軾、轍俱蜀人，前擊劉摯，後擊蘇頌，皆陰爲轍地。太皇太后覺畏私意，故復自外召用純仁。畏尋又言轍不可大用云。」朱子語類卷一三〇本朝四自熙寧至靖康人物稱「子由深，有物。……門下侍郎甚近宰相，范忠宣（純仁）、蘇子容（頌）輩在其下。楊攻去一人，當子由做，不做，又自其下用一人；楊又攻去一人，子由當做，又不做，又自其下拔一人。凡數番如此，皆不做。楊曰：『蘇不足與矣。』遂攻之。來亦攻之。二人前攻人，皆受其風旨也」。

〔一三〕人多保忠以兵襲涇原殺掠弓箭手數千人而去朝廷隱忍不問即遣使往賜策命　宋史卷四八六夏國傳下云：元祐「二年正月，遣權樞密院都承旨公事劉奉世爲册禮使，崇儀副使崔象先副之，册乾順爲夏國主，仍節度、西平王」。據西夏書事卷二八，劉奉世等於元祐二年四月至西夏，又載「秋七月，卓羅監軍仁多保忠侵鎮戎軍」，云時「梁乙逋以乾順命，脇保忠率萬人寇涇原。保忠與乙逋不協，甫入境，遇總管劉昌祚大衆截之，一宿即還」。

〔一四〕且再犯涇原　西夏書事卷二八元祐二年九月稱「寇鎮戎軍」，云：「梁乙逋復令仁多保忠率十萬衆入涇原，聲言國母親將攻鎮戎西砦，圍涇原十一將兵於城內。總管劉昌祚病，知軍張之諫不敢戰。保忠令軍士四散樵采，焚廬舍，毁冢墓。五日，知慶州范純粹遣副總管曲珍領兵自環州深入牽制，晝夜馳三百里至曲律山，縱兵擊破族帳，斬首千餘，俘老幼婦女數百人。保忠聞之，將解圍，潛於所扎砦内如常起烟火，量以兵守，一夕遁回。比城中知，追之不及。」

［一五］朝廷急於招納疆議未定先以歲賜予之　宋史卷四八六夏國傳下云：元祐「四年二月，始遣使謝封册。六月，稍歸永樂所獲人，遂以葭蘆、米脂、浮圖、安疆四砦與之，而畫界未定。遣崇儀使董正叟、如京使李玩押賜夏國生日禮物及冬服。七月坤成節、十二月興龍節，皆遣使來賀」。

［一六］而熙河將佐范育种誼等又背約侵築質孤勝如二堡　宋史卷四八六夏國傳下云：元祐「五年六月，夏人來言，畫疆界者不依綏州内十里築堡鋪供耕牧、外十里立封堠作空地例，以辨兩國界。詔曰：『已諭邊臣如約，夏之封界當亦體此。』」太平治迹統類卷二一哲宗朝議棄西夏地界云：「朝廷議割城寨賜夏人，易陷蕃生口，命鄜延經略趙卨領分畫之議，于是歸永樂陷没一百四十九人。卨乞依夏請，用綏州例，二十里爲界，十里量築堡鋪，十里外並爲荒閒，近黄河者仍河爲界，朝廷悉從之。蘭州勝如、質孤兩堡舊自元豐五年廢罷，熙河蘭岷路經略范育既脩，又欲於蘭州北過河二十里爲界，夏人猜阻。」

［一七］此輩皆大臣親舊　據宋史卷三〇三范育傳、卷三四〇吕大鈞傳，云范育、吕大鈞皆「從張載學」，而吕大鈞即左僕射吕大防弟。又宋文鑑卷一四五范育吕和叔墓表稱其「夫人种氏」，則吕大鈞妻似爲种誼族人。

［一八］熙河奏夏人十萬騎壓通遠軍境上　長編卷四六二元祐六年七月甲申條載「夏人以五萬寇定西之東、通遠之北，壞七崖巉，殺敵而去；又寇涇原，衆至十萬，大掠開遠堡、蘭家堡、得勝隆德寨。范育累疏，欲乘此進堡寨，照定西而東至隆諾特大城努扎。」

［一九］諸人乃聽　長編卷四六〇元祐六年六月丙午條載此事後云：「大防等乃聽，退就都堂，行約束。轍欲多爲詰責語，王巖叟曰：『當職官論列職事，有何惡意？强敵在境，上又沮之，教如何作？』乃止增『顯屬生事』一句。巖叟蓋主育議者，故云耳。」

［二〇］不聽　長編卷四六四元祐六年八月癸丑條載「王巖叟曰：『賊兵在境，若不遠探，何由得知？苟失機宜，豈不誤事？』吕大防曰：『今以李儀、許興無故入界，致陷没，更不推恩，徧告諸路，亦足以示戒約也。』樞密院先下復上，逢大防及劉摯謂韓忠彦曰：『已得旨令戒約。』巖叟復奏，因進曰：『戒約之事，更乞陛下體察有未便處。』太皇太后曰：『適三省要戒約。』巖叟曰：『所見偏，所奏未盡理。自來朝廷常指揮令明遠斥候，又卻不得差人深探，如此乃是不會事。』又曰：『賊兵在境上，若失機宜，奈何？』太皇太后曰：『如此則難責彼也。』巖叟曰：『邊臣全賴朝廷主張。』忠彦曰：『若生事亦不便。』既罷戒約。」按，「李儀、許興無故入界，致陷没」事，宋史卷一七哲宗

紀載元祐六年八月癸丑詔：「鄜延路都監李儀等以違旨夜出兵入界，與夏人戰死，不贈官，餘官降等。」

〔一一一〕命熙河進築定遠城　長編卷四七三元祐七年五月甲申條注引种誼墓誌曰元祐「六年有詔，命帥臣范育城其所當先。時一路將佐皆難之，不敢奉詔，獨誼請自任其責。於是委誼城李諸平，凡二十四日而畢，今定遠城是也」。李燾辨曰：「按定遠城畢功在七年四月，墓誌云六年，蓋考之不詳。」

〔一一二〕復大入環慶　西夏書事卷二九載元祐七年「三月，集兵韋州以窺環慶，與涇原官軍戰，敗績」，并云：「時乙逋聲言集兵三萬於界上，入取環慶四路。經略使章楶偵知夏國邊砦各相去二三十里，每砦止八百餘人，馬皆羸瘦不堪戰，使折可適統涇原兵八千，一日夜馳至韋州，砦兵皇遽走。可適直入監軍司所，悉獲牲畜器物。師回，夏兵從後躡之，可適設伏要害，夏兵大敗，首領被斬者二人，死士卒無算，失甲馬千計。」

〔一一三〕昔延安帥臣趙卨范氏姻家也　按太史范公文集卷一六論樞密院闕官劄子稱「卨是臣叔母之兄」。又本書中集卷二九范資政百禄墓誌銘稱其「娶趙氏，屯田郎中、贈金紫光禄大夫宗古之女」。則范百禄妻趙氏乃趙卨之妹。

〔一一四〕右相蘇子容以事去位子功以同省待罪　長編卷四八一元祐八年二月丙寅條云：「初，賈易坐言事出，既復爲京西路轉運副使，經郊祀赦恩，乃與知蘇州范鍔對易。頌言：『易爲御史，號敢言，更赦乃下遷，非是。』或請加易館職，頌又持不可。或指易爲姦邪者，頌曰：『士大夫立朝姦邪，何可當也？須以實事論之。既無實事，安可謂之姦邪？』有旨再議。而楊畏及來之邵等遽劾頌，頌竟坐此罷去。」注曰：「梁燾行狀云：『右僕射蘇頌、中書侍郎范百禄論知宣州賈易直祕閣爲權京西轉運，以易嘗任侍御史，不當帶權字，除命未當，議別取旨。同列多不合，至上前，燾曰：「太常、祕書皆闕長貳，願以召易。」同列謂易小人不可用，燾對曰：「謂易差除不當即可，如易剛直，人多不喜，以易爲小人則過矣。陛下嘗知其人忠孝，往在言路，聖諭面獎，使之盡節，必記其爲人。」』行狀載賈易事與頌本傳頗不同，附見，當考。李清臣與許將小簡云：『容、功之罷，雖言者乘之，殆別有謂，非面敍莫悉也。』當考。」宋宰輔編年録卷一〇元祐八年三月辛卯條載范百禄罷中書侍郎，爲太中大夫充資政殿學士知河中府，云：「先是，右僕射蘇頌以稽留詔書罷政，御史黄慶基三疏論『百禄實位中書，豈有同罪異罰之理？百禄援引親黨，與蘇軾、蘇轍結爲朋比，牢不可破。以吕陶爲右史，岑象求爲諸王府説書，皆川人也。以至久待闕而奪與他人，方劾治而遽加進用，狥私害政，望賜罷絀』。遂有是命。先是，蘇頌既以争論牵復賈易罷相，而百禄以同省待罪請外，不許。其時侍御史楊畏、監察御史黄慶基來之邵亦攻百禄。時百禄已再請外，又不許。乃即露章自言，奏入遂罷。」又長編卷四七九元祐七年十二月丙子條載「朝廷復議令熙河進築汝遮，……會夏人乞和，議遂不成。既而蘇頌罷相，百禄以同省待罪，因遂其請，蓋坐汝遮故也。」注曰：「此據蘇轍龍川别志及穎濱遺老傳，西人乞和在明年正月十二日，……百禄罷在三月十四日，轍謂百禄實爲汝遮，當考。」按，所謂范百禄因「坐汝遮」事而罷，其説出自蘇轍；而蘇頌因任用賈易而遭人攻訐，則與蘇轍兄弟有關涉。據宋史卷三五五賈易傳云：「蘇軾守杭，訴浙西災潦甚苦。易率其僚楊畏、安鼎論軾姑息邀譽，眩惑朝聽，乞加考實。詔下，給事中范祖禹封還之，以謂正宜闊略不問，以活百姓。易遂言：『軾頃在揚州題詩，以奉先帝遺詔爲「聞好語」；草呂大防制云「民亦勞止」，引周厲王詩以比熙寧、元豐之政。弟轍蚤應制科試，文繆不應格，幸而濫進，與軾昔皆誹怨先帝，無人臣禮，至指李林甫、楊國忠爲喻。』議者由是薄易，出知宣州。」

［二一五］凡七年而後北流復通　按宋史卷九三河渠志三載元符二年「六月末，河決内黄口，東流遂斷絶。八月甲戌，詔：『大河水勢十分北流，其以河事付轉運司，責州縣共力救護隄岸。』」

［二一六］邦直之附會類如此　按龍川略志卷九議奏薦門客云：「他日殿廬中，邦直言：『仁宗朝，殿前指揮使李璋違法，有所陳乞，仁宗重違之。張杲卿時在密院，固執久之，乃從。又以璋亂法，乞加罪責。仁宗黽勉許之。韓魏公（琦）同在殿上，歸而嗟嘆，以爲不可及。』予曰：『此事他人不知，邦直魏公之壻，乃得知之。雖然，非知之難，蹈之實難。』坐中皆哂，而邦直安然無愧容。」

［二一七］邦直撰策題即爲邪説以扇惑群聽　宋史卷三二八李清臣傳云：「清臣發策曰：『今復詞賦之選而士不知勸，罷常平之官而農不加富，可差可募之説雜而役法病，或東或北之論異而河患滋，賜土以柔遠也而羌夷之患未弭，弛利以便民也而商賈之路不通。夫可則因，否則革，惟當之爲貴，聖人亦何有必焉。』主意皆絀元祐之政，策士悟其指，於是紹述之論大興，國是遂變。」

［二一八］乃以本官出知汝州　宋宰輔編年録卷一〇紹聖元年三月丁酉條引長編云蘇轍「及面論，上益怒，遂責轍以漢武事上比先帝，引喻甚失當。轍復曰：『漢武帝明主也。』上曰：『卿所言其意，但謂武帝窮兵黷武，末年下哀痛之詔，此豈明主乎？』轍恐，趍下殿待罪。上聲甚厲，范純仁獨進曰：『史稱武帝雄才大略，爲漢七制之主，轍果如此稱先帝，非謗也。陛下親政之初，進退大臣當以禮，不宜如此急暴。』上怒稍霽。轍退，……歸家亟具奏，乞賜屏逐。詔以轍爲端明殿學士、知汝州。權中書舍人吴安詩草制曰：『文學風節，天下所聞。擢任大臣，本出朕意。事有可否，固宜指陳。而言或過中，引義非是。朕雖曲爲含忍，在爾自亦難安。原誠終是愛君，薄責尚

期改過。』上批：『蘇轍引用漢武故事比擬先帝，事體失宜。所進入詞語不著事實，朕進退大臣非率易也，豈義不得已？可止散官知汝州，仍別撰詞。』……侍御史虞策言：『轍引漢武帝比先朝，今止守近郡，請遠謫以懲其咎。』上曰：『已謫矣，可止也。』」又宋史卷三一四范純仁傳云：「蘇轍論殿試策問，引漢昭變武帝法度事，哲宗震怒，曰：『安得以漢武比先帝！』轍下殿待罪，衆不敢仰視。純仁從容言：『武帝雄才大略，史無貶辭。轍以比先帝，非謗也。陛下親事之始，進退大臣，不當如訶叱奴僕。』右丞鄧潤甫越次曰：『先帝法度爲司馬光、蘇轍壞盡。』純仁曰：『不然。法本無弊，弊則當改。』哲宗曰：『人謂秦皇、漢武。』純仁曰：『轍所論事與時也，非人也。』哲宗爲之少霽。轍平日與純仁多異，至是乃服，謝純仁曰：『公佛地位中人也。』轍竟落職知汝州。」

〔二九〕降授朝議大夫分司南京筠州居住　宋會要輯稿職官四六之六載：「紹聖元年七月十八日，詔降授左正議大夫、知隨州呂大防守本官，行秘書監；降授左朝議大夫、知黃州劉摯守本官，試光祿卿；降授左朝議大夫、知袁州蘇轍守本官，試少府少監，並分司南京，大防郢州、摯蘄州、轍筠州居住。以御史中丞黃履等言大防等謗訕先朝，變亂法度，乞各正典刑，故有是命。」

〔三〇〕責授化州別駕雷州安置　宋宰輔編年録卷一〇紹聖四年二月癸未條載「勑：蘇轍操傾側孽臣之心，挾縱横策士之計。始與兄軾，共爲詆欺，晚同相光，協比險惡。造無根之詞以欺世，聚不逞之黨以蔽朝。謂邪説爲讜言，指善政爲苛法云云。可責授化州別駕，雷州安置」。

〔三一〕賃富民屋以居復移循州　長編卷四九六元符元年三月癸酉條云：「三省言：提舉荆湖南路常平等事董必奏：『體量到知雷州、朝請郎張逢，同本州官吏至門首接見蘇軾、蘇轍。次日爲會，召軾、轍在監司行衙安泊，又令僦進納太廟齋郎吴國鑑宅。逢每月率一兩次移廚傳管待，差白直七人借事。本州海康縣令陳諤差雜直追呼工匠等應副吴國鑑修宅，又勒居民拆退籬脚，闊開小巷，通行人馬，以避轍門巷，及借手力等事。』詔蘇轍移循州安置。」注曰：「陳天倪作蘇門下語録云：『公謫官雷州，市中無屋可僦，獨有一富家餘破屋數間可賃，仍與作交易，文契分曉。舍主欲稍完葺，方交舍時，章子厚（惇）訪問下州府，發此事，云蘇侍郎强奪雷氏田宅。舍主鞫問，賃契分明，遂已。數年，子厚謫雷州，亦召前人與議，其人曰：「不可。蘇侍郎來，幾驚煞我，今更不敢賃章相公也。」作法自弊如此。』按當時差董必體量，天倪所聞未詳也。」

〔三二〕朝廷易相　據宋史卷二一二宰輔表三，崇寧元年五月庚申，左僕射兼門下侍郎韓忠彦以觀文殿大學士出知大名府兼北京留守，甲子落職；閏六月壬戌，右僕射曾布以觀文殿大學士、右銀青光禄大夫出知潤州；七月戊子，蔡京自守尚書左丞加通議大夫、守尚書右僕射兼中書侍郎。

〔三三〕居許六年　據蘇潁濱年表，蘇轍崇寧二年正月至三年正月嘗遷居蔡州，其罷提舉太平宫欲還居潁川詩云：「經年汝南居。」

〔三四〕遂築室於許　欒城先生遺言云：「東坡病殁於晉陵，伯達、叔仲歸許昌，生事蕭然。公篤愛天倫，曩歲别業在浚都，鬻之九千數百緡，悉以助焉，囑勿輕用。時公方降三官，謫籍奪俸。」按，伯達，蘇邁字；「叔仲」，當作叔黨，蘇過字。

〔三五〕昔嘗約附於其庚　墨莊漫録卷三云：「蘇黄門子由薨於許下，王鞏定國作挽詩三首。……其三云：『静者宜膺壽，胡爲忽夢楹。傷嗟見行路，優典識皇情。徒記巴山路，空悲蜀道程。弟兄仁達意，千古各垂名。』注曰：『公與子瞻嘗泊巴江，夜雨，相約伴還蜀，竟不果歸。今子瞻葬汝，公歸眉。王祥有言：歸葬，仁也；留葬，達也。』」然據蘇潁濱年表，蘇轍實從兄軾葬於汝州郟城縣上瑞里，墨莊漫録云云不確。

〔三六〕昔予年四十有二始居高安與一二衲僧游　欒城集卷一二有詩題曰：「余居高安三年，每晨入莫出，輒過聖壽訪聰長老。」卷二五全禪師塔銘云：「元豐三年，眉山蘇轍以罪謫高安，師一見曰：『君静而惠，可以學道。』轍以事不能入山，師每來見，輒語終日不去。」又洞山文長老語録敘云：「有克文禪師，幼治儒業，弱冠出家求道，得法於黄龍南公，説法於高安諸山，晚居洞山，實繼悟本，辯博無礙，徒衆自遠而至。元豐三年，予以罪來南，一見如舊相識。既而其徒以語録相示，讀之縱横放肆，爲之茫然自失。蓋余雖不能詰，然知其爲證正法眼藏，得遊戲三昧者也。」欒城後集卷二四逍遥聰禪師塔碑云：「予元豐中以罪謫高安，既涉世多難，知佛法之可以爲歸也。是時洞山有文，黄蘗有全，聖壽有聰。是三老人，皆具正法眼，超然無累於物。予稍從之遊，既久而有見也。」又羅湖野録卷三云：「蘇黄門子由元豐三年以睢陽從事左遷筠陽榷筦之任。是時洪州景德順禪師與其父文安先生有契分，因往訪焉，相從甚樂，咨以心法，順示古德搐鼻因緣。久之有省，作偈呈順曰：『中年聞道覺前非，邂逅相逢老順師。搐鼻徑參真面目，掉頭不受别鉗鎚。枯藤破衲公何事，白酒青鹽我是誰。慚媿東軒殘月上，一盃甘露滑如飴。』暨紹聖元年復至筠，順化逾年矣。公禮其繪像，述讚於左曰：『與訥偕行，與璉同處。於南得法，爲南長子。成就緇白，可名爲老。慈憫黑暗，可名爲姥。我初不識，以先子故，訪我高安，示搐鼻語。再來不見，作禮繐素。向也無來，今亦奚去？』」

名臣碑傳琬琰集下卷十三

文忠烈公彦博傳[一]　實録

紹聖四年四月丁巳，降授太子少保、潞國公致仕文彦博薨。

彦博字寬夫，汾州介休人。父洎，贈太師、韓國公。彦博天聖五年中進士第，授大理評事，知濟州翼城、并州榆次縣，改太常博士，通判兖州①。景祐四年，御史中丞張觀薦爲監察御史，遷殿中侍御史[二]。丁父憂，服除，還舊職。

會西鄙用兵，有臨陣先退、望敵不進者，置獄鄰郡，而推劾枝蔓，久不即誅。彦博請嚴軍法，以重將權[三]，仁宗嘉納之。康定元年，元昊陷金明寨。詔劉平自環慶倍道兼行，與石元孫、黄德和合兵援延州，五龍川遇覆敗績，德和率所部先遁，平、元孫皆爲虜執。德和妄奏平等降賊，遣彦博至河中鞫劾，具得姦狀，德和伏誅[四]。

爲河東轉運副使。麟、府二州皆在河外，因山而城，彦博父洎爲轉運使，以麟州餉道回遠，軍食不足，乃按唐張説常領并州兵萬人出合河關，掩擊党項於銀城北②，爲河外直道，自折德扆世有府谷，即大河通保德，以便府

① 通判兖州　東都事略文彦博傳、夢溪筆談卷九人事一、邵氏聞見録卷八同，宋史文彦博傳作「通判絳州」，疑誤。

② 掩擊党項於銀城北　「北」原作「比」，據文海本及東都事略文彦博傳改。

人，故河關路廢而弗治，將復奏之，未及而卒。彦博領漕事，遂通銀城，由是州有儲粟。慶曆元年，元昊圍麟州二十日，知城中有備，解去[五]。初，并代總管王亢①、鈐轄康德輿、楊懷志檄調芻粟，彦博籍數州民餽運，以俟出兵，亢等按兵府州，閉壘自守。及陷豐川，始出屯城外數里，三日而還。居民謂寇復至，入保城郭，棄所賫於路。彦博以其事聞，且言：「西事未寧，悍邊全藉良將，亢等材駑下，必致敗事。願正典刑，別擇武臣，付以邊事。」亢等悉坐貶秩[六]。除尚書户部員外郎、直史館。

二年，遷天章閣待制、轉運使②。元昊復寇西鄙，葛懷敏等敗績。三年，以彦博爲龍圖閣直學士、知渭州。未行，徙秦州③[七]。守邊有威名，虜不敢犯。四年，除樞密閣直學士、知益州。建言本路兵馬久不曾習戰，請立訓練之法[八]。又言：「益、彭、邛、蜀、漢五州，非用馬地，州屯二千餘騎，請易以步軍。」詔從之[九]。

七年，擢諫議大夫、樞密副使，改參知政事。貝州宣毅十將王則挾妖術④，與州校張巒、卜吉謀反，閉城拒守，改年置官屬。河北遣將勒兵傅城下，命權知開封府明鎬體量安撫。師久未克，彦博請行，因命爲宣撫使[一〇]，鎬副之。至則督將攻城，旬餘未下。諜言賊欲潛兵出邀虜使輜重，鎬先遣殿侍安素伏兵敗之⑤。牢城卒

---

① 并代總管王亢　「王亢」，長編卷一三三慶曆元年九月癸酉條、涑水記聞卷一二、宋史卷三二六康德輿傳作「王元」，當是。

② 二年遷天章閣待制轉運使　「二年」原作「三年」，據長編卷一三七慶曆二年六月乙未條改。

③ 三年以彦博爲龍圖閣直學士知渭州未行徙秦州　據長編卷一三八，文彦博於慶曆二年十月甲寅知渭州，十一月辛巳徙知秦州；葛懷敏等敗績亦在慶曆二年閏九月。則此處「三年」易當作「二年」。

④ 貝州宣毅十將王則挾妖術　「貝」原作「具」，據文海本、庫本及東都事略、宋史文彦博傳改。按，下文同改。

⑤ 鎬先遣殿侍安素伏兵敗之　「安素」，長編卷一六八慶曆八年正月辛巳條、宋史卷二九二明鎬傳同，東都事略文彦博傳作「袁安」。

蓋秀①、劉炳請穴地以入貝州，南臨御河，秀等潛於岸下，夜穿晝匿。穴成，窒以褐袍，走白彥博，募死士二百，銜枚由穴進。帳前虞候楊遂請行〔一一〕，許之。既出登城，殺守陴者，垂絙引城下人。賊以火牛突，登者不能拒，頗却。遂身被創，援戈刺牛，牛退走踐賊②，賊潰，城破，生擒則，檻送京師，與群黨悉誅。

除禮部侍郎、同中書門下平章事、集賢殿大學士〔一二〕。彥博因進對言：「嘗聞德音以縉紳多務奔競，非裁抑之，無以厚風俗。若稍旌恬退守道者，則躁競庶幾知耻。」乃薦王安石、韓維、張瓌，悉被甄擢〔一三〕。與樞密使龐籍同議省兵，凡汰爲民者六萬③，減廪給之半者二萬。衆議紛然，以爲久衣食於官，不願爲農，且習弓刀，一旦散之閭閻，必爲盜賊。仁宗亦疑之，以問彥博，對曰：「公私困竭，正坐冗兵。果有患，臣願死之〔一四〕。」

皇祐元年，除吏部侍郎、昭文館大學士、監修國史。二年，大饗明堂。禮畢，彥博與宋庠、高若訥修纂儀注，起自降詔，訖于禮成，係日以書，爲大享明堂記二十卷〔一五〕，目録一卷。又以親被訓諭，退而紀録者爲紀要二卷。書成，仁宗爲製序，引詔褒答，鏤板賜近臣。除禮部尚書④。

三年，殿中侍御史裏行唐介言：「彥博專權植黨，知益州日，以間金奇錦因内小臣遺宮掖。及參大政，與諫官吴奎相表裏，欺君固寵⑤。貝州賊平，乃明鎬之功，彥博幸會，遂叨相位。顯用張堯佐，陰結貴妃爲謀身之

---

① 牢城卒蓋秀　「蓋秀」，長編卷一六二慶曆八年閏正月辛丑條注引彥博附傳、涑水記聞卷九、宋朝事實卷一六兵刑作「董秀」，似是。

② 牛退走踐賊　「賊」字原脱，據涑水記聞卷九補。

③ 凡汰爲民者六萬　「凡」原作「民」，據宋史文彥博傳改。

④ 除禮部尚書　「禮部」下原有「侍郎」二字，然上文已云除禮部侍郎、吏部侍郎，又長編卷一六九皇祐二年十月丙辰條正載宰臣文彥博加禮部尚書，則此處「侍郎」二字當爲衍文，據删。

⑤ 欺君固寵　「寵」原作「籠」，據清鈔本、庫本改。

計。」仁宗怒，召二府示之疏，介面論不已，樞密副使梁適叱介下殿，辭益堅，詔送臺劾介。既下，彥博留，再拜曰：「御史言事，職也，願不加罪。」不許。召當制舍人即殿廬草制，貶英州别駕〔一六〕。彥博以吏部尚書、觀文殿學士知許州。翌日，出吴奎知密州。知諫院包拯上疏留奎，仁宗曰：「介言奎、拯陰結彥博，觀此奏，不誣也。」四年，徙知青州。五年，再徙秦州，尋除忠武軍節度使、知永興軍〔一七〕。

至和二年，再入爲平章事、昭文館大學士，與富弼同拜。宣麻之日，上遣小黄門覘於庭①，士大夫皆以得人相慶。明年正月，仁宗御殿，疾暴作〔一八〕，扶入禁中。二府俟於殿閣，召内侍史志聰問起居狀，對曰：「禁中事嚴密，不敢漏。」彥博叱曰：「上暴疾，係國安危，惟爾專出入禁闥，不令宰相知天子起居，欲何爲耶？自今疾勢增損必白，違當從軍法。」二府議留宿，未有以發，彥博請用道家説祈禳大慶殿，輔臣主祠事，設次宿殿廡。志聰等又白非故事，彥博曰：「豈論故事時耶？」知開封府王素夜叩宫門求見執政，彥博曰：「此時宫門何可夜開？」詰旦，素入白禁卒告都虞候變者，同列欲捕治，彥博不可，乃召都指揮使許懷德，問虞候某者何如人。懷德稱其謹畏可保，彥博曰：「此卒者怨誣之爾，宜亟誅以靖衆。」乃請平章事劉沆判狀尾，斬軍門〔一九〕。仁宗疾已，沆譖之曰：「陛下違豫時，彥博擅斬告變者。」彥博以沆判聞，上意乃解。

嘉祐二年，監修國史〔二〇〕。御史吴中復乞召唐介還朝，彥博因言：「介頃爲御史言臣事，多中臣病，其間雖有風聞之誤，然當時責之太深，請如中復奏召用之。」三年，三司鹽鐵使郭申錫與河北都轉運使李參議河事不協，訟參，參密遣指使高守忠賫黄河畫圖入中書私屬彥博。御史張伯玉彈奏參姦邪結託，命待制盧士宗、司諫吴中復雜案申錫所訟，及彈文不實，申錫坐貶滁州。彥博尋以檢校太師、同平章事、河陽三城節度判河南府〔二一〕。四年，封潞

① 上遣小黄門覘於庭　「門」字原脱，據長編卷一八〇至和二年六月戊戌條、東都事略文彥博傳補。

國公。五年，易節保平軍，判大名府，改成德軍節度使、尚書左僕射、判太原府，俄復保平軍節度、判河南。丁母憂。八年，英宗即位，起復同平章事、成德軍節度，加冠軍大將軍、左金吾衛大將軍。三上表乞終喪，許之，詔給俸賜比宰臣之半，力辭不受。治平二年服闋，復以舊官判河南，尋除侍中、淮南節度使、判永興，入爲樞密使[二二]，兼群牧制置使，徙劍南西川節度使。

熙寧元年，河北羅便司言軍儲艱乏，神宗欲於貴羅州軍減住營兵額。彥博曰：「自古募營兵，遇事息輒罷。漢文帝恭儉，至武帝時，府庫充實，因用兵，遂致公私匱乏。」吕公弼以謂「邊兵不可多減，遇大閱，師旅寡弱，啓侮夷狄」。彥博曰：「自有戍卒，不至闕事也。」二年相陳升之，詔「彥博朝廷宗臣，其令升之位彥博下，以稱遇賢之意」。彥博言：「國朝樞密使無位宰相右者，獨曹利用嘗在王曾、張知白上。臣忝文臣，粗知禮義，不敢紊亂朝著。」固辭乃從[二三]。

三年，夏人犯大順城，至慶州。李復圭以陣圖方略授鈐轄李信、都巡檢劉甫、監押种詠，趣使出戰。信等如教，失利退走。復圭亟收所授方略，執信等繫獄①，奏從軍法。彥博力言其非，宰相王安石白上，以復圭事爲當，信等伏誅，人皆冤之[二四]。

四年，軍亂[二五]。召二府對資政殿，輔臣深以用兵爲憂。彥博曰：「朝廷施爲，務合人心，以静重爲先。凡事當兼采衆論，不宜有所偏聽。陛下即位以來，厲精求治，而人情未安，蓋更張之過也。祖宗法未必皆不可行，但有廢墜不舉之處爾。」王安石曰：「朝廷求去民害，何不可？若萬事隳頽如西晋風，兹益亂也。」安石知爲己發，故力排之。監察御史張商英言：「樞密吏任遠恣横，使副黨庇不案。」彥博與吴充、蔡挺家居待罪，遣吏送印中

---

① 執信等繫獄　「繫」原作「擊」，據庫本及東都事略文彥博傳改。

書，不受。詔趣入院，彥博請以其章付有司正典刑。商英陰助中書，故彥博等不能平。會王安石亦不直商英，坐貶監荊南商稅〔二六〕，彥博乃起視事。

六年，除守司空、河東節度使、判河陽〔二七〕。七年，徙判大名府。初，選人李公義爲鐵龍爪以濬河，宦官黃懷信更作濬川杷①〔二八〕，天下指笑以爲兒戲。王安石獨信之，除范子淵都水外丞，置濬川司行其法。子淵奏功求賞，言疏導水勢，悉歸故道，退出民田數萬頃。朝廷疑其妄，下大名府保奏〔二九〕。彥博言：「河水汗漫，非杷可濬，雖甚愚之人，皆知無益。去年退地，止因霜降水落；今年未嘗用杷，而退地更多。臣不敢雷同欺罔②。」奏至，上不悅，命知制誥熊本與都水主簿陳祐甫、河北漕臣陳知儉按視，如彥博言。子淵乃求對，言：「本等意安石罷，彥博必相，故附會其說。且先詣彥博，納拜宴飲。」於是知雜御史蔡確亦言本奉使不公〔三〇〕。詔確與諫官黃履雜治③，置獄，逮繫二百餘人。數月獄成，子淵及本等皆重坐，彥博勿問〔三一〕。

熙寧七年，北虜再遣蕭禧議地界〔三二〕，命內侍裴昱賜彥博手詔，問所以待遇之要、備禦之方。彥博奏：「中國禦戎，守信爲上，必以誓書爲證，彼雖詭辭，難奪正論。若不計曲直利害，敢萌犯順之心，則預備之要，足食足兵，堅修城壁，保全人民，以主待客，以逸待勞，理必勝矣。或曰先發制人，意在輕動；或曰乘其未備，襲取燕薊，事不審處，後將噬臍，非王師萬全之舉也。」九年，除守太保再任，力辭太保，許之。

元豐三年，除太尉、開府儀同三司，復判河南。王堯臣子同老言：「至和三年，仁宗不豫，內外寒心。先臣參

---

① 宦官黃懷信更作濬川杷　「杷」原作「把」，據東都事略、宋史文彥博傳改。按，下文同改。

② 臣不敢雷同欺罔　「同」原作「固」，據文海本、庫本及東都事略、宋史文彥博傳改。

③ 詔確與諫官黃履雜治　「黃履」原作「黃復」，據長編卷二八二熙寧十年五月庚午條改。

預朝政，與宰相文彦博、富弼請立英宗皇帝爲嗣，仁宗感悟開納，大計遂定。」會彦博來自北都，過闕入覲，神宗以問，彦博對曰：「先帝天命所在，神器有歸，實仁祖知子之明，慈聖擁祐之力，臣等何功？」神宗曰：「雖云天命，亦繫人謀。卿深厚不伐善，陰德如丙吉，真定策社稷臣也。」彦博曰：「如周勃、霍光，是爲定策。自至和以來，中外之臣乞立皇嗣者甚衆，臣等雖嘗有請，事未果行。至嘉祐末，韓琦等卒就大事，蓋琦等功也。」神宗曰：「議論於至和時，發端爲難，仁宗意已定，其後止申前詔爾。正如丙吉、霍光事，前後不相揜也。卿宜盡録本末，將付史官。」彦博乃具奏其詳。於是手詔中書曰：「彦博稟德深厚，善不自伐，懷此大功，絶口不言，中外搢紳，莫有知者。今緣故臣子明其父勳，始得本末，及知援立之功，厥有攸在。嘉祐之詔，但宣之爾。」遂加彦博河東永興軍節度使，録其子宗道爲承事郎。彦博亦力辭兩鎮。宴餞瓊林，輔臣皆預，兩遣中謁者遺詩以寵其行[三三]，有「報在不言功」之語，當世榮之。

四年，遣内侍王中正往鄜延體量經制邊事。中正既行，稱面受詔，所過募禁兵從者將之而西，主兵官不敢違。至西京，彦博以無詔拒之，中正亦不敢募而去。六年請老，除守太師、河東永興軍節度使。彦博又固辭，許罷兩鎮[三四]，以守太師致仕。

元祐初，議除彦博三省長官，御史劉摯等有言，乃命平章軍國重事[三五]，六日一朝，一月兩赴經筵，邊事、河防及朝廷有大政令，即與輔臣共議，恩遇甚渥。已而彦博屢抗章請去[三六]，五年復以太師致仕。紹聖初，言者論彦博朋附司馬光，詆毀成烈，怨疾先朝，以理財裕民之政爲暴刻箕斂之科，以經武斥地之勳爲寇攘草竊之計。落河東節度、開府儀同三司、太原尹，降授太子太傅①[三七]。卒，年九十二，特輟視朝一日。崇寧中預元祐黨，後特

---

① 降授太子太傅　「太子太傅」，據宋宰輔編年録卷一〇紹聖四年二月甲申條及東都事略、宋史文彦博傳及上文，當爲「太子少保」。

命出籍，追復太師，謚忠烈〔三八〕。

彥博凝簡莊重，顧盼有威〔三九〕，逮事四朝，荐更二府，七換節鉞，位將相五十餘年〔四〇〕，再守秦州、大名、永興，五判河南，徧歷公孤，兩以太師致仕，英傑壽俊〔四一〕，名聞四夷〔四二〕。熙寧中，彥博在樞密府，尼惠普以妖妄就逮，有司奏搢紳所與簡牘，一時公卿多有之〔四三〕，獨彥博無有。神宗問其故，對曰：「但臣不知爾，如知之，亦當有書。」時人美其分謗。元豐中判河南府，與富弼、席汝言、王尚恭、趙丙、劉几、馮行己、楚建中、王慎言、張問、張燾、司馬光凡十一人，用白居易故事，就弼第置酒相樂，尚齒不尚官。已而圖形妙覺僧舍，謂之「洛陽耆英會〔四四〕」，光爲文序其事。宣徽使王拱辰守北都，以書來諭曰：「拱辰以家洛，位與年不居數客後①，顧以官守不得執卮酒在坐席，願預名其間，幸無我遺。」其爲時所嘉美如此。彥博雖位體隆貴②，而平居接物，謙挹尊德，樂善如恐不及。邵雍、程顥、程頤以道學名，世居洛陽，彥博與之遊從甚密。及顥死，既葬，親爲題其墓爲「明道先生」云。

子恭祖、貽慶、齊賢、保雍、居中、及甫、維申、宗道。

辨證：

〔一〕文忠烈公彥博傳　按，文彥博，東都事略卷六七、宋史卷三一三有傳。宋史文彥博傳云「其先本敬氏，以避晉高祖及宋翼祖諱改焉」。邵氏聞見後録卷二一云：「文潞公本姓敬，其曾大父避石晉高祖諱，更姓文。至漢，復姓敬。入本朝，其大父避翼祖諱，又更姓

---

① 位與年不居數客後　「後」字原脱，據東都事略文彥博傳補。

② 彥博雖位體隆貴　「隆」原作「降」，據庫本改。

文。初，敬氏避諱，各用其一偏，或爲文氏，或爲苟氏。然『敬』字從『苟』，非『苟』也；從『攴』，非『文』也，俱非其一偏也。」

〔二〕御史中丞張觀薦爲監察御史遷殿中侍御史　夢溪筆談卷九人事一云：「文潞公爲太常博士，通判兗州，回謁呂許公（夷簡），公一見器之，問潞公：『太博曾在東魯，必當別墨。』令取一丸墨瀕階磨之，揖潞公就觀：『此墨何如？』乃是欲從後相其背。既而密語潞公曰：『異日必大貴達。』即日擢爲監察御史。」邵氏聞見録卷八云：「文潞公自兗州通判代歸，文靖（呂夷簡）一見奇之，問潞公曰：『有兗州墨攜以來。』明日，潞公進墨，文靖熟視久之，蓋欲相潞公手也。薦潞公爲殿中侍御史。」然三朝名臣言行録卷三之一太師潞國文忠烈公引趙康靖公録云：「寶元中，河東闕漕使，堂上議難得可任者，章郇公（得象）言：『聞縉紳間説文彦博者，磊落有稱。』時呂許公曰：『恨不識也，可召來面詢之。』明日，召至堂上，許公都不交一談，但睥睨不已，郇公强問其鄉曲，任使次第，因問河東事，曰：『彦博鄉里，無所不知。』郇公喜之。文退，許公歎曰：『此大有福人，何所任用不可？』遂自殿中侍御史差委。」

〔三〕彦博請嚴軍法以重將權　東都事略文彦博傳載文彦博上書略言：「將權不可不專，軍法不可不峻。……國朝著令，禁軍將校有過，而從中覆，當施之於平居無事之時。今邊防用兵逾數十萬，將不專權，軍不峻法，何以禦之哉？」

〔四〕遣彦博至河中鞫劾具得姦狀德和伏誅　宋史文彦博傳云：「黄德和之誣劉平降虜也，以金帶賂平奴，使附己説以證。平家二百口皆械繫。詔彦博置獄於河中，鞫治得實。德和黨援盛，謀翻其獄，至遣他御史來。彦博拒不納，曰：『朝廷慮獄不就，故遣君。今案具矣，宜亟還，事或弗成，彦博執其咎。』德和并奴卒就誅。」

〔五〕元昊圍麟州二十日知城中有備解去　長編卷一三三慶曆元年八月戊子條云麟州「城中素乏水，圍既久，士卒渴乏。或勸知州苗繼宣取污溝之泥以飾埤，元昊仰視曰：『謀謂我無庸戰，不三日，漢人當渴死。今尚有餘以圬堞，諜紿我也。』斬之城下，解圍去。」注曰：「實録云：『州有積粟可久守，元昊知城中有備，遂解圍去。』按州有粟可守，則文彦博之力矣。然則被圍兩旬所以得解，實元昊疑城中尚多水故也，不但爲積粟。今取李清臣所作苗繼宣妻宋氏墓銘及魏泰東軒記附著之。……司馬光記聞亦云敵見泥塗積藁，遂解圍。與李清臣魏泰略同。又云敵圍麟州二十七日乃去。當考。」

〔六〕亢等悉坐貶秩　長編卷一三三慶曆元年九月癸酉條云：「降并代副部署、通州團練使王元爲左衛將軍、陵州團練使，鈐轄、東染院使、台州刺史康德輿爲東染院副使，鈐轄、供備庫使楊懷志爲供備庫副使。先是，有蕃部乜羅爲殿侍，求錦袍、驛料，德輿不與，乜羅頗出怨言。或譖乜羅與賊通，戰則反射漢人，乜羅無以自明，乃謀附賊。指揮使張岊聞之，召乜羅與飲，乜羅泣曰：『我豈附賊者，蓋逃死爾。』岊以告德興曰：『乜羅叛，信矣，不可不殺。』元昊方屢入寇，德興不聽，曰：『今日豈殺蕃部時耶？』岊曰：『叛者特乜羅，非衆所欲也。請爲君召與飲，仆崖谷中，聲言墮馬死，安知漢殺之？』德興猶預不決，以問所親，所親惡岊，短毁之，岊計不得行。折繼閔聞賊將至，以告德興，德興怒曰：『君不召之，何以知其來也？』賊果以乜羅爲鄉道，自後河川入襲府州。蕃漢欲入城，德興閉門不納，或降賊，或爲賊殺，不可勝計。賊既圍府州，德興與元及懷志按兵不出戰，但移文轉運司調軍食。轉運副使文彦博籍民輦運，至境以俟，而德興終不敢出。及豐州陷，才出屯州城外數里，三日而還。居民望見，以爲寇復至，皆棄其所齎，入保城郭。彦博以其事聞，故責及之。然止坐不出戰，其他則朝廷不悉聞也。」

〔七〕徙秦州　長編卷一三八慶曆二年十一月辛巳條載徙知渭州、龍圖閣直學士、吏部員外郎文彦博爲秦鳳路都部署、經略安撫招討使、兼知秦州，刑部員外郎、直集賢院、知涇州滕宗諒爲天章閣待制、環慶都部署、經略安撫招討使、兼知慶州，云：「先是，帝以涇原傷夷，欲令范仲淹與文彦博對易，遣内侍王懷德喻旨，仲淹謝曰：『涇原地重，臣恐不足以獨當，願與韓琦同經略涇原，並駐涇州，琦兼秦鳳，臣兼環慶。……願詔龐籍兼領環慶，以成首尾之勢。秦州委文彦博，慶州用滕宗諒總之，孫沔亦可辦集。渭州，一武臣足矣。』於是復置陝西四路都部署、經略安撫兼緣邊招討使，命韓琦、范仲淹、龐籍分領之。仲淹與琦開府涇州，而徙彦博帥秦，宗諒帥慶，皆從仲淹之請也。」

〔八〕請立訓練之法　長編卷一五七慶曆六年六月辛未條云應文彦博之請，「詔先教以弓弩，俟民間習見，即又以刀鎗閱試之」。

〔九〕詔從之　長編卷一五八慶曆六年十二月癸亥條載時因文彦博之請，「詔易三之一」。

〔一〇〕彦博請行因命爲宣撫使　西塘集耆舊續聞卷八云：「慶曆七年，貝州卒王則叛。參政文彦博請行，仁宗忻然遣之，且曰：『「貝」字加「文」爲「敗」，卿擒賊必矣。』」又長編卷一六二慶曆八年正月戊寅條稱「先是，樞密使夏竦惡明鎬，恐其成功，凡鎬所奏請，輒從中沮之。彦博既受命，因言軍事中覆不及，願得專行。戊寅，詔許彦博以便宜從事」。按，聞見近録云：「吴越王子太師雅之女適張氏，生子名堯封，與堯佐爲宗表兄弟。堯封游學南京，遂娶曹氏女。堯封俊邁，從學山東孫明復，至其舍，執事皆堯封妻女，如事親焉。時文异倅南京，子彦博、彦若，竝師明復，明復遂薦堯封于文氏爲門客。張、文之好始于此矣。……後堯封舉進士第，任石州推官卒。其女入宮中，爲婕妤沈氏養女，是爲温成皇后。久之，得幸仁宗，貴寵日盛。……潞公召自蜀，將至闕下，貴妃親視供帳以待，其夫人入謝。衆論諠然。時貝州王則叛，仁宗北顧。妃乃陰喻潞公，貝州事明鎬將有成績，可請行。」又卷一七一皇祐三年十月庚子條載：「或言張堯佐，彦博父客也，彦博知益州，貴妃有力焉，因風彦博織燈籠錦以進。貴妃服之，上驚顧曰：『何從得此？』妃正色曰：『文彦博所織也。彦博與妾父有舊，然妾烏能使之，特以陛下故爾。』上悦，自是意屬彦博。及爲參知政事，明鎬討王則未克，上甚憂之，語妃曰：『大臣無一人爲國了事者，日日上殿何益？』妃密令人語彦博。翼日，彦博入對，乞身往破賊，上大喜。」注曰：「自張堯佐爲彦博父客至彦博因明鎬有功，皆據碧雲騢。」

〔一一〕帳前虞候楊遂請行　長編卷一六二慶曆八年閏正月辛丑條注曰：「彦博附傳云牢城卒董秀、劉炳請穴地以入貝州，記聞與附傳同。按實録，始謀穴地者，劉遵也。……附傳云帳前虞候楊遂請由地道先入。據實録，乃曹竭也。記聞亦稱楊遂，與實録不同。……楊遂蓋能以槍中牛鼻者，亦從竭入地道爾。甘陵伐叛記載攻城事甚詳。張忠、田斌二人，蓋先登者。又與附傳及實録異，當考。三月辛酉，以右班殿直董秀爲閤門祇候。據此，則秀非牢城卒也。附傳誤矣。」

〔一二〕除禮部侍郎同中書門下平章事集賢殿大學士　長編卷一七一皇祐三年十月庚子條載：文彦博自請平貝州叛兵，「至恩州十數日，賊果平，即軍中拜相。議者謂彦博因鎬以成功，其得相由妃力也。（唐）介既用是深詆彦博，雖坐遠貶，彦博亦出。其事之有無，卒莫辨云。」注曰：「按邵氏見聞録云：『仁宗嘗幸貴妃閤，見定州紅甆器，怪問曰：「安得此？」妃以王拱辰所獻爲對。帝怒曰：「戒汝勿通臣僚饋遺，不聽何也？」因擊碎之。妃媿謝，良久乃已。妃又嘗侍上元宴于端門，服所謂燈籠錦者，帝亦怪問，妃曰：「文彦博以陛下眷妾，故有是獻。」上終不樂。其後唐介彈彦博，介雖以對上失禮遠責，彦博亦出守，上蓋兩罷之也。或云：燈籠錦，乃彦博夫人遺妃，彦博不知也。介章及梅堯臣書竄詩過矣。』」

〔一三〕乃薦王安石韓維張瓌悉被甄擢　邵氏聞見録卷一一云：「皇祐中，文潞公爲宰相，薦安石及張瓌、曾公定、韓維四人恬退，乞朝廷不次進用，以激澆競之風。有旨皆籍記其名。」麟臺故事殘本卷一上選任云：「景祐三年四月，宰臣文彦博言：『直史館張瓌十餘年不磨勘，朝廷獎其退静，嘗特遷兩官，今自兩浙轉運使代還，差知潁州，亦未嘗以資序自言。殿中丞王安石進士第四人及第，舊制一任還，進所業求試館職，安石凡數任，並無所陳，朝廷特令召試，而亦辭以家貧親老；且文館之職，士人所欲，而安石恬然自守，未易多得。

大理評事韓維嘗預南省高薦，自後五六歲不出仕宦，好古嗜學，安於退静。並乞特賜甄擢。』詔賜張瓌三品服；召王安石赴闕，俟試畢，別取旨；韓維下學士院與試。然二人者卒不就試。至和二年，始以維爲史館檢討；嘉祐元年，瓌同修起居注；四年，安石直集賢院。」

〔一四〕與樞密使龐籍同議省兵至臣願死之　涑水記聞卷五載文彦博「爲相，龐公爲樞密使，以國用不足，同議省兵。於是揀放爲民者六萬餘人，減其衣糧之半者二萬餘人。衆議紛然，以爲不可，施昌言、李昭亮尤甚，皆言：『衣食於官久，不願爲農，又皆習弓刀，一旦散之閭閻，必皆爲盜賊。』上亦疑之，以問二公，二公曰：『今公私困竭，上下遑遑，其故非他，正由蓄養冗兵太多故也。今不省去，無由蘇息。萬一果有聚爲盜賊者，二臣請以死當之。』既而，昭亮又奏：『兵人揀放所以如是多者，大抵皆縮頸曲膕，詐爲短小，以欺官司耳。』公乃言：『兵人苟不樂歸農，何爲詐欺如此？』上意乃決，邊儲由是稍蘇」。按，長編卷一六七皇祐元年十二月壬戌條云時「詔陝西保捷兵五十以上及短弱不任役者聽歸農，若無田園可歸者，減爲小分，凡放歸者三萬五千餘人，皆讙呼反其家。在籍者尚五萬餘人，皆悲涕恨已不得去。陝西緣邊計一歲費緡錢七十千養一保捷兵，自是省緡錢二百四十五萬，陝西之民力稍蘇」。

〔一五〕爲大享明堂記二十卷　玉海卷五七皇祐大饗明堂記云：皇祐「二年九月，親祠明堂，制度損益，多由上裁酌。十月，詔宰臣文彦博、宋庠，參政高若訥，史館王洙編修大饗明堂記。三年二月五日丙戌，彦博等上二十卷，目録一卷。彦博言編修起三月戊子降詔，迄季秋辛亥禮成，廣記而備言之，慮簡牘頗多，仰煩聖覽，因纂成皇祐大饗明堂紀要三卷以聞。庚寅，内出御製序，從所請也。令崇文院鏤板，以賜近臣」。

〔一六〕殿中侍御史裏行唐介言至貶英州別駕　長編卷一七一皇祐三年十月丁酉條載殿中侍御史裏行唐介責授春州別駕，云：「初，張堯佐除宣徽、節度、景靈、群牧四使。介與包拯力争，又請王舉正留百官班，卒奪堯佐宣徽、景靈二使。頃之，復除宣徽使、知河陽。或謂補外不足争，介以爲宣徽次二府，不計内外，獨争之。上諭介，除擬初出中書，介言當責執政。退，請全臺上殿，不許；自請貶，亦不報。於是劾宰相文彦博。……上怒甚，卻其奏不視，且言將加貶竄。介徐讀畢，曰：『臣忠義憤激，雖鼎鑊不避，敢辭貶竄。』上於座急召二府，示以奏曰：『介言他事乃可，至謂彦博因貴妃得執政，此何言也！』介面質彦博曰：『彦博宜自省，即有之，不可隱於上前。』彦博拜謝不已。樞密副使梁適叱介下殿，介辭益堅，立殿上不去，上令送御史臺劾介。……翼日己亥，中丞王舉正復上疏言責介太重。上亦中悔，恐内外驚疑，遂敕朝堂告諭百官，改介英州別駕，復取其奏以入。」又東軒筆録卷七云：「唐子方始彈張堯佐，與諫官皆上疏。及彈文公，則吴奎畏縮不前，當時謂拽動陣脚。及唐争論於上前，遂并及奎之背約。執政又黜奎，而文公益不安，遂罷政事。」

〔一七〕尋除忠武軍節度使知永興軍　長編卷一七五皇祐五年閏七月辛未條載「御史中丞孫抃言：『朝廷昨者築城境外，衆蕃之心已皆不安。今又特命舊相臨邊，事異常例，是必轉增疑慮，或生他變。況聞知永興軍晏殊秩將滿，朝廷必藉彦博才望，不若遣鎮關中，兼制秦鳳事宜，庶蕃部不至驚擾，在於國體，實爲至便。』」又八月戊申條載觀文殿大學士、吏部尚書、新知秦州文彦博爲忠武節度使、知永興軍兼秦鳳路兵馬事，云「始用孫抃之言也」。

〔一八〕仁宗御殿疾暴作　長編卷一八二嘉祐元年正月甲寅條云：「上御大慶殿受朝。前一夕大雪，至壓宫架折。上在禁庭，跣足禱於天，及旦而霽。百官就列，既捲簾，上暴感風眩，冠冕欹側，左右復下簾。或以指抉上口出涎，乃小愈，復捲簾，趣行禮而罷。」

〔一九〕乃請平章事劉沆判狀尾斬軍門　長編卷一八二嘉祐元年正月壬申條稱「時富弼以疾謁告，彦博請劉沆判狀尾，斬於軍門。彦博初欲自判，王堯臣揑其膝，彦博悟，因請沆判之」。

〔二〇〕嘉祐二年監修國史　按，據長編卷一八四，此事係於嘉祐元年十二月，云：「初，除彦博爲昭文館大學士，止兼譯經潤文使，以劉沆爲監修國史。至是沆罷，彦博始有此命。」

〔二一〕彦博尋以檢校太師同平章事河陽三城節度判河南府　長編卷一八七嘉祐三年五月壬午條云：「初，鹽鐵副使郭申錫受詔行河，與河北都轉運使李參論議不相中，訟參於朝曰：『參繇吕公弼薦，遷諫議大夫爲僥倖；又遣小吏高守忠齎河圖屬宰相文彦博。』御史張伯玉亦奏參朋邪結託有狀。以事連宰相，乃詔天章閣待制盧士宗、右司諫吴中復推劾，而申錫、伯玉皆不實。伯玉以風聞免劾。」又六月丙午條載吏部尚書、平章事文彦博罷爲河陽三城節度使、同平章事、判河南府，云：「郭申錫、張伯玉攻彦博雖不勝，彦博亦不自安，數求退，上許之。」

〔二二〕入爲樞密使　長編卷二〇五治平二年七月庚辰條載淮南節度使、兼侍中文彦博爲樞密使，云：「初，彦博自河南入見，上謂曰：『朕在此位，公之力也。』彦博對曰：『陛下登儲纂極，乃先帝聖意，與皇太后協贊之功，臣何與焉。』上曰：『備聞始議，公於朕蓋有恩者。』彦博遜避不敢當，上曰：『暫煩西行，即召還矣。』彦博行未至永興，亟有是命，又遣中使促之，至永興才數日也。」

〔二三〕固辭乃從　石林燕語卷九云：「神宗既不相潞公，而相陳暘叔，乃詔暘叔班潞公下。潞公辭曰：『國朝未有樞密使居宰相上者，惟曹利用嘗先王曾、張知白。臣忝文臣，不敢亂官制。』力辭久之，不聽，乃班暘叔上。已而閤門言：『舊制，宰相壓親王，親王壓使相。今彥博先升之，則遇大朝會，親王並入，亦當帶壓親王。』潞公復辭，始許班暘叔下。」汪應辰辨云：「按實録，潞公一辭而止，既而閤門奏親王位在文彥博上。今陳升之位彥博下，則前此無親王在宰相上者。潞公於是再辭，從之。」

〔二四〕夏人犯大順城至人皆冤之　長編卷二一四熙寧三年八月己卯條云：「斬環慶路鈐轄李信、慶州東路都巡檢劉甫。初，夏人以兵十萬築壘于其境内，李復圭出陣圖方略，授信、甫及監押种詠，使自荔原堡約時日襲擊。信等如其教，未至賊營，賊兵大至，信等衆纔三千，與戰不利，多所失亡，退走荔原堡。復圭急收前所付陣圖方略，執信等付寧州，命州官李昭用劾以違節制。詠以瘐死。獄成，信等伏誅。荔原堡都監郭貴坐不策應除名，免刺面決配廣南牢城。於是王安石白上言復圭斬李信事甚當，上曰：『文彥博、馮京皆不以爲然。朕謂彥博等，卿且置官職，試以人命觀之，信所陷至八百人，如何反不死乎？』其實夏人初不犯漢地，復圭徼倖邊功，致信等敗衄，人皆冤之。」注曰：「實録云夏人犯大順城，復圭命信等出戰。按，信等敗處乃荔原堡北，非大順城也。荔原堡北事在五月，犯大順城在八月。方敵犯大順城時，信等久已下獄，且將誅矣。朱本以王安石故，多爲復圭諱，輒改墨本云：『信等違復圭教令取敗。』其附傳又云『信等逗留違師期』，皆非事實。范鎮銘復圭墓亦云『信以違節度斬』，蓋緣飾也，今並從元祐墨本及司馬光日記刪修。」

〔二五〕四年軍亂　皇朝編年綱目備要卷一九熙寧四年三月「慶州兵亂，討平之」條云：「王文諒者，夏國用事臣臧訛龐家奴，得罪自歸，王安石薦其才，加閤門祗候。韓絳先遣文諒出界，凡官軍斬級，多奪與蕃軍，至掘塚戮屍爲級。邠寧廣鋭都虞候吳逵嘗與文諒爭馬，文諒怨之，誣以夜至野豬會與賊鬭，呼逵不至，及扇搖軍士。宣撫司送逵慶州獄四十日，絳至慶州將斬逵，部卒喧呼，乃復送獄。數日，賊攻囉兀甚急，絳命慶州出兵牽制，廣鋭兩指揮謀擁逵爲亂，雨作不授甲，乃止，遂焚北門，大譟縱略，斬關而出。林廣説以逆順，多投降者。時逵已擁衆出，餘黨猶在城下，廣諭降者曰：『亂首去矣，爾曹本非同惡，若聽我，不惟得活，且有功。』因收集者百餘人至營，激厲約束，授以兵器，令攻城下兵，擒戮皆盡，城遂平。」

〔二六〕商英坐貶監荊南商税　長編卷二四〇熙寧五年十一月丁卯條載貶太子中允、權監察御史裏行張商英爲光禄寺丞、監荊南税，云：「先是，商英言：『博州官吏失入贓不滿軍賊二人死罪，樞密院檢詳官劉奉世黨庇親戚，令法官引用贓滿五貫絞刑斷例，稱博州官吏不見斷例，失奏裁，止從杖罪取勘。又院吏任遠恣横私徇凡十二事，而樞密院黨庇不案治，外人莫不聞知。』於是樞密使副文彥博、吴充、蔡挺因此不入院，遣吏送印於中書，中書不受。上問之，遣使促彥博等入院，彥博等言：『臺官言臣等黨庇吏人，與之相知，漏泄上語，乞以其章付有司明辨黑白，然後正臣等違命之罪。』商英又言：『乞以臣所言博州失入刑名下有司定奪，并以任遠事送開封府根治。若臣言不當，甘伏斧鉞。』於是王安石曰：『博州事，官吏本無罪，密院尚不合令科應奏不奏之罪。』上曰：『博州事分曉，任遠事如何？』安石曰：『若言取受甚多，令有司如何推究？又恐新法已前，於法不得受理。』上曰：『此在新法前。』安石曰：『如此，則無可推究者。』上曰：『商英當如何行遣？』安石曰：『密院方治御史李則事，商英乃隨攻博州事以報之。李則事，御史所治誠不當，不自咎，更挾忿攻人，豈所謂懷忠良以事君者？』故有是命。」

〔一一七〕除守司空河東節度使判河陽　長編卷二四四熙寧六年四月乙酉條云：「開封府勘到樞密院令史任遠告屬都承旨李評不用新條轉充令史等罪，詔任遠降俸職監當差遣。」注曰：「此據密記四月十二日事，文彥博去位或與此相關。」又己亥條云：「樞密使、劍南西川節度使、守司空兼侍中文彥博罷，授守司徒兼侍中、河南節度使、判河陽，從所乞也。」注曰：「彥博乞罷，實録、正史殊不詳。二十一日已不入，應是與王安石異議。安石既成熙河之功，彥博因力求去也。」宋史文彥博傳稱「彥博在樞府九年，又以極論市易司監賣果實，損國體斂民怨，爲安石所惡，力引去」。

〔一一八〕選人李公義爲鐵龍爪以濬河宦官黃懷信更作濬川杷　長編卷二四八熙寧六年十一月丁未條云：「先是，有選人李公義者建言，請爲鐵龍爪以濬河。其法用鐵數斤爲爪形，沉之水底，繫絙，以船曳之而行。宦官黃懷信以爲鐵爪太輕，不能沉，更請造濬川杷。其法以巨木長八尺，齒長二尺，列於木下如杷狀，以石壓之；兩旁繫大絙，兩端矴大船，相距八十步，各用牛車絞之，去來撓蕩泥沙，已又移船而濬之。王安石甚善其法，嘗使懷信濬二股河。懷信用船二十二隻，四時辰浚河深三尺至四尺四寸，水既趨之，因又宣刷，一日之間又增深一尺。懷信請以五百兵，二十日開六里直河，順二股河水勢，用杷濬治，可移大河令快。上許依懷信所擘畫。安石請令懷信因便相度天臺等埽，作直河，用杷疏浚。上亦許之。」

〔一一九〕下大名府保奏　長編卷二七九熙寧九年十二月癸未條云：「先是，大名府河每歲夏水漲，則自許家港溢出，及秋水落，還復故道，皆在大堤之內。范子淵既用濬川杷開直河受賞，復欲求功，乃令指使諷諸埽申大名府云：『今歲河七分入許家港，三分入故道，恐河勢遂移，乞牒濬川司用杷疏治。』府司從之。會歲旱，港水所浸田不過萬頃，子淵用杷不及一月而罷，時熙寧八年也。其明年，子淵自言去歲大河幾移，賴濬川杷得復故道，出民田數萬頃，其督役官吏，乞加酬獎。事下都水監，監司請優與酬獎，如子淵所乞。始王安石極稱濬川杷可用，故力主子淵。或言子淵于河上令指使分督役卒用杷疏治，各置歷書其課曰：『某日於某埽濬若干步，深若干尺。』其實水深則杷不能及底，虛曳去來，木淺則齒礙沙泥，曳之不動，卒乃反齒向上而曳之。所書之課，悉妄撰不可考驗也。故天下皆指濬川杷爲兒戲。既久，安石亦頗聞之，及都水保奏子淵酬獎，安石遂不信，更下河北轉運、安撫司保奏。」

［三〇］於是知雜御史蔡確亦言本奉使不公　長編卷二八二熙寧十年五月庚午條云范子淵上奏自辯，「上頗惑其言，詔以本等奏送都水監及外監丞司。子淵遂訟本等以七月中北岸水歷定五月中南岸河流漲落，又不皆至河所視其利害；及大名府已嘗保明用杷浚二股功利，牒轉運司；兼本等專取索濬河司事，總四千七百餘紙，即未嘗取索大名府安撫司、轉運司事相參照。而確亦劾本奉使不謹，議論不公，乞更委官定奪是非。故就委確及（黃）履仍即御史臺置獄推究」。

［三一］子淵及本等皆重坐彥博勿問　長編卷二八七元豐元年正月己巳條云：「刑部員外郎、知制誥熊本落知制誥，爲屯田員外郎，分司西京，饒州居住；大理寺丞、權外都水監丞陳祐甫爲潁州團練推官；權知都水監主簿、司農寺主簿、婺源縣丞史逸追兩官，與遠小處合入差遣；權外都水監丞、主客郎中范子淵追一官，差遣依舊，並免勒停；權河北東路轉運副使、金部員外郎陳知儉追一官，衝替。文彥博特放。大名府冠氏、臨清、清平縣干繫官吏、並東流南岸都大司，並令提點刑獄司劾之。其運河置牐，令都水監再相度。本坐按視濬河不實，緣疏濬有河退地二萬二千三百頃，而附會報不以實；法非因公事不得赴州郡酒食，而本違法赴彥博會。子淵所稱河退地雖實，而以二年數誤併爲一年奏上。祐甫、逸、知儉皆附會失實，故有是命。濬川杷僅同兒戲，子淵所陳固多妄，然逸初勸本先行河決利害，乃見彥博，而本言彥博三朝舊臣，小利害安能動摇，又修私敬於彥博。子淵具以告，故上不直本也。」

［三二］熙寧七年北虜再遣蕭禧議地界　長編卷二六二熙寧八年四月丙寅條載先是熙寧七年，遼使蕭素、梁穎既與宋使劉忱、呂大忠「會議地界，久不能決，故遣禧復來」，神宗命韓縝、王師約館伴。禧以八年三月庚子至，「既入辭，猶不行，與縝等争論，或至夜分，留京師幾一月」。其間神宗「遣入内供奉官、勾當内東門司裴昱賜韓琦、富弼、文彥博、曾公亮手詔」顧問對策。故傳文之「熙寧七年」，當作「八年」。

［三三］遂加彥博河東永興軍節度使至兩遣中謁者遺詩以寵其行　長編卷三〇九元豐三年閏九月壬子條載：「詔以文彥博子大理

評事及甫換承事郎，爲祕閣校理。詔於都城門外賜文彦博餞送御筵，令中書、樞密院臣寮同赴。上自爲詩賜之，仍命參知政事章惇爲之序。」又乙卯條載「河東節度使、守太尉、開府儀同三司、判河南府、潞國公文彦博爲河東永興軍節度使，加食邑五百户、食實封二百户。彦博固辭兩鎮，乃止加食邑千户、食實封四百户。……子宗道授承事郎」。時嘉祐初年諸大臣富弼、劉沆、王堯臣皆加爵封。則天子賜「餞送御筵」在前，後二日方下進官封制，與傳文所述不同。

〔三四〕許罷兩鎮　長編卷三四一元豐六年十一月甲寅條注引哲宗實録曰時「詔不許彦博免兩鎮。當考，或以覃恩申命故也」。

〔三五〕乃命平章軍國重事　宋宰輔編年録卷九元祐元年四月壬寅條引丁未録云：「先是，司馬光入爲門下侍郎，首薦彦博。而太皇太后降中使宣諭光曰：『彦博名位已重，又得人心，今天子幼冲，恐其有震主之威。且於輔相中無處安排，又已致仕，難爲復起。』光於是不敢復言。及蔡確罷相，以光爲左僕射，光乃復言：『彦博沈敏有謀略，知國家治體，能斷大事。自仁宗以來，出將入相，功効顯著，天下所共知。年踰八十，精力尚强，若依今官制，用之爲相，以太師兼侍中行僕射，有何不可？儻不欲以劇務煩老臣，則凡常程文書，只委右僕射以下簽書發遣，惟事有難決者，方就彦博咨稟，在陛下臨時優禮爾。願急用之，臣但以門下侍郎助彦博，恐亦時有小補。』奏入，不許。而給事中范純仁亦以彦博老臣，勸上召致之，且言：『天下人心皆望陛下復仁宗之政，今彦博，仁祖舊相，又北京韓絳、南京張方平亦皆仁廟近臣，同時而召，所補尤大。老成難得，歲月易失。』未幾，韓縝求避位，皇太后始賜光密詔，欲除彦博太師兼侍中行右僕射事，光自以爲名禮未正，不敢居彦博上。詔光再議之，光執奏如初。遂命入内内侍省押班梁從吉賫詔，召彦博肩輿赴院。既而御史中丞劉摯、右正言王覿俱上言，彦博春秋高，不可爲三省長官。左正言朱光庭亦三上章，以爲彦博師臣，不宜煩以吏事。若右相則吕公著、韓維、范純仁俱可爲之。上問司馬光，光對：『若令彦博以正太師平章軍國重事，亦足尊老成矣。』又對以宜爲右相者，莫如公著。上以光言俱是而聽焉，命遂下。」

〔三六〕已而彦博屢抗章請去　長編卷三九五元祐二年二月丁亥條注曰：「編年云：『五年二月，太師、平章軍國重事文彦博，山南西道節度使致仕。初，彦博既入，劉摯等簾前論列，謂熙寧間王同老所上文字皆彦博教爲之，乞改史。太皇太后曰：「吾詳知此事，至和中，仁宗不豫，乞立皇嗣者，文太師、富相公、劉相公、王參政功也。嘉祐末，乞英宗爲皇嗣，仁宗升遐，立英宗者，韓相公功也。自不相掩，不須改史。」至是，摯拜相，琦之子忠彦及其客王巖叟秉政，彦博立求去。』按，劉摯此時未拜相，六年二月乃爲右僕射。又太皇太后所言，不知編年何從得之。摯等第二奏云：『蒙宣示本末，不待臣言，而自已見是非之正。』豈即編年所記乎？當考。」又卷四三七元祐五年正月己丑條云：「初，文彥博起爲太師、平章軍國重事，是年九月，劉摯、王巖叟再上疏論韓琦定策功，明年二月，韓忠彥復上疏，既批出付外，踰三年莫有言者。及賈易爲殿中侍御史，乃上疏」云云。而庚寅條載：「太皇太后以易疏示三省，宣諭曰：『韓琦定策功甚詳悉。在仁宗朝，無敢言此事者，惟韓琦一人言之。』忠彥即稱謝簾前，劉摯因請檢元祐初摯與王巖叟二疏，悉付實録院，從之。或曰：『易等爲此，蓋傅會忠彥，攻彥博也。彥博由是不安於位，尋罷去云。』」

〔三七〕降授太子太傅　宋宰輔編年録卷一〇紹聖四年二月甲申條云：「初，紹聖元年六月，臣寮言彥博受國厚恩，不思報効，詆毀政事，怨疾先朝。又言彥博背負國恩，伏請檢詳本末，推考是非。詔彥博年及耄期，四朝舊相，先帝待遇恩禮至厚，宜加闊略，以優老臣，特置不問。四年二月，三省言司馬光、呂公著倡爲姦謀，詆毀先帝，偶緣已死，未正典刑。至於耆老之人，亦宜少示懲沮。奉勅：『文彥博備公卿於三朝，更將相者四紀。起於閭里退居之中，付以軍國平章之重。以理財裕民之政爲暴刻箕斂之科，以經武斥地之動爲寇攘草竊之計。』遂自太師致仕，落河東節度、開府儀同三司、太原尹，特降授太子少保致仕。」

〔三八〕後特命出籍追復太師謚忠烈　宋宰輔編年録卷一〇紹聖四年二月甲申條云：「政和四年四月，御筆：『比覽神考元豐中訓語，及得故臣之子韓粹彥、文及甫所奏，明其父功。審問至和、嘉祐援立定策之勳，文彥博可除罪籍，復舊官與所得恩澤，仍與付國史院記載其實，以爲盡忠任職之勸，可追贈太子太保。』五月，又追復太師。五年七月，彥博之子維申以彥博嘉祐中定策之功，與神宗褒詔來上，特賜謚恭烈。……八年正月，改謚忠烈。」

〔三九〕彥博凝簡莊重顧盻有威　清波雜志卷四云：「裕陵問：『文彥博跛履，韓琦嘶聲，何爲皆貴？』（蕭）注曰：『若不跛履與嘶聲，陛下不得而臣。』」老學庵筆記卷七云：「韓魏公聲雌，文潞公步碎，相者以爲二公若無此二事，皆非人臣之相。」

〔四〇〕位將相五十餘年　鐵圍山叢談卷二云：「國朝禮大臣故事，亦與唐五季相踵。宰相遇誕日，必差官具口宣押賜禮物。其中有塗金鐫花銀盆四，此盛禮也。獨文潞公自慶曆八年入拜，厥後至紹聖歲丁丑，凡五十年，所謂閒鍍鈒花銀盆固在。遇其慶誕，必羅列百數於座右，以侈君賜。當時衣冠傳以爲盛事。」

〔四一〕兩以太師致仕英傑壽俊　按能改齋漫録卷七欲談前事恐無人云：「文潞公嘗曰：『人但以彥博長年爲慶，獨不知閱世既久，内外親戚皆亡，一時交遊凋零殆盡，所接皆邈然少年，無可論舊事者。』」

〔四二〕名聞四夷　蘇軾文集卷一九德威堂銘述云：「公之在朝也，契丹使耶律永昌、劉霄來聘，軾奉詔館客，與使者入覲，望見公殿門外，却立改容曰：『此潞公也耶？所謂以德服人者。』問其年，曰：『何壯也！』軾曰：『使者見其容，未聞其語。其綜理庶務，酬酢事物，雖精練少年有不如。貫穿古今，洽聞强記，雖專門名家有不逮。』使者拱手曰：『天下異人也。』公既歸洛，西羌首領有温谿心者，請於邊吏，願獻良馬於公。邊吏以聞，詔聽之。公心服天下，至於四夷。」

〔四三〕尼惠普以妖妄就逮有司奏搢紳所與簡牘一時公卿多有之　三朝名臣言行録卷三之一太師潞國文忠烈公引温公日録云：「于尼父師旦，密人，本選人，屢以贓失官，編管在蔡。尼嘗適人生子，後爲二鬼所憑，言事或有驗，遂爲尼，名惠普，士庶遠近輻湊，以佛事之。嘗因宦者言邵亢、石全彬、富弼、李柬之肅之宜爲輔相，皆常敬之者也。柬之姪女二人事之，王樂道（陶）命李氏甥爲其母首傳習妖教，收下獄。詔京東差官按之，得諸公書，自韓（琦）、曾（公亮）以下皆有之。」清波雜志卷一二云：「熙寧實録亦載賜蔡州尼惠普號廣慈昭覺大師。惠普有妖術，朝士多問以禍福，富鄭公（弼）亦惑其説。」

〔四四〕謂之洛陽耆英會　邵氏聞見録卷一〇云：「元豐五年，文潞公以太尉留守西都。時富韓公以司徒致仕，潞公慕唐白樂天九老會，乃集洛中公卿大夫年德高者爲耆英會。以洛中風俗尚齒不尚官，就資勝院建大厦曰耆英堂，命閩人鄭奂繪像其中。時富韓公年七十九，文潞公與司封郎中席汝言皆七十七，朝議大夫王尚恭年七十六，太常少卿趙丙、祕書監劉几、衛州防御使馮行己皆年七十五，天章閣待制楚建中、朝議大夫王慎言皆七十二，太中大夫張問、龍圖閣直學士張燾皆年七十。時宣徽使王拱辰留守北京，貽書潞公，願預其會，年七十一。獨司馬温公年未七十，潞公素重其人，用唐九老狄兼謩故事，請入會。温公辭以晚進，不敢班富、文二公之後。潞公不從，令鄭奂自幕後傳温公像，又至北京傳王公像，於是預其會者凡十三人。潞公以地主攜妓樂就富公宅作第一會。至富公會，送羊酒不出；餘皆次爲會。洛陽多名園古刹，有水竹林亭之勝，諸老鬚眉皓白，衣冠甚偉，每宴集，都人隨觀之。」

劉右丞摯傳〔一〕　同前

紹聖四年十二月壬子，鼎州團練副使、新州安置劉摯卒。

摯字莘老，渤海人①。少舉進士，嘉祐中禮部奏名第一，中甲科[二]，調試秘書省校書郎、知冀州南宮縣。舊以税錢五百折絹一疋，民坐破産。摯上于朝，請給半價。時包拯領三司，奏可其事，縣人賴之[三]。徙江陵府觀察推官②。以韓琦薦，召試，補館閣校勘，遷著作郎。

熙寧四年，自同知太常禮院改太子中允。時王安石初秉政，遇摯甚厚，擢爲檢正中書禮房公事，非其好。會遷監察御史裏行，未及陛對，上疏論「亳州獄，小人意在傾摇大臣。今富弼已責，願少寬之[四]」。是時，神宗皇帝勵精求治，摯初面對，被寵獎，言皆聽納。摯感遇，因上疏，其略以爲：「君子小人之分，在義利而已。小人材非不足，特心之所向不在乎義，故欲賞之志每在事先，公爾之心每在私後。陛下有勸農之意，今變而爲煩擾；有均役之意，今倚以爲聚斂。其有愛君憂國之心者，皆無以容於其間。今天下有喜於敢爲之論，有樂於無事之説，彼以此爲流俗，此以彼爲亂常。畏議者以進取爲可恥，嗜利者以守道爲無能。此風浸長，東漢黨錮、有唐朋黨之禍必起矣。願陛下虚心平聽，慎重好惡，收合過與不及之俗，使會歸於大中之道。」又論常平、免役法陳事③。會御史中丞楊繪亦論新政不便，并下其章司農。司農難詰，且劾摯、繪欺誕懷向背，有詔問狀[五]。摯言：「臣待罪言責，采士民之説告于陛下，職也。今乃以有司言下臣問狀，是合與之争口舌，無乃辱陛下耳目之任哉！乞下臣章并司農所奏外廷，考定當否。如臣言有取，願賜察納；言涉欺罔，甘就竄逐。」奏入不報。明日，復上疏曰：

---

① 渤海人　按，忠肅集附録三劉安世原序、宋史劉摯傳稱其永静軍東光人。

② 徙江陵府觀察推官　「江陵府」，長編卷二一〇熙寧三年四月癸未條「江寧府」，似誤。

③ 又論常平免役法陳事　「陳事」，東都事略劉摯傳作「陳十害」。

今天下之勢，未至於安且治者，誰致之邪？陛下注意以望太平，而自以太平爲己任、得君專政者是也①。二三年間，開合動揺，舉天下無一物得安其所者。蓋自青苗之議起，而天下始有聚斂之疑；青苗之議未允，而均輸之法行；均輸之法方擾，而邊鄙之謀動；邊鄙之禍未艾，而助役之事興。其間又求水利淤田，省併州縣，難徧以疏舉。其議財，則市井屠販之人皆召而登政事堂；其征利，則下至曆日官自鬻之。至於輕用名器，淆混賢否，忠厚老成者擯之爲無能，俠少儇辨者取之爲可用，守道憂國者謂之流俗，敗常害民者謂之通變。凡政府謀議，獨與一掾屬決之②，然後落筆，同列與聞，反在其後。故奔競乞丐之人③，其門如市。今羌夷之款未入，反側之兵未安，三邊創痍，流潰未定。河北大旱，諸路大水，民勞財乏，縣官減耗。聖上憂勤念治之時，而政事如此，皆大臣誤陛下，而大臣所用者誤大臣也。

居數日，罷御史，落館職，責監衡州鹽倉[六]。故事，御史不帶兼職，以館職充御史，自摯始也。八年復職，簽書應天府判官事[七]。

元豐初，改集賢校理、知大宗正丞，權發遣開封府推官，改奉議郎。官制行，以朝奉郎爲尚書禮部郎中[八]，又以開封獄空，賜金紫服。六年春，爲右司郎中。五月，坐論事衝替[九]。明年，知滑州。

哲宗即位，召爲吏部郎中，改秘書少監，擢爲侍御史。論貶蔡確[一〇]，及言：「陞朝官薦進士、明經冒濫，舉

---

① 陛下注意以望太平而自以太平爲己任得君專政者是也　「而自以太平」五字原脱，據東都事略、宋史劉摯傳及歷代名臣奏議卷三八治道載「劉摯上疏」補。

② 獨與一掾屬決之　「掾」原作「椽」，據東都事略、宋史劉摯傳及歷代名臣奏議卷三八治道載「劉摯上疏」改。

③ 故奔競乞丐之人　「競」，據東都事略、宋史劉摯傳及歷代名臣奏議卷三八治道載「劉摯上疏」作「走」。

法苛細①，愈於治獄，條目猥多，過於防盜，類不以禮義遇士人，非先皇帝意。」又言：「經義之弊，蹈襲剽賊，有司莫能辨。請雜用詩賦取士，復賢良方正科[一一]；罷常平、免役法。」引朱光庭、王嵒叟爲言官。

元祐元年，爲御史中丞。詔摯與諫議大夫孫覺看詳被罪訴理在元豐八年三月赦前者[一二]。摯言：「何必赦前？自今日以前，皆當看詳。」奏可。上疏言：

上之所好，下必有甚。朝廷意在總覈，下必有刻薄之行；朝廷務行寬大，下必有苟簡之事。習俗懷利，迎意趨和，所爲近似，而非上之意本然也。今因革之政本殊，而觀望之俗故在。昨差役初行，監司已有迎合爭先，不校利害，一概定差，一路爲之搔動者。朝廷察其如此②，固已黜之矣。由此觀之，大約類此。向來黜責數人者③，皆以非法掊克④，市進害民，然非欲使之漫不省事也。昧者不達，矯枉過正，顧可不爲之禁哉？請立監司考績之制。

又言：「臣所領訴理所冤抑，無甚於太學獄者[一三]。本因學生告言學官陰事，勘官求請事外，或摭赦前事爲言，株連證逮，所及上自侍從，下至郡縣舉子，無慮數百千人，遠者或自閩、吴赴逮，本師生以茶藥紙筆通問遺，而文吏當以受所監臨枉法，甚失哀矜恤刑之意。」用是罪多減貸[一四]。

擢中大夫、尚書右丞。二年，除左丞。三年夏，爲中書侍郎。冬，遷門下侍郎⑤。摯與同列奏事，論及人才，

---

① 舉法苛細　「舉」原作「學」，據東都事略劉摯傳改。
② 朝廷察其如此　「如」原作「始」，據東都事略、宋史劉摯傳改。
③ 向來黜責數人者　「來黜」原作「卒點」，據東都事略、宋史劉摯傳改。
④ 皆以非法掊克　「掊」原作「接」，據東都事略、宋史劉摯傳改。
⑤ 冬遷門下侍郎　據長編卷四三五、宋史宰輔表三，劉摯遷門下侍郎在元祐四年十一月癸未，則此處「冬」前似脱「四年」二字。

摯曰：「人才難得，能否不一。性忠實而有才識，上也；材不逮而忠實有餘①，次也；有才而難保，可借以集事，又其次也；懷邪觀望，隨勢改變，此小人，終不可用。」二聖深然之，且曰：「卿等常能如此用人，國家何憂哉！」是時，上臨御累年淵默，未嘗出語可否政事[一五]，宰執屢請時於講筵指事詢問，以廣聽納。其後每有顧問，宰執必申叙其説，從而奏事，遂以爲常。

一日，内降畫可裁定宗室冗費及六曹吏額。房吏請封送尚書，摯曰：「録黄當過門下，今封送何人也？」吏言：「尚書以吏額事，每奏入，必徑下本省已久，今誤至此。」摯曰：「中書不知其它，當如法令。」遂作録黄。初，尚書吏任永壽精捍而猾，與三省吏不相能，具以吏姦告諸宰政，丞相呂大防深然之。是時，户部裁冗費，後省裁定吏額已逾年②，垂就矣，大防盡取其事，置吏額房於都省，召永壽等領之。至是，永壽見録黄，愕曰：「兩省初不與，今安得此？」即稟大防，命兩相各選吏與其事③。以是語摯，摯曰：「中書用法行録黄，非有意與吏爲道地也。今乃使就都省分功，何耶？」其後事畢，永壽積勞補官，餘吏皆遷轉有差④。於是外議洶洶，臺諫交章論列，以謂事在後省久，永壽等攘去纔兩月，而都司擅擬優例冒賞，章疏十上。大防不懌，而士大夫趨利者居間交鬭，於是朋黨之論起矣[一六]。

---

① 材不逮而忠實有餘　「不」字原脱，據庫本及東都事略、宋史劉摯傳補。

② 户部裁冗費後省裁定吏額已逾年　「裁定」二字原闕，據長編卷四四四元祐五年六月末條注引劉仿王知常劉摯行實、忠肅集附録三劉安世原序補；又「裁冗費」，長編卷四四四元祐五年六月末條注引劉仿王知常劉摯行實、忠肅集附録三劉安世原序作「裁節冗費」。

③ 命兩相各選吏與其事　「相」，皇朝編年綱目備要卷二二元祐三年十一月「損吏額」條作「省」，當是；又「各」原作「名」，據庫本及皇朝編年綱目備要卷二二元祐三年十一月「損吏額」條改。

④ 餘吏皆遷轉有差　「遷」原作「選」，據庫本及皇朝編年綱目備要卷二二元祐三年十一月「損吏額」條改。

六年春，拜太中大夫、右僕射兼中書侍郎。是年冬，言者論摯姦回險詐，力引私黨，爲臣不忠，父死於衡，委而不葬，爲子不孝〔一七〕。罷相，以觀文殿學士知鄆州。初，邢恕責官，過京師，書抵摯〔一八〕，摯答有「自愛以俟休復」之語①。會排岸官茹東濟有求於摯不得，見其書，陰録以示中丞鄭雍、侍御史楊畏〔一九〕，二人方論摯，得此，乃釋其語上之曰：「『休復』語出周易，『以俟休復』者，俟它日太皇太后復辟也。」又章惇諸子故與摯之子游，摯亦間與之接，言者謂摯預交惇子爲囊橐，以冀後福。二聖尤不悦〔二〇〕，遂罷政事云。八年，移守青州。

紹聖初，詔：「摯誣詆聖考，愚視朕躬，首陳變法之科，終成棄地之令。縱釋有罪，以歸怨公上；汙巇異己②，以誘脅衆心。」落職知黄州。未至，再貶爲光禄卿，分司南京，鄆州居住〔二一〕。四年春，責爲鼎州團練副使、新州安置。尋卒于貶所〔二二〕，年六十八。不許歸葬。

是年，蔡渭告言文及甫嘗書抵邢恕③，有「司馬昭之心，路人所知」之語，蓋指謂摯嘗有廢立意也。於是逮及甫、恕等繫同文詔獄〔二三〕，命翰林學士蔡京、中書舍人蹇序辰等雜治，卒無佐驗，及甫、恕皆被罪。猶用蔡京奏，明年五月，摯已死，詔以前尚洙所置辭皆已亡，不及考驗，明正典刑〔二四〕，乃免摯諸子官，家屬徙英州。元符三年三月，詔還其家屬，收叙諸子。五月，復摯中大夫〔二五〕。建中靖國元年，因其子跂有言，官給葬事，依前宰臣例〔二六〕。崇寧元年，詔追降朝議大夫。大觀二年，以八寶赦追復朝議大夫〔二七〕。其後，復觀文殿大學士、太中大

① 摯答有自愛以俟休復之語　「自」字原脱，據宋史卷三四二鄭雍傳、宋宰輔編年録卷一〇元祐六年十一月乙酉朔引丁未録補。又，「自愛以俟休復」，長編卷四六七元祐六年十月辛巳條作「爲國自愛，以俟休復」，東都事略、宋史劉摯傳作「永州佳處，第往以俟休復」。

② 汙巇異己　「汙」原作「吁」，據庫本及宋大詔令集卷二〇六劉摯落職降官知黄州制改。

③ 蔡渭告言文及甫嘗書抵邢恕　「邢恕」原作「邢怨」，據文海本、長編卷四九〇紹聖四年八月丁酉條、邵氏聞見後録卷二及東都事略、宋史劉摯傳及下文改。

夫，贈通議大夫。紹興元年，今天子顧哀元祐故老，特贈少師[二八]。

辨證：

[一] 劉右丞摯傳　按，劉摯，東都事略卷八九、宋史卷三四〇有傳。又，劉摯官至尚書右僕射，則此處「右丞」疑當作「右丞相」。

[二] 少舉進士嘉祐中禮部奏名第一中甲科　據宋會要輯稿選舉一之一一，劉摯嘉祐四年禮部試第一；又選舉二之九載劉摯爲進士第四及第。又據下文，劉摯卒於紹聖四年，享年六十八，則其及第時年已三十，當已數次應舉。

[三] 縣人賴之　宋史劉摯傳云南宮「縣比不得人，俗化凋敝，其賦甚重，輸絹匹折税錢五百，綿兩折錢三十，民多破産。摯援例旁郡，條請裁以中價。轉運使怒，將劾之。摯固請曰：『獨一州六邑被此苦，決非法意，但朝廷不知耳。』遂告於朝。三司使包拯奏從其議，自是絹爲錢千三百，綿七十有六。民歡呼至泣下，曰：『劉長官活我！』是時，摯與信都令李冲、清河令黄莘皆以治行聞，人稱爲『河朔三令』」。

[四] 亳州獄小人意在傾摇大臣今富弼已責願少寬之　長編卷二二二熙寧四年四月甲戌條云「摯未及陛對，上言：『亳州官吏昨以住滯俵散青苗本錢，下本路轉運使差官取勘，及今累月，尚未結絶。訪聞命官及干繫人等，在禁者甚衆，遂成大獄，驚駭物聽。臣愚以爲本州官吏所犯，止於不依限支散青苗錢，其罪可以一言定，非有晦隱難窮之狀，而起獄不止，有司未測朝廷風旨，張皇事勢，連逮證佐。當此暑月，殊可矜恤。欲望速降指揮，嚴責勘司，須令日近圓結，其照證人逐旋先次疎放，所貴盛暑不致淹延。』」注曰：「案摯奏議具此。本傳乃云：『獄起不止，小臣意在傾故相富弼以市進。今弼已責，願寬州縣之罪。』此飾説也，兼此時弼亦未責，傳蓋因劉安世所作摯文集序。司馬光日記：『劉摯爲檢正官，介甫（王安石）將黜富公，摯數諫止之，由是出爲御史，富公竟坐奪使相。摯上言亳州簿尉、典級皆坐不散青苗錢申劾，以前宰相所爲，豈此曹所能制？由是簿尉以下特宥之。當是時，摯在臺諫中最爲敢言。周伯藥云。』」

[五] 司農難詰且劾摯繪欺誕懷向背有詔問狀　宋史劉摯傳云：「會御史中丞楊繪亦言其非，安石使張琥作十難以詰之，琥辭不爲，司農曾布請爲之。既作十難，且劾摯、繪欺誕懷向背。詔問狀，繪懼謝罪。摯奮曰：『爲人臣豈可壓於權勢，使天子不知利害之

實？』即條對所難，以伸其說。」

［六］罷御史落館職責監衡州鹽倉　宋史劉摯傳稱其「疏奏，安石欲竄之嶺外，神宗不聽，但謫監衡州鹽倉。……摯乞詣鄆遷葬，然後奔赴貶所，許之」。按，習學記言序目卷四九皇朝文鑑三奏疏云：「呂氏言劉摯善爲疏，其攻短安石，模寫精妙，情態曲盡，而無迫切誅忿之氣，一時莫能及，然不爲安石所忌惡，但言其妄作，愚而易見爾。蓋名素輕，所與奪不能動俗。神宗嘗問摯從安石學否，可見也，故其受謫亦薄。」

［七］八年復職簽書應天府判官事　據長編卷二五八，其復職在熙寧七年十二月甲戌，且云「時責降應復者四十餘人，呂惠卿意所惡者輒廢格不行，胡宗愈、劉摯皆坐言事落職外補，宗愈又先責。至是，惟摯復舊職，宗愈通判蘇州如故，十年再赦，乃復舊職。摯嘗言曾布，而布尤爲惠卿所惡故也」。注曰：「此據司馬光記聞，當考，恐此時未復舊職不但宗愈一人。」

［八］以朝奉郎爲尚書禮部郎中　宋史劉摯傳云：「神宗開天章閣，議新官制，除至禮部郎中，曰：『此南宮舍人，非他曹比，無出劉摯者。』」

［九］五月坐論事衝替　長編卷三三四元豐六年四月己巳條云：「左右司言：『御史臺察開封府不置承受條貫聚聽供呈歷，據刑部、編敕所定奪，各言所察允當。然看詳敕意，止爲州縣立法，故令案察官點檢，於開封府既無案察官司，於上條似無所礙。其因臺察後輒旋置歷，乃是御史所當察。』詔：『依刑部、編敕所定，開封府官吏令大理寺劾罪以聞。』尚書省左右司所申，顯有觀望，右司郎中劉摯衝替，係事理重。』居數日，詔改爲『事理輕』。時王安禮言：『摯以觀望罷黜，陛下必以臣嘗知開封府，故摯於開封府不置供呈條貫歷，不敢指以爲罪。』上曰：『非爲如此，摯亦嘗爲開封府判官。』安禮曰：『開封府不置歷之罪，止於應行下不行下爾，失滅、從滅之外，法或不及知府。兼臣與摯同時在府，既皆去官，又所坐皆在赦前，恐別無觀望。』上曰：『論法至輕，觀望未必有。劉摯衝替，可改作「事理輕」。』王珪曰：『欲改作「稍重」。』上曰：『既無觀望，豈宜更作「稍重」？所謂「灼見三有俊心」者當欽識百辟享，亦識其有不享。今執政既爲開陳，明知其非罪，不當不與辨正也。』安禮曰：『摯在都省，每白公事，必至聚聽處，未嘗間見執政。此一事已可稱。』章惇曰：『事固未嘗有兩可者。其鹵莽極當責，若以爲觀望，則實無之。臣見蔡確言此事皆吏人盧宗彦執覆，確亦嘗詰難宗彦，然則摯應坐不能詰伏宗彦，此事可責而情可矜也。摯爲人平直不反覆，前此左右司皆間見執政，摯止於都堂白事，蓋與宰府掾屬持兩端以取容者有間矣。』安禮

曰：『摯實有行義，爲士大夫所知，忽被此惡名而去，臣若自以小嫌不爲辨直，使賢者之行不爲明主所察，臣不忍也。』蔡確曰：『摯固善士，但嘗異論爾。』上曰：『異論是昔時事。』惇曰：『摯自被逐，不復異論。人豈不容改過？』確曰：『臣前日已嘗論奏，此事實出於吏人爾。』故有是命。左右司郎官舊以執政分廳，時間見白事，日暮不徧，或事急速，又歷造私第；議設有異，則往返傳達，事多留壅。摯以問吏，吏對曰：『前時郎官願如此。』摯乃白執政，請以都堂聚時稟事，可否面決，無傳言留壅之弊；其例熟體細，房吏請筆如故事。皆曰：『諾。』自是事皆公決，上下便之；然他郎官不敢間見執政，執政私意亦無所授，陰不樂者甚衆。摯罷去，郎官復分廳白事如故。」

〔一〇〕論貶蔡確　宋史劉摯傳云：「蔡確爲山陵使，神宗靈駕發引前夕不入宿，摯劾之，不報。及使回，既朝即視事，摯又奏確不引咎自劾。無何，確上表自陳，嘗請收拔當世之耆艾，以陪輔王室，蠲省有司之煩碎，以慰安民心。摯謂：『使確誠有是請，不言於先朝，爲不忠之罪；言於今日，爲取容之計。誠無是請，則欺君莫大於此。』又疏確過惡大略有十，論章惇凶悍輕傲，無大臣體，皆罷去。」

〔一一〕請雜用詩賦取士復賢良方正科　燕翼貽謀録卷五云：「國朝因唐制取士，只用詞賦，其解釋諸經者，名曰『明經』，不得與進士齒。王安石罷去詞賦，惟以經義取士。元祐元年十一月，立經義、詞賦兩科，用侍御史劉摯之言也。」

〔一二〕詔摯與諫議大夫孫覺看詳被罪訴理在元豐八年三月赦前者　宋會要輯稿職官三之七五云：「哲宗元祐元年閏二月四日，三省言：『元豐八年三月六日赦恩已前命官諸色人被罪，今來進狀訴理，據案已依格法。慮其間有情可矜恕，或事涉冤抑，合從寬減者，欲委官看詳聞奏。』詔御史中丞劉摯、右諫議大夫孫覺看詳以聞。二月十四日，管勾看詳訴理所言：『看詳進狀訴理人不若立定期限，竊慮無以結絶。欲乞應熙寧元年正月已後至元豐八年三月六日赦前命官諸色人被罪合行訴理，並自降今來指揮日與限半年進狀，先從有司依法定奪。如内有不該雪除，及事理有所未盡者，送本所看詳。』從之。八月六日，右正言王覿言：『臣伏見今年閏二月五日勑節文，勘會元豐八年三月六日赦恩已前命官諸色人被罪，今來進狀訴理，據案已依格法。慮其間有情可矜恕，或事涉冤抑，合從寬減者，委官看詳奏聞。並今年三月十五日勑節文，赦前命官諸色人被罪合行訴理，限半年進狀。臣竊聞自有上件朝旨置局以來，凡有情可矜恕、事涉冤抑，獲申雪者甚多。中外人情既知朝廷哀矜冤抑，故見今陳訴者未已。而旦夕半年之限將滿，竊恐疎遠銜冤人，聞詔後時，未及自陳者尚衆。臣欲乞指揮下訴理所，更與寬展日限，庶幾銜冤之人皆得洗雪，可以推寬聖恩，感召和氣。』貼黄稱：『檢會元豐公式令，諸赦書許官員訴雪過犯，自降赦日二年外投狀者，不得受接。即是常赦許官員訴理，刑部猶限二年。若該元豐八年三月六日赦恩者，刑部自須至來年三月六日赦恩者刑部方不接狀。所有今來理訴所日限，欲乞依前項令文，展至元祐二年三月五日終。如此則凡經刑部定奪不該雪除者，理訴所皆詳看施行。』詔展訴理所日限至元祐二年三月五日終。」

［一三］無甚於太學獄者　東軒筆録卷六云：「王荆公在中書，作新經義以授學者，故太學諸生幾及三千人，以至包展錫慶院、朝集院，尚不能容。又令判監、直講程第諸生之業，處以上、中、下三舍，而人間傳以爲凡試而中上舍者，朝廷將以不次升擢。於是輕薄書生，矯飾言行，坐作虚譽，奔走公卿之門者如市矣。會秋試有期，而御史黄廉上言：『乞不令直講、判監爲開封國學試官。』又有饒州進士虞蕃伐登聞鼓，言：『凡試而中上舍者，非以勢得，即以利進，孤寒才實者，例被黜落。』上即此二説，疑程考有私，遂下蕃於開封府，而蕃言參知政事元絳之子耆寧嘗私薦其親知，而京師富室鄭居中、饒州進士章公弼等，用賂結直講余中、王沇之、判監沈季長，而皆補中上舍。是時許將權知開封府，惡蕃之告訐，抵之罪。上疑其不直，移劾於御史府，追逮甚衆。而蕃言許將亦嘗薦親知於直講，於是攝許將、元耆寧及判監沈季長、黄履、直講余中、唐懿、葉濤、龔原、王沇之、沈銖等皆下獄。其間亦有受請求及納賄者。獄具，許將落翰林學士，知蘄州；沈季長落直舍人院，追官勒停；元耆寧落館職，元絳罷參知政事，以本官知亳州；王沇之、余中皆除名，其餘停任。諸生坐決杖編管者數十，而士子奔競之風少挫矣。」長編卷四〇九元祐三年三月癸亥條載左正言丁騭奏云：「太學之獄至於六七，而沈季長、葉濤、王沇之、葉濤、唐懿、余中、沈銖、孫諤、龔原、周常等無辜被罪，太學生非理而死者不可勝數。」

［一四］用是罪多减貸　長編卷三八六元祐元年八月「是月」條注曰：「摯前章乞立監司考績之制，後章特寛太學獄，奏議相屬，在乞召張方平陪祠前。劉仿等所次行實亦聯書之。新録摯傳蓋因行實稱『用是罪多减貸』，乃行實云爾，不知監司考績之法竟立與否？傳及行實俱不言也。」

［一五］上臨御累年淵默未嘗出語可否政事　按，宋史卷三四二王巖叟傳有「司馬康講洪範至『乂用三德』，哲宗曰：『止此三德，爲更有德？』蓋哲宗自臨御淵默不言，巖叟喜聞之」云云。又朱子語類卷一二七云：「哲宗常使一舊桌子，不好。宣仁令换之，又只如此在。問之，云：『是爹爹用底。』宣仁大慟，知其有紹述意也。又劉摯嘗進君子小人之名，欲宣仁常常喻哲宗使知之。宣仁曰：『常與孫子説，然未曾了得。』宣仁亦是見其如此，故皆不肯放下，哲宗甚銜之。紹述雖是其本意，亦是激於此也。」三朝名臣言行録卷一一之三丞相蘇公引蘇氏談訓云：「祖父執政時，諸公奏對，惟稟旨宣仁，哲宗有言，或無對者。祖父奏事宣仁畢，必再稟哲宗，有宣諭必告諸公，以

聽聖語，哲宗蓋默識之。後罷相，周秩爲御史，嘗論元祐執政，至祖父，上曰：『蘇某知君臣之義，與它人不同。』」

〔一六〕於是朋黨之論起矣　長編卷四四四元祐五年六月末條注引劉仿、王知常劉摯行實云：「時公已遷門下，每於上前開陳吏額本末，此皆被省者鼓怨，言者風聞過實，不足深罪。吕丞相亦以語客曰：『使上意曉然者，劉門下力也。』然自此怨公益甚，陰謀去之，遂引楊畏在言路，諫官疏其姦邪反覆，章十餘上，竟不能回。士大夫趨利者詾詾交攻其事，於是朋黨之論起矣。」

〔一七〕父死於衡委而不葬爲子不孝　長編卷四六七元祐六年十月壬午條注曰：「案摯罷相，非坐不孝。……紹聖元年閏四月十一日，左司諫翟思始言摯不葬其父。方罷相時，言者未及此也。實録摯新舊傳並云：『元祐六年冬，言者論摯姦回險詐，力引私黨，爲臣不忠，父死于衡，委而不葬，爲子不孝，罷相。』作舊本者崇飾淫辭可也，新本略不爲辨明，豈不知摯罷相自有所坐乎？」

〔一八〕邢恕責官過京師書抵摯　長編卷四六七元祐六年十月辛巳條云：「初，邢恕服喪，貶永州，喪除赴貶所，舟行過京師，摯與恕故相善，因以簡別摯。」又卷四二九元祐四年六月甲辰條注曰：蔡確因車蓋亭詩案被貶後，「中丞傅堯俞疏：『邢恕爲確腹心之黨，乞行遣此一人，餘勿問。』侍御史朱光庭亦論恕附確。右正言劉安世疏：『恕所謂四社稷臣，蔡確、章惇定策於内，中丞黄履助之於外，恕往來預議於其間。乞明辨以正其罪。事在有司可明者四：元豐七年秋宴，先帝令延安郡王出見群臣，事已定，一也；延安郡王即今上；先帝疾浸亟，太母不令二王入侍，遠嫌如此，二也；二月二十九日，太母手出皇帝所寫爲神考祈福消災經一卷，令大臣看，當日遂降詔立皇太子，三也；親賢宅才畢，不候服除，太母便令二王遷出，四也。』二十八日，恕落職降一官，添差監永州鹽酒税，候滿日更不差官，令所在官司收告，候本官服闋日給付。」

〔一九〕會排岸官茹東濟有求於摯不得見其書陰録以示中丞鄭雍侍御史楊畏　長編卷四六七元祐六年十月辛巳條云：「持簡者問監東排岸官茹東濟：『恕舟安在？』東濟，傾險人也，數有求於摯弗得，怨之，亟取摯簡録其本，送鄭雍、楊畏。二人者，方彈劾摯與王鞏連姻事未竟。」又癸酉條云：「御史中丞鄭雍、殿中侍御史楊畏對甚久，論右僕射劉摯及右丞蘇轍也。雍言摯略云：『摯久據要路，遍歷三省，始因言事得進，即與其意合者共進退人。』又云：『摯爲執政，其下多引在要任，或爲兩省屬官，或在言路。摯所不悦，則舍人、給事繳駁，言路彈奏。』又云：『摯引趙君錫爲中丞，摯厭賓客，君錫申明謁禁，朝行中言君錫爲執政止客。又薦葉伸爲臺官，以合摯意。陰與賈易相結，摯所不悦，則奮力排擊。』又云：『葉伸曾任臺簿，摯所舉，未久除兩浙運判，又升運副，召爲省郎。趙君錫薦伸御史，伸不就，即除左司，又除河北運副。』又云：『林自爲鄆州教授，自言爲鄆州人劉仿所奪，仿與摯兒男遊從，仿命未下已前，仿自言已得教授。』又云：『趙彦若男仁恕自盜贓滿，不候勘正，便取旨斷放。彦若是摯親家。』又云：『王鞏不檢事體量未到間，堂除密州，體量得實，罷密州，無銜替指揮。趙君錫、莊公岳承望風旨，新通判密州任林積不敢體量，謝景温妄奏鞏非罪，緣摯男娶鞏女。』又云：『未舉御史，爲朝廷多摯門下人。摯善牢籠士人，不問善惡，雖贓汙久廢之人，亦以甘言誘致。如龔原、王沇之、詹適、孫諤，悉與除落罪名。與吕温卿湖州、明州，延接章惇男援，有同骨肉，送簡帖與邢恕。』又具摯黨人姓名：王巖叟、劉安世、韓川、朱光庭、趙君錫、梁燾、孫升、王覿、曾肇、賈易、楊康國、安鼎、張舜民、田子諒、葉伸、趙挺之、盛陶、龔原、劉槩、楊國寶、杜純、杜紘、詹適、孫諤、朱京、馬傳慶、錢世雄、孫路、王子韶、吴立禮，凡三十人。」

〔二〇〕二聖尤不悦　長編卷四六七元祐六年十月辛巳條稱鄭雍、楊畏二人「又言摯嘗館章惇之子于府第。太皇太后怒，面責摯反復曰：『公當一心朝廷，若章惇者，雖以右僕射與之，未必喜也。』摯皇恐不敢對」。

〔二一〕再貶爲光禄卿分司南京蘄州居住　宋宰輔編年録卷一〇紹聖四年二月癸未條云：「初，紹聖元年五月，臣僚言劉摯昨爲言官，引王巖叟、朱光庭、劉安世等，論變法于下，司馬光、吕公著行之于上。摯爲罪首，合正典刑。摯遂自觀文殿學士、左太中大夫、知青州落職，降授左朝議大夫、知黄州。未幾，三省言臣寮前後論列劉摯姦惡，罪大責輕，乞正典刑。遂罷知黄州，試光禄卿，分司南京，蘄州居住。」

〔二二〕尋卒于貶所　忠肅集附録三原序云劉摯「居數月，得微疾，公自謂將終，戒飭後事，精神不亂，安卧而斃」。朱子語類卷一三〇自熙寧至靖康人物云：「劉莘老死亦不明，今其行狀似云死後以木匣取其首，或云服藥，或云取首級，皆無可考。」又云：「劉摯、梁燾諸公之死，人皆疑之，今其家子孫皆諱之。然當時多遣使恐嚇之，又州郡監司承風旨皆然，諸公多因此自盡。……梁、劉之死，先吏部作實録云：『梁燾、劉摯同時死嶺表，人皆冤之。』」

〔二三〕於是逮及甫恕等繫同文詔獄　長編卷四九〇紹聖四年八月丁酉條云：「承奉郎、少府監主簿蔡渭奏：『臣叔父碩，曩於邢恕處見文及甫元祐中所寄恕書，具述姦臣大逆不道之謀。及甫乃文彦博愛子，必知當時姦狀。』詔翰林學士承旨蔡京、同權吏部侍郎安惇即同文館究問。初，及甫與恕書，自謂『畢禫當求外，入朝之計未可必，聞已逆爲機穽以榛梗其塗』。又謂『司馬昭之心，路人所知，又濟之以粉昆，朋類錯立，欲以眇躬爲甘心快意之地。』及甫嘗語蔡碩，謂『司馬昭』指劉摯，『粉昆』指韓忠彦，『眇躬』及甫自謂。蓋俗謂駙馬都尉曰『粉侯』，人以王師約故，呼其父克臣曰『粉爹』，忠彦乃嘉彦之兄也。及甫除都司，爲劉摯論列。又摯嘗論彦博不可除三省長官，故止爲平章事。彦博致仕，及甫自權侍郎以修撰守郡，母喪除，及甫與恕書論請補外，因爲躁忿詆毀之辭。及置對，以『昭』比摯，將謀廢立，『眇躬』乃以指上，而『粉昆』指王巖叟、梁燾。巖叟面如傅粉，燾字況之，以『況』爲『兄』也。及甫初赴獄，京等説之曰：『此事甚大，侍郎無預，第對以實即出矣。』及甫既妄自解釋其書，又言『父彦博臨終屏左右，獨告以摯等將謀廢立，故亟欲罷平章事』。問其證驗，則俱無有也。」

〔二四〕詔以前尚洙所置辭皆已亡不及考驗明正典刑　長編卷四九〇紹聖四年八月丁酉條注曰：「邢恕言晉州某縣主簿尚洙、懷州致仕官朝散郎李洵知劉摯等所謀，乃追尚洙下獄，李洵以老就問，初供昏老不記，再問依違供答，未幾洵以憂死。尚洙無可供，放還任，文及甫亦放歸。此邵伯温所記也。……尚洙知晉州冀氏縣，非主簿也。」

〔二五〕復摯中大夫　宋史劉摯傳稱時其子「跂又伏闕訴及甫之誣，遂貶及甫并渭於湖外，復摯中大夫」。

〔二六〕官給葬事依前宰臣例　忠肅集附録三劉安世原序云：「崇寧元年正月癸酉，葬公於鄆州須城縣大谷山之原先塋之東，曹國夫人任氏祔焉。有詔特依前宰臣例。又除公壻通直郎蔡蕃知陽穀縣，應副葬事。」

〔二七〕以八寶赦追復朝議大夫　按皇朝編年綱目備要卷二八載重和元年正月，「御大慶殿，受定命寶，大赦」。建炎以來朝野雜記甲集卷四制作八寶云：「御寶備於政和。自太祖開基，始有『大宋受命之寶』。後諸聖嗣服，皆自爲一寶，以『皇帝恭膺天命之寶』爲文。元符間，既得漢傳國璽，因以爲『受命寶』。『受命于天，既壽永昌。』大觀初，又得良工，倣古作天子、皇帝六璽。已而，徽宗又作『鎮國璽』。『承天福，延萬億，永無極。』通號『八寶』焉。」

〔二八〕特贈少師　要録卷四六紹興元年七月辛酉條載「故追復觀文殿學士劉摯贈少師，後謚忠肅，以其子知開州長歷有請也」。按，吕祖謙全集東萊集卷十四東萊公家傳有云「河間劉長歷，丞相莘老之孫也」，稱「子」不確。

名臣碑傳琬琰集下卷十四

王荆公安石傳[一]　實録

元祐元年四月癸巳，觀文殿大學士、守司空、充集禧觀使、荆國公王安石薨。

安石字介甫[二]，撫州臨川人。父益，都官員外郎[三]。安石少有大志，慶曆二年登進士甲科[四]，簽書淮南節度判官廳公事。代還，例當進所業試館職，安石獨不進，特召試，亦固辭。知明州鄞縣，通判舒州，除知建昌軍，不赴。召爲群牧判官[五]，差提點府界諸縣鎮公事，出知常州，提點江南東路刑獄[六]。入爲三司度支判官，獻萬言書[七]，極陳當世之務。居頃之，除直集賢院，累辭不獲命，始就職。嘉祐五年四月，除同修起居注，固辭不拜[八]。十一月申前命，章又五上，不許。遂除知制誥，糾察在京刑獄，移判三班院[九]，同知嘉祐八年貢舉。丁母憂，服除，英宗朝累召不赴[一〇]。

神宗在藩邸，見其文異之，及即位，就除知江寧府，召爲翰林學士[一一]。初入對，上曰：「方今治當何先？」安石曰：「以擇術爲先。」上曰：「唐太宗何如？」安石曰：「陛下當以堯舜爲法，太宗所知不遠①，所爲不盡合先

① 太宗所知不遠　「遠」原作「近」，據東都事略王安石傳及皇朝編年綱目備要卷一八熙寧元年「夏四月，王安石入對」條、長編紀事本末卷五九王安石事迹上改。

王，但乘隋亂①，子孫又皆昏惡，所以獨見稱述。堯舜所爲，至簡而不煩，至要而不迂②，至易而不難。但末世學者不能通知，常以爲高不可及，不知聖人經世立法，以中人爲制也。」上曰：「卿可謂責難於君。朕自視眇然，恐無以副卿此意。可悉意輔朕，庶同濟此道。」

一日講席，群臣退，上留安石坐，曰：「有欲從容與卿議論者。」因言：「唐太宗必得魏鄭公，劉備必得諸葛亮，然後可以有爲，二子誠不世出之人也。」安石曰：「陛下誠能爲堯舜，則必有皋夔稷契；陛下誠能爲高宗，則必有傅説。魏鄭公、諸葛亮皆有道者所羞，何足道哉！以天下之大，人民之衆，百年承平，學者不爲不多，然常患無人可以助治者，以陛下擇術未明，推誠未至，雖有皋夔稷契之賢，亦必爲小人所蔽，因卷懷而去耳。自古患朝廷無賢者，以人君不明，好近小人故也。好近小人，則賢人雖欲自達，無由矣。」上曰：「自古治世，豈能使朝廷無小人？雖堯舜之時，豈能無四凶？」安石曰：「唯能辨四凶而誅之，此乃所以爲堯舜也。若使四凶得肆其讒慝，則皋夔稷契亦安能苟食其禄以終身乎？」未幾，除諫議大夫、參知政事[一二]。

安石既執政，上曰：「人皆不能知卿，以爲卿但知經術，不可以經世務[一三]。」安石曰：「經術者，所以經世務也。後世所謂儒者，大抵皆庸人，故世俗皆以爲經術不可施於世務。」上曰：「朕察人情，比於卿，有欲造事傾摇者。朕嘗以吕誨爲忠實，嘗毁卿於時事不通，趙抃、唐介數以言扞塞，惟恐卿進用，卿當力變此風俗。不知卿所施設，以何爲先？」安石曰：「變風俗，立法度，最方今所急也。」於是青苗、市易、坊場、保甲、保馬、導河、免役之

① 但乘隋亂　「隋亂」二字原闕，據東都事略王安石傳及皇朝編年綱目備要卷一八熙寧元年「夏四月，王安石入對」條補；庫本作「詐取」。

② 至要而不迂　「迂」原作「污」，據庫本、東都事略王安石傳及皇朝編年綱目備要卷一八熙寧元年「夏四月，王安石入對」條、長編紀事本末卷五九王安石事迹上改。

政相繼並興，設制置三司條例司，與知樞密院事陳升之同領之。

御史中丞呂誨論安石十事，以爲慢上無禮，見利亡義，要君取名，用情罔公，以私報怨，怙勢招權，專政害國，凌轢同位，朋姦害政，商榷財利，以動搖天下。疏奏，安石求去位，上爲出誨[一四]。知雜御史劉述①、侍御史劉琦、侍御史裹行錢顗又交論安石專肆胷臆，輕易憲度，與陳升之合謀侵奪三司吏柄，願罷免以慰天下②；殿中侍御史孫昌齡亦繼言，皆坐貶[一五]。同知諫院范純仁既抗疏論辨，又申中書，謂：「安石欲求近功，忘其舊學。尚法令則稱商鞅，言財利則背孟軻。鄙老成爲因循之人，棄公論爲流俗之語。異己者指爲不肖，合意者即謂才能。」且謂宰相曾公亮依隨，參知政事趙抃不能力救，請罷安石機務，留之經筵。詔罷純仁諫職。呂公著代呂誨爲中丞[一六]，亦請罷條例司并青苗等法；諫官孫覺、李常、胡宗愈，御史張戩、王子韶、陳襄、程顥③，皆論列安石變法非是，以次罷去。

前宰相韓琦上疏論青苗法[一七]，乞罷諸路提舉官，委提點刑獄官依常平舊法行之。奏至，安石稱疾求分司，上不許。時翰林學士司馬光當批答，安石指言有「士大夫沸騰，黎民騷動」之語[一八]。上以手詔諭曰：「詔中二語，乃爲文督迫之過，而朕失於詳閱，當令呂惠卿諭指。」翌日，安石入謝，因爲上言中外大臣、從官、臺諫、朝士朋比之情，且曰：「陛下欲以先王之正道勝天下流俗，故與流俗相爲輕重。流俗權重，則天下之人歸流俗；陛下權重，則天下之人歸陛下。權者與物相爲輕重，雖千鈞之物，所加損不過銖兩而移。今姦人欲敗先王之正道，以沮

① 知雜御史劉述　「劉述」原作「釗述」，據東都事略、宋史王安石傳及宋史卷三二一劉述傳改。

② 願罷免以慰天下　「慰」原作「尉」，據文海本、庫本改。

③ 程顥　原作「陳顥」，據庫本及東都事略、宋史王安石傳改。按，程顥，宋史卷四二七有傳。

天下，與流俗之權適争輕重之時，加銖兩之力，則用力至微，而天下之權已歸於流俗矣，此所以紛紛也。」上以爲然，安石乃視事[一九]。

熙寧三年十二月，拜禮部侍郎、同中書門下平章事、監修國史。御史中丞楊繪陳免役有難行者五，御史劉摯陳十害，坐黜[二〇]。御史林旦、薛昌朝①、范育皆以言李定忤安石，罷[二一]。知雜御史謝景温初附安石②，亦以不合去[二二]。六年三月，命知制誥吕惠卿修撰經義，以安石提舉，而子雱兼同修撰③，固辭，弗聽[二三]。王韶取熙、河、洮、岷、疊、宕等州④，安石率群臣入賀，上解所服玉帶賜安石[二四]，遣内侍諭旨曰：「洮河之舉，小大並疑，惟卿啓迪，迄有成功。今解所御帶賜卿，以旌卿功。」安石再拜固辭，不許。安石益自任，時論卒不與，上疑之。慈聖光獻、宣仁聖烈皇后間見上，流涕言新法之不便者，且曰：「王安石亂天下[二五]。」上亦流涕，退命安石議裁損之，安石重爲解，乃已。

熙寧七年四月，上以久旱，百姓流離，憂形顔色，每輔臣進見，嗟歎懇惻，益疑法之不便。安石不悦，求避位，上固留之，請愈堅，遂拜吏部尚書、觀文殿大學士、知江寧府[二六]。仍詔出入如二府儀，大朝會綴中書門下班，依舊提舉修撰經義。明年二月，拜同中書門下平章事、昭文館大學士[二七]。六月，三經義成，拜尚書左僕射、門下侍郎。

初，吕惠卿爲安石所知，驟引至執政。安石去，惠卿遂背之。安石再相，於是起華亭詔獄，而徐禧、王古、蹇

① 薛昌朝　原作「薛昌朋」，據長編卷二一九熙寧四年正月丁未條及東都事略、宋史王安石傳改。

② 知雜御史謝景温初附安石　「温」字原脱，據東都事略、宋史王安石傳及宋史卷二九五謝景温傳補。

③ 而子雱兼同修撰　「雱」原作「雩」，據庫本及東都事略王安石傳、宋史卷三二七王雱傳改。按，下文同改。

④ 王韶取熙河洮岷叠宕等州　「宕」原作「岩」，據長編卷二四七熙寧六年九月辛巳條、東都事略王安石傳、宋史卷一五神宗紀改。

周輔三輩按之，惠卿情不得[二八]。緣練亨甫、呂嘉問以鄧綰所條惠卿事交關其間，復爲惠卿所中，語連安石子雱，既病，坐此憤恚而卒[二九]。安石憂傷，益不堪，祈解機務。九年十月，拜檢校太傅，依前尚書左僕射、鎮南節度、同中書門下平章事、判江寧府[三〇]。安石懇辭，丐以本官領宮觀。上遣内侍王從政齎詔敦諭，須視事乃還。從政留金陵累月，安石請不已，許以使相爲集禧觀使；又累辭使臣①，乃以本官爲觀文殿大學士，領使如故。

元豐三年九月，拜特進，封荊國公[三一]。哲宗即位，拜司空。明年四月癸巳薨，年六十六。再輟視朝，贈太傅，推遺表恩七人，詔所在給葬事[三二]。紹聖初，謚文公[三三]，配享神宗廟廷。用子旁郊祀恩，贈太師。崇寧二年，詔配祀文宣王廟。政和三年，封舒王[三四]。靖康元年，從諫議大夫兼國子祭酒楊時言，停文宣王廟配享，列于從祀。建炎二年夏，以久陰不解，詔百執事赴都堂，給札條具時政闕失。司勳員外郎趙鼎言：「自紹聖以來，學術政事敗壞殘酷，禍貽社稷，其源實出於安石。今安石之患未除，不足以言政。」於是罷安石配享神宗廟廷。靖康初，廷臣有建議乞罷安石配享者，争議紛然，卒無定論，至是始決。紹興四年八月，吏部員外郎呂聰問請奪安石謚，有詔追所贈王爵。

初，安石提舉修撰經義，訓釋詩、書、周官，既成，頒之學官，天下號曰「新義[三五]」。晚歲居金陵，爲字説二十四卷②[三六]，學者争傳習之，凡以經試于有司，必宗其説，少異輒不中程。先儒傳注既盡廢，士亦無復自得之學[三七]，故當時議者謂王氏之患在好使人同③[三八]。靖康初，始詔有司取士擇經説優長者，無專主王氏。

① 又累辭使臣　「使臣」，據長編卷二八七元豐元年正月乙卯條及上下文義，似當作「使相」。

② 爲字説二十四卷　「二十四卷」，東都事略王安石傳、玉海卷四三熙寧是正文字、宋史卷二〇二藝文志一同，晁志卷四作「二十卷」，長編紀事本末卷一三〇尊王安石作「二十二卷」。

③ 故當時議者謂王氏之患在好使人同　按，據蘇軾文集卷四九答張文潛縣丞書「而患在於好使人同己」云云，疑「使人同」下脱一「己」字。

安石早有盛名，其學以孟軻自許，荀況、韓愈不道也。性强忮[三九]，遇事無可否，信所見，執意不回。司馬光謂其泥古，所爲迂闊；吴奎謂嘗與安石同領群牧，備見其自用護前。嘉祐末，韓琦作相，安石糾察在京刑獄，争刑名不當，有旨釋罪，安石堅不入謝，意琦抑之。會以憂去職，服除，三召，終琦在相位不至。神宗謂「人言安石姦邪則過，但太執，不曉事耳[四〇]」。唐介謂安石好學，惟護前。初，除安石爲翰林學士，命下數日，琦罷相，安石始造朝。其初執政也，宰相在告，進除目出侍從官，趙抃引故事争，安石辨益强，卒從之。至議變法，上未嘗不疑，在廷臣交執不可[四一]，安石傳經義出己意，辨論輒數百言，衆人不能詘。甚者謂「天變不足畏，祖宗不足法」，又以人言是非一歸之流俗。故二年間，遍諫官、御史以安石去者凡二十人[四二]，而安石不恤也。久之，上聞兩宫言，意感悟，安石因旱引去，洎復相，歲餘罷，終神宗朝不復召者凡八年云。

子雱、旁。

辨證：

[一] 王荆公安石傳　按，王安石，東都事略卷七九、宋史卷三二七有傳。

[二] 安石字介甫　能改齋漫録卷一四記文云：「荆公少字介卿，後易介甫。」

[三] 父益都官員外郎　金陵新志卷十三下之上人物志耆舊云：「父楚國公益，字舜良，登第，仕至尚書都官員外郎、通判江寧府，年四十六卒官，因家金陵。七子：安仁、安道、安石、安國、安世、安禮、安上。安仁，皇祐元年中進士第，舉賢良，授宣州司户參軍，卒。」

[四] 慶曆二年登進士甲科　據長編卷一七〇皇祐三年五月庚午條，王安石乃「進士第四人及第」。按默記卷下云：「慶曆二年，御試進士，時晏元獻爲樞密使。楊察，晏壻也，時自知制誥，避親，勾當三班院。察之弟寘時就試畢，負魁天下望。未放牓間，將先宣示兩府，上十人卷子。寘因以賦求察問晏公己之高下焉。晏公明日入對，見寘之賦已考定第四人，出以語察。察密以報寘。……不久唱名，

再三考定第一人卷子進御。賦中有『孺子其朋』之言，不懌曰：『此語忌，不可魁天下。』即王荆公卷子。第二人卷子即王珪，以故事有官人不爲狀元；令取第三人，即殿中丞韓絳；遂取第四人卷子進呈，上欣然曰：『若楊寘可矣。』復以第一人爲第四人。……然荆公平生未嘗略語曾考中狀元，其氣量高大，視科第爲何等事而增重耶？」

[五] 召爲群牧判官　長編卷一七七至和元年九月辛酉條載殿中丞王安石爲群牧判官，云：「安石力辭召試，有詔與在京差遣。及除群牧判官，安石猶力辭，歐陽修諭之，乃就職。館閣校勘沈康詣宰相陳執中，自言屢求爲群牧判官而不得，王安石不帶職，又歷任比康爲淺，安石既不肯爲，願得爲之。執中曰：『安石辭讓召試，故朝廷優與差遣，豈復屑屑計校資任？且朝廷設館閣以待天下賢材，亦當爵位相先，而乃争奪如此，公視安石，顏何厚也？』康慙沮而去。」

[六] 提點江南東路刑獄　長編卷一八七嘉祐三年二月丙辰條云：「詔新提點江南東路刑獄沈康知常州，知常州王安石提點江南東路刑獄。以諫官陳旭言康才品凡下，又素無廉白之稱，故易之。」

[七] 獻萬言書　按，即上皇帝萬言書，載王文公文集卷一。

[八] 除同修起居注固辭不拜　長編卷一九一嘉祐五年四月己卯條載度支判官、祠部員外郎、直集賢院王安石同修起居注，云：「安石以入館才數月，館中先進甚多，不當超處其右，固辭之。」又，宋史王安石傳云：「同修起居注，辭之累日。閤門吏賫敕就付之，拒不受；吏隨而拜之，則避於廁；吏置敕於案而去，又追還之；上章至八九，乃受。」

[九] 移判三班院　長編卷一九七嘉祐七年十月甲午條載知制誥王安石同勾當三班院，云：「先是，安石糾察在京刑獄。有少年得鬭鶉，其同儕借觀之，因就乞之，鶉主不許。借者恃與之狎暱，遂攜去，鶉主追及之，踢其脅下，立死。開封府按其人罪當償死，安石駁之曰：『按律，公取、竊取皆爲盜，此不與而彼乃强攜以去，乃盜也。此追而毆之，乃捕盜也。雖死，當勿論。府司失入平人爲死罪。』府官不伏，事下審刑、大理詳定，以府斷爲是。有詔安石放罪。舊制，放罪者皆詣殿門謝。安石自言『我無罪』，不謝，御史臺及閤門累移牒趣之，終不肯謝。臺司因劾奏之，執政以其名重，釋不問，但徙安石他官。」

[一〇] 英宗朝累召不赴　長編卷二〇九治平四年閏三月庚子條云：「工部郎中、知制誥王安石既除喪，詔安石赴闕，安石屢引疾乞分司。上語輔臣曰：『安石歷先帝一朝，召不起，或爲不恭，今召又不起，果病耶？有要耶？』……吳奎曰：『安石向任糾察刑獄，争刑

名不當，有旨釋罪，不肯入謝，意以爲韓琦沮抑己，故不肯入朝。」宋史王安石傳云：「時有詔舍人院無得申請除改文字，安石争之曰：『審如是，則舍人不得復行其職，而一聽大臣所爲，自非大臣欲傾側而爲私，則立法不當如此。今大臣之弱者不敢爲陛下守法；而彊者則挾上旨以造令，諫官、御史無敢逆其意者，臣實懼焉。』語皆侵執政，由是益與之忤。以母憂去，終英宗世，召不起。」按，邵氏聞見録卷三云：「時王安石居金陵，初除母喪，英宗屢召不至。安石在仁宗時，論立英宗爲皇子與韓魏公（琦）不合，故不敢入朝。」

〔一一〕召爲翰林學士　邵氏聞見録卷三云：「神宗即位，鋭意求治。……安石雖高科有文學，本遠人，未爲中朝士大夫所服，乃深交韓、吕二家兄弟。韓、吕，朝廷之世臣也，天下之士，不出於韓，即出於吕。韓氏兄弟，絳字子華，與安石同年高科；維字持國，學術尤高，不出仕，用大臣薦入館。吕氏公著字晦叔，最賢，亦與安石爲同年進士。子華、持國、晦叔争揚於朝，安石之名始盛。安石又結一時名德之士如司馬君實（光）輩，皆相善。先是治平間，神宗爲潁王，持國翊善，每講論經義，神宗稱善，持國曰：『非某之説，某之友王安石之説。』至神宗即位，乃召安石，以至大用。」過庭録云：「王介甫未達，韓子華、富彦國（弼）愛其才，皆力薦於朝。」涑水記聞卷一六云：「曾魯公（公亮）知介甫怨忌韓公（琦），乃力薦介甫於上，强起之，其意欲以排韓公耳。」石林燕語卷七云：「神宗初即位，猶未見群臣，王樂道（陶）、韓持國維等以宫僚先入，慰於殿西廊。既退，獨留維，問王安石今在甚處？維對在金陵。上曰：『朕召之肯來乎？』維言：『安石蓋有志經世，非甘老於山林者。若陛下以禮致之，安得不來？』上曰：『卿可先作書與安石，道朕此意，行即召矣。』維曰：『若是，則安石必不來。』上問何故，曰：『安石平日每欲以道進退，若陛下始欲用之，而先使人以私書道意，安肯遽就？然安石子雱見在京師，數來臣家，臣當自以陛下意語之，彼必能達。』上曰：『善。』於是荆公始知上待遇眷屬之意。」

〔一二〕除諫議大夫參知政事　宋宰輔編年録卷七熙寧二年二月庚子條引丁未録云：「上即欲用王安石爲參知政事，曾公亮因□之。□□唐介曰：『安石恐難大任。』上曰：『卿謂文學不可任耶？經術、吏事不可任耶？』介曰：『非謂此也。安石好學而泥古，議論迂闊，若使爲政，多所變更，必擾天下。』退詣中書，謂公亮等曰：『異日安石之言果用，天下困擾，諸公當自知之耳。』韓琦罷相出守相州，陛辭，神宗曰：『卿去，誰可屬國者？王安石何如？』琦曰：『安石爲翰林學士則有餘，處輔弼之地則不可。』神宗頷之。上嘗與司馬光論諸大臣，上曰：『王安石何如？』光曰：『人言安石姦邪，則毁之太過，但不曉事，執拗，此其實也。』」又，司馬光傳家集卷四二邇英奏對載：「熙寧元年八月十一日，邇英進讀已，上問河北災變何以救之。……後數日，光與王珪禹玉、王安石介甫同進呈郊賚劄子於延和殿。光言：『方今國用不足，災害荐臻，節省冗費，當自貴近爲始，宜聽兩府辭賞爲便。』介甫曰：『國家富有四海，大臣郊賚所費無幾，而惜不之與，未足富國，徒傷大體。昔常衮辭賜饌，時議以爲衮自知不能，當辭禄。今兩府辭郊賚，正與此同耳。且國用不足，非方今之急務也。』光曰：『常衮辭禄位，猶知廉恥，與夫固位且貪禄者不猶愈乎？國家自真廟之末，用度不足，近歲尤甚，何得言非急務邪？』介甫曰：『國用不足，由未得善理財之人故也。』光曰：『善理財之人，不過頭會箕斂以盡民財。如此，則百姓困窮流離爲盜，豈國家之利耶？』介甫曰：『此非善理財者也。善理財者，民不加賦而國用饒。』光曰：『此乃桑羊欺漢武帝之言，司馬遷書之，以譏武帝之不明耳。天地所生貨財百物，止有此數，不在民間，則在公家。桑羊能致國用之饒，不取於民，將焉取之？果如所言，武帝末年安得群盜蜂起，遣繡衣使者逐捕之乎？非民疲極而爲盜邪？此言豈可據以爲實？』……與介甫争論久之。禹玉曰：『司馬光言省費自貴近始，光言是也。王安石言所費不多，恐傷國體，安石言亦是也。惟陛下裁之。』上曰：『朕亦與司馬光同，今且以不允答之可也。』是日適會介甫當制，遂以上前所言意章批答，引常衮事以責兩府，兩府亦不復辭。明日，邇英講讀罷，上獨留介甫與語，兩府不敢先出以俟之，至晡後乃出。不數日，介甫参知政事。」按，王安石參知政事在熙寧二年二月，此云「不數日」者不確。

〔一三〕以爲卿但知經術不可以經世務　長編紀事本末卷五九王安石事迹上云：「熙寧二年二月庚子，王安石爲右諫議大夫、參知政事。先是，安石見上論天下事，上曰：『此非卿不能爲朕推行，朕須以政事煩卿，料卿學問如此，亦欲施設，必不固辭也。』安石對曰：『臣所以來事陛下，固願助陛下有所爲。然天下風俗法度一切頽壞，在廷少善□人□下，庸人則安常習故而無所知，奸人則惡直醜正而有所忌，有所忌者唱之於前，而無所知者和之於後，雖有昭然獨見，恐未及效功，而爲異論所勝。陛下誠欲用臣，恐不宜遽，謂宜先講學，使於臣所學本末不疑，然後用之，庶幾能粗有所成。』上曰：『朕知卿久，非適今日也。人皆不能知卿，以爲卿但知經術，不可以經世務。』」

〔一四〕上爲出誨　宋史吕誨傳云：「著作佐郎章辟光上言，岐王顥宜遷居外邸。皇太后怒，帝令治其離間之罪。安石謂無罪。誨請下辟光吏，不從，遂上疏劾安石。」時「帝方注倚安石，還其章。誨求去，帝謂曾公亮曰：『若出誨，恐安石不自安。』安石曰：『臣以身許國，陛下處之有義，臣何敢以形跡自嫌，苟爲去就？』乃出誨知鄧州」。按，長編紀事本末卷五五濮議載熙寧三年三月，「王安石曰：『先帝詔書，明言濮安懿王之子不稱濮安懿王爲考，此是何理？人有所生父母，所養父母，皆稱父母，雖閭巷亦不以爲礙。而兩制、臺諫乃欲令先帝稱濮安懿王爲皇伯，歐陽修笑其無理，故衆怒而攻之，此豈是正論？司馬光爲奏議，乃言仁宗令陛下被衮服冕，世世子孫，南面有天下，豈得復顧其私親哉？如此言，則是以得天下之故可以背棄其父，悖理傷教，孰甚於此？且禮「爲人後者爲之子」，雖士大夫亦如此，豈是以得天下之故爲之子也？司馬光嘗問臣，臣以此告之，并諭以上曾問及此事，臣具如此對。吕誨所以怒臣者，尤以此事也。』」

〔一五〕皆坐貶　宋史卷三二一劉述傳云：「述兼判刑部，安石争謀殺刑名，述不以爲是。及敕下，述封還中書，奏執不已。安石白帝，詔開封府推官王克臣劾述罪。於是述率御史劉琦、錢顗共上疏曰：『安石執政以來，未踰數月，中外人情囂然胥動。蓋以專肆胸臆，輕易憲度，無忌憚之心故也。陛下任賢求治，常若飢渴，故置安石政府。必欲致時如唐虞，而反操管商權詐之術，規以取媚。遂與陳升之合謀侵三司利柄，取爲己功；開局設官，用八人者分行天下，驚駭物聽，動摇人心。去年因許遵文過飾非，妄議自首按問之法，安石任一偏之見，改立新議，以害天下大公。章辟光獻岐邸遷外之説，疏間骨肉，罪不容誅。吕誨等連章論奏，乞加竄逐。陛下雖許其請，安石獨進瞽言，熒惑聖聽。陛下以爲愛己，隱忍不行。先朝所立制度，自宜世世子孫，守而勿失；乃欲事事更張，廢而不用。安石自應舉歷官，尊尚堯舜之道，以倡率學者，故士人之心靡不歸向，謂之爲賢。陛下亦聞而知之，遂正位公府。遭時得君如此之專，乃首建財利之議，務爲容悦，言行乖戾，一至於此。剛狠自任，則又甚焉。姦詐專權之人，豈宜處之廟堂，以亂國紀？願早罷逐，以慰安天下元元之心。曾公亮位居丞弼，不能竭忠許國，反有畏避之意，陰自結援以固寵，久妨賢路，亦宜斥免。趙抃則括囊拱手，但務依違大臣，事君豈當如是？』疏上，安石奏先貶琦，顗監處、衢州鹽務。公亮疑太重，安石曰：『蔣之奇亦降監，當從之。』司馬光乃上疏曰：『臣聞孔子曰：「守道不如守官。」孟子曰：「有言責者，不得其言則去。」此古今通義，人臣之大節也。彼謀殺已傷自首刑名，天下皆知其非。朝廷既違衆議而行之，又以守官之臣而罪之，臣恐失天下之心也。夫紲食鷹鸇者，求其鷙也，鷙而烹之，將安用哉！今琦、顗所坐，不過疏直，乃以迕犯大臣，猥加譴謫，恐臣下自此以言爲諱。乞還其本資，以靖群聽。』不報。開封獄具，述三問不承。安石欲置之獄，光又與范純仁争之，乃議貶爲通判。帝不許，以知江州。」

〔一六〕吕公著代吕誨爲中丞　宋宰輔編年録卷八元豐元年九月乙酉條云「安石始期公著甚遠，……故安石薦公著爲御史中丞。時其辭以謂『有八元、八凱之賢』，冀公著之能爲己助也」。又三朝名臣言行録卷八之一丞相申國吕正獻公引温公日録云：「介甫與晦叔素親，患臺諫多横議，故用晦叔爲中丞。」

〔一七〕前宰相韓琦上疏論青苗法　宋宰輔編年録卷七熙寧二年二月庚子條引長編云：「韓琦時鎮北京，於是自外奏封事，言青苗實爲天下害。奏至，上始疑焉。」宋史卷一七六食貨志上四載熙寧三年，判大名府韓琦上言論散青苗等事，「帝袖出琦奏示執政曰：『琦真忠臣，朕始謂可以利民，不意乃害民如此。且坊郭安得青苗，而使者亦彊與之？』安石勃然進曰：『苟從其所欲，雖坊郭何害？』因難琦奏，曰：『陛下修常平法以助民，至於收息，亦周公遺法也。如桑弘羊籠天下貨財以奉人主私用，乃可謂興利之臣。今抑兼并，振貧弱，置官理財，非所以佐私欲，安可謂興利之臣乎？』曾公亮、陳升之皆言坊郭不當俵錢，與安石論難久之而罷。」時論青苗之非者頗夥，如鄭俠西塘先生文集卷六上王荆公書云：「且如青苗一事，是法之美而善之至者也。始某於浮光，見朝廷議行其事，固常與民吏士大夫辨其爲利矣，其稍有知識者，亦莫不以爲善。及行之期年，則可厭矣，何哉？青苗之法，本以民之窮乏，嘗以新陳不接之際，每倍其息以貸於人，故官爲出常平錢以貸之，而只取二分之息，所以抑兼并而蘇貧乏，莫善於此。然民之闕乏而借貸於人者，天下固常半矣；而稍稍温燠，能儉克勤苦以自足，而無所取貸於人者，亦嘗半。吾之心果在利民，非有取利於民，皆聽其自來而與之。法不曰召，人情願請耳。及貪暴之吏急於散而取賞，則曰某縣民若干，散必若干；某縣爲民若干，散至若干，不然者劾奏。而令佐亟於承命以求知於其上，又巧以强與，若某鄉某里某人不請，則旬日之後必有他禍者，且不可解。及其催納之際，亦莫不然。則盡一州一縣之民，無有不請青苗者。是曩之果皆貧無不借貸自足者也，是法雖聽其情願，其實强而與之者常半。至於收成之際，又不稍緩其期，穀米未及乾，促之已急，而賤糶於市。而曩之利十，今不售其五六，質錢於坊郭，則不典而解，其甚者至於無衣褐而典解。是法所以蘇貧乏而反困之，抑兼并而反助之矣。夫如是，無知者便謂青苗爲不善，不知貪暴之吏壞之也。」

〔一八〕安石指言有士大夫沸騰黎民騷動之語　宋宰輔編年録卷七熙寧二年二月庚子條引長編云因韓琦「奏至，上始疑焉。安石心知上意疑，乃移病，固請分司。翰林學士司馬光草批答，乃以大義責安石，有『士夫沸騰，黎民騷動』之語。安石大憤，立奏書訴於上。於是上復爲手詔諭安石，又令吕惠卿諭旨。遂謝，復視事。」宋史全文卷十一云：「王安石既稱疾家居，翰林學士司馬光再爲批答曰：『今士夫沸騰，黎民騷動，乃欲委還事任，退取便安。卿之私謀，固爲無憾；朕之所望，將以委誰？』安石大怒，即抗章自辯。上封還其章，手札諭安石曰：『詔中二語，失於詳閲，今覽之甚愧。』安石固請罷，上固留之，獎慰良久。」按，司馬光批答載傳家集卷十六，題曰賜參知政事王安石不允斷來章批答。

[一九] 上以爲然安石乃視事　宋史卷一七六食貨志上四載時神宗「終以琦説爲疑，安石遂稱疾不出。帝諭執政罷青苗法，公亮、升之欲即奉詔，趙抃獨欲俟安石出自罷之，連日不決。帝更以爲疑，因令吕惠卿諭旨起安石，安石入謝。既視事，志氣愈悍，面責公亮等，由是持新法益堅。」按，神宗此後堅持青苗等法不變。如長編卷三八四元祐元年八月辛卯條注引吕本中雜説曰：「神宗病甚，不能言，宣仁謂曰：『我欲爲汝改某事某事。』凡二十餘條，神宗皆點頭應，獨至青苗法，再三問，終不應。」故明李日華六研齋筆記卷一云：「王介甫令吾浙之鄞。鄞濱海，其民冬夏乘筏採捕爲生。有田率在山麓，取灌泉水，澇則泄以達海，旱則瀦以養田，故民得指田爲質，以貸豪右之金，豪右得乘急重息之。介甫特出官錢輕息以貸，至秋則田畝之入，安然足償，所謂青苗法也。於鄞實善政，及爲相，必欲推而遍於天下，則非矣。」清經世文編卷四〇李紱青苗社倉議云：「荆公治鄞，嘗自行青苗之法矣，鄞之人至今尸祝之。荆公以其爲身所嘗試者，他日執政，遂欲施諸天下，亦猶朱子請行社倉於諸路，而不知奉行者之不能盡如荆公也。」

[二〇] 御史中丞楊繪陳免役有難行者五御史劉摯陳十害坐黜　邵氏聞見録卷一三云：「楊元素爲中丞，與劉摯言助役有十害。王荆公使張琥作十難以詰之，琥辭不爲。曾布曰：『請爲之。』仍詰二人向背好惡之情果何所在？元素惶恐，請曰：『臣愚不知助役之利乃爾，當伏妄言之罪。』摯奮曰：『爲人臣豈可壓於權勢，使人主不知利害之實？』即復條對布所難者，以伸明前議。……于是元素出知鄭州，摯責江陵。」

[二一] 御史林旦薛昌朝范育皆以言李定忤安石罷　宋史卷三二九李定傳云：「熙寧二年，孫覺薦之，召至京師，謁諫官李常，常問曰：『君從南方來，民謂青苗法何如？』定曰：『民便之，無不喜者。』常曰：『舉朝方共争是事，君勿爲此言。』定即往白安石，且曰：『定但知據實以言，不知京師乃不許。』安石大喜，謂曰：『君且得見，盍爲上道之？』立薦對。神宗問青苗事，其對如曩言，於是諸言新法不便者，帝皆不聽。命定知諫院，宰相言前無選人除諫官之比，遂拜太子中允、監察御史裏行。知制誥宋敏求、蘇頌、李大臨封還制書，皆罷去。」長編卷二一九熙寧四年正月丁未條載降太子中允、權監察御史裏行林旦爲著作佐郎、知黄縣，薛昌朝爲大理寺丞、知宿遷縣，云：「先是，旦、昌朝言李定當爲所生母追服，不報。旦劾定：『始則以侍養便爲行服之年，及聞朝廷議令追服，復稱仇氏非其所生，本末反覆，實避追服。伏以禮法二字，繫朝廷之大端，定既隳敗人倫，不能自請，尚冀朝廷申明以正薄俗，豈可曲徇定之私説，廢蔑大義，復加擢用？』又奏：『按定初言，明知仇氏爲母，雖未行服，但嘗解官侍養，其情猶可恕者。因朝廷再加審詰，既避追服，又懼得罪，遂作爲繆

悠不可考實之言，冀爲終身之疑，内欺其心，上惑朝廷，此則天下之所共惡者。使定自請追服，猶未能逃名教之責，況朝廷覆問，言者紛紜，經涉時月，曾無一辭以請，安然自得，略無媿畏，便己背親，賊害忠孝，無甚於此。朝廷方且遷官進職，置在勸講，臣實不知其可也。』又言：『父子相隱，聖人以爲直。今李問閨門之私，郜氏、仇氏平時不正之偶，緣定之故，暴其宿醜，喧布朝野，彰父不義之惡，忘母所生之恩。』又言：『宰相王安石以定素出其門，力爲薦引，雖舊惡暴露，猶曲折蔽護，言事者敷陳義理，一不省顧。淮南轉運使劉瑾，定陰相交結，希合附會，故作疑辭，附下罔上，表裏欺蔽，致不孝之人擢爲君側。臣至中書，安石謂臣言：「此事自出上意。」臣聞古之事君者，善則稱君。今衆人知仇氏爲定母，安石獨以爲非；衆人知定爲不孝，安石獨以爲可。』而昌朝亦言：『仇氏死於定家，定已三十七歲，無有不知之理。人皆以定爲不孝，而安石獨以爲賢；定身負大惡，而安石置之勸講之地。蓋定素遊其門，安石不顧是非，專欲取勝言者，故定合追服事理雖明，而猶再下淮南會問，淮南轉運司既憚安石之勢，又見中允恩命已行，遂不考實，作爲疑辭。安石不復質諸事理，便以上惑聖聽，使朝廷之上，經筵之間，寘一不孝之人，何以刑示天下？』亘六疏，昌朝七疏，故有是命。」又甲寅條云：「太子中允、權監察御史裏行范育落御史裏行，爲崇文院校書。育前後七奏李定不服母喪，及奉使河東，又面論之，且乞罷免臺職。……育既辭七日，而有是命。」

〔一一二〕知雜御史謝景温初附安石亦以不合去　宋史卷二九五謝景温傳云「景温平生未嘗仕中朝，王安石與之善，又景温妹嫁其弟安禮，乃驟擢爲侍御史知雜事。安石方惡蘇軾，景温劾軾向丁憂歸蜀，乘舟商販。朝廷下六路捕逮篙工、水師窮其事，訖無一實。蘇頌等論李定不持母服，景温察安石指，爲辨於前。已而事下臺，景温難違衆議，始云定當追服。又言薛向不當得侍從，王韶邊奏誣罔，寖失安石意，然猶以嘗助己，但改直史館兼侍讀。不敢拜，出知鄧州」。

〔一一三〕命知制誥吕惠卿修撰經義以安石提舉而子雱兼同修撰固辭弗聽　長編卷二四三熙寧六年三月庚戌條云：「命知制誥吕惠卿兼修撰國子監經義，太子中允、崇政殿説書王雱兼同修撰。先是，上諭執政曰：『今歲南省所取多知名舉人，士皆趨義理之學，極爲美事。』王安石曰：『民未知義，則未可用，況士大夫乎？』上曰：『舉人對策，多欲朝廷早修經義，使義理歸一。』乃命惠卿及雱，而安石以判國子監沈季長親嫌，固辭雱命，上弗許。已而又命安石提舉，安石又辭，亦弗許。」

〔一一四〕上解所服玉帶賜安石　老學庵筆記卷七云：「王荆公所賜玉帶，闊十四稻，號『玉抱肚』，真廟朝趙德明所貢。至紹興中，王氏猶藏之。曾孫奉議郎疇始復進入禁中。」

〔二五〕王安石亂天下　宋史王安石傳云：「監安上門鄭俠上疏，繪所見流民扶老攜幼困苦之狀爲圖以獻，曰：『旱由安石所致，去安石，天必雨。』俠又坐竄嶺南。慈聖、宣仁二太后流涕謂帝曰：『安石亂天下。』帝亦疑之，遂罷爲觀文殿大學士、知江陵府。」按，此云神宗因兩太后言「安石亂天下」而罷王安石宰相，不確。王荆公年譜考略卷一八辨云：「史載鄭俠流民圖，專爲安石新法，以致太后流涕，即帝亦疑之，遂罷出知江寧府，則與諸劄全然不合。要之諸史采之雜記，……多失實。」

〔二六〕遂拜吏部尚書觀文殿大學士知江寧府　東軒筆録卷五云：「三司論市易，而吕參政指爲沮法，荆公以爲然，堅乞罷相。神宗重違其意，自禮部侍郎、昭文館大學士改吏部尚書、觀文殿大學士、知江寧府。」長編卷二五二熙寧七年四月丙戌條云：「吕惠卿又使其黨日詣匭函，假名投書乞留安石，堅守新法。上乃遣惠卿，以手詔諭安石：『欲處以師傅之官，留京師。』而安石堅求去，又賜手詔曰：『繼得卿奏，以義所難處，欲得便郡休息。朕深體卿意，更不欲再三邀卿之留，已降制命，除卿知江寧，庶安心休息，以適所欲。朕體卿之誠至矣，卿宜有以報之。手劄具存，無或食言，從此浩然長往也。』又賜手詔曰：『韓絳懇欲得一見卿，意者有所諮議，卿可爲朕詳語以方今人情政事之所宜急者。』安石薦絳代己，仍以惠卿佐之，于安石所爲，遵守不變也。時號絳爲『傳法沙門』，惠卿爲『護法善神』。」又卷二二三熙寧四年五月庚子條載王安石對神宗言略云：「天下事大計已定，其餘責之有司，事不當則罪有司而已。今每一小事，陛下輒再三手敕質問，臣恐此體傷於叢脞，則股肱倚辦於上，不得不墮也。且王公之職，論道而已。若道術不明，雖勞適足自困，無由致治；若道術明，君子小人各當其位，則無爲而天下治，不須過自勞苦紛紛也。」卷二四二熙寧六年二月末條載王安石云：「臣前所以求罷，皆以陛下因事有疑心，義不敢不求罷。」故臨川集卷四四乞解機務劄子六道六云：「方陛下興事造功之初，群臣未喻聖志，臣當是時，志存將順，而不知高明彊禦之爲可畏也。然聖慮遠大，非愚所及，任事以來，乖失多矣。區區夙夜之勞，曾未足以酬萬一之至恩。」

〔二七〕拜同中書門下平章事昭文館大學士　長編卷二六〇熙寧八年二月癸酉條載觀文殿大學士、吏部尚書、知江寧府王安石依前官平章事、昭文館大學士，云：「始，安石薦韓絳及吕惠卿代己，惠卿既得勢，恐安石復入，遂欲逆閉其途，凡可以害安石者無所不用其智，又數與絳忤。絳乘間白上請復相安石，上從之，惠卿聞命愕然。翼日，上遣勾當御藥院劉有方齎詔往江寧召安石，安石不辭，倍道赴闕。」注曰：「邵伯温云：『吕惠卿既得位，遂叛荆公，出平日荆公私書，有曰「無使齊年知」。齊年，謂馮公（京），荆公與馮公皆辛酉生。

又有曰「無使上知」，神宗始不悦荆公也。惠卿又起李逢獄，事連李士寧。士寧者，蓬州人，有道術，荆公居喪金陵，與之同處數年，意欲併中荆公也。又起鄭俠獄，事連荆公之弟安國，罪至追勒。惠卿求害荆公者，無所不至，神宗悟，急召荆公。公不辭，自金陵泝流七日至闕，復拜昭文相。惠卿以本官出知陳州，李逢之獄遂解，其黨數人皆誅死，李士寧止編管。嗚呼！荆公非神宗保全則危矣。』按嘉祐驛程，江寧府至京二十二程。此云泝流七日而至，恐未必然，當考。按實録云：『滕甫移鄧州，臣尚未至。』甫移鄧州，乃二月二十二日也。惠卿出『無使上知』書，當是出知陳州後，伯温所聞恐誤。……正月十七日，蹇周輔往徐州鞫李逢獄。二月十一日，復相安石。三月四日，乃命沈括、范百禄赴御史臺鞫世居獄。緣世居獄乃捕李士寧，方召惠卿時，士寧與世居交通事迹未覺也。魏泰、邵伯温、吴开等記録，皆云吕惠卿起李逢獄，捕李士寧以撼安石，考其月日，似不然，今不取。司馬光記聞亦載李士寧事，獨不云惠卿欲以撼安石也。」又卷二五七熙寧七年十月丙戌條注曰：「熙寧六年，王荆公初罷相，以吏部尚書、觀文殿學士知金陵，薦吕惠卿爲參政而去。既而吕得君怙權，慮荆公復進，因郊禮進荆公爲節度使、平章事。方進見，上察見其情，遽問曰：『王安石去不以罪，何故用赦復官？』惠卿無以對。明年，復召荆公秉政，而王、吕益相失矣。此據魏泰東軒録。……泰所聞或未必然。」按，上引注文所云「熙寧六年」當作「熙寧七年」。又卷二六一熙寧八年三月己未條載王安石復相後，「上謂王安石曰：『小人漸定，卿且可以有爲。』又曰：『自卿去後，小人極紛紜，獨賴吕惠卿主張而已。』因稱吕惠卿兄弟不可得，安石曰：『諸兄弟皆不可得。』」注曰：「此據日録。……『獨賴吕惠卿主張』，恐是安石託詞，更須考詳。」

〔二一八〕惠卿情不得　按，王安石復相，治政事與吕惠卿頗多相失。據長編卷二六八熙寧八年九月乙酉條云：「初，惠卿既進劄子與安石辨改經義事，乞去位，因出前後與安石議論不合者。如兩浙提舉官王子京與其弟知蘇州吴縣事子韶，於秀州買板葬父虧價，轉運使王庭老、張靚奏劾之。法寺斷子韶杖六十私罪，刑房稱庭老、靚奏劾違法。安石令子韶依斷，而除落子京不覺察罪，將上乞取勘庭老、靚。惠卿以謂子韶依斷太輕，子京以兄弟同謀葬父，豈得坐不覺察？轉運司當奏劾，無可取勘之理。安石欲添鹽鈔而廢交子，罷河北運米而行市易俵放之法，惠卿皆以爲非便。」

〔二一九〕語連安石子雱既病坐此憤恚而卒　皇朝編年綱目備要卷二〇熙寧九年「冬十月，吕惠卿罷」條云：「王、吕之怨日深，惠卿因安石遺堂吏賫御史中丞鄧綰章示之，乃上疏自辨。……御史蔡承禧奏：『惠卿發口則欺君，執筆則玩法，秉心則立黨結朋，移步則肆姦作僞。避權畏義之士，則指爲庸爲鄙；盡心去邪之人，則以爲害人害物。貪利希附之者，則爲賢爲善，更相推擧，彼可侍從，彼可監司。』及其事實十餘條。手詔出惠卿知陳州。綰等先言惠卿託知華亭縣張若濟借富民錢買田事，詔遣司農寺簿王古劾若濟，尋又詔徐禧等同王古根究。綰言惠卿事敗，乞行誅竄，且言：『四凶象恭之誅，豈須檢法；兩觀僞辯之戮，無事計贓。』承禧亦言：『惠卿罪惡彰著，而徐禧等務爲掩覆。』乃命浙東運使蹇周輔往秀州鞫其獄。既而惠卿上疏曰：『周輔，鄧綰鄉人，於法有礙。』乃命秦鳳提刑李竦同鞫。初，安石既與惠卿交惡，令徐禧、王古等按華亭獄，不得惠卿罪，更使周輔按之。安石子雱猶恐弗得，切責練亨甫、呂嘉問，亨甫、嘉問遂共議取鄧綰所條惠卿事，雜他書下制獄，安石初不知也。堂吏密告惠卿於陳，惠卿以狀上聞。上以示安石，安石謝無有，歸而問雱，雱乃言其情。安石由是自愧，數告上求去。上待安石，自是意亦稍衰矣。十年春，獄具，若濟坐枉法贓杖脊，流沙門島；鄭膺坐詭名射田，温卿坐借舊任弓手錢，衝替；轉運王廷老、提刑晁端彦坐累，降罰有差。……先是，周輔及竦同鞫，得呂氏姦利事，推治甚急。會綰敗，呂氏家人饋藥，名藥曰『綰出湯』，因以告周輔。周輔聞之，遂不肯爲王氏盡力，末減呂氏事而上其獄。」又，東軒筆録卷一〇云：「王雱自崇政殿説書除待制，已在病中，不及告謝，而從其父荆公出金陵。越明年，荆公再秉政，舟至鎮江，雱勉乘馬，先入東府，翌日，疾再作，歲餘遂卒。」宋史王安石傳稱其「疽發背死」。

〔三〇〕拜檢校太傅依前尚書左僕射鎮南節度同中書門下平章事判江寧府　長編卷二七八熙寧九年十月丙午條載尚書左僕射、兼門下侍郎、平章事、昭文館大學士、監修國史王安石罷爲鎮南軍節度使、同平章事、判江寧府，云：「安石之再入也，多謝病求去，子雱死，尤悲傷不堪，力請解機務，上亦滋厭安石所爲，故有是命。」注引呂本中雜説曰：「王安石再相，上意頗厭之，事多不從。安石對所厚歎曰：『只從得五分時也得也。』安石嘗進呈陳襄除龍圖閣直學士，呂嘉問集賢院學士、河北路都轉運使。上曰：『陳襄甚好，嘉問更候少時。』居半月，再以前議，上回頭久之，卻顧安石曰：『聞相公欲去多時。』安石倉皇對曰：『欲去久矣，陛下堅留，所以不敢遂去。』既下殿，即還家乞去。其壻吴安持往見之，安石問：『今日有何新事？』安持曰：『適聞有旨，未得閉汴口。』安石曰：『是欲我去也。』數日遂罷。王安石既去，嘉問因對，上問：『曾得安石書否？』嘉問因言：『近亦得安石書，聞陛下不許安石久去，亦不敢作安居計。』上曰：『是則爲呂惠卿所賣，有何面目復見朕耶？』」又云：「先是，呂惠卿悉出安石前後私書、手筆奏之，其一云『勿令齊年知』，齊年者，謂京也，與安石同歲，在中書多異議，故云。又有一云『勿令上知』，由是上以安石爲欺。」注曰：「陸佃集有實録院乞降出呂惠卿元繳進王安石私書劄子云：『臣等勘會昨來御史彈奏呂惠卿章疏，內稱惠卿繳奏故相王安石私書，有「毋使上知」、「毋使齊年知」之語。齊年，謂參知政事馮京。且稱安石由是罷政。大臣出處之由，史當具載，欲乞聖慈特賜指揮，降出惠卿元繳安石之書，付實録院照用，所貴筆削詳實。』貼黃：『臺諫自來許風聞言事，所以未敢便行依據。』佃集又自注劄子下云：『黃庭堅欲以御史所言入史，佃固論其不可，庭堅恚曰：「如侍郎言，是佞史也。」佃答曰：「如魯直意，即是謗書。」連數日議不決，遂上此奏。後降出安石書，果無此語，止是屬惠卿言練亨甫可用，故惠卿奏之，庭堅乃止。』按，佃集爲安石辨如此，蓋佃嘗從安石學故也。佃稱庭堅乃止，然元祐實録雖不於安石罷相時載繳書事，仍於馮京參政記載之。佃稱庭堅乃止，誠耄昏矣。兼疑此劄子實不曾上。佃所稱降出安石書果無此語，止是屬練亨甫可用，若誠如此，則紹聖史官何以不明著其事乎？且安石與惠卿私書，何但如此，但其一耳。佃集要不可信，姑存之，庶後世有考焉。」朱子語類卷一三〇自熙寧至靖康人物云：「問：『神宗元豐之政，又却不要荆公？』曰：『神宗盡得荆公許多伎倆，更何用他？到元豐間，事皆自做，只是用一等庸人備左右趨承耳。』」

〔三一〕拜特進封荆國公　長編卷三〇八元豐三年九月乙酉載條觀文殿大學士、集禧觀使、左僕射、舒國公王安石爲特進，改封荆國公，云「以官制行正名故也」。

〔三二〕再輟視朝贈太傅推遺表恩七人詔所在給葬事　長編卷三七四元祐元年四月癸巳條載王安石卒，「司馬光手書與呂公著曰：『介甫文章節義過人處甚多，但性不曉事而喜遂非，致忠直疏遠，讒佞輻輳，敗壞百度，以至于此。今方矯其失，革其弊，不幸介甫謝世，反覆之徒必詆毀百端。光意以謂朝廷特宜優加厚禮，以振起浮薄之風，苟有所得，轉以上聞，不識晦叔以爲如何？更不煩答以筆札，扆前力主張，則全仗晦叔也。』詔再輟視朝，贈太傅，推遺表恩七人，命所在應副葬事」。

〔三三〕謚文公　老學庵筆記卷五云：「歐陽文忠公初但謚『文』，蓋以配韓文公。常夷甫方兼太常，晚與文忠相失，乃獨謂公有定策功，當加『忠』字，實抑之也。李邦直作議，不能固執，公論非之。當時士大夫相謂曰：『永叔不得謚「文公」，此謚必留與介甫耳。』其後信然。」按，據東都事略、宋史王安石傳諸書皆稱王安石謚曰文，稱「文公」者當屬俗呼，故此處不當云「謚文公」。

〔三四〕崇寧二年詔配祀文宣王廟政和三年封舒王　長編紀事本末卷一三〇尊王安石云：政和「三年正月庚午，詔：『昔趙普、潘美、王曾、韓琦、鄭康成、孔安國從祀孔子，王安石被遇先帝，與其子雱修撰經義，功不在數子之下，安石可封王爵，雱可配享文宣王廟廷。』壬申，故特進、守司空、贈太傅、荆國公王安石追封舒王」。按，黃氏日抄卷三三讀本朝諸儒理學書四位配享封爵云：「初制顏、孟配享，左顔而右孟。熙豐新經盛行，以王安石爲聖人，没而躋之，配享位顔子下。故左則顔子及安石，右則孟子。未幾，安石女壻蔡卞當國，謂安石不當在孟子下，遷安石於右與顔子對，而移孟子位第三，次顔子之下，遂左列顔、孟而右列安石。又未幾，蔡卞再欲升安石壓顔子，漸次而升，爲代先聖張本。優人有以藝諫於殿下者，設一大言之士，戲薄先聖，顔子出争之，不勝；子貢出争之，不勝；子路出而盛氣争之，又不勝。然後設爲公治長，有擊其首而叱之曰：『汝何不出一争？汝且看他人家女壻。』蓋蔡卞安石壻，而公治長先聖壻也。蔡卞聞之，遂不敢進安石於顔子上，顔、孟左而安石右，遂爲定制。」此事亦載於夷堅支志乙集卷四優伶箴戲而稍異，云：「蔡京作相，弟卞爲元樞，卞乃王安石壻，尊崇婦翁，當孔廟釋奠時，躋于配享而封舒王。優人設孔子正坐，顔、孟與安石侍坐側。孔子命之坐，安石揖孟子居上，孟辭曰：『天下達尊，爵居其一。軻僅蒙公爵，相公貴爲真王，何必謙光如此？』遂揖顔子，顔曰：『回也陋巷匹夫，平生無分毫事業，公爲名世真儒，位號有間，辭之過矣。』安石遂處其上。夫子不能安席，亦避位，安石皇懼拱手不敢，往復未決。子路在外，憤憤不能安，徑趨從祀堂挽公治長臂而出，公治長爲窘迫之狀謝曰：『長何罪？』乃責數之曰：『汝全不救護丈人，看取別人家女壻。』其意以譏卞也。時方議欲升安石於孟子之右，爲此而止。」

〔三五〕天下號曰新義　鐵圍山叢談卷三云：「王元澤（雱）奉詔脩三經義，時王丞相介甫爲之提舉，蓋以相臣之重，所以假命於其子也。吾後見魯公（蔡京）與文正公（蔡卞）二父相與談往事，則每云：『詩、書蓋多出元澤暨諸門弟子手，至若周禮新義，實丞相親爲之筆削者。』及政和時，有司上言天府所籍吴氏資居檢校庫，而吴氏者王丞相之姻家也，且多有王丞相文書，於是朝廷悉命藏諸祕閣。用是吾得見之，周禮新義筆跡，猶斜風細雨，誠介甫親書，而後知二父之談信。」

〔三六〕爲字説二十四卷　宋史王安石傳稱王安石「作字説，多穿鑿附會。其流入於佛老」。朱子語類卷一三〇自熙寧至靖康人物云：「荆公作字説時，只在一禪寺中禪床前置筆硯，掩一龕燈，人有書翰來者，拆封皮埋放一邊，就倒禪牀睡，少時，又忽然起來寫一兩字，看來都不曾眠。字本來無許多義理，他要箇箇如此做出來，又要照顧須前後要相貫通。」又晦庵集卷七〇讀兩陳諫議遺墨注云：「安石既廢其（六書）五法，而專以會意爲言，有所不通，則遂旁取後來書傳一時偶然之語以爲證，至其甚也，則又遠引老佛之言，前世中國所未嘗有者而説合之，其穿鑿舛繆顯然之迹如此。」高齋漫録云：「崇寧以後，王氏字説盛行學校，經義論策悉用字説。有胡汝霖者答用武策，其略云：『止戈爲武。周王伐商，一戎衣而天下大定，歸馬放牛，偃武修文，是識「武」字者也，尊號曰「武」，下亦宜乎。秦始皇、漢武帝、唐太宗既得天下，而窮兵黷武不已，是不識「武」字者也。』榜出，遂爲第一，雖用字説而有理。」老學庵筆記卷二云：「字説盛行時，有唐博士耜、韓博士兼，皆作字説解數十卷，太學諸生作字説音訓十卷。又有劉全美者，作字説偏旁音釋一卷、字説備檢一卷，又以類相從爲字會二十卷。故相吴元中（敏）試辟雍程文，盡用字説，特免省。門下侍郎薛肇明作詩奏御，亦用字説中語。予少時見族伯父彦遠和霄字韻詩云：『雖貧未肯氣如霄。』人莫能曉，或叩之，答曰：『此出字説「霄」字，云「凡氣升此而消焉」。』其奥如此。鄉中前輩胡浚明尤酷好字説，嘗因浴出，大喜曰：『吾適在浴室中有所悟，字説「直」字云：「在隱可使十目視者直。」吾力學三十年，今乃能造此地。』」

［三七］士亦無復自得之學　後山談叢卷一云：「王荆公改科舉，暮年乃覺其失，曰：『本欲變學究爲秀才，不謂變秀才爲學究也。』蓋舉子專誦王氏章句，而不解義，正如學究誦註疏爾。」

［三八］故當時議者謂王氏之患在好使人同　蘇軾文集卷四九答張文潛縣丞書云：「文字之衰，未有如今日者也。其源實出於王氏。王氏之文未必不善也，而患在於好使人同己。」

［三九］性强忮　邵氏聞見録卷一○云司馬光嘗曰：「昔與王介甫同爲群牧司判官，包孝肅公爲使，時號清嚴。一日，群牧司牡丹盛開，包公置酒賞之。公舉酒相勸，某素不喜酒，亦强飲，介甫終席不飲，包公不能强也。某以此知其不屈。」

［四○］神宗謂人言安石姦邪則過但太執不曉事耳　司馬光集補遺卷五奏劄並舉蘇軾等録云：「上又曰：『王安石何如？』光曰：『人言安石姦邪，則毁之太過，但不曉事，又執拗耳，此實也。』」又，卷一邇英留對録云：「上曰：『安石不好官職及自奉養，可謂賢者。』光曰：『安石誠賢，但性不曉事而復執拗，此其短也。』」按，此處乃誤以司馬光語爲神宗語。

［四一］至議變法上未嘗不疑在廷臣交執不可　元城語録解卷上云：「先生（劉安世）與僕論變法之初，僕曰：『神廟必欲變法，何也？』先生曰：『蓋有説矣。天下之法未有無敝者，祖宗以來，以忠厚仁慈治天下，至於嘉祐末年，天下之事似乎舒緩委靡不振，當時士大夫亦自厭之，多有文字論列，然其實於天下根本牢固。至神廟即位，富於春秋，天資絶人，讀書一見便解大旨。是時見兩蕃不服，及朝廷州縣多舒緩，不及漢唐全盛時，每與大臣論議，有佛然不悦之色。當時執政從官中有識者，以謂方今天下正如大富家，上下和睦，田園開闢，屋舍牢壯，財用充足，但屋宇少設飾，器用少精巧，僕妾樸魯遲鈍，不敢作過，但有鄰舍來相凌侮，不免歲時以物贈之，其來已久，非自家做得如此，遂不敢承當上意，改革法度。獨金陵（王安石）揣知上意，以身當之，以激切奮怒之言以動上意，遂以仁廟爲不治之

朝。神廟一旦得之，以爲千載會遇。』」朱子語類卷一三〇自熙寧至靖康人物云：「向見何萬一之少年時所著數論，其間有説云：『本朝自李文靖公（沆）、王文正公（旦）當國以來，廟論主於安静，凡有建明，便以生事歸之，馴至後來天下弊事極多。』此説甚好。且如仁宗朝是甚次第時節，國勢却如此緩弱，事多不理。英宗即位，已自有性氣要改作，但以聖躬多病，不久晏駕，所以當時謚之曰『英』。神宗繼之，性氣越緊，尤欲更新之。便是天下事難得恰好，却又撞著介甫出來承當，所以作壞得如此。」按，王荆公年譜考略雜録卷一陳氏甘露園長書四論王安石一云：「原介甫所以負當時謗而貽後世指摘不解者，一則峻逐言者以期於法之必行，而爲士大夫所不喜；一則更張無序，講非常之原於旦夕間，以與愚民慮始，紛紛而爲閭里市井所驚疑，重以用事諸臣推行大過，浸違初旨者，比比有之，此則介甫所不得不任其咎者，而法無恙也。」又，司馬光一云：「夫新法非漫然而姑嘗試之者，每一法立，其君其相往復商訂，如家人朋友相辨析，積歲彌月，乃始布爲令甲。而神宗又非生長深宫，懵於閭里休戚之故者，推利而計害，原始而究終，法未布於方内，而情僞已瞭徹胸中如列眉，故雖以太后之尊，岐王之戚，上自執政，下迨監門，競苦口焉而不爲中止。雖其間奉行過當，容有利與害鄰而實與名戾者，要在因其舊以圖其新，救其疵以成其美，使下不厲民，而上不失先帝遺意，斯宵小無所乘其間，而報復之禍無從起矣。」又按，清波雜志卷二稱「王荆公日録……論法度有不便於民者，皆歸於上」。

［四二］故二年間遍諫官御史以安石去者凡二十人　宋史王安石傳云時「御史劉述、劉琦、錢顗、孫昌齡、王子韶、程顥、張戩、陳襄、陳薦、謝景温、楊繪、劉摯，諫官范純仁、李常、孫覺、胡宗愈皆不得其言，相繼去。驟用秀州推官李定爲御史，……御史林旦、薛昌朝、范育論定不孝，皆罷逐」。又，上文云御史中丞吕誨、吕公著亦因言王安石而罷。

吕參政惠卿傳[一]　實録

政和元年十二月癸巳，贈觀文殿學士、光禄大夫致仕吕惠卿爲開府儀同三司①。

① 光禄大夫致仕吕惠卿爲開府儀同三司　「致仕」原作「致士」，據文海本、庫本改。「開府」原作「開封府」，據東都事略、宋史吕惠卿傳删「封」字。按，下文同改。

惠卿字吉甫，泉州晉江人①。中嘉祐二年進士甲科，調真州推官、永興軍節度掌書記，改祕書省著作佐郎。韓絳辟爲三司檢法官，宰相曾公亮薦爲編校集賢院書籍②，遷校勘〔二〕。熙寧二年，王安石辟爲制置三司條例司檢詳、看詳編修中書條例〔三〕，遷集賢校理、崇政殿説書。

時方建青苗、助役、水利、均輸之政，置提舉官，行其法於天下，謂之「新法」。一時奏請，皆惠卿發之。時議學校貢舉，惠卿乞選通經術、曉政事之人主判太學，令侍從舉有學術行藝者爲教授，自京師至諸州皆建學，取以經義，策以時務，殿試專以策問，而學校貢舉法俱以次推行。兼判司農寺，請以見管常平封樁米斛賤糴貴糶如淳化之制，又請人户以等第出免役錢募人充役〔四〕。父喪，服除，爲天章閣侍講、修起居注，管句國子監〔五〕，檢正中書五房公事③〔六〕，兼看詳編修中書條例④，除知制誥，判國子監，同王雱修撰經義，兼判軍器監〔七〕。七年，爲河北東路、青曹鄆齊濮淄州察訪使，兼判司農寺，召爲翰林學士〔八〕。

時王安石以久旱請去位，神宗久不許，令惠卿諭安石。安石堅求去，出知江寧府，惠卿遂以右諫議大夫參知政事。八年，安石復相。惠卿因對屢乞出，會御史蔡承禧言：「惠卿弟升卿爲國子考試官，而惠卿妻弟方通在高等⑤。」事凡

---

① 泉州晉江人　「晉江」原作「晉原」，據東都事略、宋史呂惠卿傳及宋史卷八九地理志五改。

② 宰相曾公亮薦爲編校集賢院書籍　「籍」原作「集」，據庫本及宋史全文卷一〇改。

③ 檢正中書五房公事　「檢」原作「校」，按長編卷二四一熙寧五年十二月壬辰條載太子中允、集賢校理、同修起居注呂惠卿同檢正中書五房公事，據改。

④ 兼看詳編修中書條例　「編修中書條例」原作「編條中書修例」，按熙寧初行新法，設編修中書條例所，然並無官名「編條中書修例」，且上文有云呂惠卿爲「看詳編修中書條例」，據改。

⑤ 而惠卿妻弟方通在高等　「妻」字原脱，據長編卷二六六熙寧八年七月癸未條注、東都事略呂惠卿傳補。

數十條，有旨令升卿分析。惠卿乃三上表丐外，詔留之[九]。雖復就職，而與安石議論不合矣。於是御史交章論惠卿崇立私黨，阿蔽所親，彊借富民錢買田等事，遂罷政事，知陳州[一〇]。

十年，除資政殿學士、知延州、鄜延路經略安撫使，築四堡以捍虜①[一一]。母喪，服除，以資政殿大學士知太原府、河東路經略安撫使。陛對，請輔臣王珪同巡邊。時議欲復除惠卿鄜延，不果，移知蔡州，落職知單州[一二]。元豐六年，復資政殿學士，知定州，移太原。

哲宗即位，復資政殿大學士。元祐元年，移知揚州，引疾提舉西京嵩山崇福宫。時諫官蘇轍論惠卿姦惡，及知太原自違命出兵西界。落職爲光禄卿，分司南京，蘇州居住。尋責授建寧軍節度副使，本州安置[一三]。三年，宣州居住。八年，復中散大夫，提舉崇福宫。紹聖元年，知蘇州，改江寧，以資政殿學士知大名[一四]。二年，復資政殿大學士，以觀文殿學士知延安府[一五]。夏人猖獗，舉國犯塞[一六]，詔惠卿措畫邊防。四年，虜復侵軼，惠卿復陳事宜，條築米脂等寨[一七]。會破夏羌于大沙堆，俘獲甚衆，制授保寧軍節度使[一八]。元符二年，徙節武勝軍，加檢校司空[一九]，移知杭州[二〇]。

建中靖國元年罷節，以觀文殿學士提舉杭州洞霄宫[二一]。崇寧初，復知杭州，改太原，以武昌軍節度使知大名。四年復罷節，提舉崇福宫[二二]。言者論其七罪，以右銀青光禄大夫致仕。復觀文殿學士。五年知揚州，移青州、杭州。大觀元年，責授祁州團練副使，宣州安置[二三]，移鄂州、廬州。三年②，復宣奉大夫，提舉亳州明道宫。四年，復資政殿學士③。尋復觀文殿學士，知大名。政和元年過闕④，留爲醴泉觀使。未幾致仕[二四]。卒，

---

① 築四堡以捍虜　「捍」原作「悍」，據文海本、庫本改。
② 三年　「年」字原闕，據文海本、庫本補。按，長編紀事本末卷一三〇不用吕惠卿載此事於「二年十一月丙寅」。
③ 四年復資政殿學士　「四年」，長編紀事本末卷一三〇不用吕惠卿載事此於「三年十二月辛卯」。
④ 政和元年過闕　「過」原作「遏」，據庫本改。

年八十，贈開府儀同三司[二五]。

初，熙寧新法之行也，邇英進讀至蕭何、曹參事，司馬光因言法不可變。後數日，惠卿進講，乃言：「法有一年一變、五年一變、三十年一變者，前日光言非是，其意以諷朝廷，且譏臣爲條例司。」神宗以問光，光力詆之，且言：「不可使兩府侵三司職事。宰相以道佐人主，安用條例？」惠卿不能對。其後光遺安石書，言惠卿不可信，後果背安石[二六]。嘗爲手實法[二七]，天下病之。神宗感悟，尋亦罷去。先是，中書條例司乞罷制舉，馮京謂「漢唐以來，豪傑多此途出，不可廢」。惠卿謂「制科止於記誦，非義理之學，一應此科，或爲終身之累」。制科遂罷。有文集一百卷①[二八]、奏議一百七十卷，莊子解十卷②。

子淵、濰、洵、沆。

辨證：

[一] 吕參政惠卿傳　按，吕惠卿，東都事略卷八三、宋史卷四七一有傳。

[二] 宰相曾公亮薦爲編校集賢院書籍遷校勘　宋史全文卷一〇載治平四年七月「乙未，三司檢法官吕惠卿編校集賢院書籍。惠卿與王安石雅相好，安石薦其才于曾公亮，公亮遂擧惠卿館職」。

[三] 王安石辟爲制置三司條例司檢詳看詳編修中書條例　宋史吕惠卿傳云其「爲真州推官，秩滿入都，見王安石論經義，意多合，遂定交。熙寧初，安石爲政，惠卿方編校集賢書籍，安石言於帝曰：『惠卿之賢，豈特今人，雖前世儒者未易比也。學先王之道而能用

---

① 有文集一百卷　按，晁志卷一九、通志卷七〇藝文略別集四著録吕吉甫集二十卷；宋史卷二〇八藝文志七著録吕惠卿文集一百卷，又著録吕惠卿集五十卷。

② 莊子解十卷　按，宋史卷二〇五藝文志四著録書名同，晁志卷一一著録吕吉甫注莊子，陳録卷九著録題莊子義。

者，獨惠卿而已。』及設制置三司條例司，以爲檢詳文字，事無大小必謀之，凡所建請章奏皆其筆」。又宋史全文卷一一載：「吕惠卿最爲安石所賢，屢薦于上。事無大小，必與之謀。時人號安石爲『孔子』，惠卿爲『顔子』。」

〔四〕請以見管常平封樁米斛賤糴貴糶如淳化之制又請人户以等第出免役錢募人充役　司馬光集補遺卷七日録二云：「吕惠卿判司農寺，介甫欲令主常平新法故也。」長編卷二一一熙寧三年五月丙午條云：「條例司言，常平新法宜副司農寺，乞選官主判，兼領農田差役水利事。遂命太子中允、集賢校理吕惠卿同判司農寺，祕書丞、集賢校理、同判寺胡宗愈改兼判，仍候有兩制可差，即改差一員。」注曰：「蔣静作吕惠卿家傳云：『三年五月，兼判司農寺。初，淳化中，始置常平倉，賤糴貴發。至祥符六年，併開封、祥符兩縣倉爲在京常平倉，斛斗經二年即以爲軍糧，而以新好者封樁。而糴糶之政久廢，公乃請以本寺見管封樁，兑换發運司新米，逐倉寄敖收管。遇物貴賤，即糶糴如本法，以平市價，九月一日行。惠卿言：「州縣差役之法，久以爲弊，重役之家，至有破産，而僥倖者，役不一名。有衙前、承符、散從之類，色役非一，其弊尤甚，不可勝言。」于是朝廷置局詳定利害，而以文字送制置條例司看詳，司農實兼領之。公以爲「今欲除去宿弊，使民樂從，然所寬優者，則鄉村朴惷不能上達之甿；所裁取者，則任官并兼易致人言之豪户；以至衙司、縣官皆恐無以施誅求巧舞之奸。新法之行，尤所不便。官吏既不能明見法意，抑又惑于言者之多，築室道謀，難以成就」。以是爲牒具析所以措置施行之狀，極于詳盡，檄諸路監司，使之如法推行，卒罷差役法，令當役人户以等第均出，曰「免役錢」。而一切募人充役，隨本役輕重以錢給之。其坊郭等第户及未成丁、單丁、女户、寺觀、品官之家，舊無色役者，皆以等第均出，曰「助役錢」。四年十月一日，乃頒募役法。』」

〔五〕爲天章閣侍講修起居注管句國子監　長編卷二三九熙寧五年十月戊寅條載太子中允、集賢校理吕惠卿爲天章閣侍講、同修起居注、管勾國子監，云：「上初欲召見乃除差遣，王安石請先除差遣。上曰：『惠卿有吏材，恐不須令在經筵。』安石曰：『惠卿經術明，前已爲説書，今不當罷，亦自不妨别主判，欲令勾當國子監，或令同檢正五房。』上曰：『且令專管勾國子監。』」

〔六〕檢正中書五房公事　按長編卷二一五熙寧三年九月戊子朔條云：「中書言：『中書統治百官，以佐天子政事，而所置吏屬，尚仍舊制。謂宜高選士人，稍依先王設官置輔之意，請置檢正中書五房公事一員，每房各置檢正公事二員，並以朝官充，見宰相、參知政事如常朝官禮。檢正五房公事官位提點上，諸房檢正與提點序官，位堂後官上，主書以下不許接坐，非親屬、寺觀職事相干，不許出謁。』」從之。」

〔七〕兼判軍器監　長編卷二四五熙寧六年六月己亥條云：「置軍器監，總内外軍器之政。其所統攝並依將作，仍以呂惠卿、曾孝寬爲判監，所置官屬，令逐官奏舉。軍器舊領於三司冑案，三司事叢，判案者又數易，至是，始案唐令置監而廢冑案焉。先是，上語輔臣：『河北兵械皆不可用。』王安石曰：『兵械非可以一朝一夕具，須預具。』上乃議置監設官提舉，翌日，遂有是命。」

〔八〕召爲翰林學士　長編卷二五〇熙寧七年二月癸未條載知制誥呂惠卿爲翰林學士，云：「曾布既權三司使，惠卿差遣如故，王安石白上：『惠卿居常豈有後布？其大才豈不可爲學士？今學士有闕，乃闕而不補，臣所未喻，陛下處人才宜各當其分。』上曰：『任用惠卿何以異布？但不爲學士爾。』居數日，遂有是命。」

〔九〕惠卿乃三上表丐外詔留之　長編卷二六四熙寧八年五月丁亥條云：「御史蔡承禧言呂升卿招權慢上，并及呂惠卿。……時承禧言升卿辟合與官俸，令教小兒而已。」又卷二六六熙寧八年七月癸未條云：「初，宰執同進呈承禧劾升卿事，呂惠卿曰：『承禧言升卿事連臣。』上曰：『同進呈，無害。』惠卿乞下升卿分析。惠卿乃謁告，上遣馮宗道撫問，召赴中書。王安石又親詣惠卿道上意。惠卿於是上表求補外者三，上皆遣中使封還；又入劄子，上復令安石同王珪諭惠卿。惠卿再求對，有旨毋復請入見。……上曰：『然則安石之來，正宜協力，何以求去邪？』惠卿曰：『安石之來，一切託疾不事事，與昔日異。前此安石爲陛下建立庶政，千里復來，乃反如此，不知欲以遺之何人？』上曰：『安石何以至此？』惠卿曰：『陛下所聽既不一，爭又不勝，百官紛紛，莫可調御。臣頃嘗略爲陛下陳之，至此亦誠難。』上曰：『安石必須見天下有可爲之理，乃肯復來。』惠卿曰：『然必是至此有不如所見，故不安其位。蓋亦緣臣在此，陛下意與安石協力者多，其聽不一，故不安。朝廷事可以無臣，而不可無安石，此臣所以求去也。』上曰：『安石必不忌卿。』惠卿曰：『安石於臣何忌？但陛下初用安石，以其勢孤助之，故每事易。今日陛下以謂安石之助多節之，故每事難就，則臣之在朝廷所補者少，而所害者多，不若遂臣之去。陛下一聽安石，天下之治可成也。今使大臣有所不得盡，非國家之福。蓋爲朝廷分別賢不肖、是非，極是難事。斂天下之怨在於一身，以及其子孫，人主若不察，即不免苟且滅裂而已。』上曰：『有官守者，不得其守則去。安石必不肯苟且滅裂。』惠卿曰：『惟其欲去，所以苟且滅裂。「王忱不艱，允協於先王成德，惟説不言，有厥咎。」苟爲不然，固未能責其不盡也。陛下但致一以聽安石，殫其學術，則臣雖去，猶在朝也。』上曰：『安石學術莫了得天下事否？』惠卿曰：『然。』上曰：『卿但參貳，責不盡在卿。』惠卿曰：『此臣所以可去也。臣之所陳皆國家事，而在臣之私，又有往來其間者，不去恐爲天下笑。』上曰：『終不令卿去，且但至中書。』惠卿頓首曰：『臣不敢奉詔。』既退，上復遣中使諭旨，惠卿辭謝，再入劄子，上亦封還，且詔銀臺司毋接文字。後數日入見，上曰：『累遣人趣卿就職，未見稟承。』惠卿曰：『臣數違旨，不勝死罪。但臣在朝，有損無補。陛下厚恩雖不許避，臣之自度終恐難勝。』上曰：『無他事，何須求去如此之堅？』惠卿曰：『臣去，則陛下一聽安石。』上曰：『卿無過慮，且可就職。』惠卿曰：『陛下數宣諭臣以參貳安石，不識何也？參知政事，莫是參知陛下之政事否？』上曰：『安石政事，即朕之政事也。』惠卿因言：『承禧所以言臣弟者，意乃在臣。』上曰：『已曉，無過慮。』惠卿乃復就職。」注曰：「此以上並據蔣静所作惠卿家傳修入。家傳又云：『承禧言升卿爲國子監考試官，而惠卿妻弟方通在高等事，凡十餘條。宰執進呈至上前，惠卿』云云。今删取其要。」

［一〇］遂罷政事知陳州　長編卷二六九熙寧八年十月庚寅條載「是日，手詔：『給事中、參知政事吕惠卿，朕不次拔擢，俾預政機，而乃不能以公滅私，爲國司直，阿蔽所與，屈撓典刑，言者交攻，深駭朕聽。可守本官知陳州。』」

［一一］築四堡以捍虜　按雍正陜西通志卷一〇嘉岭山條載吕惠卿築四堡記稱「熙寧十年帥延，因時遊觀，南上嘉嶺，北上九州臺，西北獵於伏虎、龍頭山，東閱武於武家坪，皆極高深之致」云云。

［一二］落職知單州　長編卷三三〇元豐五年十月癸酉條載新知太原府、資政殿大學士、通議大夫吕惠卿落職守本官知單州，云：「惠卿初除母喪，即有太原之命。及入見，上將改授鄜延，且諭令總四路守備。惠卿手疏言：『陜西之師，非惟不可以攻，亦不可以守。爲今日之計，要在大爲形勢。形勢之説，非一二可盡，因請三省、樞密院議邊事日，乞召臣同對。』上謂輔臣曰：『如惠卿之言，陜西一路無可守之理，則陜西可棄也。所謂形勢者，惠卿言欲得執政宣撫四路，已爲副，迺可行。用意如此，豈可委以邊事？可卻令赴河東。』王安禮曰：『既不令往陜西，恐不可更令帥太原，與一閑郡如陳、潁可也。』上曰：『與潁州或蔡州。』張璪曰：『欲與蔡州。』上可之。命未下，翌日，三省、樞密院對上語及惠卿，王安禮曰：『臣再三思之，自古禍福多藏於無形，如惠卿用舍，實繫朝廷禍福。且惠卿久在朝廷，朋附者衆，今日罷帥與郡，曾不明示過惡，議者必謂惠卿論事切當，主上不能容受讜言，輔臣中有擠之者，故及於此，惠卿亦必以此爲解。臣以謂宜告命中明言惠卿之罪，落大學士，與一小郡如單州之類爲允，使中外小大之臣知惠卿過惡所在，人人警懼，因又知名位不可以計數取，兼足以整勵風俗。緣惠卿肆爲浮言，覬動朝廷，弼臣議政，自請造前，躁輕矯誣，出於爲利。若行制誥，當如此命詞，則惠卿雖被重責，必無以爲説。未審聖意如何？』上曰：『甚善。可落職與通議大夫、知單州。』」注曰：「吕惠卿家傳云：『惠卿除大資政、知太原，

入覲賜對，上曰：「比得卿論出師及再舉非便事，朕尋爲卿罷再舉矣，足以見卿之忠藎也。今徐禧死於永樂，邊警甚嚴，須仗卿往鄜延，仍總領四路。」惠卿曰：「……臣聞鄜延累遭敗衄，士馬物故，非但昔日有可措置。陛下雖令總領四路，如熙河在千里之外，緩急何由節制？不若令臣往來邊上，親見利害，不須專在鄜延也。」上曰：「此甚好。」惠卿曰：「欲乞一輔臣同行，臣但副之。」上曰：「誰可使者？」惠卿曰：「王珪。」上曰：「要他何用？」惠卿曰：「王珪見任宰相，不惟彈壓，兼奏請諸事爲便。」上曰：「此亦不難。昨韓絳亦是以宰相宣撫，但不知珪敢去否，當與議之。」……惠卿退，遂至都堂見珪等，珪曰：「朝廷見議除公鄜延，早來上曾及之否？」惠卿曰：「適已奏知，乞相公同去巡邊。」珪色變不悅。既數日，無如聖諭送至文字看詳者，惠卿意珪之不樂巡邊之請也，遂以所聞本路兩次敗人馬見在數目，乞與政府面議。明日請對，上曰：「今議更不屈卿河東、鄜延，已除卿知蔡州。」惠卿曰：「陛下千里促召臣至此，未及有所議，乃除臣蔡州，何也？」上曰：「爲要兵，朝廷無可應副。既議論不合，所以别除卿差遣。」惠卿不敢復言，而執政者必欲罪惠卿，上不得已，卒坐請議落職知單州。』家傳至不足憑。」

〔一三〕尋責授建寧軍節度副使本州安置　宋史呂惠卿傳云：「哲宗即位，勑疆吏勿侵擾外界。惠卿遣步騎二萬襲夏人於聚星泊，斬首六百級，夏人遂寇鄜延。惠卿見正人彙進，知不容於時，懇求散地。於是右司諫蘇轍條奏其姦曰：『惠卿懷張湯之辨詐，有盧杞之姦邪，詭變多端，敢行非度。王安石强很傲誕，於吏事宜無所知，惠卿指摘教導，以濟其惡。又興起大獄，欲株連蔓引，塗污公卿，賴先帝仁聖，每事裁抑。不然，安常守道之士，無噍類矣。安石於惠卿有卵翼之恩，父師之義，方其求進，則膠固爲一，及勢力相軋，化爲敵讎，發其私書，不遺餘力，犬彘之所不爲，而惠卿爲之。……如惠卿之惡，縱未正典刑，猶當投畀四裔，以禦魑魅。』中丞劉摯數其五罪，以爲大惡。乃貶爲光禄卿，分司南京；再責建寧軍節度副使，建州安置。中書舍人蘇軾當制，備載其罪於訓詞，天下傳誦稱快焉。」

〔一四〕以資政殿學士知大名　長編紀事本末卷一三〇不用呂惠卿云：紹聖元年「七月壬戌，三省具呂惠卿、王中正、宋用臣元罪狀進呈，當再叙，章惇曰『惠卿所坐極無名』云云，上曰：『與復舊官，并資政殿學士。』十月己巳，資政殿學士、知江寧府呂惠卿知大名府。三省、樞密院同呈惠卿除目，曾布、韓忠彦曰：『若惠卿在朝，善人君子必無以自立。』上曰：『只令知北京，豈可留也。』」

〔一五〕以觀文殿學士知延安府　宋宰輔編年録卷八熙寧八年十月庚寅條載：紹聖二年十月，呂惠卿除觀文殿大學士、知延安府。「後曾布入對，上曰：『惠卿堅不肯行，又只要宮觀，意只要在京。』布又曰：『惠卿天下公論之所不與，士大夫識與不識，皆望風畏之。

如何可用？』上又曰：『惠卿只要在京，須要作執政。』布曰：『豈獨執政，不相不已。』上笑之」。

［一六］夏人猖獗舉國犯塞　宋史卷四八六夏國傳下云：紹聖三年九月，夏人「大入鄜延，西自順寧、招安砦，東自黑水、安定，中自塞門、龍安、金明以南，二百里間相繼不絶，至延州北五里。十月，忽自長城一日馳至金明，列營環城，國主子母親督桴鼓，縱騎四掠。知麟州有備，復還金明，而後騎之精鋭者留龍安。邊將悉兵掩擊不退，金明乃破。守兵二千八百人惟五人得脱，城中糧五萬石、草千萬束皆盡，將官皇城使張俞死之。既還，留一書置漢人頸上，曰：『貸汝命，爲我投於經略使處。』其言曰：『夏國昨與朝廷議疆埸，惟有小不同，方行理究，不意朝廷改悔，却於坐團鋪處立界。本國以恭順之故，亦黽勉聽從，遂於境内立數堡以護耕，而鄜延出兵，悉行平蕩，又數數入界殺掠。國人共憤，欲取延州，終以恭順，止取金明一砦，以示兵鋒，亦不失臣子之節也。』延帥吕惠卿上于樞密院而不以聞。初，哲宗聞夏人來寇，泰然笑曰：『五十萬衆深入吾境，不過十日，勝不過一二砦須去。』已而果破金明引退」。

［一七］條築米脂等寨　長編卷四九四元符元年二月庚辰條云：「鄜延路經略使吕惠卿言，請修復米脂舊寨，及踏逐那娘山、白洛觜可築堡寨。詔惠卿『如米脂寨可復，即依累降指揮施行。其餘合修護耕堡子與未合修，即隨宜相度修築措置，仍具事狀聞奏』。」又卷四九七元符元年四月庚辰條云：「鄜延路經略使吕惠卿言修築開光堡畢工，乞賜名。詔賜名開光堡。」丙戌條云：「詔吕惠卿、孫覽於葭蘆、榆木川、米脂中路修堡障，以通兩路聲援。」壬辰條云：「鄜延路經略使吕惠卿言，進築羅密谷嶺新寨畢工。詔賜名臨夏寨。」卷四九八元符元年五月辛亥條云：「鄜延路經略使吕惠卿言，進築那娘山新寨畢工。詔賜名殄羌寨。」庚申條云：「鄜延路經略使吕惠卿言，進築白洛觜新寨畢工。詔賜名威羌寨。」

［一八］制授保寧軍節度使　長編卷四九八元符元年五月庚申條云：「鄜延路經略使吕惠卿言：『投來人稱「西界人户在大沙堆存泊，及人馬在南防護」。尋令苗履、劉安統兵至大沙堆等處，破蕩賊衆，斬首八百級，生擒帶牌僞天使一、大首領二，牛馬孳畜萬計。族落燒毁殆盡，班師至威戎城。』」宋宰輔編年録卷八熙寧八年十月庚寅條云：「元符元年五月，惠卿自觀文殿學士、右銀青光禄大夫、知延安府，换保寧軍節度使，令再任鄜延。凡進築九城寨已畢，惠卿將任滿，合推恩特除。章惇久有擢惠卿意，衆頗難之。既而惇議以拓地及再任一併推恩，上遂許之。文臣以節度使爲重，非常恩也。時吏部郎中、編修都官條例方澤本惠卿親黨，故惇主張之。上問布，布曰：『惠卿作執政時，惇乃門下士，鄧綰曾攻之云爲刎頸之交、半夜之客，昨既復用，許力引惠卿爲右相。既於此不諧，故於惠卿建節及其兄

弟親黨凡可用力者無不盡力。惠卿兄弟亦凶横，責望惇不細。昨力引惠卿不諧，其家皆大罵，惇不得已答之云：「若朝論中有九人以爲不可，一人以爲可，惇猶可着力。今十人則十人以爲不可，惇無如之何。」亦少解。』」然東都事略呂惠卿傳云：「惠卿與章惇外相善，惇以兄事惠卿，而心實忌之。故惇作相，惠卿不得入朝，帥延安累年，止於建節。」

〔一九〕徙節武勝軍加檢校司空　長編卷五一四元符二年八月丙申條云：「保寧軍節度使、鄜延路經略安撫使兼知延安府呂惠卿，特授檢校司空改武勝軍節度使，加食邑實封，以進築暖泉寨、金湯城畢工也。」

〔二〇〕移知杭州　宋史呂惠卿傳云其「因曾布有宿憾，徙爲杭州」。邵氏聞見録卷一五云：「元符末，呂惠卿罷延安帥，陸師閔代之。有訴惠卿多以人冒功賞者，師閔以其事付有司，未竟，罷去。曾布爲樞密使，素與惠卿有隙，特自太原移德孺延安，蓋德孺於惠卿亦有隙也。德孺至，取其事自治，有自皇城使追奪至小使臣者，德孺由是大失邊將之心。」

〔二一〕建中靖國元年罷節以觀文殿學士提舉杭州洞霄宮　長編紀事本末卷一三〇不用呂惠卿云：「建中靖國元年三月癸亥，檢校司徒、鎮南軍節度使、知杭州呂惠卿爲觀文殿學士、右銀青光禄大夫，提舉洞霄宮。呂惠卿引年乞致仕，而有是命。」

〔二二〕復罷節提舉崇福宮　長編紀事本末卷一三〇不用呂惠卿云：崇寧四年「閏二月，知大名府呂惠卿罷節度使，爲右銀青光禄大夫，提舉洞霄宮。惠卿再上表乞弟諒卿出籍，表詞有『明昭先烈，以推美於泰陵；潤略微文，用保全於蔡邸』，言者論其引喻失當，特責之」。

〔二三〕責授祁州團練副使宣州安置　宋史呂惠卿傳云：「坐其子淵聞妖人張懷素言不告，淵配沙門島，惠卿責祁州團練副使，安置宣州。」按，東都事略呂惠卿傳略同。長編紀事本末卷一三〇不用呂惠卿注引呂本中雜説曰：「丁亥歲，張懷素事作，蔡京欲因獄事傳致惠卿之子下獄，榜笞數千下，欲令招服與懷素謀反。其子卒不服，得免。」揮麈後録卷八云：「大觀中，有妖人張懷素，以左道游公卿家。其説以謂金陵有王氣，欲謀非常，分遣其徒游説士大夫之負名望者。有范寥信中，成都人，蜀公（范鎮）之族孫，始名祖石，能詩，避事出川，以從懷素。懷素令寥入廣，以訹黄太史魯直。時魯直在宜州危疑中，聞其説，亟掩耳而走。已而魯直死，寥益困，遂詣闕陳其事，朝廷興大獄，坐死者十數人。」

〔二四〕未幾致仕　默記卷下云：「呂吉甫自罷參知政事，最爲偃蹇。元祐間，貶爲散官，居于建州凡十年。再見紹聖，固當預政。

章子厚（惇）、蔡元度（卞）先得路，百計逐之，老于爲帥。繼以蔡元長（京）久據大位，以妖人事再貶武昌。至張天覺作相，始薦于上皇，召爲宫使，留京師。吉甫作謝表云：『歷官三十八任，受恩雖出于累朝；去國四十二年，留侍方從于今日。』徽廟大喜，甚有大拜意。一日，書于紙曰：『何執中除太傅、平章事，張商英左僕射兼門下侍郎，吕惠卿右僕射兼中書侍郎。』既書之矣，適一士人獻宫詞百篇，其一首云：『先帝熙寧有舊臣，曾陪元宰轉洪鈞。嗣皇不减周文美，八十重來起渭濱。』徽宗改『不减』作『不啻』，御書二扇，一以賜吉甫。衆謂必相矣。然何執中、鄭居中方攻天覺，盡用其黨逐天覺門人，起大獄爲奇禍。而吉甫以腹疾乞致仕，卒于京師，其命矣乎。」

［二一五］贈開府儀同三司　按，宋會要輯稿禮五八之一〇〇云「參知政事吕惠卿，謚文敏」。

［二一六］後果背安石　東都事略吕惠卿傳云吕惠卿「罷政事，知陳州。惠卿訟安石用縮詆辭而見黜，因謂：『安石盡弃舊學，而隆尚從衡之末數，以至譖愬脅持，蔽賢姦黨，移怒行很，方命矯令，罔上要君，凡此數惡，莫不備具，平日聞望，掃地盡矣。謀身如此，以之謀國，豈有遠圖？陛下平時以何如人遇安石，而安石亦以何等人自任，而乃失志倒行而逆施，一至是哉！』」

［二一七］嘗爲手實法　宋史吕惠卿傳云其「又用弟和卿計，制五等丁産簿，使民自供手實，尺椽寸土，檢括無遺，至雞豚亦遍抄之。隱匿者許告，而以貲三之一充賞，民不勝其困」。按，困學紀聞卷一〇諸子云：管子「地員篇云：『管仲之正天下也，其施七尺，瀆田悉徙，五種無不宜。其立后而手實。』『手實』之名，始見於此。吕惠卿因以行手實之法。蘇文忠（軾）論管仲之無後，利不可與民争也。蓋有激云」。

［二一八］有文集一百卷　孫覿鴻慶居士集卷三〇東平集序云：「平生所爲賦頌、名碑、制誥、册命、書奏、議語之文數十萬言，藏於家，凡若干卷，號東平公集。……公之曾孫右通宜郎靖，遭建炎兵火焚廬之禍，徙家晉陵，始從余游。一日，出公遺稿，請余序而識之。」並云吕惠卿「爵東平郡公」，故取以爲文集名。東平集序又云其「所著書，又有孝經論語注解、周易大傳、尚書周禮義、毛詩集傳，注老子道德經、莊子内篇，凡若干卷，皆不列于此。而注莊子方盛行于世」。

名臣碑傳琬琰集下卷十五

唐參政介傳[一]　實録

熙寧二年四月丁未，參知政事唐介卒，其弟奠之。

介字子方，荆南人。舉進士[二]，爲鼎州武陵尉、岳州沅江令，祕書省著作佐郎、知莫州任丘縣。契丹使往來多誅索，民甚苦之。介坐驛門上，敕供饋如式①，妄求取一不與，輒壞什器者以法論。自是無敢有所擾。通判德州，爲監察御史裏行，遷殿中侍御史裏行。

内侍盧昭序造龍鳳車於啓聖院，内出珠玉爲嚴飾之。介言：「太宗神御所在，不可慢，況爲後宫奇美之器哉？」仁宗即令徙出。祀明堂赦，欲大進中外群臣，介言不可[三]。

三司使張堯佐一日除宣徽、節度、景靈、群牧四使，介與諫官包拯等七人力争，又請御史中丞王舉正留百官班，卒奪堯佐宣徽、景靈二使。頃之，復除宣徽使，介獨争之不可得，求全臺上殿，不許，自請貶，亦不報。於是劾奏：「宰相文彦博專權任私，挾邪爲黨。知益州日作間金奇錦，因中人入獻宫掖，緣此擢爲執政。及貝州賊平，

---

① 敕供饋如式　「敕」，本書中集卷一九唐質肅公介墓誌銘作「戒」，似是。

乃明鎬之功，彥博幸會，遂叨相任。昨張堯佐宣徽、節度使，臣累論奏，面奉德音，謂是中書進擬，以此知非陛下本意。蓋彥博姦謀迎合，顯用堯佐結貴妃，外陷陛下有私於後宮之名，内實自爲謀身之計。」又言：「諫官吴奎與彥博爲表裏，自彥博獨專宰政，凡有除授，多非公議，恩賞之出，皆有夤緣。自三司、開封、諫官、法寺、兩制、三館、諸司要職，皆出其門，更相援引，借助聲勢，欲威福一出於己，使人不敢議其過惡。乞罷斥彥博，以富弼代之。」仁宗甚怒，却其奏不視，且言將貶竄。介徐讀畢，曰：「臣忠義憤激，雖鼎鑊不避，敢辭貶竄！」仁宗急召二府，以奏示之曰：「介言他事乃可，至謂彥博因貴妃得執政，如何言也？」介面質彥博曰：「彥博自省，有之①，不可隱於上前。」彥博拜謝不已。樞密副使梁適叱介下殿，貶春州別駕。中丞王舉正、修起居注蔡襄皆言貶太重，仁宗亦已悔，恐中外驚疑，朝堂告諭百官。明日，改英州別駕，復取其奏以入。又明日，罷彥博相，黜吴奎。仁宗恐介死於路，有殺直臣名，遣中使送至貶所[四]。介自是以直聞天下。

數月，徙監郴州税②。通判潭州，復召爲殿中侍御史，遣内侍賜以告敕。介至，無一言及遷謫。仁宗曰：「卿被責以來，未嘗以私書至京師，可謂不易所守矣。」介頓首謝。後數論得失，因言於上曰：「臣繼今言不行，必將固争，争之急，或更坐黜，是臣重累陛下，願聽解言職。」許之，乃除直集賢院、權開封府推官③。出知揚州，歷江東轉運使、江淮發運使、三司度支副使，除天章閣待制、知諫院。

---

① 彥博自省有之　長編卷一七一皇祐三年十月丁酉條作「彥博宜自省，即有之」。

② 數月徙監郴州税　「數月」原作「數日」，宋史唐介傳稱「數月，起監郴州税」，長編卷一七一、卷一七二載，皇祐三年十月丁酉，殿中侍御史裏行唐介責授春州別駕，己亥改英州別駕；四年正月辛亥，徙英州別駕唐介爲全州團練副使、監郴州酒税。則作「數日」者誤，據改。

③ 權開封府推官　東都事略唐介傳同；本書中集卷一九載有王珪唐質肅公介墓誌銘、忠肅集卷一一唐質肅神道碑及宋史唐介傳、長編卷一七五皇祐五年十月丁巳條稱其爲「開封府判官」，此作「推官」不確。

御史中丞韓絳劾奏宰相富弼，且言：「張茂實人以爲先帝子[五]，而弼引用管軍，事密難測。」弼家居求罷。絳亦待罪，仍牒閤門，更不稱中丞，及不朝參。介奏：「茂實頃爲狂卒誣詆，已經朝參。今復用管軍，乃中書、樞密院同議，人亦無言者。今絳苟欲以危法中傷大臣，而不知主無根之言，摇動衆聽，黜爲朝廷不便。兼絳舉措顛倒，不足以表率百司。」絳坐削職知蔡州，介亦自請補外，差知荆南①。敕過門下，知封駮事何郯封還之，乃復留介。陳升之除樞密副使，介與趙抃、王陶等論升之姦邪，交結中人閻士良等，又與御藥王世寧連姻，不可大用。凡九奏，卒罷升之，介亦出知洪州。明年，爲龍圖閣直學士、河北都轉運使，徙知瀛州。英宗召爲御史中丞，面諭曰：「卿在先朝有直聲，今出自朕選，非繇左右言也。」居數月，又以爲龍圖閣學士、知太原府[六]。

上即位，遷給事中、權三司使，遂參知政事[七]。執政坐待漏舍，故事唯宰相省閱所進文書，同列有未嘗豫聞者。介謂曾公亮曰：「介備位政府，而文書皆不知，上若顧問，何辭而對？」公亮乃與介同閱視，後以爲常。上欲以王安石爲參知政事，以問執政，曾公亮因薦之，介曰：「安石恐難大任。」上曰：「卿謂文學不可任邪？經術、吏事不可任邪？」介曰：「非謂此也。安石博學而泥古，故論議迂闊。若使爲政，恐多所變更，必擾天下。」退至中書，謂公亮等曰：「異日安石之言果用，天下困擾，諸公當自知之耳。」時執政進除目，上久之不決，既數日，乃曰：「朕問王安石以爲然，可即施行。」介曰：「陛下比擇大臣，付以天下之事。此中書小小遷除，陛下尚未以爲信，雖欲廣詢博訪，亦宜慎密。今明白如此，使大臣何以自安？且陛下以安石爲可大用耶，試用之，豈可使中書政事決可否於翰林學士？臣近每聞陛下宣諭某事，問安石以爲可，宜即施行；某事問安石以爲不可，未得施行。

① 差知荆南 「荆南」原作「京南」，據本書中集卷一九王珪唐質肅公介墓誌銘、忠肅集卷一一唐質肅神道碑、宋史唐介傳、長編卷一九二嘉祐五年七月甲午條改。

如是則執政何所用？必以臣爲不才，當先罷免。此語傳之天下，恐非信任之體也。」

安石既執政，奏言：「中書處分事用劄子，皆言奉聖旨，不中理者常十八九。不若止令中書自出牒，不必稱聖旨。」上愕然。介曰：「太宗時，寇準用劄子遷馮拯等官不當，拯訴之，太宗曰：『前代中書有堂牒指揮事，乃權臣假此以威福天下。太祖朝趙普爲相，堂帖重於敕命①，尋令削去。今復置劄子，何異堂帖？』張洎因言：『劄子乃中書行遣小事，若廢之，則別無公式。』太宗曰：『大事則降敕，其不當用劄子②，亦須奏裁，此所以稱聖旨也。』今安石不欲稱聖旨，則是政不自天子出也。使執政皆忠賢，猶爲人臣擅命，義亦難安；或非其人，豈不害國？」上曰：「太宗制置此事極當。」先是，安石議謀殺人傷者許首服，以律案問，欲舉法坐之，得免死③〔八〕。介數與安石爭論於上前，介曰：「此法天下皆以爲不可首，獨曾公亮、王安石以爲可首。」安石曰：「以爲不可首者，皆朋黨也④。」安石彊辨，上主其語。介不勝憤悶，疽發背而卒。

介爲人簡伉，以敢言見憚。每言職鈌，衆皆望介處之，觀其風采。上以其先朝遺直，故大用之。疾亟，臨問，爲之出涕。及臨奠哭之，見畫象不類，命取禁中舊藏本賜其家。贈禮部尚書。初，温杲診介脈，以爲有伏熱在臟，明年夏當發疽，預服藥導其熱可免，因疏其方。介視方有硫黃，不之信，至是果如杲言⑤。

子淑問、義問、嘉問、之問。

① 堂帖重於敕命　「於」字原脱，據宋史唐介傳、九朝編年備要卷一八、宋史全文卷一一補。
② 其不當用劄子　宋史唐介傳無「不」字，似是。
③ 得免死　「免死」，東都事略唐介傳作「免所因罪」。
④ 皆朋黨也　「朋」原作「問」，據庫本及東都事略唐介傳改。
⑤ 至是果如杲言　「杲」原作「果」，據庫本及上文改。

辨證：

［一］唐參政介傳　按，唐介，東都事略卷七三、宋史卷三一六有傳，本書中集卷一九載有王珪唐質肅公介墓誌銘，劉摯忠肅集卷一一載有唐質肅神道碑。

［二］舉進士　本書中集卷一九唐質肅公介墓誌銘稱其天聖八年進士及第。

［三］祀明堂赦欲大進中外群臣介言不可　長編卷一六九皇祐二年九月辛亥條注曰：「郭勸傳云：『祀明堂，將加中外官，勸就齋次，率群御史求對，不許。又極論之。』（彭）思永傳乃云思永獨奏。或是思永獨奏（張）堯佐、（王）守忠，群御史但泛論群臣不當加官也。」

［四］仁宗恐介死於路有殺直臣名遣中使送至貶所　宋史卷三一四胡宿傳載：「唐介貶嶺南，帝遣中使護以往。宿言：『事有不可測，介如不幸道死，陛下受殺直臣之名。』帝悟，追還使者。」長編卷一七一皇祐三年八月十月己亥條載：「知制誥胡宿言：『唐介坐言事得罪，責授英州別駕。嶺南水土，春最惡弱。制出之日，咸謂介若至彼，必無生還之理。不圖聖慈含垢，哀其觸罪就死，特改貶英州。此誠天恩，於介無量。然臣愚見，猶有未安。或聞專差中使押至貶所，朝旨有在路不管踈虞之語。此之處分，頗非泛常。竊尋嚮前臺諫官貶黜，無此體例，一旦介若因霜露之病，死於道路，四海廣遠，不可家至户曉，徒使朝廷負謗於天下，其傷不小。就使介安全至於貶所，然亦不可著爲後法。臣與介舊不相識，在朝亦不曾往還，所以縷陳區區，不避干忤者，正爲朝廷遠防。一切伏望特垂聖恩，留省愚言，追還使人，以全朝體。』殿中侍御史梁蒨亦言：『陛下愛介，故遣中使護送之，即不幸介以疾死，天下後世能無以殺疑乎？』上曰：『誠不思此。』亟追還中使。」

［五］張茂實人以爲先帝子　按默記卷上云：「張茂實太尉，章聖之子，尚宫朱氏所生。章聖畏懼劉后，凡後宫生皇子、公主俱不留。以與内侍張景宗，令養視，遂冒姓張。」東都事略卷六二張孜傳云張孜「初名茂實，避英宗藩邸名，改焉」。然宋史卷三二四張孜傳稱「孜長於宫禁中，内外頗涉疑似，言者請罷孜兵柄，乃出爲寧遠軍節度使、知潞州，徙陳州。仁宗以其無他，復召爲馬軍副都指揮使」。

［六］又以爲龍圖閣學士知太原府　宋史唐介傳載時英宗云：「朕視河東，不在中執法下，暫煩卿往耳。」

［七］遂參知政事　據宋史宰輔表二，唐介於熙寧元年正月參知政事。

［八］安石議謀殺人傷者許首服以律案問欲舉法坐之得免死　按宋史卷三二七王安石傳云：「登州婦人惡其夫寢陋，夜以刃斮之，傷而不死。獄上，朝議皆當之死，安石獨援律辨證之，爲合從謀殺傷，減二等論。帝從安石説，且著爲令。」

鄭翰林獬傳［一］　實録

熙寧五年八月，楚州言翰林侍讀學士、提舉南京鴻慶宫鄭獬卒［二］。獬字義夫①，安州安陸人。少奇俊，能爲詩賦。遊太學，應進士，有時名。廷試第一［三］，授將作監丞、通判陳州。召試學士院，遷祕書省著作郎、直集賢院、判登聞鼓院，爲三司度支判官、修起居注、同判太常寺，以右司諫試知制誥，糾察在京刑獄。上疏曰：

仁宗大行皇帝永昭陵，依乾興制度，雖未爲過侈，以今較昔，益有不同②。乾興帑庫充積，財力有餘，故可以溢祖宗之舊制。今國用空闕，財賦不支，近以賞軍，已見横斂，富室嗟怨，流聞京師。雖三路州郡頗能支梧，此蓋將累歲邊備一日費之，不知何年復能充補。萬一歲凶民飢，少有風塵之警，則將何策以禦？豈可以乾興爲法也？夫儉葬之制，周公非不忠，曾子非不孝，以爲褒君愛父，不在於聚財。此前世之極論，臣不復言。竊唯大行皇帝節儉愛民，出於天性，無珠玉奇異之好，無犬馬遊觀之樂，服御至於澣濯，器玩極於朴陋，此天下之所共知也。今山陵制度乃取乾興最盛之時爲準，獨不傷先帝平日積儉之德乎③？臣以爲宜飭

① 獬字義夫　按，東都事略、宋史鄭獬傳稱其字毅夫。
② 益有不同　「益」，庫本及長編卷一九八嘉祐八年四月癸巳條作「蓋」，當是。
③ 獨不傷先帝平日積儉之德乎　「積」，庫本、長編卷一九八嘉祐八年四月癸巳條作「節」。

有司，條其名數，再議減節。

臣又以國家故事，嗣皇踐祚，四方郡國馳表稱賀，例得官其子弟。此必出於五代諸侯彊悍之時，務欲結以恩意，故皆延賞以及之。習熟不改，以至本朝。今天下弭伏，庶官猥多，充滿銓選，不宜復有增補。前日既用龍飛詔書，群臣類進一官，亦足以推主上惟新之澤，固不須更官其子弟，以開僥倖。

治平二年秋，京師大雨水，詔求直言。獬復上疏曰：

臣伏見詔書，以京師大雨爲沴，壓溺者衆，許中外臣僚極言得失。茲實陛下側身求過，思有以消復之。天衷懇懇，至於魚蟲草木，莫不感動，況於能言者哉？臣竊伏思陛下發詔以求忠言，將欲用之耶？將欲因災異舉故事而藻飾之耶？苟欲藻飾之，則固無可議者。必欲用之，則臣願陳其方。

臣觀前世之君，因怪變而求諫者甚衆，書之史册，以爲美事。及攷其實，則能用其言而載於行事者，益以鮮矣①。徒使後世襲蹈，以爲帝王之值災異者，於此空言而足矣，曷足謂之罪己修德者耶？今詔音一發，天下忠義之士必有極其所蘊，以薦諸朝者。此當有益於治道，不爲妄作。然而疊章累疏②，繁委而並集，則陛下果能環復而究覽之耶？計陛下一日萬機，必未能然爾。而將如平時章疏，事關深密者則留中不出，事繫政體者則下中書，事屬兵要者則下樞密院，兩府覆奏，又下群有司及群邑，至於無所行而後止。如是則有求諫之名，而無求諫之實，與前世之爲空言者等耳。臣竊謂陛下萬機之繁，既未能徧覽，則宜選官置屬，令專掌今之群臣所上章疏，日許兩府及近臣番休更直，内殿賜坐，與之從容條陳講貫。其可者則熟究而行之，

① 益以鮮矣　「益」，庫本及長編卷二〇六治平二年八月乙未條作「蓋」，當是。

② 然而疊章累疏　「疏」原作「數」，據庫本及長編卷二〇六治平二年八月乙未條改。

不可則罷之，有疑焉則廣詢而後決之，群言得而衆事舉，此應天之實也。

祖宗時，言事者多被甄賞。自近年以來，玆事寥闊。仁宗寬仁，最能容直言，而亦不能甄賞也。願陛下采群臣之章疏①，知其宏謀偉論可施於當世者，則召見之，與之共議。不惟質其言，且以觀其材，大者擢之以職位，次者賜金帛，無取焉報罷之。如此則且使史册書之，以爲某年大水，詔求直言，用某人言行某事，以黜夫前世之爲空言者，則無令陛下詔書藏於有司，復爲數幅空紙而已②。

又疏曰：

臣伏見日者嘗詔諸郡敦遣遺逸之士，致之闕下者凡二十餘人，覆試祕閣，皆命以官。於時猥有謬舉者，士論譁沸，於是不復再舉。今間年取進士，擢第者二百人，其所失者爲不少矣。而士大夫不以爲怪，一爲敦遣，而疵謗百出。蓋進士習熟之久，而敦遣起於一日。此論者未足以爲輕重，而亦有媢疾者間之也。臣欲乞復置此科，而稍爲增損。蓋孔子爲政，必先正名；漢之聘士，不應召者則令敦遣就道。豈有朝入科場、暮爲敦遣者哉？宜正其名，謂之舉遺逸。間歲隨科場發解後，有不豫薦者，開封、國學及諸路各舉一人；又至禮部奏名後，有不豫薦者，許主文共舉五人，並至御試時試策三兩道。中第者差多，即却乞於進士數内減不合格者二十人以均之，庶幾郡縣豪俊，不至遺棄草萊矣。

出知荆南③，召還，幹當三班院。上即位，入翰林爲學士，修玉牒，權發遣開封府。王安石知政事，不悦獬，

① 願陛下采群臣之章疏　「群」字原脱，據庫本及鄖溪集卷一一論臣寮極言得失疏補。
② 復爲數幅空紙而已　「復」，庫本作「徒」。
③ 出知荆南　「荆南」原作「京南」，據東都事略鄭獬傳改。

乘宰相在告，除獬翰林侍讀學士、知杭州[四]。徙青州，至蘇得疾，乞提舉南京鴻慶宮[五]。卒，年五十一。獬爲文有豪氣，峭整無長語，其流輩皆不及也。與滕甫相善，並嗜酒，落魄無檢操，人目之曰「滕屠鄭沽①」。子語、許、譙。

辨證：

[一] 鄭翰林獬傳　按，鄭獬，東都事略卷七六、宋史卷三二一有傳。

[二] 楚州言翰林侍讀學士提舉南京鴻慶宮鄭獬卒　澠水燕談録卷七歌詠云：「鄭毅夫詩格飄放，晚年爲雨詩曰：『老火燒空未肯休，忽驚快雨破新秋。晚雲濃淡白日下，只在楚江南岸頭。』未幾，自杭移青，道病，泊舟高郵亭下，乃卒。是何自讖之明。」

[三] 廷試第一　據長編卷一七四，其進士及第在皇祐五年。按，默記卷上云：「鄭翰林獬，郎官紓之子也。獬雖負時名，然累赴殿試、省試，俱不利。紓爲狄青征廣南辟客。是時儂智高鴟張，未知勝負，留家在雍丘舟中。而獬赴殿試罷，在京師候唱名。其母與盡室憂紓從軍未知吉音，又憂獬仍舊黜于殿試。一家屏默惶惑之次，忽舟尾晨炊釜鳴，聲甚厲，震動兩岸，舉家不知所爲。釜鳴未定，忽岸上亟尋鄭郎中船，乃報捷者南來，且附紓書云：『已破儂賊，殺戮殆盡，走入溪洞，且議賞超遷矣。』語次，又有北來報榜者馳至云：『二秀才昨日唱名而出，已狀元及第矣。』釜鳴蓋有爲吉者。」夢溪筆談卷九人事一云：「鄭毅夫自負時名，國子監以第五人選，意甚不平，謝主司啟詞，有『李廣事業，自謂无雙；杜牧文章，止得第五』之句，又云：『騏驥已老，甘駑馬以先之；巨鼇不靈，因頑石之在上。』主司深銜之。他日廷策，主司復爲考官，必欲黜落，以報其不遜。有試業似獬者，枉遭斥逐，既而發考卷，則獬乃第一人及第。」曲洧舊聞卷三云：「鄭毅夫廷試日，曾明仲（公亮）爲巡察官。方往來之際，見毅夫筆不停綴，而試卷展其前，不畏人竊窺，意甚自得。明仲從旁見其破題兩

① 人目之曰滕屠鄭沽　「滕」原作「勝」，據文海本、庫本及長編紀事本末卷五八呂誨劾王安石、東軒筆録卷一一改。

句云：『大禮必簡，圜丘自然。』因低語曰：『乙起著，乙起著。』毅夫驚顧，知是明仲，乃徐讀其賦，便悟明仲之意，乙起『大禮』、『圜丘』二字，自覺破題更有精神。至唱名，果以此擅場。」

［四］王安石知政事不悦獬乘宰相在告除獬翰林侍讀學士知杭州　長編紀事本末卷五八呂誨劾王安石載：熙寧二年五月癸未，鄭獬知杭州，云：「獬與滕甫相善，王安石素惡之，目爲『滕屠鄭沽』，嘗言於上曰：『獬極險，不宜使在内。』故事，兩制差除必宰相當筆，時富弼在告，曾公亮出使西京，王安石遽自當筆，議者皆疑安石行其私意。御史中丞呂誨即奏曰：『侍臣者蓋近於尊，寔陛廉隆峻之級也。進之以禮，退之以禮，乃君臣之分，邦國之禮也。……翰林學士鄭獬在三班院皆稱公當，權府亦甚平允，不聞瘝曠，遽然補外。傳聞見禁罪人喻興與妻阿牛謀殺婦人阿李公事，獬不肯用新法理斷，將欲論列，故有是逐。雖轉官得郡，寔奪其權也。』」又東軒筆録卷一一云：「王荆公爲館職，與滕甫同爲開封試官，甫屢稱一試卷，荆公重違其言，寘在高等。及拆封，乃王觀也。觀平日與甫親善，其爲人薄於行，荆公素惡之，至是疑爲滕所賣，公見於辭色。滕遽操俚言以自辨，且曰：『苟有意賣公者，令甫老母下世。』荆公怏然答曰：『公何不愷悌？凡事須權輕重，豈可以太夫人爲呪也？』荆公又不喜鄭獬，至是目爲『滕屠鄭沽』。」老學庵筆記卷七云：「王荆公素不樂滕元發、鄭毅夫，目爲『滕屠鄭酤』。然二公資豪邁，殊不病其言。毅夫爲内相，一日送客出郊，過朱亥冢，俗謂之『屠兒原』者，作詩云：『高論唐虞儒者事，賣交負國豈勝言。憑君莫笑金槌陋，却是屠酤解報恩。』」

［五］至蘇得疾乞提舉南京鴻慶宮　宋史鄭獬傳云：「方散青苗錢，獬言：『但見其害，不忍民無罪而陷憲網。』引疾祈閒，提舉鴻慶宫。」長編卷二二六熙寧四年九月乙酉條注引司馬光日記曰：「鄭毅夫提舉鴻慶。初，介甫惡滕元發，以毅夫爲元發黨，毅夫自杭移青得疾，一臂不能舉，因而罷之。」

吴給事中復傳[一]　實録

元豐元年十二月丙午，龍圖閣直學士、給事中吴中復卒。

中復字仲庶，興國軍人①。舉進士[二]，爲泗州昭信尉，改祕書省著作佐郎、知嘉州犍爲縣。峨眉人憑灌口神以訛言起祠廟，夜聚千餘人。中復白鈐轄司，配首惡而毁其廟[三]。通判潭州。孫抃素不識中復，舉爲監察御史裏行。張唐英與抃鄉里，問其故，抃曰：「昔人恥爲呈身御史，今豈薦識面臺官？」遷殿中侍御史裏行②。與吕景初、馬遵彈梁適不法，罷，中復亦出通判虔州[四]。未至，知池州，復還臺職[五]。

李仲昌塞商胡復決③，内臣劉恢密告仲昌開六塔所斷岡與國姓、御名同，賈昌朝陰附之，欲以摇動大臣[六]。中復與内侍即澶州制鞫，較景德版籍，乃趙征，六塔河灘無岡勢[七]。劉沆逐范師道、趙抃[八]，中復論沆典温成喪，天下謂之「劉彎」，俗謂鬻棺者爲「彎」，又罷沆。授殿中侍御史[九]，改右司諫，兼主管國子監。及論賈昌朝罷樞密使[一〇]。同知諫院，爲侍御史知雜事，兼都水監。歲取防河竹索于東南二十餘萬，中復命以葦代之，減十餘萬及道里費。

除三司户部副使，以天章閣待制知潭州④，徙瀛州。坐擅易將官，改河東都轉運使，進龍圖閣直學士、知江寧府。屬郡郵兵苦巡轄之苛，共執縛鞭之，法不應死，中復戮其首，餘黨悉配之，奏著于令。移成德軍。青苗法初行，使者至，將徧行諸邑，中復謂斂散固自有期，移牒止之，且闕河北安撫司。韓琦適論青苗非是，録其語以

---

① 興國軍人　按，宋史吴中復傳稱其興國軍永興人。

② 遷殿中侍御史裏行　「殿」字原闕，據文海本、庫本補。

③ 李仲昌塞商胡復決　「商」字原脱，按宋史卷九一河渠志一云「嘉祐元年四月壬子朔，塞商胡，北流入六塔河，不能容，是夕復決，溺兵夫、漂芻藁不可勝計」，夢溪筆談卷一一官政一亦載「慶曆中，河決北都商胡，久之未塞」云云，據補。又，庫本作「李仲昌塞河復決」。

④ 以天章閣待制知潭州　「潭州」，東都事略吴中復傳同，宋史吴中復傳作「澤州」。按長編卷二三八熙寧五年九月丁卯條注曰：「吴中復，治平元年十二月自潭徙瀛。」古今合璧事類備要後集卷七三守臣門太守「白雲衡嶽近」條載有郭獬送吴中復鎮長沙詩，則作「潭州」者是。

聞。移成都府。時議以永康軍爲復縣，中復以爲永康控制威、茂州，軍不可廢。數年，夷人寇茂州，乃復永康軍。又言蜀逆亂之萌多緣戍兵，請減戍卒，益土兵[一]。

遷給事中、知永興軍，軍人立生祠。關右大旱，人多流亡。中復與監司奏請振卹，而執政遣使按驗，誣以不實，奪一官[二]。尋復之，請提舉玉隆觀。起知荆南，坐用公使庫酒違法被劾，罷府事[三]。卒，年六十八。詔減遺表恩一人，仍降等。中復爲人樂易簡約，好周人之急。

子立禮、秉禮。

辨證：

[一] 吴給事中復傳　按，吴中復，東都事略卷七五、宋史卷三二二有傳。

[二] 舉進士　明一統志卷五九湖廣布政司云吴中復「景祐間，與兄弟幾復、嗣復聯名登第」。民國湖北通志卷一二三人物一選舉載其寶元元年中進士第。按，景祐年間僅元年嘗舉行科試，則吴中復當登第於寶元元年。

[三] 峨眉人憑灌口神以訛言起祠廟夜聚千餘人中復白鈐轄司配首惡而毀其廟　明一統志卷五九湖廣布政司云吴中復嘗「知峨眉縣，毁淫祠，廉於居官」。則吴中復嘗知峨眉縣，傳文失載。宋史吴中復傳亦云其歷知峨眉縣。

[四] 與吕景初馬遵彈梁適不法罷中復亦出通判虔州　長編卷一七六至和元年六月癸丑條云：「殿中侍御史裏行吴中復上殿彈宰相梁適姦邪，上曰：『近日馬遵亦有彈疏，且言唐室自天寶而後治亂分，何也？』中復對曰：『明皇初任姚崇、宋璟、張九齡爲宰相，遂致太平。及李林甫用事，紀綱大壞，治亂於此分矣。雖威福在於人主，而治亂要在輔臣。』」又七月己巳條云：「殿中侍御史馬遵知宣州，殿中侍御史吕景初通判江寧府，主客員外郎、殿中侍御史裏行吴中復通判虔州。梁適之得政也，中官有力焉。及遵等於上前極陳其過，上左右或言御史捃拾宰相，自今誰敢當其任者。適既罷，左右欲并遵等去之。始，遵等彈適多私，又言：『鹽鐵判官李虞卿嘗推按茶賈李士宗負貼納錢十四萬緡，法當倍輸。而士宗與司門員外郎劉宗孟共商販，宗孟與適連親，適遽出虞卿提點陝西刑獄。』下開封府鞫其事，

宗孟實未嘗與士宗共商販，且非適親，遵等皆坐是黜，而中復又落裏行。」

〔五〕復還臺職　長編卷一八一至和二年十月丙申條注云主客員外郎吴中復爲殿中侍御史裏行，「此蓋從趙抃之言，臺官有闕牽復也」。

〔六〕賈昌朝陰附之欲以摇動大臣　涑水記聞卷五云：「富弼用朝士李仲昌策，自澶州商胡河穿六漯渠，入横隴故道。北京留守賈昌朝素惡弼，陰結内侍右班副都知武繼隆，令司天官二人候兩府聚處，於大慶殿庭執狀抗言『國家不當穿河于北方，致上體不安』」云云。

〔七〕中復與内侍即澶州制鞫較景德版籍乃趙征六塔河灘無岡勢　長編卷一八四嘉祐元年十一月甲辰條云：時朝廷「更遣殿中侍御史裏行吴中復與文思副使、帶御器械鄧守恭等往澶州鞫其事，促行甚急，一日内降至七封。中復固請對乃行，既對，以所受内降納御座，言：『恐獄起姦臣，非盛世所宜有。臣不敢奉詔，乞付中書行出。』上從之。時號中復爲『鐵面御史』。中復馳往，較景德户籍，乃趙征村，實非御名。六塔河口亦無岡勢，但劾（施）昌言等奉詔俟秋冬塞北流，而擅違約，甫塞即決，損國工費。（張）懷恩、仲昌乃坐取河材爲器，盜所監臨，故重貶之。昌朝讒雖不效，亦即召爲樞密使」。又宋史卷九一河渠志一黄河上云：「嘉祐元年四月壬子朔，塞商胡北流入六塔河，不能容，是夕復決，溺兵夫、漂芻藁不可勝計。命三司鹽鐵判官沈立往行視，而修河官皆謫。宦者劉恢奏六塔之役水死者數千萬人，穿土干禁忌，且河口乃趙征村，於國姓、御名有嫌，而大興臿斸非便。詔御史吴中復、内侍鄧守恭置獄于澶，劾仲昌等違詔旨，不俟秋冬，塞北流而擅進約，以致決潰。」

〔八〕劉沆逐范師道趙抃　長編卷一八四嘉祐元年九月癸卯條載侍御史范師道知常州、殿中侍御史趙抃知睦州，云「先是，宰相劉沆進不以道，深疾言事官，因言：『自慶曆後，臺諫用事，朝廷命令之出，事無當否悉論之，必勝而後已。又專務抉人陰私莫辨之事，以中傷士大夫。執政畏其言，進擢尤速。』遂舉行御史遷次之格，滿三歲者與知州。而抃等又嘗乞避范鎮，各請補外，沆遽引格出之。師道及抃蓋嘗攻沆之短，中丞張昪等言沆挾私出御史，請留抃及師道，不報」。

〔九〕授殿中侍御史　長編卷一八五嘉祐二年四月己巳條載「主客員外郎、殿中侍御史裏行吴中復爲殿中侍御史，充言事御史。以中丞張昪言本臺闕言事御史，乞除中復故也」。

〔一〇〕及論賈昌朝罷樞密使　長編卷一八七嘉祐三年六月丙午條載樞密使、山南東路節度使、同平章事賈昌朝罷爲鎮東節度使、右僕射兼侍中、景靈宫使，云：「文彦博始求退，諫官陳旭等恐昌朝代之，乃疏昌朝交通女謁，建大第，別爲客位以待宦官。又宦官有矯制者，樞密院釋弗治。昌朝由此罷。然昌朝釋宦官矯制，後驗問無事實。初，温成皇后乳母賈氏，宫中謂之賈婆婆，昌朝以姑事之。諫官劾昌朝交通女謁，指賈氏也。」

〔一一〕又言蜀逆亂之萌多緣戍兵請減戍卒益土兵　長編卷二三六熙寧五年閏七月甲戌條云「上又欲令吳中復知永興，既而曰：『姑俟中復離成都，東軍在蜀，連三次有謀變者。』（王）安石曰：『聞中復頗弛緩。』上曰：『蜀中東軍不須多，可減。』安石曰：『向所以置東軍，非特彈壓蜀人，亦備蠻寇。』上曰：『今蠻皆衰弱無足慮，即東軍自可減也。』」

〔一二〕奪一官　長編卷二六〇熙寧八年二月己巳條云：「知永興軍、龍圖閣直學士、給事中吳中復降授右諫議大夫，永興軍等路權轉運使皮公弼、提點刑獄張穆之、提舉常平等事章楶各罰銅三十斤。中復等嘗言：『永興軍路州軍民流移甚衆，未流移者不得安居，乞選官行蓄積之家，籍其粟數，計口給本家外，許災傷民賒糴，官爲給券就給。及乞於有力之家權典質民牛畜驢馬等；及諸縣弓手近經減省，乞輪差第三等以上義勇，在縣日給錢米，同弓手捕盜。』執政遣使按驗，謂中復等所奏多不實，及所乞措置乖方，若遂施行，必至騷擾。雖會赦，特責之。中復尋罷永興軍，提舉玉隆觀，從所乞也。」注曰：「實録不載遣使案驗，但稱違旨，事頗疏略，今删取增入。」

〔一三〕請提舉玉隆觀起知荆南坐用公使庫酒違法被劾罷府事　長編卷二九一元豐元年八月壬寅條云：「先是，知荆南吳中復言：『臣嘗爲御史，彈奏今提舉常平趙鼎父宗道，難與共事。乞提點玉隆觀。』既得旨依所乞，而鼎尋奏劾中復公使錢庫違法事，遂罷中復前命。」

陳成肅公升之傳〔一〕　實録

元豐二年四月戊午，鎮江軍節度使、同中書門下平章事致仕陳升之薨。

升之字暘叔①，建陽人。景祐初舉進士，授守祕書省校書郎、知南安軍南康縣，徙知封州，通判宿州，知漢陽

① 升之字暘叔　「暘」原作「賜」，據宋史陳升之傳改。

軍，爲監察御史，除言事御史。張堯佐以後宮親爲三司使[二]，升之言制國用不宜猥用非才以害天下事[三]。詔改堯佐爲宣徽使、景靈宮使，升之復深言其不可，且曰：「已成之命，雖不可以臣故追奪，自今願監天寶之事，思已然之失，毋使階緣恩私，寖饕名器，庶幾防杜間隙。」升之爲臺諫，前後所言數十百事[四]，然持論不堅，朝廷亦罕從也。

二浙大水，民飢，升之爲淮浙體量安撫使。還除直史館，未至，改户部員外郎兼侍御史知雜事，糾察在京刑獄，拜天章閣待制、河北都轉運使。言者劾升之圖進非次，升之亦懇辭，改禮部郎中、集賢殿修撰、河北轉運使。歲餘，復以爲待制、都轉運使，改吏部郎中、知瀛州，龍圖閣直學士、知真定府。召知諫院。升之言：

生民休戚，係郡縣政之得失。今天下州三百，縣千二百，其治否，朝廷固不得周知，必付之十八路轉運使。而與選者，自三司副使、省府判官、提點刑獄，或以資叙，或以薦引，才不才固已混淆。一旦付以一道按察之寄，雖知其不勝任，必重退之。是重抑一人希進之心，而輕一道生民之命。今選用不精，又無考課，其間非闒滯懦，則凌肆刻薄，十常八九，所以疾苦愁歎，壅於上聞。朝廷垂意元元，宜自轉運使始。故事，轉運使給御前印紙，歲滿，上審官考校之。三司亦嘗立考課升黜法，後皆不行。蓋委計司則先財利而忽民士①，在審官又因循常務而無課第之實。按西漢御史中丞外督部刺史，今宜付御史臺考校爲三等，委中書參覆其實。其上等量所部事之劇易而褒進之，中等仍舊秩，下等退補以郡②。風績尤異，即擢以不次；其職事廢

---

① 蓋委計司則先財利而忽民士　「民士」，宋朝諸臣奏議卷六七陳升之上仁宗論轉運使選用責任考課三法、長編卷一八六嘉祐二年七月辛卯條作「民事」。

② 下等退補以郡　「以」，宋朝諸臣奏議卷六七陳升之上仁宗論轉運使選用責任考課三法作「一」。

弛，不俟歲滿罷之。

乃命翰林學士承旨孫抃、權御史中丞張昪等同磨勘諸路監司課績①。升之請禁絶内降恩賞，詔有司出中旨並執奏勿下。後請謁復行，升之數申前請，乃下詔：「凡僥求内降恩賞，委二府劾奏正其罪，仍榜御史臺、閤門。」李瑋尚兖國公主，將出降，兄璋又欲邀求節旄。升之援前詔，請寘璋罪，璋坐贖金。宦者武繼隆擅役官兵匠治圃舍，内侍省吏人闌入，罪當死，杖而縱之。劾奏繼隆，追官爲單州都監[五]。樞密使賈昌朝，宰相文彦博爲言者所攻，求罷去，升之恐昌朝復相，乃疏其交通女謁、近幸，中傷諫臣不附己者謫死，不可處以要權，膠固邪黨。遂并罰昌朝②。

四年，遷樞密直學士、權知開封府。明年，以足病乞罷，改右諫議大夫、提舉在京諸司庫務。疾間，拜樞密副使[六]。臺諫官唐介、范師道、吕誨、趙抃、王陶言：「升之與宦者史志聰、王世寧交結，以圖柄任；又爲開封，嘗賤市富民馬，納外弟甄昂於府舍，恣行請託。」仁宗以其書示升之，升之乞辨劾，遂家居求罷。仁宗以手詔召出之，介等復闔門待罪。久之，乃兩罷之，以資政殿學士知定州，徙太原府。

治平二年，召爲陜西安撫使，拜樞密副使。神宗即位，以母老請便郡[七]，爲觀文殿學士、尚書左丞、知越州。逾月徙許州[八]，中道徙大名府。過闕，留不遣，知樞密院[九]，與安石同制置三司條例司。熙寧二年，拜禮部尚書、同中書門下平章事、集賢殿大學士[一〇]。請免條例司，詔從之[一一]。嘗便殿講修邊事，既罷，上賜手詔曰：「早來衆論紛錯，大抵欲因習故常，毛舉一二，應責而已，又所啓陳未究經遠之術。獨卿籌畫，乃爲得之。」在疾

① 權御史中丞張昪等同磨勘諸路監司課績　「張昪」原作「張昪」，據長編卷一八六嘉祐二年七月辛卯條及宋史陳升之傳、卷三一八張昪傳改。

② 遂并罰昌朝　「并」原作「弃」，據庫本改。

告[一二]，數賜詔敦諭，訪以機事。母喪去位，終制，拜檢校太傅、同中書門下平章、樞密使[一三]。蕭禧來議河東地界，理屈，臥都亭驛不敢歸。升之曰：「致饔授館有常禮，過期曲留，宜即裁抑。」禧慚沮，乃行。足疾，詔免前殿起居，郊祀許不預。八年，拜鎮江軍節度使、同中書門下平章事、判揚州，封秀國公。累請老，詔以舊官職致仕。命下而薨[一四]，年六十九。贈太保、中書令，輟視朝二日，成服于苑中，謚成肅。

升之深狡多數，善傅會以取富貴。王安石用事，務變更舊制，患同執政者間不從，奏設三司條例司，引升之共事。凡所欲爲，條例司直奏行之，無復齟齬。升之心知其不可，而竭力贊助①，安石德之，故升之先安石爲相[一五]。既相，即求解三司條例司。又時爲小異，陽若不與安石皆同者也，以此尤疾惡之。丹陽居第壯大踰制[一六]，南方人驚詫，以爲未識。其他豪侈稱是。初，升之母竇本賤婦人，娠至季秋爲彌月。父儼善推策，得九日吉，乃祝願以是産男，須臾而升之生，故初名九傍日②，字升之。上即位，乃改之。

子閎、閦[一七]。

辨證：

[一] 陳成肅公升之傳　按，陳升之，東都事略卷八〇、宋史卷三一二有傳。宋史陳升之傳云：「升之初名旭，避神宗嫌名，改焉。」

[二] 張堯佐以後宮親爲三司使　東軒筆録卷七云：「張堯佐以進士擢第，累官至屯田員外郎、知開州。會其姪女有寵於仁宗，册爲修媛，堯佐遂驟遷擢。」

① 而竭力贊助　「力」原作「立」，據庫本及宋史陳升之傳改。

② 故初名九傍日　按，「九傍日」即「旭」字，因避神宗嫌名諱，故云云。

［三］升之言制國用不宜猥用非才以害天下事　長編卷一六七皇祐元年九月乙未條載陳升之上此奏，仁宗「不聽」。

［四］前後所言數十百事　按宋史陳升之傳云：「時俗好藏去交親尺牘，有訟，則轉相告言，有司據以推詰。升之謂：『此告訐之習也，請禁止之。』又言：『三館爲搢紳華途，近者用人益輕，遂爲貴游進取之階，請嚴其選。』詔自今臣僚乞子孫恩者，毋得除館閣。著作佐郎王瓘遇殿帥郭承祐於道，訶怒不下馬，執送府。升之言，京官不宜爲節度使下馬，因劾承祐驕恣，解其任。……内侍王守忠領兩鎮留後，求升正班；御史張昪補郡，久不召；彭思永論事，令窮問所從來；唐介擊宰相，斥嶺南：升之皆極諫。」

［五］劾奏繼隆追官爲單州都監　按長編卷一八八嘉祐三年十月己未條載「降内侍副都知、昭宣使、果州防禦使武繼隆爲單州都監，尋改海州都監，坐故出内侍省吏闌入御在所死罪，及私役兵匠計庸至百二十二匹，及受洪福寺僧餽遺事，爲諫官所奏，當追一官勒停，特免之」。

［六］拜樞密副使　宋宰輔編年録卷六治平二年五月癸亥條引長編云：「陳升之樞密副使。吕誨言：『當先朝任陳旭時，臣與唐介、范師道、趙抃、王陶言其姦邪，不當置於二府，封章交上。外則近臣主張，内則宦官引援。韓琦極力爲地，富弼依違不決，凡論列半年，陳旭出知定州，臣等謫斥江外。事既兩罷，曲直不斷，人言沸騰，第成先帝之一失。近崇政殿奏對，奉承德音，謂旭有才，人或言其姦邪者。不數日，遽聞除命。豈有中外言其姦邪，明知而復用？』」據宋史宰輔表二，嘉祐五年十一月辛丑，陳旭自樞密直學士、右諫議大夫除樞密副使；六年四月庚辰，罷知定州。治平二年五月癸亥，陳旭自資政殿學士、禮部侍郎除樞密副使。

［七］以母老請便郡　宋宰輔編年録卷七治平四年九月辛丑條載陳升之罷樞密副使，云：「上始擢任楊定，升之屢諫不宜生邊事，自是忤旨，以母老請便郡。」

［八］逾月徙許州　宋宰辅编年録卷七熙寧元年七月己卯條引長編云：「初，升之自樞密院出知越州，吕公著因對言：『升之練邊事，有才能，陛下何不置陳、許近郡，可備緩急謀帥。』上然之，遂自越州遷許州。」

［九］知樞密院　宋宰辅编年録卷七熙寧元年七月己卯條引長編載陳升之知樞密院事，云：「升之前與文彦博同争楊定不可使，上不聽。定既被殺，上思其言，於是復召用之。」又云：「舊制，樞密置知院，則當爲副使者皆改同知院；若置使，則同知院復改爲副使。於是文彦博、吕公弼爲使，韓絳、邵亢爲副使。上以升之三至西府，欲稍異其禮，乃以爲知院事。樞密並置使副及知院自此始。」容齋三筆

卷五樞密名稱更易云：「熙寧初，文彥博、呂公弼已爲使，而陳升之過闕，留，王安石以升之曾再入樞府，遂除知院。知院與使並置，非故事也，安石之意以沮彥博耳。」按，此時王安石未執政，此云「王安石以升之曾再入樞府，遂除知院」者不確。又按，楊定事，據宋史卷四八五夏國傳下云：治平四年「冬，种諤取綏州，因發兵夜掩嵬名山帳，脅降之。諒祚乃詐爲會議，誘知保安軍楊定、都巡檢侍其臻等殺之。邊吏以聞，命韓琦知永興軍，經略西方。諒祚錮送殺定者六宅使李崇貴、右侍禁韓道善及虜去定子仲通」。

〔一〇〕拜禮部尚書同中書門下平章事集賢殿大學士　宋宰輔編年録卷七熙寧二年十月丙申條引長編云：「本朝宰相，有以侍郎爲之，而無左右丞爲之者。學士王珪當制，以故事言，故升之躐遷尚書。上既許富弼辭位，問弼曰：『卿即去，誰當代卿者？』弼薦文彥博，上默然良久曰：『王安石何如？』弼默然。升之資歷高於安石，而素與安石相表裏，故安石勸上先用之。」又引丁未録云：「上既相升之，問司馬光外議云何。光徐對曰：『閩人狡險，楚人輕易。今二相俱閩人，二參政俱楚人，必將援引鄉黨之士，充塞朝廷，天下風俗，何以得更淳厚？』上曰：『然今中外大臣，更無可用者，獨升之有才智，曉民政邊事，他人莫及。』光曰：『升之才智誠如聖旨，但恐不能臨大節而不可奪耳。昔漢高祖論相，以爲王陵少戇，陳平可以助之，陳平智有餘，然難獨任。真宗用丁謂、王欽若，亦以馬知節參之。凡才智之人，必得忠直之人從傍制之，此明主用人之大法也。』上曰：『然升之朕固已戒之矣。』」

〔一一〕請免條例司詔從之　東都事略陳升之傳云其「既拜，乃言：『制置三司條例司難以僉書，臣待罪宰相，無所不統，所領職事，豈可稱司？』安石曰：『司者臣道也，人臣固可稱。』升之曰：『今之有司皆領一職之名，非執政之所宜稱。』安石曰：『古之六卿，即今之執政，有司馬、司徒、司空，各名一職，何害於理？三公無官，以六卿爲官，周公以三公爲冢宰，蓋其他三公，或爲司馬，或爲司徒，或爲司空，古之三公猶今三師，古之六卿猶今兩府也。宰相雖無所不統，然亦不過如古冢宰而已。冢宰掌邦治，至於邦教、邦政、邦禮、邦刑、邦事，則雖冢宰亦有所分掌矣。』升之曰：『若制置百司條例則可，但今制置三司一官條例，則不可。』神宗謂安石曰：『卿獨領可乎？』安石請用韓絳，乃聽升之免條例司」。按，宋史陳升之傳略同。

〔一二〕在疾告　長編紀事本末卷六八青苗法上云：熙寧三年「三月壬辰朔，曾公亮、陳升之皆稱疾在告，與王安石爭青苗錢不勝故也」。長編卷二一五熙寧三年九月庚寅條云：「初，陳升之既與王安石忤，安石數侵辱之。升之不能堪，稱疾臥家逾百日，求解政事，不許。」

〔一三〕拜檢校太傅同中書門下平章樞密使　長編卷二四一熙寧五年十二月壬午條載「前禮部尚書、平章事、集賢殿大學士陳升之除檢校太傅、同平章事、樞密使」。注曰：「要録『樞密使』下有：『初，上問王安石何以處升之，安石曰：「非臣所敢預。」固問之，固辭。上曰：「與郡可乎？」安石曰：「升之以人望，亦可樞使，顧陛下御之如何耳，恐不當與郡。」』」

〔一四〕命下而薨　長編卷二九七元豐二年四月丁巳條載：「鎮江節度使、同平章事秀國公陳升之致仕。直學士院安燾草辭，有云：『尹躬一德，共嘉同體之和；説命三篇，獨先注意之任。卒有成績，基於始謀。』御史舒亶指此六句以爲悖禮失實，詔燾改之，乃盡去六句，止云：『早從士論，擢典冢司。』貼麻行下。後二日，升之卒。」

〔一五〕故升之先安石爲相　龍川略志卷三議遣八使搜訪遺利云：「陳暘叔雖與介甫共事，而意本異，所唱不深和之也。既召謝卿材、侯叔獻、陳知儉、王廣廉、王子韶、程顥、盧秉、王汝翼等八人，欲遣之四方，搜訪遺利，中外傳笑，知所遣必生事以迎合朝廷，然莫敢言者。……暘叔召予及（吕）惠卿、（張）端語於密院，曰：『上即位之初，命天下監司具本路利害以聞，至今未上，今當遣使，宜得以議，可以一劄子乞催行之。』惠卿覺非其黨中意，不樂，謾具草，無益也。然介甫竟不得暘叔胸中事，及朝廷將命相，以讓暘叔。暘叔既得位，不復肯行條例事，三人遂相失。天下謂暘叔爲『簽相』。」宋史陳升之傳云：「王安石用事，患正論盈庭，引升之自助。升之心知其不可，而竭力爲之用。安石德之，故使先己爲相。甫得志，即求解條例司，又時爲小異，陽若不與之同者。世以是譏之，謂之『筌相』。」按，知龍川略志「簽相」當爲「筌相」之誤。

〔一六〕丹陽居第壯大踰制　夢溪筆談卷二五雜誌二云：「丞相陳秀公治第於潤州，極爲閎壯，池館綿亘數百步。宅成，公已疾甚，惟肩輿一登西樓而已。人謂之『三不得』：居不得，修不得，賣不得。」

〔一七〕子閎閦　京口耆舊傳卷一陳升之傳稱其「二子閎、閦，皆以父任。閎終宣義郎，無子；閦終大理評事，子懔，以祖恩授承務郎，亦早卒，以從姪鎮爲嗣，終宿州符離知縣」。

名臣碑傳琬琰集下卷十六

吕汲公大防傳[一]　實録

紹聖四年四月己亥，舒州團練副使吕大防卒①。

大防字微仲，京兆藍田人[二]。皇祐初進士第，調同州馮翊簿，累遷著作佐郎、知永康軍青城縣。法當遷，請以其官易母封邑[三]。

英宗即位，改秘書丞、太常博士。未幾，除監察御史裏行。首言：「紀綱賞罰之際，未厭四方之望者有五：進用大臣而權不歸上；大臣疲老而不時許退；夷狄驕蹇，邊患已萌，而不擇將帥，不知虜情；議論之臣裨益朝廷闕失，而大臣沮之；疆埸左右之臣，有敗事而被賞、舉職而獲罪者。」又論：「富弼病足，請解機政，章十餘上，至以牛馬自比而不納；張昪年幾八十，體力已耗，哀乞骸骨而不從；吴奎有三年之喪，召其子而呼之者再，遣而召之者又再；程戡辭老，不堪邊事，恐死塞上，乞以屍柩還家爲請而不許。竊以爲過矣。陛下優待大臣，進退以禮，亦何必過爲虚飾，曲事形迹，使四人之誠不得自達耶？」是歲，京師大水。大防曰：「雨水之患，至入宫城，壞

① 舒州團練副使吕大防卒　「副」字原脱，據東都事略、宋史吕大防傳及下文補。

廬舍，殺人害物，此陰勝陽之沴也。」即陳八事，曰：主恩不立，臣權太盛，邪議干正，私恩害公，夷狄連謀，盜賊恣行，群情失職，刑罰失平。

會執政建議追崇濮安懿王宜稱考，詔集侍從官議之。大防曰：「爲人後者爲之子。既可改子之名，則改親之名正合典禮。今大臣欲加濮王非正之號，以惑天下，使陛下顧私恩而違公議，非所以結天下之心也。」出知歙州休寧縣[四]。

神宗即位，除通判淄州。熙寧初，移守泗州。未幾，徙河北轉運副使，賜五品服，召爲直舍人院。韓絳宣撫陝西，以大防爲判官，面賜金紫。夏人數犯邊，大防以謂兵不精，將不勇，莫若選募兵將，盡其智力[五]。又兼河東宣撫判官[六]，就除知制誥。四年，除鄜延路經略安撫使、兼知延州。未赴間，大防欲城河外荒堆寨，衆謂不可，大防留戍兵修堡障，有不從者斬以徇[七]。而環慶將兵亂，絳坐黜，大防亦落職知制誥，以太常博士知臨江軍。數月，復度支員外郎、知華州。召判流内銓，以父老乞終任，許之。元豐二年，召判審刑院[八]，改除永興軍路安撫使①、兼知永興軍，轉朝散郎。五年，遷龍圖閣直學士[九]，再任，徙知成都府。

哲宗即位，以翰林學士、知制誥召之。館伴北使②，虜人桀黠，語頗及朝廷政事不已。大防摘契丹隱密一事詢之曰：「北朝官嘗試進士聖心獨悟賦③，題無出處，何也？」虜使愕然，語塞[一〇]。遷吏部尚書。元祐中，擢中大夫、尚書右丞，俄拜中書侍郎[一一]。三年，拜太中大夫，守尚書左僕射兼門下侍郎[一二]。提舉修神宗實録，書

---

① 改除永興軍路安撫使　「除」原作「元」，據庫本改。

② 館伴北使　「伴」原作「畔」，據庫本改。

③ 北朝官嘗試進士聖心獨悟賦　「聖心獨悟賦」，清波雜志卷四館伴應對同，宋史呂大防傳作「至心獨運賦」。

成，遷右正議大夫。又提舉修神宗正史。是歲納后，充奉迎使，遷右光禄大夫。上初行郊禮，充大禮使①。京師雪，累放朝參，不御前後殿。大防曰：「舊制放朝參，前殿不坐，即御後殿。比因泥雪，頗闕外廷朝見之儀。乞遇六參日，如不御前殿，並依舊制，於崇政或延和殿視朝，以見群臣。」

宣仁聖烈皇后上仙，充山陵使，還朝，以觀文殿學士、左光禄大夫知潁昌府[一三]，改知永興。紹聖初，以言者落職知隨州[一四]，再貶秘書監，分司南京，郢州居住。繼坐實録詆誣，降授通議大夫[一五]，又降中大夫、守光禄卿，分司南京，安州居住。未幾，遂責授舒州團練副使，循州安置[一六]。未踰嶺卒[一七]，年七十一。子景山勒停。紹興元年，追復觀文殿大學士、右正議大夫，贈太師，追封宣國公，賜謚正愍。

辨證：

[一] 吕汲公大防傳　按，吕大防，東都事略卷八九、宋史卷三四〇有傳。

[二] 京兆藍田人　宋史吕大防傳稱「其先汲郡人。祖通，太常博士。父蕡，比部郎中。通葬京兆藍田，遂家焉」。

[三] 法當遷請以其官易母封邑　邵氏聞見後録卷四云：「吕汲公當遷祕書丞，乞用其官易母封邑，朝廷從之。中外以爲美事，獨劉敞中父曰：『禮：「父爲士，子爲大夫，葬以士，祭以大夫。」蓋不敢以己貴而加諸親也。今君之舉孝矣，於禮若戾，奈何？又法未當封，亦非所以尊之也。』公聞之歎服，自以爲不及，終身重中父之學。」

[四] 出知歙州休寧縣　新安志卷四賢宰云：吕大防於「治平三年以太常博士謫知縣事。先是，大防爲監察御史裏行，與侍御史知雜吕誨、侍御史范純仁等言參知政事歐陽修首倡濮議，而宰相韓琦等附會，皆當黜。未報。因各納補官告牒，家居待罪。帝命閤門以告

① 充大禮使　「禮」原作「理」，據長編卷四七五元祐七年七月癸卯條改。

牒還之，又令中書降劄子趣使赴臺供職。誨等繳還劄子，并前後所奏九狀申中書，堅辭臺職。至二月十四日，帝閱誨等奏，問執政當如何，韓琦對曰：『臣等忠邪，唯陛下所察。』歐陽修曰：『御史以爲理難並立。若臣等有罪，即留御史；若以臣等爲無罪，則取聖裁。』帝猶豫久之，乃令出誨等，曰：『不宜責之太重也。』於是誨降知蘄州，純仁通判安州，大防有是命」。

〔五〕大防以謂兵不精將不勇莫若選募兵將盡其智力　長編卷二一五熙寧三年九月甲辰條載「大防言：『自來屯兵不分戰守，置將不別能否，一遇敵人入境，則帥臣往往自擁精兵，不問堪戰與否，好功者惟知生事而不顧方略，偷安者惟務苟且而無節制。今定差七將，番漢軍馬，以行擾擊牽制之策。用兵之始，諸帥尚循故態，則必致誤事。乞惟聽宣撫司統制，則事歸一體矣。』又言：『諸帥臣偷安避事，咸樂招懷而憚攻討，此特未之思耳。今朝廷已絶歲賜，又斷和市，此二者是絶賊之大命，理須必争，我必先爲之計以挫其謀。且星居鳥散，不能常聚，點兵數千，動須累日，敵之所短也；建營列戍，一二萬之衆旦夕可集者，我之所長也。分路置帥，舉一路將兵，除防守外不滿二萬者，我之所短也；率數十萬衆專向一路，以多擊少者，敵之所長也。異時嘗以我之所短而抗敵之所長，所以屢敗。今七將並出，伺其未集，便行擾擊；彼若聚兵擊我一處，則六處牽制，一處堅壁，使敵防救不暇。制敵之命，無出于此。然後招懷，無所不可矣。』」

〔六〕又兼河東宣撫判官　長編卷二一七熙寧三年十一月乙卯條云：「命陝西宣撫使韓絳爲陝西河東宣撫使，判官呂大防爲陝西河東路宣撫判官。絳時治兵鄜延，欲通道河東，故有是命。」

〔七〕大防留戍兵修堡障有不從者斬以徇　長編卷二二一熙寧四年三月庚寅條云：「麟府路承受蕭汝賢等言：『宣撫判官呂大防相度存新修堡寨，留三千人防托，有軍士數百人諠訴於大防帳前，不能禁，斬一人而後定。今所修寨實無益，望早處分。』詔河東經略司并王慶民依所受宣撫司指揮，運第一寨糧草、樓櫓等於神堂寨，移兵馬近裏駐劄。先是，韓絳奏河外所修荒堆寨，久遠不可守，已令廢拆，且抽兵回，而大防獨不肯，絳因使大防以便宜往相視，大防又遷延麟州不即往。大風雨，役人暴露，終夜叫號，河外官皆以爲言。王安石白上曰：『朝廷便宜只付韓絳，豈可轉付大防？欲戒大防，凡事當申宣撫司，毋得徑行。荒堆寨乞令毀拆，如宣撫使指揮。』上疑大防方往相視。安石曰：『若不決然可棄，絳豈肯如此？不須竢大防報也！』上既手札諭大防，乃降是詔。」

〔八〕召判審刑院　長編卷二九七元豐二年三月癸未條載龍圖閣待制、知秦州呂大防知審刑院，時「御史舒亶言：『大防果於立異，足動流俗，使在朝廷，於聖政有損無益，乞與一在外差遣。』不聽」。

〔九〕遷龍圖閣直學士　長編卷三二三元豐五年二月丙寅條載知永興軍、龍圖閣待制吕大防爲龍圖閣直學士，云「以鎮安所部協力邊事故也」。

〔一〇〕虜使愕然語塞　宋史吕大防傳稱時契丹「使錯不能對，自是不敢復出嫚詞」。

〔一一〕擢中大夫尚書右丞俄拜中書侍郎　長編卷三七〇元祐元年閏二月乙卯條注曰：「吕大忠雜説：『元祐初，申公（吕公著）與司馬温公同爲左、右相，温公久病不出，申公數於簾前薦吕大防、范純仁可大用。已而以大防爲尚書左丞，純仁命未下也。……初，申公薦大防可在密院，純仁可在中書，簾中誤記，遂以大防爲右丞；久之，以純仁同知樞密院。』大防爲右丞，在閏月十八日丙午，純仁爲同知，在閏月二十七日乙卯，相距纔十日。此云久之，恐誤也。」又卷三九一元祐元年十一月丙辰條云「自張璪罷，中書侍郎久未補人。吕公著言吕大防忠實可任大事」。故戊午日，吕大防自中大夫、尚書左丞守中書侍郎。

〔一二〕拜太中大夫守尚書左僕射兼門下侍郎　宋史吕大防傳稱「吕公著告老，宣仁后欲留之京師。手札密訪至於四五，超拜大防尚書左僕射兼門下侍郎」。

〔一三〕以觀文殿學士左光禄大夫知潁昌府　宋宰輔編年録卷一〇紹聖元年三月乙亥條引長編云：「大防當宣仁聖烈皇后垂簾時，位首相踰六年。上春秋既長，大防但專意輔導，未嘗建議親政。雖宣仁聖烈有復辟之志，卒不得伸。當國日久，群怨交歸焉。及宣仁聖烈始祔廟，殿中侍御史來之邵乞先逐大防，以破大臣朋黨。因疏神宗所簡拔之人章惇、安燾、吕惠卿等以備進用。大防亦自求去位，上亟從之。」

〔一四〕以言者落職知隨州　宋宰輔編年録卷一〇紹聖元年三月乙亥條云吕大防特落觀文殿大學士，降授右正議大夫、知隨州，云時「左正言上官均言：『大防善操國柄，不畏公議，以張耒、秦觀浮薄之徒撰次國史，掩没先帝盛美。以李之純爲御史中丞，楊畏、虞策、來之邵皆任諫官御史，所弾擊者皆受密諭，或附會風旨，以濟其欲。舍人主書誥命，給事主行封駮，范祖禹、喬執中、吴安詩、吕希純皆附會好惡，隨意上下。所繳駮者，皆大防所惡；所掩蔽者，皆大防所愛。至隳壞先帝役法、官制、學校、科舉之制，士民失業。棄神考經畫塞徼要害之地，招西戎侵侮之患。雖出守藩郡，典刑未正。』左司諫翟思言：『近論吕大防等擅作威福，相與誣罔吕惠卿、蔡確，乞各正罪犯。』監察御史周秩言：『以太母之謙恭盡下，以陛下之天縱生知，既逾冠婚之年，又已郊見天地，大防怙權作姦，不能建議復辟，而乃盛引王府官爲執政，謀爲附益。力援黨與，以爲臺諫。不避親嫌，邀用事中人與同書局。令妻室入内，希求恩寵，未正典刑。』」故有此貶。又，宋史呂大防傳云「左正言上官均論其隳壞役法，右正言張商英、御史周秩、劉拯相繼攻之，奪學士，知隨州」。

〔一五〕繼坐實録詆誣降授通議大夫　宋會要輯稿職官六七之一〇載紹聖「二年正月九日，呂大防特追奪兩官，趙彦若、范祖禹、陸佃、曾肇、林希、黄庭堅各追奪一官，以御史中丞黄履言其修纂先帝實録，厚加誣毀也。二月五日，呂大防降一官，以權中書舍人劉定及右正言劉拯言累論奏大防提舉編修實録，挾怨誣詆故也」。

〔一六〕遂責授舒州團練副使循州安置　長編卷四八五紹聖四年四月己亥條注曰：「王鞏甲申雜見云：『朝請大夫潘适爲渭州通判，時涇原帥呂大忠被召問邊事，既對，哲宗語大忠曰：「久要見卿，曾得大防信否？」對曰：「近得之。」上曰：「安否？」又曰：「大臣要其過海，朕獨處之安州，知之否？」對曰：「舉族荷陛下厚恩。」上曰：「有書再三説與，且將息忍耐。大防誠樸，爲人所賣，候二三年可再見。」大忠再拜謝，退而喜甚，因章睦州召飯，詰其對上語，遂盡告之。既至渭，語潘，潘曰：『失言矣，必爲深悔。』後半月，言者論其同罪異罰，遂有循州之行。既死，上猶問執政曰：「大防因何至虔州？」及後請歸葬，獨得旨歸，哲宗簡在深矣。嗚呼！帝王之度，非淺識可窺也。潘過高郵，語予如此。』呂大忠二年九月二十六日自秦鳳改帥涇原。以涇原帥赴闕，在三年正月、二月間。大防責循州乃四年二月二十八日。王鞏云還渭後半月，大防有循州之行，誤也。大防責循州，距大忠入對，蓋一歲矣。若謂言者因是發端則可。」

〔一七〕未踰嶺卒　隨手雜録云：「呂微仲貶嶺外，至虔州瑞金縣，語其子曰：『吾不復南矣。吾死爾歸，呂氏尚有餘種，苟在瘴鄉，無俱全之理。』後數日卒。先是十年前，有富人治壽材，夢偉丈夫冠冕而求曰：『且輟賢宅。』富人驚悟。微仲過縣，富人望之，乃夢中偉丈夫也，及卒，乃輟其材而斂焉。」

馮文簡公京傳〔一〕　同前

紹聖元年四月壬寅，宣徽南院使、檢校司空、太子少保致仕馮京卒。

京字當世，鄂州江夏人①。少雋邁不羈［二］。皇祐初舉進士，自鄉舉至廷試皆爲第一［三］，以將作監丞通判荆南府。召試，遷太常丞、直集賢院，判吏部南曹、三司磨勘司，同修起居注。賢妃張氏薨②，詔追册爲皇后。時吴充爲禮官，以中宫在，執不可。日暮議未決，宰相劉沆迫吏以曹狀報，充劾吏，付有司治。沆怒，出充知高郵軍。京疏充言是，不當逐。沆擬京濠州，仁宗曰：「馮京何罪？」然猶罷修注［四］。不半歲，復之。

試知制誥，避宰相富弼親［五］，易右正言、龍圖閣待制、守揚州，徙江寧府，遷翰林侍讀學士。召還，糾察在京刑獄，勾當三班院，遷翰林學士、知制誥，權知開封府。韓琦當國，京數月不一見，琦謂京傲，以語富弼。弼使往見之，京謂琦曰：「公爲宰相，而從官不妄詣公，乃所以重公，豈傲也哉？」出安撫陝西［六］。請城古渭③，令秦州通唃氏，授木征官，以斷西人肘掖。遷禮部郎中、群牧使。館伴遼使，使人争界河捕魚植柳事不決，京以理折之［七］，語塞。久之，以端明殿學士兼翰林侍讀學士、知太原府。夏國秉常既遣使來，又以兵犯塞。神宗手詔京具方略，多聽用。

召爲學士，擢知開封府，改御史中丞［八］。疏六事［九］，累數千百言。神宗以示王安石曰：「京疏極謬，朕歷與詰難，遽服其非。若不爲人所惑，亦可用。」它日，神宗復曰：「京如何？似平穩④。」安石曰：「京似平穩，然燭理不明，若鼓以流俗，即不能自守。」神宗曰：「作中丞恐失職。」安石曰：「京在中丞，充位耳，非能啓迪陛下聰明。

---

① 鄂州江夏人　按，彭汝礪馮公墓誌銘云：「馮氏舊家河朔，五代之亂，避地走宜藤間。宋興，天下定。……崇公（馮京祖禹謨）死，蜀公（馮京父式）寓鄂州，遂爲江夏人。」鶴林玉露乙編卷四馮三元稱其「鄂州咸寧人」。

② 賢妃張氏薨　「賢妃」，東都事略馮京傳作「貴妃」。

③ 請城古渭　「請」原作「清」，據宋史馮京傳改。

④ 似平穩　「似」原作「以」，據文海本、庫本及下文改。

陛下當於機微之際警策之，勿令迷錯。」神宗曰：「令作樞密副使如何？」安石曰：「欲用之，何不可？」遂拜右諫議大夫、樞密副使〔一〇〕。神宗欲用吴充參知政事，安石曰：「充與臣親〔一一〕，儻論議顧形迹，則害國事。」乃以京參知政事，充樞密副使。數與安石争辨上前，又薦劉攽、蘇軾爲外制，神宗不答〔一二〕。

王韶言：「秦州曠土幾萬頃，可募人耕，以資邊費。」事下帥司按視，李師中等以爲纔有地一頃餘數十畝爾。京與文彦博論韶欺罔生事，乃遣韓縝覆視①，乃言得渭傍荒田四千餘頃。議者謂縝取弓箭手地以爲荒田數云〔一三〕。時議令祖周官兵車之制，令保甲養馬，京不以爲然。會選人鄭俠上書斥時事，且薦京可相，坐交通，絀守亳州②。徙河南府〔一四〕。

遷資政殿學士、知渭州。茂州夷人叛，徙知成都府〔一五〕。蕃部阿丹率夷人寇雞棕關，京出兵，賊懼請降。議者遂欲蕩其巢穴，京力請于朝，爲禁侵掠，恤傷殘，給稼器，餉粮使歸。夷人出大豕盟，願世爲漢藩。

召知樞密院〔一六〕，易通議大夫，兼群牧制置使。疾甚，神宗中夕語左右：「適夢馮京造朝，甚慰。」乃賜詔曰：「渴想儀刑，不忘夢寐。」病愈造朝，神宗首以所夢語之。祀明堂恩，加正議大夫。頃之，以觀文殿學士、光禄大夫知河陽〔一七〕，改成德軍，復知河陽。

哲宗即位③，進銀青光禄大夫，拜保寧軍節度使、知大名府，加檢校司空，改彰德軍節度使。年七十告老，徙知陳州。過國門，辭疾甚，遂以爲觀文殿學士、中太一宫使兼侍讀。又告老，拜宣徽南院使〔一八〕，朝朔望。明年

---

① 乃遣韓縝覆視　「遣」原作「遷」，據庫本及東都事略馮京傳改。

② 絀守亳州　「亳州」原作「毫州」，據庫本及東都事略、宋史馮京傳改。

③ 哲宗即位　「哲」原作「折」，據文海本、庫本改。

春，以太子少師致仕。後二年卒[一九]，年七十四。車馬臨奠，賻卹有加。詔贈司徒，謚文簡，仍賜神道碑以「吉德」爲額。

京登第時，張堯佐倚外戚，欲妻以女，使吏卒擁以入其家，頃之，中人以酒殽至，且示以奩具甚厚。京固辭曰：「老母已議王氏。」終弗就[二〇]。少嘗薄遊里巷，夜爲街卒所繫，鄂守王素見而釋之。及使關中，素方帥渭，與之燕犒歡甚，貽以詩曰：「呑炭難酬當日事，積薪深愧後來恩。」爲御史呂誨所劾，且論京所至嗜利，西人目爲「金毛鼠」，以其外文采而中實貪畏也。嘗薦种諤、种診才堪將帥，兩人者咸能以功庸自見。鄂倅南宮成厚遇京①[二一]，及京執政而成已亡，遂以郊祀恩官其子。嘗過外兄朱适，詢其婢②，乃同年進士妻也，京惻然，請於适，爲嫁之。所著文集、奏議三十卷③。

子諶、訢、詡、詢④。

辨證：

[一] 馮文簡公京傳　按，馮京，東都事略卷八一、宋史卷三一七有傳；中原文物一九八七年第四期密縣五虎廟北宋馮京夫婦合葬墓載有彭汝礪宋故宣徽南院使檢校司空太子太保致仕上柱國始平郡開國公食邑八千七百户實封二千七百户贈司徒謚文簡馮公墓誌銘。

---

① 鄂倅南宮成厚遇京　「南宮成」，馮公墓誌銘及東都事略、宋史馮京傳同，湘山野録卷中作「南宮誠」。

② 詢其婢　按，宋史馮京傳稱是朱适「侍妾」。

③ 所著文集奏議三十卷　按，馮公墓誌銘稱其有「文集二十卷，奏議十卷」。宋史卷二〇八藝文志七著録馮京灊山文集一卷。

④ 子諶訢詡詢　按，馮公墓誌銘載其子五人，一子殤。

〔二〕少雋邁不羈　鶴林玉露乙編卷四馮三元稱「其父商也，壯年無子，將如京師，其妻授以白金數笏，曰：『君未有子，可以此爲買妾之資。』及至京師買一妾，立券償錢矣，問妾所自來，涕泣不肯言，固問之，乃言其父有官，因綱運欠折，鬻妾以爲賠償之計。遂惻然不忍犯，遣還其父，不索其錢。及歸，妻問買妾安在，具告以故，妻曰：『君用心如此，何患無子？』居數月，妻有娠，將誕，里中人皆夢鼓吹喧闐迎狀元，京乃生。家貧甚，讀書於灊山僧舍，僧有犬，京與共學者烹食之。僧訴之縣，縣令命作偷狗賦，援筆立成，警聯云：『團飯引來，喜掉續貂之尾；索綯牽去，驚回顧兔之頭。』令擊節，釋之，延之上座」。然則馮京父爲商賈，京師買妾而送還其家，其云云當出傳聞，與下文所述「嘗過外兄朱适，詢其婢，乃同年進士妻也，京惻然，請於适，爲嫁之」之事相混而演義之。按東齋記事卷五云：「馮當世參政之父式，爲左侍禁以終。當世幼時，取其所讀書，題其後曰：『將仕郎、守將作監丞、通判荆南軍府事、借緋馮京。』式既没十一年，當世狀元及第，爲荆南通判。視其所題，無一字差者。是所謂知子者矣。」東都事略馮京傳所載略同：「父式，爲左侍禁以終。京幼儻邁不群，式常取其所讀書，題其後云：『將作監丞、通判荆南軍府事馮京。』式既没十一年，京舉進士，自卿選至廷對，俱策名第一，爲將作監丞、通判荆南，如式之言。時人謂式爲知子」。其少年困頓當爲實，然亦頗有傅會處。如澠水燕談録卷六先兆云：「馮當世少孤，寓武昌，縱飲不羈。」泊宅編卷上云：「馮當世未第時，客餘杭縣，爲官逋拘窘，計無所出，悶題小詩於所寓寺壁。一胥魁范生見之，爲白縣令，勾寬假。令疑胥受賕游説，胥云：『馮秀才甚貧，但見所留詩，他日必貴顯。』因誦其詩，令遽釋之。詩云：『韓信棲遲項羽窮，手提長劍喝西風。可憐四海蒼生眼，不識男兒未濟中。』」

〔三〕自鄉舉至廷試皆爲第一　古今事文類聚前集卷二五監試主盟云：「馮當世秋試於鄉里，主司堅欲黜落，已而綴之榜末。時鄂倅南宫誠監試，當拆封，大不平，力主之，遂至魁選。明年廷試第一，除荆南倅。」石林燕語卷八云：「至和中，沈文通以太廟齋郎廷試考第一，大臣猶疑有官不應爲，遂亦降爲第二，以馮當世爲魁。」按，馮京乃皇祐元年及第，石林燕語云「至和中」者誤。

〔四〕然猶罷修注　長編卷一七七至和元年十一月乙丑條載：「太常丞、直集賢院、判磨勘司、同修起居注馮京落同修起居注。時諫官争言吴充、鞠真卿不當補外，京最後上書，言愈切。宰相劉沆怒，請出京知濠州。上曰：『京何罪？』然猶落修注。臺諫又争言京不當奪職，請復之，不報。」

〔五〕避宰相富弼親　宋史馮京傳稱「避婦父富弼當國嫌」，本書上集卷五富鄭公弼顯忠尚德之碑云富弼女四人，「長適保寧軍節度使、北京留守馮京，卒；又以其次繼室」。

［六］出安撫陝西　長編卷二〇一治平元年閏五月「是月」條云：「先是，翰林學士馮京數請解開封府事補外，上問輔臣曰：『京曷爲求去？』韓琦曰：『京領府事頗久，必以繁劇故求去爾。』」又卷二〇五治平二年五月癸亥條云：「翰林學士、權知開封府馮京爲陝西安撫使，代陳旭也。先是，韓琦言：『慶曆中，臣常與范仲淹同上禦邊四策，未及施用，而元昊請和。今諒祚狂童，固非元昊之比，敢爾輕動，勢將渝盟。願以臣當時所上四策，令二府共議，擇可行者付邊帥。』及命京使陝西，琦又言：『本朝何亮、劉平各言西事，亮謂靈武不可棄，棄則西人必吞諸戎，爲後大患，當時不能用，而今悉驗焉。平之所陳雖與四策稍異，然大抵以得西人山界土地、部族爲甚利。願并亮、平二奏付京，使與四路帥臣參議之。』然京所議方略，卒無聞也。」

［七］館伴邊使使人争界河捕魚植柳事不決京以理折之　宋會要輯稿蕃夷二之二〇云：治平二年「十二月，館伴契丹使馮京等言：『契丹使牒稱南界侵大池等處地，請以聞。』詔京等告以『本州結好，務在悠久。北來疆土，圖證具存，恐被邊臣隱昧，故時有辯争。請北朝戒飭，令各務安靖』」。按，「本州」似爲「本朝」之譌。

［八］改御史中丞　長編卷二一〇熙寧三年四月丁丑條載韓維權知開封府，馮京權御史中丞，云：「王安石既引韓絳同制置三司條例，又薦維以代呂公著，欲其兄弟助己也。曾公亮等皆以爲如此必致人言，絳亦言臣弟必不敢當。命既下，陳襄既言其不可，維力言：『兄絳方任樞密副使兼條例司，議論所及非一。御史中丞于朝廷闕失無所不當言，不言則廢公議，言之則廢私恩。且呂公著論青苗事用此罷，臣代其任，自處之地，不得無嫌，且無以屈士大夫之論。』又屢面對，引義堅切，卒與京易任。」

［九］疏六事　宋史馮京傳載「王安石爲政，京論其更張失當」。又，馮公墓誌銘稱「公疏言六事，其書反復曲折，千數百言，雖甚拂心逆耳，而天子不怒」。按，其疏載於長編卷二一二熙寧三年六月辛巳條，然非有六事，當有删節。

［一〇］遂拜右諫議大夫樞密副使　長編卷二一三熙寧三年七月壬辰條稱「及京奏疏論薛向，上以手札諭安石曰：『試觀馮京奏疏，恐不宜使久處言職，慮群邪益譸張爲幻。當如何處置？』安石言：『臣伏奉手詔示以馮京奏疏，使得參預處置之宜。顧臣區區，才智淺薄，不能宣暢聖問，使群愚早服，尚何以塞明旨、裨大慮乎？然則初固疑京必出於此，蓋京所恃以爲心腹腎腸者，陳襄、劉攽而已，重爲衆姦所誤，何爲而不出於此？書曰：「惟辟作威。」又曰：「去邪勿疑。」陛下赫然獨斷，發中詔暴其所奏，明其不知邪正是非，必撓國政，

而罷黜之，則内外自知服矣。即疑未有可代，使知雜御史攝事，乃是先朝典故，徐擇可用，固未爲晚。若示人以疑，取決於外，必有遷延其事以待衆姦之合，而衆姦知陛下於邪正是非之辨未能果也，必復合而譸張以亂聖德而疑海内，如陛下所料無疑也。若陛下未欲卒然行此，則且委曲訓諭以邪正是非所在，觀其意若可開悟則大善，若度其不可開悟，臣以謂除事之害，莫如早也。近陛下累宣諭胡宗愈事，既已盡其情狀，涵而不決，令久在耳目之地，亦非難壬人、勝流俗之道也。願陛下并慮及此。若陛下以謂如此者衆，不可勝誅，則臣恐邪説紛紛，無有已時，何有定國事乎？且以堯、舜之明而憂驩兜，畏共工，奈何陛下獨欲無所難也？朝廷去邪與疆場除寇無以異也，寇衆而强，磐亘歲久，則扞之以勇，持之以不倦，所討多而後聽服，固其理也。臣既預聞大政，又陛下待臣不疑如此，不敢避形跡有所不盡。伏惟陛下赦其狂愚而察其忠，幸甚。所有馮京疏，謹隨劄子進納。』」注曰：「此據陸佃所編文字。安石論京如此，而京卒得改，足明神宗於安石未始專任之也，今附御札後。……按安石答詔所問，毁京如此，而神宗卒不聽，恐安石稱京亦可爲樞副，未必是實，今姑取之。」

〔一一〕充與臣親　宋史卷三一二吳充傳稱吳充子安持，乃王安石壻。

〔一二〕神宗不答　長編卷二二〇熙寧四年二月辛酉條云：「先是，上言陳繹制辭不工，欲用曾布，疑布所領事已多。王安石曰：『布兼之亦不困。』遂以布直舍人院。安石因言：『制辭太繁，如磨勘轉常參官之類，何須作誥稱譽其美，非王言之體，兼令在官者以從事華辭費日力。』上曰：『常參官多不職，每轉官，盛稱其材行，皆非實，誠無謂。』安石曰：『臣愚以爲但可撰定誥辭，云：「朕録爾勞序進厥位，往率職事，服朕命，欽哉！」他放此撰定，則甚省得詞臣心力，卻使專思慮於實事，亦於王言之體爲當。』馮京以爲不可。上卒從安石言。上又欲用張琥直舍人院，京復薦劉攽、曾鞏、蘇軾，上不答。」

〔一三〕議者謂縝取弓箭手地以爲荒田數云　長編卷二二四熙寧四年六月丙子條載：「王安石自敘其本末云：『初，王韶言沿渭地，李師中先與韶合，既而爲大臣所諷，遽極力沮韶，奏以爲全無荒地。朝廷下李若愚等體量，令竇舜卿打量，乃云止有一頃有餘。於是，文彦博、馮京等合臺諫官極力攻韶，以爲欺罔生事。……而師中、（向）竇前後奏事誣罔不一，朝廷又令沈起往案問，并根究韶田事。起奏具得師中、竇欺罔事，惟田事欲須後日進呈。』」又云：「尋有旨復下韓縝打量。縝言：『緣渭果有荒田四千餘頃。』上曰：『邊臣誕妄誠害事，緣理可知，而事不可知，要邊臣奏報誠實乃決事，如竇舜卿言王韶所奏地只有一頃，當時朝廷以爲必無此地。今韓縝打量，乃有四千餘頃，舜卿尚言今打量地必非王韶所指處。』文彦博、馮京亦皆以縝所言非實。彦博曰：『事患在巧言亂實。』上曰：『患不明，不患巧言。若見理明，巧言亦何能亂？」安石曰：「……如王韶，非邊臣妄誕能亂事實，乃是陛下考覆未盡。沈起自奏以爲恐引惹邊事，未可打量田地，陛下即行遣王韶，考覆未盡而遽行法，此自朝廷之失，非邊臣能亂事實。賞罰在一人之身爲輕，在朝廷勸沮忠邪則爲利害甚大，不可不謹也。」上曰：「邊臣各自用己愛惡，利害非有所忌憚。韓縝所以打量出地者，以與竇舜卿不相能故也，其他事即不肯如此盡力。」安石曰：「陛下明察，見此盡之矣。」彦博、京皆言：「此是欲招弓箭手地爾。」安石曰：「韶所奏但云『荒田不耕，何啻萬頃』，即不言除欲招弓箭手地外有此。」彦博曰：「如此則須罪竇舜卿也。」安石曰：「舜卿打量時明言『除出欲招弓箭手地』，即於文未見欺罔。」彦博又言：「臣在秦州，沿渭豈有此地，此必欺罔。」上曰：「是沿渭地。」安石即指圖所載，且言：「韓縝專沮壞王韶，於奏報中陛下自可見，無緣於此荒田乃肯與韶比而爲欺罔。陛下嘗記御史所以攻韶否？乃是陳升之、馮京諭謝景温言沈起將甘谷城地妄作沿渭地，欲蓋王韶罪。景温至中書，臣面詰以起案卷具在，無將甘谷城地作王韶所奏者，何故妄言如此？景温對臣與馮京言：『是集賢相公與參政諫議説如是。』」上以韶爲無罪，令與復官。彦博等又曰：「韶言耕田尚未有效，如何？」安石曰：「本所以奪官，非爲耕田未有效也，爲其以無田爲有而已。」京曰：「不止爲此，兼韶言市易事亦不便。」彦博因助之。上曰：「市易無不便。」……上乃令復韶官。」

〔一四〕會選人鄭俠上書斥時事且薦京可相坐交通絀守亳州徙河南府　長編卷二五九熙寧八年正月庚子條載參知政事、右諫議大夫馮京守本官知亳州，云：「呂惠卿憾俠不置，且惡馮京異議，欲藉俠以排去京并及王安國，乘間白上曰：『俠書言青苗、免役、流民等事，此衆所共知也；若言禁中有人被甲登殿詬駡，此禁中事，俠安從知此？蓋俠前後所言，皆京使安國導之。』上亦疑焉，他日問京曰：『卿識鄭俠乎？』對曰：『臣素不識俠。』侍御史知雜事張琥聞之，陰訪求京與俠交通狀。或語以京嘗從俠借書，遺之錢米，琥即劾奏：『京大臣，與俠交通有迹，而敢面謾云不識。又俠所言朝廷機密事，非京告教，何得聞此？』上以章示京，京對『實不識，乞下所司辨』。琥又言：『俠自言京爲之主。按京身爲輔弼，政事有所未便，自當廷議可否，豈宜懷貳，陰結小人？若京實無此，俠當坐誣大臣之罪。俠雖逐，而京之事狀未明，乞追俠付獄窮治。』詔送御史臺，京乃言：『俠事因琥案劾，則御史官屬不得無嫌，且朝廷不過欲見臣與俠有無往還問遺實迹耳。乞治于他司，或遣官就御史臺根究。』詔知制誥鄧潤甫同推究。琥請遣奉禮郎舒亶乘驛追俠於陳州，索其橐中文字，悉封上之。獄官又掠治俠，令具疏所以交通者，皆捕送獄。僧曉容善相，多出入京家，亟收繫考驗，取京門歷閲視賓客，無俠名。潤甫等深探俠辭，多所連引，獄久不決。……（丁）諷又嘗見京語及俠，京稱俠文辭甚佳，小臣不易敢爾。……獄既具，上以京大臣，令推究官取信否狀，并問（王）克臣、京等，皆引罪。……遂罷京政事。」宋宰輔編年録卷八熙寧九年十二月丙午條引丁未録云：「先是，京與王安石同在中書，多異議，安石頗疑憚之。故嘗因事移私書於吕惠卿曰：『無使齊年知。』京、安石俱生辛酉，故謂之『齊年』。及安石罷相，力薦挽惠卿而去。惠卿遂與京同參知政事。惠卿每有所爲，京雖不抑，而心不以爲善。至於議事，亦多矛盾。惠卿亦忌之。會鄭俠獄起，乃謂俠嘗遊京之門，推劾百端。京竟以本官知亳州。」又馮公墓誌銘稱「神宗獨知其无罪，徙河南府」。

〔一五〕茂州夷人叛徙知成都府　長編卷二七四熙寧九年四月戊申條載資政殿學士、知渭州馮京知成都府，龍圖閣直學士、知成都府蔡延慶知渭州，云：「先是，延慶一日三奏茂州蕃部千數把截官路，已三遣將官分領人兵討殺。詔以延慶奏陳措置，前後已似惶擾，中書、樞密院宜同議可與不可倚仗了此邊事，無或轉致乖錯，別生巨患。故以京代之，仍兼成都府利州路安撫使。」

〔一六〕召知樞密院　宋史馮京傳云：「惠卿告安石罪，發其私書，有曰『勿令齊年知』，齊年謂京也，與安石同年生。帝以安石爲欺，復召京知樞密院。」

〔一七〕以觀文殿學士光禄大夫知河陽　長編卷三一一元豐四年正月辛亥條載樞密使、正議大夫兼群牧制置使馮京爲光禄大夫、觀文殿學士、知河陽，云「京數以疾求解機務故也」。

〔一八〕又告老拜宣徽南院使　長編卷四五八元祐六年五月甲子條載「中太一宫使、觀文殿學士、左銀青光禄大夫兼侍讀馮京爲檢校司空、充宣徽南院使、判陳州。京五上章求致仕，眷留甚久，乃有此授。自復置宣徽使，始於此拜也」。又庚辰條載「馮京再辭免新除宣徽南院使、判陳州恩命，陳乞致仕。詔馮京與免判陳州，仍舊爲宣徽南院使、充中太一宫使，許朔望朝參」。

〔一九〕後二年卒　馮公墓誌銘載元祐「九年四月三日，晨起，巾屨朝諸佛，還坐室内中而逝」。按，宋史哲宗紀二云元祐九年四月癸丑（九日）改元紹聖。

〔二〇〕京固辭曰老母已議王氏終弗就　清波別志卷三云：「馮當世文簡公初登第，張侍中耆倚外戚，欲妻以女，使吏卒擁至其家，頃中人以酒肴至，且示以奩具甚厚，馮固辭曰：『老母已許王氏矣。』」按，張耆非外戚，當是張堯佐。又，山堂肆考卷八四辭婚堯佐云馮京辭婚張堯佐，「後富弼以女妻之，再娶晏殊女」。

［二一］鄂倅南宮成厚遇京　湘山野録卷中云：「馮大參當世公始求薦於武昌，會小宗者庸謬寡鑒，堅欲黜落，又欲置於末綴。時鄂倅南宮誠監試，當拆封定卷，大不平，奮臂力主之，須俾魁送。小宗者理沮，不免以公冠於鄉版，果取大魁，釋褐除荆南倅。南宮遷潭倅，公以詩寄謝曰：『當思鵬海隔飛翻，曾得天風送羽翰。恩比丘山何以戴，心同金石欲移難。經年空歎音題絶，千里長思道義懽。每向江陵訪遺治，邑人猶指縣題看。』箋云：『江陵縣額，即君臨治時親墨也。』」

張少保商英傳［一］　同前

宣和三年十一月壬午，觀文殿大學士、通奉大夫、提舉西京嵩山崇福宫張商英卒。

商英字天覺，蜀州新津人［二］。少警敏彊記。中治平二年進士第，調達州通川縣主簿。章惇出措置溪洞，嘉其才，歸朝薦之［三］。召對，進草茅憂國書，以光禄丞權檢正中書禮房公事，兼編修中書條例。熙寧五年，加太子中允、監察御史裏行。

時神宗勵精政事，商英言：「陛下即位以來，更張數十百事，而最大者有三：曰免役，曰保甲，曰市易。三者得其人，緩之即爲利；非其人，急之即爲害。陛下與大臣宜安静休息，擇人而行之，則太平可以立致。」會臺劾盗李則從輕典，有詔糾察司鞫治。商英言：「此出大臣私忿，願陛下收還主柄，自持威福，使臺諫爲陛下耳目，無使爲近臣脅遷，則天下幸甚。」神宗爲停其獄。商英乃言樞密使文彦博、副使吴充蔡挺黨庇博州親戚失入死罪，與縱吏等事。彦博等以商英意附王安石排己，俱求去。神宗難之，降授光禄丞、監荆南鹽麴商税［四］，就移節度判官，改鎮南軍。

元豐二年，復太子中允，提舉京西南路常平。召除館閣校勘，檢正中書刑房兼詳定編修刑房斷例。舒亶知諫院，商英以婿王瀉之所業示之①，亶繳奏，以爲事涉干請，坐監鄂州漢川鎮酒稅，改荆南江陵縣赤舞市鹽茶稅②[五]。八年，以太常丞召。

哲宗嗣位，除開封府推官。時朝廷稍更新法之不便民者，商英上書謂：「三年不改於父之道，今先帝陵土未乾，奈何議更變乎？」除河東提點刑獄[六]。元祐四年，移河北西路。五年，改江南西路轉運副使。八年，徙淮南路。紹聖元年，以右正言召，遷左司諫。言蘇軾論合祭天地非是，乞加罪。又言呂大防、梁燾、范祖禹、吳安詩、劉唐老、孫升、韓川，皆坐貶。言司馬光、文彥博負國，呂公著不當謚正獻[七]。

時來之邵爲子娶蓋氏，以蓋漸爲蓋氏義男，規其財産。商英疏論之，之邵出知蔡州。二年，遷左司郎中③[八]。會知開封府王震言商英遣人與蓋漸謀害之邵，坐謫監襄州酒稅④[九]，改監江寧府稅。三年，知洪州。四年，除江淮荆浙等路發運副使。入覲，除直龍圖閣[一〇]。未幾，以太常少卿召，未見，除集賢殿修撰、江淮荆浙等路發運使。元符二年，召爲尚書工部侍郎[一一]。

徽宗即位，除中書舍人。時大河決，除水官非其人，商英繳詞頭，且言：「築隄塞河⑤，是塞兒口而止啼也。」宰相因奏：「觀商英言，必能治河，宜委之。」遂除龍圖閣待制、河北路轉運使[一二]。以言者論列，落職知隨

① 商英以婿王瀉之所業示之　「王瀉之」原作「王爲之」，據長編卷三〇八元豐三年九月庚午條、清波雜志卷一一及東都事略、宋史張商英傳改。

② 改荆南江陵縣赤舞市鹽茶稅　「赤舞」，宋史張商英傳作「赤岸」。按，嘉慶重修一統志卷三四四荆州府古蹟「中興廢縣」條云：「在江陵縣東南沙市，地名赤岸。」則作「赤岸」似是。

③ 遷左司郎中　東都事略張商英傳、宋会要辑稿職官六七之一一同；宋史張商英傳作「徙左司員外郎」。

④ 坐謫監襄州酒稅　「襄州」，東都事略張商英傳同，宋会要辑稿職官六七之一一作「商州」。

⑤ 築隄塞河　「隄」原作「提」，據庫本及長編紀事本末卷一二〇逐惇卞黨人改。

州[一三]。謝表不自引咎，降一官[一四]。建中靖國元年，以户部侍郎召，改吏部、刑部，爲翰林學士。

崇寧初，除尚書右丞，遷左丞。時蔡京爲相①，商英在神廟與京同爲檢正，雅相好，及是議多不合，乃言京「身爲輔相，志在逢君」。臺臣以爲非所宜言，謫知亳州、蘄州，提舉舒州靈仙觀[一五]。入元祐黨籍。京罷，起知鄂州。大觀元年，京復相，提舉西京嵩山崇福宫，散官安置歸州[一六]，量移峽州。復通議大夫，提舉成都玉局觀。

四年，蔡京罷政，除商英龍圖閣學士、知杭州[一七]。過闕賜對，奏曰：「神宗修建法度，務以去大害、興大利而已。今誠一一舉行，則盡紹述之美。法若有弊，不可不變，但不失其意足矣。」除資政殿學士、中太一宫使。尋除中書侍郎，拜右僕射。時久旱，彗出天心，是夕大雨，彗不見。上喜，親書「商霖一尺」字賜之[一八]。

商英爲相，務更蔡京所行事[一九]，省六路上供錢鈔，改當十錢爲當三，罷内藏出剩鹽鈔，歸之有司，天下翕然推重。時内侍楊戩提舉後苑作有勞，除節度使。商英不可，奏曰：「祖宗法，内侍皆寄資，無至團練使者。有大勳勞，則别立昭宣、宣政、宣慶等使以寵之，未聞建節鉞也。」戩銜之。會御史中丞張克公劾商英很傲弗恭等罪，給事中蔡嶷助之，政和元年，除觀文殿大學士、知河南府[二〇]。俄落職知鄧州，再謫汝州團練副使②，衡州安置[二一]。

太學生有訟商英冤者，上以語京，京遂言：「商英與臣同時遭遇，乞放逐便。」詔從之。商英歸居荆南③。五

---

① 時蔡京爲相　「蔡京」原作「察京」，據文海本、庫本及東都事略、宋史張商英傳改。

② 再謫汝州團練副使　「汝州團練副使」，長編紀事本末卷一三一張商英事迹、宋宰輔編年録卷一二政和元年八月丁巳條、宋会要辑稿職官六八之二四、宋史張商英傳作「崇信軍節度副使」。

③ 商英歸居荆南　按，據宋宰輔編年録卷一二政和元年八月丁巳條，此事在政和二年四月，張商英貶崇信軍節度副使、衡州安置以後，貶汝州團練副使之前。

年，立皇太子，赦①，復通奉大夫，提舉西京嵩山崇福宮。六年，上昊天徽號，復觀文殿學士〔二二〕。七年，手詔「商英先帝擢爲御史，嘗任宰司。今明堂嚴配，恩逮海宇，可特復觀文殿大學士②」。卒，年七十九，贈少保。商英慷慨敢言事，然詭譎不常。在元祐時，獻嘉禾頌，以文彦博、吕公著比周公。至紹聖間③，乃極言其短。嘗作祭司馬光文，已乃追論其罪。始也排擊元祐諸人甚力④，迨爲相，則從而引用之。蔡京置之黨籍中，其實繇熙豐進也。大觀之政，矯革時弊，天下稱之。平生學浮屠法〔二三〕，自號無盡居士。有文集百卷⑤。

子茂。

辨證：

〔一〕張少保商英傳　按，張商英，東都事略卷一〇二、宋史卷三五一有傳。其兄張唐英，本書卷一四載有張御史唐英墓誌銘。

〔二〕蜀州新津人　本書中集卷四一張寺丞文蔚墓誌銘云「其先長安人，七世祖琰，爲右拾遺，從僖宗入蜀，留其子道安於蜀，遂家焉」。又中集卷一四張御史唐英墓誌銘云其「曾大公諱珂，居蜀州新津縣之新穿鄉」。

〔三〕章惇出措置溪洞嘉其才歸朝薦之　長編卷二一八熙寧四年十二月乙亥條載武寧軍節度推官、前知南川縣張商英爲光禄寺

---

① 立皇太子赦　「赦」原作「救」，據文海本、庫本改。

② 可特復觀文殿大學士　「特」原作「持」，據庫本改。

③ 至紹聖間　「至」原作「上」，據文海本及宋宰輔編年録卷一二政和元年八月丁巳條改。

④ 始也排擊元祐諸人甚力　「元祐」原作「有言」，「甚」原作「是」，據宋宰輔宋宰輔編年録卷一二政和元年八月丁巳條改。

⑤ 有文集百卷　按，晁志卷一九著録張無盡集二十二卷；通志卷七〇藝文略別集四著録張無盡集五十三卷，又別集十七卷；宋史卷二〇八藝文志七著録張商英集一百卷，又著録張商英集十三卷。

丞、權檢正中書禮房公事，云其「初爲通川縣主簿，轉運使張詵等討渝州叛夷，梁承秀、李光吉既滅，獨王衮未降，商英言於詵曰：『夷亦人也，諭以禍福宜聽。』詵檄商英往説衮，遂歸命，因辟知南川縣。時章惇經制夷事，官吏多爲所狎侮，獨商英與抗論，不少屈。惇奇之，乃薦商英於王安石，於是召對擢用」。注曰：「何騏作商英家傳云：『熙寧三年，以趙抃薦召對。』按：商英招出王衮降，在四年，則三年無緣便召對除官。今從邵伯温所作辨誣。章惇傳：商英乃惇薦。非抃也，或抃亦嘗薦商英，然擢用則緣惇耳。」容齋四筆卷二張天覺小簡云：「張天覺熙寧中爲渝州南川宰，章子厚經制夔夷，狎侮州縣吏，無人敢與共語。部使者念獨張可亢之，檄至夔。子厚詢人才，使者以告，即呼入同食。張著道士服，長揖就坐。子厚肆意大言，張隨機折之，落落出其上，子厚大喜，延爲上客。歸而薦諸王介甫，遂得召用。」

[四] 降授光禄丞監荆南鹽麴商税　長編卷二四〇熙寧五年十一月丁卯條云：「先是，商英言：『博州官吏失入贓不滿軍賊二人死罪，樞密院檢詳官劉奉世黨庇親戚，令法官引用贓滿五貫絞刑斷例，稱博州官吏不見斷例，失奏裁，止從杖罪取勘。又院吏任遠恣横私徇凡十二事，而樞密院黨庇不案治，外人莫不聞知。』於是樞密使副文彦博、吴充、蔡挺因此不入院，遣吏送印於中書，中書不受。上問之，遣使促彦博等入院，彦博等言：『臺官言臣等黨庇吏人，與之相知，漏泄上語，乞以其章付有司明辨黑白，然後正臣等違命之罪。』商英又言：『乞以臣所言博州失入刑名下有司定奪，并以任遠事送開封府根治。若臣言不當，甘伏斧鉞。』於是王安石曰：『博州事，官吏本無罪，密院尚不合令科應奏不奏之罪。』上曰：『博州事分曉，任遠事如何？』安石曰：『若言取受甚多，令有司如何推究？又恐新法已前，於法不得受理。』上曰：『此在新法前。』安石曰：『如此，則無可推究者。』上曰：『商英當如何行遣？』安石曰：『密院方治御史李則事，商英乃隨攻博州事以報之。李則事，御史所治誠不當，不自咎，更挾忿攻人，豈所謂懷忠良以事君者？』故有是命。」

[五] 坐監鄂州漢川鎮酒税改荆南江陵縣赤舞市鹽茶税　東軒筆録卷一一云：「熙寧中，周師厚爲湖北提舉常平，張商英監荆南鹽院，師厚移官，有供給酒數十瓶，陰俾張賣之。張言於察訪蒲宗孟，宗孟劾其事，師厚坐是降官。後數年，商英爲館職，囑舉子於判監舒亶，亶繳奏其簡，商英坐是奪官。始，舒亶爲縣尉，斬弓手節級，廢斥累年矣。熙寧中，張商英爲御史，力薦引之，遂復進用甚峻，至是反攻商英，然亦世所謂報應者也。」清波雜志卷一一云：「舒亶知諫院，言：『中書檢正張商英與臣手簡，并以其壻王溈之所業示臣。商英官居宰屬，而臣職在言路，事涉干請，不敢隱默。其商英手簡二紙并溈之所業一册，今繳進。』詔商英落館閣校勘，監江寧酒。初，舒爲縣

尉，坐手殺人停廢。無盡爲御史，言其才可用，乃得改官。至是乃爾，士論惡之。同時呂吉甫（惠卿）亦繳王荆公（安石）私書。彎弓成俗，亦何足多怪！」

［六］除河東提點刑獄　長編卷四〇三元祐二年七月乙卯條載朝奉郎、權開封府推官張商英爲提點河東路刑獄，云「商英先上書謂：『三年無改於父之道，今先帝陵土未乾，奈何輕議變更？』又嘗移簡蘇軾，欲作言事官。或得之，以告呂公著，公著不悦，故出之」。

［七］言司馬光文彦博負國呂公著不當謚正獻　宋史張商英傳云：「商英積憾元祐大臣不用己，極力攻之，上疏曰：『先帝盛德大業，跨絶今古，而司馬光、呂公著、劉摯、呂大防援引朋儔，敢行譏議。凡詳定局之所建明，中書之所勘當，户部之所行遣，百官之所論列，詞臣之所作命，無非指擿抉揚，鄙薄嗤笑，翦除陛下羽翼於内，擊逐股肱於外，天下之勢，岌岌殆矣。今天清日明，誅賞未正，願下禁省檢索前後章牘，付臣等看詳，簽揭以上，陛下與大臣斟酌而可否焉。』遂論内侍陳衍以摇宣仁，至比之呂、武；乞追奪光、公著贈謚，仆碑毁冢；言文彦博背負國恩，及蘇軾、范祖禹、孫升、韓川諸人，皆相繼受譴。又言：『願陛下無忘元祐時，章惇無忘汝州時，安燾無忘許昌時，李清臣、曾布無忘河陽時。』其觀望捭闔，以險語激怒當世，概類此。」

［八］遷左司郎中　宋史張商英傳云：章惇、安燾「交惡，商英欲助惇，求所以傾燾者。陽翟民蓋氏養子漸，先爲祖母所逐，以家資屬其女，經元豐訴理不得直。商英論其冤，導漸使遮執政，及詣御史府訐燾姻家與蓋女爲道地。哲宗不直商英，徙左司員外郎。既與漸交關事皆露，責監江寧酒」。

［九］坐謫監襄州酒税　宋会要辑稿職官六七之一一云：紹聖二年「八月十六日，張商英罷左司郎中，添差監商州酒税務。先是，潁昌府民蓋漸訟侍御史來之邵令子娶蓋氏，規奪祖業，誣漸非蓋氏子，下有司根治。商英時爲右司諫，數論其事，其後坐令僧奉召及開封府皂侯璋與漸計會情弊，故有是命」。

［一〇］入覲除直龍圖閣　長編卷四九二紹聖四年十月己亥條注曰：「商英家傳云：『自江淮入覲，除直龍圖閣。哲宗顧公卿曰：「先帝舊臣也，何可久于外邪？」公欲再對，而當國者畏其留，乃以入冬節假令閤門批放謝辭，發公還任。』按商英乃章惇客，其不得留，必有故。又曾録十一月五日乙卯，布與章惇、蔡卞議除商英貳卿，上不從。亦不審何故。」

［一一］元符二年召爲尚書工部侍郎　宋史張商英傳云：張商英自江淮發運副使召「入權工部侍郎，遷中書舍人，謝表歷詆元祐諸

賢，衆益畏其口」。

［一二］遂除龍圖閣待制河北路轉運使　長編紀事本末卷一二〇逐惇卞黨人云：元符三年三月「甲申，中書舍人張商英爲龍圖閣待制、河北路轉運使兼提舉河事。先是，曾布論劉拯當逐，上曰：『商英與拯皆不可留。已降商英論文及甫文字付三省，渠乞留中，却揭去後降出。』布曰：『商英論及甫事似有可取，法不許乞留中，乃可罪，似不當揭去，三省恐未喻聖意。臣每聞德音，似每事不欲從中出。聖意固不欲大臣失職，乃深中義理，然中外之人亦不可不使知聖意所嚮。古人有云：「示之以好惡，而民知禁。」又云：「主道利宣不利周。」若是非已明，出自聖斷，亦無所不可。』上曰：『商英無一日不在章惇處。』布唯唯而退。後旬日，商英乃有是命，蓋韓忠彦輩奉行上旨也」。注曰：「商英本傳云：『時大河決，除水官非其人，商英繳詞頭，具言「築堤塞河，是塞兒口而止其啼也。」宰相因奏：「觀商英言，必能治河，宜委之。」遂除龍制、河北漕。』按商英自中書舍人出，曾布日録載其事端坐章惇黨也，本傳飾説，今不取。」

［一三］以言者論列落職知隨州　長編紀事本末卷一三一張商英事迹稱其坐章惇、蔡卞「黨，故責」。

［一四］謝表不自引咎降一官　宋會要輯稿職官六七之三一云：元符三年九月二十九日，「知隨州張商英降一官。以臣僚上言：『紹聖初備位諫官，與宰相章惇結爲死黨；又與百姓蓋漸增改詞狀，要用中傷大臣；到任謝表又肆詆誣。』故有是命」。

［一五］謫知亳州蘄州提舉舒州靈仙觀　宋宰輔編年録卷一一崇寧二年八月戊申條引長編云：「先是，李昭叙守定襄，得嘉禾，商英作嘉禾篇以頌美之。至是，御史中丞石豫、殿中侍御史朱諤、余深論商英前作嘉禾篇，不當以司馬光、文彦博等比周公，又并疏其他事。又聞嘗作宣仁聖德頌，其言紛紜，上及宗廟者，無所不至。言者又取商英爲開封府推官日爲本府撰祭司馬光文，繳以進呈。詔商英秉國政機，議論反覆，可落職知亳州。」長編紀事本末卷一三一張商英事迹注曰：「蔡絛國史後補鹺法篇云：鈔法既行，一日，榷貨務申入納見錢已積三萬緡。魯公（蔡京）將上進呈，上駭曰：『直有爾許耶？』蓋前皆患不給，未嘗有積鏹如是，故上駭之。張丞相商英時爲中書侍郎，忽儳進曰：『啟陛下，皆虚錢。』魯公愕然，即奏曰：『臣據有司申如此，商英今以謂虚錢，乞命商英與臣各選差官檢點虚實以聞。』上曰：『可。』既下殿，各差郎官一人檢點，字號分明，各在庫也。翌日奏聞，上顧張丞相曰：『卿以爲虚錢何故？』張丞相大慚曰：『臣爲人所誤。』而張由是不安。後又以陰通宮禁事，未幾罷去。又宣和殿記：魯公在元豐中與商英厚善。其後商英出入魯公門下，又與伯氏親款。魯公將相，商英預爲草麻，其辭甚美，遂拜左丞，遷中書侍郎。及争進，頗攻魯公。一日，上在禁中，偶視貴人之冠釵間垂

小卷文書，戲取開視之，乃細字曰：『張商英乞除右僕射。』上語貴人：『汝勿預外廷事！』因密降出示魯公。上大怒，而貴人方不安位，魯公亦甚懼曰：『此獨商英無狀耳，恐事干宫禁，不可治。』於是掩之，以他事黜商英。商英亦陰德魯公，至是，以所出小卷進云。」又卷一三一張商英事迹云：崇寧元年八月「辛酉，臣僚言：『通議大夫、新知亳州張商英作爲謗書，肆行誣詆，固宜更加誅責，置之元祐籍中，昭示無窮之戒。及商英所撰嘉禾篇并司馬光祭文等，乞下有司模印，頒示四方，益明陛下紹述先猷之意，以懲爲臣之懷貳者。』詔張商英改差知蘄州」。至「九月庚寅，通議大夫、新知蘄州張商英提舉靈仙觀。言者論朝廷方興庠序之教，修水土之政，行鹽茗之法，廣山澤之利，商英既名在黨籍，安肯悉心推行，宜投置閑散，不可委以民社也」。

［一六］提舉西京嵩山崇福宫散官安置歸州　長編紀事本末卷一三一張商英事迹云：崇寧五年「五月乙卯，臣僚上言：『伏覩通議大夫、知鄂州張商英操術傾邪，資性狂悖。方元祐間，附會邪朋，著爲文頌，詆及宗廟。迨崇寧初，交結中貴，潛通貨賂，覬倖宰輔，貪鄙無恥，衆議不容。朝廷灼見姦慝，投置閑散。爲商英者，宜省愆悔過，稍圖自新。近以寛大之詔，假守方州，輒因謝章，復快私忿，妄議時政，言幾訕謗，其流及上，恬不知非，傳播四方，有傷事體云云。伏望聖慈，特賜睿旨，嚴行降黜，以正國論。』詔張商英提舉崇福宫」。又宋会要辑稿職官六八之一五云：大觀元年「十月十三日，詔責通議大夫、提舉西京嵩山崇福宫張商英爲安化軍節度副使，歸州安置。以言者論其險愎姦慝，中懷舊憾，輒肆詆斥，形於表奏故也」。

［一七］四年蔡京罷政除商英龍圖閣學士知杭州　據宋史卷二一二宰輔表三，蔡京罷相在大觀三年六月辛巳。按，長編紀事本末卷一三一張商英事迹云：大觀三年「十二月戊子，提舉玉局觀張商英爲龍圖閣學士、知杭州，乘驛赴闕。詔：『比閲哲廟實録，見商英紹聖初力排元祐奸惡，迹狀甚明，具載信史。昨崇寧初，止緣與大臣議論不合罷政，迹其本心，實非朋黨。雖已出籍，自今仍不得依元祐黨籍人體例施行。』并有是除命」。

［一八］上喜親書商霖一尺字賜之　王十朋全集詩集卷二八用喜雨韻呈龔實之注有曰：「徽廟書『商霖一尺』四字賜張無盡。」按，獨醒雜志卷二云：「唐子西（庚）内前行，爲張天覺作也。天覺自中書侍郎除右僕射，蔡京以少保致仕，四海歡呼，善類增氣。時彗星見而遽没，旱甚而雨，人皆以爲天覺拜相感召所致。上大喜，書『商霖』二字以賜之，且謂之曰：『高宗得傅説，以爲用汝作霖雨。今朕相卿，非是之謂耶？』故子西之詩具言之，其詩云：『内前車馬撥不開，文德殿下聽麻回。紫微侍郎拜右相，中使押赴文昌臺。旄頭昨夜光

照牖，是夕收芒如秃帚。明日化爲甘雨來，官家唤作調元手。周公禮樂未要作，致身姚宋也不惡。鄉來兩公當國年，民間斗米三四錢。」』

〔一九〕商英爲相務更蔡京所行事　宋史張商英傳云：「商英爲政持平，謂京雖明紹述，但借以劫制人主，禁錮士大夫爾。於是大革弊事，改當十錢以平泉貨，復轉般倉以罷直達，行鈔法以通商旅，蠲横斂以寬民力。勸徽宗節華侈，息土木，抑僥倖。帝頗嚴憚之，嘗葺升平樓，戒主者遇張丞相導騎至，必匿匠樓下，過則如初。」

〔二〇〕除觀文殿大學士知河南府　宋史張商英傳云其「意廣才疏，凡所當爲，先於公坐誦言，故不便者得預爲計。何執中、鄭居中日夜醞織其短，先使言者論其門下客唐庚，竄之惠州。有郭天信者，以方技隸太史，徽宗潛邸時，嘗言當履天位，自是稍睠寵之。商英因僧德洪，客彭几與語言往來，事覺，鞫于開封府。御史中丞張克公疏擊之，以觀文殿大學士知河南府」。宋宰輔編年録卷一二政和元年八月丁巳條引拜罷録云：「臣僚論其昔嘗交通中貴，求爲右僕射，今又結近臣郭天信，使之借譽，爲固寵之計。又引上書邪等及懷姦害正之輩，使爲肘腋，濟其邪謀。凡十罪而罷。」邵氏聞見録卷五云：「上用張商英爲右相。商英無術寡謀，藐視同列，間言並興。上不樂，罷之。」曲洧舊聞卷六云：「蔡京所建明事，凡心所欲必爲，而畏人不從者，多託元豐末命，或言裕陵有意而未行，以此脅持上下，人無敢議者。張天覺爲相，欲稍蠲罷以便人，乃置政典局，以范鏜等爲參詳官，討論其事。聞陳瑩中著尊堯集專爲先政也，天覺奏乞取其書。……鄭居中輩恐天覺得志，不爲己利也，知劉嗣明與辟雍司業魏憲相友善也，令嗣明與之俱來相見，許以立螭。憲，鏜子婿也。憲歸見鏜，論天覺孤危，丈人盍謀所以自安者。鏜入其言，憲草劄子，其大略言：『成湯得伊尹，桓公得管仲，自古未見有君而無臣獨能成一代勳業者。今陳瓘作尊堯集，皆力詆王安石。果如瓘所論，豈不上累先朝知人之明乎？』鏜請對如憲言。有旨令催促瓘疾速繕寫，赴局投納，俟其書至，立焚之。天覺由是求去甚力。天覺既去，而蔡京父子皆召矣。」

〔二一〕俄落職知鄧州再謫汝州團練副使衡州安置　宋宰輔編年録卷一二載政和元年八月，「商英既罷相知河南府，已而言者以其意欲動摇國是，有害紹述，於是落職改知鄧州。未幾，自通奉大夫降授大中大夫。十月，責授崇信軍節度副使，衡州安置」。二年四月「詔衡州安置張商英放令逐便」。三年六月，張商英「復責授汝州團練副使，以泰州李彪作殿試策題及答語言指斥乘輿及嘲訕大臣等罪張商英，時以爲李彪事在赦前，故有是責」。

〔一二二〕六年上昊天徽號復觀文殿學士　容齋四筆卷一五蔡京輕用官職云：「蔡京三入相，時除用士大夫，視官職如糞土，蓋欲以天爵市私恩。政和六年十月，不因赦令，侍從以上先緣左降同日選職者二十人。通奉大夫張商英爲觀文殿學士。」按，宋史卷二一徽宗紀云：政和六年「九月辛卯朔，詣玉清和陽宫，上太上開天執符御曆含真體道昊天玉皇上帝徽號寶册。丙申，赦天下」。

〔一二三〕平生學浮屠法　羅湖野録卷二云：「無盡居士張公天覺蚤負禪學，尤欲尋訪宗師，與之決擇。」避暑録話卷上云：「張丞相天覺喜談禪，自言得其至。初，爲江西運判，至撫州，見兜率從悦，與其意合，遂授法。悦，黄龍老南之子，初非其高弟，而江西老宿爲南所深許道行一時者數十人，天覺皆歷詆之。其後天覺浸顯，諸老宿略已盡，後來庸流傳南學者乃復犇走推天覺，稱『相公禪』，天覺亦當之不辭。近歲遂有爲長老開堂承嗣天覺者。」道山清話云：「張天覺好佛而不許諸子誦經，云：『彼讀書未多，心源未明，纔拈着經卷，便燒香禮拜，不能得了。』」

名臣碑傳琬琰集下卷十七

韓侍郎維傳[一]　實録

元符元年六月，左朝議大夫致仕韓維卒①。

維字持國，潁昌人[二]。弱不好弄，篤志問學。嘗以進士薦禮部，父億任執政，不就廷試[三]，乃以父任守將作監主簿。丁外艱，服除，闔門不仕。仁宗患搢紳奔競，諭近臣曰：「恬退守道者旌擢，則躁求者自當知恥。」於是宰相文彥博、宋庠等言：「維好古嗜學，安於靜退，乞加甄録，以厚風俗[四]。」召試學士院，辭不赴，除國子監主簿。富弼安撫河東，辟維管勾機宜文字[五]。歐陽脩爲史館修撰，薦維檢討[六]。知太常禮院。祫享，下禮官集議東嚮位[七]。維議以爲：

尊祖之道，禮之大者有三：於廟則百代不遷，於天地之際則爲配主，至於祫享則位東嚮。商以契，周以后稷，其毀廟之主，皆出於太廟之後，故其禮順。後世太祖之上，復有追崇之廟，故其禮疑，所以論議不一。

---

① 元符元年六月左朝議大夫致仕韓維卒　按，韓維卒月日，諸書記載不一。南陽集附録行狀稱其卒於是年「十一月二十五日」，長編卷五〇〇元符元年七月辛未條載韓維卒。長編云云，當爲朝廷獲報訃聞之時，而行狀「十一月」疑文有誤脱。

然大抵不過三義：一則直推見廟最尊之祖爲先，即唐顔真卿、韓愈以獻祖居東向之位是也。一則以追崇之祖別廟而祭①，全太祖之尊，即漢之太上皇、魏之處士、晉之府君、唐之獻懿是也。一則以太祖尚在，昭穆虛位以待，自魏晉以下，訖於隋唐，下及本朝故事是也。推崇最尊之祖，既非始封有功之君，親盡則毁，於聖人制禮之意殆恐不然。別廟而祭者，雖爲變禮，未可遽行。於今惟虛東嚮之位以待太祖，於禮近可。宜如祖宗故事，虛東嚮之位便。

先是，温成皇后立廟用樂。維因祫享上疏：「乞詔有司議廟制，有不如禮者一切裁去，以明陛下不私後宫，專奉祖宗之意。」宰相陳執中薨，請謚，維立議及上書，以謂：「皇祐之末，貴妃張氏薨，天子問所以葬祭之禮，執中知皇儀始喪②，非嬪御之禮，乃請追册位號，建廟用樂，此不忠之大者。宜謚曰榮靈，以應寵禄光大、不勤成名之法。」朝廷賜謚恭[八]。維連疏論列，以謂「責難於君爲『恭』，臣之議執中正以不恭」，乞罷太常禮院。以秘閣校理通判涇州。

神宗封淮陽郡王，出就外邸，以維爲王府記室參軍，又爲仁宗皇帝實録檢討官，繼直集賢院。神宗聖性謙虛，眷禮宫僚③，遇維尤厚。每事諮訪，維悉心以對，至於拜起進趍之容，皆陳其節[九]。神宗嘗與維論天下事，語及功名，維曰：「聖人功名，因事始見，不可有功名心。」神宗拱手稱善，誦書「有言逆于汝心，必求諸道；有言遜于汝志，必求諸非道」，以爲聽納之戒。維嘗引疾請郡，神宗上章乞留。將去王府，採「東平樂善」之語爲贊以獻④。慈聖

---

① 一則以追崇之祖別廟而祭　「崇」原作「宗」，據庫本、東都事略韓維傳、南陽集卷二二議祫享虛東向位狀及下文改。

② 執中知皇儀始喪　「始」，三朝名臣言行録卷一〇之二門下侍郎韓公引行狀作「治」。

③ 眷禮宫僚　「宫」原作「官」，據庫本及長編卷二〇二治平元年六月戊午條改。

④ 採東平樂善之語爲贊以獻　「平」字原闕，據文海本、庫本及三朝名臣言行録卷一〇之二門下侍郎韓公引行狀補。

光獻皇后垂簾，論宰相韓琦等曰：「諸王孝日聞，皆卿等慎擇宫臣所致，宜召至中書褒諭〔一〇〕。」時禁中遣使泛至諸臣之家，爲潁王擇妃。維上疏，以謂：「潁王孝友聰明，動履法度，方嚮經學，以觀成德。今卜族授室，其繫尤重，宜歷選勳望之家，慎擇淑哲之媛，考古納綵、問名之義，以禮成之。不宜苟取華色而已。」

左右史闕，執政進擬宋敏求、楊繪，英宗問除授例，執政曰：「館閣久次及進士高第參用。」英宗曰：「第擇人，不必專取高科。」執政以維對，遂與宋敏求並除起居注。侍邇英講筵，是時英宗方免喪，簡默不言。維上疏曰：「邇英閣者，陛下燕閒之所也①。侍於側者，皆獻納論思之臣；陳於前者，非聖人之經，則歷代之史也。御燕閒則可以留漏刻之永，對大臣則可以極咨訪之博，論經史則可以窮仁義之道、成敗之源。今禮制終畢，臣下傾耳以聽玉音。語曰『時然後言』，陛下之言，此其時也。臣雖不敏，請秉筆以俟。」京畿、陳潁諸郡飢，維言：「賑救之道，有所未至，朝廷雖空倉廩，而死者不可勝數。乞擇能吏，召見便坐，諭以憂勤愍傷之意，令分行州縣，卹視流徙。」遷右正言、知制誥，賜三品服。知通進銀臺司兼門下封駁事，同修撰仁宗皇帝實録。

御史知雜吕誨等論濮安懿王稱親得罪〔一一〕，維上疏，以謂：「誨等能審義守職，國之忠臣。計其用心，不過欲陛下盡如先王之法而止爾。士大夫貪固寵利，厚賞嚴罰，猶恐此風不變，而復内率邪説，貶斥正人。自此，陛下耳目益壅蔽矣。」又求對，極論其失，請追還前詔，令百官詳議，以盡人情，復召吕誨等還任舊職，以全政體。既而吕誨等降黜敕命不由門下封駁，直送其家。維言：「罷黜御史，事關政體，而不使有司預聞，紀綱之失，無甚於此。宜追還誨等敕命，由銀臺司，使臣得申議論②，以正官法。」不從。遂闔門待罪，乞解銀臺司職任。有旨舉臺

① 陛下燕閒之所也　「閒」原作「間」，據庫本及宋史韓維傳改。按，下文同改。
② 使臣得申議論　「申」，庫本作「伸」。

官二人，維上章曰：「呂誨、范純仁有已試之功，願復其職，以盡招賢納諫之美[一二]。」蘇寀除御史知雜，維封還詞頭，以謂：「自濮安懿王稱親，逐三御史，傅堯俞等復不肯就職。今用蘇寀，則堯俞等豈復有可留之理①？」

霪雨爲害，詔求直言，言事者衆。維請擇近臣，委以章奏，事有可行行之。又請擇郡守，及言：「近制私罪雖輕，常爲仕進之累；公罪雖大，一時被責，輒復升進。請詔有司議私罪之可恕者，稍蠲留礙，以通滯才；坐公罪之有害者，稍加困抑，以儆慢吏。」時英宗初即政，維因便殿奏事，論：「人君好惡，明見刑賞，以示天下，使人知所避就，則風俗可移。」又以爲「聖賢思慮，不能全無過差。假如陛下誤有處分，改之，則足以彰納善從諫之美」。未幾，翰林學士范鎮作批答不稱旨，出補郡[一三]。維言：「鎮誠有罪，自可明正典刑。若其所失止在文字②，當函容以全近臣體貌。陛下前黜錢公輔，中外以爲太重。比連退二近臣，而衆莫知其所謂，臣恐自此各懷疑懼，莫敢爲陛下盡忠者。」

潁王爲皇太子，以維兼太子右庶子，判尚書兵部。神宗踐祚，遷起居舍人。維陳三事以獻：一曰從權聽政蓋不得已者，唯大事急務時賜裁決，餘當闊略；二曰執政皆兩朝顧命大臣，宜推誠加禮，每事咨訪，以盡其心；三曰百執事各有其職，惟當責任，使盡其能，若王者代有司行事，最爲失體。其末又曰：「天下大事不可猝爲，人君施設，自有先後，惟加意慎重。」及注釋滕世子問孟子居喪之禮一篇以獻，因推及後世禮文之變，以申規諷。上嘉納。

除龍圖閣直學士，知貢舉[一四]。時氣舛逆，寒燠不常，郡縣多旱蝗。維上疏曰：「陛下嗣位之初，日光清潤，

---

① 則堯俞等豈復有可留之理　「復」原作「後」，據文海本、庫本改。

② 若其所失止在文字　「止」原作「正」，據庫本及南陽集卷二四論范鎮請郡劄子、宋史韓維傳改。

嘉澤屢降。今者天道頓與始初不類，竊恐陛下言思視聽之間有所未備。惟陛下端静誠一，思惟天戒，專以百姓困窮爲念。至繁文無益，且宜罷置。」

御史中丞王陶彈擊宰相韓琦等不押常朝班，以爲跋扈。陶罷御史中丞，爲翰林學士。維言：「宰相跋扈，王法所當誅也。御史中丞之言是，則宰相安得無罪[1]？若其非是，中丞安得止罷臺職而已？今爲翰林學士，是遷也[2]。陛下既不能辨明大臣，使負惡名，有不自安之意；又使言者無名罷去，疑惑遠方。願廷對群臣，使是非兩判。」參知政事吴奎論王陶遷官，封還御批，罷知青州〔一五〕。維以爲：「奎素有學問，敦篤持重，可任以事，擢參大政，衆謂得人。今裁數月，止因論事之際，少失婉順，便加斥逐。進退大臣，不當如是。」有旨進吴奎官一級。維曰：「執政罷免，則爲降黜；今復遷官，則爲褒進。降黜褒進，理難並行。此與王陶罷中丞而加翰林學士何以異[3]？賞所以明天下之耳目，可不慎[4]？」章累上，神宗召奎面諭就職，琦等各復其位〔一六〕。維援前言力請郡，知潁州，未行，改汝州。召還〔一七〕，修撰英宗皇帝實録，兼侍講，判司農、太常、吏部流内銓，兼充宗正寺修玉牒官。

初，英宗即位，祔仁宗主而遷僖祖。及神宗即位，中書奏〔一八〕：「本朝自僖祖以上[5]，世次不可得知，則僖祖有廟，與稷、契等。今毀其廟，而藏其主夾室，非是。」因復還僖祖而遷順祖〔一九〕。維上疏曰：「昔先王既有天下，迹其基業之所由起，奉以爲太祖，稷、契是也。後世有天下者，皆特起無所因，故遂爲太祖，其所從來久矣。太祖

---

① 則宰相安得無罪　「得」原作「待」，據文海本、庫本及東都事略、宋史韓維傳改。

② 是遷也　「遷」原作「廷」，據庫本及東都事略、宋史韓維傳改。

③ 此與王陶罷中丞而加翰林學士何以異　「此」原作「比」，據文海本、庫本及三朝名臣言行録卷一〇之二門下侍郎韓公引行狀改。

④ 可不慎　庫本作「不可不慎」。

⑤ 本朝自僖祖以上　「僖祖」原作「僖宗」，據長編卷二三三熙寧五年四月壬子條、臨川集卷四二廟議劄子、南陽集卷二五議僖祖廟狀改。

皇帝戡定大亂，子孫遵業，萬世蒙澤，爲宋太祖，無可議者。僖祖雖於太祖高祖也①，然仰迹功業，非有所因，上尋世系，不知所始。若以所事稷、契事之，竊恐於古無考，而於今有所未安，宜如故便。」

爲翰林學士[二〇]，權知開封府，繼除御史中丞，充理檢使。維以「兄絳任樞密副使兼條例司，議論所及非一。御史中丞於朝廷闕失無所不當言，不言則廢公議，言之則傷私恩。且吕公著論青苗事，用此而罷，臣代其任，自處之地，不得無嫌，且無以屈士大夫之論」。又屢面對，引義堅切，復知開封府[二一]。始置八廂，分決輕刑[二二]，輦轂清肅。時吴充爲三司使，神宗曰：「韓維、吴充以文學進，及任繁劇，皆號稱職，可謂得人。」兼翰林侍講學士、權判尚書都省，遷翰林侍讀學士，充群牧使。差考試賢良方正，孔文仲對策入等，而文仲罷歸[二三]。維言：「陛下毋以文仲爲一賤士爾，黜之何損。臣恐賢俊由此解體，忠良結舌，阿諛苟合之人將窺隙而進，爲禍不細。願改賜處分。」章五上，其言益切，堅請便郡，除端明殿學士、翰林侍讀學士②、知襄州[二四]，移知許州。

除翰林學士承旨兼侍讀學士、知制誥、知通進銀臺司兼門下封駁事。入對延和殿，時京師旱，神宗曰：「久不雨，朕夙夜焦勞，奈何？」維曰：「陛下憂憫旱災，損膳避殿，此乃舉行故事，恐不足以應天變。書曰：『惟先格王正厥事。』願陛下痛自責己，下詔廣求直言，以開壅蔽；大發恩令，有所蠲免，以和人情。」後數日，又上疏曰：「近臣曰：『畿内諸縣督索青苗錢甚急，往往鞭撻取足，至伐桑爲薪，以易錢貨。』旱災之際，重罹此苦。夫動甲兵、危士民，匱財用於荒夷之地，朝廷處之不疑，行之甚鋭。至於蠲除租税，寬格逋負，以救愁苦之良民，則遲遲

---

① 僖祖雖於太祖高祖也　「僖祖」原作「僖宗」，據宋史韓維傳、南陽集卷二五議僖祖廟狀及上文改；「高祖」原作「高視」，據庫本、宋史韓維傳、南陽集卷二五議僖祖廟狀改。

② 翰林侍讀學士　原作「翰林學士侍讀」，據長編卷二三五熙寧五年七月乙巳條乙改。

而不肯發。望陛下自奮英斷行之。過而養人，猶愈於過而殺人也。」因奏對面論，神宗感悟，有旨根究市易、免行利害，權住方田、編排保甲，罷議東西川市易①。命維草詔求直言，其略曰：「朕之聽納有不得於理歟？訟獄非其情歟？賦斂失其節歟？忠謀讜言鬱於上聞，而阿諛壅蔽以成其私者衆歟？」詔出，人情大悦，是日乃雨〔二五〕。又命與知開封府孫永同體問在京諸役利害事。未幾，令吕嘉問同行體問，又令以問到利害送吕嘉問等。維上疏曰：「陛下待臣，乃在吕嘉問之下。臣雖不才，先帝所命以輔陛下於初潛，行年六十，未嘗有一言稍涉阿倚以希己利②，未嘗有一言不盡理道以補聖聰。今於此小事處置關防，乃不得與新進小臣爲比，臣復何面目出入禁闥？」懇求去位，優詔答之。

知熙州王韶赴闕奏事，將領景思立敗績〔二六〕，韶還任，上表待罪，奏斬獲首級。維草批答曰：「方其敗時，卿適在朝，何嫌而上章引咎？勉綏新附之衆，無以多殺爲功。」讀者竦然。維以言多不用，求去益堅。會兄絳入相，援故事乞補外，以端明殿學士、龍圖閣學士知河陽。坐議免役錢不合，落端明殿學士〔二七〕。踰年復職，徙知許州。

車駕幸舊邸，除資政殿學士、通議大夫。再任，而中書舍人曾鞏草制辭，稱維「純明亮直，練達古今，先帝所遺，以輔朕躬」。又曰：「參角之間，韓延壽、黄霸之迹在焉，興禮樂而勸農桑，以追參于前烈，皆爾素學。」御批：「維不知事君之義，朋俗罔上③，老不革心，非所謂『純明亮直』。姑以藩邸舊恩使守便郡，又非可仗以布政宣化。今辭命乖戾，不中本情，傳播四方，甚害好惡。可送中省改辭行下。」鞏贖銅十斤。維請宮觀，乃爲提舉西京嵩山

① 罷議東西川市易　「川」字原脱，據南陽集附録行狀、長編卷二五一熙寧七年三月乙丑條注補。
② 未嘗有一言稍涉阿倚以希己利　「以」原作「已」，據庫本及長編卷二五二熙寧七年四月己卯條改。
③ 朋俗罔上　「朋」原作「明」，據庫本及長編卷三一九元豐五年八月丁巳條改。

崇福宫。

神宗晏駕，維赴臨闕庭，太皇太后遣使降手詔勞問。維對曰：

治天下之道，不必過求高遠，止在審識人情而已。識人情不難，以己之心，推人之情，則可見矣。大凡貧則思富，苦則思樂，困則思息，鬱則思通。陛下誠能常以利民爲本，則民富矣；常以憂民爲心，則民樂矣。賦役非人力所堪者去之，則勞困息矣；法禁非人情所便者蠲之，則鬱塞通矣。推此而廣之，盡誠心而行之，則神孫觀陛下之法，不待教而自成聖德；賢士聞陛下之風，不煩諭而争宣忠力矣。

遂出榜朝堂，詔求直言六事①[二八]：一曰青苗蠲歲賜之法；二曰免役除寬剩之數；三曰坊場依祖宗法，中歲定額，不可添長；四曰罷市易；五曰斂保甲；六曰禁錢幣。出闕，起知陳州。未行，召赴闕②，除兼侍讀、提舉中太一宫兼集禧觀公事，加大學士[二九]。維言：「先帝以夏國主秉常受朝廷爵命，而國母擅行囚廢，故興兵問罪。今國母死，秉常復位，所爲恭順，有藩臣禮，宜復還其故地，以成先帝聖意。」因陳兵之不可不息者有三，地之不可不棄者有五。又言：「光禄大夫致仕范鎮仁廟朝首倡大議，乞擇宗室之賢豫建儲副，自此大臣始有論奏。一時忠勳，皆被寵禄，而賞不及鎮。乞褒顯其勳。」朝廷從之。

元祐元年，爲門下侍郎。詔臣僚不得言先朝事，而臺諫欲有所言，乞改詔語。維於簾前抗議，以爲帝王詔令傳信四方，豈可鐫改？御史張舜民以言事罷[三〇]，王岩叟固争，簡上官均問舜民事如何，語洩，朝廷下岩叟分析。維曰：「朝廷但論其所言是非，若所言是，則折簡聚談，更相督責，乃是相率爲善，何害於理？若所言不善，雖杜

① 詔求直言六事　按，此處當有脱文，南陽集附録行狀作「詔求直言，公應詔言六事」，當是。
② 出闕起知陳州未行召赴闕　兩「闕」字原皆作「関」，據南陽集附録行狀、長編卷三五七元豐八年六月丙子條、東都事略韓維傳改。

門不通問訊，各執己見論議，非爲國事無補，亦恐人情隔也。」

初，維與王安石雅相厚善[三一]，至安石執政，維議國事，始多異同。至是，議欲廢三經義，維以爲安石經義宜與先儒之説並行，不當廢[三二]。司馬光與維平生交，俱以耆德進用，至臨事，未嘗一語附合，務爲苟同[三三]，人服其平。時中官梁惟簡除入內內侍省押班，范純仁等累奏未允，維於簾前力争，許之。其後惟簡遷官，蘇轍繳還詞頭，維因面奏論內降，且言：「仁宗寬仁，每苦近習貴戚僥求恩澤，宣諭執政：『卿等但依公執奏，可以寢罷。』臣備位執政，自可執奏，不敢避人怨憎。」惟簡罷遷官。

二年，以資政殿大學士知鄧州[三四]，改汝州[三五]，繼除提舉西京嵩山崇福宮[三六]，就差知潁昌府。累章告老，加太子少傅致仕[三七]。郊恩，以諸子封太子少師。

維自嘉祐以來爲名臣，神宗知之尤深，屢欲大用，會王安石用事，變更舊法，維言多所異。及元祐初，起爲門下侍郎，宣仁、哲宗眷禮優異。維自以四朝舊臣，身任天下之重，庶幾行其所知，而在位不踰年逐去[三八]，天下惜之。紹聖二年，坐姦黨，降左朝議大夫致仕，再責崇信軍節度副使，均州安置。諸子乞盡歸其官，聽父居里，上憐其先朝舊臣，特許之[三九]。元符元年，上幸睿成宮，復左朝議大夫[四〇]。卒，年八十二。

子宗儒、宗文、宗質。

辨證：

[一] 韓侍郎維傳　按，韓維，東都事略卷五八、宋史卷三一五有傳；韓維南陽集附録載有鮮于綽所撰行狀，有闕文。

[二] 潁昌人　宋史卷三一五韓億傳稱「其先真定靈壽人，徙開封之雍丘」。又本書上集卷一〇韓獻肅公絳忠弼之碑云「忠憲公始葬陳公于長社，遂築第潁昌，以便歲時奉帚薦豆，合其屬以居」。按，韓億謚忠憲，陳公爲韓億之父；韓絳爲韓維之兄。

〔三〕嘗以進士薦禮部父億任執政不就廷試　揮麈後録卷五云：「韓忠憲億景祐參仁宗政事，天下稱爲長者。四子仲文綜、子華絳、持國維、玉汝縝，俱禮部奏名。忠憲啓上曰：『臣子叨陛下科第，雖非有司觀望，然臣既備位政府，豈當受而有之？天下將以謂由臣故致此，臣雖不足道，使聖明之政人或以議之，非臣所安也。臣教子既已有成，又何必昭示四方，以爲榮觀哉？乞盡免殿試唱第，幸甚。』誠懇再三，上嘉歎而允所請。忠憲既薨，仲文、子華、玉汝相繼再中科甲。獨持國曰：『吾前已奏名矣，當遵家君之言，何必布之遠方耶？』不復更就有司之求。」清波雜志卷四云：「韓持國維寶元間偕兄弟應進士舉，預南省奏名。而下弟士子有『韓家四子連名』之嘲，蓋以其父忠憲公見在政路也。時殿試尚黜落，有司因故黜之。公後遂不復試，而兄弟皆再登第。」

〔四〕於是宰相文彦博宋庠等言維好古嗜學安於静退乞加甄録以厚風俗　揮麈後録卷六云：「韓持國既以忠憲任爲將作監主簿，少年清修，不復以軒冕爲意。將四十矣，猶未出仕。宋元憲欲薦孔寧極畋，偶觀其詩卷，迺得持國所和篇，誦之大喜，遂捨寧極而薦持國。」艇齋詩話云：「韓持國過孔寧極處士山居，又與孔寧極別後懷寧極二詩，極雍容簡遠。過寧極詩云：『驅車上横隴，西奏龍陽道。青煙人幾家，緑野山四抱。鳥啼春意闌，林變夏陰蚤。知近先生廬，民風故淳好。』別後詩云：『雨滴庵上茅，風亂窗外竹。繁聲夜入耳，欲寐不得熟。永懷歸田客，石徑滑馬足。連山暗秋霧，一鐙何處宿。』」

〔五〕富弼安撫河東辟維管勾機宜文字　按，卻掃編卷上云：「富韓公之薨也，訃聞，神宗對輔臣甚悼惜之，且曰：『富某平生强項，今死矣，誌其墓者亦必一强項之人也，卿等試揣之。』已而自曰：『方今强項者莫如韓維，必維爲之矣。』時持國方知汝州，而其弟玉汝（韓縝）丞相以同知樞密院預奏事，具聞此語，汗流浹背，於是亟遣介走報持國於汝州曰：『雖其家以是相囑，慎勿許之。不然，且獲罪。』先是，書未到，富氏果以墓誌事囑持國，既諾之矣，乃復書曰：『吾平生受富公厚恩，常恨未有以報。今其家見託，義無以辭，且業已許之，不可食言。雖因此獲罪，所甘心也。』卒爲之。初，持國年幾四十猶未出仕，會富公鎮并門，以帥幕辟之，遂起。其相知如此。」

〔六〕歐陽脩爲史館修撰薦維檢討　長編卷一八〇至和二年八月己亥條載大理評事韓維爲史館檢討，云「從翰林學士承旨孫抃等所請也」。

〔七〕下禮官集議東嚮位　按長編卷一八九嘉祐四年六月戊辰條云時「光禄卿、直祕閣、同判宗正寺趙良規言：『父昭子穆，祀典所先；宗德祖功，王業之本。國家承百年之運，崇七世之靈，追孝不爲不嚴，奉先不爲不至，然而祭祀之秩舉，間以公卿而攝行，雖神主有合食之名，而太祖虚東嚮之位。且號爲大祭，所以萃群廟之神；要之至公，豈可昧正統之緒？伏請博詔多士，講求定儀，爲一代不刊之法。』乃下太常禮院議而言曰：『切尋歷代典故，由漢而下，立廟制祭，與三代不同。至於尊東向之位，先儒議論非一，緣宗廟事重，非有司所敢專決。』乃詔待制已上及臺諫官、禮官同議，而觀文殿學士、禮部尚書王舉正等議曰：『大祫之祭，所以合昭穆尊卑，必以受命之祖居東向之位。本朝太祖實爲受命之君，然僖祖以降，四廟在上，故每遇大祫，止列昭穆而虚東向。魏晉以來，亦用此禮。今親享之盛，謂宜如舊爲便。』詔恭依」。

［八］朝廷賜謚恭　按本書中集卷四五孫文懿公抃行狀云：「公曰：『司徒端方剛勁，素聞於時。自爲小官，已有建儲復辟之策，作相雖無謇諤之譽，然其至公不黨，亦近世少及。加以惡名，誠爲太過。謚曰「恭」可也。』博士曰：『謚之美惡，宜取其大者。今司徒之過顯，雖有疇昔之善，不能掩也。公昔日屢疏其短，今而誅其善，何前後之不類也？』公曰：『宰相越法，予爲中丞，言之職也。死者美惡，予在太常，謚之當以至公。豈可挾一時之事而廢其平生之大節乎？』復持議如前。請於朝，覆議者數四，卒以公言爲定。」按：此「博士」即韓維。據東軒筆録卷一二，時請謚陳執中曰「榮靈」者尚有張洞。

［九］至於拜起進趨之容皆陳其節　按邵氏聞見録卷三云：「神宗内朝，拜稍急，維曰：『維下拜，王當效之。』諸公一日侍神宗坐，近侍以弓樣靴進。維曰：『王安用舞靴？』神宗有愧色，亟令毀去。其翊贊之功如此，故潁邸賓僚號天下選云。」

［一〇］諸王孝日聞皆卿等慎擇宫臣所致宜召至中書褒諭　長編卷二〇二治平元年六月戊午條云：「上始疾甚，時出語頗傷太后，太后泣告輔臣，并咎兩王。維等極諫曰：『上已失太后歡心，王盡孝恭以彌縫，猶懼不逮，不然，父子俱受禍矣。』王大感悟。他日，太后謂輔臣曰：『皇子近日殊有禮，皆卿等善擇宫僚所致，宜召至中書褒諭之。』」

［一一］御史知雜吕誨等論濮安懿王稱親得罪　本書下集卷一〇吕正獻公公著傳云「御史吕誨、傅堯俞、范純仁、吕大防、趙瞻坐論濮王事貶」。

［一二］維上章曰吕誨范純仁有已試之功願復其職以盡招賢納諫之美　長編卷二〇七治平三年二月丙申條稱「知制誥韓維言：『準敕舉御史，緣臣近累奏乞追復吕誨等，所有舉御史敕未敢授。』詔閤門納敕中書」。

［一三］翰林學士范鎮作批答不稱旨出補郡　長編卷二〇七治平三年正月壬申條云：「初，鎮草韓琦遷官制，稱引周公、霍光，諫官

呂誨駁之。於是琦表求去位，鎮批答曰：『周公不之魯，欲天下之一乎周。』上以鎮不當引聖人比宰相，其意謂琦去位，則謳歌獄訟不歸京師，欲罷鎮内職。執政因諭鎮令自請外，而有是命。」注曰：「□□升𠠇鄧温伯章有云：『范鎮草韓琦制詞云「史稱霍光，義形于主」，既以韓琦比霍光，則上當爲昭帝矣。英宗深嫌之。鎮本無姦心，止以比琦失當，猶罷學士，出知陳州。』與此不同。當考。鎮集九十五卷有批答韓琦乞退第三表，實舉周公，恐升誤也。引霍光乃元年閏五月遷右揆制誥。案：𠠇鄧温伯當是孫升。」

〔一四〕知貢舉　宋會要輯稿選舉一之一一載：「治平四年正月二十五日，以龍圖閣直學士司馬光權知貢舉，知制誥韓維、邵亢并權同知貢舉。」

〔一五〕御史中丞王陶彈擊宰相韓琦等不押常朝班至罷知青州　東都事略卷八五王陶傳云：「初，陶事韓琦甚謹，故琦深器之，驟加拔用。至是，神宗頗不悦大臣之專，陶乃彈奏宰相不押常參班，至謂琦爲跋扈。琦等待罪，神宗以陶章示琦，琦奏曰：『臣非跋扈者，陛下遣一小黄門至，則可縛臣以去矣。』神宗爲之動，而陶連奏不已，乃以爲翰林學士。吴奎執詔不肯下，遂以陶爲樞密直學士、知陳州。」又宋宰輔編年録卷七治平四年九月辛丑條引丁未録云：「上乃除陶翰林學士，而以司馬光爲御史中丞。是時，韓琦猶在告，曾公亮侍祠，獨吴奎同參政趙概具定王陶爲密直、群牧使。翌日進呈已得旨，退續奉手詔，除陶翰林學士，與光對易。奎乃歸，上疏論陶，上封奎疏以示陶，陶復疏奎數千言，言奎阿附宰相。於是，上批付中書，除王陶樞密直學士、知陳州，吴奎户部侍郎、資政殿學士、知青州。」

〔一六〕神宗召奎面諭就職琦等各復其位　宋宰輔編年録卷七治平四年九月辛丑條引丁未録云：「上又面語張方平曰：『奎罷，當以卿代。』方平辭以『韓琦久在告，意保全奎。奎免，必不復起。琦勳在王室，願陛下復奎位，手詔諭琦以全始終之分』。方平既退，上尋出小紙曰：『奎位執政而擊中司，謂朕爲内批，持之三日不下，不去可乎？』方平復論如初。司馬光亦上奏言：『奎名重，不宜爲陶罷。』奏入，上不悦。及曾公亮祠事已，入言於上，亦以吴奎不可出。上乃詔奎對延和殿，慰勞使復位。」

〔一七〕召還　太平治迹統類卷一二神宗聖政載司馬光言：「韓維沈靖方雅，亦陛下疇昔宮僚之中最有美譽。今者無故稱病求出外，人皆不知其故。伏望聖慈更賜詳度，或且留之左右，使拾遺補闕，誠有所裨益。」

〔一八〕中書奏　按，此奏狀乃宰相王安石所上，詳載臨川集卷四二，題曰廟議劄子。

〔一九〕因復還僖祖而遷順祖　按朱子語類卷一〇七云：「問：『本朝廟制，韓維請遷僖祖，孫固欲爲僖祖立别廟，王安石欲以僖祖東向，其議如何？』曰：『韓説固未是，孫欲立别廟如姜嫄，則姜嫄是婦人，尤無義理。介甫之説却好。僖祖雖無功德，乃是太祖嘗以爲高祖。今居東向，所謂「祖以孫尊，孫以祖屈」者也。』」

〔二〇〕爲翰林學士　梁溪漫志卷二北門西掖不以科第進云：「北門、西掖之除，儒者之榮事也，其有不由科第但以文章進者，世尤指以爲榮。熙寧則韓持國，崇寧則林彦振，皆嘗直北門。」按，「北門」指稱翰林學士，石林燕語卷七云：「唐翰林院在銀臺之北。乾封以後，劉禕之、元萬頃之徒，時宣召草制其間，因名『北門學士』。」

〔二一〕復知開封府　長編卷二一〇熙寧三年四月丁丑條載韓維權知開封府，馮京權御史中丞，云：「王安石既引韓絳同制置三司條例，又薦維以代吕公著，欲其兄弟助己也。曾公亮等皆以爲如此必致人言，絳亦言臣弟必不敢當。命既下，陳襄既言其不可，維力言：『兄絳方任樞密副使兼條例司，議論所及非一。御史中丞于朝廷闕失無所不當言，不言則廢公議，言之則廢私恩。且吕公著論青苗事用此罷，臣代其任，自處之地，不得無嫌，且無以屈士大夫之論。』又屢面對，引義堅切，卒與京易任。」又，宋史韓維傳稱王安石「亦惡其言保甲事，復使爲開封」。

〔二二〕始置八廂分決輕刑　長編卷二一一熙寧三年五月庚戌條云：「詔以京朝官曾歷通判、知縣者四人，分治開封府新舊城左右廂。凡鬭訟，杖六十已下情輕者得專決；及逋欠、婚姻兩主面語對定，亦委理斷。其先所差使臣並罷之。從權知開封府韓維請也。」

〔二三〕孔文仲對策入等而文仲罷歸　據本書中集卷一八范忠文公鎮墓誌銘云：范鎮「又舉孔文仲爲賢良。文仲對策，極論新法之害。安石怒，罷文仲歸故官」。

〔二四〕除端明殿學士翰林學士侍讀知襄州　宋史韓維傳云：「維奏事殿中，以言不用，請郡。帝曰：『卿東宫舊人，當留以輔政。』對曰：『使臣言得行，賢於富貴；若緣攀附舊恩以進，非臣之願也。』遂出知襄州。」

〔二五〕詔出人情大悦是日乃雨　長編卷二五一熙寧七年三月乙丑條注曰：「維本傳云：『詔出，人情大悦，是日乃雨。』然實録不載是日雨，恐本傳或有潤飾，今不取。本傳又云：『有旨根究市易、免行利害，權住方田、編排保甲，罷議東西川市易。』按此詔未出，維已同孫永根究免行利害矣。」按，據長編卷二五一，韓維同孫永根究免行利害事在熙寧七年三月辛酉，降此詔之前，其云：「詔翰林學士承旨韓維、知開封府孫永據詳定行户利害所供行户投行事，追集行人體問，詣實利害以聞。於是王安石以吕嘉問等具析條件并案牘進呈，曰：『此皆百姓情願，不如人言致咨怨也。』上曰：『韓維極言此不便，且云雖取得案牘看詳亦無補。』安石曰：『維既有此言，欲差孫永同維集衆行體問。』上從之。」

〔二六〕將領景思立敗績　長編卷二五〇熙寧七年二月甲申條云：「是日，知河州景思立、走馬承受李元凱戰死于踏白城。先是，董氈將青宜結鬼章數擾河州屬蕃，誘脅趙常杓家等三族，集兵西山，襲殺河州采木軍士，害使臣張普等七人。以書抵思立，語不遜。思立不能忍，帥漢蕃兵六千攻之於踏白城，鈐轄韓存寶、蕃將瞎藥止之不可。思立將中軍，存寶、魏奇爲先鋒，王寧策之；王存爲左肋，賈翊爲右肋，李楶爲殿後，趙亶策之。鬼章衆二萬餘，爲三砦以抗官軍，自辰及未，血戰十合，賊從山下沿溝出圍中軍，寧戰死，存寶及存亦被圍。思立使人謂楶：『奈何縱賊馬得過？』楶不應，元凱死之，思立等潰圍而出，與殿後合。思立已三中箭，存寶、奇各重傷。衆議日晚兵疲，宜移陳東坡爲砦，思立以奇重傷，令先移軍嶺上。又謂弟思誼及效用馮素曰：『兵非重傷者無得動。』復將百餘騎血戰，走蕃兵數千人，方追之，而殿後兵動，思誼不能止，前陣欲戰者見之皆潰。思立與奇兵百餘騎，且戰且退，至東嶺上與亶合，官軍尚五千餘人。思立曰：『我適以百騎走蕃兵千餘人，諸人無助我者，軍敗矣，我且自剄以謝朝廷。』衆止之，思立少頃再激厲士卒，轉戰數合不能解，遇害，惟存寶、楶、思誼得脱。」

〔二七〕坐議免役錢不合落端明殿學士　長編卷二五八熙寧七年十一月庚子條載韓維落端明殿學士，云「以侍御史知雜事張琥言維與孫永同定奪免行錢不當，故責及之」。

〔二八〕詔求直言六事　按本書中集卷五一司馬文正公光行狀稱時太皇太后「問所當先者」，司馬光稱「宜下詔首開言路」，太皇太后「從之。下詔榜朝堂，而當時有不欲者，於詔語中設六事以禁切言者曰：『若陰有所懷，犯非其分，或扇搖機事之重，或迎合已行之令，上以觀望朝廷之意以僥倖希進，下以眩惑流俗之情以干取虛譽，若此者，必罰無赦。』太皇太后封詔草以問公，公曰：『此非求諫，乃拒諫也。人臣惟不言，言則入六事矣。』時太府少卿宋彭年、水部員外郎王諤皆應詔言事，有欲借此二人以懲天下言者，皆以非職而言，贖銅三十斤。公具論其情，改賜詔書，行之天下，從之」。

〔二九〕加大學士　長編卷三六〇元豐八年十月己卯條載「資政殿學士、正議大夫兼侍讀、提舉中太一宮兼集禧觀韓維爲資政殿大學士，仍依守尚書例給俸廩。以維先帝宮臣也」。

〔三〇〕御史張舜民以言事罷　長編卷三九九元祐二年四月甲辰條云：「詔張舜民特罷監察御史，依前祕閣校理，權判登聞鼓院，仍令赴館供職。先是，舜民言：『夏人政亂，權歸梁氏已久。自秉常死，挾乾順，專横滋甚。去年，雖數遣使入朝，然强臣争權，傳聞多端，乾順存亡未可知，朝廷未宜遽加爵命，近所差封册使劉奉世等及所賜金帛，願勿遣。緣大臣有欲優假奉世者，爲是過舉。且起居郎，天子近臣，不宜屈屬羌。今戎心桀驁，宜即加兵問罪。』大臣，指文彦博也。三省、樞密院奏：『舜民謂文彦博照管劉奉世，遂差充夏國封册使。勘會差奉世非文彦博照管。』故舜民有是責。」

〔三一〕維與王安石雅相厚善　卻掃編卷中云：「王荆公、司馬温公（光）、吕申公（公著）、黄門韓公維仁宗朝同在從班，特相友善，暇日多會於僧坊，往往談燕終日，他人罕得而預。時目爲『嘉祐四友』。」

〔三二〕維以爲安石經義宜與先儒之説並行不當廢　南陽集附録行狀云：「執政議欲廢荆公經義，公曰：『安石經義發明聖人之意，極有高處，不當廢。（議）〔宜〕與先儒之説並行。』議遂定。」長編卷三九四元祐二年正月戊辰條注引吕大防撰吕公著神道碑云：「自熙寧四年，始改科舉，罷詞賦等，用王安石經義以取士，又以釋氏之説解聖人之經。學者既不博觀群書，無修詞屬文之意，或竊誦他人已成之書寫之以干進。由此科舉益輕，而文詞之官漸艱其選。先帝以答高麗書不稱旨，故當時以爲言。議者欲以詩賦代經義，公著乃于經義之外益以詩賦，而先經義，以盡多士之能，又禁有司不得以老莊之書出題，而學者不得以申韓、佛書爲説，經義參用古今諸儒之學，不得專用王氏。」

〔三三〕至臨事未嘗一語附合務爲苟同　宋史韓維傳云：「元祐更役法，命維詳定。時四方書疏多言其便，維謂司馬光曰：『小人議論，希意迎合，不可不察。』成都轉運判官蔡曚附會定差，維惡而劾之。」長編卷三八四元祐元年八月辛卯條云：「太皇太后諭輔臣曰：『臺諫官言近日除授多有不當。』司馬光言：『朝廷近詔臣僚舉可任監司。既令各舉所知，必且試用，待其不職，然後罷黜，亦可并坐舉者。』吕公著曰：『舉官雖是委人，亦須執政審察人材，擇可用者試之。』光曰：『自來執政只於舉到人中取其所善者用之，餘悉棄去，何嘗審擇？』韓維曰：『光所言非是。朝廷極士大夫之選，擇執政七八人，豈可謂掄選無益，而直信舉者之言？且刑罰者，但可施於已然之後。今不先審察，待其不職而罰之，甚失義理。』……維又言：『光持資格太謹，若掄選失人而空守資格，欲以何用？』光又曰：『資格豈可少？』維又曰：『資格但可施於敘遷，若升擢人材，豈可拘於資格？』」

〔三四〕以資政殿大學士知鄧州　宋宰輔編年録卷九元祐二年七月壬戌條引丁未録云：「先是，維與刑部侍郎范百禄争議刑名，因指陳百禄所爲不正，而諫官呂陶復論維專權用事，類多除用親戚，遂有是命。同知樞密院范純仁上奏願留之，疏入不報。而中書舍人曾肇亦繳還詞頭，詔曾肇令依前降指揮。肇奏如初，於是送以次舍人行下。其後給事中兼侍講范祖禹請復召維於經筵，不報。」

〔三五〕改汝州　長編卷四〇四元祐二年八月庚子條載新知鄧州、資政殿大學士韓維知汝州，云：「維解機政出守，而其兄絳言其病悴，請汝州以便醫，故有是命。」

〔三六〕繼除提舉西京嵩山崇福宮　長編卷四〇九元祐三年三月甲子條稱其「以營葬兄絳自請也」。

〔三七〕加太子少傅致仕　過庭録云：「韓持國晚年守許，崔子厚爲酒官，值韓生辰，獻歌頌褒諛者甚衆，子厚獨以詩警之，云：『衣錦榮名雖烜赫，掛冠高節莫因循。』韓得之，再三嘆咏，曰：『非君誰爲我言。』於是以太子少師致仕。」按，「少師」乃「少傅」之譌。

〔三八〕而在位不踰年逐去　宋宰輔編年録卷九元祐二年七月壬戌條云「維自元祐元年五月除門下侍郎，是年七月罷，執政踰一年」。

〔三九〕上憐其先朝舊臣特許之　宋宰輔編年録卷一〇紹聖四年二月癸未條云：「初，紹聖元年六月，三省言：『范純仁、韓維朋附司馬光變亂法度，以快不逞之心。內范純仁首建棄地之議，已特降授。韓維致仕，特置不問。』是年四月，勑：『資政殿大學士、太子少師致仕韓維，首贊邪謀，厚誣先烈，落職降授左朝議大夫致仕。』四年五月，勑：『降授左朝議大夫致仕韓維以先帝東宮舊臣，在元豐末朝附司馬光最爲盡力，比觀舊奏，益見姦心。密陳邪説，則專達簾帷；曲致謝章，則顯遺君上。遂責授崇信軍節度副使，依舊致仕、均州居住。』其子韓宗儒等奏：『臣父維元祐之初雖蒙朝廷擢用，至論國事，與司馬光數有異同，及奏論梁維簡遷授不當，備位政府纔及一年兩月，蒙賜罷絀，自後不復預朝廷議論，以致仕歸老。臣父維見年八十一歲，素多疾病，各願納在身官爵，乞不去田里。』許之。」

〔四〇〕上幸睿成宮復左朝議大夫　長編卷四九八元符元年五月辛亥條載：「詔：『比幸睿成宮，其先朝從龍官等已推恩外，其宮官責授崇信軍節度副使致仕韓維特復左朝議大夫致仕，仍與一子宮觀差遣。』……先是，曾布言：『陛下於先帝恩舊推恩無有遺者，獨韓維未有恩旨。維年逾八十，諸子皆當得次遠官，無復可仕官，陛下推恩，免諸子遠適，使維垂老，得諸子在側，有禄足以自給，恩亦不細。』上曰：『與免一子。』布曰：『維止三子，俱免亦不多。』上曰：『當諭三省。』布曰：『臣欲傳旨三省。』上曰：『待自諭與之。』布唯唯。翌日，上諭三省，而三省有毀之者，以謂免均州之行已推恩矣。後五日，布又爲章惇言維且與免諸子遠適，亦爲賜大。惇曰：『何必如此，但與復官，則自無此事。』布曰：『如此，何善如之！』」

名臣碑傳琬琰集下卷十八

蔡忠懷公確傳[一]　實録

元祐八年正月甲申，英州別駕、新州安置蔡確卒。

確字持正，泉州晉江人①。父黄裳，徙陳州[二]。確有智數，尚氣，不護細行。少登進士第[三]，爲邠州司理參軍。陝西轉運使薛向始欲按其贓污，既至，見確姿狀秀偉，召與語，奇之，更加延譽。丞相韓絳宣撫陝西，喜確所造樂語，薦其才，移太平州繁昌令，改著作佐郎、知陝州閿鄉縣事。絳又薦於其弟維，維知開封府，奏爲管勾右厢公事[四]。後知府劉庠責確廷參，確以爲藩鎮辟除掾屬②，乃有此禮，今輦轂下比肩事主，雖故事，不可用。庠不能屈。神宗聞而嘉之，改充三班院主簿，擢太子中允、權監察御史裏行[五]。嘗論「開封府訟不能決者，悉付司獄，民寃吏横，不可不戒」。有詔輪推官一員監勘。

①　泉州晉江人　「晉江」原作「進江」，據東都事略、宋史蔡確傳及宋史卷八九地理志五改。

②　確以爲藩鎮辟除掾屬乃有此禮　「掾」原作「椽」，據文海本、庫本及東都事略、宋史蔡確傳改。

王韶開熙河，賁用無藝①，郭逵等奏韶盜貸官錢，詔杜純推鞫。純以實聞，宰相王安石怒却其奏，再遣確鞫于秦州。確希意直韶，逵、純皆坐譴〔六〕。自是安石始親厚確。朝廷患官冗，其事廢，詔補京朝官皆立試法。確謂「未及使臣，則任官之弊未革。請下樞密院詳議立法」。從之〔七〕。奉使契丹，遷太常丞，賜緋衣銀魚，除直集賢院、開封府界提點諸縣鎮兼提舉常平倉。請增畿内保户馬，免其歲芻，罷錢布之賜。熙河措置財利司言熙州羅場十四萬緡，管勾熙河文字張維以官錢貸銀十五萬有奇，太半不知主名。詔確乘傳併劾之〔八〕。除御史知雜事，遷右正言、知審官院。詔定奪渭州運河及黄河濬川杷等利害②，主范子淵而抑熊本〔九〕。本罷知制誥、判司農寺，遂除確知制誥，賜三品服，知諫院，兼判司農。

三司使沈括以免役事詣吴充〔一〇〕，確論「括爲近臣，見朝廷法令有所未便，不公言之，而陰以異論干執政，意王安石罷相，大臣於法令或有所更易，爲朋黨之資耳」。括坐是出知宣州。又劾宣徽使郭逵經制安南逗撓③，不即平賊；天章閣待制趙禼失措置芻粮；知洪州王韶謝表妄爲自潔之辭，歸過於上〔一一〕。又論陳繹污醜朋附，不宜居侍從〔一二〕。於是逵以左衛將軍安置，禼降職，韶落職知鄂州，繹罷知制誥。天子意確孤立無黨，頗信用之，確益以彈擊爲己任。

御史中丞鄧潤甫、監察御史上官均方受詔治相州馮言獄，有旨遣確詣臺參治〔一三〕。獄起皇城卒，事多不實。

① 賁用無藝　「賁」，庫本及東都事略蔡確傳作「費」。
② 詔定奪渭州運河及黄河濬川杷等利害　「杷」原作「把」，據東都事略蔡確傳及長編卷二七八熙寧九年十月丁酉條、宋史卷三一三文彦博傳改。按，涑水記聞卷十五作「耙」。
③ 又劾宣徽使郭逵經制安南逗撓　「逗撓」，庫本作「逗留」。

潤甫、均欲辨理於上前，確獨煅煉其事，以相州簽書判官陳安民嘗屬大理評事文及甫，諭宰相吳充爲地。安民乃及甫之舅，而及甫充壻也。潤甫、均奏確掠訊過差，人悉誣服。潤甫、均留身經筵，極論其不可。確耳目長，具得所論曲折，即劾二人黨有罪，請併逐之。確又任殘賊吏日引諸囚，如使者慮問狀，稱冤者輒苦辱之，有人情所不能堪者。上初疑濫及無辜，遣諫官黄履、中使李舜舉審覆，囚不知爲詔使，無敢一辭異者[一四]。由是潤甫落翰林學士①、御史中丞兼侍讀，出知撫州，均責授光禄寺丞、知邵武軍光澤縣；而確遷右諫議大夫、權御史中丞[一五]，充理檢使，兼直學士院。

會知江寧府吕嘉問違法營造，爲使者何琬按發，嘉問之黨在京師摘語消息。確言當痛繩以杜交通漏泄之姦[一六]，又言：「諸路常平司舊以轉運司兼領，擅移用司農錢物。請提舉鈌官，止以提點刑獄官攝事，提舉官稱職有成效者，與遷提點刑獄。」上皆可之。河決曹村，轉運使王居卿建横埽之法②，決口斷流。確爲言其功，付都水監著爲法。

太學生虞蕃訟學官[一七]，確與舒亶治其獄。確遂劾參知政事元絳爲其族孫伯虎私禱學官孫諤、葉唐懿補内舍生，諤、唐懿坐貶，絳罷政、知亳州[一八]。拜確右諫議大夫、參知政事。確爲獄嚴而少恩，深文周納，以排陷縉紳，一掛吏議，無有獲平反者。人論其爲知制誥、爲御史中丞、爲參知政事，皆以起獄奪人之位而代之。元豐三年，易太中大夫。五年，拜尚書右僕射兼中書侍郎③。時富弼在西京，上言「蔡確小人，不宜在陛下左右」。上亦悔之[一九]。

---

① 由是潤甫落翰林學士　「潤」原作「閏」，據文海本、庫本及東都事略、宋史蔡確傳與上文改。

② 轉運使王居卿建横埽之法　「埽」原作「歸」，據長編卷二九五元豐元年十二月丙辰條改。

③ 拜尚書右僕射兼中書侍郎　「僕射」二字原漫漶，據鐵琴銅劍樓本、庫本補。

哲宗即位，遷通議大夫。王珪薨，代爲尚書左僕射兼門下侍郎，爲神宗皇帝山陵使。故事，靈駕進發前一夕，五使宿於沙幕次，確獨不入宿。御史劾其不恭[二〇]，猶以祔廟恩遷正議大夫。元祐元年，提舉修神宗皇帝實録。言官論「確姦人之傑，欺罔先帝，無所不至。山陵復土之後，不求去位。升祔轉官，前此無敢受者，確獨貪榮受之，廉隅不修，甚於市井」。確浸不自安，乃連表求避位，除觀文殿學士、知陳州[二一]。二年，坐竊弄威福，故縱其弟碩盜用官錢罪死，奪職知安州[二二]。滿歲，徙鄧州[二三]，充京西南路安撫使①。四年，復觀文殿學士[二四]。會知漢陽軍吳處厚奏確昨責安州，作車蓋亭詩，語涉譏訕[二五]。詔確具析，確自辨數甚悉，而理終屈，責授左中散大夫、光禄卿、分司南京。御史中丞傅堯俞、諫議大夫梁燾、范祖禹、右正言劉安世、殿中侍御史朱光庭交章論「確怨謗不道，人臣所不忍聞。按確與章惇、黄履、邢恕在元豐末結爲死黨，自謂聖主嗣位，皆有定策之功。確所以桀驁很愎，無所畏憚，若不早辨白②，解天下之疑，恐歲月浸久，邪説得行，離間兩宫，有傷慈孝」。於是太皇太后御延和殿，宣諭三省、樞密院大臣曰：「皇帝是神宗長子，子承父業，其分當然。昨神宗服藥既久，曾因宰相入對，吾以皇子所書佛經宣示。是時衆中唯首相王珪因奏『延安郡王當爲皇太子』，餘人無語，確有何策立之功？若它日復來欺罔上下，豈不爲朝廷之害？」遂責確英州別駕，新州安置[二六]，仍給遞馬發遣。惇、履、恕亦皆得罪[二七]。八年正月六日，確卒於貶所[二八]，年五十七。

明年，改元紹聖，章惇爲相，履、恕皆用事[二九]，追復確觀文殿學士。確子渭及其祖母朋挾權臣，詆「粉昆」

---

① 充京西南路安撫使　「京西南路」原作「西京路」，按宋無「西京路」，長編卷一九二嘉祐五年七月辛卯條載「詔知許州兼京西北路安撫使，知鄧州兼京西南路安撫使」，據改。

② 若不早辨白　「若」原作「苦」，據文海本、庫本及東都事略蔡確傳改。

事〔三〇〕，將族滅劉摯、梁燾、王巖叟，以償舊怨。既窮治無所得，而御史中丞黃履、言官來之劭張商英劉拯等論確先朝顧命大臣，宜盡復官爵恩數，乃贈確太師，謚忠懷，賜第一區，又追封郕、衛二國公①。崇寧初，蔡京擅政，自謂與確同功。元年，詔確配享哲宗廟廷〔三一〕，擢其子洗太僕寺丞②，渭開封府判官。五年，請御書「元豐受遺定策殊勳宰臣蔡確之墓」賜其家。政和末，京爲太師，王珪婿鄭居中爲宰相，議論不相下。居中將除母喪，京恐其復位，乃收用確子渭，使論其父定策功及元豐末王珪事，以沮居中。其辭深詆宣仁，京爲之助，以熒惑上聽。未幾，渭更名懋，拜同知樞密院事，贈確清源郡王，封其愛妾爲郡夫人，賜御製確傳〔三二〕，立石墓前，一門貴震當世。今上即位，首辨宣仁聖烈皇后誣謗，命國史院摭實刊修，播告天下〔三三〕。確追貶散官安置，懋散官安置嶺南。凡惇、京所與濫恩，並行追奪。天下咸仰英斷焉。

有流星出天市③，候星没箕南，赤黃色，有尾跡燭地。

丁亥，上御邇英閣，召宰相、執政暨講讀官講禮記，讀寶訓。顧臨讀至「漢武帝籍提封爲上林苑，仁宗曰：『山澤之利，當與衆共之，何此用也④？』」丁度對曰：『臣事陛下二十年，每奉德音，未始不本於憂勤，此蓋祖宗家

① 又追封郕衛二國公　「郕」，東都事略蔡確傳、宋宰輔編年録卷九元祐元年閏二月庚寅條引丁未録、宋會要輯稿儀制一二之一七皆作「成」。按，左傳隱公五年云：「秋，衛師入郕。」杜預注曰：「郕音成，國名。」

② 擢其子洗太僕寺丞　「洗」，長編紀事本末卷一〇七蔡確詩謗作「洸」。按，蔡洸，宋史卷三九〇有傳，稱蔡襄之後，非蔡確子。

③ 有流星出天市　按，自此句至本段末「上甚然之」計五百十五字，非蔡確傳之内容，當是自實録中録出蔡確傳時順抄録之文。其中「丁亥」至「上甚然之」，亦見於長編卷四八〇元祐八年正月丁亥條，其上即甲申條，云「甲申，英州別駕、新州安置蔡確卒」，可證。又「有流星出天市，候星没箕南，赤黃色，有尾，跡燭地」，當屬甲申日記事，以示蔡確卒日之天象有異，而爲李燾所删者。

④ 何此用也　長編卷四八〇元祐八年正月丁亥條作「何用此也」。

法爾。』」讀畢，宰臣呂大防等進曰：「祖宗家法甚多，自三代以後，唯本朝百三十年，中外無事，蓋由祖宗所立家法最善①。臣請舉其略：自古人主事母后，朝見有時，如漢武帝五日一朝長樂宮，祖宗以來，事母后皆朝夕見，此事親之法也。前代大長公主用臣妾之禮，本朝必先致恭，仁宗以姪事姑之禮見獻穆大長公主，此事長之法也。」上曰：「今宮中見行家人禮。」大防等曰：「前代宮闈多不肅，宮人或與廷臣相見，唐入閤圖有昭容位，本朝宮禁嚴密，内外整肅，此治内之法也。前代外戚多預政事，常致敗亂，本朝母后之族皆不預事，此待外戚之法也。前代宮室多尚華侈②，本朝宮殿止用赤白，此尚儉之法也。前代人君雖在宮禁，出輿入輦，祖宗皆步自内庭，出御後殿，豈乏人力哉？亦欲涉歷廣廷，稍冒寒暑爾，此勤身之法也。前代人主在禁中，冠服苟簡，祖宗以來，燕居必以禮，竊聞陛下昨郊禮畢，具禮服謝太皇太后，此尚禮之法也。前代多深於用刑，大者誅戮，小者遠竄，唯本朝用法最輕，臣下有罪，止於罷黜，此寬仁之法也。至於虚己納諫，不好畋獵，不尚玩好，不用玉器，飲食不貴異味，御厨止用羊肉，此皆祖宗家法所以致太平者。陛下不須遠法前代，但盡行家法，足以爲天下。」上甚然之。

辨證：

［一］蔡忠懷公確傳　按，蔡確，東都事略卷八〇、宋史卷四七一有傳。

［二］父黄裳徙陳州　揮麈後録卷六云：「蔡持正之父黄裳，任陳州録事參軍，年逾七十，陳恭公（執中）自元台出爲郡守，見其老不任職，揮之令去。黄裳猶豫間，恭公云：『倘不自列，當具奏牘竄斥。』黄裳即上掛冠之請，以太子右贊善大夫致仕，今之通直郎也。卜

① 蓋由祖宗所立家法最善　「善」原作「害」，據鐵琴銅劍樓本、庫本改。

② 前代宮室多尚華侈　「華侈」，文海本作「侈華」。

居于陳。」嬾真子録卷三云蔡黄裳「官滿，貧不能歸，故忠懷遂爲陳州人」。

［三］少登進士第　兩宋名賢小集卷一〇八玩鷗檻詩稿稱其「嘉祐四年進士」。

［四］奏爲管勾右廂公事　西塘集耆舊續聞卷一〇云：「蔡忠懷公持正爲某州司理日，韓康公宣撫陝右河東，道出其境。太守具宴，委蔡撰樂語口號，一聯云：『文價早歸唐吏部，將壇今拜漢淮陰。』康公極喜，請相見，觀其人物高爽，議論不凡，謂群將曰：『蔡司理非池中物。』因相與薦之，改秩。已而薦與弟持國。時持國知開封府，初置八廂，乃辟爲都廂。暇日相見，頗加禮接。」清波雜志卷十一云：「蔡忠懷持正初任邠州理掾，屬韓康公宣撫陝西，喜其所撰樂語全用韓氏事，薦之康公弟持國，尹開封，辟主左廂公事。」

［五］庠不能屈神宗聞而嘉之改充三班院主簿擢太子中允權監察御史裏行　古今事文類聚新集卷三六遂除御史引邵伯温撰蔡確傳，稱蔡確不從知開封府劉庠「責確廷參」，「庠不能屈，神宗聞而嘉之。後因臺官有闕，執政奏乞除官，神宗曰：『只用不肯堦墀見劉庠者。』遂除監察御史」。長編卷二二五熙寧四年七月壬辰條稱「庠不能屈，因奏：『京師多豪右，廂官體輕人不畏，或緣而寬縱有罪，且政出多門，非所以肅清浩穰之術。昔趙廣漢嘗患三輔難治，欲兼之，況廂事之末乎？請罷確等。』確方主王安石，故上意不直庠。」卷二二六熙寧四年八月己巳條載著作佐郎蔡確爲太子中允、權監察御史裏行，云「從知雜御史鄧綰所舉也」。又宋史蔡確傳云：「王安石薦確，徙爲三班主簿。」

［六］確希意直詔遠純皆坐譴　長編卷二三一熙寧五年三月丙申條云：「郭逵奏：『王韶初乞經略司磨勘市易錢，今又乞別差官磨勘，蓋有欺弊。見本司點檢，乞止令本司磨勘。』」又卷二三四熙寧五年六月甲戌條云：「先是，杜純勘王韶市易司事，奏韶出納官錢不明，韶答勘院，置辭率詆讕驕慢，有云：『委不曾依諸場務出納，致有差互。韶私家物卻上公使歷，乞根問是與不是韶發意侵盜？』又韶先奏：『元瓘稱臣見欠瓘錢二百六十貫未歸著，若勘得是侵盜，只乞以功贖過，貸臣死。』其它多類此，故純奏韶欺狡事難究治，乞依韶元奏候滿三年磨勘。又因韶不發遣王君萬對獄，遂及韶討殺奄東蕃部，謂韶生事邀功。王安石見純奏大怒，自爲畫一，問純何以證韶于官錢不明令韶具析？上曰：『文歷差互，韶或不免。初疑韶爲侵盜耳，韶亦必不至侵盜九十餘貫錢。』安石又言：『韶討殺蕃部，于純所勘事初無與。純本樞密院屬官，久知樞密院惡韶，觀望利害，輒敢誣奏，其情意可見。今當別遣人推鞫。』上以爲然。」卷二四〇熙寧五年十一月癸亥條云：「初，商人元瓘與韶以利交，後投韶效用。時有中書劄子，元瓘不得於市易司勾當。去年正月，韶託以瓘諳習商販，令管

勾機宜黄察因幹事入京投狀待漏院，乞瓘依舊勾當。未報，而詔赴闕，改瓘名仲通，令在本司變轉茶綵及雇女奴，與川交子五千緡并度牒置公用。仲通剋留六百餘千。逵知仲通違朝旨勾當，即捕仲通，令（蕭）敦善、（張）績訊鞫，得詔贓狀；又點檢官鈔歷不同，奏詔侵貸官錢，送仲通司理院，（馮）潔己監勘。仲通稱詔借智緣銀二百兩，并逮黄察治券馬錢，事連部將王君萬。詔申有緊切事，已遣君萬入蕃勾當，候回日發遣。純奏詔託以邊事，侮玩制問，不肯發遣。會純遭父喪，改御史蔡確就劾，盡變其獄。至是，奏案上，逵反坐憑仲通虚詞指定詔罪」，而「勘管光禄寺丞杜純並衝替」。

［七］確謂未及使臣則任官之弊未革請下樞密院詳議立法從之　長編卷二三六熙寧五年閏七月乙卯條云：「監察御史蔡確言：『朝廷患官冗而事不舉，其弊在於任官不考其能，故近者補京朝官、選人皆立試法，而獨未及使臣，則任官之弊未爲盡革。伏望指揮樞密院詳議立法以聞。』詔都承旨曾孝寬詳議試格具奏。」又卷二三七熙寧五年八月己巳條詔云：「大小使臣因恩澤奏授得官合出官者，並於三等試條各隨所習呈試，上等、中等内七事，下等内八事，試中一事以上，皆爲合格，等第擢用。歲二月八日以前具乞試人數，奏差官同主管官引試。内武藝即送武學，所試兵書大義、策略、算計並依春秋試文臣法，具等第及封試卷申納樞密院。如累試不中或不能就試者，於出官歲數外更增五年。」

［八］詔確乘傳併劾之　長編卷二七四熙寧九年四月庚戌條云：「秦鳳等路轉運司言：『前管勾熙河蕃部司文字、臨涇縣令張維賒與民錢十五萬四千二百餘緡，止收及六萬八千一百餘緡，其所欠負未知所在，乞下安州追張維赴熙州識認欠户催納。』詔蔡確就置院重根治，其張維令開封府差人轉押前去。」又卷二八〇熙寧十年二月甲辰條云：「前原州臨涇縣令張維除名，送康州編管；翰林醫學趙涣勒停；西上閤門使、知鎮戎軍張守約等九人並奪一官。以維受趙涣等賂，賒貸官錢帛與人，及守約等請求維賒借違法，已更赦，特有是命。」

［九］主范子淵而抑熊本　宋史卷三一三文彦博傳云「初，選人有李公義者，請以鐵龍爪治河，宦者黄懷信沿其制爲濬川杷，天下指笑以爲兒戲，安石獨信之，遣都水丞范子淵行其法。子淵奏用杷之功，水悉歸故道，退出民田數萬頃。詔大名核實，彦博言：『河非杷可濬，雖甚愚之人，皆知無益，臣不敢雷同罔上。』疏至，帝不悦，復遣知制誥熊本等行視，如彦博言。子淵乃請覲，言本等見安石罷，意彦博復相，故傳會其説。御史蔡確亦論本奉使無狀，本等皆得罪，獨彦博勿問」。

［一〇］三司使沈括以免役事詣吴充　長編卷二八三熙寧十年七月丁巳條注引沈括自誌曰：「翁嘗請事于相府，是時，正肅吴公充

當政，問翁：『免役之法令，民之詆訾者今未衰也，是果于民何如？』翁應之曰：『以爲不便者，無過士大夫與邑居之民習於復除者，驟使之如邦人，其詆訾無足恤也。惟微户素無力徭，今使之歲出金，此所當念也。括嘗奏議兩浙歲入可減五萬緡，而弛微户二十八萬餘家。使天下悉如此，微户盡除其輸，雖小徭不足爲病也。』公以爲然而表行之。御史乃詆翁始但議減課，今乃陰易其説，使悉除之，首鼠乖剌，陰害司農法。翁坐謫集賢學士、知宣州事。御史蓋未嘗思以一路言之爲減者，以户言之蓋除也。」

［一一］知洪州王韶謝表妄爲自潔之辭歸過於上　長編卷二八五熙寧十年十月壬午條云：「韶謝到任表云：『爲貧而仕，富貴非學者之本心；與時偕行，功業蓋丈夫之餘事。』又云：『自信甚明，獨立不懼。面折庭争，則或貽同列之怒；指摘時病，則或異大臣之爲。以致聖論時有小差，臣言未嘗曲徇。』又云：『陷人君於不義，莫如退縮。』又云：『曉然知死生之不迷，灼然見古今之不變。通理盡性，雖未能達至道之淵微；立言著書，亦足贊一朝之盛美。』」

［一二］又論陳繹污醜朋附不宜居侍從　長編卷二八七元豐元年閏正月癸未條載知諫院蔡確言：「伏見陳繹復知制誥。案繹污醜狼藉，道路共傳。往在鄧州，遂致閨門之禍，其子與婦一夕同命，而繹傲然無哀戚慚赧之容。及還京師，陰與中書屬官張諤、練亨甫等交相朋附，因公事受張諤私簡。蹤跡已露，不可更污侍從。」

［一三］御史中丞鄧潤甫監察御史上官均方受詔治相州馮言獄有旨遣確詣臺參治　長編卷二八七元豐元年閏正月庚辰條云：「上批：『近降相州吏人於法寺，謂求失入死罪刑名事。緣開封府刑獄與法寺日有相干，深恐上下忌礙，不盡情推劾，致姦贓之吏得以幸免，宜移送御史臺。』」注曰：「相州獄乃鞫法司潘開行賂，實録具有姓名，蔡確傳獨稱馮言獄。馮言即失入死罪者。」又云：「初，韓琦判相州，有三人爲劫，爲鄰里所逐而散。既而爲魁者謂其徒曰：『自今劫人有救者，先殺之。』衆諾。他日，又劫一家，執其老姥榜棰求貨。鄰人不忍其號呼，來語賊曰：『此姥更無他貨，可惜榜死。』其徒即刺殺之，州司皆處三人死。刑房堂後官周清本江寧府法司，後爲三司大將，王安石引置中書，且立法云：『若刑房能駁審刑、大理、刑部斷獄違法得當者，一事遷一官。』故刑房吏日取舊案吹毛，以求其失。清以此自大將四年遷至供備庫使，行堂後官事。相州獄已決數年，清駁之曰：『新法，凡殺人雖已死，其爲從者被執，雖經拷掠，若能先引服，皆從按問欲舉律減一等。今盜魁既令其徒云「有救者先殺之」，則魁當爲首。其徒用魁言殺救者，則爲從，又至獄先引服，當減等，而相州殺之，刑部不駁，皆爲失入死罪。』事下大理，大理以爲魁言『有救者先殺之』，謂執兵仗來鬭者也。今鄰人以好言勸之，非救也。其

徒自出己意，手殺人，不可爲從，相州斷是。詳斷官竇苹、周孝恭以此白檢正劉奉世，奉世曰：『君爲法官，自圖之，何必相示？』二人曰：『然則不可爲失入。』奉世曰：『君自當依法，此豈必欲君爲失入邪？』於是大理奏相州斷是。清執前議再駁，復下刑部。新官定刑部以清駁爲是，大理不服。方争論未決，會皇城司奏相州法司潘開齎貨詣大理行財枉法。初，殿中丞陳安民簽書相州判官日，斷此獄，聞清駁之，懼得罪，詣京師，歷抵親識求救。文彦博之子大理評事及甫，安民之姊子，吴充之壻也。安民以書召開云：『爾宜自來照管法司。』竭其家貲入京師，欲貨大理胥吏問消息。相州人高在等在京師爲司農吏，利其貨，與中書吏數人共耗用其物，實未嘗見大理吏也。爲皇城司所奏，言齎三千餘緡賂大理。事下開封按鞫，無行賂狀，惟得安民與開書。諫官蔡確知安民與充有親，乃密言事連大臣，非開封可了，遂移其獄御史臺。蓋從確請也。」又宋史蔡確傳稱時宰相「王珪奏遣確詣臺參治」。

［一四］因不知爲詔使無敢一辭異者　長編卷二八九元豐元年四月乙巳條云：「知諫院蔡確既被旨同御史臺按潘開獄，遂收大理寺詳斷官竇苹、周孝恭等，枷縛暴於日中，凡五十七日，求其受賂事，皆無狀。中丞鄧潤甫夜聞掠囚聲，以爲苹、孝恭等，其實他囚也。潤甫心非確所爲慘刻，而力不能制。確引陳安民置枷於前而問之，安民懼，即言：『嘗請求文及甫，及甫云已白丞相，甚垂意。』丞相，指吴充也。確得其辭喜，遽欲與潤甫登對，具奏充受賕枉法。潤甫止之。明日，潤甫在經筵獨奏：『相州獄事甚冤，大理實未嘗納賂，而蔡確深探其獄，支蔓不已。竇苹等皆朝士，榜掠身無完膚，皆銜冤自誣。乞蚤結正。』權監察御史裏行上官均亦以爲言，上甚駭異。明日，確欲登對，至殿門，上使人止之不得前，手詔：『聞御史臺勘相州法司，頗失直，遣知諫院黄履、勾當御藥院李舜舉據見禁人款狀引問，證驗有無不同，結罪保明以聞。』履、舜舉至臺，與潤甫、確等坐簾下，引囚於前，讀示款狀，令實則書實，虚則陳冤。前此，確屢問囚，有變詞者輒笞掠。及是，囚不知其爲詔使也，畏獄吏之酷，不敢不承。獨竇苹翻異，驗拷掠之痕則無之。履、舜舉還奏，上頗不直潤甫等言。」

［一五］而確遷右諫議大夫權御史中丞　長編卷二八九元豐元年四月乙卯條云：「右正言、知制誥、知諫院兼判司農寺蔡確爲右諫議大夫、權御史中丞，翰林學士、右諫議大夫兼侍讀、權御史中丞鄧潤甫落職知撫州，太子中允、權監察御史裏行上官均責授光禄寺丞、知光澤縣。潤甫責辭云：『奏事不實，奉憲失中，言涉詆欺，内懷顧避。』均云：『不務審克，苟爲朋附，俾加閲實，不如所言。』先是，上別遣黄履、黄廉及李舜舉赴御史臺鞫相州法司獄，確知上意不直潤甫等，即具奏：『潤甫不悦推見陳安民請求執政情節，責罵吏人，均亦在傍憤恚。見臣不與之同，潤甫便行公文云「未敢上殿」。次日，卻聞因進讀留身。續又與均密自奏事，不令臣簽書，必以臣見其朋姦之

跡，恐臣論列，故造飛語，以中傷臣，及欲動摇獄情，陰結執政。蒙陛下遣黄履、李舜舉詣臺審問，潤甫與均於聚廳引問罪人處，猶敢對使者交口紛紜，意欲開誘罪人翻異，而罪人了無異辭，履及舜舉備見。案潤甫等附下罔上，情狀明白。緣臣前任知雜御史，有詔與潤甫共舉臺官，臣素不識均，因潤甫再三爲言，遂同奏舉。均既蒙朝廷擢任，而姦邪如此，乞早賜罷斥。』上始亦疑相州獄濫及無辜，遣使訊之，乃不盡如潤甫等所言，確從而攻之，故皆坐貶，確遷中丞。」

〔一六〕確言當痛繩以杜交通漏泄之姦　長編卷二九三元豐元年十月壬子條云：「御史中丞蔡確言：『竊聞江東轉運判官何琬言，京師有以琬所列事密報知江寧府吕嘉問者。審如此，則不可不痛繩，以杜交通漏洩之姦。乞令有司窮治，如有實，乞重施行。』詔除王安石書外，餘並送御史臺根究。」

〔一七〕太學生虞蕃訟學官　長編卷二九五元豐元年十二月乙巳條云：「建州進士虞蕃上書言：『太學講官不公，校試諸生，升補有私驗。且陛下辨色視朝，而講官赴太學常以巳入而午出；陛下日攬萬機，經筵勸講，尚不數年而詩畢，今講官講周禮七年，纔及四卷。』又謂：『論語、孟子，道德之所在，聖賢之所爲，陛下設科，使參大經，今未始有講。乞令講官依諸司例早入監，仍集諸生問答，間日一升堂，伏臘假不停説書，及非假故毋因循廢講。』詔不公事委開封府根治以聞，内申請事令國子監主判官相度。」注曰：「劉摯疏云：蕃以不得解，故上書訟學官。當考。」

〔一八〕絳罷政知亳州　皇朝編年綱目備要卷二〇元豐二年「十一月，貶黄履等官」條云：「初，太學生虞蕃訟學官受賕不法事，付開封推治，詞連上舍生屬逼禮部試，知府許將奏無罪，釋之。蕃併指將妻弟及鄉人爲不公，乃移御史臺，命中丞蔡確、御史何正臣舒亶治其獄。由是追逮徧四方，鍛煉歲餘，連坐者甚衆，皆確及亶、正臣實爲之。辭連判監黄履、參政元絳，於是絳罷知亳州，履落職，將知蘄州，學官王沇之除名，余中、王沔之等並黜責有差。」宋宰輔編年録卷八元豐二年五月甲申條云：「初，王安石作爲新法，令判監、直講程第諸生所業，處以上中下三舍。而人間傳謂凡試而中上舍者，朝廷將以不次陞擢。一時輕薄諸生矯飾言行，奔走公卿之門。於是太學生虞蕃伐登聞鼓訟學官去取不公，事下御史府，語連絳之子耆寧，常囑其從孫伯虎於直講孫諤、葉唐懿，得陞補爲太學内舍生，又囑諤請求於判監黄履，以伯虎爲小學教諭，臺司捕耆寧下獄。絳上疏願納平生職禄，乞許耆寧即訊於外，許之。於是御史至絳府第，并劾絳，絳故貶，而耆寧罰金。」

〔一九〕上亦悔之　長編卷三二五元豐五年四月癸酉條注曰：「感德軍節度使、充萬壽觀使高世則于紹興六年十一月申史院云：『今續于舊文字檢尋到禁中論蔡確事，云蔡確既責降，禁中尚有前朝寵遇及用事之人交結，或進言于太皇太后曰：「蔡確先帝任爲宰相，前後蒙太皇太后包容，今日更乞聖意少加寬貸。」太后曰：「若論蔡確，玷累先帝處多一切不問，今自取罪戾，非太皇之私意也。先帝初任確爲相，舊相富弼自西京上言：『陛下左右不宜任用小人。』確朋黨多，後來確知此事，一日殿上奏事，正色問先帝富弼言，神宗怒曰：『卿何從知富弼之言？』確亦不能對。神宗復曰：『老臣獻言，豈可沮用？』已而富弼再上言：『臣前所謂小人者，蔡確是也。』神宗亦深信弼言，悔相確。今先朝劄子具在。」遂取富弼元上劄子以示哲宗並皇太妃等。史院案踏今俱存世則所録。』蔡確新傳云：『富弼在西京，聞確拜右僕射兼中書侍郎，上言：「蔡確小人，不宜在陛下左右。」神宗亦悔之。』蓋以此爲據也。按，蔡確固爲小人，富弼固嘗言于神宗，竊恐未必在確初拜相時。」

〔二〇〕御史劾其不恭　長編卷三六〇元豐八年十月己丑條載時「劉摯又言：『伏見今月六日神宗皇帝靈駕進發，準敕前一日五使、三省執政官宿於兩省及幕次。竊聞宰相蔡確獨不曾入宿，中外莫不疑駭。伏以山陵國之大事，遷坐發引，葬之大節。故前夕群臣宿於内者，以陛下是夜躬行祭奠之禮，臣子之心同於攀慕，不得安寢于其私也。下逮執事、奔走之衆，誰敢不虔奉期會，以共厥事？而確位冠百辟，身充山陵使，正當典領一行職務，而乃于是夜獨不赴宿，慢廢典禮，有不恭之心，謹具彈劾以聞。伏望聖斷，特賜詳酌施行。』又言：『確如曾到禁門，遇已鎖閉，亦合立具因依奏入，别稟處分，不當公然便以不宿爲是。』不報。左正言朱光庭言：『蔡確，先帝簡拔，位至宰相，送終之際，殊不盡恭。靈駕發引在道，確爲大禮使，當與扈從臣僚先後徐行，常以妥安神靈爲慮。而確不務此，每靈駕行，輒先馳去數十里之遠，以自便安，而靈駕一行在後，略不顧省，爲臣不恭，莫大於此。』」

〔二一〕除觀文殿學士知陳州　宋宰輔編年録卷九元祐元年閏二月庚寅條引拜罷録云：「時司馬光、吕公著、蘇轍、吕大防、劉摯、王巖叟之徒相繼進用，確遂連表乞解機務，故有是命。」又引丁未録云：「山陵使事已，確猶偃蹇於位。於是，劉摯與監察御史王巖叟、右諫議大夫孫覺、右司諫蘇轍、右正言朱光庭彈章交上十數。……奏俱不報。摯等懷不能已，並論之。確浸不自安，乃表求避位。而其表有曰：『收拔當世之耆老，以陪輔王室；蠲省有司之煩碎，以慰安民心。嚴邊備以杜二虜之窺覦，走軺傳以察遠方之疲瘵。明法令之美意，以揚先帝之惠澤；厲公平之一道，以合衆志之異同。』其言高自矜伐，孫覺、蘇轍愈不平，復上疏論之。……遂有是命。」月河所聞集云：「蔡持正罷相知陳州，只帶本官、觀文殿大學士，除張蓋許同使相，餘無恩數。自上章七日而得請，自謂受遺策，立有大勳勞，不甚樂。已，輔臣請其不進官之由，乃曰：『人言甚衆，所以爾也。』」按，蔡確以觀文殿學士知陳州，非「大學士」。

〔一二二〕奪職知安州　長編卷三九五元祐二年二月己亥條云：「詔觀文殿大學士、正議大夫、知陳州蔡確落職守本官知亳州。以御史中丞傅堯俞等劾奏確位居宰相，竊弄威福，放縱其弟，養成姦贓故也。」又辛亥條云：「新除知亳州蔡確知安州。以給事中顧臨言確凶險姦貪，因緣治獄，致位宰相；與弟碩論議國事，進退人物，因納賄賂，理無不知，落職移郡，不足示懲。右諫議大夫梁燾、右司諫王覿皆乞重行屏斥。」宋宰輔編年録卷九元祐元年閏二月庚寅條引丁未録云：「先是，確罷相，以觀文殿大學士知陳州。頃之，弟軍器少監碩貸用官錢，論法抵死，詔特貸命除名，勒停送韶州編管。於是御史中丞傅堯俞、給事中顧臨相繼論確，確坐是落職知安州。」

〔一二三〕滿歲徙鄧州　長編卷四〇八元祐三年二月癸巳條載「正議大夫、知安州蔡確復觀文殿學士、知鄧州，正議大夫、提舉洞霄宮章惇充資政殿學士。既而給事中趙君錫論駁，仍罷所復職，確知鄧州，惇知越州」。

〔一二四〕四年復觀文殿學士　長編卷四二二元祐四年二月己巳條云：「正議大夫、知鄧州蔡確爲觀文殿學士，餘如故。確落職再及一朞，故有是命。」注引曾肇制集曰：「蔡確元係觀文殿大學士、正議大夫、知陳州。元祐二年二月十六日，三省同奉聖旨，特落職差知亳州。二月二十八日，再奉聖旨，蔡確依前降指揮，落職差知安州。元祐三年二月，及一朞檢舉，奉聖旨，蔡確與復觀文殿學士，差知鄧州。二月二十四日，再奉聖旨，蔡確守本官差知鄧州。至元祐四年二月，又及一朞，三省同奉聖旨，與復上件職。」

〔一二五〕會知漢陽軍吴處厚奏確昨責安州作車蓋亭詩語涉譏訕　宋宰輔編年録卷九元祐元年閏二月庚寅條引丁未録云：「知漢陽軍吴處厚箋確安州車蓋亭詩表上，皆涉譏訕上及君親，非所宜言。其詩曰：『矯矯名臣郝甑山，忠言直節上元間。釣臺蕪没知何處，歎息思公俯碧灣。』此篇譏謗朝廷，情理切害。臣今箋釋之：按唐郝處俊封甑山公。上元初，高宗多疾，欲遜位武后，處俊對曰：『昔魏文帝著令不許皇后臨朝，今陛下奈何欲身傳位？』由是事沮。臣竊以太皇太后垂簾聽政，蓋用仁宗朝章獻明肅皇太后故事。而主上奉事太母，莫非盡極孝道，太母保佑聖躬，莫非盡極慈愛，不似前朝荒亂之政。而蔡確謫守安州，便懷怨恨，公肆譏謗，形於篇什。處今之世，思古之人。不思於佗，而思處俊，此其意何也？又詩言：『喧豗六月浩無津，行見沙洲束兩濱。如帶溪流何足道，沉沉滄海會揚塵。』意言海會有揚塵時，人壽幾何？非佳語。奏至，右司諫吴安詩首聞其事，即彈論之。自後右諫議大夫梁燾、右正言劉安世章疏交上。三省進呈，有旨令蔡確開具聞奏，及令知安州錢景陽取索元題詩本繳連實封以聞。中書舍人彭汝礪密疏救解，大概以處厚開告訐之路，此風不可長爲言。侍御史盛陶亦騰章，意與汝礪合。已而安州所申至，具言確已刮洗詩牌，明日確之分析亦至。且言：『詩意謂處俊上元間有敢言之直氣，非止諫傳位皇太后一事。神仙傳言蓬萊水淺及海中揚塵，此是神仙麻姑、王方平之語也，李賀詩亦曾用此故事，有天上謠云「海塵新生石山下」，蓋亦述仙人壽長，能見海生塵之意。臣竊言臣是譏謗君親，其誣罔亦不難曉。』奏至，汝礪復救解之。當是時，罪確之論未決，於是，梁燾、劉安世連章論之益苦。至是，詔確責授左中散大夫、守光禄卿、分司南京。」按，吴處厚與蔡確結怨事，據宋史卷四七一蔡確傳附吴處厚傳云：「始，蔡確嘗從處厚學賦，及作相，處厚通牋乞憐，確無汲引意。王珪用爲大理丞，王安禮、舒亶相攻，事下大理，處厚知安禮與珪善，論亶用官燭爲自盜，確密遣達意救亶，處厚不從。確怒欲逐之，未果。珪請除處厚館職，確又沮之。珪爲永裕山陵使，辟掌牋奏。確代使，出知通利軍，又徙知漢陽，處厚不悦。元祐中，確知安州。郡有静江卒，當戍漢陽，確固不遣。處厚怒曰：『爾在廟堂時數陷我，今比郡作守，猶爾邪？』會得確車蓋亭詩，引郝甑山事，乃箋釋上之，云：『郝處俊封甑山公，會高宗欲遜位武后，處俊諫止。今乃以比太皇太后，且用滄海楊塵事，此蓋時運之大變，尤非佳語，譏謗切害，非所宜言。』確遂南竄，擢處厚知衞州。然士大夫由此畏惡之。未幾卒。」

［二一六］遂責確英州别駕新州安置　宋宰輔編年録卷九元祐元年閏二月庚寅條引丁未録云：「確雖分司，而安世攻之不已，諫議大夫范祖禹亦助之。於是簾中宣諭梁燾等，令密具行遣條例聞奏，燾等奉旨即條上之，以丁謂、孫沔、吕惠卿責降故事密奏。已而執政對，簾中忽曰：『蔡確可英州别駕，新州安置。』執政愕立相視，因悉力開陳久之。劉摯曰『蔡確母老』，引柳宗元乞與劉禹錫換播州事。吕大防曰：『蔡確先帝大臣，乞如劉摯所論，移一近裏州郡。』簾中曰：『山可移，此州不可改。』於是，執政不敢復言，畫可先退。范純仁獨留身，揖王存論之，意不解。純仁曰：『臣奉詔，只乞免内臣押去。』簾中曰：『如何？』純仁以曹利用事言之。簾中曰：『決不殺他。』遂退而行其責命。忽夜批出，差入内侍省供奉官裴彦臣等押送，諫垣與中司俱欲救止，而恐與初論相戾，且非體，復不敢發。」宋史卷四三三邵伯温傳云：「伯温嘗論元祐、紹聖之政曰：『公卿大夫，當知國體，以蔡確姦邪，投之死地，何足惜！然嘗爲宰相，當以宰相待之。……確死南荒，豈獨有傷國體哉！劉摯、梁燾、王巖叟、劉安世忠直有餘，然疾惡已甚，不知國體，以貽後日縉紳之禍，不能無過也。』」

［二一七］惇履恕亦皆得罪　據宋史卷四七一邢恕傳稱「會確得罪，恕亦責監永州酒」。而長編卷四三五元祐四年十一月庚寅條載

「詔章惇買田不法，降一官與宮觀差遣，候服闋日給告」。又卷四三六元祐四年十二月丁酉朔條載「正議大夫章惇降授通議大夫，提舉杭州洞霄宮。於是舉行八月己未詔書，惇始除喪故也」。則其貶非因坐蔡確事也。又宋史卷三二八黄履傳云黄履於哲宗即位，爲翰林學士。「履素與蔡確、章惇、邢恕相交結，每確、惇有所嫌惡，則使恕道風旨於履，履即排擊之。至是，更自謂有定策功。劉安世發其罪，以龍圖閣直學士知越州。坐舉御史不當，降天章閣待制。歷舒洪蘇鄂青州、江寧應天潁昌府」，亦無記載其嘗與章惇等同貶。

〔二八〕確卒於貶所　宋宰輔編年録卷九元祐元年閏二月庚寅條云：「初元祐六年八月，三省進呈確母明氏馬前狀，太皇太后宣諭曰：『蔡確不爲渠吟詩謗讟，只爲此人於社稷不利。若社稷之福，確便當死。此事公輩亦須與掛意。』八年三月，太皇太后曰：『蔡確已死。此人姦邪，朋黨爲害，得它死，是國家福。』（吕）大防曰：『此是天誅。』前一日，新州以確死聞，故有此宣諭。」按，嬾真子録卷三云：「持正年二十許歲時，家苦貧，衣服稍敝。一日，與群士人張湜師是同行，張亦貧儒也。俄有道人至，注視持正久之，因謾問曰：『先生能相乎？』曰：『然。』又問曰：『何如？』曰：『先輩狀貌極似李德裕。』持正以爲戲己，因戲問曰：『爲相乎？』曰：『然。』『南遷乎？』曰：『然。』復相師是曰：『當爲卿監，家五十口時。』指持正云：『公當死矣。』道人既去，二人大笑曰：『狂哉道人，以吾二人貧儒，故相戲耳。』後持正謫新州，凡五年。一日，得師是書云：『以爲司農無補，然闔門五十口居京師，食貧，近蒙恩守汝州。』持正讀至此，忽憶道人之言，遂不復讀。數日，得疾而卒。」

〔二九〕履恕皆用事　宋史卷三二八黄履傳稱其「紹聖初，復龍圖閣直學士，爲御史中丞」。又卷四七一邢恕傳云稱其「紹聖初，擢寶文閣待制、知青州。章惇、蔡卞得政，將甘心元祐諸人，引恕自助，召爲刑部侍郎，再遷吏部尚書兼侍讀，改御史中丞」。

〔三〇〕確子渭及其祖母朋挾權臣訟粉昆事　長編卷四九〇紹聖四年八月丁酉條云：「承奉郎、少府監主簿蔡渭奏：『臣叔父碩，曩於邢恕處見文及甫元祐中所寄恕書，具述姦臣大逆不道之謀。及甫乃文彦博愛子，必知當時姦狀。』詔翰林學士承旨蔡京同權吏部侍郎安惇即同文館究問。初，及甫與恕書，自謂『畢禫當求外，入朝之計未可必，聞已逆爲機穽以榛梗其塗』。又謂『司馬昭之心，路人所知，又濟之以粉昆，朋類錯立，欲以眇躬爲甘心快意之地。』及甫嘗語蔡碩，謂『司馬昭』指劉摯，『粉昆』指韓忠彦，『眇躬』及甫自謂。蓋俗謂駙馬都尉曰粉侯，人以王師約故，呼其父克臣曰『粉爹』，忠彦乃嘉彦之兄也。及甫除都司，爲劉摯論列。又摯嘗論彦博不可除三省長官，故止爲平章事。彦博致仕，及甫自權侍郎以修撰守郡，母喪除，及甫與恕書論請補外，因爲躁忿詆毁之辭。及置對，以『昭』比摯，將謀廢立，『眇躬』乃以指上，而『粉昆』指王巖叟、梁燾。巖叟面如傅粉，燾字況之，以『況』爲『兄』也。及甫初赴獄，京等說之曰：『此事甚大，侍郎無預，第對以實即出矣。』及甫既妄自解釋其書，又言『父彥博臨終屏左右，獨告以摯等將謀廢立，故亟欲罷平章事』。問其證驗，則俱無有也。紹聖初，蔡確母明氏有狀，訴邢恕云梁燾嘗對懷州致仕人李洵言，若不誅確，則於徐邸安得穩便？朝廷封其狀，不爲施行。劉唐老、文及甫事作，蔡渭告章惇曰：『唐老等何足治，曷不治梁燾？』惇遂檢明氏狀進呈，於是并付蔡京、安惇究治。」

[三一] 詔確配享哲宗廟廷　皇朝編年綱目備要卷二〇崇寧元年「二月，以蔡確配饗哲宗廟庭」條云：「時確之黨上書，言『元豐末，確嘗密說皇太后，令勿從靈駕，保佑哲廟，食以銅匕箸，至於飲水，亦必爲之親嘗』故也。」

[三二] 賜御製確傳　按遂初堂書目國史類著録御製蔡確傳，即徽宗所撰。宋宰輔編年録卷十三靖康元年二月癸卯條載臣寮上言：「按懋昔以父確事跡，妄加增飾，誣詆宣仁皇后垂簾時事，欺罔道君，乞御製確傳載懋誣詆之詞，伸其父勞。」

[三三] 首辨宣仁聖烈皇后誣謗命國史院摭實刊修播告天下　東都事略蔡確傳云：「靖康二年，天子即位之二日，有旨辨宣仁聖烈皇后誣謗。」邵氏聞見後録卷二建炎元年五月二日手詔云：「建炎元年五月二日，門下中書省、樞密院同奉聖旨：宣仁聖烈皇后保佑哲宗，有安社稷大功。姦臣懷私，誣蔑聖德，著在國史，以欺後世。可令國史院別差官摭實刊修，播告天下。其蔡確、蔡卞、邢恕、蔡懋，三省取旨行遣，仍不得引用。建炎元年五月一日勅。」按，長編卷三五一元豐八年二月癸巳條云：「先是，蔡確疑上復用吕公著及司馬光，則必奪己相，乃與邢恕謀爲固位計。恕故與皇太后姪光州團練使公繪、寧州團練使公紀交，哲宗即位，公繪、公紀乃遷團練使，此時但爲刺史，當改之。上初寢疾，恕密問公繪，具言疾可憂狀，恕聞此，更起邪謀。確嘗遣恕要公繪、公紀，二人辭不往。明日，又遣人招置東府，確曰：『宜往見邢職方。』恕曰：『家有桃着白花，可愈人主疾，其說出道藏，幸留一觀。』入中庭，紅桃花也，驚曰：『白花安在？』恕執二人手曰：『右相令布腹心，上疾未損，延安郡王沖幼，宜早定議，雍、曹皆賢王也。』公繪等懼曰：『君欲禍我家！』徑去。已而恕反謂雍王顥有覬覦心，皇太后將舍延安郡王而立之，王珪實主其事。與內殿承制致仕王棫共造誣謗。棫，開封人，嘗從高遵裕掌機宜于涇原，傾巧士也，故恕因之。又知確與珪素不相能，欲借此以陷珪。他日，亟問確曰：『上起居狀比何如？』確曰：『疾向安，將擇日御殿。』恕微哂曰：『上疾再作，失音直視，聞禁中已別有處分，首相外爲之主。公爲次相，獨不知耶？一日片紙下，以某爲嗣，則公未知死所矣。公自度有功德在朝廷乎？天下士大夫素歸心乎？』確竦然曰：『然則計將安出？』恕曰：『延安郡王今春出閤，上去冬固有成言，群臣莫不

知。公盍以問疾率同列俱入，亟於上前白發其端。若東宮由公言而早建，千秋萬歲後，公安如太山矣。』確深然之。恕又曰：『此事當略設備，今與平時不同，庶可以自表見。其曲折第告子厚，同列勿使知。』子厚，章惇字也。確媿謝，謂恕曰：『和叔見子厚，具言之。』惇固凶險，即許諾。遂與確定議，仍約知開封府蔡京以其日領壯士待變于外廷，謂曰：『大臣共議建儲，若有異議者，當以壯士入斬之。』是日，三省、樞密院俱入問疾，初亦未敢及建儲事。既退，乃於樞密院南廳共議之。確、惇屢以語迭訟，幸其應對或有差誤，即以珪爲首誅。珪口吃，連稱『是』字數聲，徐曰：『上自有子，復何議？』蓋珪實無他志，但蓄縮不能先事納説，所以致疑，及是出語，確、惇顧無如珪何。尋復入奏，得請，俱出，逢雍王顥及曹王頵於殿門外，惇更厲聲曰：『已得旨，立延安郡王爲皇太子矣。奈何？』顥曰：『天下幸甚。』已而禁中安堵如故，輔臣等各罷歸。翌日，遂立皇太子。確、惇、京、恕邪謀雖不得逞，其蹤跡詭祕亦莫辯詰，各自謂有定策功。事久語聞，卒爲朝廷大禍，其實本恕發之。」注曰：「按元豐末建儲事，諸家異説，紹興史官既别加考定，專取元祐舊文，固得真實矣。」

章丞相惇傳[一]　實録

崇寧四年十一月己未，舒州團練副使章惇卒。

惇字子厚，建州浦城人[二]。始生，族父得象奇其風骨，以爲必貴。舉進士甲科[三]，知商州商洛縣[四]、雄武軍節度推官。歐陽脩薦，召試館職，改著作佐郎、知常州武進縣[五]。

王安石秉政，召編脩三司條例[六]，除秘書丞、集賢校理、檢正中書户房公事[七]。察訪荆湖，用兵溪洞，拓境數百里，置沅州。南方兵禍自此始[八]。入修起居注，除右正言、知制誥[九]，直學士院、判軍器監[一〇]，權三司使[一一]，以知制誥出知湖州[一二]。荆湖蠻復起擾邊，移知荆南府[一三]，至則事平①。以親老，再請湖州[一四]，俄改

① 至則事平　「平」原作「乎」，據庫本改。

杭州。未至，除翰林學士。未授命，丁父憂。服闋，判三館、秘閣，知審官東院，遂拜諫議大夫、參知政事。踰年，出知陳州，移定州〔一五〕。

元豐五年，召爲門下侍郎〔一六〕。哲宗即位，知樞密院事。宣仁后臨朝，用司馬光、吕公著更革弊事，惇與宰相蔡確不肯引咎去位，窺伺得失。惇尤詆侮光，争論決法，光不能堪〔一七〕。蘇轍爲諫官，上疏論其姦惡，惇與確皆逐去〔一八〕。惇知汝州，提舉杭州洞霄宮①〔一九〕。

哲宗親政，召爲尚書左僕射〔二〇〕。惇性忮毒，忍於爲惡。元祐用事臣寮再竄謫至嶺海，誣謗宣仁，追貶王珪，議殺劉摯，皆惇力也〔二一〕。

哲宗升遐，欽聖后召兩府議所立〔二二〕，惇奏立同母弟，欽聖后曰：「皆先帝之子。」惇色沮。及徽宗上即位②，遷特進，封申國公。充哲宗山陵使，至成皋，大昇轝陷于濘，踰宿而行。坐是出知越州〔二三〕。未至，責授武昌軍節度副使、潭州安置，再貶雷州司户參軍〔二四〕。百姓歌之曰：「大惇小惇，入地無門③。」小惇謂安惇。其爲人所嫉如此。崇寧元年，改舒州團練副使，睦州居住。二年，徙越州，改湖州。卒，年七十一。大觀三年，詔復特進、申國公。政和三年，贈太師，追封魏國公。

子持、援。

---

① 提舉杭州洞霄宮　「洞」原作「同」，據文海本、庫本及東都事略章惇傳改。

② 及徽宗上即位　「上」字似衍。

③ 大惇小惇入地無門　按諸書是云，文字稍異。東都事略章惇傳亦云時人語「大惇小惇，入地無門」。然宋史卷三五六崔鶠傳載「京師語曰『大惇小惇，殃及子孫』」，夷堅支志景卷六富陵朱真人載時語「大惇小惇，滅人家門」。

辨證：

［一］章丞相惇傳　按，章惇，東都事略卷九五、宋史卷四七一有傳。

［二］建州浦城人　宋史章惇傳稱其「父俞徙蘇州」。

［三］舉進士甲科　宋史章惇傳稱其「進士登名，恥出姪衡下，委敕而出。再舉甲科」。按，據長編卷一八五，章衡嘉祐二年進士第一。宋會要輯稿選舉二之九載章惇嘉祐四年第五人及第。温公瑣語稱章惇「及第，在五六人間，惇大不如意，誚讓考校官」。

［四］知商州商洛縣　宋史章惇傳云其「調商洛令。與蘇軾游南山，抵仙游潭，潭下臨絶壁萬仞，横木其上。惇揖軾書壁，軾懼，不敢書。惇平步過之，垂索挽樹，攝衣而下，以漆墨濡筆，大書石壁曰：『蘇軾、章惇來。』既還，神彩不動。軾拊其背曰：『君他日必能殺人。』惇曰：『何也？』軾曰：『能自判命者，能殺人也。』惇大笑」。

［五］召試館職改著作佐郎知常州武進縣　長編卷二〇九治平四年閏三月庚子條云：學士院言「雄武節度推官章惇，詩賦中等。詔以章惇爲著作佐郎。時御史吕景、蔣之奇言「惇佻薄穢濫，……不可奬。故不除館職」。宋史章惇傳云其「召試館職，王陶劾罷之」。

［六］王安石秉政召編脩三司條例　温公瑣語云：「介甫用事，張峋、李承之薦惇，介甫曰：『聞惇無行。』承之曰：『承之所薦者，才也。顧惇可用於今日耳，素行何累焉？公試召與語，自當愛之。』介甫乃召見，惇素口辯，又善迎合，介甫大喜，擢用。」

［七］除秘書丞集賢校理檢正中書户房公事　長編卷二二五熙寧四年七月戊子條載祕書丞章惇檢正中書户房公事，云：「王安石言：『惇相度渝州夷事，多與轉運司不同，可見其不肯詭隨，宜擢用。』上令與外任差遣，安石乞用爲檢正，從之。……尋又加集賢校理。」

［八］南方兵禍自此始　宋史章惇傳稱「時經制南、北江群蠻，命爲湖南北察訪使。提點刑獄趙鼎言峽州群蠻苦其酋剥刻，謀内附，辰州布衣張翹亦言南、北江群蠻歸化朝廷，遂以事屬惇。惇募流人李資、張竑等往招之，資、竑淫於夷婦，爲酋所殺，遂致攻討，由是兩江扇動。神宗疑其擾命，安石戒惇勿輕動，惇竟以三路兵平懿、洽、鼎州。以蠻方據潭之梅山，遂乘勢而南。轉運副使蔡燁言是役不可亟成，神宗以爲然，專委於燁，安石主惇，争之不已。既而燁得蠻地，安石恨燁沮惇，乃薄其賞，進惇修起居注，以是兵久不決」。東軒筆録卷六云：「熙寧五年，辰州人張翹與流人李資詣闕獻書，言：『辰州之南江，乃古錦州，地接施、黔、牂牁，世爲蠻人向氏、舒氏、田氏所據。地産朱砂、水銀、金、布、黄蠟，良田數千萬頃，入路無山川之扼。若朝廷出偏師壓境上，臣二人説之，可使納土爲郡縣。』書奏，即以章惇

察訪荆湖南北路，經制南江事。章次辰州，遂令李資、張竑、明夷中、僧願成等十餘人入境，以宣朝廷之意。資等褊宕無謀，褻慢夷境，遂爲蠻酋田元猛所殺。章知不可以説下也，即進兵誅斬，而建沅、懿等州。又以潭之梅山、邵之飛山爲蘇方、楊光潛所據，遂乘兵勢進克梅山，建安化縣。又令李諳將兵取光潛，師至飛山，扼險不能度而還。當是時張頡居憂於鼎州，目其事，遂以書詆朝貴，言『南江殺戮過甚，無辜者十有八九，以至浮屍塞江，下流之人，不敢食魚者數月』。惇病其説，且欲分功以啗之，乃上言：『昔張頡知潭州益陽縣，嘗建取梅山之議，今臣成功，乃用頡之議也。』朝廷賜頡絹三百疋，而執政猶患其異議。會頡服闋，乃就除爲江淮發運使，便道之官，而不敢食魚之説息矣。」按，王夫之宋論卷六神宗云章惇「請經制湖北蠻夷，探神宗用兵之志以希功賞。……然而澧、沅、辰、靖之間，蠻不内擾，而安化、靖州等州縣，迄今爲文治之邑，與湖湘諸郡縣齒，則其功又豈可没乎？惇之事不終，而麻陽以西，沅、溆以南，苗寇不戢，至今爲梗。近蠻之民，軀命、妻子、牛馬、粟麥莫能自保。則惇之爲功爲罪，昭然不昧」。

［九］除右正言知制誥　長編卷二五一熙寧七年三月己未條載祕書丞、集賢校理兼同修起居注章惇爲起居舍人、知制誥，云「惇堅辭至五六，上命改右正言充職」。宋宰輔編年録卷八元豐三年二月丙午條引丁未録云：「上嘗謂安石曰：『聞民間亦頗苦新法。』安石退而屬疾，居家數日。上遣使慰勞之，乃出。其黨爲之謀曰：『今不取門下士、上素所不喜者暴進用之，則權輕，將有人窺間隙者矣。』安石從之。既出，即奏擢以秘書丞、集賢校理章惇爲起居舍人、知制誥。上不喜，勉彊從之。」

［一〇］直學士院判軍器監　按，長編卷二五二熙寧七年四月戊子條載其後一日，命知制誥章惇判軍器監。又卷二五三熙寧七年五月辛酉條載「判軍器監、知制誥章惇兼直學士院、右正言」。則章惇直學士院在判軍器監以後。

［一一］權三司使　東軒筆録卷五云：「熙寧七年，元絳爲三司使，宋迪爲判官。迪一日遣使煮藥，而遺火延燒計府，自午至申，焚傷殆盡。方火熾，神宗御西角樓以觀，是時章惇以知制誥判軍器監，遽部本監役兵往救火，經由閣樓以過。上顧問左右，以惇爲對。翌日，迪奪官勒停，絳罷使，以章惇代之。」

［一二］以知制誥出知湖州　宋史章惇傳云：「吕惠卿去位，鄧綰論惇同惡，出知湖州。」涑水記聞卷一五云：「三司使章惇嘗登對，上譽張安道（方平）之美，問識否，惇退，以告吉甫（吕惠卿）。明旦，吉甫與安道同行入朝，因告以上語，且曰：『行當大用矣。』安道縮鼻而已。其暮，安道方與客坐，惇呵引及門入謁，安道使謝曰：『素不相識，不敢相見。』惇慙怍而退。故蔡承禧彈惇云：『朝登陛下之

門，暮入惠卿之室。』爲此也。由是上惡惇，介甫惡安道，未幾皆出。」

〔一三〕荆湖蠻復起擾邊移知荆南府　長編卷二七八熙寧九年十月戊申條載詔曰：「湖北辰、沅州蠻人擾叛，攻劫城寨，荆南張靖恐難倚以處置，宜令知湖州章惇對易之。仍令惇親至辰、沅州安撫招諭。」

〔一四〕以親老再請湖州　長編卷二八〇熙寧十年正月庚申條載知制誥、新知荆南章惇知湖州，云：「初，惇自湖州徙荆南，仍令親至辰、沅州安撫叛蠻，受命即倍道疾馳，道中墜馬傷足，遂自陳開。辰、沅州事已定，乞二浙一郡。上批可還惇前任故也。」

〔一五〕出知陳州移定州　長編卷三一一元豐四年三月癸卯載太中大夫、參知政事章惇以本官知蔡州，云：「大理寺劾惇父太子賓客致仕俞及弟潁州沈丘縣主簿愷占民田，開封府官各懷觀望，畏避僉書。……俞當杖一百，以年八十勿論，愷勒停。御史臺劾新成都府路轉運判官周之道爲惇致意朱服及奏上不實，袁默妄言爲惇致力，之道徒一年，默杖一百，並勒停。惇奏事及報上不實，又制勘所初追治堂吏王冕等證周之道等語，惇以爲有司不當信冕等語，欲虚捏次數抑逼執政，以此報制勘所，仍稱『請盡情根勘，毋止信其妄言』，坐不當指揮制勘院，故有是責。」宋史章惇傳云其自參知政事「罷知蔡州，又歷陳、定二州」。

〔一六〕元豐五年召爲門下侍郎　宋史章惇傳云「五年，召拜門下侍郎。豐稷奏曰：『官府肇新，而惇首用，非稽古建官意。』稷坐左遷。諫官趙彦若又疏惇無行，不報」。

〔一七〕惇尤詆侮光争論決法光不能堪　邵伯温邵氏聞見録卷一一云：「元祐初，温公復差役，改雇役。子厚議曰：『保甲保馬，一日不罷有一日害。如役法則熙寧初以雇役代差役，議之不詳，行之太速，故有弊。今復以差役代雇役，當詳議熟講，庶幾可行。而限止五日太速，後必有弊。』温公不以爲然。子厚對太皇太后簾下與温公争辯，至言『異日難以奉陪喫劍』。太后怒其不遜。」長編卷三七〇元祐元年閏二月辛亥條注曰：「按司馬光正月二十一日在朝假，至五月十二日乃出。……且密院與三省同進呈光差役文字，蓋二月初，光比時安得至簾前？伯温必誤。」朱子語類卷一三〇自熙寧至靖康人物云：「章子厚與温公争役法，雖子厚悖慢無禮，諸公争排之，然據子厚説底却是，温公之説前後自不相照應，被他一一捉住病痛，敲點出來。諸公意欲救之，所以排他出去。」宋宰輔編年録卷十一元符三年九月辛未條載章惇論保甲、保馬、役法廢罷之言，遂云：「議者以惇言爲有理。惇聰明過人，若不用蔡卞等小人，不誣罔宣仁，不廢立皇后，不與元祐黨役，不起兵禍，亦有可稱者矣。」

［一八］惇與確皆逐去　按，章惇非與蔡確同時罷逐。宋史章惇傳云：「宣仁后聽政，惇與蔡確矯唱定策功。確罷，惇不自安，乃駁司馬光所更役法，累數千言。……呂公著曰：『惇所論固有可取，然專意求勝，不顧朝廷大體。』光議既行，惇憤恚爭辨簾前，其語甚悖。宣仁后怒，劉摯、蘇轍、王覿、朱光庭、王巖叟、孫升交章擊之，黜知汝州。」

［一九］提舉杭州洞霄宮　長編卷三九二元祐元年十一月戊寅條云「正議大夫、知汝州章惇提舉洞霄宮，從所乞也」。注引丁未録曰：「呂公著言：『惇父老，居蘇州，今惇留汝州，上方以孝治天下，豈可使大臣失晨昏之養？』遂從惇請。」

［二〇］召爲尚書左僕射　宋宰輔編年録卷一〇紹聖元年四月壬戌條載章惇自資政殿學士、降授通議大夫、提舉洞霄宮除左正議大夫、守尚書左僕射兼門下侍郎，云：「先是，呂大防欲用侍御史楊畏爲諫議大夫，要（范）純仁同書名進擬。純仁曰：『上新聽政，諫官當求正人。畏傾邪，不可用。』大防素稱畏敢言，且先密約畏助己，純仁遂固求避位，大防竟超遷畏爲禮部侍郎。畏尋上疏，言神宗更法立制以垂萬世，乞賜講求以成繼述之道。上即召畏登對，詢畏以『先朝故臣孰可召用者，朕皆不能盡知，可詳具姓名，密以聞』。畏即疏章惇、安燾、呂惠卿、鄧温伯、李清臣等行義，各加品題。且密奏萬言，具言神宗所以建立法度之意。乞詔章惇爲宰相，上皆嘉納之。」

［二一］皆惇力也　東都事略章惇傳云：章惇、蔡卞「大肆羅織，竄逐元祐臣僚于嶺海。（張）商英等力詆元祐，（林）希行元祐諸人責詞，遂至毁罵，甚者謂『元祐之初，老姦擅國』，蓋以詆宣仁后也。惇又用邢恕爲御史中丞。於是日夜論劉摯、梁燾、王巖叟等謀廢立，恕造宣訓之語，又誘高遵裕之子士京論其父功，又教蔡確之子渭上文及甫與邢恕私書事。惇、卞遂起同文館獄，用蔡京、安惇雜治宣訓事者。恕爲惇説云：『司馬光亦疑宣仁后有廢立事，光嘗語范祖禹曰：「方今主少國疑，宣訓事猶可慮。」』蓋宣訓者，北齊婁太后宮名也。婁太后廢其孫少主，立其子常山王演。恕妄謂司馬光亦有是言，以實宣仁后有廢立之意，使天下信之。光遂追貶。恕既誘高士京上書，論其父遵裕臨死時，屏左右謂士京曰：『神宗彌留之際，王珪遣高士充來問我曰：「不知皇太后欲立誰？」我叱士充去之。』語惇、卞，欲誣罔宣仁后。遂贈遵裕奉國軍留後，王珪亦追貶」。

［二二］欽聖后召兩府議所立　長編卷五二〇元符三年正月己卯條載時「皇太后曰：『邦家不幸，太行皇帝無子，天下事須早定。』惇厲聲曰：『在禮律，當立同母弟簡王。』皇太后曰：『神宗皇帝諸子，申王雖長，緣有目疾。次即端王當立。』惇又曰：『論長幼之序，則申王爲長；論禮律，則同母之弟簡王當立。』皇太后曰：『俱是神宗之子，豈容如此分別？於次端王當立。兼先帝嘗言端王有福壽，又仁

孝，不同諸王。』於是知樞密院事曾布曰：『章惇未嘗與衆商量，皇太后聖諭極當。』尚書左丞蔡卞曰：『當依聖旨。』中書侍郎許將亦曰：『合依聖旨。』惇默然。既承命，退至堦前，都知梁從政等白召五王問疾。章惇曰：『且召五王來看。』諸王尋至内東門。是日，端王偶在假，皇太后再遣中使召王」，端王遂即位。又通鑑續編卷一〇元符「三年春正月，帝崩于福寧殿，皇弟端王佶即位，皇太后權同處分軍國事，赦」條云：「帝崩，無子。皇太后向氏哭謂宰臣曰：『家國不幸，大行皇帝無嗣，事須早定。』章惇抗聲曰：『在禮律當立母弟簡王似。』太后曰：『老身無子，諸王皆是神宗庶子，莫難如此分別。』惇復曰：『以長則申王佖當立。』太后曰：『申王有目疾，不可。於次則端王佶當立。』惇曰：『端王輕佻，不可以君天下。』言未畢，曾布叱之曰：『章惇未嘗與臣商議，如皇太后聖諭極當。』蔡卞、許將相繼曰：『合依聖旨。』太后又曰：『先帝嘗言端王有福壽，且仁孝，不同諸王。』於是惇默然。」宋史卷二二徽宗紀「贊」亦云：「哲宗之崩，徽宗未立，惇謂其輕佻不可以君天下。」按，未見宋人著述中有此語。

〔一三〕坐是出知越州　宋宰輔編年録卷一一元符三年九月辛未條云：「以惇爲大行皇帝山陵使，惇尋求去，上不許。左正言陳瓘以爲不許非也，上疏諫，又連章疏惇罪惡。……既而大行轝至成臯，陷于泥濘，踰宿而行。瓘復奏之，詔落惇左僕射，知越州。以惇扈從靈駕不職故也。」宋史章惇傳云其「爲山陵使，靈轝陷澤中，踰宿而行，言者劾其不恭，罷知越州」。

〔一四〕責授武昌軍節度副使潭州安置再貶雷州司户參軍　宋宰輔編年録卷一一元符三年九月辛未條載新知越州章惇責授武昌軍節度副使、潭州安置，云：「初，惇既罷相，以本官知越州，而右司諫陳瓘論其責輕，攻之不已。門下侍郎李清臣亦抗章論之，遂有是命。」又引丁未録曰：「建中靖國元年二月，詔武昌軍節度副使、潭州安置章惇責授雷州司户參軍，員外置。……先是，左正言任伯雨歷疏惇罪惡，并及蔡卞。……至是，三省進呈，遂有是命。先是，紹聖中，安惇爲中書舍人，建議與蹇序辰編排元祐臣寮章疏，一時搢紳罹其禍者千餘人。元符初，惇爲御史中丞，又請看詳訴理，詔惇與序辰看詳内元狀，陳衍及訴理所看詳語言於先朝不順者具名以聞。于是，罹其禍者又七百餘人。蔡渭又援證文及甫書，欲以族誅劉摯、梁燾等。左正言陳瓘嘗奏論之，安惇、蹇序辰、文及甫、蔡渭並追貶，皆章惇、蔡卞初實相與成之，故伯雨以爲言。……至是，三省取旨，上亦諭三省曰：『當日簾前厲聲横議，太母以理折之』云云。范純禮進曰：『惇如聖諭不爲過，詞色甚厲。』（曾）布曰：『如此即須過海。』上大笑曰：『只教這下。』遂以雷州司户處之。先是，中書舍人曾肇勸上求言，三月辛卯，遂下求直言之詔。于是，李深上疏極論章惇姦邪，願暴其惡而流竄之。未幾，惇罷相出知越州。未至，責授武昌軍節度副使、潭州安置，再貶雷州司户參軍。」

名臣碑傳琬琰集下卷十九

范直講祖禹傳[一]　實録

元符元年十月甲午，責授昭州別駕、化州安置范祖禹卒。祖禹字淳甫[二]，成都華陽人。父百之，太常博士。中嘉祐八年進士第[三]，授試校書郎、知資州龍水縣。司馬光辟同編修資治通鑑，授承奉郎、試大理評事。坐考別試所文卷犯仁宗藩邸諱，降遠小差遣[四]，編修君臣事迹所奏留。遷著作佐郎。官制行，易宣德郎。光得請宫祠，居洛，詔以其屬自隨[五]。七年，書成，光因上章稱薦，除祕書省正字。

哲宗即位，轉承議郎，賜五品服。上疏論喪服之制曰：

先王制禮，以君服同於父，皆斬衰三年。蓋恐爲人臣者不以父事其君，以此管乎人情也。自漢以來，不唯人臣無服，而人君遂亦不爲三年之喪。唯國朝自祖宗以來，外廷雖用易月之制，而宫中實行三年之服。且易月之制，前世所以難改者，以人君自不爲服也。今君上之服已如古典，而臣下之禮猶依漢制，是以百官有司皆已復其故常，容貌衣服無異於行路之人。豈人之性如此其薄哉？由上不爲之制禮也。今群臣雖易月，而人主實行喪，故十二日而小祥，朞而又小祥；二十四日而大祥，再朞而又大祥。夫練、祥不可以有二也，既以日爲之，又以月爲之，此理之無據者也。古者再朞而大祥，中月而禫，二者祭之名也，非服之色也。今乃爲之慘服三日，而後禫，此禮之不經者也。既除服，至葬而又服之，蓋不可以無服也。祔廟後即吉，纔八月耳，而遽純吉，無所不佩，此又禮之無漸者也。易月之制，因襲故事，已行之禮，不可追也。臣愚以爲宜令群臣朝服，止如今日而未除衰，至朞而服之，漸除其重者。再朞而又服之，乃釋衰，其餘則君服斯服可也。至於禫，不必爲之服，唯未純吉，以至於祥，然後無所不佩，則三年之制，略如古矣[六]。

擢右正言。時吕公著爲左丞，祖禹引嫌力辭，改著作佐郎[七]，充修神宗皇帝實録檢討官，遷著作郎兼侍講[八]。上疏太皇太后言：

今祥禫將終，即吉方始，服御器用，内外一新，奢儉之端，皆由此始。臣以謂珠璣金玉之飾、錦綉纂組之工，凡可以蕩心悦目者，不宜有加於舊，增多於前也。皇帝方嚮儒術、親學問，睿質日長，聖性未定，覩奢則奢，覩儉則儉。凡所以訓導聖德者，宜動皆有法，不可不慎。若崇儉朴，以輔養皇帝之德，使目不視靡曼之色，耳不聽淫哇之音，非禮不言，非禮不動，則學問日益，聖德日隆。此宗社無疆之福也①。

神宗服除，故事開樂置宴②，祖禹又上言：「君子之於喪服，以爲至痛之極，不得已而除之。若以開樂故特設宴，則似除服而慶賀，非君子不得已而除之之意也。請罷開樂宴，唯因事則聽樂，庶合先王禮意。」上從之[九]。擢起居舍人，辭不拜[一〇]。

時以夏暑罷講，祖禹又上疏曰：

① 此宗社無疆之福也　「疆」原作「畺」，據文海本、庫本及東都事略、宋史范祖禹傳改。

② 故事開樂置宴　「宴」原作「晏」，據庫本改。按，下文同改。

當今之務，莫如學問之爲急。陛下今日學與不學，係天下它日之治亂，臣不敢不盡言也。陛下如好學，則天下之君子皆欣慕①，願立於朝，以直道事陛下，輔助德業，而致太平矣。陛下如不好學，則天下之小人皆動其心，欲立於朝，以邪諂事陛下，竊取富貴，而專權利矣。君子之得位，欲行其所學也；小人之得位，將濟其所欲也。用君子則治，用小人則亂。君子與小人，皆在陛下心之所召。臣竊爲陛下惜此日月，願以學爲急。

召試中書舍人，又辭不拜。遷右諫議大夫[一一]，兼實録修撰。

宰臣蔡確得罪，分司南京。祖禹上言：「聖人之道，不過得中，天下之事，不可極意，一時極意，後必有悔。夫用刑寧失於寬，不可失之於急；寧失之於略，不可失之於詳。自乾興貶丁謂以來，不竄逐大臣六十餘年。且丁謂見在相位，故朝廷有黨，不可不出。今確已罷相數年，陛下所用多非確黨[一二]，其有素懷姦心、爲衆所知者，固不逃於聖鑑。自餘偏見異論者，若皆以爲黨確而逐之，臣恐刑罰之失中，人情之不安也。」又因登對，勸上以辨邪正曰：「比年以來，大臣以兼容小人爲寬，好惡不明，邪正不分，所引進者不盡得人。宰相以進賢退不肖爲職，而邪正不分，豈不負國？伏望戒飭大臣，各以公心求賢，多引鯁正之人，以重朝廷，無使小人得位，爲他日之患。」諫官言宰相范純仁營救蔡確[一三]，乞行罷免。祖禹上言：「議者責純仁政事之失，固宜罷免。當確爲相時，純仁流落在外，不聞受確私恩。純仁之進，本不由確。朝廷有大誅賞，亦容大臣各出所見，議論難以責其盡同也。」復除中書舍人，又力辭[一四]。

朝廷遣户部郎中往京西會計轉運司財用出入之數，祖禹上言：

自來諸路每告乏，朝廷詳酌應副，其餘則責辦於外計。且既委轉運使副以一路財計，而不信其所言虚

① 則天下之君子皆欣慕　「欣慕」，文海本作「慕之」。

實，必遣郎官然後可信，是使諸路使者人有不自信之心，每遇闕少，則倚望朝廷遣官會計，愈不自安。欲乞自諸路凡有告乏，專委轉運司會計，保明聞奏，如有不實，即重行黜責，其誰敢妄？今諸路經費所以不足者，由提刑封樁闕額禁軍請受錢帛、斛斗萬數不少。此乃户部、轉運司本分財計，先帝特令封樁，以待邊用。今朝廷方務安邊息民，則封樁之法宜悉蠲除。欲乞自熙寧十年初封樁已來已起發上京，及今日已前未起發上京數目，盡以賜尚書户部、諸路轉運司，以佐經費。

疏奏不報[一五]。

時方遣都水監李偉分導大河入孫村口，歸故道，以解下流之急。偉因欲塞宗城決口，及移深州之費回大河使歸故道，左相呂大防主其議。祖禹又上疏極言：「河無可塞之理，士大夫亦以爲不可塞者十有八九。而偉希合執政，敢肆大言欺罔，朝廷不博謀於衆，即依偉奏。水夫欲官興河役，猶邊臣欲生邊事，監官利於功賞俸給，胥吏利於官物得以爲姦，豪民利於貴售稍草，瀕河之民利於聚衆營爲。凡言回河之利者率此輩，非爲國家計也。」既而遷給事中，猶力言之。及就職，又言：「臣所領工房，今河役不息，工費漸大。臣竊謂功必不可成，恐枉費國財民力。」朝廷卒從其議[一六]。

俄聞禁中覓乳媪事，祖禹上疏力勸上進德愛身①，又上疏勸太皇太后保護上躬，言甚切直。既而太皇太后命宰臣呂大防諭祖禹，以外議皆虛傳耳[一七]。祖禹復上疏：「臣所言皇帝進德愛身，宜常以爲戒。太皇太后保護皇帝，安身正心，久遠之慮，亦願因而勿忘。今外議雖虛，亦足爲先事之戒。臣侍經左右②，而有聞於道路，實

---

① 則祖禹上疏力勸上進德愛身　「力」原作「方」，據文海本及東都事略范祖禹傳改。

② 臣侍經左右　「侍經」，文海本作「侍從」。

懷私憂。是以不存形迹，不知忌諱，發於誠心愛上①，不敢避妄言之罪。凡言事於未然，則誠爲過慮；及其已然，則又無所及，雖言無益。陛下寧受未然之言，勿使臣等有無及之悔。因聞虚語，以爲實戒，則四海生靈動植之類，永被其福矣。」實録書成，轉一官，充國史院修撰，改禮部侍郎[一八]，遂進翰林侍講學士②[一九]，兼知國史院事。又爲翰林學士兼侍講[二〇]，充官制所編修官。

太皇太后登遐，上親覽庶政。祖禹上言：「此乃宋室隆替之本，社稷安危之基，天下治亂之端，生民休戚之始，君子小人消長進退之際，天命人心去就離合之時也。有敢以姦言惑聖聽者，宜明正其罪。」既而外議恟恟，在位者多自引去，祖禹力陳治道之要，古今成敗，與夫小人之情狀，反覆激切，冀以感動上意。章累上，不報。因請外③，遂以龍圖閣直學士出知陝州[二一]。

紹聖初，言者論祖禹所修實録詆斥先帝，又附會司馬光變更熙豐法，及妄論乳媪、離間兩宮事。初提舉亳州明道宮④，繼責授武安軍節度副使，永州安置[二二]。再貶昭州別駕，賀州安置[二三]，移賓州，再移化州[二四]。卒[二五]，年五十八。崇寧間列名黨籍。政和八年，追復徽猷閣待制⑤。建炎二年，追復龍圖閣學士[二六]。

子沖、温。

---

① 發於誠心愛上　「愛」字原脱，據長編卷四三六元祐四年十二月「是月」條、東都事略范祖禹傳及太史范公文集卷一八謝宣諭劄子補。

② 遂進翰林侍講學士　「侍講」原作「侍讀」，據文海本及長編卷四七五元祐七年七月癸巳條、宋史范祖禹傳改。

③ 因請外　原作「請因外」，據庫本乙改。

④ 初提舉亳州明道宮　「提」原作「得」，據庫本改。

⑤ 政和八年追復徽猷閣待制　「政和」原作「宣和」，按宣和無八年，且宋會要輯稿職官七六之六二載此事於政和八年六月七日，皇宋十朝綱要卷一八所載亦在重和元年六月戊午，據改。

辨證：

［一］范直講祖禹傳　按，范祖禹，東都事略卷七七、宋史卷三三七有傳。

［二］祖禹字淳甫　三朝名臣言行録卷一三之一内翰范公引家傳云：「公未生，河南郡太君夢一偉丈夫，被金甲至寢室曰：『吾故漢將軍鄧禹也。』既寤，猶見之。是日公生，遂以爲名，初字夢得，温公（司馬光）以傳稱鄧仲華『内文明，篤行淳備』，改字淳，曰：『或配甫字而稱之。』故字淳甫。」然老學庵筆記卷十云：「錢勰字穆，范祖禹字淳，皆一字，交友以其難呼，故增『父』字，非其本也。」

［三］中嘉祐八年進士第　宋會要輯稿選舉二之一〇稱其第四人及第。按，宋史范祖禹傳云其「幼孤，叔祖鎮撫育如己子。祖禹自以既孤，每歲時親賓慶集，慘怛若無所容。閉門讀書，未嘗預人事。既至京師，所與交游，皆一時聞人。鎮器之曰：『此兒天下士也。』進士甲科」。

［四］坐考別試所文卷犯仁宗藩邸諱降遠小差遣　長編卷二四三熙寧六年三月丁卯條稱其乃「坐進士李士雍對義犯仁宗藩邸名，誤以爲合格」。

［五］光得請宫祠居洛詔以其屬自隨　三朝名臣言行録卷一三之一内翰范公引家傳云：「初，温公又辟劉公攽、劉公恕同修書，及温公歸洛，詔聽以其屬自隨，而二公各在官所，獨公在洛，温公專以書局事屬之，故公於此書，致力爲多。」宋史范祖禹傳稱其「在洛十五年，不事進取。書成，光薦爲祕書省正字」。

［六］則三年之制略如古矣　長編卷三五九元豐八年九月乙未條於此奏下，又云：「詔禮官詳議以聞。其後禮部尚書韓忠彦等言：『朝廷典禮，時世異宜，不必循古。若先王之制不可盡用，則當以祖宗故事爲法。今言者欲令群臣服喪三年，民間禁樂如之，雖過山陵，不去衰服，庶協古之制。緣先王恤典，節文甚多，必欲循古，則又非特如臣僚所言故事而已。今既不能盡用，則當循祖宗故事及先帝遺制。』從之。」注曰：「舊録云：『是時祖禹首建此議，而執政有主之者，人以爲違戾，故禮部有請。』新録辯曰：『范祖禹言先王制禮，以君服同於父，故請群臣爲三年之喪。記曰：「事君有犯無隱，服勤至死，致喪三年。」此禮經也。韓忠彦謂「當循祖宗故事及先帝遺制」，故不果行。執政，謂司馬光也。』」

［七］擢右正言時吕公著爲左丞祖禹引嫌力辭改著作佐郎　容齋三筆卷一四親除諫官云：「元豐八年，詔范純仁爲諫議大夫，唐淑

問、蘇轍爲司諫，朱光庭、范祖禹爲正言。宣仁后問宰執：『此五人者如何？』僉曰：『外望惟允。』章子厚（惇）獨曰：『故事，諫官皆薦諸侍從，然後大臣稟奏。今詔除出中，得無有近習援引乎？此門寖不可啓。』后曰：『大臣實皆言之，非左右也。』子厚曰：『大臣當明揚，何爲密薦？』由是有以親嫌自言者，吕公著以范祖禹，韓縝、司馬光以范純仁。子厚曰：『臺諫所以糾大臣之越法者，故事，執政初除，苟有親戚及嘗被薦引者，見爲臺臣，則皆他徙。今天子幼沖，太皇同聽萬幾，故事不可違。』光曰：『純仁、祖禹實宜在諫列，不可以臣故妨賢，寧臣避位。』子厚曰：『縝、光、公著必不私，他日有懷姦當國者，例此而引其親黨，恐非國之福。』後改除純仁待制，祖禹著作佐郎，然此制亦不能常常恪守也。」按，長編卷三八四元祐元年八月辛卯條云「祖禹，吕公著之壻也」。

〔八〕遷著作郎兼侍講　長編卷三八四元祐元年八月辛卯條云：「吏部侍郎兼侍講傅堯俞以職煩目病，乞罷侍講。司馬光請改堯俞爲侍讀，而用著作郎范祖禹兼侍講。祖禹，吕公著之壻也，請避嫌。光奏：『宰相不當以私嫌廢公議。』韓維奏：『朝廷遴選執政，本以進達賢能爲職，今乃以執政妨用人，不可。方今人材難得，幸而有可用之人，又以執政故退罷。若七八執政各避私嫌，甚妨賢路，且多存形迹，非大公之道。』遂以祖禹兼侍講。」三朝名臣言行録卷一三之一内翰范公引遺事云：「元祐初，伊川（程頤）除崇政殿説書，時公爲著作佐郎、實録院檢討。伊川嘗謂温公曰：『經筵若得范淳夫來尤好。』温公曰：『他已修史，朝廷自擢用矣。』伊川曰：『不謂如此，但經筵須要他。』温公問何故，伊川曰：『頤自度乏温潤之氣，淳夫色温而氣和，尤可以開陳是非，導人主之意。』其後除侍講。」

〔九〕上從之　長編卷四〇二元祐二年六月辛丑條於范祖禹此奏下又云：「左司諫吕陶言：『伏聞國朝故事，祥禫既除，有開樂一宴。近來中外諠傳，謂已擇日排辦，旦夕必行此禮，臣愚尚竊疑之。蓋自春徂夏，旱暵爲災，陛下憂勞恐懼，避殿減膳，精誠祈禱，夙夜不遑，以至過自貶損，權罷受册，務答天心，冀享喜應。此乃曠古未有之事，天下幸甚。今群臣屢拜封章，乞從禮聽樂，陛下批詔，未蒙允許，乃是未有開宴之期，而中外相傳，皆謂宴在旦夕，似於事體未便。伏乞宣諭有司，一就坤成節賜宴，則於禮文亦非疎簡，内可以隆二聖慈孝之德，外可以稱上帝眷佑之意。』又言：『英宗朝，八月將宴後苑，劉庠言去日食近，非畏天之意，特爲罷之。神宗朝，四月將宴，富弼以災異爲言，亦蒙嘉納。今旱暵之沴雖已消弭，而天道尤宜欽畏。願陛下以無災而懼爲德，天下幸甚。』」又壬寅條載下詔曰：「近臣、文武百僚累表請聽樂，雖已降旨勉從所請，而有司援引故事，欲開樂宴於禁中福寧殿，次紫宸殿。迺者旱災，責躬省過，今天意始有消復，而又神宗皇帝禫除未遠，何可遽特開樂爲宴？宜行寢罷。其用樂，候遼國人使到闕日依例。」

［一〇］擢起居舍人辭不拜　長編卷四一〇元祐三年五月癸丑條云：「實録院檢討官、著作郎兼侍講范祖禹辭免起居舍人，從之。祖禹三上章辭免，不許，又以吕公著親嫌爲解，公著亦於簾前納除目，太皇太后曰：『祖禹擢用，不緣相公，可諭令就職。』知舊多勸祖禹受命，祖禹曰：『此心未肯。』復上章并具狀申三省乞敷奏，得請乃已。」

［一一］召試中書舍人又辭不拜遷右諫議大夫　長編卷四二四元祐四年三月己丑條云：「承議郎、著作郎范祖禹爲中書舍人，仍賜金紫。初，祖禹召試中書舍人，懇辭，有旨降誥免試，祖禹又辭曰：『辭記注而特召，辭召試而直除，則何以厭服人言，答揚聖選？』從之。」據宋史范祖禹傳云「吕公著薨，召拜右諫議大夫」。

［一二］今確已罷相數年陛下所用多非確黨　宋宰輔編年録卷八元祐元年閏二月庚寅條引丁未録云：「初，（梁）燾等之排論確也，又密具確及王安石之親黨姓名以進，其奏曰：『臣等竊謂確本出王安石之門，相繼秉政垂二十年，姦邪群小交結趍附，深根固蔕，牢不可破。謹以王安石、蔡確兩人親黨開具于後。蔡確親黨：安燾、章惇、蒲宗孟、曾布、曾肇、蔡京、蔡卞、黄履、吴居厚、舒亶、王覿、邢恕等四十七人；王安石親黨：蔡確、章惇、吕惠卿、張璪、安燾、蒲宗孟、王安禮、曾布、曾肇、彭汝礪、陸佃、謝景温、黄履、吕嘉問、沈括、舒亶、葉祖洽、趙挺之、張商英等三十人。』於是簾中宣諭宰執曰：『確黨多在朝。』范純仁進曰：『確無黨。』吕大防進曰：『確之黨甚盛，純仁之言非是。』劉摯亦助大防，言有之。純仁曰：『朋黨難辨，却恐誤及善人。』退又上奏。……諫議大夫范祖禹亦謂『確已貶，餘黨勿問可也』。」又玉照新志卷一云：「元祐黨人，天下後世莫不推尊之。紹聖所定止七十三人，至蔡元長（京）當國，凡所背己者皆著其間，殆至三百九人，皆石刻姓名頒行天下。其中愚智溷淆，不可分别，至於前日詆訾元祐之政者，亦獲厠名矣，唯有識講論之熟者，始能辨之。然而禍根實基於元祐嫉惡太甚焉。吕汲公（大防）、梁況之（燾）、劉器之（安世）定王介甫（安石）親黨吕吉甫（惠卿）、章子厚（惇）而下三十人，蔡持正（確）親黨安厚卿（燾）、曾子宣（布）而下六十人，榜之朝堂。范淳父上疏以爲殲厥渠魁，脅從罔治。范忠宣（純仁）太息語同列曰：『吾輩將不免矣。』後來時事既變，章子厚建元祐黨，果如忠宣之言。大抵皆出於士大夫報復，而卒使國家受其咎，悲夫！」

［一三］諫官言宰相范純仁營救蔡確　宋史卷三一四范純仁傳稱「司諫吴安詩、正言劉安世交章擊純仁黨確」。

［一四］復除中書舍人又力辭　長編卷四三〇元祐四年七月甲戌條載云：「右諫議大夫范祖禹爲中書舍人兼侍講。左諫議大夫梁

燾、左司諫劉安世、右司諫吳安詩同奏，乞留祖禹依舊供諫職，而祖禹亦請追還告命。詔其告命令閤門繳納。」

［一五］疏奏不報　長編卷四三三元祐四年九月乙未條注曰：「舊録：『樞密院言：「右諫議大夫范祖禹奏請提刑司封樁闕額禁軍請受錢帛、斛斗萬數不少，乞盡賜户部、諸路轉運司，以佐經費。」詔：「諸路見封樁闕額，今後臣僚不得輒起請撥賜户部，仍令遵守。」』新録因此。」

［一六］朝廷卒從其議　長編卷四二〇元祐三年閏十二月云時「范百禄、趙君錫既受詔同行相視東、西二河，度地形，究利害，見東流高仰，北流順下，知河決不可回。即條畫以聞。」又據宋史卷九二河渠志二，范百禄等使回入對在元祐四年正月癸未，己亥詔罷回河及修減水河。然七月己巳朔因冀州南宫等五埽危急，都水監又建修河之策，時都水使者吳安持、提舉東流故道李偉力主復河東流，復置修河司興役。至元祐七年十月，大河復東流，其後又決。

［一七］以外議皆虚傳耳　長編卷四三六元祐四年十二月甲子條注曰：「吳幵漫堂隨筆云：『劉安世言：元祐初，爲左諫議大夫，因嫁女，呼牙姥欲買從嫁婢，累呼不至。一日晚，坐廳事，姥忽至，安世責之，姥云：「累日在府司，爲内東門要乳母，早來方入了。」安世驚曰：「内中何故買乳母？」時曾鎮任府司録，急寫數字問之，鎮報云：「有之。」安世章疏上言：「王上冲幼，早近女色，非所以延壽命之福也。太皇太后保佑，不宜有此。」語甚切至。一日入對，復面陳之，宣仁曰：「兒在老身榻前閣子中寢處，當無是事。」又明日，宣仁亦語宰相呂大防曰：「相公可留劉諫議來説與，老身究治，並無此事，令放心，更不須入文字。」大防奏云：「諫官例不與宰相相見，給事中范祖禹與安世同省，臣當傳陛下之旨，使祖禹告之。」祖禹過安世傳旨，坐獻茶，安世曰：「純夫官侍從，又在經筵，此事莫也著理會否？」祖禹媿謝云：「亦上疏。」後紹聖中，章惇、蔡卞建言，元祐大臣與宣仁有廢立議，指安世、祖禹言爲根，二人遂得罪幾死。紹聖六年，中書舍人任申先述其父伯雨言蔡卞疏，乃謂當時禁中爲高族雇乳母。』又云：『蹇序辰言：章惇謂序辰曰：「哲宗紹聖初語惇云：『元祐初，朕每夜只在宣仁寢處前閣中寢處，宫嬪在左右者凡二十人，皆年長者。一日，覺十人非尋常所用者，移時，又十人至，十人還，復易十人去。其去而還者，皆色慘沮，若嘗泣涕者。朕甚駭，不敢問，後乃知因劉安世章疏，宣仁詰之。』」』劉安世言行録云：『宣仁因安世上疏，始窮詰其事，乃知雇乳母者爲劉氏也，宣仁怒而撻之，由是劉氏深怨望安世。其後專寵，孟后幽廢，正位中闈，是爲昭懷皇后。』按他書未有即以此爲昭懷者，事當考。」按：上述「紹聖六年」乃「紹興六年」之譌。

〔一八〕改禮部侍郎　長編卷四六六元祐六年九月癸卯條注曰：「按前月二十七日，刑部侍郎彭汝礪執奏刑名，後六日改禮部侍郎。今汝礪猶在禮部，更除范祖禹爲侍郎，禮部乃有兩侍郎，前此所無，不知何故。」

〔一九〕遂進翰林侍講學士　長編卷四七五元祐七年七月癸巳條云：「詔復置翰林侍講學士，翰林學士范祖禹爲翰林侍講學士兼修國史。祖禹固請避范百禄補外，乃用王洙避兄子堯臣故事，特有是除。」注曰：「梁燾行狀云：『復置翰林侍講學士，實燾發之。』」

〔二〇〕又爲翰林學士兼侍講　長編卷四八二元祐八年三月癸卯條云：「翰林侍講學士范祖禹爲翰林學士兼侍講學士，祖禹力辭，不許。又力辭兼侍講學士，曰：『臣伏見仁宗之初，孫奭爲侍講學士凡七年，乃兼龍圖閣學士。馮京避親，除侍讀學士，後爲翰林學士，不兼侍讀。神宗初，司馬光、吕公著皆以翰林學士兼侍講，初不兼學士之職。臣叔祖鎮再入翰林，治平中以侍講學士知陳州，神宗召還，復爲翰林學士，亦止兼侍讀，不帶學士。臣於去歲蒙除禁職，聖恩許避親嫌，改授侍讀學士，今復蒙申前命，遂兼舊職，是臣因避親嫌，不朞歲得兩學士，在臣之分，夫豈敢安？朝廷如不許臣辭免新命，又以臣久在經筵，仍令兼職，即乞依舊例止兼侍講，不帶學士，則於職事無改，而又不違典故。』乃詔以翰林學士兼侍講。」

〔二一〕遂以龍圖閣直學士出知陜州　長編紀事本末卷一〇一逐元祐黨上云：紹聖元年四月「癸丑，翰林學士兼侍讀范祖禹爲龍圖閣學士、知陜州。先是，祖禹屢乞補外，上曰：『不須入文字，俟執政有闕。』明日，蘇轍責汝州，祖禹再上章請郡，不許。蓋上欲以祖禹代轍也。既而沮之者甚衆，祖禹固求出，乃有是命」。宋史范祖禹傳云：「時紹述之論已興，有相章惇意。祖禹力言惇不可用，不見從，遂請外。上且欲大用，而内外梗之者甚衆，乃以龍圖閣學士知陜州。」

〔二二〕繼責授武安軍節度副使永州安置　太平治迹統類卷二四元祐黨事本末下云：紹聖元年「十一月，御史郭知章、黄慶基奏乞貶修神宗實録官，甲午，三省同進呈臺諫官前後章疏，言國史院所修先帝實録類多附會奸言，詆斥熙寧以來政事，乞賜重行竄黜。詔祖禹責授武安軍節度副使，永州安置」。

〔二三〕再貶昭州別駕賀州安置　長編紀事本末卷一〇一逐元祐黨上云：紹聖三年八月「庚辰，詔：『責授武安軍節度副使、永州安置范祖禹，責授承議郎、試少府少監、分司南京、南安軍居住劉安世，在元祐中搆造誣謗，靡有不至。迹其用心，宜加誅殛，聊從遠竄，以示寬恩。范祖禹特責授昭州別駕、賀州安置，劉安世特責授新州別駕、英州安置。』坐四年十二月同上疏論禁中覓乳母事也」。三朝名臣言行録卷一三之一内翰范公引家傳云：「紹聖三年，徙賀州，謫詞云：『朕於庶言，無不嘉納。至於以訐爲直，以無爲有，則在所不赦。』公云：『吾論多事矣，皆可以爲罪也，亦不知所坐何事？』後乃知坐向言覓乳媪事，（章）惇、（蔡）卞以謂上疏太母，所以離間哲宗也。」晁氏客語云：「元祐末，純夫數上疏論時事，其言尤激切，無所顧避。文潛（張耒）、少游（秦觀）懇勸，以謂不可，公意竟不回。其子沖亦因間言之，公曰：『吾出劍門關，稱范秀才。今復爲一布衣，何爲不可？』其後遠謫，多緣此數章也。」

〔二四〕再移化州　長編卷五〇〇元符元年七月庚午條云：「三省言：『劉摯等黨人，王巖叟前後論事，包藏姦心，最爲凶悖；范祖禹、劉安世、朱光庭仍累疏誣罔聖德，陰蓄邪謀，雖各行遣，累據臣僚上言，乞賜施行。』詔：『范祖禹移化州安置，劉安世移梅州安置，王巖叟、范祖禹、劉安世、朱光庭諸子並勒停，永不收敘。』」晁氏客語云：「劉莘老（摯）、梁況之（燾）終於貶所，因尚洙之言。朝廷以二公既没，不及再貶，故諸子盡廢。范純夫以是移化，事實不類。其子沖亦停官。竟不知當時如何行遣也。」

〔二五〕卒　朱子語類卷一三〇自熙寧至靖康人物注引廣録云：「范淳夫死亦可疑。雖其子孫備載其死時詳細，要之深可疑。」

〔二六〕建炎二年追復龍圖閣學士　宋史全文卷二九下載嘉泰四年八月「甲辰，賜范祖禹謚曰正獻」。

鄒司諫浩傳〔一〕　同前

政和元年三月，宣德郎、直龍圖閣鄒浩卒①。

浩字至完②，常州晉陵人③〔二〕。中元豐五年進士第，調蘇州吴縣主簿，揚州教授，雄州防禦推官，知安州孝

① 政和元年三月宣德郎直龍圖閣鄒浩卒　按，陳瓘侍郎鄒公埋銘載其卒於政和元年三月九日。

② 浩字至完　按，陳瓘侍郎鄒公埋銘及東都事略、宋史鄒浩傳稱其字志完。

③ 常州晉陵人　「人」原作「大」，據庫本改。

感縣，潁昌府教授[三]。除太學博士，以言者論列，爲襄州教授[四]。父喪，服闋，改宣德郎。哲宗召對，除右正言[五]。時章惇用事，皇后孟氏廢[六]。浩上疏曰：

臣聞禮曰：「天子之與后，猶日之與月，陰之與陽，相須而成者也。天子理陽道，后治陰德；天子聽外治，后聽内職。」然則立后以配天子，安得不慎？今陛下爲天下擇母，而所立賢妃劉氏，一時公議，莫不疑惑。誠以國家自有仁祖故事，不可不遵用之爾。蓋皇后郭氏與美人尚氏争寵致罪，仁祖既廢后，不旋踵，并斥美人，所以示公。至立后，則不選於妃嬪，而選於貴族，而立慈聖光獻，所以遠嫌也，所以爲天下萬世法也。

陛下廢孟氏，與廢郭后實無以異。然孟氏之罪，未嘗付外雜治，果與賢妃争寵而致罪乎，世固不得而知也；果不與賢妃争寵而致罪乎，世亦不得而知也。若與賢妃争寵而致罪，則并斥美人，以示至公，固有仁祖故事存焉；若不與賢妃争寵而致罪①，則不立妃嬪以遠嫌，亦有仁祖故事存焉。二者必居一，於此不可得而逃也。況孟氏罪廢之初，天下孰不疑賢妃必爲后，及讀詔書，有「别選賢族」之語，又聞陛下臨朝慨歎，以廢后爲國家不幸，又見宗景有立妾之請，陛下怒其輕亂名分，而重賜譴責，於是天下始釋然，不疑陛下立后之意在賢妃也。今果立之，則天下所期陛下者，皆莫信之矣。載在史策，傳示萬世，不免上累聖德，可不惜哉！乞賜開納，不以一時改命爲甚難，而以萬世公議爲足畏，追停册禮，别選賢族，如初詔施行。庶幾上答天意，下慰人心，爲宗廟社稷無疆之計②，不勝幸甚。

惇等覆奏，浩除名勒停，新州編管[七]。

---

① 若不與賢妃争寵而致罪　「若」原作「告」，據文海本、庫本及道鄉集卷二三諫哲宗立劉后疏改。

② 爲宗廟社稷無疆之計　「疆」原作「畺」，據文海本、庫本及道鄉集卷二三諫哲宗立劉后疏改。

徽宗即位，復宣德郎，添監袁州酒稅。除右正言，遷左正言、左司諫、起居舍人、中書舍人，同修國史，遷吏部、兵部侍郎[八]。乞補外，除寶文閣待制、知江寧府，改杭州。崇寧元年閏六月，手詔：「朕仰惟哲宗皇帝嚴恭寅畏，克勤祗德，元符之末，是生越王，姦人造言，謂非后出。比閱臣僚舊疏，適見椒房訴章，載加考詳，咸有顯證。是時兩宮親臨撫視，嬪御執事在傍，何緣外人得入宮禁，殺母取子？實爲不根。朕爲人之弟，繼體承祧，詆誣之臣，豈可逃罪？鄒浩可重行黜責，以稱朕昭顯前人之意。」於是浩責授衡州別駕，永州安置[九]。後半年，除名勒停，昭州居住。

崇寧四年，移漢陽軍。五年，復承奉郎，歸常州。大觀元年，復宣義郎，宣德郎、直龍圖閣[一〇]。浩自嶺表還親側，凡六年，卒[一一]，年五十二。自號道鄉，有文集三十卷①。

初，浩除諫省，欲終辭，母張問其故，浩曰：「有言責者不可默，恐或以是貽親憂。」母曰：「兒能報國，無媿於公議，則我何憂乎？勿辭。」及兩被竄謫，母不易初意，人稱其賢。

辨證：

[一] 鄒司諫浩傳　按，鄒浩，東都事略卷一〇〇、宋史卷三四五有傳；陳瓘撰侍郎鄒公埋銘，載明王行墓銘舉例卷三，又載鄒浩道鄉全集（清道光十一年刻本）附録。

[二] 常州晉陵人　陳瓘侍郎鄒公埋銘云其「世爲杭州錢塘人，祖霖，故任尚書都官郎中，徙居常州晉陵，今爲常州晉陵人」。

[三] 調蘇州吴縣主簿揚州教授雄州防禦推官知安州孝感縣潁昌府教授　陳瓘侍郎鄒公埋銘稱其「調蘇州吴縣主簿，未赴，改除揚

① 有文集三十卷　按，陳録卷一七著録鄒浩道鄉集四十卷，宋史卷二〇八藝文志七著録鄒浩文卿集四十卷。

州州學教授」。又稱其後「知安州孝感縣事，未赴，改除潁昌府學教授」。

［四］以言者論列爲襄州教授　陳瓘侍郎鄒公埋銘云其「元祐七年，除太學博士。明年，用御史來之邵言，爲襄州州學教授」。長編卷四八三元祐八年四月庚午條云：「監察御史來之邵言：『前潁昌府教授鄒浩以媚道交結蘇頌子弟，乃得除太學博士。懷其私恩，怨望朝廷，詆毀言路。伏望屏之遠方。』詔鄒浩令吏部差充襄州州學教授。」注曰：「鄒浩怨謗詆毀事，當考，本傳亦無之。陳次升云：浩爲蘇頌所知，故除博士。及頌罷，浩亦隨罷。」

［五］哲宗召對除右正言　長編卷五〇二元符元年九月壬子條載宣德郎鄒浩爲右正言，云：「浩初得召對，曾布謂上曰：『浩雖呂嘉問所薦，然衆論甚稱之。元祐以太學博士爲來之邵、楊畏所逐，人以爲冤。』上曰：『待子細詢問。』於是三省呈浩元祐間所上疏，陳科舉去留之法未當，因及時事，云人才所當急，則云自古不乏才；國用所當憂，則云君子不言利；邊備所當修，則云在德不在兵。凡十餘事，皆深中當時議論者之病，衆莫不稱之。遂擢授諫職。」注引吴敏中橋見聞録曰：「叔夏言：哲廟時，陛對者多不能當上意者。報罷，高者監司寺監丞類爾，獨志完一見，當即時改官除正言。」宋宰輔編年録卷一一元符三年四月甲辰條引丁未録云：「宣德郎、添監袁州酒税鄒浩爲右正言，用曾布、韓忠彦、黄履所薦也。」

［六］時章惇用事皇后孟氏廢　按東都事略鄒浩傳云：「方孟后廢而立劉后也，時有曾誕者，嘗作玉山主人對客問以譏浩，其略曰：『客問：「鄒浩可謂有道之士乎哉？」主人告客曰：「浩安得爲知道？雖然，余於此時而議浩，是天下無全人也。言之尚足爲來世戒。易曰：『知幾其神乎？』又曰：『知進退存亡而不失其正者，其惟聖人乎？』方皇后之廢，人莫不知劉氏之將立，至四年之後，而册命未行，是天子知清議之足畏也。余三移書於浩，使之力請復后，浩皆不答。使其時浩力言復后，能感悟天子，則無劉氏之事貽朝廷於過舉。再三言而不聽，則義亦當矣。使其時得罪，必不至貽老母憂也。」』」

［七］浩除名勒停新州編管　野老紀聞云：「李景夏問章子厚（惇）曰：『鄒浩諫立后，何不與閑曹塲了，却寘獄遠貶，就其名聲？』子厚自失，良久曰：『君不知先帝怒甚。』」

［八］中書舍人同修國史遷吏部兵部侍郎　陳瓘侍郎鄒公埋銘稱其「明年除通直郎，試中書舍人，賜三品服，差同修神宗國史」。又云其「遷吏部侍郎，賜對衣金帶。是年遇南郊恩，奏補仲弟洞爲假承務郎。請免脩國史，乞閑局，改兵部侍郎」。

〔九〕於是浩責授衡州别駕永州安置　陳瓘侍郎鄒公埋銘云其「尋改知杭州，未赴，責授衡州别駕，永州安置」。皇朝編年綱目備要卷二六崇寧元年閏六月「竄鄒浩」條云：「初，劉后爲賢妃生子，時中宫虚位，后因是得立，然纔三月而薨，謚獻愍太子。后之立也，浩三疏諫，隨削其稿，尋得罪貶。上初即位，召浩還朝，首及諫立后事，褒歎再三，詢諫稿安在。對曰：『焚之矣。』退告陳瓘，瓘曰：『禍其在此乎？異時姦人妄出一緘，不可辨矣。』及是，蔡京用事，素忌浩，乃使其黨爲僞疏，謂本宫人卓姬生子，后殺其母而取之。其辭云：『殺卓氏而奪其子，欺人可也，詎可以欺天乎！』詔暴其事，安置永州。」獨醒雜志卷五云：「道鄉鄒公志完論立劉后疏有曰：『若曰有子可以立爲后，則永平中，貴人馬氏未嘗有子，所以立爲后者，以德冠後宫故也。祥符中，德后劉氏亦未嘗有子，所以立爲后者，以鍾英甲族故也。今若賢妃德冠後宫亦如貴人，鍾英甲族亦如德后，則何不於孟氏罪廢之初，用立慈聖光獻故事便立之，必遷延四年以待今日，果何意耶？必欲以示信天下，天下之人果信之耶？』上怒甚，内批貶志完新州。疏留中不降出，時人亦不知有何説也。元符末，崇慶眷方盛，時相欲媒孽志完以固位，乃僞爲志完之疏，傳之中外。其間有云：『殺卓氏而奪之子，欺人可也，詎可欺天耶！卓氏何辜哉！廢孟后而立劉后，快陛下之意，可也，奈天下耳目何！劉氏何德哉！』因指謫此語，謂不可不明白，下新州取索元本。志完不知索之之由，復申元藁不存。諸人遂誣志完，以爲實有此説。詔令應天尹孫橐以檻車往新州收赴京師。至泗上，哲宗升遐，其事遂寢。崇寧初，將再貶志完，乃先下詔曰：『朕仰惟哲宗皇帝嚴恭寅畏，克勤祗德。元符之末，是生越王，姦人造言，謂非后出。比閲臣僚舊疏，適見椒房訴章，載加考詳，咸有顯證。其時兩宫親臨撫視，嬪御執事在旁，何緣外人得入宫禁，殺母取子？實爲不根。爲人之弟，繼體承祧，豈使沽名之賊臣，重害友恭之大義？詆誣欺罔，罪莫大焉！其鄒浩可重行黜責，以戒爲臣之不忠者，庶稱朕昭顯前人之意。如更有言及者，亦依此施行。』志完遂以衡州别駕，永州安置。」

〔一〇〕大觀元年復宣義郎宣德郎直龍圖閣　陳瓘侍郎鄒公埋銘云其「大觀元年，用寶赦轉宣義郎。四年，復直龍圖閣」。

〔一一〕浩自嶺表還親側凡六年卒　陳瓘侍郎鄒公埋銘云「公自嶺表還親側，凡六年，而瘴癘歲作，今年春大病，遂不起，政和元年三月九日也。享年五十有二。母張氏，封安康郡太君。夫人沈氏，蓬萊縣君。子男二人：曰柄，曰栩。卜以今年十二月初二日葬公于常州晉陵縣之德澤鄉林莊原祖考之兆，從公志也」。又，宋史全文卷一九下載紹興六年二月「己酉，故承議郎鄒浩贈寶文閣直學士，謚曰忠」。

劉諫議安世傳[一]　同前

宣和七年六月戊午，承議郎、直龍圖閣劉安世卒。

安世字器之。父航，神宗朝爲太僕卿，國史有傳[二]。安世熙寧六年登進士第，調洛州司法[三]，就辟高陽帥幕。父喪，服除，爲河南府左軍巡判官。

哲宗初，劉摯爲御史中丞，薦之，除右正言[四]。首論「祖宗以來，執政大臣親戚子弟未嘗居内外華要之職。自王安石秉政以後，盡廢累聖之制，專用親黨，務快私意，二十年間，廉耻掃地。今廟堂猶習故態，太師文彦博、司空吕公著、左僕射吕大防、右僕射范純仁、門下侍郎孫固、左丞王存、右丞胡宗愈，堂除子弟親戚凡十人[五]」。且曰：「惟中書侍郎劉摯未見所引私親，而依違其間，雷同循默，豈得無罪？願出臣章，偏示三省，俾自此以往，厲精更始。」又論胡宗愈除右丞不協公議，臺諫交章。已而諫議大夫王覿坐是罷斥，中丞孫覺、御史楊康國相繼辭去，安世與左司諫韓川復申言之，尋亦乞補外[六]。時兩省諫官惟安世獨員，章二十上，宗愈乃罷[七]。

章惇强買崑山縣民田①，吴處厚繳進蔡確知安州日詩[八]，安世皆極言，且謂：「惇、確與黄履、邢恕自言聖上嗣統，有定策功，眩惑中外。若不早賜辨正，恐歲月寖久，邪説得行，離間兩宫，有傷慈孝。乞斥惇等，屏之遠方。」先是，御史臺見安世論惇、確罪，初無一言及王汾，迨汾除諫議大夫，則全臺上章[九]；又中丞李常、侍御史盛陶累以復行新法爲請。安世言：「常、陶皆安石黨。安石殘民蠹國，向之云亡，人皆相賀。汾時無言責，乃言

---

① 章惇强買崑山縣民田　「强」原作「姜」，據文海本、庫本改。

上書①，乞賜惡謚，以憤世疾邪之意。常等惡傷王氏，因汾之除，相率醜詆②。」於是常、陶與御史趙挺之、王彭年同日皆出〔一〇〕，臺爲一空。方確之未貶，范純仁、王存密爲申理，乞從寬貸。及彭汝礪、曾肇同爲中書舍人，皆營救之。暨確有分司之命，汝礪封還詞頭，安世又劾奏之，由是純仁與存俱罷，汝礪、肇亦補外。尋除起居舍人兼右司諫，遷左諫議大夫。

時有詔權罷講筵，安世上疏：「願爲宗社大計，清閑之燕，頻御經帷，以助聖學。」哲宗嘉納〔一一〕。初，鄧温伯爲翰林學士，草王珪制③，有「預定議於禁塗」之語；及爲確制，則曰「尤嘉定策之功」。至是温伯爲承旨，安世言：「温伯陰受邪説，稍絀王珪，而溢美於確。確實何力，敢貪天功！」凡六上疏，不報。請祠，除中書舍人，辭不就，除集賢殿修撰，提舉嵩山崇福宫。

明年，以寶文閣待制爲樞密都承旨。時呂惠卿以光禄卿分司南京，安世復應詔言事，謂：「惠卿國之巨蠹，四海所疾，宜永投荒裔。考之常法，猶未應叙，不識何名，遽復卿列？若惠卿之命遂行，則將藉以及確，確復用，則章惇之徒如蝟毛而起，爲國家計，其得安乎？願使中外群小不能動摇正道。」

紹聖初，章惇入相，降官落職，知南安軍，未至，提舉洪州玉隆觀。尋責少府少監、分司南京。三年，貶新州別駕，英州安置。時蔡確子渭數上言訟呂大防、劉摯及安世等，朝廷委翰林學士蔡京等究治。京親爲奏劄，請誅滅摯、安世等家族，乃移安世梅州。既而究治無驗，而惇尚乞遣呂升卿、董必使嶺外置獄，欲盡誅之〔一二〕，賴哲宗

---

① 乃言上書　文海本作「乃獨上言」。

② 相率醜詆　「率」原作「卒」，據庫本改。

③ 草王珪制　「珪」字原闕，據文海本、庫本及東都事略劉安世傳補。

仁聖，其請不行。

徽宗即位，移衡州，尋以濮州團練副使，鼎州居住。繼復承議郎、集英殿修撰，知鄆州。崇寧元年，復待制，知真定府、潞州。二年，落職知沂州，改提舉西京崇福宫，貶信陽軍。三年，除名勒停，峽州羈管〔一三〕。五年，敘承事郎。大觀二年，叙宣德郎、奉議郎。四年，復承議郎〔一四〕。政和八年，提舉南京鴻慶宫。宣和六年，復直龍圖閣。卒〔一五〕，年七十八。

安世少師事司馬光，初仕，請於光曰：「願一言終身行之。」光曰：「其『誠』乎？吾生平力行之，故立朝行己，俯仰無愧。」安世問其目，光曰：「自『不妄語』始〔一六〕。」既擢言路，入白其母，將以親辭①〔一七〕，母告之曰：「不可以閨門之私辭君命，勉之力言當世之務，幸而開納，利澤足以及物。或有非意，吾不以遠近，誓與汝偕。」及將南遷，母怡然曰：「茲事固知如此，特有遲速耳。」且戒毋以得喪爲意。有文集二十卷、盡言集十三卷、資治通鑑音義十卷。

子伯英、伯廉、伯和。

辨證：

〔一〕劉諫議安世傳　按，劉安世，東都事略卷九四、宋史卷三四五有傳。

〔二〕父航神宗朝爲太僕卿國史有傳　曲洧舊聞卷九云「航字仲通，大名人。舉進士，頗爲蔡君謨、韓魏公所知，終于太僕卿」。按，劉航，傳附宋史劉安世傳。

① 將以親辭　「親」，庫本作「親老」。

〔三〕調洛州司法　宋史劉安世傳云其「登進士第，不就選。從學於司馬光，咨盡心行己之要，光教之以誠，且令自『不妄語』始。調洛州司法參軍」。

〔四〕哲宗初劉摯爲御史中丞薦之除右正言　宋史劉安世傳云：司馬光「入相，薦爲祕書省正字。光薨，宣仁太后問可爲臺諫于呂公著，公著以安世對，擢右正言」。長編卷四〇八元祐三年二月乙未條載宣德郎、正字劉安世爲右正言，云：「司馬光既没，太皇太后問呂公著：『光門下士素所厚善，可任臺諫者，孰當先用？』公著以安世對，遂擢任之。」

〔五〕堂除子弟親戚凡十人　劉安世盡言集卷一論差除多執政親戚有云：「臣伏見太師文彦博之子及甫爲光禄少卿，保雍將作監丞，孫永世少府監丞，妻族陳安民近遷都水監丞，女婿任元卿堂差監商税院，孫婿李慎由堂差監左藏庫。……司空呂公著之子希勣今年知穎州，纔及成資，召還爲少府少監；希純去年自太常博士又遷宗正寺丞。女壻范祖禹與其婦翁共事於實録院，前此蓋未嘗有；而次壻邵龢爲開封推官，公著纔罷僕射，即擢爲都官郎中。外甥楊國寶，自初改官知縣，又堂除太常博士，未幾又擢爲成都路轉運判官；楊瓌寶亦自常調堂差知咸平縣。妻弟魯君貺今年自外任擢爲都水監丞。姻家張次元堂除知洛州，胡宗炎擢爲將作少監，馬傳慶自冗官得大理寺主簿。……宮教之職，舊係吏部依法選差，近方收爲堂除，而公著首用其孫壻趙演。宰相呂大防任中書侍郎日，堂除其女壻王讜京東排岸司，妻族李括知洋州，李機知華州。范純仁拜相之初，即用其姻家韓宗道爲户部侍郎，妻族王古右司員外郎，王毅近自常調堂差知長垣縣。門下侍郎孫固之子朴判登聞檢院。……孫固及左丞王存、右丞胡宗愈姻家歐陽棐除館職未及一月，又授職方員外郎。宗愈之弟宗炎近除開封推官。」

〔六〕中丞孫覺御史楊康國相繼辭去安世與左司諫韓川復申言之尋亦乞補外　長編卷四一四元祐三年九月己未條云：「御史中丞孫覺爲龍圖閣直學士、提舉醴泉觀兼侍講，覺引疾求罷，故有是命。」注曰：「劉安世言『去年五月中臺臣劾胡宗愈，未蒙施行，孫覺、楊康國相繼解職而去』。當考。」又卷四二一元祐四年正月甲申條云：「左司諫韓川爲集賢校理、權發遣穎州。川既辭免太常少卿，又堅請補外，以數言胡宗愈不聽故也。」

〔七〕章二十上宗愈乃罷　長編卷四二三元祐四年三月己卯條注曰：「劉安世言行録云：『安世申三省，凡二十次論胡宗愈，乞請章疏付外。翌日，三省奏事罷，執政皆退，簾中有語云：「右丞且住。劉某有章疏言右丞，知否？」宗愈對：「不知言臣何事。」宣仁曰：

「章疏更不降出，右丞宜自爲去就。」遂罷政。』此事當考。」宋宰輔編年録卷九元祐四年三月己卯條云：「先是，諫議大夫王覿疏宗愈自爲御史中丞，論事建言多出私意，與蘇軾、孔文仲各以親舊相爲比周，力排不附己者，而深結其同於己者，操心頗僻如此，豈可以爲執政大臣？覿黜守潤州，而言者不止。右正言劉安世前後二十次論奏，乞行罷免。於是，尚書右丞胡宗愈上表乞罷政。」按，據盡言集卷三、卷四所載，劉安世論胡宗愈除右丞不當章疏實有二十一通。

[八] 吴處厚繳進蔡確知安州日詩　按，「蔡確知安州日詩」指蔡確所作車蓋亭詩。

[九] 追汾除諫議大夫則全臺上章　長編卷四一九元祐三年閏十二月己未條云：「左中散大夫、太常少卿、直祕閣王汾爲右諫議大夫，既而御史中丞李常等論汾口吃滑稽，不任諫職，而汾亦自懇辭。從之。」

[一〇] 於是常陶與御史趙挺之王彭年同日皆出　宋史卷三四四李常傳云：「諫官劉安世以吴處厚繳蔡確詩爲謗訕，因力攻確。常上疏論以詩罪確，非所以厚風俗。安世併劾常，徙兵部尚書，辭不拜，出知鄧州。」又卷三四七盛陶傳云：「諫官劉安世等攻蔡確爲謗詩，陶曰：『確以弟碩有罪，但坐罷職，不應懷恨。注釋詩語，近於捃摭，不可以長告訐之風。』安世疏言：『陶居風憲地，目覩無禮於君親之人，而附會觀望，紀綱何賴？』出知汝州。」長編卷四二七元祐四年五月辛巳條載「詔蔡確責授左中散大夫、守光禄卿、分司南京」；「又詔侍御史新除太常少卿盛陶知汝州，殿中侍御史翟思通判宣州，監察御史趙挺之通判徐州、王彭年通判廬州」。注曰：「政目云陶、思、挺之、彭年坐觀望不言蔡確，五年七月二十二日改差遣。」

[一一] 時有詔權罷講筵至哲宗嘉納　東都事略劉安世傳云：「時罷講筵，且聞禁中求乳母，安世上疏曰：『陛下富於春秋，尚未納后，迺者民閒喧傳求乳母。臣忝備言職，當諫其漸。伏惟皇帝陛下天錫睿聖，太皇太后陛下慈仁正順，保佑備至，覆載之內，莫不傾耳拭目以望風化。而或者之論，乃謂陛下稍疎先王之經典，寖近後庭之女寵，此聲流播，實損聖德。昔者帝堯惟以天下爲憂，不敢以位爲樂；成湯不邇聲色，萬世傳誦。皇帝陛下不可以不勉，太皇太后不可以不勸也。願爲宗社大計，清閑之燕，頻御經帷，以助聖學，無溺於所愛，而忘其可戒，則天下幸甚。』宣仁后因安世言窮詰其事，乃知雇乳母者爲後宮劉氏也。」

[一二] 欲盡誅之　宋史劉安世傳云：「惇與蔡卞將必寘之死，因使者入海島誅陳衍，諷使者過安世，脅使自裁。又擢一土豪爲轉運判官，使殺之。判官疾馳將至梅，梅守遣客來勸安世自爲計。安世色不動，對客飲酒談笑，徐書數紙付其僕曰：『我即死，依此行之。』

顧客曰：『死不難矣。』客密從僕所視，皆經紀同貶當死者之家事甚悉。判官未至二十里，嘔血而斃，乃得免。昭懷后正位中宮，惇、卞發前諫乳婢事，以爲爲后設。時鄒浩既貶，詔應天少尹孫鼛以檻車收二人赴京師。行數驛而徽宗即位赦至，鼛乃還。」鶴林玉露乙編卷二天佑忠賢云：「劉元城貶梅州，章惇輩必欲殺之。郡有土豪，凶人也。以貲得官，往來京師，見章惇，自言能殺元城。惇大喜，即除本路轉運判官。其人驅車速還，及境，郡守遣人告元城。元城略處置後事，與客笑談飲酒以待之。至夜半，忽聞鐘聲，問之，則其人已嘔血死矣。」

〔一三〕峽州羈管　宋史劉安世傳稱時「蔡京既相，連七謫至峽州羈管」。

〔一四〕復承議郎　曲洧舊聞卷九云：「政和中，劉器之既復舊官領祠，然纔得承議郎。所至與人叙位，必謹班著，不肯妄居人上。一日，謁鄉人趙畯朝奉，坐未久，有張基大夫者繼來。劉與之叙官，張雖辭讓，既不獲，又不知避去，因據上坐。劉歸之明日，偶微病，人有候之者，曰：『比謁趙德進，坐於堂中，適張基大夫繼至，吾官小，宜居下，遂坐德進傍，正當房門之衝，風吹吾項，遂得疾。』客至必以此告，是亦不能不介意之辭也。」

〔一五〕卒　三朝名臣言行録卷一二之三諫議劉公引言行録云：「夏六月丙午，忽大風飛瓦，驟雨如注，雷電晝晦於公正寢，人皆駭懼而走。及雨止辨色，公已終矣，聞者咸異焉。」

〔一六〕自不妄語始　邵氏聞見後録卷二〇云：「劉器之曰：『吾從司馬公五年，得一語曰「誠」。請問其目，則曰：「誠者天之道，思誠者人之道，至臻其道則一也。」又問所以致力，公喜曰：「問甚善，自『不妄語』入。」吾初甚易之，退而自檃括日之所行與所言，相掣肘矛盾者多矣，力行七年而後成，自兹言行一致，表裏相應，遇事坦然有餘地矣。』」黄氏日抄卷四四讀本朝諸儒書元城道護録云：「元城劉先生初事司馬温公，五年而後教之以誠。思之三日，不知所從入，而後教之以『不妄語』。力行七年而後言行相應，故能不動如山。」

〔一七〕入白其母將以親辭　宋史劉安世傳云其「入白母曰：『朝廷不以安世不肖，使在言路。倘居其官，須明目張膽，以身任責，脱有觸忤，禍譴立至。主上方以孝治天下，若以老母辭，當可免。』母曰：『不然。吾聞諫官爲天子諍臣，汝父平生欲爲之而弗得，汝幸居此地，當捐身以報國恩。正得罪流放，無問遠近，吾當從汝所之。』於是受命，在職累歲，正色立朝，扶持公道。其面折廷爭，或帝盛怒，則執簡却立，伺怒稍解，復前抗辭，旁侍者遠觀，蓄縮悚汗，目之曰『殿上虎』，一時無不敬懾」。

名臣碑傳琬琰集下卷二十

曾文肅公布傳[一]　實録

大觀元年六月乙卯①，太中大夫、提舉西京嵩山崇福宫曾布薨。布字子宣，南豐人。幼孤[二]，學於其兄鞏。擢嘉祐二年進士第。熙寧初，韓維知開封府，自海州懷仁縣令辟監本府檢校庫②。王安石始執政，亦薦之。因上書召見，論事合意，改太子中允、崇政殿説書[三]，兼檢正中書户房公事，遷集賢校理，判司農寺，兼檢正中書五房公事③。新法青苗、助役，皆布與吕惠卿建議[四]。安石嘗曰：「法之初行，議論紛紛，獨惠卿與布終始不易，餘人則一出焉，一入焉爾。」擢修起居注，遂爲右正言、知制誥[五]，直學士院、尚書禮部，爲翰林學士[六]，兼三司使。

初，韓琦上疏論新法之害，神宗稍悟。七年，大旱，詔求直言。布論市易掊克之虐，落職出知饒州[七]。徙知

① 大觀元年六月乙卯　「六月」，宋史卷二〇徽宗紀、老學庵筆記卷四皆作「八月」。按，是年六月無乙卯日，當以「八月」爲是。

② 自海州懷仁縣令辟監本府檢校庫　「懷仁縣」原作「還仁縣」，據宋史曾布傳及卷八八地理志四改。

③ 兼檢正中書五房公事　「五房」原作「大房」，據長編卷二二〇熙寧四年二月甲子條及宋史曾布傳改。

江陵，未赴，改知潭州。十年，復集賢院學士①、知廣州。元豐初，復龍圖閣待制、知桂州，進龍圖閣直學士②〔八〕，徙知秦州。過闕，留判將作監。未幾，復出知陳州〔九〕，移知慶州〔一〇〕。官制行，爲朝奉大夫。母喪，服除，召爲翰林學士。聞神宗遺制，奔赴京師，尋爲户部尚書〔一一〕。元祐初，除龍圖閣學士、知太原府〔一二〕，移知真定、河陽〔一三〕、青州、瀛州。

哲宗親政，自瀛州徙江寧。入對，復爲翰林〔一四〕，遷承旨，兼侍讀，擢同知樞密院事，遷知院事〔一五〕。時章惇爲相，斥逐元祐臣寮，士心不附。布詭情辟致名士如陳瓘、張庭堅居門下〔一六〕，欲以傾惇。會哲宗升遐，欽聖太后召宰執問誰當立，惇有異議，布奏：「惟太后處分〔一七〕。」徽宗即位，召韓忠彦爲相。惇既逐，布以定策功，拜右銀青光禄大夫、尚書右僕射〔一八〕。忠彦柔懦，天下事多決於布。議以元祐、紹聖均爲有失，欲以大公至正消釋朋黨，明年改元爲建中靖國，邪正雜用〔一九〕，忠彦遂罷去。布獨當國，漸進「紹述」之説〔二〇〕。

明年，又改元爲崇寧〔二一〕，蔡京於是召用〔二二〕，而布亦得罪矣。崇寧元年閏六月，罷觀文殿大學士③、知潤州〔二三〕。九月，落職提舉亳州太清宫，太平州居住〔二四〕。十月，降授中大夫、守司農卿，分司南京④〔二五〕，依舊太平州居住。十二月，責授武泰軍節度副使，衡州安置⑤〔二六〕。二年，責授賀州別駕⑥〔二七〕，又

---

① 復集賢院學士　「集」原作「業」，據鐵琴銅劍樓本、庫本改。

② 進龍圖閣直學士　「直」字原脱，據東都事略、宋史曾布傳補。

③ 罷觀文殿大學士　「學士」上原衍「崇」字，據鐵琴銅劍樓本、庫本删。

④ 十月降授中大夫守司農卿分司南京　按，長編紀事本末卷一三〇久任曾布、宋會要輯稿職官六八之三係其事在崇寧元年九月二十一日丁酉。

⑤ 十二月責授武泰軍節度副使衡州安置　「十二月」，宋史卷一九徽宗紀、長編紀事本末卷一三〇久任曾布係其事於九月壬寅，宋會要輯稿職官六八之四在十一月二十一日，宋宰輔編年録卷一一崇寧元年閏六月壬戌條亦作「十一月」。

⑥ 二年責授賀州別駕　「二年」，長編紀事本末卷一三〇久任曾布、宋史卷一九徽宗紀係其事於崇寧元年十二月癸丑。

責授廉州司户參軍[二八]。四年，量移舒州。五年，復太中大夫，提舉西京嵩山崇福宫，任便居住。大觀元年，卒于潤州私第①。累復光禄大夫、觀文殿大學士，謚文肅。

辨證：

[一] 曾文肅公布傳　按，曾布，東都事略卷九五、宋史卷四七一有傳。

[二] 幼孤　宋史曾布傳稱其「年十三而孤」，并云其大觀元年卒時年七十二。按本書中集卷四二曾博士易占神道碑載曾布父易占卒於慶曆七年，則推知其喪父時年十二。

[三] 改太子中允崇政殿説書　長編卷二一五熙寧三年九月癸巳條載著作佐郎、編修中書條例曾布爲太子中允、崇政殿説書，云：「王安石常欲置其黨一二人於經筵，以防察奏對者。吕惠卿既遭父喪，安石未知腹心所託，布巧黠善迎合，安石悦之，故以布代惠卿入侍經筵。布資序甚淺，人尤不服，而布亦固辭，卒罷之。」

[四] 新法青苗助役皆布與吕惠卿建議　宋史曾布傳云其「與吕惠卿共創青苗、助役、保甲、農田之法」。

[五] 遂爲右正言知制誥　長編卷二二五熙寧七年四月丁酉條載「兵部郎中、集賢校理、直舍人院王益柔，刑部郎中、祕閣校理、同修起居注陳襄，兵部員外郎、集賢校理、直舍人院、同修起居注陳繹，太子中允、集賢校理、直舍人院曾布，並知制誥。布仍改右正言。上初欲用張琥及襄、繹、益柔，王安石言琥不如布，上曰：『布誠宣力多。』遂用布」。

[六] 爲翰林學士　長編卷二四一熙寧五年十二月乙未條載知制誥陳繹、曾布並爲翰林學士，云：「初，吕惠卿既除都檢正，欲布罷職，王安石固請留布，曰：『得兩人協濟，則臣愚短庶幾寡過。』上許之。及是，又欲留布，上曰：『學士職任高，不可爲宰屬。』安石又請留布修中書條例，上曰：『惠卿吏文尤精密，不須留布也。』安石乃已。」

---

① 卒于潤州私第　「潤州」原作「閏州」，據文海本、庫本及宋史曾布傳改。

〔七〕布論市易掊克之虐落職出知饒州　宋史曾布傳云「布論判官呂嘉問市易掊克之虐，大概以爲：『天下之財匱乏，良由貨不流通；貨不流通，由商賈不行；商賈不行，由兼併之家巧爲摧抑。故設市易於京師以售四方之貨，常低卬其價，使高於兼併之家而低於倍蓰之直，官不失二分之息，則商賈自然無滯矣。今嘉問乃差官於四方買物貨，禁客旅無得先交易，以息多寡爲誅賞殿最，故官吏、牙駔惟恐裒之不盡而息之不夥，則是官自爲兼并，殊非市易本意也。』事下兩制議，惠卿以爲沮新法，安石怒，布遂去位。惠卿參大政，置獄舉劾，黜布知饒州」。又長編卷二五五熙寧七年八月壬午條云：「翰林學士、行起居舍人、權三司使曾布落職，以本官知饒州。都提舉市易司、國子博士呂嘉問知常州。軍器監獄具，布坐不覺察吏人教令行户添飾詞，理不應奏而奏，公罪杖八十；嘉問亦坐不覺察雜買務多納月息錢，公罪杖六十。而中書又言『布所陳治平財賦，有内藏庫錢九十六萬緡，當於收數内除豁，布乃於支數除之。令御史臺推直官蹇周輔劾布所陳，意欲明朝廷支費多於前日，致財用闕乏，收入之數不足爲出。當奏事詐不實，徒二年』，而有是命。……初，市易之建，布實同之，既而揣上意疑市易有弊，遂急治嘉問。會呂惠卿與布有隙，乘此擠布，而議者亦不直布云。」

〔八〕進龍圖閣直學士　長編卷三〇一元豐二年十一月壬辰條載起居舍人、龍圖閣待制、知桂州曾布爲龍圖閣直學士，云「以措置交趾事畢推恩也」。東軒筆録卷八云：「廣源嵐瘴特甚，自置州，凡知州及官吏戍兵至者輒死，數年間死者不可紀，每更戍之卒決知不還，皆與骨肉死別，至舉營號哭不絶者月餘，以是人情極不安。會曾布帥桂，擒得交趾將儂智春，交人稍懼，曾因建議乞因此機會許交趾還向所虜生口而棄順州，朝廷從之。明年，交人歸生口數百，遂以廣源與之。復曾龍圖閣直學士，將佐遷官有差。」

〔九〕復出知陳州　長編卷三一一元豐四年正月甲寅條云：「先是，以龍圖閣學士曾布知秦州，後數日，改判將作監。布以母老爲請也。甲寅，御史朱服言：『布顧其私，畏遠憚勞，乞寢罷將作之命，飭布就道。』知諫院、權侍御史知雜事舒亶又言：『布自嶺外授以西帥，猶懷不自滿，不即就道，以親爲解。欲望發遣赴任，或別與一外任。』詔劄與布知，尋以布知陳州。」

〔一〇〕移知慶州　老學庵筆記卷七云：「曾子宣丞相，元豐間帥慶州。未至，召還；至陜府，復還慶州，往來潼關。夫人魏氏作詩戲丞相曰：『使君自爲君恩厚，不是區區愛華山。』」

〔一一〕尋爲户部尚書　長編卷三五六元豐八年五月戊午條注曰：「布集有年譜，乃云『司馬公用布爲户部尚書』。按光除門下侍郎，與布同日，光才執政，元未入對，那得有此事？蓋年譜妄說也。布此除，實出於蔡確等，疑必有曲折。」

〔一二〕除龍圖閣學士知太原府　長編卷三六九元祐元年閏二月庚戌條載户部尚書曾布爲龍圖閣學士、知太原府，云「劉摯言之也」。

〔一三〕河陽　長編卷四三七元祐五年正月庚寅條云：「詔河東路經略使、龍圖閣學士、朝請大夫曾布特降一官，管勾麟府軍馬趙宗本特追兩官勒停，知麟州王景仁、通判魏緡罰金有差，並衝替，同簽軍馬司事折克行贖金，以本路將官宋整實病而攝入禁，觸階而死，故有是責。中書舍人王巖叟言：『布任元帥，所宜與諸將同安樂、共患難者也。失其歡心且不可，況致之抱冤而死乎？昨陛下以河東全道之師屬曾布，使護諸將，以當一面，所以寄託者重矣。而布驕簡自居，喜怒隨意，蔽于讒諂，不究下情。將官宋整實有病狀，而不加恤，偏信趙宗本挾怨之言，按整以罪。整以將兵爲麟州私占，申乞遣還，乃是整能謹職事，布復偏信宗本徇私之説，判收不問。整既下不得伸于本州，上不得伸于本帥，非辜繫獄，冤憤不勝，遂觸階而死。按整堂有母，室有妻，儻非甚冤，寧肯輕死？此陛下可察也。將佐致此，不知安用帥臣？若不重行竄黜，恐無以慰生者之恨，平死者之冤。今雖降官，不害爲帥，陛下推此考布，尚可以統御諸將、當帥臣之寄乎？伏望聖慈特令黜職降郡，稍正典刑，以示陛下重人命、惜士心之意于四方，臣不勝幸甚。所有布降官告詞，臣未敢行。』貼黃稱：『臣聞河東諸將，自宋整以冤死，無不歸罪于帥，日日望朝廷爲平其冤。今不重黜布，恐無以慰軍心，激士氣，惟陛下深察。』詔徙布知河陽。」

〔一四〕入對復爲翰林　長編紀事本末卷一三〇久任曾布云：「紹聖元年四月庚戌，龍圖閣學士曾布除翰林學士、知制誥。布自高陽徙江寧，詔許入覲，言：『先帝政事，當復施行之，宜改元，以順天意。』初除户部尚書，尋改是命。」

〔一五〕擢同知樞密院事遷知院事　長編紀事本末卷一三〇久任曾布載紹聖四年閏二月壬戌，中大夫、同知樞密院事曾布爲大中大夫、知樞密院事，云：「初，章惇之初拜相也，曾布在翰林，章惇制詞極其稱美，望惇用爲同省執政，惇忌之，止拜同知樞密院，於是又遷知樞密院。」

〔一六〕布詭情弊致名士如陳瓘張庭堅居門下　長編卷四九二紹聖四年十月甲午條云：「以宣德郎陳瓘、承事郎張庭堅充樞密院編修文字。從曾布、林希請也。布因白上：『臣等稱引人才，皆天下公議所與，不敢上欺聖聽。』上然之。布初欲用庭堅及王涣之，（林）希以謂涣之乃元祐黄本，恐爲人所媒孽，遂易以瓘。已而蔡卞言瓘及庭堅皆異論者，瓘常教孫諤言事，三省所惡，西府必收之。政如熙寧中王安石有所爲，則吴充等未嘗不立異也。時瓘通判滄州，有奏乞滿任，辭編修不赴。布與希不敢可否，上不許辭。布因言：『瓘學識趣操，爲衆所稱，但不爲執政所悅。』上曰：『章惇亦言其當作館職。』布曰：『如璀何止館職，臺諫、侍從，皆其所宜。只如館職，衆所願得，世之士人奔走執政之門，求之而不可得，璀辭之而去。及爲西府所召，又亦力辭，此其操守可見。如此等人，乃力加排抑，臣所未喻也。先朝欲更修政事，創立法度，在廷之臣多以爲不可，故當時指爲異論之人。今陛下修復熙寧法度，竄斥元祐有罪之人，士大夫孰敢以爲不可？但與章惇、蔡卞議論不同之人，便指爲異論，尤爲無謂。若使立朝者，人人不敢與惇、卞不同，此豈得穩便？陛下欲聞外事，何可得邪？』上諦聽，色甚悅。」

［一七］布奏惟太后處分　宋史卷十九徽宗紀一云：「元符三年正月己卯，哲宗崩。皇太后垂簾，哭謂宰臣曰：『家國不幸，大行皇帝無子，天下事須早定。』章惇厲聲對曰：『在禮律當立母弟簡王。』皇太后曰：『神宗諸子，申王長而有目疾，次則端王當立。』惇又曰：『以年則申王長，以禮律則同母之弟簡王當立。』皇太后曰：『皆神宗子，莫難如此分別，於次端王當立。』知樞密院曾布曰：『章惇未嘗與臣等商議，如皇太后聖諭極當。』尚書左丞蔡卞、中書門下侍郎許將相繼曰：『合依聖旨。』皇太后又曰：『先帝嘗言端王有福壽，且仁孝，不同諸王。』於是惇爲之默然。乃召端王入，即皇帝位。皇太后權同處分軍國事。」

［一八］拜右銀青光禄大夫尚書右僕射　東都事略曾布傳云：「一日，中使召蔡京鏁院，拜韓忠彥左僕射。京欲刺探徽宗之意，徐奏請曰：『麻詞未審合作專任一相，或作分命兩相之意。』徽宗曰：『專任一相。』翌日，京出宣言曰：『子宣不復相矣。』已而復召曾肇草制，布拜右僕射。制曰：『東西分臺，左右建輔。』蓋有爲云。」按，宋史曾布傳略同。

［一九］改元爲建中靖國邪正雜用　鐵圍山叢談卷一云：「太上（徽宗）即位之明年改元建中靖國者，蓋垂簾之際，患熙豐、元祐之臣爲黨，故曰建中靖國。實兄弟爲繼，故踵太平興國之故事也。」揮麈後録卷六云：「曾文肅元符末以定策功爰立作相，壹意信任，建言改元建中靖國，收召元祐諸賢而用之。」

［二〇］布獨當國漸進紹述之説　長編紀事本末卷一三〇久任曾布云：徽宗「踐祚之初，深知前日之弊，故盡收元祐竄斥之人，逐紹聖之挾怨不逞者，欲破朋黨之論，泯異同之迹，以調一士類。而元祐之人持偏如故，凡論議於上前，無非譽元祐而非熙寧、元豐，欲一切爲元祐之政，不顧先朝之逆順，不卹人主之從違，必欲回奪上意，使舍熙豐而從元祐，以遂其私志，致上意憒鬱，日厭元祐之黨。乃復歸咎於布，合謀并力，詭變百出，必欲逐之而後已，上意益以不平」。桯史卷一一尊堯集表云：王安石「目録一書，本熙寧間荆公奏對之

辭，私所録記。紹聖以後，稍尊其説，以竄定元祐史牒。蔡元度卞又其壻，方烜赫用事，書始益章。建中靖國初，曾文肅布主紹述，垂意實録，大以據依。陳了翁瓘爲右司員外郎，以書抵文肅，謂薄神考而厚安石，尊私史而厭宗廟，不可。文肅大怒，罷爲外郡」。按，「目録」乃「日録」之譌。又，桯史卷一四陳了翁始末亦述此事。又，朱子語類卷一三〇自熙寧至靖康人物云：「曾子宣初亦未嘗有甚惡元祐人之意，被陳瑩中（瓘）書之後，遂乘勢作起徽宗攻治之，亦以其與熙豐本合也。」

[二一] 又改元爲崇寧　按鐵圍山叢談卷一云徽宗「明年親政，則改元崇寧。崇寧者，崇熙寧也」。

[二二] 蔡京於是召用　宋史卷四七二蔡京傳云：時「童貫以供奉官詣三吴訪書畫奇巧，留杭累月，京與游，不舍晝夜。凡所畫屏幛、扇帶之屬，貫日以達禁中，且附語言論奏至帝所，由是帝屬意京。又太學博士范致虚素與左街道録徐知常善，知常以符水出入元符后殿，致虚深結之，道其平日趣向，謂非相京不足以有爲。已而宫妾、宦官合爲一詞譽京，遂擢致虚右正言，起京知定州。崇寧元年，徙大名府。韓忠彦與曾布交惡，謀引京自助，復用爲學士承旨。徽宗有意修熙豐政事，起居舍人鄧洵武黨京，撰愛莫助之圖以獻，徽宗遂決意用京。」揮麈後録卷六云：「元長（蔡京）先已交結中禁，膠固久矣，雖云去國，而眷柬方濃，自是屢欲召用，而文肅輒尼之。一日，徽宗忽顧首相韓文定（忠彦）云：『北方帥藩有闕人處否？』文定對以大名府未除人。少刻，批出蔡京除端明殿學士、知大名府，仍過闕朝見。文肅在朝堂，一覽愕然，忽字呼文定云：『師朴可謂鬼劈口矣。』翌日白上，以爲不可。上乾笑曰：『朕嘗夢見蔡京作宰相，卿焉能遏邪？』數日後，臺諫王能甫、吴材希旨攻文肅，上爲罷二人，文肅自恃以安。然元長來意甚鋭，如蔡澤之欲代范雎也。甫次國門，除尚書右丞。」按，「右丞」當作「左丞」。

[二三] 罷觀文殿大學士知潤州　宋宰輔編年録卷一一崇寧元年閏六月壬戌條云：「錢遹言：『曾布呼吸立成禍福，喜怒遽變炎涼。鈎致齊人之疑言，欲破紹聖之信史。』於是，布連抗章乞罷，遂有是命。初，布於元符末欲以元祐兼紹聖而行，故力排蔡京。至崇寧初，知上意有所向矣，又欲力排韓忠彦而專其政。無何，蔡京爲左丞，大與布乖。會布擬陳祐甫爲户部侍郎，京於榻前奏曰：『爵禄者，陛下之爵禄，奈何使宰相私其親？』布之壻陳迪，祐甫之子也。布忿然争辨，久之，聲色稍厲。温益叱曰：『曾布，上前安得失禮！』上不悦而罷。翌日交攻布，布由是得罪」，遂罷宰相。揮麈後録卷一云：「徽宗初踐祚，曾文肅公當國。禁中放紙鳶落人間，有以爲公言者，公翌日奏其事，上曰：『初無之，傳者之妄也，當令詰治所從來。』公從容進曰：『陛下即位之初，春秋方壯，罷朝餘暇，偶以爲戲，未爲深

失。然恐一從詰問，有司觀望，使臣下誣服，則恐天下向風而靡，實將有損於聖德。』上深憚服，然失眷始於此也。」

〔二四〕九月落職提舉亳州太清宮太平州居住　宋宰輔編年録卷一一崇寧元年閏六月壬戌條云：「七月，布落觀文殿大學士、提舉亳州太清宮、太平州居住。時侍御史錢遹言：『曾布初與韓忠彦、李清臣結爲死黨，既登相位，析交離黨，日夜争勝。不及半月，首罷市易。變法之論，相因而至。於是，范純粹乞差衙校，以害神宗之免役。李夷行乞復詩賦，以害神考之經術。力引王古爲户書，以掌開闔斂散之權。王覿爲中丞，以定是非可否之論。』又奏布與宦官閻守懃等相交結，使門人李士京通道言語，及諷金山寺獻地以應讖記等事。遂有是命。」按，宋大詔令集卷二一〇曾布落職提舉亳州太清宮太平州居住制題下注曰「崇寧元年七月丙戌」。則此「九月」，似當作「七月」。

〔二五〕十月降授中大夫守司農卿分司南京　宋宰輔編年録卷一一崇寧元年閏六月壬戌條云：「布降中大夫、守司農少卿、分司南京。錢遹言：『陛下入繼大統，太母垂簾。曾布乞獨班奏事，力引韓忠彦、李清臣、豐稷、曾肇之徒鱗集於朝，忠彦引陳瓘、龔夬，曾布引陳次升、李清臣、豐稷，合黨締交，造端設計，睥睨宫禁，莫敢誰何。欲變亂當時事實，以誣毁哲廟。李勣乃布、肇姻家，率爾上書，乞廢元符皇后。伏望重行竄殛。』布遂責降，忠彦崇福宫，清臣、肇稷等皆貶責。」

〔二六〕十二月責授武泰軍節度副使衡州安置　宋宰輔編年録卷一一崇寧元年閏六月壬戌條云：「崇寧元年十一月，布嘗薦學官趙諗，而諗叛，遂責授武泰軍節度副使、衡州安置。」按，東都事略、宋史曾布傳略同。皇朝編年綱目備要卷二六崇寧元年二月「趙諗伏誅」條云：「諗江津人，少敏給，紹聖初，擢甲科，教授成都。因章惇逐元祐大臣不合人心，欲以此爲名起兵據蜀。與所親何獎、王師直、賈成時及日者羅京等同謀，借姓孟起兵，以從蜀人之望。屬上登極赦到，諗謂獎等曰：『章惇必敗，天下既安，人心難動，前事願勿出口。』遂入京除太學博士，請假般家，欲面止諸人，而黨中有發其謀者，獄具，當族。有詔誅之，家屬分配湖廣。」玉照新志卷一云：「趙諗者，其先本出西南夷獠，戕其族黨來降，賜以國姓。至諗，不量其力，乃與其黨李造、賈時成等宣言，欲誅君側之姦。其語頗肆狂悖，然初無弄兵之謀。建中靖國時事既變，諗亦幡然息心，來京師注官。時曾文肅當國，一見，奇其才而薦之，擢國子博士。諗謁告，省其父母於蜀中。其徒句群以前事告變，獄就，遂以反逆伏誅，父母妻子悉皆流竄。改其鄉里渝州爲恭州。文肅亦坐責。」

〔二七〕二年責授賀州別駕　東都事略、宋史曾布傳云其「以棄湟州，責賀州別駕」。

〔二八〕又責授廉州司户參軍　長編紀事本末卷一三〇久任曾布云：崇寧「二年五月丙戌，刑部、大理寺以開封府勘鞫曾布之妻魏氏并子紆、繰等交通請求，具獄來上。三省檢會，臣僚上言：『竊見開封府根治曾紆等取受賂遺、干求差遣等公事，稱曾紆計贓二千五十三貫，曾布并妻魏氏計一千九百三貫，曾繰計一百四十六貫，□碩計二十三貫，及各有銀數。謹按布身爲宰相，受國重恩，當明天子在上，不務盡公守法，以報朝廷，而敢受賂狼籍，研窮有狀，欲望詳酌，特降睿旨施行，以戒爲臣之貪者。』詔並依大理寺所斷刑名，特不以近降赦原，責授賀〔州〕別駕、衡州安置曾布授廉州司户參軍，依舊衡川安置」。皇朝編年綱目備要卷二六崇寧元年「閏六月，曾布罷」條云：「言者再攻布，詔置獄開封。而府尹呂嘉問挾宿憾，逮布諸子，鍛錬窮治，由是曾紆、曾繰等一百五十餘人坐責有差。降布爲廉州司户，並依舊衡州安置。」

曾舍人肇傳①〔一〕　同前

大觀元年六月丙辰②，朝散郎曾肇卒。

肇字子開。布弟也。中治平四年第，調台州黄嵓主簿、鄭州教授〔二〕。用近臣薦賜對〔三〕，爲崇文院校書兼國子監直講，遷館閣校勘，刪定九域志〔四〕。改大理寺丞、同知太常禮院，權判太僕寺、殿中省，除集賢校理。修仁宗、英宗兩朝正史，以肇爲國史院編修官〔五〕，判登聞鼓院〔六〕。六曹建，除尚書吏部郎中，與修兩朝寶訓。母喪，服除，爲尚書户部郎中，復爲吏部，兼著作郎，遷右司郎中，接送伴契丹賀正旦使。

① 曾舍人肇傳　「傳」字原脱，據文海本及本書體例補。

② 大觀元年六月丙辰　「六月丙辰」，曾文昭公集附録行狀作「八月丙辰」、神道碑作「八月三日」。按，六月丙辰朔；八月甲寅朔，丙辰爲三日。「六」字疑誤。

元祐初，爲神宗實録檢討，擢起居舍人、中書舍人、實録修撰。太皇太后受册，有旨遵章獻太后故事御文德殿。肇言：「天聖二年，兩制定議，皇太后受册於崇政殿，仁宗特詔有司改文德殿，蓋人主一時之制。今皇帝述仁宗故事，以極崇奉之禮，孝敬之誠，可謂至矣。臣竊謂太皇太后儻於此時特下明詔，發揚皇帝孝敬之誠，而固執謙德，屈從天聖兩制之議，止於崇政殿受册，則皇帝之孝愈顯，太皇太后之德愈尊，兩誼俱得，顧不美歟！」詔如肇請。又論：「内降之弊，始自細微，漸無紀極，不可不戒。」

諫官王覿謫知潤州[七]，肇言：「覿以論及執政罷去，臣恐在廷以覿爲戒，異時執政有罪，陛下不得聞矣。」哲宗悟，加覿直龍圖閣。使契丹回，奏「臣道雄、瀛，民訴差役不便，願更其未便民者[八]」。河決而北踰十年，二三大臣力欲回復故道[九]，俾都水使者王孝先主之。肇屢陳不可。

蔡確責新州，中書舍人彭汝礪當草制，不奉詔，而諫官言汝礪實肇使之。時肇新除給事中，固辭請外，以寶文閣待制知潁州[一〇]。明年，徙知齊州[一一]。及至，改陳州。又明年，徙知應天府。

七年，入爲尚書吏部侍郎①。論「南郊既去皇地祇位，議者欲夏至遣冢宰攝事，則不復有親祭地祇之時。於事天則躬行，事地則遣官，非王者父天母地之義」。又議「明堂配帝，請復設五帝，與昊天上帝並祀」。徙刑部，知徐州[一二]。數月，徙江寧府。紹聖初，知瀛州[一三]，降集賢殿修撰、知滁州[一四]。歲滿，知泰州②，又徙海州。

徽宗即位，復爲中書舍人[一五]。上疏曰：「治道在廣言路。以言賞人，猶或畏縮不進；以言罪人，人將鉗口

---

① 入爲尚書吏部侍郎　「吏部」，曾文昭公集附録神道碑及東都事略、宋史曾肇傳同，而曾文昭公集附録行狀、長編卷四七四元祐七年六月庚午條等作「禮部」，當是。

② 知泰州　「泰州」原作「秦州」，據曾文昭公集附録行狀及東都事略、宋史曾肇傳改。按，後山詩注卷七有寄泰州曾侍郎，任淵注曰「肇」，「泰州」。則作「泰州」者是，據改。

去矣。」會日食四月朔，故事當降詔求直言，上命肇草詔，能具述意。詔下，投匭者日千百人[一六]。元祐士大夫再以赦恩甄叙①，或復舊職典方面。肇奏：「生者蒙恩固已厚矣，唯是游魂枯骴尚未被聖恩，死而有知，豈得無望？請如寇準、曹利用故事，檢會臣寮貶死未經叙復者，還其所奪官職恩澤[一七]。又乞如祖宗朝每大赦後置看詳編配罪人一司，命官典領，使流竄廢錮之人均被恩澤。」

遷翰林學士、知制誥兼侍讀，請上觀唐貞觀政要、陸贄奏議[一八]。諫官陳瓘以言東朝尚與政事被謫②[一九]，肇即上書兩宮，乞復瓘職，且明瓘意在於愛君。執政倡言上當爲哲宗期從兄之服[二〇]，肇在邇英，讀史記至「堯崩，三年之喪畢」，因言：「堯、舜同出黄帝，然數世已遠，舜且爲堯喪三年者，舜嘗臣堯故也。」侍讀温益進曰：「史記世次不足信，若堯、舜同出，則舜娶堯女，爲娶從祖姑。」肇以史記世次、禮記祭法大傳之説與益質於上前，益語塞。

布相，肇避親嫌，除龍圖學士，提舉中太一宫兼集禧觀公事。修撰哲宗實録，修神宗寶訓、國朝會要。出知陳州[二一]，徙太原府、南京[二二]、揚州，又徙知定州。落龍圖閣學士，謫知和州[二三]，道除舒州靈仙觀。徙知岳州[二四]，貶濮州團練副使，汀州安置[二五]。移台州，未至，復朝散郎。卒[二六]，年六十一。

辨證：

[一]曾舍人肇傳　按，曾肇，東都事略卷四八、宋史卷三一九有傳；曾文昭公集附録載有行狀、楊時神道碑，行狀又載於楊時龜山

① 元祐士大夫再以赦恩甄叙　「再」字原闕，據曾文昭公集附録行狀及東都事略曾肇傳補；庫本作「皆」。

② 諫官陳瓘以言東朝尚與政事被謫　「尚」字似衍，東都事略曾肇傳無「尚」字。

集卷二九，題曰曾文昭公行述。

[二] 鄭州教授　曾文昭公集附録行狀稱「邵安簡公亢守鄭州，薦其賢，請爲州學教授」。

[三] 用近臣薦賜對　曾文昭公集附録神道碑云：「時上方嚮儒，王荆公安石言公經行宜居首善之地，有旨召對延和殿。」

[四] 删定九域志　曲洧舊聞卷五云：「本朝九域志，自大中祥符六年修定。至熙寧八年，都官員外郎劉師旦言，自大中祥符至今六十年，州縣有廢置，名號有改易，等第有升降，兼所載古迹有出於俚俗不經者，乞選有地里學者重修之。乃命趙彦若、曾肇就秘書省置局删定，今世所刊者是也。崇寧末，詔置局編修，前後所差官不少，然竟不能成。」按，所謂「今世所刊者」，即題名王存等撰之元豐九域志，元豐三年閏九月書成。

[五] 以肇爲國史院編修官　長編卷二九〇元豐元年七月庚寅條云「知禮院、大理寺丞、集賢校理曾肇兼修國史院編修官。肇奏：『臣史學不如臣兄鞏，乞回所授。』不聽」。又東軒筆録卷六云：「曾肇爲集賢校理兼國子監直講，修將作監勑，會其兄布論市易事被謫，執政怒未已，遂罷肇主判，滯於館下，最爲閒冷，又多希旨窺伺之者，衆皆危之，曾處之恬然無悶。余嘗贈之以詩，有『直躬忘坎陷，祥履任巇屼』。蓋謂是也。既而曾魯公公亮薨，肇撰次其行狀，上覽而善之，即日有旨除史院編修官，復得主判局務。」

[六] 判登聞鼓院　曾文昭公集附録行狀稱「公兄鞏入判太常，以親嫌罷禮官，判登聞鼓」。

[七] 諫官王覿謫知潤州　本書下集卷一九劉諫議安世傳載時「論胡宗愈除右丞不協公議，臺諫交章。已而諫議大夫王覿坐是罷斥」。長編卷四一一元祐三年五月庚午條載「劉摯記覿罷諫議大夫事」，云：「初，胡宗愈爲中丞，屢擊侍御史杜純有勁節，但少通脱，又昵諸韓，始所以進，由韓維屬吕公著。而宗愈擊純無實，惡純爲大理丞，以不能苛深得罪，其事甚著，宗愈乃言其刻，及詆其陰贊維收例事，又言在河北鬻酒，又言純爲韓氏雜幹如奴僕。會簾中方惡韓氏，此言皆入，純以故罷，而覿繼之。覿與宗愈不咸有狀，未幾，宗愈爲右丞，言者交攻之，而覿最力。其一章先陳維之善，謂宗愈輒嘗彈之，又敘杜純之善，而宗愈擊之，皆非是。覿亦韓氏所引，已蹈嫌疑矣。嘗面宣曰：『宗愈不曾言韓維。』而覿猶論不已，以宗愈爲姦邪。於是上怒，宣示文彦博以下，使重譴覿。二三公極救之，摯亦進曰：『覿性和而正，久在言路，有裨補。今爲諫大夫十數日，無罪而黜，恐天下不知其故。』諭曰：『覿無故挾私詆近臣，豈曰無罪？侍郎只是不曾被人言及，若言作姦邪，還肯甘受否？』摯曰：『臣有罪惡，安敢求免人言？臣非爲覿，但惜朝廷事體。宗愈之進，自有公議，不須令朝廷

逐一諫大夫而用也。覼若自出，恐宗愈亦非所安耳。』文彥博曰：『劉摯之言極是，願采之。』覼竟去，免重謫耳。」

〔八〕臣道雄瀛民訴差役不便願更其未便民者　曾文昭公集附録行狀云其「奉使契丹回，道過雄、瀛二州，百姓各訴經國信使副，陳述役法不便事。公言：『臣於役法本不詳知，乞明詔有司，更加考察，不憚增改，歸於便民而後已。昔在熙寧中，更定役法，臣兄布實與其事，臣今言之，不爲無嫌。但承乏從官，將命出使，親見二州之民有所陳述，不敢顧避隱默，爲自全計也。』」

〔九〕二三大臣力欲回復故道　范忠宣公文集卷一九范忠宣公行狀云：先是「元豐中，河決小吴口，水遂北流。神宗命因其性而導之，要功之徒乘時射利，輒謂北流害塘濼，請塞小吴，使之東注。文彥博、吕大防是其説」。

〔一〇〕時摯新除給事中固辭請外以寶文閣待制知潁州　長編卷四二七元祐四年五月丁亥條注曰：「曾肇傳云：『當時宰相范純仁、左丞王存與肇三人論議多合，或者欲盡去之，會有以故相蔡確安州詩上，諫官交章以爲謗訕，確謫新州。純仁及存爭不能得，同時罷去。先是，肇與汝礪約，當制者極論。會肇除給事中，未拜，汝礪當制，論甚力。諫官乃言汝礪實肇使之，誣以賣友。肇辭新命，請外，章四上，除寶文閣待制、知潁州。』按，言者言肇賣友，乃六年八月，肇再除中書舍人時。肇此出，亦緣吴安詩論肇不自言，而教汝礪使言，劉安世論肇附范純仁故也。」按，曾文昭公集附録行狀云：「公與彭公約，當制者必極論之。會公除給事中，未拜，彭公當制，言甚力。諫官多前日與公論異者，言彭公實公使之，誣以賣友。公不自辨，固辭新命請外，章四上，除寶文閣待制、知潁州。」曾肇傳云云由此。

〔一一〕徙知齊州　長編卷四三六元祐四年十二月甲子條載寶文閣待制、知潁州曾肇知鄧州，云：「左諫議大夫劉安世言：『肇資稟姦回，趨向頗僻。昨來蔡確謗訕君親，天下臣民所共疾怒，而肇倡爲邪説，惑亂衆聽，以至捭闔執政，欺罔同列，苟有可以救確者，靡所不爲。上賴聖明，得正刑典，肇不自安，遂乞外補。陛下敦尚寬厚，貸而不誅，猶假從官，出守近郡，搢紳之論，固已不平。到潁半年，遽易帥路，非特無以示好惡於天下，亦恐氣燄凶慝，小人浸長。伏望聖慈審度事理，收還新命，以允公議。』詔曾肇改知齊州。」

〔一二〕知徐州　宋史曾肇傳云「肇在禮院時，啓親祠北郊之議。是歲當郊，肇堅抗前説，既而合祭天地，乃自劾，改刑部。請不已，出知徐州」。

〔一三〕知瀛洲　曾文昭公集附録行狀云：「哲宗既親政，追用舊臣，盡復熙豐之法，數稱公議禮有守。及公入對，口不及垂簾事，所陳皆國家大體。以謂：『人主雖有自然之聖質，必賴左右前後皆得其人，以爲立政之本。……臣謂宜於此時慎選忠信端良、博古多聞之士，置諸左右，以參謀論，以備顧問。與夫深處法宫之中，親近暬御之徒，其損益相去萬萬矣。』忤近貴意，故不得留。」按，宋史曾肇傳略同。

［一四］降集賢殿修撰知滁州　曾文昭公集附録行狀云：「是時元祐諸公皆流竄嶺表，最後謫前史官范祖禹等，以實録譏訕爲罪。初，實録成，公與陸佃、林希以常在屬，例轉一官。公奏：『臣不逮成書，不可因人之功以叨賞典。』累辭不許。至是，希爲中書舍人，納所遷官在職。公恥自陳，以覬倖免，遂與佃俱奪一官，降小郡，以公知滁州。御史言希不當與公異，佃與奏書，不當與公同，仍削佃職，除公集賢院修撰。」按，宋史卷一八哲宗紀二載紹聖二年四月戊辰，詔「易集賢院學士爲集賢殿修撰」。

［一五］復爲中書舍人　曾文昭公集附録神道碑云：「一日，二府奏事，簾中宣諭曰：『神宗在中宫，常稱曾肇可用。』召還，除中書舍人。」

［一六］投匭者日千百人　宋史曾肇傳云時「投匭者如織。章惇惡之，欲因事去肇，帝不聽」。按，曾文昭公集附録行狀云：「大臣有欲害公者，未有以發，乃改公所撰孔平仲復官制詞，著平仲譏訕先烈之罪，激之使自辨，因以擠之。公録二詞白上，言：『陛下既赦其罪，但當著明聖恩叙復之意，不必更載前來貶謫之罪。萬一可用，用之，如不可用，則臣爲不稱職，即乞罷臣中書舍人職事，以允公議。』上察其非罪，促令赴省供職。及對，慰諭久之。」

［一七］檢會臣寮貶死未經叙復者還其所奪官職恩澤　宋會要輯稿職官七六之六〇云：「元符三年五月二十三日，徽宗即位，未改元，詔：『朕嗣位五月，三下恩書。徽纆桁楊，棲置弗用；流竄放逐，係踵生還。尚念故老元臣嘗位承弼，或奪爵身後，或殞命貶中。霈澤之行，豈限存歿，不有追復，孰慰營魂？故降授太子少保致仕、潞國公文彦博可追復河東節度管内觀察處置等使、太師、開府儀同三司、太原尹、潞國公，追貶萬安軍司户參軍王珪復金紫光禄大夫、守尚書左僕射兼門下侍郎、岐國公、贈太師、謚文恭，故責授蘇州團練副使、循州安置吕大防追復光禄大夫，故責授鼎州團練副使、新州安置劉摯追復中大夫，故左朝議大夫致仕韓維追復資政殿大學士、太子少傅，故責授雷州别駕、化州安置梁燾追復左中散大夫，追貶朱崖軍司户參軍司馬光、追貶昌化軍司户參軍吕公著并追復太子太保，故太中大夫鄭雍追復資政殿學士，追貶雷州别駕王巖叟、追貶海州别駕孔文仲并追復朝奉郎，故責授昭州别駕、化州安置范祖禹追復朝奉大夫，故責授安遠軍節度副使、澧州安置趙彦若追復龍圖閣學士、中大夫，故右朝議大夫錢勰，故朝散大夫顧臨并追復龍圖閣學士，故左

朝請大夫、少府少監、分司南京趙君錫追復天章閣待制，故中大夫、寶文閣待制李之純追復寶文閣直學士，故朝散郎孔武仲、故承議郎尚書水部員外郎分司南京姚勔并追復寶文閣待制，故左朝議大夫盛陶追復龍圖閣待制，故右中散大夫趙卨追復太中大夫，端明殿學士、贈左光禄大夫，故朝請郎孫覺追復朝散大夫、龍圖閣直學士，故朝散郎杜純追復集英殿修撰，追貶柳州別駕朱光庭追復朝散郎，追貶唐州團練副使李周追復朝請郎、集賢殿修撰，追取出身文字人高士英追復承議郎，故責授果州團練副使、汀州安置孫陞追復朝請郎。」按，「孫陞」當作「孫升」。

〔一八〕請上觀唐貞觀政要陸贄奏議　曾文昭公集附録行狀云：「上嘗從容謂公曰：『卿學術在廷無過之者，非玉堂之上不可以處卿。』公頓首謝，因言：『近世帝王善爲治者莫如唐太宗，善言治者莫如唐陸贄。太宗貞觀之治，論者謂庶幾成康。史官掇其大者，別爲一書，謂之貞觀政要。陸贄事唐德宗，知無不言，言無不盡，要其歸必本於帝王之道，必稽於六藝之文。此二書，雖一代之文章，實百王之龜鑑。伏願陛下退朝之暇，紬繹經史之餘，取此二書置之座右，留神省覽。發言行事，以此爲準，庶於盛德有補萬一。』」

〔一九〕諫官陳瓘以言東朝尚與政事被謫　皇朝編年綱目備要卷二五元符三年九月「陳瓘罷」條云：「瓘除右司諫，上言云：『皇太后不待祔廟，果於還政，事光前古，名垂後世。陛下所以報皇太后者，宜如何哉？臣恐假借外家，不足爲報也。』又曰：『宗良兄弟，依倚國恩，憑藉慈蔭，所與游者，連及侍從，希寵之士，願出其門。裴彦臣無甚幹才，但能交通内外，漏泄機密。遂使物議籍籍，以爲萬機之事，黜陟差除，皇太后至今與也。良由中外關通，未有禁戒，故好事之人得以益傳耳。』上批：『陳瓘累言太后尚與國事，言多虛誕不根。可送吏部，與合入差遣。』三省請以瓘爲郡，上不可，添差監揚州糧料院。瓘初不知被責，復求見上，閤門不許。瓘即具以劄子繳進，其一再論景靈西宮，其二論章惇罷相制所稱國是，其三、其四皆指陳蔡京罪惡。……翌日，復有旨除瓘知無爲軍。」

〔二〇〕執政倡言上當爲哲宗期從兄之服　按，此執政當指門下侍郎李清臣。宋史卷一〇六禮志九云：「元符三年，禮部、太常寺言：『哲宗升祔，宜如晉成帝故事，於太廟殿增一室，候祔廟日，神主祔第九室。』詔下侍從官議，皆如所言。蔡京議：『以哲宗嗣神宗大統，父子相承，自當爲世。今若不祧遠祖，不以哲宗爲世，則三昭四穆與太祖之廟而八。宜深攷載籍，遷祔如禮。』陸佃、曾肇等議：『國朝自僖祖而下始備七廟，故英宗祔廟，則遷順祖，神宗祔廟，則遷翼祖。今哲宗於神宗，父子也，如禮官議，則廟中當有八世。況唐文宗即位則遷肅宗，以敬宗爲一世，故事不遠。哲宗祔廟，當以神宗爲昭，上遷宣祖，以合古三昭三穆之義。』先是，李清臣爲禮部尚書，首建增室之議，侍郎趙挺之等和之。會清臣爲門下侍郎，論者多從其議，惟京、佃等議異。二議既上，清臣辯説甚力，帝迄從焉。」又曾文昭公集附録行狀云：「禮部議哲宗升祔，宜於太廟殿增一室。公獻議稱：『書、禮記皆云七廟，國朝自僖祖而下，至仁宗始備七世。故英宗祔廟則遷順祖，神宗祔廟則遷翼祖，三昭三穆，合於典禮。今大行皇帝祔廟，當與神宗爲昭穆，上遷宣祖，以合禮文七世三昭三穆之誼。』時爲禮部者方執政，故公議見絀。」

［二一］出知陳州　曾文昭公集附録行狀云：「朝廷更茶法，内侍閻守懃主之。公謂與民爭利不可爲。是時守懃方用事，勢傾中外，非守義弗渝，無敢忤其意也。元年，太史復奏四月朔太陽當蝕，公請對言：『今連年日蝕，皆在正月歲旦之夕，赤氣亘天，變不虛生，必有所自。』因陳天人精祲之説，至誠懇激，言發涕下。退，力請外，得知陳州。」

［二二］徙太原府南京　曾文昭公集附録行狀云：「徙知太原府，充河東路經略安撫使。公奏：『西事素非所習，且臣兄布嘗與措置，議論之際，不無妨嫌。』力辭不赴，改知南京。」

［二三］落龍圖閣學士謫知和州　宋會要輯稿職官六七之三八云：崇寧元年「閏六月十五日，詔龍圖閣直學士、知定州曾肇落職知和州。肇嘗以史事與陸佃同謫，至是佃罷右丞，訓詞及之，肇不自安，上章待罪，故有是命」。墨莊漫録卷一云：「崇寧初既立黨籍，臣僚論元祐史官云：『初，大臣挾其私忿，濟以邪説。力引儇浮，與其厚善。布列史職，毀詆先烈。或鑿空造語以厚誣，若范祖禹、黄庭堅、張耒、秦觀是也。或隱没盛德而不録，若曾肇是也。或含糊取容而不敢言，若陸佃是也。』皆再謫降。時舊史已盡改矣。」

［二四］徙知岳州　皇宋十朝綱要卷一六載崇寧元年九月「丁酉，治元符末臣寮議復元祐皇后并廢元符皇后罪。……曾肇降官居住岳州」。則此云「徙知岳州」者似不確。

［二五］貶濮州團練副使汀州安置　曾文昭公集附録行狀載崇寧二年「秋，治上封事異趣者千餘人，因追咎公草求言詔，貶濮州團練副使、汀州安置」。

［二六］復朝散郎卒　曾文昭公集附録神道碑云：崇寧「五年春正月星變，詔求直言，毀元祐黨人碑，復謫者仕籍。公得移台州，未至，復朝散郎，寓居潤州」。又宋史曾肇傳云「紹興初，謚曰文昭」。按，晁志卷十九著録曾子開曲阜集四十卷、奏議十二卷、西掖集二卷、内制五十卷，云其「崇寧末移台州，居京口而終。封曲阜侯」。

王懿恪公拱辰傳[一]　同前①

元豐八年七月②，彰德軍節度使、檢校太師、北京留守王拱辰卒。

拱辰字君貺[二]，開封咸平人[三]。初名拱壽，天聖八年年十九，舉進士爲第一[四]，仁宗改賜今名。除將作監丞、通判懷州，遷著作佐郎、直集賢院，同知太常禮院。廢后郭氏在殯，有司前具上元觀燈燕，拱辰言：「晉大夫智悼子卒，未葬，平公飲酒，杜蕢揚觶。今既詔郭氏以后禮葬，豈獨大夫比耶？請罷御樓觀燈，及遣奠日，仍禁都下聲樂[五]。」歷三司鹽鐵判官、修起居注，改右正言、知制誥，判太常禮院。

初，朝廷禦邊重西北而輕東南。拱辰請倣唐制，益以東路之潮③，西路之邕、容，各總節制，與廣、桂爲五管[六]。慶曆元年，益梓路饑，以拱辰爲體量安撫使，至則奏蠲逋負以寬民。契丹使劉六符嘗謂賈昌朝曰：「塘濼何爲者耶？一葦可杭，投箠可平。不然，決其堤，十萬土囊，遂可得而路矣。」仁宗以問拱辰，對曰：「兵事尚詭，彼誠有謀，不應以語敵。此六符夸言耳。設險守國，先王不廢，而祖宗之所以限胡騎也[七]。」是歲，契丹遣劉六符來求關南十縣，其書謂「太宗并汾之役，舉無名之師，直抵燕薊」。拱辰請對曰：「河東之役，本誅僭僞。契丹遣使行在致誠款。已而寇石嶺關，潛假兵以援賊。太宗怒其反覆，既平繼元，遂下令北征，豈謂無名？」因作

① 同前　此二字原脱，據庫本及本書體例補。

② 元豐八年七月　按，忠肅集拾遺王開府行狀、王公墓誌銘及長編卷三五八云王拱辰卒於元豐八年七月二十三日乙卯。

③ 益以東路之潮　「潮」原作「湖」，據忠肅集拾遺王開府行狀、王公墓誌銘及東都事略王拱辰傳改。

報書云：「既交石嶺之鋒，遂有薊門之役。」虜得報，繼好如初。

除起居舍人、知開封府，以諫議大夫權御史中丞。李用和以元舅除宣徽使，已而除使臣①。拱辰言：「用和無功而驕②，朝廷名器，聽其所欲，非所以全后家[八]。」又言：「夏竦經略無功，移疾求郡，爲自安計，不當爲樞密使。」遂罷之。蘇舜欽監進奏院，因祠神燕集，客有因酒放言者，爲御史彈擊，以舜欽易故紙得錢爲會，請屬吏如法。拱辰遂言其放肆狂率，詆玩先聖，實爲害教，由是皆坐重貶[九]。又言：「中書、密院總天下機務，巨細一切省覽，窮日力猶不暇③，何暇遠圖哉？宜悉條細務，歸之有司[一〇]。」僧紹宗因鑄佛像惑衆聚財，都人争以金銀器投冶中，宫掖亦出貲佐之。拱辰言：「西師宿邊，而財費於不急，動士心，起民怨。」詔遣中使禁止之。

除翰林學士，權三司使。首言：「兵冗不精，費廩食，宜訓練澄汰，爲持久計。三路斂糴法，當隨時盈縮④，以權輕重[一一]。」改侍讀學士，知鄭、澶、瀛三州[一二]，留守西京。皇祐四年，除承旨。至和元年，拜三司使。使虜還，除宣徽北院使。御史趙抃言：「知潭州任顓與本路轉運判官李章賤市死商真珠。有司具獄來上⑤，而拱辰悉以其珠進内，以章宰相婿也。」又言「奉使契丹⑥，與宋選劇飲賦詩，輕率失言」。罷爲端明殿學士、知永興

---

① 已而除使臣　按長編卷一五六慶曆五年閏五月己酉條載「宣徽北院使、建武節度使李用和爲彰信節度使、同平章事」，故此處「使臣」似當作「使相」。

② 用和無功而驕　「無」原作「元」，據文海本及忠肅集拾遺王開府行狀、東都事略王拱辰傳改。

③ 窮日力猶不暇　「日」原作「目」，據鐵琴銅劍樓本、庫本改。

④ 當隨時盈縮　「當」，庫本作「宜」。

⑤ 有司具獄來上　「來」，文海本、庫本作「未」。

⑥ 又言奉使契丹　「又言」原作「人言」，據庫本及長編卷一八六至和二年四月「是月」條改。

軍[一三]，帥秦、定二州，再守西京，移守北門[一四]。

神宗即位，還朝[一五]，見上曰：「臣欲納忠，未知陛下意所向。」又言：「牛李黨事方作，不可不戒。」上以語執政，王安石曰：「此未足以爲姦邪，以未知陛下意所向也①。」曾公亮因言②：「拱辰在仁宗時，已知其不正，不復任用。」安石曰：「拱辰交結溫成皇后家[一六]，人皆知之。」於是遂出守南京[一七]，徙河陽，再守西京。召還，爲太一宫使。元豐初，爲宣徽南院使、西太一宫使。三年，再守北京[一八]。拱辰曰：「臣老矣，恐不足以任事。」上曰：「北門重地，卿舊地也，勉爲朕行。」既至，適三路初籍民兵，拱辰請稍蠲下户[一九]。六年，拜武安軍節度使[二〇]。上即位，改彰德軍節度使。卒，年七十四。輟視朝一日，詔贈開府儀同三司③[二一]。

子正甫、端甫、晉甫④。

辨證：

[一]王懿恪公拱辰傳　按，王拱辰，東都事略卷七四、宋史卷三一八有傳，劉摯忠肅集拾遺載有王開府行狀，又中原文物一九八五年第四期北宋王拱辰墓及墓誌載有安燾宋故彰德軍節度相州管内觀察處置等使檢校太師持節相州諸軍事相州刺史充大名府路安撫使兼北京留守司公事畿内勸農使上柱國太原郡開國公食邑九千三百户實封叁阡肆佰户贈開府儀同三司謚懿恪王公

① 以未知陛下意所向也　東都事略王拱辰傳作「以未知陛下意所向，此真姦邪也」。

② 曾公亮因言　「曾公亮」原作「者公亮」，據文海本、庫本及東都事略王拱辰傳改。

③ 詔贈開府儀同三司　「開府」原作「開封府」，據忠肅集拾遺王開府行狀、王公墓誌銘及東都事略、宋史王拱辰傳删「封」字。

④ 子正甫端甫晉甫　「晉甫」，忠肅集拾遺王開府行狀、王公墓誌銘作「晉明」。按，忠肅集拾遺王開府行狀、王公墓誌銘云其「子男七人，未名而卒者四人，仕而卒者二人」。

墓誌銘。

〔二〕拱辰字君貺　王公墓誌銘云其「初名拱壽，仁宗臨軒，見而奇之，改賜今名。朋友以爲榮，因字以君貺」。

〔三〕開封咸平人　忠肅集拾遺王開府行狀云：「元魏時，固爲廣陽侯，侯二子：神念、神感。……神感北事齊，而其家散處宋、鄭間，子孫蕃盛。至丕又徙開封陳留之通許鎮，鎮後爲咸平縣，今爲開封咸平人者，公之高祖也。」

〔四〕舉進士爲第一　邵氏聞見録卷八云：「王懿恪公拱辰與歐陽文忠公同年進士。文忠自監元、省元赴廷試，鋭意魁天下。明日當唱名，夜備新衣一襲，懿恪輒先衣以入，文忠怪焉。懿恪笑曰：『爲狀元者當衣此。』至唱名，果第一。」

〔五〕請罷御樓觀燈及遺奠日仍禁都下聲樂　按長編卷一一八景祐三年正月壬辰條云：「時上元節有司張燈，候乘輿出。右正言王堯臣言，后復位號，今方在殯，不當遊幸。同知禮院王拱辰亦以爲言。帝爲罷葬日張燈。」

〔六〕與廣桂爲五管　忠肅集拾遺王開府行狀於此奏下云「疏上不報。其後十年，儂智高陷廣州，又二十年，李正德陷邕、廉、欽，于是人思公言而服其識」。按，唐制稱廣、桂、容、邕、交州（安南）为「嶺南五管」。

〔七〕而祖宗之所以限胡騎也　忠肅集拾遺王開府行狀載王拱辰此奏，下云：「仁宗深然之。」

〔八〕用和無功而驕朝廷名器聽其所欲非所以全后家　長編卷一五六慶曆五年閏五月己酉條云：「宣徽北院使、建武節度使李用和爲彰信節度使、同平章事，許張傘擊杖子，上下馬如二府儀，餘無得援例。又詔公使錢特依宗室例，歲給其半。初，用和得宣徽使，意不滿，不謝。未幾，遂有此授。御史中丞王拱辰言：『杜審瓊，太祖、太宗舅，事兩朝有勞，然終不至宣徽使，祖宗所以保后家也。用和無功貪驕，而陛下名器聽其所欲，恐非所以全安之。』不聽。」

〔九〕由是皆坐重貶　長編卷一五三慶曆四年十一月甲子條載：「監進奏院右班殿直劉巽、大理評事集賢校理蘇舜欽，並除名勒停；工部員外郎、直龍圖閣兼天章閣侍講、史館檢討王洙落侍講、檢討，知濠州；太常博士、集賢校理刁約通判海州；殿中丞、集賢校理江休復監蔡州税，殿中丞、集賢校理王益柔監復州税，並落校理；太常博士周延雋爲秘書丞，太常丞、集賢校理章岷通判江州，著作郎、直集賢院、同修起居注吕溱知楚州，殿中丞周延讓監宿州税，校書郎、館閣校勘宋敏求簽書集慶軍節度判官事，將作監丞徐綬監汝州葉縣税。先是，杜衍、范仲淹、富弼等同執政，多引用一時聞人，欲更張庶事。御史中丞王拱辰等不便其所爲。而舜欽仲淹所薦，其妻又衍女也，少年能文章，議論稍侵權貴。會進奏院祠神，舜欽循前例用鬻故紙公錢召妓女，開席會賓客。拱辰廉得之，諷其屬魚周詢、劉元瑜等劾奏，因欲動揺衍。事下開封府治。於是舜欽及巽俱坐自盗，洙等與妓女雜坐，而休復、約、延雋、延讓又服慘未除，益柔并以謗訕周、孔坐之，同時斥逐者，多知名士。世以爲過薄，而拱辰等方自喜曰：『吾一舉網盡矣！』」

［一〇］宜悉條細務歸之有司　忠肅集拾遺王開府行狀於此奏下記云「仁宗既用公之議」。

［一一］三路歛羅法宜隨時盈縮以權輕重　忠肅集拾遺王開府行狀云其「請太原、大名、永興帥臣，各帶計置一路糧草」。

［一二］改侍讀學士知鄭澶瀛三州　長編卷一五九慶曆六年十一月戊子條載翰林學士兼龍圖閣學士、權三司使王拱辰爲侍讀學士兼龍圖閣學士、知亳州，云：「從拱辰所請也。翌日，内降指揮，留拱辰侍經筵，而中書執奏不行。拱辰因請改知鄭州，從之。侍御史賈漸、監察御史何郯等劾拱辰營求内降，乞正其罪，不報。」注曰：「拱辰自三司使出知亳州及中書執奏，史皆不詳。至和二年七月，趙抃劾拱辰舊掌計司，以舉豪民鄭旭得罪被黜，當考。」王公墓誌銘云：「朝廷以河朔地大兵衆，保、貝二州叛軍繼作，乃分其地爲四路，各置帥總領。以公爲高陽關路安撫使、知瀛州。」按，宋史王拱辰傳稱其「出知鄭州，徙澶、瀛、并三州」。

［一三］爲端明殿學士知永興軍　長編卷一八〇至和二年七月己未條云：「降龍圖閣直學士、刑部員外郎任顓爲天章閣待制，仍知渭州。先是，顓知潭州，會廣州大商道死，籍其財，得真珠八十兩，以無引漏税没入官，顓與本路轉運判官李章及其僚佐賤市之。其後死商之子訟於三司，遂置獄湖南。案未上，三司使王拱辰悉以進内。御史趙抃彈奏拱辰，以章爲宰相陳執中壻，陰有附結，請并劾拱辰，以戒中外。至是，奪顓職，徙章監當，餘悉坐追停。」又丁卯條云：「宣徽北院使、判并州王拱辰復爲尚書左丞、端明殿學士兼翰林侍讀學士、知永興軍，從御史之言也。先是，趙抃言：『宣徽使舊是前兩府或見任節度使有勳勞者所除之職，近侍未嘗輕授，又況無功有罪如拱辰者。拱辰舊掌計司，以舉豪民鄭旭被黜。前知并州，姑息兵士，民心不安，與僚屬褻狎，復倖求恩命。近充契丹使，多言生事，既當契丹主彈琴送酒之禮，又有兄弟傳位之語，乃云用間夷狄，飾非矯詐，無所不至。及再爲三司使，交結内臣廖浩然，進未斷商人真珠入内。庇蓋枉法胥吏，舉犯贓張可久監萬盈倉，猥將三司合舉官監當差遣乞盡送審官。罪狀狼籍如此，固宜奪其左丞，降黜不齒，以誡勵中外，奈何復授宣徽使，再判并州？伏觀陛下獨奮宸斷，差除臣僚，外議無不稱頌聖政，惟是拱辰，但有口者皆云不當。伏望收還新命，與一散郡，退而思過，則公論大協。』不報。抃又與郭申錫、范師道、梁蒨、吕景初、馬遵等累章論列，且言：『富弼樞密副使將十年，歷資政殿學

士轉大學士，又遷觀文殿學士，方授宣徽使、判并州。如弼宣力，又出自兩府，恩命尚爾遲回，拱辰有罪無功，若遂污此選，必爲中外輕笑。』上乃從之。」

〔一四〕移守北門　忠肅集拾遺王開府行狀稱其「治平二年，知大名府兼北京留守」。

〔一五〕神宗即位還朝　忠肅集拾遺王開府行狀云其「嘗因日蝕，上天下形勢、憂勤啓聖、爲政先後三論，召還」。宋史王拱辰傳云「熙寧元年，復以北院使召還」。

〔一六〕拱辰交結温成皇后家　邵氏聞見録卷二云：「仁宗一日幸張貴妃閤，見定州紅甆器，帝堅問曰：『安得此物？』妃以王拱辰所獻爲對，帝怒曰：『嘗戒汝勿通臣僚饋送，不聽何也？』因以所持拄斧碎之，妃愧謝久之乃已。」

〔一七〕於是遂出守南京　宋史王拱辰傳云：「王安石參知政事，惡其異己，乘二相有故，出爲應天府。」忠肅集拾遺王開府行狀云：「召還，有大臣語公曰：『今大新百度，能少默當進矣。』公謝曰：『士固欲得位以行其志，然未聞枉志以求位也。』遂論新政，謂青苗、助役皆縣官漁利；謂諸役法困民，惟衙前籍上米石使相助，若可行以代吏禄，然是竭良民以養浮浪。公于是不得留京師，去，留守南都。」

〔一八〕再守北京　邵氏聞見録卷八云王拱辰「出判北京，特賜笏頭毬露金帶，佩魚，如兩府之所服者。懿恪以表謝曰『横金三紀，未佩隨身之魚；賜帶萬釘，改觀在廷之目也』。蓋祖宗舊制，見任兩府許笏頭毬露金帶，佩魚，前任者非得旨不許。尚書、翰林學士於御仙花金帶上佩魚者，元豐近制也，惟方團胯帶乃可佩魚，毬露帶，方團胯也。故曰近制也」。

〔一九〕適三路初籍民兵拱辰請稍蠲下户　長編卷三〇八元豐三年九月乙酉條注曰：「劉摯作拱辰行狀云：『時三路籍民爲保甲，下户皆不免，日聚教之。提舉官禁令苛急，河北保甲往往爲盜賊，百十爲群，州縣不敢以聞。拱辰極論其弊，謂非止困其財力，害其農桑，所以使爲不良者，法驅之也。將恐浸淫爲大盜，可憂，願蠲裁下户。於是主者指拱辰沮法異論，拱辰曰：「此老臣所以報國也。」章入不已，天子始悟保甲之爲盜也。』按今年二月十八日，令諸路坊郭物力户養馬，蓋因拱辰建議，而摯不書，獨書拱辰論保甲爲盜，不知果有是否。本傳但云：『三路初籍民兵，拱辰謂稍蠲下户。』亦不如摯所書也。」

〔二〇〕拜武安軍節度使　長編卷三三四元豐六年三月戊戌條云：「宣徽南院使、判大名府王拱辰爲武安軍節度使、判大名府。官制不置宣徽使，拱辰因再任改命。」石林燕語卷三云：「宣徽南、北院使，唐末舊官也。置院在樞密之北，總内諸司及三班内侍等事。國初，與樞密先後入敍班，蓋視二府一等也。每樞密除，先爲使者，必辭請居其下，而後從之。熙寧間，始詔定班樞密副使下。元豐官制行，猶存不廢；自王拱辰改除節度使，遂罷不除。」

〔二一〕詔贈開府儀同三司　按，東都事略、宋史王拱辰傳云賜謚曰懿恪。

韓太保縝傳〔一〕　同前

紹聖四年①，觀文殿大學士、守太子太保致仕韓縝薨。

縝字玉汝〔二〕，潁昌人。父億，事仁宗爲參知政事。以父任補將作監主簿。慶曆初，擢進士第〔三〕。知廬州合肥、杭州錢塘縣，改光禄寺丞、簽書南京留守判官，遷太常博士、編三班院敕〔四〕。前此，武臣不親執喪。縝建言：「三年之服，古今通制，晉襄墨衰，事出一時。」遂著令，自崇班已上聽持服〔五〕。知洋州，代還，除殿中侍御史。

參知政事孫抃忘昏②，在政府，百司白事，拱默未嘗開言③。時樞密使張昪請老，朝論抃當次補，必不勝任。

① 紹聖四年　按，長編卷四八八、宋史卷一八哲宗紀載韓縝卒於紹聖四年五月辛未。

② 參知政事孫抃忘昏　「忘」原作「志」，按隆平集卷八孫抃傳稱「抃年雖未告，而浸益昏忘，語言舉止，人以爲笑」；宋史卷二九二孫抃傳稱孫抃「居兩府，年益耄，無所可否，又善忘，語言舉止多可笑」；東都事略卷七一孫抃傳亦云「抃年益高，於事無所可否，又善忘，語言舉止，人以爲笑」。是「志」當爲「忘」字之譌，據改。

③ 拱默未嘗開言　「拱」原作「拱」，據庫本改。

縝言「雖無顯過，保身持禄，懷姦之大者也」。疏累上，抃卒罷免。權陝西轉運副使薛向赴闕稟議，樞密院輒畫旨，賜金紫，候二年升使①。縝以樞密院赴職，中書不論奏，虧損國體。劉永年除防禦使、知代州。縝言：「比詔武臣正任以上，非有勳績，不許遷。今樞密院首違之②。」入内都知史志聰私役皇城親從布列，縝曰：「宿衛所以奉至尊、戒不虞也，使主者私役，則禁衛之嚴弛矣。」仁宗爲罷向與永年，而正志聰之罪[六]。遷侍御史。

英宗即位，進司封員外郎、權三司度支判官，除兩浙轉運使，知陳州，徙河中府。神宗即位，遷刑部郎中、知揚州，賜三品服，就除淮南轉運使，移河北。會國使報諒祚亡，秉常立，求封册。朝廷方責西人以踐祚不入賀，數犯邊，欲擇人問來使。時縝陛辭，上即命縝赴西驛議事，比夜奏上。翌日，上謂執政曰：「朕選用韓縝，果得人矣。」改陝西轉運使③，移河東。除直舍人院，以兄絳執政辭，改集賢殿修撰，爲三司鹽鐵副使。

以天章閣待制知秦州[七]。指使傅勍夜被酒，誤隨入州宅④。縝令軍校以鐵裹頭杖箠百餘，勍死，妻持血衣撾登聞鼓以訴，落職分司南京。御史知雜事鄧綰言縝凶恣專殺，而監司黨庇酷吏，不以聞。於是走馬承受劉用賓、劉希奭亦坐罰金。起判吏部流内銓，提舉在京諸司庫務⑤[八]，詳定編修三司敕令。復天章閣待制、河北都轉運使[九]，徙知瀛州[一〇]。

---

① 候二年升使　「二年」，清鈔本作「三年」。

② 今樞密院首違之　「今」原作「令」，據庫本改。

③ 改陝西轉運使　「陝」原作「夾」，據庫本改。

④ 誤隨入州宅　宋史韓縝傳稱傅勍「誤隨入州宅，與侍妾遇」，語義明晰。

⑤ 提舉在京諸司庫務　「庫務」原作「軍務」，按北宋官職無「提舉在京諸司軍務」，又下文即云「復除提舉在京諸司庫務」，據改。

熙寧七年，比虜遣泛使蕭禧議代地界①，召縝館伴〔一一〕，復除提舉在京諸司庫務。禧行，假龍圖閣學士、給事中報聘，且遣劉忱②、蕭士元、呂大忠辨理疆界，詔縝賫文牓、地圖至虜庭見戎主，面陳本末。比至，皆不果致，但與押蕃相李仲熙略相酬對而還③。除權知開封府。明年，禧再至，復館伴，仍同張誠一乘驛往河東，與遼人據圖分畫④〔一二〕。會李評、沈括使還⑤，稱地界事已畢〔一三〕，朝廷劄以示縝。縝奏：「臣屬者按視邊界山川地形，朝廷所許，已是過外。竊恐議者謂已損其多，不吝其少，厭彼煩瀆，將復許之。且捐棄可惜之地，能塞無厭之求，爲之可也。若今日與代地⑥，明日請拒馬，則將何以待之？」繼遣李評同分畫，評奏與縝所上圖異，詔樞密都承旨曾孝寬案視〔一四〕。縝往復奏執，卒如所議，虜辭亦絶〔一五〕。使還，詔賜襲衣金帶，除群牧使，兼樞密都承旨。久之，兼判尚書兵部，遷右諫議大夫、龍圖閣直學士⑦。

元豐官制行，易太中大夫，俄拜同知樞密院。哲宗即位，拜尚書右僕射〔一六〕，與蔡確同秉政⑧。縝素不平確與章惇、邢恕等謀誣罔宣仁，及確爲神宗山陵使，縝於簾前具陳確姦狀，由是東朝與外廷備知之。裕陵復

① 比虜遣泛使蕭禧議代地界　「比虜」，庫本作「北國」，則「比」似當作「北」。
② 且遣劉忱　「忱」字原闕，據長編卷二五四熙寧七年七月戊午條、卷二五六熙寧七年九月戊申條補。
③ 但與押蕃相李仲熙略相酬對而還　「押」，長編卷二五二熙寧七年四月甲午條作「押燕」，疑此處脱一「燕」字。
④ 與遼人據圖分畫　「畫」原作「晝」，據文海本、庫本改。
⑤ 會李評沈括使還　「沈括」原作「洗括」，據文海本及長編卷二六一熙寧八年三月辛酉條、宋史卷三三一沈括傳改。
⑥ 若今日與代地　「今」原作「令」，據文海本、庫本改。
⑦ 龍圖閣直學士　「學士」下原衍「院」字，據東都事略、宋史韓縝傳删。
⑧ 與蔡確同秉政　「蔡確」原作「蔡綰」，據東都事略、宋史韓縝傳及下文改。

土，確使還，欲以屬官高遵惠爲待制，張璡爲郎中①，韓宗文爲館職。宣仁以問縝，縝曰：「遵惠太皇太后族人，璡中書侍郎璪之弟，宗文臣之妷②，賞擢非次，傳聞中外，則是君臣各私其親，何以示天下？」遵惠等卒用故事推恩〔一七〕。

縝相未幾，諫官孫覺、蘇轍、王覿，御史劉摯論縝「操心深險，才鄙望輕，士大夫初不以輔相期之。在先朝奉使，割地七百餘里③〔一八〕，以遺北虜，邊人怨之切骨。與蔡確、章惇貪天之功，妄自張大。見確之去，請加恩禮，夫豈真相善哉？其相詆訐，陛下所知。今飜然有請，欲自爲異日地爾」。章十數上，卒以自請，除光禄大夫、觀文殿大學士，出知潁昌府。

移守永興軍、河南府。歲餘，拜安武軍節度使、知太原府。三年，加檢校司空，易節奉寧，復守潁昌。請老，除右光禄大夫、觀文殿大學士。再上章引年，未許。給事中葉祖洽論縝垂簾之初，首登相位，交結張茂則、梁惟簡〔一九〕，諂事司馬光，持禄養交。以太子太保仍舊職致仕。薨，年七十九。上爲輟朝，成服于後苑，贈司空〔二〇〕。

縝外事莊重，所至以嚴稱〔二一〕，雖出入將相，而寂無功烈。厚自奉養，清議貶之。

子宗恕、宗武、宗魯、宗矩。

---

① 張璡爲郎中　「張璡」原作「張璭」，據文海本、庫本及東都事略、宋史韓縝傳與下文改。

② 宗文臣之妷　「文」原作「夫」，據庫本及東都事略韓縝傳及上文改。

③ 割地七百餘里　按，當時割與契丹地里數，東都事略韓縝傳、皇朝編年綱目備要卷二〇熙寧八年「七月，命韓縝如河東割地」條、皇宋十朝綱要卷一〇上、舊聞證誤卷二、容齋五筆卷一王安石棄地及通考卷三一五與地考總敘、卷三四六四夷考契丹下與宋史卷八五地理志一、卷三一二韓琦傳亦稱「七百餘里」，然太平治迹統類卷一六神宗朝議契丹地界、東都事略卷一二三附録一、契丹國志卷二〇議割地界書、邵氏聞見録卷四云「五百餘里」，宋史韓縝傳云「六百里」。

辨證：

[一] 韓太保縝傳　按，韓縝，東都事略卷五八、宋史卷三一五有傳。

[二] 縝字玉汝　桐陰舊話云：「莊敏公諱縝，字玉汝。初求字于歐陽文忠公，公以小合幅紙書『玉女』二字送來，莊敏大不樂。明日相見，猶有愠容。文忠公曰：『出處無點水也，君何怪耶？』取筆添『女』字三點，相與一笑。蓋詩中『王用玉女』，但音發作『汝』也。」

[三] 慶曆初擢進士第　據長編卷一三五慶曆二年正月丁巳條，其於慶曆二年進士及第。

[四] 編三班院敕　長編卷一八七嘉祐三年二月丙午條載太常博士韓縝修三班院編敕，「從孫抃奏請也」。又宋史韓縝傳云：「劉沆薦其才，命編修三班敕。」

[五] 遂著令自崇班已上聽持服　長編卷一九〇嘉祐四年九月丙午條云：「詔：『帶閤門祗候使臣、内殿崇班以上，太子率府率及正刺史以上，遭父母喪及嫡子孫承重者，並聽解官行服；其元係軍班出職及見管軍若路分部署、鈐轄、都監，極邊知州軍縣、城寨主、都監，同巡檢，並給假百日，追起之；供奉官以下仍舊制，願行服者聽。宗室解官給全俸。』先是，判三班院韓縝言，今武臣遭父母喪不得解官行服，非天下之通制。下臺諫官詳定，而具爲令。」東齋記事卷二云：「故事，武臣不持喪。韓玉汝奏請持喪，下兩制、臺諫官議，唐子方介爲諫官，其屬皆不欲令持喪。是時，會議於玉堂後廊，子方曰：『今日不可高論也。』歐陽永叔勃然曰：『父母死而令持服，安得爲高？』孫夢得抃坐予旁，不覺歎曰：『俊人也。率然一言，亦中於禮。』兩制與臺諫官竟爲兩議以上。遂詔閤門祗候、内殿崇班已上持服，供奉官以下不持。是則官高者得爲父母服，官卑者則不爲服，無官者將何以處之乎？」

[六] 入内都知史志聰私役皇城親從布列至而正志聰之罪　長編卷一九五嘉祐六年十一月庚申條云：「左騏驥使、嘉州防禦使、入内都知史志聰落都知，提點集禧觀。志聰市後苑枯木，私役親從官，木仆，折足而死。殿中侍御史韓縝言：『親從布列宿衛，所以奉至尊，戒不虞也。使主者爲私役，則禁衛之嚴弛矣。』事下開封府。故事，府有獄，司録參軍必白知府，乃敢鞫治，於是多爲志聰地者，司録參軍呂璹獨窮竟之，志聰坐此黜。」東都事略韓縝傳載韓縝言：「内侍史志聰私役皇城親從布列，宿衛所以奉至尊、戒不虞也，使宦者得私役，則禁衛之嚴弛矣。」故「仁宗爲罷向與永年，而正志聰之罪」。按，據長編及宋史卷三二八薛向傳、卷四六三劉永年傳，皆無薛向罷陝西轉運副使、劉永年罷知代州之記載，此處云云疑不確。

〔七〕以天章閣待制知秦州　長編卷二一三熙寧三年七月丙辰條載鹽鐵副使、兵部郎中韓縝爲天章閣待制、知秦州，云：「先是，蕃僧結吴叱臘及康藏星羅結兩人者潛迎董裕，詣武勝軍，立文法，謀姻夏國，有并吞諸羌意。竇舜卿言：『王韶招誘董裕下人不當，所以致結吴叱臘作過。』又言：『宜喻董氊，令約束董裕。』上曰：『董氊自奈何董裕不得。』王安石曰：『舜卿與李若愚等合黨，欲傾王韶，所奏托碩作過，因甚滅裂，卻專以爲董裕下人作過，其意可見。又朝廷無奈董裕何，反控告董氊，此徒取輕於董氊，而使董氊更驕，於制馭董裕則殊非計。今但當以兵威迫脅，厚立購賞，捕星羅結并結吴叱臘，招安其餘衆。』文彦博曰：『星羅結即須捕。結吴叱臘是生户，宜勿問。』安石曰：『生户侵犯漢界，如何縱舍？』彦博又言購賞無益，元昊時亦嘗立購賞。馮京以彦博所言爲然。安石曰：『結吴叱臘非元昊比也，其族類非君臣素定，聞自有敢輕侮之者，以兵威迫脅，重賞購捕，必可得。』上曰：『元昊威行國中，人孰敢犯，購捕誠不可得。今結吴叱臘事乃不類。』安石曰：『若君臣分定，中外協附，雖無元昊威略，亦不可購捕。今秉常亦非可以購捕得也。』上令如安石議，安石曰：『今欲購獲，須邊帥肯盡力行朝廷意。不然，雖張榜購捕而示無推行之意，雖出兵迫脅而不示以必攻之形、不據其要害之地，則雖有迫脅購賞之名而事必無成。』上欲令沈起專責王韶及高遵裕了此事，安石曰：『欲出兵迫脅，非此兩人能任。』又言：『竇舜卿不宜置在秦州。朝廷付舜卿以事，奏報乃爾乖方，雖黜責可也。』上欲用韓縝代舜卿，安石以爲縝兄絳在此方用兵，恐中書論議多形迹，難決當否。彦博亦以爲宜用縝，安石曰：『陛下欲棄形迹嫌疑，則用縝亦奚傷？』於是用縝。縝自河東轉運使入知審官西院，兩月中凡五换差遣及遷職云。」

〔八〕起判吏部流内銓提舉在京諸司庫務　長編卷二二七熙寧四年十月甲子條云：「御史蔡確言：『韓縝落分司，差權判吏部流内銓。縝性剽戾，所至殘酷，乞追改敕命。』不報。尋命縝與同提舉諸司庫務沈起易任，又令縝兼判流内銓。」注引林希野史曰：「縝分司不數月，召判銓，牽復最速。王安石德其助王韶故也。」

〔九〕復天章閣待制河北都轉運使　長編卷二三五熙寧五年七月己卯條載兵部郎中韓縝爲天章閣待制、河北都轉運使，云：「初，議用縝，王安石請與修撰，上曰：『縝亦無大罪，今復待制如何？』安石曰：『縝虐殺一命官，豈得無大罪？姑竢赦乃復，亦不爲晚。』上曰：『秦州因循弛慢，縝獨盡力。』安石曰：『「惟辟作福」，若陛下爲其不因循特與之，則惟陛下命，但恐不免致人言耳。』上曰：『致人言奈何？』安石曰：『陛下既爲其不因循特與之，則不可因人言卻改易。』上曰：『善。』」

〔一〇〕徙知瀛州　長編卷二四三熙寧六年三月戊申條載河北都轉運使、天章閣待制韓縝知瀛州，云：「中書始欲用縝知許州，上曰：『縝可惜令閑。』乃召孫永，而使縝代之。」

〔一一〕召縝館伴　長編卷二五〇熙寧七年二月丁丑條云時「上又歎要一奉使如富弼之辯者亦不可得。安石曰：『恐不至如此，乃陛下察人材未盡。』上曰：『不如是，何故遠取韓縝？』安石曰：『陛下欲用韓縝，此小事，縝自可了，故臣無復論薦。且臣若特薦一人往使，即大臣必隨時浸潤，其所言不當，近習又探報其所行不如法。事既得已，即不如已，非爲無人可以及縝也。』」

〔一二〕仍同張誠一乘驛往河東與遼人據圖分畫　長編卷二六一熙寧八年三月己酉條載「罷呂大忠河東路同商量地界。先是，大忠屢求罷，上雖許，猶須蕭禧還乃聽終喪。已而上召執政議，大忠與劉忱俱入對，上意頗欲從敵所請，衆未及對，大忠進曰：『敵他日若遣魏王英弼來盡索關南地，陛下將欲從之乎？』忱復進曰：『大忠所言，社稷至計也，願陛下熟思之。』上默然。於是改命韓縝，令大忠反喪服」。

〔一三〕會李評沈括使還稱地界事已畢　長編卷二六五熙寧八年六月壬子條云：「括至敵庭，敵遣南宰相楊益戒就括議。括得地訟之籍數十於樞密院，使吏屬皆誦之，至是，益戒有所問，顧吏屬誦所得之籍，益戒不能對，退而講尋，他日復會，則又以籍對之。益戒曰：『數里之地不忍，終於絶好，孰利？』括應之曰：『國之賴者，義也。故師直爲壯，曲爲老。往歲北師薄我澶淵，河潰，我先君章聖皇帝不以師徇，而柔以大盟。慶曆之初，始有黄嵬之訟，我先皇帝仁宗於是有樓板之戍，以至於今。今皇帝君有四海，數里之瘠，何足以介？國論所顧者，祖宗之命，二國之好也。今北朝利尺寸之土，棄先君之大信，以威用其民，此遺直於我朝，非我朝之不利也。』凡六會，敵人環而聽者千輩，知不可奪，遂舍黄嵬而以天池請。括曰：『括受命黄嵬，不知其他。』得其成以還。」

〔一四〕評奏與縝所上圖異詔樞密都承旨曾孝寬案視　長編卷二六九熙寧八年十月己丑條云：「命龍圖閣直學士、樞密都承旨曾孝寬往河東分畫地界所計議公事。時李評言義興冶、胡谷、茹越、大石四寨堡鋪分界，與韓縝所上畫圖不同，故遣孝寬往審問。」注曰：「十一月二十八日，又令二府共議分畫，而十二月六日已聽韓縝等歸，竟不知此四寨堡鋪孰同孰異。」

〔一五〕卒如所議虜辭亦絶　東都事略韓縝傳云其「與禧往河東據圖分畫，卒以分水嶺爲界」。案，宋史韓縝傳略同。則此云「卒如所議」者不確。

〔一六〕拜尚書右僕射　長編卷三五六元豐八年五月戊午條注曰：「吕本中雜説：『神宗上僊，王珪病薨，蔡確遷左僕射。宣仁問確：「右僕射闕，誰合做？」確對曰：「以即今班序論之，即知樞密院事韓縝合做。若以祖宗故事論之，則東廳參政合做。」東廳參政，即今門下侍郎章惇也。宣仁識確語意主惇，因曰：「且只依今班序。」於是鏁院宣制，知樞密院韓縝遷右僕射。神宗素輕韓縝。及簽書樞密院曾孝寬丁母憂，去位已久，孝寬爲安石所厚，上方惡安石，恐安石之黨復挽孝寬還舊物，遽從中批龍圖閣直學士韓縝同知樞密院事。宣仁亦素不喜縝，及蔡確力主章惇，遂相縝矣。論者謂縝神宗所不喜，而神宗時作執政；宣仁不喜，而宣仁時爲宰相，通塞遲久，皆有命也。』」

〔一七〕遵惠等卒用故事推恩　長編卷三六〇元豐八年六月己丑條引録「及確爲神宗山陵使」以下文字，并注曰：「此據韓縝新傳，不知得之何書。邵伯温辨誣云：『縝素不平蔡確、章惇用邢恕姦謀誣罔太母，遂於簾前具陳之。太皇太后與外廷方知其詳。』新傳或據此也。確初爲山陵使，劉摯劾其不恭，蓋第一章也。山陵畢事，確還朝不退，言者踵至，蓋十一月間，其發端則自摯始。外廷既知確邪謀，而不敢正言之，不知何故。確先罷，縝尚少留，當緣發確等姦狀，故東朝以爲忠耳。更須考詳。」

〔一八〕割地七百餘里　長編卷二六〇熙寧八年二月壬申條載同商量河東地界吕大忠又言：「……今所求地，又西起雪山，東接雙泉，盡餅形、梅回兩寨，繚繞五百餘里。蔚、應、朔三州侵地，已經理辨，更無可疑，惟瓦蘆塢見與北界商量。」又卷二七九熙寧九年十一月丁丑條云：「韓縝等言與北人分畫瓦窰塢地界。詔依水流南北分水嶺分畫。」注曰：「此據密院時政記十一月二十五日事，但恨不詳，姑存之，當考。韓縝棄地七百里，或緣此。」舊聞證誤卷二辨云：「大忠又言：『遼人所求地，西起雪山，東接雙泉，爲地五百里，不可聽。』又言：『遼人利吾金帛，兵弱而惰，城池器械不精，民苦虐政，又慮西夏、韃靼乘之，其不可動者五，請姑以五寨及治平中所侵十五鋪予之。』安石不從。（熙寧八年三月）己酉，詔大忠持餘服。縝將行，上遣禧復命，禧不聽，又遣内侍李舜舉諭以長城連六蕃嶺許之，禧不受命。……癸丑，命知制誥沈括報聘。戊午，括等對資政殿，時禧留京師已踰月，上許以遼人見開濠塹及置鋪所在分水嶺爲界，又以報書示之。丙寅，禧乃辭去，括亦行。七月丙子，遣縝河東分畫。……十二月癸巳，上地圖。蓋自七年之春至十年之冬，前後歷四年，而地界始畢，凡東西棄地七百餘里。其後元祐間臺諫累章劾縝奉使辱國而罷相者，此也。」又欒城集卷三七乞責降韓縝第七狀云：「韓琦爲太原，欲置范家東堡、范家西堡及赤泥膠三指揮弓箭手，恐敵以爲言，乃召弓手節級高政使幹其事，政率其徒於廝邏臺之南北，候伺敵人之樵采者輒毆傷之。……自廝邏臺以南爲漢界，……及韓縝定地界，皆割與之。……遂以天池嶺爲界，天池北距廝邏臺尚二十五六里，……今亦爲敵有。……虜使梁永、蕭禧，本以横山下大川爲界，至七蕃嶺下乃斗入漢地，圍裹此嶺凡二十八里，意欲自此直至分水嶺界。邊民大怒，有焦家弓箭手三百餘人毆擊北使，奪下梁永等拄斧交椅，敵人不敢復南。仍自七蕃嶺北轉而西，以大川爲界。……自荷葉平、蘆牙山、雪山一帶，直走瓦窰塢，南北百餘里，東西五十里，……今皆失之。……中國從來控扼卓望形勢之地，如五蕃嶺、六蕃嶺、七蕃嶺、黄嵬山之類，今皆爲虜巢。」然據宋史卷三三一沈括傳云：「凡六會，契丹知不可奪，遂舍黄嵬而以天池請。」則黄嵬山當未劃歸契丹。

［一九］交結張茂則梁惟簡　長編卷四八七紹聖四年五月己巳條注曰：「新録辨誣曰：『按韓縝雖致位將相，無可紀述。以爲不顧廉恥，附會中貴，則無所據。』」

［二〇］贈司空　宋史韓縝傳云賜謚曰壯敏。

［二一］所至以嚴稱　能改齋漫録卷一二記事石刻厄會云：「元祐中，韓丞相玉汝帥長安，修石橋，督責甚峻。村民急于應期，率皆磨石刻以代之，前人之碑盡矣。」又仇池筆記卷上云：「韓縝爲秦州，以賊殺不辜去官。秦人語曰：『寧逢乳虎，莫逢韓玉汝。』」按，漢書卷九〇酷吏傳云：「寧成爲濟南都尉，其治如狼牧羊。……關吏稅肆郡國出入關者，號曰：『寧見乳虎，無直寧成之怒。』其暴如此。」顔師古注曰：「猛獸産乳，養護其子，則搏噬過常，故以喻也。」

名臣碑傳琬琰集下卷二十一

邵康節先生雍傳[一]　太史范祖禹

邵雍字堯夫，衛州人[二]。家世貧賤，雍刻厲爲學，夜不就席者數年。雍嘗適吴、楚，過齊、魯，客梁、晉而歸，徙居于洛。蓬蓽環堵，躬爨以養父母。講學于家，不彊以語人，而就問者日衆。士人道洛者，必過其廬。雍與人言，必依於孝悌忠信，樂道人之善，不及其惡，故賢不肖無不親之。病畏寒暑，常以春秋時乘小車，二人挽之，行遊城中，所過倒屣迎致。居洛三十年，洛人共爲買田宅，士大夫多助之者，雍皆受而不辭[三]。爲人坦夷，無表襮防畛，不爲絶俗之行。其學自天地運化、陰陽消長，以數推之，逆知其變。自以爲有師授，世無能曉之者[四]，而雍内以自樂，浩如也。有書十三卷，曰皇極經世①；詩二千篇②，曰擊壤集。

雍初舉遺逸，試將作監主簿。熙寧初，以爲潁州團練推官③，與常秩同召，雍卒不起。卒，年六十七。知河

---

① 有書十三卷曰皇極經世　「十三卷」，文海本作「十卷」，太史范公文集卷三六康節先生雍傳作「十二卷」。按，本書中集卷三四邵康節先生雍墓誌銘云「先生有書六十三卷，命曰皇極經世」。

② 詩二千篇　文海本作「詩二千餘篇」。按，伊洛淵源録卷五康節先生張崏行狀略云「有擊壤集二十卷」。

③ 以爲潁州團練推官　「潁州」原作「潁川」，據河南程氏文集卷四邵堯夫先生墓誌銘及東都事略、宋史邵雍傳改。

南府賈昌衡言雍行義聞於鄉里，乞贈卹。吴充請於上，贈祕書省著作郎，賜粟帛。韓絳守洛，言雍隱德丘園，聲問顯著①，賜謚曰康節[五]。

辨證：

[一]邵康節先生雍傳　本傳又載於范祖禹太史范公文集卷三六，題曰「康節先生雍傳」。按，邵雍，東都事略卷一一八、宋史卷四二七有傳；伊洛淵源録卷五康節先生載有張峋行狀略，本書中集卷三四載有程顥邵康節先生雍墓誌銘。

[二]衛州人　邵氏聞見録卷一八稱「康節先公慶曆間過洛，館於水北湯氏，愛其山水風俗之美，始有卜築之意。至皇祐元年，自衛州共城奉大父伊川丈人遷居焉」。

[三]洛人共爲買田宅士大夫多助之者雍皆受而不辭　邵氏聞見録卷一八云：「洛人爲買宅於履道坊西天慶觀東，趙諫議（及）借田於汝州葉縣，後王不疑周鄉又買田於河南延秋村。康節復還葉縣之田。嘉祐七年，王宣徽（拱辰）尹洛，就天宮寺西天津橋南五代節度使安審琦宅故基，以郭崇韜廢宅餘材爲屋三十間，請康節遷居之。富韓公（弼）命其客孟約買對宅一園，皆有水竹花木之勝。熙寧初，行買官田之法，天津之居亦官地。牓三月，人不忍買。諸公曰：『使先生之宅他人居之，吾輩蒙恥矣。』司馬温公（光）而下，集錢買之。……今宅契司馬温公户名，園契富韓公户名，莊契王郎中户名，康節初不改也。康節蓋曰：『貧家未嘗求於人，人饋之，雖少必受。』」

[四]自以爲有師授世無能曉之者　本書中集卷三四邵康節先生雍墓誌銘云：「獨先生之學爲有傳也。先生得之於李挺之，挺之得之於穆伯長，推其源流有端緒。」按，嵩山文集卷一九李挺之傳云穆伯長「之易受之种徵君明逸，种徵君受之夷希先生陳圖南，其源流爲最遠」。

---

①　聲問顯著　「問」，文海本、庫本作「聞」。

〔五〕韓絳守洛言雍隱德丘園聲問顯著賜謚曰康節　長編卷二八四熙寧十年九月庚戌條云：「宰相吳充請於上，賜謚曰康節。」注曰：「按雍子伯温記雍卒後十年，韓絳知河南府，爲雍請謚，謚議則歐陽棐所作。與朱史本傳不同，當考。」三朝名臣言行録卷一四之一康節邵先生云：「元祐中，韓康公尹洛，爲先生請謚于朝。太常博士歐陽棐議曰：『君少篤學，有大志，久而後知道德之歸。且以爲學者之患，在於好惡先成乎心，而挾其私智，以求於道，則蔽於所好，而不得其真。故求之至於四方萬里之遠，天地陰陽，屈伸消長之變，無所不考，而必折衷於聖人。雖深於象數，先見默識，未嘗以自名也。其學純一而不雜，居之而安，行之而成，平夷渾大，不見圭角，蓋其自得深矣。故其隱居幾三十年，室廬纔足以蔽風雨，溉園耕稼僅足以給朝夕。及出而接物，恂恂樂易，無貴賤少長，一切以誠。平居怡然，有所甚樂，而世莫能窺也。常自名其居曰「安樂」，而又以爲號。蓋古有黔婁者，死無以斂，而謚曰康，以爲不苟世之爵禄者，其富貴有餘。與君之學未必同，而其迹似之矣。方朝廷命君以潁州推官，嘗辭而不聽，君以爲「辭益堅則名益高，而未必從也。既受命而以疾辭於吏部，則有司之事耳」。故迹不近名，而終自全其志，則其守可謂固矣。謹按謚法：「温良好樂曰康，能固所守曰節。」伏請謚曰康節。』」

沖晦處士徐復傳〔一〕　舍人曾鞏

徐復字希顔①，興化軍莆田人②。嘗舉進士不中，去不復就。博學，於書無所不讀，尤通星曆、五行、數術之説〔二〕，世罕有能及者。爲人倜儻有大志，内自飭勵，不求當世之譽。樂其所自得，謂富貴不足慕也，貧賤不足憂也。故窮閻漏屋③，敝衣糲食，或至於不能自給，未嘗動其意也。遇人無少長貴賤，皆盡恭謹。其言前世因革興

① 徐復字希顔　按，隆平集、東都事略、宋史徐復傳稱其字復之。
② 興化軍莆田人　按，隆平集、東都事略、宋史徐復傳及避暑録話卷下皆稱其爲建州人。
③ 故窮閻漏屋　「閻」，庫本作「檐」。

壞是非之理，人少能及。然其家未嘗蓄書，蓋其强記如此也。

康定中，李元昊叛。詔求有文武材可用者，參知政事宋綬、天章閣侍讀林瑀皆薦復，詔賜裝錢，州郡迫趣上道。既至，仁宗見復於崇政殿，訪以世務，復所爲上書①，世莫得聞也。仁宗因命講易乾、坤、既濟、未濟，又問今歲直何卦？西兵欲出如何？復對歲直小過，而太一守中宮，兵宜内不宜外[三]。仁宗善其言。復又獻所爲邊防②、太一主客立成曆、洪範論，上曰：「卿所獻書，爲卿留中。」必欲官之，復固辭③，迺官其子晞④。留復登聞鼓院，與林瑀同修周易會元紀[四]。歲餘，固求東歸⑤。仁宗高其行，禮以束帛，賜號沖晦處士。

復久游吳，因家杭州[五]。州將每至⑥，必先加禮，然復未嘗肯至公門。范仲淹知杭州，數就復訪問，甚禮重之。仲淹嘗言西兵既起，復預言罷兵歲月[六]。又斗牛間嘗有星變，復言吳當大疫，死者當數十萬人。後皆如其言。復平居以周易、太玄授學者。人或勸復著書，復曰：「古聖賢書已具，顧學者不能求，吾復何爲以徼名後世哉？」晚取其所爲文章盡焚之。今其家有書十餘篇，皆出於門人故舊之家。

復卒時，年七十餘⑦。既病，故人王稷居睦州，欲往省之。復報曰：「來以五、六月之交，尚及見子。」稷未及

① 復所爲上書　「書」，曾鞏集卷四徐復傳作「言者」。
② 復又獻所爲邊防　「邊防」，曾鞏集卷四徐復傳作「邊防策」。
③ 復固辭　「固」原作「因」，據庫本、曾鞏集卷四徐復傳改。按，宋史徐復傳稱「明日，命爲大理評事，固以疾辭」。
④ 迺官其子晞　按，宋史徐復傳作「補其子發試秘書省校書郎」。隆平集、東都事略徐復傳同。
⑤ 固求東歸　「求」，庫本作「辭」。
⑥ 州將每至　「將」，曾鞏集卷四徐復傳作「牧」。
⑦ 年七十餘　隆平集、東都事略徐復傳作「年八十」。

往，至期，復果已死。其終事皆預自處。子晞，年五十餘亦致仕，官至國子博士。復贈尚書虞部員外郎。復死十餘年，而沈遘知杭州，牓其居曰高士坊云[七]。贊曰：

復之文章，存者有慎習、贊困、蒙養等篇，歸於退求諸己，不矜世取寵。余論次復事，頗採其意云。若復自拔汙濁之中，隱約於閭巷，久而不改其操，可謂樂之者矣。

辨證：

[一] 沖晦處士徐復傳　本傳又載於曾鞏集卷四八，題曰「徐復傳」。按，徐復，隆平集卷一五、東都事略卷一一八、宋史卷四五七有傳。又按，長編卷一三一慶曆元年四月丙午條注曰：「曾鞏集有徐復傳，與實録、正史略不同。」即隆平集之徐復傳源出實録、正史，而與曾鞏自撰之徐復傳不同。

[二] 尤通星曆五行數術之説　宋史徐復傳云其「退而學易，通流衍卦氣法。自筮知無禄，遂亡進取意。遊學淮、浙間數年，益通陰陽、天文、地理、遁甲、占射諸家之説」。按，隆平集、東都事略徐復傳略同。

[三] 復對歲直小過而太一守中宮兵宜内不宜外　宋史徐復傳云：「帝問天時人事，復對曰：『以京房易卦推之，今年所配年月日時，當小過也。剛失位而不中，其在彊君德乎？』帝又問：『明年主何卦？』復曰：『乾卦用事。』説至九五盡而止。帝又問：『前年京師黑風，何所應？』復曰：『其兆在内，豫王喪其應也。』」按，隆平集、東都事略徐復傳略同。又龍川別志卷下云：「上親臨問焉，復曰：『今日氣運，類唐德宗居奉天時。』上驚曰：『何至爾？』復曰：『雖然，君德不同，陛下無深慮也。』上問所以，復曰：『德宗性忌刻，好功利，欲以兵伏天下，其德與凶運會，故奔走失國，僅乃能免。陛下恭儉仁恕，不難屈己容物。西羌之變，起於元昊，陛下不得已應之，雖兵連不解，而神人知非陛下本心。雖時與德宗同，而德與之異，運雖惡，無能爲也，不久定矣。』上稱善。」

[四] 與林瑀同修周易會元紀　困學紀聞卷一易云：「曾子固爲徐復傳云：『……與林瑀同修周易會元紀。』今考侍講林瑀上會元紀，推帝王即位，必遇辟卦，而真宗乃得卿卦。每開説，皆諂諛之辭，緣飾以陰陽。賈昌朝奏瑀所學不經，不宜備顧問，遂絀之。復與瑀

同修不經之書，不可謂知易也。荀子曰：『善爲易者不占。』」

［五］因家杭州　避暑録話卷下云「杭州萬松嶺，其故廬也」。北窗炙輠録卷上云：「錢塘有兩處士，其一林和靖，其一徐冲晦。和靖居孤山，冲晦居萬松嶺，兩處士之廬正夾湖相望。予嘗館于冲晦之孫忛，忛之居即冲晦之故廬也，有一菴，岧嶢于嶺之上，東望江，西瞰湖，瞰湖之曲，正與孤山相值，而和靖之室隱見于烟雲杳靄之間，遐想當時之事，使人慨然也。」

［六］仲淹嘗言西兵既起復預言罷兵歲月　隆平集徐復傳云：「慶曆初，范仲淹過潤州，問復：『以衍卦占之，今夷狄無動乎？』復爲占西邊用兵，月日無少差。」所云不同。按，東都事略、宋史徐復傳云云同隆平集。

［七］牓其居曰高士坊云　莆陽比事卷三冲晦先生褒光處士云徐復「每與林和靖往來，杭人稱『二處士』。翰學沈遘榜所居曰高士坊，太守蒲宗孟題其舊隱云：『冲晦先生不屑官，布衣謁帝布衣還。尚嫌姓字騰人口，惟恐文章落世間。大隱不妨居市井，高吟何處問家山。平生客意江湖上，雲自無心水自閒。』」

程宗丞顥傳［一］　實録

元豐八年六月丁丑①，承議郎、新除宗正寺丞程顥卒。顥字伯淳②。父珦，自有傳［二］。顥踰冠，中嘉祐二年進士第，調京兆府鄠縣、江寧府上元縣主簿，澤州晉城縣令。用薦者改著作佐郎。

---

① 元豐八年六月丁丑　「六月」原作「五月」，按是年五月無丁丑日，丁丑爲六月十五日，據河南程氏文集卷一一明道先生行狀、南陽集卷二九程伯純墓志銘稱程顥卒於「六月十五日」，長編卷三五七元豐八年六月丁丑條云程顥卒，據改。

② 顥字伯淳　按，南陽集卷二九程伯純墓志銘稱其字伯純。

御史中丞吕公著薦授太子中允，權監察御史裏行[三]。神宗素知其名，召對之日，從容咨訪，比三見，遂期以大用①。每將退，必曰：「頻求對來，欲常相見耳。」前後進説甚多，大要以正心窒慾、求賢育士爲先。顥不飾詞，獨以誠意感動。神宗嘗使推擇人才，顥所薦者數十人，而以父表弟張載與其弟頤爲首。嘗言「人主當防未萌之欲」，神宗俯身拱手曰：「當爲卿戒之。」

時王安石益信用，顥每進見，必陳君道以至誠仁愛爲本②，未嘗及功利。安石寖行其説，顥意多不合，事出必論列，數月之間，章數十上。尤極論者，輔臣不同心，小臣預大計，公論不行，青苗取息，賣祠部牒③，提舉官多非其人及不經封駁，京東轉運司剥民希寵不加黜責④，興利之臣日進，尚德之風寖衰等十數事。安石與顥雖不合，而嘗謂顥忠信。顥每與論事，心平氣和，安石多爲之動[四]。

顥心以言不行求去，除京西提點刑獄[五]，復上章請罷，改差簽書鎮寧軍節度判官公事[六]。未幾求監局，得監西京洛河竹木務⑤。薦者言其未嘗叙年勞，乞遷秩，改太常丞[七]，差知扶溝縣事⑥[八]。坐縣獄逸鄰邑罪人罷，監汝州酒税⑦[九]。哲宗即位，覃恩改承議郎，召爲宗正丞[一〇]。未行，以疾卒，年五十二⑧。

---

① 遂期以大用　「遂」原作「進」，據河南程氏文集卷一一明道先生行狀、南陽集卷二九程伯純墓志銘改。

② 必陳君道以至誠仁愛爲本　「必」下，文海本有「誠」字。

③ 賣祠部牒　「牒」字原脱，據河南程氏文集卷一一明道先生行狀、南陽集卷二九程伯純墓志銘補。

④ 京東轉運司剥民希寵不加黜責　「司」，庫本作「使」。

⑤ 得監西京洛河竹木務　「西京」原作「西河」，據河南程氏文集卷一一明道先生行狀、南陽集卷二九程伯純墓志銘、東都事略程顥傳改。

⑥ 差知扶溝縣事　「扶溝」原作「扶搆」，據庫本、河南程氏文集卷一一明道先生行狀、南陽集卷二九程伯純墓志銘及東都事略、宋史程顥傳改。

⑦ 監汝州酒税　「酒税」，河南程氏文集卷一一明道先生行狀、南陽集卷二九程伯純墓志銘、東都事略程顥傳同，宋史程顥傳作「鹽税」，疑誤。

⑧ 年五十二　按，東都事略程顥傳亦云其終年五十二歲；河南程氏文集卷一一明道先生行狀、南陽集卷二九程伯純墓志銘、宋史程顥傳皆稱卒年五十四，當是。

顥自十五六時，與弟頤聞汝南周敦實論學①〔一一〕，遂厭科舉之習，慨然有求道之志。汎濫於諸家，出入於釋老幾十年，反求諸六經而後得之。其言曰：「道之不明，異端害之也。古之害近而易知②，今之害深而難辨。昔之惑人也，承其迷暗；今之惑人也，因其高明。自謂窮神知化，而不足以開物成務。名爲無不周徧③，而其實乖於倫理；雖云窮深極微，而不可以入堯舜之道。天下之學，非淺陋固滯，則必入於此。自道之不明也，邪誕怪異之説競起，塗生民之耳目，溺天下於污濁。雖高才明智，膠於見聞，醉生夢死，不自覺也。是皆正路之蓁蕪，聖門之蔽塞，闢之而後可以入道。」顥深有經濟之意④〔一二〕，不幸早死，士大夫識與不識，莫不哀傷。太師文彦博采衆議，而題其墓曰明道先生云〔一三〕。

辨證：

〔一〕程宗丞顥傳　按，程顥，東都事略卷一一四、宋史卷四二七有傳，河南程氏文集卷一一載有程頤明道先生行狀、明道先生墓表，韓維南陽集卷二九載有程伯純墓志銘。

〔二〕父珦自有傳　程珦，東都事略卷一一二有傳；又宋史附傳於卷四二七程顥傳，云：「世居中山，後從開封徙河南。高祖羽，太宗朝三司使」。珦累知磁州、漢州，熙寧間「致仕，累轉太中大夫。元祐五年卒，年八十五」。按，長編卷四三七元祐五年正月己丑條注

① 與弟頤聞汝南周敦實論學　「周敦實」，宋史卷四二七周敦頤傳云其「元名敦實，避英宗舊諱改焉」。按，其初名惇實，避英宗舊諱改惇頤，至光宗時又因避嫌名諱改「惇」作「敦」。又按，庫本改作「周敦頤」，不確。

② 古之害近而易知　「古」原作「吉」，據文海本、庫本及東都事略程顥傳改。

③ 名爲無不周偏　「偏」原作「偏」，據文海本、庫本、河南程氏文集卷一一明道先生行狀及東都事略、宋史程顥傳改。

④ 顥深有經濟之意　「意」，庫本作「志」。

曰：「舊録珦傳云：『子顥、頤，行怪學僻，爲司馬光等所知。』新録削去，改云：『二子皆爲名儒。』」

〔三〕御史中丞吕公著薦授太子中允權監察御史裏行　宋史卷一六〇選舉志六保任云：「熙寧二年，王安石改舉御史法，「著作佐郎程顥、王子韶、謝景福方爲條例司屬官，中丞吕公著薦之，遂以太子中允權監察御史裏行」。又卷一七七食貨志上五役法上云：「時「詔制置條例司講立役法。二年，遣劉彝、謝卿材、侯叔獻、程顥、盧秉、王汝翼、曾伉、王廣廉八人行諸路，相度農田水利、税賦科率徭役利害」。朱子語類卷一三〇云：「吕氏家傳載荆公當時與申公極相好，新法亦皆商量來，故行新法時，甚望申公相助。又用明道作條例司，皆是望諸賢之助。是時想見其意好，後來盡背了初意，所以諸賢盡不從。明道行狀不載條例司事。此却好，分明載其始末。」

〔四〕顥每與論事心平氣和安石多爲之動　宋史程顥傳云：「王安石執政，議更法令，中外皆不以爲便，言者攻之甚力。顥被旨赴中堂議事，安石方怒言者，厲色待之。顥徐曰：『天下事非一家私議，願平氣以聽。』安石爲之愧屈。……安石本與之善，及是雖不合，猶敬其忠信，不深怒。」長編卷二一〇熙寧三年四月己卯條注引吕本中雜説曰：「伯淳作諫官，論新法，上令至中書議。伯淳見介甫，與之剖析道理，氣色甚和，且曰：『天下自有順人心底道理，參政何必須如此做？』介甫連聲謝伯淳曰：『此則極感賢誠意，此則極感賢誠意。』此時介甫亦無固執之意矣。」按，長編卷三五七元豐八年六月丁丑條載「顥嘗論熙寧初，張戩争新法不可行，遂以語觸王安石，因曰：『新法之行，乃吾黨激成之，當時自媿不能以誠感寤上心，遂成今日之禍，吾黨當與安石等分其罪也。』」又晦庵集卷七九婺州金華縣社倉記云：「以予觀於前賢之論而以今日之事驗之，則青苗者，其立法之本意固未爲不善也。但其給之也以金而不以穀，其處之也以縣而不以鄉，其職之也以官吏而不以鄉人士君子，其行之也以聚歛亟疾之意而不以慘怛忠利之心，是以王氏能以行於一邑而不能以行於天下。子程子嘗極論之，而卒不免於悔其已甚而有激也。」

〔五〕除京西提點刑獄　長編卷二一〇熙寧三年四月己卯條載太子中允、權監察御史裏行程顥權發遣京西路提點刑獄，云：「顥先上疏言：『臣聞天下之理，本諸簡易，而行之以順道，則事無不成。故曰智者如禹之行水，行其所無事也。舍而之于險阻，則不足以言智矣。蓋自古興治，雖有專任獨決能就事功者，未聞輔弼大臣人各有心，睽戾不一，致國政異出，名分不正，中外人情交謂不可，而能有爲者也。況于措置沮廢公議，一二小臣實與大計，用賤陵貴，以邪妨正者乎！凡此皆天下之理不宜有成，而智者之所不行也。設令由此徼幸事小有成，而興利之臣日進，尚德之風寖衰，尤非朝廷之福。矧復天時未順，地震連年，四方人心，日益揺動，此皆陛下所當仰測天意，俯察人事者也。臣奉職不肖，議論無補，望允前奏，早賜降責。』故罷。」注曰：「朱本削去顥疏，云：『時政記不載。顥被責非緣此疏，前史官妄載。改書云：「以數言常平新法，乞責降，故有是命。」』按：顥此疏豈非言新法？紹聖史官猥爲王安石諱，遂欲蓋抹正論，輒加删修，今仍從元祐新本。」

［六］改差簽書鎮寧軍節度判官公事　河南程氏文集卷一一明道先生行狀云其「復上章曰：『臣言是願行之。如其妄言，當賜顯責。請罪而獲遷，刑賞混矣。』累請得罷。既而神宗手批，暴白同列之罪，獨於先生無責，改差簽書鎮寧軍節度判官事」。

［七］改太常丞　長編卷二八二熙寧十年五月庚戌條載監西京抽税竹木務、太子中允程顥改太常丞，云：「以知河南府賈昌衡、京西北路轉運副使李南公等言顥博通古今，行誼修潔，改官八年，未嘗磨勘故也。」

［八］差知扶溝縣事　河南程氏文集卷一一明道先生行狀云：「神宗猶念先生，會修三經義，嘗語執政曰：『程某可用。』執政不對。又嘗有登對者自洛至，問曰：『程某在彼否？』連言『佳士』。其後彗見翼軫間，詔求直言，先生應詔論朝政極切。還朝，執政屢進擬，神宗皆不許，既而手批與府界知縣，差知扶溝縣事。先生詣執政，復求監當。執政諭以上意不可改也。」

［九］坐縣獄逸鄰邑罪人罷監汝州酒税　宋史程顥傳云：「内侍王中正按閲保甲，權焰章震，諸邑競侈供張悦之，主吏來請，顥曰：『吾邑貧，安能效他邑？取於民，法所禁也，獨有令故青帳可用爾。』除判武學，李定劾其新法之初首爲異論，罷歸故官。又坐獄逸囚，責監汝州鹽税。」然南陽集卷二九程伯純墓志銘云其「以親老求折資便養，得監汝州酒税」。

［一〇］召爲宗正丞　河南程氏文集卷一一明道先生行狀云時「聖政方新，賢德登進，先生特爲時望所屬，召爲宗正寺丞」。

［一一］與弟頤聞汝南周敦實論學　河南程氏遺書卷二上元豐己未吕與叔東見二先生語云程顥「昔受學於周茂叔，每令尋顏子、仲尼樂處，所樂何事」。又附録門人朋友敘述引河間劉立之云程顥「從汝南周茂叔問學，窮性命之理，率性會道，體道成德，出處孔孟，從容不勉」。

［一二］顥深有經濟之意　河南程氏遺書附録門人朋友敘述引河間劉立之曰：「先生抱經濟大器，有開物成務之才，雖不用於時，然至誠在天下，惟恐一物不得其所，見民疾苦，如在諸己。聞朝廷興作小失，則憂形顏色。嘗論所以致君堯舜，措俗成康之意，其言感激

動人。千五百年，一生斯人，時命不會如此，美志不行，利澤不施，惜哉！」

〔一三〕而題其墓曰明道先生云　按，宋史程顥傳云：「嘉定十三年，賜謚曰純公。淳祐元年，封河南伯，從祀孔子廟庭。」

程侍講頤傳〔一〕　同前

大觀元年九月庚子，通直郎程頤卒。

頤字正叔。與兄顥初從汝南周敦實學①，遂以經術爲諸儒倡，四方從之游者甚衆。英宗、神宗朝，大臣屢薦〔二〕，皆不起。哲宗嗣位，宰相司馬光、呂公著、西京留守韓絳上其行義于朝，曰：「河南府處士程頤，力學好古，安貧守節，言必忠信，動遵禮義。年逾五十，不干仕進，真儒者之高蹈，聖世之逸民，乞賜召擢，裨補風化。」詔授汝州團練推官、西京國子監教授，頤力辭〔三〕。未幾，以宣德郎、秘書省校書郎召赴闕。既對，除崇政殿説書〔四〕。首上疏言：

帝王之學，大略謂習與智長，性與化成。今士大夫善教其子弟者，亦必延名德端方之士與之處，使薰陶成性。以陛下春秋之富，雖睿聖得於天稟，而輔養之道不可不至。大率一日之中，接賢士大夫之時多，親寺人宮女之時少，則自然氣質變化，德器成就。乞精選賢士入侍，勸講罷則留分直，以備訪問。凡左右扶持嬪御內臣，並選四十、五十以上厚重小心者。侈麗之物不接於目，淺俗之言不入於耳，歲月積久，必能養成聖德。

① 與兄顥初從汝南周敦實學　「周敦實」，庫本作「周敦頤」。

又謂：「經筵臣僚侍者皆坐，講者獨立，於禮未安。乞令坐講，見主上重道之心[五]。」頤在經筵，以師道自居，每侍講，色甚莊[六]，繼以諷諫。頤聞帝在宮中盥而避蟻①，因講畢，請曰：「有是乎？」帝曰：「然，誠恐傷之耳。」頤曰：「推此心以及四海，帝王之要道也②。」帝稱善。神宗未除喪，冬至，百官表賀，頤上疏以謂「節序變遷，時思方切，恐失居喪之禮，無以風化天下。乞改賀爲慰[七]」。

故事盛暑罷講，頤奏：「朝廷置勸講之官，輔導人主，豈可闊疎如此？」又上書太皇太后言：

今士大夫家子弟，亦不肯使經時累日不親儒士。秋漸涼，乞於内殿、後苑清涼處召見當日講官，陳説道義。伏假既開，依次直日，所貴常得一員獨對。開發之道，蓋自有方，朋習之益③，最爲切至。故周公輔成王，使伯禽與之處。聖人所爲，必無不當。自來宰臣十日一至經筵，上默坐而已，今乞令宰臣每月一再赴經筵講説。邇英迫狹④，講讀、内臣三十餘人在其中，四月末甚熱，而講官已流汗。主上體弱，豈得爲便？乞止於延和殿講讀。太皇太后每遇政事稀簡，聖體康和，時至簾下觀講讀官進説，不惟省察主上進業⑤，於陛下聖聰，未必無補。有所奏禀，便得上聞。今講讀官五員，皆兼要職[八]，獨臣不領別官，近復差修國子監、

---

① 頤聞帝在宮中盥而避蟻　「盥」原作「盐」，據長編卷三七三元祐三年三月辛巳條及東都事略、宋史程頤傳改。

② 帝王之要道也　「帝王」，庫本作「天下」。

③ 朋習之益　「朋」原作「明」，據河南程氏文集卷六上太皇太后書、宋文鑑卷五八程頤上太皇太后書、長編卷三八一元祐元年六月末附引程頤疏改。按，「朋」，庫本作「服」，亦誤。

④ 邇英迫狹　「邇英」原作「延英」，「狹」原作「挾」，據河南程氏文集卷六上太皇太后書、宋文鑑卷五八程頤上太皇太后書、長編卷三八一元祐元年六月末附引程頤疏改。

⑤ 不惟省察主上進業　「惟」原作「爲」，據河南程氏文集卷六上太皇太后書、宋文鑑卷五八程頤上太皇太后書、長編卷三八一元祐元年六月末附引程頤疏改。

太學條制，乃無一人專職輔道者。夫告人之道，非積誠意，不能入也。臣前後兩得進講，未嘗不宿齋戒，潛思存誠，覬感動於上心。若使其營營於職事，豫紛紛其思慮，待至上前，然後善其辭説，徒以頰舌感人，不亦淺乎？道衰學廢，世俗何嘗聞此高識遠見①，當蒙監知［九］。

疏奏，給事中顧臨、諫議大夫孔文仲論列，遂罷職官，管勾西京國子監［一〇］。兩上章乞致仕，不報。父喪，服除，尋以通直郎、直秘閣判西京國子監［一一］。言者論其向在講筵，議論迂疎，妄自尊大，既罷去，服除加職，而辭表有怨望輕躁之語［一二］。差管勾西京嵩山崇福宮，尋醫去官。

哲宗初親政，復除直祕閣、判西京國子監，辭不受。紹聖中，黨論興，追官，涪州安置［一三］。徽宗即位，放還②。崇寧初，復通直郎、權判西京國子監［一四］，屏居伊闕山。數年卒［一五］，年七十五。學者尊之，稱爲伊川先生。其門人游酢、謝良佐、吕大臨、楊時，皆著名於世。有易傳六卷、文集二十卷，諸經解説未成，編者附于集［一六］。

子端中、端彦。

辨證：

［一］程侍講頤傳　按，程頤，東都事略卷一一四、宋史卷四二七有傳。

［二］大臣屢薦　河南程氏遺書附録朱熹伊川先生年譜引吕申公雜記云：「治平三年九月，公知蔡州，將行，言曰：『伏見南省進士

① 世俗何嘗聞此高識遠見　「何嘗」，文海本作「何人」。

② 放還　原作「故還」，據文海本改；庫本作「復還」。

程頤，年三十四，有特立之操，出群之姿。嘉祐四年已與殿試，自後絶意進取，往來太學，諸生願得以爲師。臣方領國子監，親往敦請，卒不能屈。臣嘗與之語，洞明經術，通古今治亂之要，實有經世濟物之才，非同拘士曲儒，徒有偏長。使在朝廷，必爲國器。伏望特以不次旌用。』」

〔三〕頤力辭　道命録卷一司馬光公薦伊川先生劄子注曰：「元豐末，温公即得政，申公（吕公著）起爲尚書左丞，於是與康公（韓絳）同上此奏，而蔡確猶爲左僕射，未即行也。」

〔四〕除崇政殿説書　邵氏聞見録卷一五云：「大儒伊川先生程正叔，元祐初用司馬温公薦，侍講禁中。」長編卷三六五元祐元年二月辛未條云朱光庭「又奏乞以程頤爲講官」。卷三七〇元祐元年閏二月丙辰條云：「左司諫王巖叟、右正言朱光庭進對，太皇太后曰：『……卿累薦程頤，今已除宣德郎、校書郎，來日待行出文字召對。』」卷三七三元祐三年三月辛巳條載宣德郎程頤爲通直郎、崇政殿説書，云：「頤既上殿，即以經筵命之。頤面辭，不許。」又云：「御史中丞劉摯言：『臣伏睹制命，以布衣程頤爲通直郎、崇政殿説書者。恭以尊儒重道，振舉遺逸，使天下歸心，固聖朝之所宜爲也。然臣竊惟進退者臣子之大節，爵禄者天下之公器。進退不失其義，則人道立；爵禄不輕所與，則士心勸。二者蓋不可不謹也。頤以節行自守，不介意于仕，陛下高其風，故以汝州推官、西京教授起之。頤既力辭不從而赴召，而陛下又以宣德郎、校書郎待之。頤既至，未即受命，而陛下賜之廷對，又官之以通直，置之于經筵。蓋頤之遜避不已，而陛下恩命每有加焉。臣恐頤于出處辭受之際，義有難安者也。……致疑于頤者，非獨如臣言也。直以謂自古以來，先生處士，皆盜虚名，無益于用。若頤者，特以迂闊之學，邀君索價而已。……又以謂頤辭免爵命之言曰：「前朝召舉布衣，故事具存。」是頤之志欲爲种放、常秩，而亟欲得臺諫、侍從者爾。臣固知論者之或過也。然而是非疑似，亦不可以不察。……聞頤方辭恩制，乞降指揮，依頤所乞，成就其節，止授以初命之官，既使得以禄養其親，又使受之有義，免于似是之謗。而後日見其可用，進擢蓋未晚也。……』又言：『聞頤有所建請數事，如欲令經筵侍臣坐講之類，又有非所宜言者，衆傳以爲笑。不知有是事乎？惟望速降聖旨，依頤辭免，但命之以初官，試之以西京教授，庶幾成頤之志，全頤之節，以息群議，而亦不害異日擢用也。廉耻不立于天下也久矣，今幸有一人焉，若授受不當于義，則使天下靡然益不以廉隅爲事，豈不重哉？』頤卒留經筵，摯所言不用。」

〔五〕乞令坐講見主上重道之心　道山清話云：「元祐初，程頤復請坐講，太皇太后曰：『皇帝幼冲，豈可先教改動前人制度？』有旨令不得行。」

［六］每侍講色甚莊　邵氏聞見録卷一四云：「元祐初，哲宗幼沖，起文潞公（彦博）以平章軍國重事，召程頤正叔爲崇政殿説書。正叔以師道自居，每侍上講，色甚莊，繼以諷諫，上畏之。潞公對上恭甚，進士唱名，侍立終日，上屢曰：『太師少休。』公頓首謝，立不去。時公年九十矣。或謂正叔曰：『君之倨，視潞公之恭，議者爲未盡。』正叔曰：『潞公三朝大臣，事幼主，不得不恭。吾以布衣爲上師傅，其敢不自重？吾與潞公所以不同也。』識者服其言。」寓簡卷五云：「程氏之學自有佳處，至椎魯不學之人，竄迹其中，狀類有德者，其實土木偶也，而盜一時之名。東坡譏罵靳侮，略無假借，人或過之，不知東坡之意，懼其爲楊、墨，將率天下之人，流爲矯虔庸憧之習也，闢之恨不力耳，豈過也哉？劉元城器之（安世）言，哲宗皇帝嘗因春日經筵講罷，移坐一小軒中賜茶，自起折一枝柳，程頤爲説書，遽起諫曰：『方春萬物生榮，不可無故摧折。』哲宗色不平，因擲棄之。温公（司馬光）聞之不樂，謂門人曰：『使人主不欲親近儒生者，正爲此等人也。』歎息久之。然則非特東坡不與，雖温公亦不與也。」按，「温公」，道山清話稱「吕晦叔」。

［七］乞改賀爲慰　長編卷三九一元祐元年十一月乙卯條載程頤上此疏，太皇太后「不從」。

［八］今講讀官五員皆兼要職　按，據長編，時講官於程頤外，尚有四員：元祐元年閏二月丙午，朝散大夫、祕書監兼侍講傅堯俞爲給事中兼侍講；乙卯，朝議大夫、試吏部尚書兼侍講范純仁爲中大夫、同知樞密院；四月癸巳，右諫議大夫孫覺爲給事中，依舊兼侍講；五月丁巳，資政殿大學士、正議大夫兼侍講韓維守門下侍郎。

［九］當蒙監知　河南程氏遺書附録伊川先生年譜於此奏下注曰「皆不報」。

［一〇］遂罷職官管勾西京國子監　按，據長編卷三八一，上引程頤疏乃於元祐元年六月上奏；又據長編卷三九七、河南程氏文集卷六，元祐二年三月，程頤復有又上太皇太后疏、乞就寬涼處講讀奏狀，遂爲顧臨論列。河南程氏外書卷一二傳聞雜記引范太史日記云：元祐二年「四月六日丁亥，講讀依舊邇英閣。顧子敦封駁，以爲延和執政得一賜坐啜茶，已爲至榮，豈可使講讀小臣坐殿上，違咸造勿褻之義？持國（韓維）、微仲（吕大防）進呈，令修邇英閣，多置軒窗。已得旨，而吕公方入，令修延義閣。簾内云：『此待別有擘畫。』未知何所也」。長編卷四〇四元祐二年八月辛巳條載云通直郎、崇政殿説書程頤罷經筵，權同管勾西京國子監。時左諫議大夫孔文仲上言，「御史中丞胡宗愈亦言：『先帝聚士以學，教人以經，三舍科條固已精密，宜一切仍舊。』因深斥頤短，謂不宜使在朝廷。先是，

頤赴講，會上瘡疹，不坐已累日，退詣宰相問曰：『上不御殿，知否？』曰：『不知。』曰：『二聖臨朝，上不御殿，太皇太后不當獨坐。且上疾而宰相不知，可爲寒心。』翌日，吕公著等以頤言奏，遂詣問疾，上不悦，故黜之。」注引吕本中雜説引劉安世（器之）言：「元祐中，閒見君實，已深不喜正叔，君實亦作俚語曰：『幾時教你如此崛起來？待陽遷起居舍人，與罷了經筵。』」又曰：「頤本傳載頤所以罷講筵，乃云坐上疏乞於延和講説，爲顧臨、孔文仲所劾。誤也。上疏乃在去年夏末，及今一年有餘矣。雖今年三月亦曾再上疏，然所以罷講筵，要不緣此。」宋史程頤傳云：「蘇軾不悦於頤，頤門人賈易、朱光庭不能平，合攻軾。胡宗愈、顧臨詆頤不宜用，孔文仲極論之，遂出管勾西京國子監。」邵氏聞見後録卷二三云：「孔文仲論曰：『頤在經筵僭横，造請權勢，騰口間亂，以償恩讎，致市井之間，目爲「五鬼」之魁，嘗令其助賈易彈吕陶，及造學制詭謬，童稚嗤鄙』云云。又曰：『頤污下憸巧，素無鄉行，經筵陳説，僭横忘分，遍謁貴臣，歷造臺諫，宜放還田里，以示典刑』云云。劉器之論曰：『程頤、歐陽棐、畢仲游、楊國寶、孫朴交結執政子弟，搢紳之間號「五鬼」。』又曰：『進言者必曰「五鬼」之號，出於流俗不根之言，何足爲據？臣亦有以折之，方今士大夫無不出入權勢之門，何當盡得鬼名？惟其陰邪潛伏，進不以道，故程頤等五人獨被惡聲。孔子曰：「吾之於人也，誰毁誰譽？如有所譽，其有所試矣。」蓋人之毁譽，必以事驗之。今衆議指目五人，可謂毁矣，然推考其迹，則人言有不誣者，臣請歷陳其説，若程頤則先以罪去』云云。蘇子瞻奏則曰：『臣素疾程頤之姦，形於言色。因頤教誘孔文仲，令以私意論事，爲文仲所奏，頤遂得罪』云云。又子瞻爲禮部尚書，取伊川所修學制，貶駮譏詆略盡。」又，大事記講義卷二〇哲宗皇帝諸君子自分黨云：「元祐元年，詔蘇軾、傅堯俞等供職。初，軾與程頤同在經筵，軾喜諧謔，而頤以禮法自守，軾每戲之。朱光庭、賈易積不能平，乃力攻軾所選策題譏仁宗。胡宗愈劾中丞堯俞、御史岩叟右光庭，吕陶右軾，惟諫官汪覿之論得其中，曰：『學士策詞失當，小事也。使士大夫有朋黨之言，大患也。』」河南程氏外書卷一一云：「温公薨，朝廷命伊川先生主其喪事。是日也，祀明堂禮成，而二蘇往哭温公，道遇朱公掞（光庭），問之。公掞曰：『往哭温公，而程先生以爲慶吊不同日。』二蘇悵然而反，曰：『鏖糟陂裏叔孫通也。』言其山野。自是時時謔伊川。他日國忌，禱於相國寺，伊川令供素饌，子瞻詰之曰：『正叔不好佛，胡爲食素？』正叔曰：『禮，居喪不飲酒食肉。忌日，喪之餘也。』子瞻令具肉食，曰：『爲劉氏者左袒。』於是范淳夫（祖禹）輩食素，秦（觀）、黄（庭堅）輩食肉。吕申公（公著）爲相，凡事有疑，必質於伊川。進退人才，二蘇疑伊川有力，故極口詆之云。伊川主温公喪事，子瞻周視無闕禮，乃曰：『正叔喪禮何其熟也？』又曰：『軾聞『居喪未葬，讀喪禮』。太中康寧，何爲讀喪禮乎？』伊川不答。鄒至完（浩）聞之曰：『伊川之母先亡，獨不可以治喪禮乎？』」貴耳集卷上云：「元祐初，司馬公薨。東坡欲主喪，遂爲伊川所先，東坡不滿意。伊川以古禮斂，用錦囊囊其尸。東坡見而指之曰：『欠一件物事，當寫作「信物一角，送上閻羅大王」。』東坡由是與伊川失歡。」按，「鏖糟陂」，呂希哲呂氏雜記卷下有云：「都城西南十五里有地名鏖糟陂，士人惡之，自易爲好草陂。至今四鄉之人猶襲舊號，問彼方之民，僉曰好草陂也。」

〔一一〕尋以通直郎直秘閣判西京國子監　長編卷四七一元祐七年三月丁亥條云：「是日，三省進呈程頤服闋，欲除館職，判登聞檢院。太皇太后不許，乃以爲直祕閣，判西京國子監。初，頤在經筵，歸其門者甚衆，而蘇軾在翰林，亦多附之者，遂有洛黨、蜀黨之論。二黨道不同，互相非毁，頤竟罷去。及進呈除目，蘇轍遽曰：『頤入朝，恐不肯静。』太皇太后納其言，故頤不得復召。」注曰：「此據王巖叟日録，當考。巖叟云頤竟爲蜀黨所擠，蓋非平實語，今改之。」

〔一二〕言者論其向在講筵至辭表有怨望輕躁之語　長編卷四七三元祐七年五月甲申條云：「監察御史董敦逸言：『竊見左通直郎、直祕閣程頤辭免職名表辭云「不用則已，獲罪明時，不能取信於上」，又有「道大難容，名高毁甚」之語，怨躁輕狂，不可縷數。臣按頤起自草澤，勸講經筵，狂淺迂疎，妄自尊大。當時有所建白，人皆以爲笑談，而又奔走權門，動摇言路。幸陛下聖明，察其疎謬，止令罷職，示朝廷之寛恩也。頤近因喪服除，朝廷以職名加之，輿議沸騰，皆云虚授。今頤猶不自揆，肆爲狂言，至引孔、孟、伊尹以爲比，又自謂得儒者進退之義。惑衆慢上，無甚於此。伏乞朝廷追寢新命，以協公論。』」又卷四七一元祐七年三月乙巳條、卷四七二元祐七年四月丙寅條亦載殿中侍御史吴立禮論程頤疏。

〔一三〕黨論興追官涪州安置　道命録卷一伊川先生涪州編管指揮注曰：「會黨事作，紹聖四年二月癸酉，中書省言司馬光等造爲姦謀，各加追貶，其同惡相濟者亦當懲艾，於是吕汲公（大防）以下三十三人皆坐貶竄，而先生追毁出身以來文字，放歸田里。十一月，送涪州編管。」

〔一四〕崇寧初復通直郎權判西京國子監　程氏遺書附録伊川先生年譜引劉忠肅公家私記云：「此除乃李邦直（清臣）、范彝叟（純禮）之意。」按，河南程氏文集卷六謝復官表題下注稱時在「元符三年十月」，當是。

〔一五〕數年卒　程氏遺書卷二一下伊川先生語七下云：「伊川先生病革，門人郭忠孝往視之，子瞑目而卧。忠孝曰：『夫子平生所學，正要此時用。』子曰：『道著用便不是。』忠孝未出寢門而子卒。」注曰：「一本作或人，仍載尹子之言曰：『非忠孝也。忠孝自黨事起，不與先生往來，先生卒，亦不致奠。』」宋史程頤傳云：「嘉定十三年，賜謚曰正公。淳祐元年，封伊陽伯，從祀孔子廟庭。」

〔一六〕有易傳六卷文集二十卷諸經解説未成編者附于集　按，晁志卷一著録程氏易十卷、伊川書説一卷；卷二著録伊川詩説二卷；卷四著録伊川論語説十卷；卷一〇著録伊川解孟子十四卷；卷一九著録程伊川集二十卷。陳録卷一著録伊川易解六卷；卷三著録春秋傳二卷、河南經説七卷；卷一七著録伊川集九卷。宋史卷二〇二藝文志一著録程頤易傳九卷、易繫辭解一卷，程頤堯典舜典解一卷，程頤春秋傳一卷，程頤論語説一卷，程頤河南經説七卷；卷二〇五藝文志四著録孟子解四卷；卷二〇八藝文志七著録程頤集二十卷。

名臣碑傳琬琰集下卷二十二

宋故觀文殿學士太中大夫知建康軍府事兼管内勸農使充江南東路安撫使馬步軍都總管兼營田使兼行宫留守彭城郡開國侯食邑一千六百户食實封二百户賜紫金魚袋贈光禄大夫劉公行狀[一]

從事郎劉玶①[二]

本貫建寧府崇安縣開耀鄉五夫里。

曾祖民先，故任承事郎，累贈太子太保。妣黄氏，彭城郡夫人。

祖韐，故任資政殿學士、銀青光禄大夫，謚忠顯，累贈太師。妣李氏，秦國夫人；繼吕氏，韓國夫人。

父子羽，故任右朝議大夫、充徽猷閣待制，累贈少傅。妣熊氏，福國夫人；繼卓氏，慶國夫人。

公諱珙，字共父。其先蓋長安人，唐末避地入閩，遂爲建人[三]。六世至忠顯公，仕始通貴。靖康中，守真定有功[四]。京城失守，虜人得之，欲以爲將相，義不辱而死[五]。少傅公紹興初佐川陜宣撫使軍事[六]，保鄣梁益，爲中興名臣。

① 從事郎劉玶　此五字原脱，據本書體例及行狀末署名補。

公其長子也，生有奇質，英晤絶人。少長，從季父屏山先生受書[七]，知刻苦自厲。屬文敏有思致，一時鄉先生皆歎，以爲不可及。始以忠顯公死節恩補承務郎，舉進士，一上中紹興十二年乙科，調監紹興府都税務，請監潭州南嶽廟以歸。杜門讀經史書，討論纂述，益務其遠且大者。秩滿，差主管西外敦宗院。未赴，遭外艱，既禫而韓國夫人薨，持重終喪。除諸王宫大小學教授，權祕書省校勘書籍官、禮部郎官、中書舍人。時秦丞相當國用事，一日微示風旨，欲爲其父作謚[八]，以公不亟奉行也，怒，風言者論去之[九]。踰年，秦丞相死，乃得主管台州崇道觀。

召爲大宗正丞，未就職，改秘書丞[一〇]，兼權吏部郎官，即真。尋除監察御史，避薦者，復還故官[一一]。公前在銓曹時，苦吏爲姦，思有以制之。一日，命張幕設案於庭，置令式其中，使選集者得出入繙閲，與吏辯，吏無得藏其巧，人甚便之。間攝侍郎，引選人改官班，占對詳敏，天子悦焉。且聞其能檢柅吏姦，故因其引嫌，復委以選事。兼權秘書少監，遷起居舍人，兼權中書舍人。

會金虜渝盟，天子震怒，將悉鋭師北向[一二]，以雪讎恥、復土疆。一時詔檄，多出公手，詞氣激烈，聞者感奮，或至泣下[一三]。御史杜莘老既擊侍醫王繼先逐之，又論宦者張去爲，遂以忤旨左降。公不草制，奏留之，莘老得不去。從車駕視師建康，兼權直學士院。既而車駕將還臨安，江淮軍務未有所付。張忠獻公方典留鑰，衆望屬之，而詔乃以楊存中爲宣撫使，中外大失望。公不書録黄，奏論其不可。上怒，顧宰相曰：「劉珙之父爲張浚所知，其爲此奏，意專爲浚地耳。」宰相召公喻旨[一四]，且曰：「再繳，累且及張公。」公曰：「珙爲國家計，故不暇爲張公謀。若爲張公謀，則不爲是以累之矣。」命再下，執奏如初，存中命乃寢[一五]。

未幾，真除中書舍人、直學士院。召入草制，立建王爲皇太子。今上皇帝既即位，詔公借禮部尚書使金國。是時南北甫罷兵，始爲鈞敵之禮，虜意不可測。公受命慷慨，不復問家事。入辭母夫人，戒家人悉裘葛兼副以行，曰：「藉令不死，歸未可期也。」副使某者，以選置官屬不公抵罪[一六]，上以公辟召無所私，手札褒俞之。尋以議禮不決，未出疆而還〔一七〕。然公於是時固以其死許國矣。

在掖垣凡三年，事有不便者，知無不言。嘗有詔問足食足兵之策，公以擇將帥、核軍實爲對甚悉。會有太白經天、旱暵飛蝗之變，詔復問近臣闕政。公又奏曰：

太白，兵象也；旱蝗，蠡氣也。今仇虜窺覦，哆然未厭①，而國家因仍縱弛，有賞無罰，諸將專事刻剥，以媚權倖，取官爵，士卒怨之，有甚於仇敵者。且輿圖未復②，地狹民貧，而費用日滋③，征求日廣。爲監司者不恤郡，爲郡者不恤縣，爲縣者不恤民，至或重爲貪虐，以肆其心，則百姓之苦其官吏，亦不異於士卒之仇將帥也④。然則天人相與之際，夫豈偶然而已哉？欲救其失，唯當信賞必罰，以肅將帥之心；痛懲刻剥，以固士卒之志；節浮冗，練軍實，精擇郡守，誅鉏贓吏，以厚吾民之生。而是數者之得失，則又係乎人主之心誠與不誠耳。陛下審能擴恭儉日新之德，屏馳騁無益之戲，登崇俊良⑤，斥遠邪佞，常使日用之間，有以養吾之誠而無害焉，則夫數者固將有所依以立，而災異之變，庶乎其可銷矣。

間又嘗爲上言：「應敵無一定之謀，而疆國有不易之策。今曰和、曰戰⑥、曰守者，皆應敵之計，因事制宜，不可膠於一説者也。若夫不易之策，則必講明自治之術，博詢救弊之原，毋事虛文，專責實效，使政事脩舉，國勢日彊⑦，然後

---

① 哆然未厭　「哆」原作「多」，據晦庵集卷九七劉公行狀改。
② 且輿圖未復　「圖」，晦庵集卷九七劉公行狀作「土」。
③ 而費用日滋　「用」原作「周」，「日」字原闕，據庫本及晦庵集卷九七劉公行狀改補。
④ 亦不異於士卒之仇將帥也　「仇」原作「他」，據庫本及晦庵集卷九七劉公行狀改。
⑤ 登崇俊良　「登」原作「祭」，據文海本、庫本及晦庵集卷九七劉公行狀改。
⑥ 曰戰　原作「曰我」，據文海本、庫本及晦庵集卷九七劉公行狀改。
⑦ 國勢日彊　「彊」，文海本作「張」。

三者之權在我，唯所用之，無不如志。今議者日紛紛於末流①，而於其本未有言者，臣切爲陛下憂之。」上皆納焉。

故將田師中死，其家請以没入王繼先園第爲賜，詔許之。公以師中久竊兵柄，無尺寸功，貪饕刻剥，爲國家斂士卒之怨，不當予。方爲繳奏以聞，而其家復以請。公以録黄稽程被詰，亟奏俟罪，而持之愈力，於是乃不果賜。有迪功郎李珂者，以關通近習得補官，而自奏求爲督府掾。詔除已下，公奏曰：「珂名品至卑，不繇召見，敢以劄子非分祈恩，非所以嚴堂陛之勢、杜邪枉之門也。且今邊陲大計②，方倚督府爲重，官屬尤當審擇。如珂小人，非唯不堪此選，政恐或能妄作，以沮撓其事機也。」奏上，改除珂樞密院編修官。公論執益堅，乃罷之[一八]。然亦竟以數直諫，不得久居中，而宰相亦有陰忌公者。

隆興元年冬，除集英殿修撰、知泉州。明年改衢州[一九]。始至，委事僚屬，一無所問。人以公未更治民，意其懵於事，或不屑爲者。既乃一旦悉取而自爲之，辨察精明，區處的當，群下斂手，不能有所爲，人始大服。先是吏員猥衆，公視員外置者悉罷之。受租米輒使民自操量概，其發鈔銷簿，亦皆有法，人甚便之。

會湖南旱飢，官吏不之恤，而郴州宜章縣方抑民市乳香，期會峻迫。有李金者，乘衆怒奮起爲亂[二〇]，衆餘萬人，南逾嶺徼，分道犯英、韶、連、廣、德慶、肇慶、封、梧、賀州之境③，旁入道州、桂陽軍，殺掠萬計。州縣不知所爲，至斂民間金帛賂之以免，由是賊勢日盛。而帥守、監司更共蔽匿④，不以實聞。賊遂犯宜章，陷桂陽，聲震

---

① 今議者日紛紛於末流　「日」，鐵琴銅劍樓本及晦庵集卷九七劉公行狀作「自」。
② 且今邊陲大計　「陲」原作「垂」，據庫本及晦庵集卷九七劉公行狀改。
③ 賀州之境　「境」原作「竟」，據晦庵集卷九七劉公行狀改。按，下文同改。
④ 而帥守監司更共蔽匿　「蔽」原作「敝」，據文海本、庫本及晦庵集卷九七劉公行狀改。

遠近，朝廷憂之〔二二〕。以公爲敷文閣待制、知潭州、荆湖南路安撫使。是歲乾道元年也。

公以五月入境，則賊衆已數萬人矣。公聲言發郡縣兵討擊，且檄鄰道謹斥堠、守隘塞、聽期會，而亟以實奏，請下荆襄發卒奔命。又度比章下或已歷旬時，失幾會，則移書制置使沈介曰：「請毋須報而亟遣以來，擅興之罪，吾自當之，不敢以累公也。」介爲遣兵，詔亦報如公請。然皆未有至者，賊勢愈盛。而湘陰縣橋口鎮群盜劉花三、李無對者又竊發，距城郭僅六十里，人情益震。公亟簡州之役兵得三百人，使部將趙彦帥之，合巡尉兵以行。下令戕舟發梁，募有生得盜者錢若干，得其首者錢若干，凡盜所挾贓，無多少，悉給捕者。不數日，彦等禽捕三十餘人，公悉以便宜誅之，梟首於市。餘盜走，多溺死，其散入墟落者，又爲村民縛以送府，又悉誅之。奏將尉有功者，皆被賞①。於是威聲大振，吏士用命，人心少安。

六月，制置使所遣遊奕軍統制田寶乃以千人至。居數日，鄂州水軍統制楊欽又以千五百人至。公知其暑行疲怠，悉爲發夫迎之數程之外，代其任負以行。軍士固已歡呼感激，及至，撫勞犒賜又皆豐飫過望，諸軍益喜，願盡死力。欽故群盜楊么部曲，公知其可用，檄諸軍皆受節度，使率其衆，鼓行而前。下令境中，凡軍民討捕有功者，皆以率受賞，其賊所誘脅，能相捕斬以詣吏者，亦除罪受賞有差。是月晦，田寶大敗李金於郴州城下，追奔二十餘里，殺獲甚衆。七月，楊欽敗賊黨田政、尹寬等於桂陽。鄂將谷青、王翌又各以二千人至。公遣扼宜章大路，以分賊勢，通糧道。而欽連戰破賊，遂入宜章。八月，鏖龍岡下，賊兵數萬，自辰至申，官軍稍却。欽被髮大呼，策馬横衝之。賊分爲兩，其前列精兵殲焉，餘皆遁走。進至莽山，賊徒曹彦、黄拱遂執李金與其腹心黄谷以降。欽因窮追深入，盡誅其酋豪，而其支黨脅從者尚衆，皆竄入山谷間。公喻欽等卻兵，而使人賫牓，聽其自

① 皆被賞 「被」原作「彼」，據文海本、庫本及晦庵集卷九七劉公行狀改。

詣〔二二〕，則皆相率聽命。歲盡師還，李金、黄谷等數十人皆伏誅。其降者，公皆稱詔給據納兵，復故田宅蓋以千數。曹彦、黄拱皆奏補官而厚撫之。既乃第録諸將功狀列上，又盡得其實，不以一豪有所私。上嘉歎再三，詔以爲敷文閣直學士，且賜璽書曰：「近世書生，但務清談，經綸實才，蓋未之見，朕以是每有東晉之憂。今卿既誅群盜，而功狀詳實，諸將優劣，破賊先後，歷歷可觀，甚副朕意。卿其益勉之哉！」

賊地既定，境内正清，公乃喟然歎曰：「吾豈樂殺人哉①！向者軍興，令不可以不肅。而今而後，庶有以亮吾心矣。吾豈樂殺人哉！」自是一意於撫摩之政，且爲請於朝曰：「今欲懲既往之失，銷未形之患②，莫若擇守宰，寬賦斂，以安吾民而已。不此之圖，一李金死，一李金生，臣恐湖南自是無寧歲也。」奏留鄂兵戍郴、桂，而益廣蒐募，以補忠義親兵之缺，厚其恩意，嚴其紀律，而時訓習焉。於是湖南隱然爲重鎮，方地數千里，外户不閉，商旅野宿焉。

潭州故有嶽麓書院，真廟時賜以敕額，給田與書，經亂蕪廢。公一新之〔二三〕，養士數十人，延禮脩士彪君居正使爲之長，而屬其友廣漢張侯栻敬夫時往遊焉。與論大學次第，以開其學者於公私義利之間，聞者風動。

三年召還，見上首論「獨斷雖英主之能事，然必合衆智而質之以至公，然後有以合乎天理人心之正，而事無不成。若棄僉謀，徇私見而有獨御區寓之心焉，則適所以蔽其四達之明，而左右私昵之臣，將有乘之以干天下之公議者矣」。又論税絹退剥、羡餘和糴之弊。又論「州郡禁軍紀律不明，驕惰自恣③，宜遴選武臣之奮行伍、習戎

---

① 吾豈樂殺人哉　「殺」原作「設」，據文海本、庫本、晦庵集卷九七劉公行狀及下文改。

② 銷未形之患　「患」，文海本作「憂」。

③ 驕惰自恣　「恣」字原闕，據庫本及晦庵集卷九七劉公行狀補。

事者使爲將副，而貴游子弟、閤門、國信、五房出職之輩不得與焉，則州郡之軍政庶乎其可脩矣」。上然其言，以爲翰林學士、知制誥兼侍讀。間復從容言於上曰：

世儒多病漢高帝不悅學，輕儒生。臣竊獨以爲高帝之聰明英偉，其所不悅，特腐儒之俗學耳。誠使當世之士有以聖王之學告之，臣知其必將竦然敬信，而其功烈之所就，不止於是而已也。蓋天下之事無窮，而應事之綱在我，唯其移於耳目、動於意氣而私欲萌焉①，則其綱必弛，而無以應夫事物之變。是以古之聖王無不學，而其學也，必求多聞，必師古訓，蓋將以明理正心而立萬事之綱也。此綱既立，則雖事物之來千變萬化，而在我者常整整而不紊矣。惜乎當是之時，學絶道喪，未有以是告高帝者。

上亟稱善。是歲小不登，公請亟詔監司郡守先事條畫來年荒政所宜，不者亦使任其無他。又奏州兵營伍教戰之法甚備。上由是益知公學問精深，忠義慷慨，可任大事。

十一月，擢拜中大夫、同知樞密院事。公辭謝不獲，乃就職。因進言曰：「汪應辰、陳良翰、張栻學行才能，皆臣所不逮，而栻窮探聖微，曉暢軍務，曩幸破賊，栻謀爲多。願陛下亟召用之②。」上可其奏，以次登用焉。公以西府本兵柄，於諸將之能否不可以不周知，乃自諸管軍統制官下至裨佐，日召三數人從容與語，得其材用所宜，輒筆識之，以待選用。一日，上顧輔臣圖議恢復。公奏曰：「復讎雪耻，誠今日之先務。然非内脩政事，有十年之功，臣恐未易可動也。」同列有進而言者曰：「機會之來，間不容髮，奈何拘此曠日彌久之計？且漢之高、光皆起匹夫，不數年而取天下，又安得所謂十年脩政之功哉？」公曰：「高、光唯起匹夫也，故以其身蹈不測之危而

① 動於意氣而私欲萌焉　「動」原作「勲」，據鐵琴銅劍樓本、庫本及晦庵集卷九七劉公行狀補。

② 願陛下亟召用之　「召」，文海本作「召見」。

無所顧。陛下躬受太上皇帝祖宗二百年宗社之寄，其輕重之勢，豈兩君比哉？臣竊以爲自古中興之君，陛下所當法者，惟周宣王而已。宣王之事見於詩者，始則側身脩行以格天心，中則任賢使能以脩政事而已，其終至於外攘戎狄，以復文武之境土①，則其積累之功至此，自有不能已者，非一旦率然僥倖之所爲也。」上以公言爲然。

四年七月，詔兼參知政事。公方與一二同列夙夜悉心竭力，益圖所以叙進人材、寬養民力、討理軍政，務以成上意之所欲爲者。蓋除福建鈔鹽歲額二萬萬，罷江西和糴及廣西折米鹽錢，又蠲累年逋負金錢穀帛巨億計。而公尤以輔成上德、振肅朝綱、抑僥倖、奬廉退爲己任，進則盡言無隱，退亦未嘗輕以詞色假人，苟清議之所不與，不以親故而有所私也。以是近倖仄目，而流俗亦多不悦公者。

先是，潛邸使臣有龍大淵、曾覿者②，馮恃舊恩，暴起富貴[二四]，公論不平者累年。上一日發寤，逐去之[二五]。未幾而大淵死，上顧憐覿，欲還之。公力陳其不可，且曰：「此曹奴隸耳，憐之則厚賜之可也。今引以自近而賓友接之，至使得以與聞幾事，進退人才，則臣懼非所以增盛綱之光華③，飭治朝之綱紀也。」上納公言，爲止不召[二六]。

殿前指揮使王琪謁告至淮上還，密薦和州教授劉甄夫。上諭執政召之，諸公相問④，莫有知其所自來者。公曰：「薦士吾徒之責，可不知耶？」明日請曰：「此人名微位下，陛下何自知之？」上以琪告。公又請其所以薦，上曰：「卿自問之。」公退坐堂上，呼吏作頭引追之。琪至，公詰其故，授牘使對。琪恐懼，不能置辭，久之，公

① 以復文武之境土　「境」原作「竟」，據晦庵集卷九七劉公行狀改。
② 潛邸使臣有龍大淵曾覿者　晦庵集卷九七劉公行狀無「有」字。
③ 則臣懼非所以增盛綱之光華　「綱」，庫本作「世」，晦庵集卷九七劉公行狀作「德」。
④ 諸公相問　「問」原作「間」，據庫本及晦庵集卷九七劉公行狀改。

乃叱使責戒勵狀而去①。無何，揚守來言前琪過郡，稱受密旨，增所築新城若干尺。諸公請之，初未嘗有是命也。公既與諸公合奏，請其罪罷之。因奏：「自今聖旨不經三省、密院者②，所下之官，皆請俟奏審乃得行。」上欣然從之。公即從密院移中外諸官府，而内侍省與焉。明日，忽復有旨前奏審事勿行，因諭諸公：「即如此，則朕或須一飲食，亦必奏審乃得耶？」公即以藝祖熏籠事對[二七]，退又與諸公合奏言曰：「朝廷者陛下之朝廷，命令者陛下之命令。臣等偶得備數其間，典司出納而已，非敢有所專也。今方舉行舊典，以正紀綱，而已出復收，中外惶惑，切恐小人有因疑似③，微以姦言上激雷霆之怒者。願陛下察之。」上不悦曰：「朕豈以小人之言而疑卿等者耶？」時諸公雖更進懇請，而公言尤激切[二八]，故獨罷公爲端明殿學士、在外宫觀，改知隆興府、江南西路安撫使。公入辭，猶以開廣言路、講明聖學、敦本節用、虚己任賢、斥遠佞邪、選將撫軍數事爲獻。上蹙然曰：「卿雖去國，不忘忠言，而材又非他人所及，行召卿矣。」

隆興承前帥刻剥之後[二九]，場務皆增新額，而輸租更用方斛，視省量率多斗餘，公首罷之。屬邑奉新有複出税錢三十五萬有奇、租六百二十八石攤配諸鄉，多者視正税且什四，歲久困不能輸，相率逃去，田畝榛蕪，所攤固不可得，而失正税又數倍。公奏蠲之，又除二税合零租米暗耗免役足錢之弊④。人或爲公憂不足，公量入爲出，用度未嘗乏也。暇日咨訪賓僚，講求利病，率常一二延見，使得從容各盡所懷，以故下情宣通，舉

① 公乃叱使責戒勵狀而去　「狀」原作「牀」，據鐵琴銅劍樓本、庫本及晦庵集卷九七劉公行狀改。
② 自今聖旨不經三省密院者　「今」原作「以」，據鐵琴銅劍樓本、庫本及晦庵集卷九七劉公行狀改。
③ 切恐小人有因疑似　「切」，庫本及晦庵集卷九七劉公行狀作「竊」。
④ 又除二税合零租米暗耗免役足錢之弊　「免役」，晦庵集卷九七劉公行狀作「吏役」。

無過事，而其人之器識短長亦無所隱。訟訴有久不決者，取其案牘藏之。旬日，輒召會官屬之賢可委者合坐堂上，付一二事①，使平決之，有司供具食飲如法。至暮，白所予奪而退。其大事則公先閲視，默有所處，然後參衆説以決焉，以故多得其情，無不厭服。

明年，除資政殿學士、知荆南府、荆湖北路安撫使。始至，條上荆襄兵少財匱之狀，詔即諉公措置。公因行視襄鄂兵屯，並邊形勢，盡得其實以聞。凡回圖役使、詭名虚籍之弊，與夫部伍教習之法有不善者，皆奏罷之。先是，荆南兵戍襄陽者，累年不得歸，父子至不相識。公奏爲半年番休之法，春夏三軍，秋冬四軍，更迭往來，軍士感悦。荆襄故有民兵，皆農家子，敦樸豪勇，又有土著常産，自愛惜，且居近邊，知虜情，輕戰鬭。比稍惰廢，公更爲簡閲，寬其取丁之數，貧者弛其賦役，隨鄉團結，以七十五人爲隊，隊有長，四隊爲部，部有將，縣置總首、都副各一人，當教則郡爲選官訓練，已事而罷之。至於資糧械器，皆爲處畫，各有條理。撫循犒賞，歲費錢一萬萬，而不以一介有取於民也。

明年，遭内艱。又明年，起復同知樞密院事、荆襄宣撫使。遣中使奉璽書即喪次宣押奏事。其書曰：「朕以荆襄上流，宿師尤重，欲以軍民之寄付卿，其任重矣。奪情臨戎②，國有常典③。況吾大臣，義當體國，毋以家事辭王事也。」公六上奏，辭不肯起[三〇]，引經據禮，詞甚切至，最後言曰：「三年通喪，先王因人情而節文之，三代以來，未之有改。至於漢儒，乃有金革無避之説，此固已爲先王之罪人矣。然尚有可諉者，則曰魯公伯禽有爲爲

---

① 付一二事　「付」上，晦庵集卷九七劉公行狀有「人」字，似是。
② 奪情臨戎　「戎」，晦庵集卷九七劉公行狀作「民」。
③ 國有常典　「常」原作「當」，據庫本及晦庵集卷九七劉公行狀改。

之也。今以陛下威靈，邊垂幸無犬吠之警①，臣乃欲冒金革之名，以私利禄之實，不亦又爲漢儒之罪人乎？且孝之與忠，豈有二致？事君事親，初無兩心。使親喪而可奪，則他日所以事君者可知矣。況陛下方以天下奉兩宮之驩，而以衰絰不祥之人篴迹二三大臣之間，殆非所以全孝治之美。且使仇虜聞之，亦必以爲中國乏材乃至於此，而敢肆其輕侮。此臣所以受恩感激，反復慮思而卒不敢起也。抑陛下之詔臣，則有曰『義當體國』者矣，臣其敢噤無一言以塞明詔哉？」乃手疏別奏以聞，其略曰：

天下之事，有其實而不露其形者，無所爲而不成；無其實而先示其形者，無所爲而不敗。今德未加脩，賢不得用，賦斂日重，民不聊生，將帥方戛割士卒以事苞苴，士卒方饑寒窮苦而生怨謗，凡吾所以自治而爲恢復之實者，大抵闕略如此，而乃外招歸正之人，內移禁衞之卒，規筭未立，手足先露，其勢適足以速禍而致寇，臣不知爲此議者，將何以待之也。且荆襄，四支也；朝廷，腹心、元氣也。誠使朝廷設施得宜，元氣充實，則犁庭掃穴，在反掌間耳，何荆襄之足慮？如其不然，則荆襄雖得臣輩百人悉心經理，顧亦何足恃哉？以今而慮，臣恐恢復之功未易可圖，而意外立至之憂，將有不可勝言者。惟陛下圖之。

上納其言，爲寢前詔。

八年，免喪，乃復除知潭州，安撫湖南。過闕見上，言曰：「人君能得天下之心，然後可以立天下之事；能循天下之理，然後可以得天下之心。然非至誠虛己、兼聽並觀，使在我者空洞清明，而無一豪物欲之蔽，亦未有能循天下之理者也。」因引其意以傳時事，言甚切至。上加勞再三，進職資政殿大學士以行。湖南公舊鎮，威惠之在人者久而愈深，及是再至，蓋有不待教令而孚者。而公所以自律者愈嚴，所以撫民者愈寬，以是人愈畏服而敬

① 邊垂幸無犬吠之警　「邊垂」，晦庵集卷九七劉公行狀作「邊陲」。

愛之。會安南貢馴象，所過發夫，一縣至二千人，除道路，毀屋廬，數路騷動。公奏曰：「象之用於郊祀，不見於經。驅而遠之，則有若周公之典。且使吾中國之疲民困於遠夷之野獸，豈仁聖之所忍爲也哉？」

歲旱，公亟遣官吏行視，蠲放田租。聞郴、道、桂陽民饑，則檄轉運、常平司移粟賑之。且盧山谷姦民乘時竊發①，則又遣將益兵戍守，遂以無事。一旦茶盜數千人入境②，疆吏以告，公曰：「此非必死之寇，緩之則散而求生，急之則聚而致死。」乃處處揭榜，喻以自新，聲言大兵且至，令屬州縣具數千人之食，盜果散去，獨餘五百許人。公乃遣兵，戒曰：「來毋亟戰，去毋窮追，毋遏其塗，其不去者乃擊之耳。」於是盜之存者無幾，進兵擊之，盡禽以歸。公獨奏誅首惡數人，餘悉以隸諸軍。明年，盜之餘黨賴文政等復入境[三二]，後帥曰：「此前日養寇罪也，吾必盡誅之。」盜聞其言，悉力死戰。既剿湖南軍，遂入江西，侵擾數州，官軍數敗，將吏死者數十人，爲費以大萬計③。於是人乃服公爲有謀也。

淳熙二年，除知建康府、江南東路安撫使、行宮留守。始至，孔目吏有爲姦利稔惡數十年者，杖而黥之，一郡稱快。會歲水旱，高下田皆不收。公首奏倚閣下三等户夏税，爲錢六千萬④、紬絹二千疋、綿三千兩。分遣官吏

---

① 且盧山谷姦民乘時竊發　「竊發」原作「且發」，據晦庵集卷九七劉公行狀、卷八八觀文殿學士劉公神道碑改。

② 一旦茶盜數千人入境　「境」原作「竟」，據晦庵集卷九七劉公行狀、卷八八觀文殿學士劉公神道碑改。按，下文同改。

③ 爲費以大萬計　「大萬」，晦庵集卷九七劉公行狀作「數萬」。

④ 爲錢六千萬　「六千萬」，宋史劉珙傳作「六十萬緡」。按要録卷一九三紹興三十一年十月癸丑條云：「國朝混一之初，天下歲入緡錢千六百餘萬，太宗以爲極盛兩倍於唐室矣。其後月增歲廣，至熙豐間，合苗、役、市易等錢所入乃至五千餘萬。渡江之初，東南歲入猶不滿千萬，上供纔二百萬緡，此祖宗正賦也。呂頤浩在户部，始創經制錢六百六十餘萬緡。孟庾爲執政，又增總制錢七百八十餘萬緡。朱勝非當國，又增月椿錢四百餘萬緡。紹興末年，合茶鹽酒算、坑冶榷貨、糴本和買之錢，凡六千餘萬緡，而半歸内藏。」而六千萬錢，乃六萬緡，故於建康府「倚閣下三等户夏税」者，疑當以「爲錢六千萬」爲是。

行田，覈正租米十三萬七千八百斛，雜折米又二萬八千七百斛，豆草蘐茭布租稱是。又奏下漕司遣吏行屬州，視其所覈租頗未盡者，悉以與民。又奏禁上流稅米遏糴，違者劾治如法。即在它路，亦願得以名聞，請其罪。詔從之。得商人米三百萬斛，貸樁管及總司錢合三萬萬，遣官糴米上江，又得十四萬九千斛。又奏禁州縣毋得督舊逋以重困飢民。借常平米付圩户隄塞鈌漏①；籍農民當賑貸者若干户，十口以上一斛，六口以上八斗，五口以下六斗，客户當賑濟者若干户，五口以上五斗，四口以下三斗。又運米村落，從本價賑糶，合十餘萬斛，而貸者卒亦不取償焉。置局府中，以通判府事趙善珏、觀察推官王以寧、前蘄州教授李宗思、新楚州教授劉煒領之，而分遣群屬循行境中，窮山僻壤，無所不到。公又憊心疲精，廣詢博訪，夙夜不少懈。凡官吏奉行之不謹，民間寃苦之無告，幽遠纖悉，無不畢聞。縣給印曆，親書所聞，告諭奬詰，絡繹於道，無不切中事宜者。蓋本之以誠意，輔之以賞罰，是以人人争效其力，如辦己事。起是年九月，盡明年四月，闔境數十萬人，無一人捐瘠流徙者。上嘉其績，賜書褒喻焉。

公治財寬於民而急於吏，二稅之入，所以禁其漁取、察其蠹弊者甚悉。自累鎮所施行，每益加詳，至是人被其澤尤深。凡屬縣所負課不能償者，悉以丐之，而禁其非法病民者。至於覈租賑廩，其費又數十巨萬，而軍吏糧賜皆隨月遣給，無不暨者。被旨甓城，面丈以萬計者數千，用錢八千萬、米千五百斛，而役不及民。又償前帥所負内庫錢三萬萬②。上積公勞效，賜手札勞奬③，賚以鞍馬器物甚厚。府學四十年不葺，弊甚。公一新之，以明

① 借常平米付圩户隄塞鈌漏　「借」原作「惜」，據庫本及晦庵集卷九七劉公行狀改。
② 又償前帥所負内庫錢三萬萬　「三萬萬」，晦庵集卷九七劉公行狀作「三萬」，似脱一「萬」字。
③ 賜手札勞奬　「手札」原作「手礼」，據文海本、庫本及晦庵集卷九七劉公行狀、卷八八觀文殿學士劉公神道碑改。

道程公先生嘗主上元簿，即學祠之。且刻陳忠肅公責沈之文於壁[三二]，以示學者。建康大軍所屯，盜賊常竄迹尺籍中，吏不能禁。公耳目跡捕，每發輒得，繩以重典，盜皆相戒遁去，市里晏然，道無拾遺者。明年，進觀文殿學士[三三]。

五年閏月屬疾，再請奉祠，未報，則請致仕。上意公疾病，亟遣中使挾侍醫以來。公亦知疾不可爲，不復得見上矣，即草遺奏千餘言，首引恭、顯、伾、文以爲近習用事之戒[三四]，且言：「今以腹心耳目寄之此曹，故士大夫倚之以媒其身，將帥倚之以饑其軍，牧守倚之以賊其民，朝綱以紊，士氣以索，民心以離，咎皆在是。願亟加屏遠，以幸天下。若群臣之賢，臣所知者，則唯陳俊卿忠良確實，可以任重致遠；張栻學問醇正①，可以拾遺補闕。願陛下亟召用之，則衆賢彙進，而群小黜伏矣。」既又手書屬敬夫及其故友新安朱熹仲晦父及從弟玶②，皆以國恩未報、國恥未雪爲言，然後以家事爲寄。七月甲子疾革，命取前所草奏封上之，遂以是日薨于府寺之正寢，享年五十有七③。訃聞，上爲震悼，始從公請，轉通議大夫致仕，贈光禄大夫，輟視朝一日。詔建康府致其喪，建寧府給葬事。

公娶吕氏，兵部尚書祉之女，贈新定郡夫人。繼韓氏，贈新興郡夫人；又娶其季，贈淑人，皆魏國忠獻公四

---

① 張栻學問醇正　「張栻」原作「張械」，據庫本及晦庵集卷九七劉公行狀改。

② 既又手書屬敬夫及其故友新安朱熹仲晦父及從弟玶　按，劉玶，據本書下集卷一三劉公神道碑，乃劉子羽第三子，「以公命爲屏山先生後」，故此稱作「從弟」。

③ 享年五十有七　晦庵集卷九七劉公行狀作「享年五十有五」。按，晦庵集卷八八觀文殿學士劉公神道碑、宋史劉珙傳皆稱卒年五十七，則作「年五十有五」者似誤。

世孫也。二男子：學雅，承務郎；學裘，承奉郎。二女：長適將仕郎吕欽，幼未行①。六年二月乙巳，葬于甌寧縣慈善鄉豐樂里新歷之原，公所命也。

公爲人機鑒精明，議論英發，遇事立斷，其威不可犯。而居家極孝慈，事繼母慶國夫人禮敬飭備。遭喪時年逾五十，執禮盡哀，以致毁得疾幾殆。友愛諸弟，晚歲彌篤。歲時祭祀，酌古今禮而敬以行之。内外功緦之戚，必素服以終月數，在官爲罷燕樂；聞同寮有喪者亦如之。福國夫人蚤薨，公哀慕無以自致，出疆侍祠，再當得任子恩，欲奏官其内弟，輒不遂，竟三奏然後得之。

所治民有骨肉之訟，皆召至前，喻以恩意，責以義理，反復詳盡，至或深自引咎，詞意懇切，聞者悔悟感泣，往往失其所争而去。遺命治喪毋用浮屠法。平居樂取人善，不啻如己出。與張敬夫、朱仲晦父遊，久而益敬信之。居官樂受盡言，事小失中，雖下吏言之，無不立改，以是得南豐曾撙於湖南莫府，厚遇之。公去，撙爲後帥所惡，誣奏奪其官。公在建康，力爲辯理得伸，而要路有忌公者奏卻之，蓋其意不在撙也。公不悔，遇撙益厚。

在朝廷，危言正色，直前無所避，其忠義奮發，不以死生動其心，蓋得乎家世之傳。而論事之際，務在審密持重，不肯爲僥倖嘗試之舉。其侍上語，每及恢復大計，必以脩政事、固根本爲先。辭起復手疏，盡發當時用事者大言不顧、罔上誤國之姦。大臣蓋不悦，而上獨深察其忠。其在方鎮，愛民戢吏，平訟獄，理財用，治軍旅，除盜賊，皆有科指，而尤以敦教化、厲風俗爲急務。蓋其生質雖高，聞譽雖蚤，而德成望尊，尤在晚節。故天子知之久而益深，增秩賜金，勞問狎至②，蓋將有意復用之也。

---

① 長適將仕郎吕欽幼未行　按，晦庵集卷八八觀文殿學士劉公神道碑云其二女「長適迪功郎、南劍州劍浦縣尉吕欽，次適某官趙崇憲」。

② 勞問狎至　「狎」，庫本作「備」。

士大夫之賢者，平日固多豫附，其不能無私意異説者，晚亦相與歸重。及聞其喪，無賢不肖，莫不慘然相弔，恨國家失此洪毅忠壯、忘身憂國之臣也。所臨數鎮，民愛之如父母，聞訃，有罷市巷哭者。至於諸軍將吏，外暨夷狄，則於公家威名義烈服習蓋久，莫不想聞其風采。軍士固敬愛之，而虜諜者至荆襄，亦每詗今劉公於延康爲何屬也①。延康蓋忠顯公舊官云。

公自少即以文學知名於時，及登朝廷，入禁掖，論思潤色，當世尤稱其得體。而平居未嘗輒爲無用之文，間有應酬之作，隨輒棄去。後省駁議，又多削藁，故今存於家者，文集八卷、奏議十卷、内外制二十卷而已②。然公之所以自立於不朽者，有不在於空言也。

玶謹案令甲，考公品秩，實應誄行易名之典，其姓名事迹，又當得書信史，以示來世。故敢狀其鄉里、世系、歷官、行事之實如右，以告于太常、考功，并移太史氏。而其事關國體軍機之重者，猶弗敢盡著，尋第録别上。謹狀。淳熙九年四月日，從弟從事郎玶狀。

辨證：

［一］宋故觀文殿學士至劉公行狀　本行狀又載於朱熹晦庵集卷九七，題曰「觀文殿學士太中大夫知建康軍府事兼管内勸農使充江南東路安撫使馬步軍都總管兼營田使兼行宫留守彭城郡開國侯食邑一千六百户食實封二百户賜紫金魚袋贈光禄大夫劉公行狀」，題下注：「代平父作。」按，劉珙，宋史卷三八六有傳；晦庵集卷八八載有觀文殿學士劉公神道碑，卷九四載有劉樞密墓記。

---

① 亦每詗今劉公於延康爲何屬也　「詗」原作「詷」，據庫本及晦庵集卷九七劉公行狀改。

② 文集八卷奏議十卷内外制二十卷而已　按，宋史卷二〇八藝文志七著録劉珙集九十卷，又附録四卷。

〔二〕從事郎劉玶　玶（一一三八～一一八五年）字平父，建寧府崇安人。劉珙弟。官從事郎，歷邵武軍户曹，未赴。晦庵集卷九二載有從事郎監潭州南嶽廟劉君墓誌銘。

〔三〕唐末避地入閩遂爲建人　本書下集卷二三劉公墓志銘載劉子羽「八世祖避五季之亂，徙家建州」。

〔四〕靖康中守真定有功　宋史卷四四六劉韐傳云劉韐守真定。時「金人已謀南牧，朝廷方從之求雲中地。韐諜得實，急以聞，且陰治城守以待變。是冬，金兵抵城下，知有備，留兵其旁，長驅内嚮。及還，治梯衝設圍，示欲攻擊，韐發强弩射之，金人知不可脅，乃退。自金兵之來，諸郡皆塞門，民坐困，韐獨縱樵牧如平日，以時啟閉」。

〔五〕義不辱而死　宋史卷四四六劉韐傳云：「京城不守，始遣使金營，金人命僕射韓正館之僧舍。正曰：『國相知君，今用君矣。』韐曰：『偷生以事二姓，有死，不爲也。』正曰：『軍中議立異姓，欲以君爲正代，得以家屬行。與其徒死，不若北去取富貴。』韐仰天大呼曰：『有是乎！』歸書片紙曰：『金人不以予爲有罪，而以予爲可用。夫貞女不事二夫，忠臣不事兩君；況主憂臣辱，主辱臣死，以順爲正者，妾婦之道，此予所以必死也。』使親信持歸報諸子。即沐浴更衣，酌巵酒而縊。燕人歎其忠，瘞之寺西岡上，遍題窗壁，識其處。凡八十日乃就殮，顔色如生。」

〔六〕少傅公紹興初佐川陝宣撫使軍事　宋史卷三七〇劉子羽傳云張浚「宣撫川陝，辟子羽參議軍事，至秦州，立幕府，節度五路諸將」。

〔七〕從季父屏山先生受書　按，劉子翬字彦冲，號屏山。「事繼母吕氏及兄子羽盡孝友。子羽之子珙幼英敏嗜學，子翬教之不懈，珙卒有立」。宋史卷四三四有傳。

〔八〕欲爲其父作謚　按晦庵集卷八八觀文殿學士劉公神道碑載「時秦氏用權久，士大夫已竊竊言符讖事。檜欲因以追謚其父，召會禮官議問其法」云云。

〔九〕風言者論去之　要録卷一六八紹興二十五年五月壬戌條云：「侍御史董德元即奏：『珙每見詞頭稍多，輒有憚煩之意。又爲鄉里富人營求太學生綾紙。』乃罷之。」

〔一〇〕改秘書丞　繫年要録卷一八三紹興二十九年八月壬戌條載「左奉議郎、知大宗正丞劉珙爲秘書省正字，用賀允中薦也」。

然卷一八五紹興三十年四月壬子條載秘書丞劉珙守尚書吏部員外郎。則云其作「秘書省正字」者似不確。

［一一］避薦者復還故官　要録卷一八六紹興三十年十月丁未條載監察御史劉珙守尚書吏部員外郎，云：「珙本朱倬所薦，倬執政，珙引嫌求去，於是復有是命。」

［一二］會金虜渝盟天子震怒將悉鋭師北向　北盟會編卷二四一引采石斃亮記云：「紹興三十一年，完顔亮渝盟犯塞，進兵江淮，遣諸將帥分道入兵，一軍遵江道以趋兩浙，一軍出宿亳以蹂淮西，一軍歷唐鄧以瞰荆襄，一軍據秦鳳以伺梁蜀。朝廷命諸將分屯捍禦，吴璘駐興州，姚中駐漢中，王彦駐安康，吴拱駐襄陽，李道駐江陵，田師中駐武昌，戚方駐尋陽，李顯忠駐池陽，王權駐建康，劉錡駐鎮江，成閔駐晉陽，李寶守海道。」

［一三］一時詔檄多出公手詞氣激烈聞者感奮或至泣下　要録卷一九五紹興三十一年十二月壬戌條云：「起居舍人、權直學士院劉珙草制，略曰：『兹强敵之干誅，幸上天之悔禍。爰整濯征之旅，坐揚耆定之功。元惡就屠，餘黨悉潰。宜推在宥，咸與惟新。』自江上用兵，珙獨在禁林，一時詔檄，多出其手，詞氣激烈，讀者感厲。」

［一四］宰相召公喻旨　按，時宰相乃陳康伯、朱倬。

［一五］存中命乃寢　要録卷一九六紹興三十二年正月丙申條稱時命「存中措置兩淮而已」。

［一六］副使某者以選置官屬不公抵罪　晦庵集卷八八觀文殿學士劉公神道碑稱「副使以賄除吏」。按，據中興禦侮録卷下，副使乃知閤門事張説。

［一七］尋以議禮不決未出疆而還　要録卷二〇〇紹興三十二年七月癸亥條云：「是時，劉珙使金不至而復。先是，洪邁、張掄使回，見張浚，具言金不禮我使狀，且令稱陪臣，浚謂不當復遣使，而史浩議遣使報金以登寶位，竟遣珙行。至境，金責舊禮不納而還。」中興禦侮録卷下云：「詔遣中書舍人劉珙、知閤門事張説充報登寶位使副往焉。洎抵界，虜移文，若割還舊境，盡復舊禮、歲幣，方許；不然，不敢納使。於是遣介往來辨論幾月，不納而還。」

［一八］乃罷之　按宋會要輯稿職官七一之五載紹興三十二年「八月三日，詔新除樞密院編修官李珂放罷。以臣僚論其本無學術，專務奔走權門故也」。

〔一九〕明年改衢州　晦庵集卷八八觀文殿學士劉公神道碑稱其知泉州，「未行，改衢州」。

〔二〇〕有李金者乘衆怒奮起爲亂　建炎以來朝野雜記甲集卷一五市舶司本息云：「所謂乳香者，户部常以分數下諸路鬻之。郴州當湖湘窮處，程限頗急，宜章吏黄谷、射士李金數以此事受笞，不堪命。乾道元年春，因嘯聚峒民作亂，遂陷桂陽軍。」

〔二一〕朝廷憂之　宋會要輯稿兵一三之二四云：「乾道元年五月二十八日，臣僚言：『湖廣盜賊連年竊發，今聞郴寇李金等又復荐作，至於鼓行而前，直擣縣邑，衆以萬計，器甲部伍粗備。緣郴州旁連二廣，外邇章貢，皆平時盜賊淵藪，若不早行勦除，非徒恐相唱和，而二廣諸郡城壘兵備率皆單寡，儻或深入於彼，竊恐爲患未已。乞於近地屯戍大軍遣發精鋭數千人，前往討捕，並敕二廣諸司糾集諸郡兵，據其走集之地，使賊不能越軼衝突，則其勢必窮蹙而易於撲滅矣。』從之。」

〔二二〕而使人賫牓聽其自詣　宋會要輯稿兵一三之二四載：乾道元年七月十九日，「詔劉珙將脅從及被虜人子細辨驗，出給公據，放令逐便，不得一例誅殺」。宋史劉珙傳云其「下令募賊徒相捕斬，詣吏者除罪受賞」。

〔二三〕潭州故有嶽麓書院真廟時賜以敕額給田與書經亂蕪廢公一新之　南軒集卷一〇潭州重修嶽麓書院記云：「潭州嶽麓書院，開寶九年知州事朱洞之所作也。後四十有五年，李允則來，爲請於朝，因得賜書藏焉。是時山長周式以行義著，祥符八年召見便殿，拜國子主簿，使歸教授，始詔因舊名賜額，仍增給中秘書，於是書院之稱聞天下。紹興初，更兵革灰燼，十一僅存，已而遂廢。乾道元年，建安劉侯珙安撫湖南，既剔蠹夷姦，民俗安靖，則葺學校、訪儒雅，思有以振起之。湘人士合辭以書院請，侯竦然曰：『是固章聖皇帝所以加惠一方，勸厲長養以風天下者，而可廢乎？』乃屬州學教授金華邵穎經紀其事。未半歲而成，大抵悉還舊規。」

〔二四〕潛邸使臣有龍大淵曾覿者馮恃舊恩暴起富貴　宋史卷四七〇曾覿傳云其「紹興三十年，以寄班祗候與龍大淵同爲建王内知客。孝宗受禪，……卒以大淵爲宜州觀察使、知閤門事，覿文州刺史、權知閤門，皆兼皇城司。……群臣既以言二人得罪去，侍御史周操章十五上，不報。自是覿與大淵勢張甚，士大夫之寡恥者潛附麗之」。

〔二五〕上一日發瘧逐去之　建炎以來朝野雜記乙集卷六孝宗黜龍曾本末云：「乾道三年春，知閤門事龍大淵、曾覿並補外，以參知政事陳俊卿奏其罪也。二人始以潛邸恩進。隆興初，給舍周子充（必大）、張真父（震）、臺諫劉汝一（度）、龔實之（茂良）皆以論列兩人去位。張子公（燾）外召爲執政，鋭欲去之，覺其不可摇，乃力辭老病不拜。周元持（操）爲侍御史，論列至十五章，亦不效。

陸務觀（游）文士也，爲密院官屬，坐漏二人密語被逐。林謙之（光朝）、劉復之（朔）以名儒薦對，頗及二人罪，皆補縣。自是無敢言者。及陳應求除執政，一日，起居舍人洪景盧來見，曰：『聞鄭仲一當除右史，邁當遷西掖，信乎？』應求曰：『不知也。公何自得之？』景盧以二人告。明日，應求至漏舍，語葉（顒）、魏（杞）二相及同列蔣子禮（芾），曰：『外議久指此兩人漏泄省中語，而未得其實狀，故前此言者雖多而不能入，今幸得此，不可不以聞。』諸公皆以爲然。入奏事畢，應求獨進，且以景盧語質於上前，曰：『臣不知平日此等除目，兩人實與聞乎？抑其密伺聖意而播之於外，以竊弄陛下威福之權也？』上曰：『朕何嘗謀及此輩，必竊聽而得之。卿言甚忠，當爲卿逐之。』應求歸未及門，已有旨出二人於外，中外快之。」注曰：「二月四日癸酉，昭慶軍承宣使龍大淵爲江東副都總管，建康府駐劄；和州防禦使曾覿爲淮西副總管，和州駐劄。明日，大淵改浙東路，駐明州；覿改福建路，駐福州。」

〔二六〕上納公言爲止不召　晦庵集卷九六少師觀文殿大學士致仕魏國公贈太師謚正獻陳公行狀亦稱「公曰：『自陛下出此兩人，中外無不稱誦聖德。今若復召，必大失天下望，臣請得先罷去。』上納公言，遂止不召」。

〔二七〕公即以藝祖熏籠事對　按元城語録解卷上云：「太祖即位，嘗令後苑作造熏籠。數日不至，太祖責怒。左右對：『以事下尚書省，尚書省下本部，本部下本曹，本曹下本局，覆奏，又得旨，復依，方下製造，乃進御。以經歷諸處行遣，至速須數日。』太祖怒曰：『誰做這般條貫來約束我？』左右曰：『可問宰相。』上曰：『呼趙學究來。』趙相既至，上曰：『我在民間時，用數十錢可買一熏籠。今爲天子，乃數日不得，何也？』普曰：『此是自來條貫，蓋不爲陛下設，乃爲陛下子孫設。使後代子孫若非理製造奢侈之物，破壞錢物，以經諸處行遣，須有臺諫理會。此條貫深意也。』太祖大喜曰：『此條貫極妙，若無熏籠，是甚小事也。』其後法壞，自御前直降下後苑作，更不經由朝廷，至今以爲例。」

〔二八〕時諸公雖更進懇請而公言尤激切　按，此事亦載於晦庵集卷九六少師觀文殿大學士致仕魏國公贈太師謚正獻陳公行狀，云「先是，禁中密旨直下諸軍者，朝廷多不與聞。有禁官張方者以某事發覺，公（陳公）方與同列奏請，自今有司承受御筆處分事宜，並須申朝廷奏審，方得施行，未報。至是，因珙事復以爲言，上乃悦而從之。事下兩日，則又有旨收還前命。公語同列曰：『反汗如此，必關牒至内，諸司有不樂者，相與爲之耳。』即具奏。……翌日面奏，上色甚温，顧謂公曰：『朕豈以小人之言而疑卿等耶？』」諸臣皆論，而「同知樞密院事劉珙進對語切，遂忤上意。既退，御筆除珙端明殿學士、在外宮觀。公即藏去，密具奏言：『前日奏劄，臣實草定，珙與王炎略更一兩字，即以投進。以爲有罪，則臣當先罷。若幸寬之，則珙之除命臣未敢奉詔也。』明日，復申前説，且曰：『陛下即位以來，容納諫諍，體貌大臣，皆盛德事。今珙乃以小事忤旨而獲罪如此，臣恐自此大臣皆以阿諛順指爲持禄固位之計，非國之福也。』上色悔久之。公又言：『珙正直有才略，肯任怨，臣所不及。願且留之。』上曰：『業已行之，不欲改也。』公曰：『珙無罪而去，當與大藩，以全進退之禮。』上然之，乃以珙爲江西帥」。

〔二九〕隆興承前帥刻剥之後　據宋史卷二一三宰輔表四，劉珙於乾道四年八月辛亥出知隆興府，而宋會要輯稿食貨五三之三一載乾道四年「二月九日，權發遣隆興府沈樞言」云云，則此處「前帥」似指沈樞。

〔三〇〕公六上奏辭不肯起　宋史卷四七〇張説傳云：「説受父任爲右職，娶壽聖皇后女弟。……（乾道）七年三月，除簽書樞密院事。時起復劉珙同知樞密院，珙恥與之同命，力辭不拜。命既下，朝論譁然不平，莫敢頌言於朝者。」

〔三一〕盜之餘黨賴文政等復入境　按楊萬里集卷一一六李侍郎傳云：「李椿『嘗議渡江以來茶法之敝，謂官執空券市之園户，州縣歲額配之於民，卒有賴文政之寇』。又樓鑰集卷九一敷文閣學士宣奉大夫致仕贈特進汪公行狀云：「淳熙元年『五月，茶寇賴文政等起湖北，自湖南向江西。帥司即令境上防託。江西所恃惟贛、吉將兵，亟遣未及而賊已入境，與吉兵遇，一使臣死之。以湖南曾戕官軍，至此又小勝，止爲逃死之計，遂據禾山洞。公遣副總管賈和仲總數州之兵以討之。和仲老將，意頗輕敵，或已議其狠愎難任，然兵官無踰此人者。未及出門而得旨，果以委之。主帥調發而簉牧領兵職也，武人謂朝廷專委，凡事寖不相關。一到賊壘，暮夜驅迫將士入山，反爲所覆，不可復用。又遽遣約降，至折箭爲誓，人知其爲詐而不寤。賊立旗幟爲疑兵，由鳥道竄去，兩日而後知之。六月初，有旨湖南令帥臣王炎節制，如已入江西，即令賈和仲統率四路人馬討捕。是時猶未委公，及和仲輕舉妄發，將兵已潰，賊勢日張，則乞就委江州都統制。月末始得金字牌，令公節制。大暑中，兼程而進。洪至吉七百里，勢不相及。賊亡命習險阻，常隱叢薄間，弓矢所不及。官兵驅逐，接戰十餘，殺傷相當，多猝遇于陿隘之處，交鋒者不過數人，餘已遁去，不知蹤跡。使荷戈被甲之士與之追逐，雖欲列陣併力，有所不可。既逐入廣，而又復回。初就招安，列六百餘人，後止餘百輩，則知所喪已多。勢既已窮，而有許拔身自首指揮。間有禽獲者，亦言本非兇逆，若開其生路，必來降矣。遂以小榜具載指揮，募人入賊，賊云：『望此久矣。苟得曉事文官來，即當隨往。』提刑辛棄疾同議遣士人借補以行，而公已罷，盡復逃去。未幾，興國尉黄倬請行，正合前説，遂降」。

〔三二〕且刻陳忠肅公責沈之文於壁　按，責沈，即陳瓘所撰責沈文貽知默姪，載於宋文鑑卷一二七。

〔三三〕進觀文殿學士　建炎以來朝野雜記甲集卷五孝宗總核名實云：「孝宗總核名實，於官職未嘗妄授。劉忠肅爲建康留守，終更當再任。上知其政績，特除觀文殿學士以旌之。執政擬除目云：『劉珙居守建康，已及二年，可除觀文殿學士再任。』上曰：『已及二年而除職，非用人之體。』乃改云：『居守建康，績效顯著。』」

〔三四〕首引恭顯伾文以爲近習用事之戒　按宋史卷四七〇曾覿傳云：乾道「六年夏，俊卿罷政。十月，覿以京祠召。……淳熙元年，除開府儀同三司。四年，覿欲以文資官其子孫，帝遣中使至省中具使相奏補法，龔茂良時以參政行丞相事，遽以文武官各隨本色蔭補法繳進，覿大怒。茂良退朝，覿從騎不避，茂良執而撻之，待罪乞出，不許。户部員外郎謝廓然忽賜出身，除侍御史。廓然首論茂良，以資政殿學士知鎮江；章再上，鐫罷；言之不已，貶英州，皆覿所使也。覿前雖預事，未敢肆，至是責逐大臣，士始側目重足矣。廓然既以擅權罪茂良，從班有韓彦古者，覿之姻，廓然之黨，遂獻議助之，使人主疑大臣而信近習，至是益甚。……覿始與龍大淵相朋，及大淵死，則與王抃、甘忭相蟠結，文武要職多出三人之門」。皇朝中興兩朝聖政卷五六淳熙五年九月壬申條注引大事記云：「曾覿再至，與王抃、甘昪爲姦，雖劉珙、張栻、龔茂良、鄭鑑、袁樞争之未勝。」

賜謚指揮〔一〕

中書門下省：六月六日辰時付吏部施行，仍關合屬去處。

尚書省送到吏部狀，准都省批下承務郎劉學雅狀：「先父珙昨任同知樞密院事兼參知政事，罷政，節次蒙恩除授觀文殿學士、太中大夫、知建康府。在任因患臟腑，陳乞致仕，准告，轉通議大夫致仕。續上遺表，贈光禄大夫。伏念學雅先父，蚤以文學，被遇兩朝。進登廟堂，出殿藩服。議論風節，有聞于時。治民撫軍，亦著勞效。

不幸奄忽，遽棄明時。所有生前身後蒙被恩遇階官職名，從條合該定謚。今繳連行狀三本，伏望特賜敷奏送有司，從條定謚施行。」伏候指揮後批送吏部勘當申尚書省。本部勘會在法諸謚①，光禄大夫、節度使以上，本家不以葬前後，録行狀三本，申所屬繳奏其文，並録事實。或本家願請謚者，取子孫狀以聞。其藴德丘園，聲聞顯著，雖無官爵，聽所屬奏賜。本部尋行下太常寺，據狀申所有臣僚官品該定謚，合從上條令，本家録行狀三本，申所屬繳奏，下所屬議謚施行。照得今來本官所乞父珙定謚，已繳連到行狀三本，雖不曾從上條經所屬繳奏，今勘當欲乞批送今狀下部符太常、考功依條定謚施行。伏候指揮。六月五日，三省同奉聖旨，令依條定謚。

奉勑如右，牒到奉行。

淳熙九年六月五日。

右丞相　淮

參知政事　必大

同知樞密院事兼權參知政事　廓然假

給事中　師點

中書舍人　待問[二]

---

① 本部勘會在法諸謚　「在法諸謚」，文義不明，按，宋會要輯稿禮五八之九載乾道八年十一月十四日臣寮言「請謚一事，有法令相戾、制度可疑者。在法，光禄大夫、節度使以上定謚，議於太常，覆於考功」云云，又禮五八之一一〇載洪遵乞賜謚劄子云「紹興令：諸光禄大夫以上請謚，其藴德丘園，聲聞顯著，雖無官爵，聽所屬奏賜」，故疑「諸」字當作「請」。

辨證：

[一] 賜謚指揮　按宋史全文卷二五下載乾道七年十一月，「臣僚言：『在法，光禄大夫、節度使已上，即合定謚議於太常，覆於考功。苟其人行應謚法，而下無異詞，則以上於朝廷而行焉。紹興間，以守臣悍禦臨難不屈，死節昭著，而其官品或未該定謚，於是有特許賜謚指揮。故以定謚者給敕，而以賜謚者給告。近來請謚之家，却有官品合該定謚，並緣紹興指揮，輒經朝廷陳乞賜謚，不議於太常，不覆於考功，獨舍人命詞行下。是太常、考功二職俱廢，而美謚乃可以幸得也。此則法令之相戾者也。大凡命詞給告，皆三省官奉制宣行，列名於其後。今特恩賜謚，禮命優重，冠王言於其首，而宰相、參政、給舍並不入銜，獨吏部長貳、考功郎官於後押字，殊不類告，甚非所以尊王命、嚴國家也。況舍人掌詞命之官，猶不入銜，而賜謚初不議於考功，乃亦押字，理有未安。此則制度之可疑者也。望今後定謚賜謚，一遵舊典。至於告命之制，亦乞令禮官、詞臣考尋舊章詳議，續中書後省、禮部、太常寺議上。今後若有官品合該定謚，即仰其家經朝廷陳乞，下有司遵依定謚條法議謚，給敕施行。』……從之。」

[二] 右丞相至待問　按，「淮」指王淮，「必大」指周必大，「廓然」指謝廓然，「師點」指施師點，「待問」指木待問。

謚議　朝奉郎行太常博士宋若水撰[一]

議曰：至誠不欺，而後無愧於事君；至剛能斷，而後果敢於立事。洞視前古，已艱其選。今有人淵源其學，而經濟其心，見之事業，皆有可稱。則生而榮，死而哀，易名之典，蓋不可緩。

故觀文殿學士、太中大夫、贈光禄大夫劉公珙，學純正而可行，氣剛大而有守。平生所從受業，乃其季父屏山先生，而尊主庇民之用，則乃祖忠顯、乃父少傅之傳也。屏山聖傳十論，中庸、大學之理具焉；忠顯以死節著于靖康間；少傅佐張忠獻幕府，保蜀功居多。公之耳濡目染，莫非忠義大節，而心傳之妙，則一本于誠敬，故其所立，卓然有過人者。

公始以死節恩補官，甫冠躐上第，旋即擢用。遭遇兩朝眷知，積而至於登政路、典巨藩，不以高爵厚禄爲榮，而以愛君憂國爲念。

方其仕于朝也，時宰待公爲不薄，一日示以風旨，欲爲其父作謚，公確然不從，竟以罷黜。其特立有如此者。至掌制西掖，謂正士之在言路，不可以左降；謂宣威之扞江淮，不可以輕付；謂故將之無功者，其家不當請園第；謂交結補官者，不當求爲督府掾。其振職有如此者。逮居宥密，參大政，有小人斥逐于外，夷途廓開，幸也，而復欲求還，乃抗論力止其召，而公道以伸。有武師嚴護殿巖，敢密薦士，僭也，乃檄至堂下，大困折之，而朝綱以立。其守正有如此者。大抵公之所學，至誠不欺，故其立朝，知有君不知有身，知有公議不知有私情。是以言無顧忌，而事無回曲，所言所行，無非利天下而益人主。君子以是知公有得於尊主之學。

及其在外也，初鎮長沙，屬李金弄兵之初，列郡望風畏讋，公處之雍容，合郡縣兵摧其鋒。又請兵荆襄，至則待以恩意，莫不賈勇用命，而能執其渠魁，擣其巢穴，殲其酋豪，而貸其脅從。自是環數千里之地，皆案堵如故①。公之威望於是益著矣。及鎮江陵，條上兵少財匱之狀，除去詭名虚籍之弊②，大修部伍戰陣之法。且謂襄陽兵戍久屯不歸爲不便，則立番休之制，限以半歲，而軍情大悦。謂荆襄土丁習知虜情爲可用，則立團結訓練之制，謂之民兵，而軍聲大振。至使虜諜者詗公於延康爲何屬③，延康蓋忠顯舊官。公之威聲於是遠播矣。及留守金陵，賑饑之術，尤爲切至，如閣夏輸，通米運，廣收糴，寬舊逋，貸圩户，分遣官屬散行阡陌，務極其誠。而官

---

① 皆案堵如故 「堵」原作「諸」，據文海本、庫本改。
② 除去詭名虚籍之弊 「去」原作「公」，據庫本改。
③ 至使虜諜者詗公於延康爲何屬 「詗」原作「詞」，據庫本改。

吏勤惰、民間怨苦，無不周知，所活以數十萬計①。公之德政於是流聞矣。大抵公之所爲，至剛能斷，故其臨事，見之明，行之果，下皆畏愛敬服，公初非沽名徼利以爲此。君子以是知公有得於庇民之學。

公在朝則國之元氣，在外則國之長城，惜乎未究所學，而公薨矣。後五年，其孤學雅以謚有請，下太常議。夫謚者行之迹，無其實而欲竊其名輕與之，則爲不公；有其實而不與之以是名，則爲不當。於是攷之事實，採之公論，而求所謂當者焉。謹按謚法：「廉公方正曰忠」，「威德克就曰肅」。公之藴於心者，豈不謂廉公方正歟？見於事者，豈不謂威德克就歟？觀其易簀之際，尚知以國恩未報、國耻未雪爲言，則是公之忠至死不忘。讀其遺奏，莫非危言以藥時病，舉賢以報主知，則是公之肅至死益烈。節是二惠，在公不誣。請謚曰「忠肅」。謹議。

辨證：

［一］宋若水　若水字子淵，成都雙流人。紹興三十年進士乙科，歷官太常博士等，至江南西路轉運判官。事跡見南宋館閣續録卷七、宋史全文卷二七下。

覆謚議　承議郎守宗正丞兼權尚書考功郎官張叔椿撰［一］

議曰：汲黯在而淮南寢謀，德裕用而三鎮率使。蓋忠臣義士，丁辰逢吉，如赫日得天，倔强跋扈之徒妖遁鼠

① 所活以數十萬計　「活」字原闕，據鐵琴銅劍樓本、庫本補。

伏，無所容其姦慝矣。然二子不聞有義方霑濡、學問涵養，徒以其生質之懿，猶能使人肅然讋服，而況異乎二子者？

故觀文殿學士、太中大夫、贈光禄大夫劉公珙，以洪毅之姿，剛方之操。忠顯、少傅，其祖、父也，則忘身憂國之飆，習之有素；屏山先生，其師也，則中庸、大學之説，講之甚詳。此所以載之行事，而能度越古人一等也。且公夙有思致，掇取巍科。導帝指，鋪王言，勁詞俊語，聞者爲之感奮，識者見爲知體。則其文高矣，而不以文名。其典選也，吏不得以藏其巧；其字民也，民愛之如父母。處事而群下斂手，治兵而巨盜殲夷。則其能備矣，而不以能名。蓋其忠義慷慨，掀揭炳耀，盡揜其平日之所長也。

試跡其游禁掖，上玉堂，居政路，典巨藩，鯁論壯節一二大者以言之。當其危言正色，直前無避，庶幾乎汲黯，而非黯之戇也。是故論恢復則終始以自治爲先，論應事則終始以講學爲務。謂獨斷雖美，尤當合天下之智；謂至誠無蔽，斯能循天下之理。因旱蝗之變而盡規，則鼎雉之訓也；因馴象之貢而進諫，則旅獒之戒也。與夫請監司條畫荒政之宜，責州兵營伍教戰之術，皆天下之急務，衆人之難言。而天子獨深察其忠，增秩賜金，勞問狎至，蓋將有意大用而不果也。豈非義方之訓霑濡有素而然耶！當其機鑒精明，遇事立斷，庶幾乎德裕，而非德裕之私也。謂不宜以近臣而去正士①，謂不宜置人望而用無功也。將之死而輒請園第者則争之，闕通補官而求掾督府者則争之。不當復召，雖貴倖而力諫不已；不宜薦士，雖貴將而詰責不恕。與夫辭起復而奏至六上，草遺奏而言至千餘，無非振朝廷之綱，犯小人之怨。然私意異説者，晚亦相與歸重，聞其喪者，慘然相弔，惜公之不壽也。豈非學問開益而涵養之深耶！

① 謂不宜以近臣而去正士　「臣」字原闕，據文海本、庫本補。

今其孤學雅以公品秩實應累行易名之典，有請于朝。太常揆法稽衆，謚公曰「忠肅」。有如公之英風義概，天子重之，士夫仰之，内而黎庶畏服而敬愛，外而夷狄亦且想聞其風采，而詗公於延康爲何屬①。則博士「忠肅」之謚惟允。謹議。

淳熙十年十二月二十一日，三省同奉聖旨依。

辨證：

〔一〕張叔椿　叔椿字春卿，温州永嘉人。隆興元年進士，歷任宗正寺丞、侍御史、右諫議大夫、吏部侍郎、兵部尚書，以華文閣學士、中大夫知鎮江。慶元五年十月致仕。

① 而詗公於延康爲何屬　「詗」原作「詷」，據庫本改。

名臣碑傳琬琰集下卷二十三

宋故右朝議大夫充徽猷閣待制致仕彭城縣開國子食邑五百户贈少傅劉公墓志銘[一]

承事郎充秘閣修撰權發遣江陵軍府主管荆湖北路安撫司公事馬步軍都總管兼本路營田使賜紫金魚袋張栻撰并書篆蓋[二]

公姓劉氏，諱子羽，字彦脩，世爲京兆人。八世祖避五季之亂，徙家建州。曾祖太素，贈朝議大夫；祖民先，任承事郎，贈太子太保，再世以儒學教授鄉里。考韐，任資政殿學士，贈太師，謚忠顯。

公以門廕入仕[三]。宣和末，忠顯帥潮東，盜發睦州[四]，陷諸郡，直抵越。越兵不滿千，而盜且數十萬①。公以主管機宜文字佐忠顯，募民守，卒全其城。入爲太府簿②，遷衛尉丞。忠顯帥真定，復辟公以從。女真入寇，圍城數匝，父子相與死守，部分方略，多公之謀，虜不能拔而去，名聞河朔間。除直秘閣。既而京城不守，忠顯死之③[五]。

① 而盜且數十萬　「數十萬」，本卷朱熹劉公神道碑銘同，而南軒集卷三七少傅劉公墓誌銘作「數千」，當是。
② 入爲太府簿　按，本卷朱熹劉公神道碑銘作「入主太僕、太府簿」。
③ 既而京城不守忠顯死之　南軒集卷三七少傅劉公墓誌銘作「忠顯率兵入援京師，與虜戰，力屈死城下」。

方是時，爲國死難者蓋鮮，獨忠顯之節甚白。公痛家國讎耻之大義，不與虜共戴天。免喪，以祕閣修撰知池州，改集英殿修撰、知秦州。未行，召赴行在所，除御營使司參贊軍事。

時太上皇帝即位三年，苗傅、劉正彦甫伏誅，有平寇將軍范瓊擁兵入覲。瓊在靖康變故中附賊逆亂[六]，知樞密院事忠獻張公與公謀誅之。張公召瓊詣都堂，公叱縛之，致于理①[七]，悉分其衆②，頃刻而定。忠獻益奇公，及領川陝宣撫處置使，遂辟公參議軍事。公雅意欲圖虜，念關陝要地，而張公一見相知，非偶然者，遂不辭而從。

宣撫司至關，據秦州，號令五路。四年，除徽猷閣待制③。會聞虜窺江淮，議爲牽制。八月④，合五路兵進至富平，與虜遇，我衆不能支，虜乘勝以前。宣撫司退保蜀口[八]，官屬震恐，有建議當保夔州者。公曰：「議者可斬也！宣撫司豈可過興州一步？係關陝之望，安全蜀之心，收散亡，固壁壘，以爲後圖則可。」與張公意合。公單馬直抵秦亭，分遣腹心訪諸將所在。時虜騎四出，道阻不通，將士無所歸，忽聞公在近，宣撫司留蜀口，乃各引所部來會，軍復振。公命驍將吴玠栅和尚原，守大散關⑤，虜不敢犯。紹興元年夏，始聚兵來攻，玠敗之。秋復來⑥，又大敗之，俘獲以數萬計。宣撫司徙治閬中，公留關外護軍⑦[九]。

---

① 致于理　「理」下，南軒集卷三七少傅劉公墓誌銘有「懷敕搒出，撫其衆曰：『所誅止瓊，爾輩皆御前軍也。』衆頓刃應諾」二十四字。

② 悉分其衆　南軒集卷三七少傅劉公墓誌銘作「悉麾隸它軍」。

③ 四年除徽猷閣待制　南軒集卷三七少傅劉公墓誌銘無此八字。

④ 八月　南軒集卷三七少傅劉公墓誌銘無此二字。

⑤ 守大散關　「散」原作「撒」，據文海本、庫本、南軒集卷三七少傅劉公墓誌銘及本卷劉公神道碑銘、宋史劉子羽傳改。

⑥ 秋復來　「秋」，本書上集卷一二吴武安公玠神道碑、功蹟記作「冬十月」。

⑦ 公留關外護軍　「護軍」下，南軒集卷三七少傅劉公墓誌銘有「上知其勞，除徽猷閣待制」十字。按，要録卷三四載劉子羽充徽猷閣待制在建炎四年六月丁丑，正在富平之敗以前，則以本誌文所載爲是。

明年，玠以秦鳳經略使戍河池，王彦以金均房鎮撫使戍金州。二鎮皆饑，而興元帥過爲守備，閉關塞褒斜，二鎮病之。張公召玠、彦議事①，皆願得公鎮興元，乃承制拜公利州路經略使，兼知興元府〔一〇〕。公至之日，盡弛其禁，通商輸粟，二鎮乃安。

公謂「虜用騎兵，利衝突。在我當先柵要地，以勁弓弩待之，蔑不濟者」。且以是約二將，獨彦頗易公之説。是歲十二月，虜由商於犯金州，正月至上津。彦出不意，逆戰不能却，遂焚金州，退保石泉②〔一一〕。公遣將馳告玠，玠驚曰③：「事迫矣，當急徼于險。諸將不能辦，我當自行。不然，是負劉待制。」即越境馳一日夜，凡三百里，中道少止。公移書曰：「虜旦夕至饒風嶺下，不急守此，是無蜀也。公不前，某當往。」玠即復馳至饒風。虜急攻數日，死傷如積，更募死士犯祖溪關以入，出玠後，玠還漢中〔一二〕。公與玠謀守定軍山，玠憚之，遂西。公退守三泉，從兵不及三百，與士卒同粗糲，至取草木芽蘖食之。遺玠書曰：「某誓死於此，與公訣矣！」玠得書泣，其愛將楊政大呼軍門曰：「節使不可負劉待制！不然，政輩亦舍節使去。」玠乃從麾下自仙人關由間道與公會于三泉。虜游騎甚迫，玠夜視公方酣寢，旁無警何者④，玠曰：「此何時⑤，而簡易乃爾？」公慨然曰：「吾死命也，夫何言！」玠泣下，復往守仙人關。公獨留，爲壁壘於潭毒山上，十六日而成〔一三〕。又數日而虜至，中夜，斥候將遣人報曰：「虜至矣。」諸將皆失色入白事，公曰：「始與公等云何，今寇至欲避耶？」下令蓐食，遲明，上馬先止

① 張公召玠彦議事　「張公」下，南軒集卷三七少傅劉公墓誌銘有「亟」字。
② 退保石泉　「退」，南軒集卷三七少傅劉公墓誌銘作「返」。
③ 玠驚曰　南軒集卷三七少傅劉公墓誌銘無「驚」字。
④ 旁無警何者　「何」，南軒集卷三七少傅劉公墓誌銘作「呵」；文海本、庫本作「備」。
⑤ 此何時　「何」，南軒集卷三七少傅劉公墓誌銘作「何等」。

戰地，據山角，坐胡床。諸將奔至，皆泣曰：「此某等駐軍處，而公先之耶？豈可使虜矢傷公！」即争代公處。頃之，復有來報曰：「虜退矣。」乃還。

方虜入梁、洋，蜀大震，宣撫司官屬争咎公，有爲浮言相恐動，請徙治潼川，軍士聞者皆怒。公力爲書爲張公言：「某在此，虜决不能越，無爲輕動摇。」張公用公言，乃定。虜遣十五輩賫書與旗來招公及玠，公斬其十四人，令一人還[一四]，曰：「爲我言於爾酋，來戰即來，我有死，何招也！」先是，梁、洋官私之積，公悉已徙置，虜無所得，粮日匱，前後苦攻，死傷十五六。涉春已深，癘疫且作，遂遁去，爲我師掩擊及墮溪谷死者不可勝計[一五]。虜之去，四月也，其餘衆不能自拔者悉降，凡十數栅。虜之喪失，蓋莫甚於此役。其大酋撒离喝、兀朮輩①，時方垂涎于蜀②，日夜聚謀，所選士率千取百③，百取十，其戰被重鎧，登山攻險，每一人前，輒二人擁其後，前者死，後者復被其甲以進，又死，則又代之如初。其爲必取計蓋如此[一六]。惟公與張公協心戮力，毅然以身當兵衝，將士視公，感激争奮，卒全蜀境。公還興元，分遣官吏安集勞來，凡潰卒之乘時怙亂山谷間者，悉捕斬以徇，自是兵勢日振。方更恢遠略，然張公已困於讒[一七]，公亦繼被罪矣④。二年，除寶文閣直學士⑤。四年，責散官安置白州⑥[一八]。

---

① 其大酋撒离喝兀朮輩　「其」上，南軒集卷三七少傅劉公墓誌銘有「方是時，虜」四字。

② 時方垂涎于蜀　南軒集卷三七少傅劉公墓誌銘無「時方」二字。

③ 所選士率千取百　「率」，南軒集卷三七少傅劉公墓誌銘作「卒」。

④ 公亦繼被罪矣　「繼」，南軒集卷三七少傅劉公墓誌銘作「尋」。

⑤ 二年除寶文閣直學士　「二年」，南軒集卷三七少傅劉公墓誌銘作「是歲」。按，劉子羽除寶文閣直學士，要録卷六六係於紹興三年六月庚寅，宋史卷二七高宗紀載於紹興三年五月己卯，則作「是歲」者是，或「二年」爲「三年」之譌。

⑥ 責散官安置白州　「責」，南軒集卷三七少傅劉公墓誌銘作「責授」。

始吴玠爲偏將，公奇之，言於張公。張公與語大悦，使盡護諸將，卒得玠力。至是，玠上疏納節贖公罪，士大夫多玠之義，而服公之知人。明年還故官，奉祠[一九]。

時張公相矣，召公赴在所①，又還集英殿修撰，知鄂州。權都督府參議軍事，宣諭陜蜀[二〇]。朝議欲合諸道兵大舉，公自蜀還，歷諸邊，盡得虚實，謂且當益繕治、廣營田以俟時。朝廷欲遂用公，顧親年浸高，力請歸養，以徽猷閣待制知泉州[二一]。泉素難治，番商雜居，公下車，肅然無敢犯。有事涉權倖者，立論奏釐正之[二二]。

亡何，張公去位[二三]，言事者觀望論公，復責散官，安置漳州[二四]。以郊祀恩得歸。會江上擇守，起公爲沿江安撫使、知鎮江府[二五]。虜入寇[二六]，公建請清野，盡徙淮東之人于京口，塡拊得宜②，人情不摇。謂樞密使張俊曰③：「異時此虜入寇，飄忽如風雨，今更遲回，是必有他意。」已而果欲邀和。及遣使來，揭旗于舟，大書「江南撫諭」。公見之怒，夜以他旗易之。翌日④，接伴使索之甚急[二七]，公曰：「有死耳，旗不可得。」索不已，乃還之境外⑤。張俊以公料敵及治狀聞，有旨復待制。

和議成[二八]，公謂宜及無事時講修淮、漢守備，厲器械，治舟楫，其言甚悉。宰相秦檜忌之，諷言者論罷，復

① 召公赴在所　「在所」，南軒集卷三七少傅劉公墓誌銘同，庫本作「行在所」，似是。
② 塡拊得宜　「塡」，南軒集卷三七少傅劉公墓誌銘同，文海本、庫本作「鎮」，似是。
③ 謂樞密使張俊曰　按，要録卷一四二紹興十一年十一月乙亥條於「謂」字上有「既而敵騎久不至，俊以問子羽」云云。
④ 翌日　南軒集卷三七少傅劉公墓誌銘作「翼日」。
⑤ 索不已乃還之境外　南軒集卷三七少傅劉公墓誌銘作「及其歸，遣還之境外」。又「索」，本卷劉公神道碑及要録卷一四二紹興十一年十一月乙巳條注引子羽墓誌作「請」。

以祠禄歸[二九]。十六年十月二日遇疾①，没于正寢，享年五十。積官右朝議大夫，以子貴，贈少傅②[三〇]。娶熊氏，贈福國夫人；再娶卓氏，贈慶國夫人。子珙，克世其家，復以忠義識略被今上眷遇，嘗爲同知樞密院事。識者不以劉氏三世宦達爲衣冠之盛，而以忠義相傳不替愈大爲家國之光。

淳熙五年③，珙爲建康留守，病且革，自力作書，授其弟玶，使致諸栻④，以銘公墓爲屬。栻蓋公所從忠獻張公之嗣子也⑤，奉書而泣，且無所從辭，於是取公弟子輩舊所狀行實，掇其大節如此⑥。

惟公慷慨自許，每有捐身徇國之願。當事之難，衆人惶撓失措，公色逾厲，氣逾勁，遇事立斷，凛不可犯。尤長於兵，料敵決幾，殆無遺筭。得將士心，皆願爲盡死。其爲政，發姦擿伏若神，所治不畏强禦。而天性孝友，恂恂接人樂易，開口見肺肝。輕財重義，緩急扣門，無愛于力，振人乏絶，傾貲倒廩無吝色。姻親鄉鄙昏喪⑦，悉任其責。闢家塾，延名士，以教鄉之秀子弟。吏部郎朱松疾病，以家事託，公築室居之舍旁⑧，教其子熹與己子

---

① 十六年十月二日遇疾　「十六年」，南軒集卷三七少傅劉公墓誌銘作「十四年」。按，本卷劉公神道碑銘及宋史劉子羽傳、要録卷一五五皆稱劉子羽卒於紹興十六年，是。

② 贈少傅　南軒集卷三七少傅劉公墓誌銘作「贈太師」。

③ 淳熙五年　南軒集卷三七少傅劉公墓誌銘作「淳熙四年」。按，據本書下集卷二二劉公行狀，劉珙於淳熙二年知建康府，五年卒。則作「四年」者似誤。

④ 自力作書授其弟玶使致諸栻　南軒集卷三七少傅劉公墓誌銘作「自力作書與其友張某」。

⑤ 栻蓋公所從忠獻張公之嗣子也　「栻」，南軒集卷三七少傅劉公墓誌銘作「某」。按，下文同。

⑥ 掇其大節如此　「大節」下，南軒集卷三七少傅劉公墓誌銘有「次第之」三字。

⑦ 姻親鄉鄙昏喪　「鄙」，南軒集卷三七少傅劉公墓誌銘作「黨」。

⑧ 公築室居之舍旁　「築室」下，南軒集卷三七少傅劉公墓誌銘有「買田」二字。

均[三二]，卒以道義成立。平生再貶徙，處之怡然，不以介意。而其許國之誠，則至于没而不懈也。嗚呼，偉哉！

以明年冬，葬于崇安縣五夫里蟹坑祖塋之北①。栻之爲銘②，蓋後公没三十有三年也③。公孫二人：學雅，承務郎；學裘，尚幼。孫女二人：長適將仕郎吕欽，幼未行。銘曰：

寒沍凛洌，喬松挺節。艱危反側，志士秉烈。允毅劉公，孤忠業業。國恥家讎，刻骨泣血。誓不同天，心焉如鐵。縛袴從戎，思奮其伐。虜方鴟張，闖蜀門闑。紛紛鄙夫，縮避一轍。惟公矢謀，克贊于决。身當兵衝，横遏力折。衆駭失色，我怒貫髮。驍將突兵，怙以奮發。羯酋力窮，麕走竭蹷。迄全蜀疆，如器無鈌。伊人是恃，豈險難越？不寧蜀全，關輔可挈。投機于征，以冀日月。巧言害成，健手孰掣？空令父老，談説嘖嘖。和戎議興，公膺如噎。守臣擧職，妖旗莫揭。歸卧于家，忠憤曷洩。嗚呼中年，竟隕此傑！歲踰再紀，精爽森列。嗣德有光，公志益晰。我爲銘詩，追勒其碣。

淳熙六年七月庚申④。

辨證：

[一]宋故右朝議大夫充徽猷閣待制致仕彭城縣開國子食邑五百户贈少傅劉公墓志銘　本墓志又載於張栻南軒集卷三七，題曰

---

① 以明年冬葬于崇安縣五夫里蟹坑祖塋之北　南軒集卷三七少傅劉公墓誌銘作「以是歲某月某日，葬於崇安縣五夫之原」。

② 栻之爲銘　「栻」，南軒集卷三七少傅劉公墓誌銘作「某」。

③ 蓋後公没三十有三年也　「三十有三年」，南軒集卷三七少傅劉公墓誌銘作「三十有五年」。按，劉子羽卒於紹興十六年，而此墓志撰於淳熙六年，正三十三年；而少傅劉公墓誌銘誤以劉子羽卒於紹興十四年，故此云「後公没三十有五年」。

④ 淳熙六年七月庚申　南軒集卷三七少傅劉公墓誌銘無此八字。

「少傅劉公墓誌銘」。按，劉子羽，宋史卷三七〇有傳，本卷載有朱熹宋故右朝議大夫充徽猷閣待制致仕彭城縣開國子食邑五百户贈少傅劉公神道碑銘。

〔二〕張栻　栻（一一三三～一一八〇年）字敬夫，一字欽夫，號南軒，漢州綿竹人。歷任秘閣修撰。官至吏部侍郎、右文殿修撰。淳熙中知江陵府。卒，謚曰宣。宋史卷四二九有傳。

〔三〕公以門廕入仕　本卷朱熹劉公神道碑銘云其「少以父任補將仕郎」。

〔四〕盜發睦州　皇朝編年綱目備要卷二九宣和二年十一月「方臘反，陷睦、歙等州，命譚稹討之」條云：「睦州青溪有洞曰幫源，廣四十里，群不逞往往囊槖其間。方臘家有漆園。時造作局多科須諸縣抑配，而兩浙皆苦花石綱之擾。臘以妖術誘之，數日之間，哨聚響應者至數萬人，遂以誅朱勔爲名，縱火大掠，驅其黨四出。兩浙都監蔡遵、顔坦擊賊，敗死。遂陷睦州，殺官兵千人，於是壽昌、分水、桐廬等縣皆爲賊所據。僭號，改元永樂。」

〔五〕既而京城不守忠顯死之　東都事略卷一一一劉韐傳云：「俄召入覲。時敵已度河，游騎薄城。韐以謂城大難守，兵弱難戰，不若遣援師，以紓目前之急，徐爲後圖。乃除京城四壁守禦使。宰相以韐嘗言不可輕戰，鐫五官落職宫祠。已而京師陷，欽宗出郊，敵聞其名，必欲得之，宰相始遣韐往。敵命其僕射韓正館之」，勸降，韐「以衣絛自縊死，燕人歎其忠」。

〔六〕瓊在靖康變故中附賊逆亂　按本書中集卷五五張忠獻公浚行狀云：「瓊自靖康圍城與女真通，及京城破，逼脅后妃及淵聖太子、宗室入虜中，及乘亂剽掠爲亂，左右張邦昌，爲之從衛，罪狀非一。」

〔七〕張公召瓊詣都堂公叱縛之致于理　要録卷二五建炎三年七月丁亥條云：張浚「與集英殿修撰、權樞密院檢詳文字劉子羽謀，夜鎖吏于浚府中，使作文書，皆備。丁亥，朝退，僞遣御前右軍都統制張俊以千人渡江，若捕它盜者。因召俊、瓊及御營副使劉光世赴都堂計事，使俊將其衆甲以來。瓊從兵滿街，意象自若。食已，（吕）頤浩等相顧未發，子羽坐廡下，遽取寫敕黄紙詣前麾下曰：『有敕，將軍可詣大理置對。』浚數瓊罪，瓊愕眙，遂以俊兵擁縛付大理。使光世出撫其衆曰：『所誅止瓊耳，若等固天子自將之兵也。』衆皆投刃曰：『諾。』」

〔八〕宣撫司退保蜀口　要録卷三八建炎四年十月庚午條載宋軍大敗於富平，「浚率帳下退保秦州。於是陝西人情大震」。又卷三九建炎四年十一月「是月」條云：「宣撫處置使張浚自秦州退軍興州。初，我兵既潰於富平，金人以所得陝西金幣悉歸河東帥府。會張中孚、趙彬送款於金，又知慕容洧叛，乃遂引兵而西走。秦鳳路馬步軍副總管吴玠自鳳翔走保大散關之東和尚原，權環慶經略使孫恂由隴關入秦，與浚會。金人至渭州，得我情實，乃入德順軍。浚聞敵入德順，遂移司興州，簿書輜重悉皆焚棄。浚之出師也，幹辦公事、朝請郎楊晟惇力言其不可，浚不從，晟惇乃求行邊，不隨幕下。及是來見浚，浚稍以諸事委之。」

［九］公留關外護軍　本卷劉公神道碑銘稱「公請獨留關外，調護諸將，以通内外聲援」。

［一〇］乃承制拜公利州路經略使兼知興元府　要録卷五三紹興二年閏四月壬子條云：「初，陝西都統制吴玠戍河池縣，同都統制王彦戍金州，二鎮皆饑，而利夔路制置使兼知興元府王庶過爲守備，閉石門、仙人關，塞褒斜路，商販不通，玠、彦病之，因訴於宣撫處置使張浚。浚初欲調護庶，令與玠、彦結好，玠、彦言庶遇己無善狀，始，庶治榷酤與關市之征，得其贏以市軍儲，有三年之積，又爲亭堠數百，達於秦川，至歲終有三萬人仗。於是有言庶難制馭者，浚惑之，檄召諸帥會於益昌。庶亦覺有間己者，以素隊數百人馳會。浚問以進取之策，庶曰：『富平之敗屬耳，軍未可用也。』浚不樂曰：『君欲棄三秦耶？』乃以便宜命庶與知成都府王似兩易。」又卷五五紹興二年六月丙申條云：「宣撫處置使張浚至興元，檄召吴玠、王彦議事，二將皆願得參贊軍事劉子羽守興元，浚乃承制拜子羽利州路經略使，兼知興元府。徙徽猷閣直學士、新知成都府王庶知嘉州，而徽猷閣直學士、新知興元府王似復知成都府。」

［一一］遂焚金州退保石泉　要録卷六二紹興三年正月乙丑條云：「是日，金人陷金州。先是，宣撫處置使張浚召本司都統制節制興文龍州吴玠、金均房州鎮撫使兼本司同都統制王彦、利州路經略使兼知興元府劉子羽會于興元，約金人若以大兵取蜀，即三帥相爲應援。子羽聞敵至，諭彦俾以强弩據險邀之。彦習用短兵，屢平小盜，不以子羽言介意。金州之西有姜子關，乃承平時商旅由子午谷入金洋之路。金聲言取姜子關路入漢陰縣，故彦頗分兵守之。既而薩里罕自上津疾馳，不一日至洵陽境上。召漢陰統制官郭進以三千人乘流夜發，遇于沙隈。敵捨騎來攻，戰數十合。敵見官軍少，晡時步騎並進，塵埃蔽日，進力戰敗死。彦曰：『敵所以疾馳者，欲因吾糧食以入蜀耳。』即盡焚儲積，退保石泉縣。金人入金州，彦退趨西鄉。會浚遣幹辦官甄援持手書督彦清野來會，彦遂踰西鄉。」

［一二］玠還漢中　宋史吴玠傳云宋、金二軍激戰於饒風關，「會玠小校有得罪奔金者，導以祖溪間路，出關背，乘高以闞饒風。諸軍不支，遂潰，玠退保西縣。敵入興元，劉子羽退保三泉，築潭毒山以自固，玠走三泉會之」。中興戰功録「吴玠饒風嶺關」條云：金軍「至漢中日，人賞以銀千錠、馬三疋。黎明，死士從間道攀援而上，犯祖溪關。守將郭仲荀力不能支，求濟師於玠，比至，而虜人已登矣。

玠見虜人掩出我師後，遂自饒風一日馳還漢中。祖溪距饒風之左三十里，崇岡牆立，殆非人所行。始也過爲之備，而使仲荀守，故少與之兵。虜人覘得，遂募士出我不意，以故失守。玠至漢中，劉子羽偕至西縣，議欲柵定軍山保聚拒賊」。

〔一三〕公獨留爲壁壘於潭毒山上十六日而成　要録卷六三紹興三年二月己亥條云吴玠「復往守仙人關。子羽約玠共屯三泉，玠曰：『關外蜀之門户，不可輕棄。金人所以不敢輕入者，恐玠躡其後耳。若相與居下，敵必隨入險反守，徐取間道，則吾勢日蹙，大事去矣。今經略既下，玠當由興州河池繞出敵後褒斜山谷，如行鼠穴。敵見玠繞出其後，謂將用奇設伏邀其歸路，勢必狼顧。吾然後據險邀擊，可使遁走。此所謂善敗者不亡者也。』子羽以潭毒山形斗拔，其上寬平有水，乃築壁壘，凡十六日而成。其衆稍集。既而統制官王俊又以五千人至，於是軍勢復振」。

〔一四〕公斬其十四人令一人還　宋史劉子羽傳云：「撒離曷由斜谷北去，子羽謀邀之於武休，不及。既回鳳翔，遣十人持書旗招子羽，子羽盡斬之，而留其一，縱之還。」按，要録卷六四紹興三年四月辛卯條亦云金將「遣十餘人持書」來招。

〔一五〕爲我師掩擊及墮溪谷死者不可勝計　中興戰功録「吴玠饒風嶺關」條云劉子羽於紹興三年「三月二十七日間道往仙人關，與玠謀欲使田晟、王俊潛軍出定軍山攻虜之南，令楊政出斜谷路以襲虜之後，期以四月初出兵。先是，玠遣統制官姓郭者往抄虜，至褒城界，遇渾女郎君部伍將歸，與戰，得生女真四十人，言皆不可解，使譯者問之，始知虜人已引去數日矣。於是子羽與玠急遣兵邀之於武休關，虜盡棄其輜重及所掠人畜而去，後軍爲我軍掩擊及墮溪澗死者以數千計」。

〔一六〕其大酋撒离喝兀术輩至其爲必取計蓋如此　按，此段文字所述乃吴玠仙人關激戰始末。

〔一七〕然張公已困於讒　宋史卷三六一張浚傳云：「會有言浚殺趙哲，曲端無辜，而任子羽、（趙）開、（吴）玠非是，朝廷疑之。三年，遣王似副浚。……浚聞王似來，求解兵柄，且奏似不可任。宰相吕頤浩不悦，而朱勝非以宿憾日毁短浚，詔浚赴行在。四年初，辛炳知潭州，浚在陜，以檄發兵，炳不遣，浚奏劾之。至是，炳爲御史中丞，率同列劾浚，以本官提舉洞霄宫，居福州。」

〔一八〕責散官安置白州　皇宋中興兩朝聖政卷一五紹興四年四月癸未條載「宣撫處置使司參議官劉子羽責授單州團練副使、白州安置，以諫議大夫唐煇、給事中胡交修、殿中侍御史常同交章論之也」。

〔一九〕明年還故官奉祠　宋中興兩朝聖政卷一六紹興四年十一月癸丑條云：「白州安置劉子羽放令逐便。初，吴玠除川陝副使，乃奏辭新命，且言：『屢破金兵，豈臣之功？乃子羽知臣而薦拔之功也。望追還成命，於張浚與子羽少寬典刑。』上曰：『進退大臣，斷自朕志，豈可由將帥之言？可聽子羽自便。』」又要録卷八三紹興四年十二月戊戌條云：「責授單州團練副使劉子羽復右朝散大夫、提舉江州太平觀。時吴玠復辭兩鎮之節，且言：『子羽累年從軍，亦薄有忠勤可録。念其父韐靖康間死節京城，今子羽罪雖自取，然炎荒萬里，毒霧薰蒸，老母在家，殆無生理。誠恐子羽斥死嶺海，無復自新，非陛下善善及子孫之意。伏望聖慈特許臣納前件官，少贖子羽之罪，使量移近地，得以自新。』三省勘會子羽與吴玠書所論邊事，跡狀可考，乃復元官，與宮觀。」

〔一一〇〕又還集英殿修撰知鄂州權都督府參議軍事宣諭陝蜀　要録卷九六紹興五年十二月丙午條載右朝請大夫、提舉江州太平觀劉子羽復集英殿修撰，知鄂州，主管荆湖北路安撫司公事，云「張浚既還朝，始議大合兵爲北討計，乃自召子羽，令諭指西帥，且察邊備虚實，故有是命」。又丙寅條載「都督府奏以集英殿修撰、新知鄂州劉子羽權本府參議軍事，與主管機宜文字熊彦詩並往川陝撫諭，詔各賜銀二百兩遣行。時張浚將謀出師，故令子羽等見宣撫副使吴玠諭指，而玠亦屢言軍前糧乏，因命子羽與都轉運使趙開計事，併察邊備虚實焉」。

〔一一一〕以徽猷閣待制知泉州　要録卷一〇四紹興六年八月癸卯條載集英殿修撰劉子羽復徽猷閣待制、知泉州，云：「子羽自川陝歸，言敵未可圖，宜益治兵屯田，以俟機會。時張浚以淮西宣撫使劉子翼驕惰不肅，密奏請罷之，而欲以其軍屬子羽，子羽辭，乃命出守。」按，「劉子翼」當作「劉光世」。又朱子語類卷一三一中興至今日人物上云：「初，趙公（鼎）遣熊叔雅（彦詩）相視川陝事宜，魏公亦遣實學往。實學見川中無兵無財，歸告魏公：『向者兵財如許，尚不能集事，今實未可動。』魏公疑實學附會趙公，時又欲令實學帥淮西，代領酈瓊兵。實學以爲此軍不可代，遂改。吕安老（祉）願往，實學爲陳利害，宜辭此行。安老以告，魏公怒，於此出實學知泉州。」按，實學，實文閣直學士，此代指劉子羽。

〔一一二〕有事涉權倖者立論奏釐正之　晦庵集卷八八少傅劉公神道碑云：「泉僧可度以賂結中貴人，屬戚里陳氏誣奏，奪陳洪進守冢寺，符州奉行。公曰：『此細事爾，然小人罔上如此，是乃履霜之漸，不可長也。』即疏其事以聞。僚屬相顧，莫敢連署，公乃獨奏極言之，可度等皆抵罪。」

〔一一三〕張公去位　宋史劉子羽傳云因「淮西酈瓊叛，張浚罷相」。

〔一一四〕復責散官安置漳州　要録卷一一九紹興八年五月壬寅條載右朝散大夫、提舉江州太平觀劉子羽責授單州團練副使、漳州安置，云：「御史中丞常同以十事論子羽也，上批出：『子羽可白州安置。』趙鼎奏：『子羽之罪，誅殛有餘。第章疏中論及結吴玠事，今方倚玠禦賊，恐玠不自安，乞且奪職。』上曰：『聞張浚之黨日夜冀浚復用，子羽尤甚。不重責，何以懲姦？』鼎力請，上乃許落職。後一日，同復言：『子羽之罪，竄於遐荒，未爲過舉。今尚從寬典，得非以吴玠之故優假之乎？玠忠義勇烈，知事上之義，聞朝廷以公議竄子羽，豈無郭子儀與渾瑊之喜？』疏入，遂謫漳州，猶以其母老，不欲遠竄也。」北盟會編卷一八三載紹興八年「五月，劉子羽漳州安置，御史中丞常同言劉子羽陝西敗事之罪而責之」。

[二五] 起公爲沿江安撫使知鎮江府　要録卷一四〇紹興十一年六月戊辰條載「責授單州團練副使劉子羽復右朝請大夫、知鎮江府，兼沿江安撫使。初，樞密使張俊嘗爲子羽之父韐部曲，韐器之，俊薦其才，故復用。俊晚年主和議，與秦檜意合，上眷之厚，凡所言，朝廷無不從」。

[二六] 虜入寇　按宋史卷二九高宗紀載紹興十一年「冬十月丙寅朔，金人陷泗州，遂陷楚州」。

[二七] 接伴使索之甚急　據要録卷一四二紹興十一年十一月乙巳條，時以吏部侍郎魏良臣充接伴使。

[二八] 和議成　按宋史卷二九高宗紀載紹興十一年十一月「與金國和議成，立盟書，約以淮水中流畫疆，割唐、鄧二州界之，歲奉銀二十五萬兩、絹二十五萬匹，休兵息民，各守境土」。

[二九] 宰相秦檜忌之諷言者論罷復以祠禄歸　要録卷一四七紹興十二年十一月辛丑條云：「敷文閣待制、知鎮江府劉子羽提舉江州太平觀，以右諫議大夫羅汝檝論其專任私意，變亂是非也。先是，子羽言和好本非久遠計，宜及閒暇時修城壘，厲器械，備舟檝，以俟時變。秦檜始以復職非出己意，不悦，至是益怒，諷汝檝論其罪，遂罷歸。」

[三〇] 以子貴贈少傅　閩中理學淵源考卷六忠定劉彦修先生子羽云其「贈少傅，謚忠定」。

[三一] 教其子熹與己子均　宋史劉子羽傳云：「吏部郎朱松以子熹託子羽，子羽與弟子翬篤教之。」晦庵集卷九〇屏山先生劉公墓表云：「先人疾病時，嘗顧語熹曰：『籍溪胡原仲（憲）、白水劉致中（勉之）、屏山劉彦冲（子翬），此三人者，吾友也。其學皆有淵源，吾所敬畏。吾即死，汝往父事之，而惟其言之聽，則吾死不恨矣。』熹飲泣受言，不敢忘。既孤，則奉以告于三君子而稟學焉。時先生之兄侍郎公尤以收卹孤窮爲己任，以故熹獨得朝夕于先生之側。」按，「侍郎公」即指劉子羽。

宋故右朝議大夫充徽猷閣待制致仕彭城縣開國子食邑五百户贈少傅劉公神道碑銘[一]

從表姪宣教郎權發遣南康軍事兼管内勸農事朱熹撰并書　承事郎充秘閣修撰權發遣江陵軍府主管荊湖北路安撫司公事張栻篆額

徽猷閣待制、贈少傅彭城劉公既薨三十有三年，其子觀文殿學士彭城侯亦以疾薨于建康府舍①。疾革時，手爲書，授其弟玶，使以屬其友朱熹②，若曰：「珙不孝，先公之墓木大拱③，而碑未克立，蓋猶有待也。今家國之讎未報，而珙銜恨死矣。以是累子，何如？」熹發書慟哭，曰：「嗚呼！共父遽至此耶④？且吾蚤失吾父，少傅公實收教之。共父之責，乃吾責也。」即訪其家，得公弟屏山先生所次行狀，又得今江陵張侯栻所爲志銘⑤，以次其事曰⑥：

公諱子羽⑦，字彦脩。其先自長安徙建州，今爲崇安縣五夫里人。曾大父贈朝議大夫太素，大父贈太子太保民

---

① 徽猷閣待制贈少傅彭城劉公既薨三十有三年其子觀文殿學士彭城侯亦以疾薨于建康府舍　「子」，上海圖書館藏劉公神道碑銘作「嗣」。此句，晦庵集卷八八少傅劉公神道碑作「淳熙五年秋七月某日，觀文殿學士彭城劉侯珙薨於建康之府舍」。

② 使以屬其友朱熹　上海圖書館藏劉公神道碑銘無「其友朱」三字。

③ 先公之墓木大拱　「先公」下，晦庵集卷八八少傅劉公神道碑有「少傅」二字。

④ 共父遽至此耶　「遽」，上海圖書館藏劉公神道碑銘作「乃」。

⑤ 又得今江陵張侯栻所爲志銘　晦庵集卷八八少傅劉公神道碑無「志」字。

⑥ 以次其事曰　「次」，上海圖書館藏劉公神道碑銘作「作」。

⑦ 公諱子羽　「公」下，晦庵集卷八八少傅劉公神道碑有「姓劉氏」三字。

先，皆以儒學教授鄉里①。而皇考資政殿學士、贈太師忠顯公，遂以忠孝大節殺身成仁〔一〕，事載國史。公其嗣子也。

少以父任補將仕郎，積勞轉宣教郎，權浙東安撫司書寫機宜文字。入主太僕、太府簿，遷衛尉丞②。辟河北河東宣撫司書寫機宜文字。以功轉朝請大夫，授直祕閣。建炎三年，擢祕閣修撰③、知池州，改集英殿修撰、知秦州。未行，除御營使司參贊軍事，辟川陜宣撫處置使司參議軍事。四年，除徽猷閣待制。紹興二年，領利州路經略使，兼知興元府。除寶文閣直學士，封彭城縣開國男，食邑三百户。四年④，責授單州團練副使、白州安置。五年，復官⑤，提舉江州太平觀。復爲集英殿修撰、知鄂州。權都督府參議軍事，宣諭川陜。踰年還報，復待制、知泉州。八年，落職提舉太平觀，尋責授單州團練副使⑥，漳州安置。十一年復官⑦，起爲沿江安撫使、知鎮江

① 皆以儒學教授鄉里　上海圖書館藏劉公神道碑銘作「皆以經學教授鄉里，門徒至數百□」。

② 遷衛尉丞　本卷劉公墓志銘、宋史劉子羽傳同，上海圖書館藏劉公神道碑銘作「遷衛尉寺丞」；晦庵集卷八八少傅劉公神道碑作「遷光禄丞」，疑誤。

③ 擢祕閣修撰　「擢」下，晦庵集卷八八少傅劉公神道碑有「充」字。

④ 四年　本卷張栻劉公墓志銘、宋史劉子羽傳同，晦庵集卷八八少傅劉公神道碑作「三年」。按，要録卷七五紹興四年四月癸未條載「寶文閣直學士、宣撫處置使司參議官劉子羽責授單州團練副使，白州安置」。則作「三年」者誤。

⑤ 五年復官　晦庵集卷八八少傅劉公神道碑作「四年，還故官」；本卷張栻劉公墓志銘亦稱劉子羽於四年復官。按，據要録卷七五紹興四年十一月癸丑載「責授單州團練副使、白州安置劉子羽放令逐便」；又卷八三紹興四年十二月戊戌條載「責授單州團練副使劉子羽復右朝散大夫，提舉江州太平觀」。則此作「五年」者不確。

⑥ 落職提舉太平觀尋責授單州團練副使　「尋」，上海圖書館藏劉公神道碑銘作「又」。此句，晦庵集卷八八少傅劉公神道碑作「落職奉祠，尋責散官」。

⑦ 十一年復官　「復官」，上海圖書館藏劉公神道碑銘作「復故官」。此句，晦庵集卷八八少傅劉公神道碑有「十年，以赦得還。十一年，復故官」。

府。十二年復待制，進爵子，益封二百户。是歲罷，復提舉太平觀①。五年而薨②。

公天姿英毅，自少卓犖不群。年二十四五時，佐忠顯公守越，以羸卒數百，破睦寇方臘數十萬衆③，卒全其城。復佐忠顯公守真定④，會女真入寇，以大兵圍其城。公設方略，登陴拒守數月，虜不能下而去。忠顯公既以節死，公扶喪歸葬，號天泣血⑤，以必報讎恥自誓。免喪造朝，以書抵宰相，論天下兵勢當以秦隴爲根本，於是有秦州之命，遂參御營使司軍事⑥。

時叛將范瓊擁彊兵據上流，召之不來，來又不肯釋兵⑦，中外洶洶，知樞密院事張忠獻公與公密謀誅之。一日，爲遣張俊以千人渡江捕它盜者，使皆甲而來⑧，因召瓊、俊及劉光世詣都堂計事，爲設飲食。食已，諸公相顧未發，公坐廡下，恐瓊覺事變，遽取寫敕黄紙趨前⑨，舉以麾瓊曰：「下有敕，將軍可詣大理置對。」瓊愕不知所

① 復提舉太平觀　晦庵集卷八八少傅劉公神道碑作「復爲太平祠官」。
② 五年而薨　「薨」下，晦庵集卷八八少傅劉公神道碑有「年五十矣」四字。
③ 破睦寇方臘數十萬衆　「破」，上海圖書館藏劉公神道碑銘作「拒」。
④ 復佐忠顯公守真定　上海圖書館藏劉公神道碑銘作「復從守真定」。
⑤ 號天泣血　「泣」，上海圖書館藏劉公神道碑銘作「灑」。
⑥ 免喪造朝以書抵宰相論天下兵勢當以秦隴爲根本於是有秦州之命遂參御營使司軍事　「使參御營使軍事」，上海圖書館藏劉公神道碑銘作「遂參御營軍事」。此句，晦庵集卷八八少傅劉公神道碑作「朝廷亦素知其材，使參御營使軍事」。
⑦ 時叛將范瓊擁彊兵據上流召之不來來又不肯釋兵　「叛」、「來來」，上海圖書館藏劉公神道碑銘作「投」、「至至」；「釋兵」下，上海圖書館藏劉公神道碑銘有「且肆嫚，言脅朝廷，反形寖露」十一字。
⑧ 爲遣張俊以千人渡江捕它盜者使皆甲而來　「爲」、「而來」，上海圖書館藏劉公神道碑銘有「爲將」、「以聽命」。
⑨ 遽取寫敕黄紙趨前　晦庵集卷八八少傅劉公神道碑作「遽取黄紙執之趨前」。

爲，公顧左右擁置輿中，衛以俊兵送獄①。使光世出撫其衆，數瓊在圍城中附賊虜，迫脅二聖出狩狀②，且曰：「所誅止瓊耳，若等固天子自將之兵也。」衆皆投刃曰：「諾。」因悉麾隸它軍，頃刻而定，瓊竟伏誅。張公由此益奇公③，及使川陝，遂辟以行④。至秦州，立幕府，節度五路諸將，規以五年而後出師。

明年，虜窺江淮急。張公念禁衛寡弱⑤，計所以分撓其兵勢者，遂合五路之兵以進⑥。公以非本計爭之，張公曰：「吾寧不知此？顧今東南之事方急，不得不爲是耳。」遂北至富平，與虜遇，戰果不利⑦[三]，虜乘勝而前。宣撫司退保興州，人情大震。官屬有建策徙治夔州者，公叱之曰：「孺子可斬也！四川全盛，虜欲入寇久矣，直以川口有鐵山棧道之險⑧，未敢遽窺耳。今不堅守，縱使深入，吾乃東走，僻處夔峽，遂與關中血脈不復相通⑨，進退失計，悔將何及！爲今日計，且當留駐興州⑩，外繫關中之望，內安全蜀之心，急遣官屬出關，呼召諸將，收集散亡，分布險隘，堅壁固壘，觀釁而動，庶幾猶或可以補前愆、贖後咎，奈何乃爲此言乎？」張公然公言，而諸參

① 衛以俊兵送獄　「送」，上海圖書館藏劉公神道碑銘作「致之」。
② 數瓊在圍城中附賊虜迫脅二聖出狩狀　上海圖書館藏劉公神道碑銘無「脅」字。
③ 張公由此益奇公　「由此」，上海圖書館藏劉公神道碑銘作「繇是」。
④ 遂辟以行　「辟」，上海圖書館藏劉公神道碑銘作「請」。
⑤ 張公念禁衛寡弱　「寡」，上海圖書館藏劉公神道碑銘作「單」。
⑥ 遂合五路之兵以進　「兵」，上海圖書館藏劉公神道碑銘作「師」。
⑦ 戰果不利　晦庵集卷八八少傅劉公神道碑無「果」字。
⑧ 直以川口有鐵山棧道之險　上海圖書館藏劉公神道碑銘無「川口有」三字。
⑨ 吾乃東走僻處夔峽遂與關中血脈不復相通　晦庵集卷八八少傅劉公神道碑作「而吾乃僻處夔峽，遂與關中聲援不復相聞」。
⑩ 爲今日計且當留駐興州　晦庵集卷八八少傅劉公神道碑作「今幸虜方肆掠，未逼近郡，宣司但當留駐興州」。

佐無敢行者。公即自請奉命北出，復以單騎至秦州，分遣腹心召諸亡將。諸將聞命大喜①，悉以其衆來會。公命驍將吴玠栅和尚原，守大散關，而分兵悉守諸險塞[四]。虜諜知我有備，引去。明年，復聚兵來攻②，再爲玠所敗，俘獲萬計，蜀土以安。宣撫司移軍閬州，公請獨留關外，調護諸將，以通内外聲援，軍民之心，翕然向之。

又明年，漢中大饑，諸帥閉境自守，因有違言③，皆願得公帥興元④，與連兵。張公承制可其請。公至鎮，開關通商輸粟，輯睦鄰援，飭兵練卒，栅險待敵。會虜復入寇，將道金商以鄉四川，公以書諭金州經略使王彦，使以强弩據險邀之⑤。彦習用短兵，屢平小盜⑥，不以公言爲意。虜猝至⑦，逆戰果敗，走保石泉。時吴玠爲秦鳳經略使，公聞彦失守，亟移兵守饒風嶺，馳以語玠⑧。玠大驚，即越境而東⑨，一日夜馳三百里，中道少止，請公會西縣計事。公報曰：「虜旦夕至饒風下，不亟守此，是無蜀也。公不前，吾當往。今顧西走，不知者謂吾懼而逸⑩，

---

① 諸將聞命大喜　「諸將」，晦庵集卷八八少傅劉公神道碑作「諸亡將」。

② 復聚兵來攻　「復」上，晦庵集卷八八少傅劉公神道碑有「虜」字。

③ 因有違言　「違」，晦庵集卷八八少傅劉公神道碑作「建」。

④ 皆願得公帥興元　晦庵集卷八八少傅劉公神道碑無「帥興元」三字。

⑤ 使以强弩據險邀之　晦庵集卷八八少傅劉公神道碑作「使伏彊弩於險以俟之」。

⑥ 彦習用短兵屢平小盜　「屢」原作「婁」，據文海本、庫本及晦庵集卷八八少傅劉公神道碑改。上海圖書館藏劉公神道碑銘無「用」字，又「兵」下有「且」字。

⑦ 虜猝至　「至」下，晦庵集卷八八少傅劉公神道碑有「不知所爲」四字。

⑧ 馳以語玠　「馳」，晦庵集卷八八少傅劉公神道碑作「且」。

⑨ 即越境而東　「境」原作「竟」，據庫本及晦庵集卷八八少傅劉公神道碑改。

⑩ 今顧西走不知者謂吾懼而逸　「顧」，晦庵集卷八八少傅劉公神道碑作「又」；又「逸」下，晦庵集卷八八少傅劉公神道碑有「爾」字。

諸將得無解體乎！」玠得書，即復馳至饒風，列營拒守。虜人悉力仰攻，死傷如積。更募死士由間道犯祖溪關以入，繞出玠後，玠遽走還漢中，且來邀公，欲與俱去。公不可，復留玠共栅定軍山以守，玠亦不從①。公不得已，退守三泉，從兵不及三百人。與同粗糲②，至取草牙木甲噉之。遺玠書與訣，玠持之泣下，欲馳赴公，未果，其愛將楊政者大呼軍門曰：「公今不行，是負劉公，政輩亦且舍公去矣③。」玠乃來會三泉。時虜游騎甚迫，玠夜不能寐，起視公，方甘寢自若，旁無警何者④，遽起公，請曰⑤：「此何等時，而簡易若是？」公慨然曰：「吾死命也，亦何言！」玠歎息泣下⑥，竟不果留。公以潭毒山形斗拔，其上寬平有泉水，乃築壘守之。儲粟十餘萬石，盡徙將士家屬栅中，積石數十百萬，下臨走蜀道。數日，虜果至，營數十里間。一夕，候騎報虜且至⑦，諸將皆失色，入問計。曰⑧：「始與公等云何，今寇至欲避邪？」下令蓐食，遲明上馬。明日，公先至戰地⑨，前當山角，據胡床坐。諸將追及，泣請曰：「某輩乃當致死於此⑩，非公所宜處也。」公不爲動，虜亦引退⑪。

① 玠亦不從　晦庵集卷八八少傅劉公神道碑作「玠不可」。
② 與同粗糲　「與」下，晦庵集卷八八少傅劉公神道碑有「士卒」二字。
③ 政輩亦且舍公去矣　「政」，上海圖書館藏劉公神道碑銘作「我」。
④ 旁無警何者　「何」，庫本作「備」。
⑤ 請曰　上海圖書館藏劉公神道碑銘無「請」字。
⑥ 玠歎息泣下　「歎息」，晦庵集卷八八少傅劉公神道碑作「慚歎」。
⑦ 候騎報虜且至　「虜」下，晦庵集卷八八少傅劉公神道碑有「大軍」二字。
⑧ 曰　晦庵集卷八八少傅劉公神道碑、上海圖書館藏劉公神道碑銘作「公曰」。
⑨ 明日公先至戰地　晦庵集卷八八少傅劉公神道碑無「明日公」三字。
⑩ 某輩乃當致死於此　「致」，上海圖書館藏劉公神道碑銘作「效」。
⑪ 虜亦引退　「虜」下，晦庵集卷八八少傅劉公神道碑有「知不可攻」四字。

自虜入梁、洋，蜀中復大震。宣撫司官屬争咎公，更爲浮言相恐動，力請張公徙治潼川。令下，軍士憤怒，或取其牓毀之。公連以書力爲張公言①：「此已爲死守，虜必不敢越我而南。藉弟令不能守②，我死，行未晚也。今一旦輕動若此，兵將忿怒，恐將有齮齕公墳墓者，公奈何③？」張公發書大悟④，立止不行。虜遣十餘人持書與旗，來招公及玠⑤。公斬之，餘一人使還，曰：「爲我語賊⑥，欲來即來，吾有死耳⑦，何可招也！」因復與玠謀，出鋭師腹背擊之。先是，公已預徙梁洋官私之積置他所⑧，虜深入無所得，而糧日匱，前後苦攻，死傷十五六，又聞公之將襲己也，懼，遂遁。公亟遣兵追擊之，墮谿谷死者不可計。其餘衆不能自拔者猶數十柵，皆降之。是時，虜大酋撒离喝、兀朮輩主兵用事，計必取蜀，以窺東南。其選募戰攻，蓋已不遺餘力，而我之謀臣戰將，亦無敢爲必守計者，獨公與張公協心戮力，毅然以身當兵衝，將士視公，感激争奮，卒全蜀境，以蔽上流。

寇退，又方相與定計，改紀軍政，以圖再舉。而張公已困於讒，公亦相次得罪，徙白州矣[五]。始，吴玠爲裨

---

① 公連以書力爲張公言　「連」，晦庵集卷八八少傅劉公神道碑作「亦」。

② 藉弟令不能守　「弟」，晦庵集卷八八少傅劉公神道碑無此字，文海本作「第」。

③ 恐將有齮齕公墳墓者公奈何　上海圖書館藏劉公神道碑銘無「恐」字，晦庵集卷八八少傅劉公神道碑無「公奈何」之「公」字。

④ 張公發書大悟　上海圖書館藏劉公神道碑銘無「發書」二字。

⑤ 來招公及玠　「玠」，上海圖書館藏劉公神道碑銘作「吴玠」。

⑥ 爲我語賊　「語」下，上海圖書館藏劉公神道碑銘有「諸」字；「賊」，晦庵集卷八八少傅劉公神道碑作「群盗」。

⑦ 吾有死耳　「吾」下，上海圖書館藏劉公神道碑銘有「止」字。

⑧ 先是公已預徙梁洋官私之積置他所　晦庵集卷八八少傅劉公神道碑作「未及期，而虜已遁矣。蓋方虜未至，公已悉徙梁洋官私之積置他所」。

將，未知名，公獨奇之，言於張公。張公與語大悦，使盡護諸將①。至是，玠上疏請還所假節傳棨戟贖公罪②，士大夫以是多玠之義，而服公之知人。

既張公入相，大議合兵爲北討計③，召公赴闕，使諭指西師，且察邊備虚實。公還，奏虜未可圖，宜益治兵，廣營田，以俟幾會。時又方議易置淮西大將，且以其兵屬公。公復以爲不可，遂以親老丐便郡，得泉州以歸④。

在郡踰年，治有異等之效。學校久廢，撤而新之，堂序規橅，略放太學，至今爲閩中諸郡之冠。僧可度者，以賂結中貴人⑤，屬戚里陳氏誣奏，奪陳洪進守冢寺⑥。公曰：「此細事爾。然小人罔上如此，是乃履霜之漸，不可長。」即疏其事以聞，戚豎輩皆抵罪⑦。無幾何⑧，淮西軍果亂，張公去相⑨[六]，議者反謂公實使然，不責，無以係叛將南歸之望。於是再責⑩，聞者嗤之，而公不自辨也。

---

① 使盡護諸將　「將」下，上海圖書館藏劉公神道碑銘有「戰數有功」四字。

② 玠上疏請還所假節傳棨戟贖公罪　上海圖書館藏劉公神道碑銘無「玠」字。

③ 大議合兵爲北討計　上海圖書館藏劉公神道碑銘無「計」字。

④ 遂以親老丐便郡得泉州以歸　晦庵集卷八八少傅劉公神道碑無「便」、「得泉州」四字。

⑤ 以賂結中貴人　「賂」，上海圖書館藏劉公神道碑銘作「貲」。

⑥ 奪陳洪進守冢寺　「冢」原作「家」，據鐵琴銅劍樓本、庫本及晦庵集卷八八少傅劉公神道碑改。

⑦ 在郡踰年至戚豎輩皆抵罪　此段文字，晦庵集卷八八少傅劉公神道碑作「泉僧可度以賂結中貴人，屬戚里陳氏誣奏，奪陳洪進守冢寺，符州奉行。公曰：『此細事爾，然小人罔上如此，是乃履霜之漸，不可長也。』即疏其事以聞。僚屬相顧，莫敢連署。公乃獨奏極言之，可度等皆抵罪。既又大興學校，以教其人，堂序規模，略放大學，至今爲閩中諸郡之冠」。

⑧ 無幾何　晦庵集卷八八少傅劉公神道碑作「已而」。

⑨ 張公去相　晦庵集卷八八少傅劉公神道碑無此四字。

⑩ 於是再責　晦庵集卷八八少傅劉公神道碑作「於是有臨漳之行」。

在鎮江，會金虜復渝盟，公建議清野，盡徙淮東之人於京口，撫以威信，兵民雜居，無敢相侵擾者。嘗得盜，劾之，乃楚州守某者所爲[七]，前後攻劫不可計，悉具獄，棄之市，以其事聞①，某者亦坐遠竄。於是境内帖然，道不拾遺。既而虜騎久不至，樞密使張俊視師江上，以問公。公曰：「此虜異時入寇，飄忽如風雨，今更遲回，是必有他意。」居頃之，虜果復以和爲請，而使者乃植大旗舟上②，書曰「江南撫諭」。公見之怒，夜以他旗易之。翌日，接伴使者見旗有異，大懼，請之不得，至以語脅公③。公曰：「吾爲守臣，朝論無所與。然欲揭此於吾州之境，則吾有死而已。」請不已，竟出境乃還之④。

張俊還朝，上聞公治狀及所料虜情，亟詔復舊職⑤。公以和好本非久遠計，宜及間假時修城壘⑥，除器械，備舟楫，以俟時變。宰相秦檜始以復職非己出，已不悦，至是益怒⑦，諷言者論之，罷歸⑧，遂不復起。士大夫之有

---

① 以其事聞　晦庵集卷八八少傅劉公神道碑無此四字。

② 居頃之虜果復以和爲請而使者乃植大旗舟上　「頃」原作「項」，據晦庵集卷八八少傅劉公神道碑改。又，「居頃之虜」、「而使者乃」，晦庵集卷八八少傅劉公神道碑作「已而」、「使至」；又「復以和爲請」、「而使者乃」，上海圖書館藏劉公神道碑銘作「復以和爲請，朝廷許之」、「虜使來」。

③ 請之不得至以語脅公　晦庵集卷八八少傅劉公神道碑作「索之急」。

④ 請不已竟出境乃還之　晦庵集卷八八少傅劉公神道碑作「索猶不已，乃遣人境外授之」。

⑤ 張俊還朝上聞公治狀及所料虜情亟詔復舊職　「虜情」下，上海圖書館藏劉公神道碑銘有「善之」二字。又此句，晦庵集卷八八少傅劉公神道碑作「會張俊歸奏事，上聞公治狀及料敵語，於是復有待制之命」。

⑥ 公以和好本非久遠計宜及間假時修城壘　「宜」上，上海圖書館藏劉公神道碑銘有「奏」字；「和好」、「假」，晦庵集卷八八少傅劉公神道碑作「和戎」、「暇」；又「間假」，文海本作「閒暇」。

⑦ 宰相秦檜始以復職非己出已不悦至是益怒　「秦檜」下，上海圖書館藏劉公神道碑銘有「專主和議」四字。又此句，晦庵集卷八八少傅劉公神道碑作「宰相秦檜不悦」。

⑧ 諷言者論之罷歸　「論之罷歸」，上海圖書館藏劉公神道碑銘作「論罷之，既歸」。

志當世者，莫不相與喟然，深爲朝廷惜之①。

公生紹聖丁丑，薨紹興丙寅，年五十，葬故里蟹坑祖塋之北②。元妃福國夫人熊氏③，葬拱辰山忠顯公墓次④，屏山先生實表之[八]。繼室慶國夫人卓氏，公没，持家二十餘年，細大有法，内外斬斬。彭城侯雖熊出，然撫之厚而教之嚴⑤，所以成就其德業爲多。遇族黨親疏，曲有恩意。薨荆南府舍，葬甌寧縣演平之原。公子三人：彭城侯爲長，嘗以中書舍人事太上皇帝，以同知樞密院事、參知政事事今上皇帝，風望勞烈，對于前人，當世鮮能及之⑥；次瑺，承務郎，出後公弟祕閣公[九]，早卒；次玶，從事郎，亦以公命爲屏山先生後。孫男二人：學雅，承務郎；學裘，尚幼。女二人：長適將仕郎呂欽，幼未行也⑦。

熹之先人晚從公游⑧，僅一再見，不幸屬疾⑨，寓書以家事爲寄。公惻然憐之，收教熹如子姪。故熹自幼得

① 士大夫之有志當世者莫不相與喟然深爲朝廷惜之　晦庵集卷八八少傅劉公神道碑作「薨。後十有六年，和議果敗，虜騎直抵采石、瓜洲，江津幾不守。於是人始服公前慮之深，而恨其不及用也」。

② 公生紹聖丁丑薨紹興丙寅年五十葬故里蟹坑祖塋之北　「薨」，上海圖書館藏劉公神道碑銘作「終」。又，晦庵集卷八八少傅劉公神道碑無此二十三字。

③ 元妃福國夫人熊氏　「元」上，晦庵集卷八八少傅劉公神道碑有「公」字。

④ 葬拱辰山忠顯公墓次　「次」，上海圖書館藏劉公神道碑銘作「左」。

⑤ 然撫之厚而教之嚴　「然」下，晦庵集卷八八少傅劉公神道碑有「其」字。

⑥ 嘗以中書舍人事太上皇帝以同知樞密院事參知政事事今上皇帝風望勞烈對于前人當世鮮能及之　晦庵集卷八八少傅劉公神道碑無此四十一字。

⑦ 幼未行也　晦庵集卷八八少傅劉公神道碑作「次未行」。

⑧ 熹之先人晚從公游　按，自本句至本段末「讀之又未嘗不慨然撫卷廢書而歎也」，晦庵集卷八八少傅劉公神道碑置於上段「公元妃福國夫人熊氏」上。

⑨ 僅一再見不幸屬疾　「僅一再見」，上海圖書館藏劉公神道碑銘作「相好也」；「不」原作「公」，據庫本、上海圖書館藏劉公神道碑銘改。又此句，晦庵集卷八八少傅劉公神道碑作「疾病」。

拜公左右，然已不及見公履戎開府時事①，公又未嘗以其功伐語人②，獨見其居家接人，孝友樂易，開心見誠，豁然無纖芥滯吝意。好賢樂善，輕財喜施，於姻親舊故貧病困阨之際，尤孜孜焉。因竊從公門下士及一二故將問公平生大節③，又知其忘身徇國之忠，決機料敵之明，得將士心，人人樂爲盡死，事皆偉然，雖古名將不能過。至其爲政④，愛民禮士，敦尚教化，擿姦發伏⑤，不畏强禦，乃有古良吏風⑥。及公既没，然後得其議奏諸書，及張公手記秦州出師時事，讀之又未嘗不慨然撫卷廢書而歎也⑦。

惟公家自忠顯公以來⑧，三世一心，以忠孝相傳，事業皆可紀。而公奔走兵間，尤艱且危，雖不幸困於讒誣，不卒其志而中世以没，然再安全蜀，以屏東南⑨，人至于今賴之。顧表隧之碑獨不時立，漫無文字以詔後世，則豈惟彭

---

① 然已不及見公履戎開府時事　「戎」原作「或」，據鐵琴銅劍樓本、庫本及晦庵集卷八八少傅劉公神道碑改。

② 公又未嘗以其功伐語人　晦庵集卷八八少傅劉公神道碑無此十字。

③ 因竊從公門下士及一二故將問公平生大節　「竊」，晦庵集卷八八少傅劉公神道碑作「嘗」。「平」原作「乎」，據庫本及晦庵集卷八八少傅劉公神道碑改。

④ 至其爲政　「政」原作「將」，據晦庵集卷八八少傅劉公神道碑改。

⑤ 擿姦發伏　晦庵集卷八八少傅劉公神道碑作「決姦擿伏」。

⑥ 乃有古良吏風　「乃」，上海圖書館藏劉公神道碑銘作「又」。

⑦ 及張公手記秦州出師時事讀之又未嘗不慨然撫卷廢書而歎也　晦庵集卷八八少傅劉公神道碑作「讀之知其痛憤無日不在於讎虜，而其識虜之深又如此，未嘗不慨然撫卷廢書而歎也」。

⑧ 惟公家自忠顯公以來　晦庵集卷八八少傅劉公神道碑作「熹惟公家」。

⑨ 而公奔走兵間尤艱且危雖不幸困於讒誣不卒其志而中世以没然再安全蜀以屏東南　晦庵集卷八八少傅劉公神道碑作「而公所處尤艱且勤，績效最著」。

城侯九原之恨，凡我後死，與有責焉①。於是既悉論載其實②，又泣而爲之銘，以卒承彭城侯之遺命。其銘曰：

大警皇德③，曰陂其平。復畀材傑，俾維厥傾④。薄言試之，于越于鎮。卒事于西，亦危乃定。始卻于秦，偪仄飄摇。一士之得，厥猷以昭。再蹶于梁，莫相予死。亦障其衝⑤，校績逾偉⑥。岷嶓既奠，江漢滔滔。爾職于佚，我司其勞。曾是弗圖，讒口嗸嗸。載北載南，倏貶其褒。曰和匪同，識微慮遠。豈不諄諄？卒莫予展。我林我泉，我寄不淺。莫年壯心，有逝無反。惟忠惟孝，自我先公。勉哉嗣賢，克咸厥功。豈不咸之？又圮于成⑦。詩勸來者，永其休聲。

辨證：

[一] 宋故右朝議大夫充徽猷閣待制致仕彭城縣開國子食邑五百户贈少傅劉公神道碑銘　本碑文又載於朱熹晦庵集卷八八，題曰「少傅劉公神道碑」；上海圖書館藏有此墓碑拓片，題同，有闕文。按，本卷載有張栻劉公墓志銘。

[二] 而皇考資政殿學士贈太師忠顯公遂以忠孝大節殺身成仁　要録卷一建炎元年正月丙午條載「降授通奉大夫劉韐死于金營。韐守真定有威名，金人知之，欲用爲尚書僕射，許以家屬行。韐不可，手書片紙，遣使臣陳瓘持遺其子曰：『金人不以予爲有罪，而以予

① 顧表隧之碑獨不時立漫無文字以詔後世則豈惟彭城侯九原之恨凡我後死與有責焉　晦庵集卷八八少傅劉公神道碑無此三十五字。

② 於是既悉論載其實　「載」，上海圖書館藏劉公神道碑銘作「次」。

③ 大警皇德　「大」，庫本及晦庵集卷八八少傅劉公神道碑作「天」。

④ 復畀材傑俾維厥傾　「材」、「維」，晦庵集卷八八少傅劉公神道碑作「人」、「扶」。

⑤ 亦障其衝　「障」原作「漳」，據清鈔本、庫本、晦庵集卷八八少傅劉公神道碑改。

⑥ 校績逾偉　「逾」，晦庵集卷八八少傅劉公神道碑作「愈」。

⑦ 又圮于成　「圮」，晦庵集卷八八少傅劉公神道碑作「毀」。

爲可用。夫忠臣不事二君，此予所以必死也。』乃沐浴更衣，酌巵酒，以衣絛自經於城南壽聖院，年六十一。中興，贈資政殿大學士，謚忠顯」。

［三］遂北至富平與虜遇戰果不利　按宋史卷三六六吴玠傳云是時張浚合陝西「五路兵，欲與金人決戰，玠言宜各守要害，須其弊而乘之。及次富平，都統制又會諸將議戰，玠曰：『兵以利動，今地勢不利，未見其可。宜擇高阜據之，使不可勝。』諸將皆曰：『我衆彼寡，又前阻葦澤，敵有騎不得施，何用他徙？』已而敵驟至，輿柴囊土，藉淖平行，進薄玠營。軍遂大潰，五路皆陷」。

［四］公命驍將吴玠柵和尚原守大散關而分兵悉守諸險塞　按本書中集卷五五張忠獻公浚行狀云張浚「乃命吴玠聚涇原兵，據高扼險于鳳翔之和尚原，守大散關，斷賊來路。命關師古等聚熙河兵於岷州大潭一帶，命孫渥、賈世方等聚涇原、鳳翔兵於階、成、鳳三州，以固蜀口」。

［五］公亦相次得罪徙白州矣　宋史劉子羽傳云紹興「四年，坐富平之役，與浚俱罷。尋爲言者所論，責授單州團練副使，白州安置」。

［六］淮西軍果亂張公去相　按齊東野語卷二張魏公三戰本末略淮西之變云：「紹興七年三月，浚奏劉光世在淮西，軍無紀律，罷爲少師、萬壽觀使，以其兵隸都督府。命參謀、兵部尚書吕祉往廬州節制，且以王德爲都統制，酈瓊副之。瓊與靳賽，皆故群盜，與王德素不相能。德威聲素著，軍中號爲王夜叉。都承旨張宗元深以爲不可，謂浚曰：『瓊等畏德如虎，今乃使臨其上，是速其叛也。』浚不以爲然。……以張俊爲淮西宣撫使，駐盱眙；楊沂中爲淮西制置使，劉錡副之，並駐廬州。且命酈瓊以所部兵赴行在，意將以奪其軍而誅之。宗元聽制於文德殿下，語人曰：『是速瓊等叛耳。』會祉復密奏罷瓊兵柄，書吏朱照漏語於瓊，於是叛謀始決。……即時亂作，遂縛吕祉，及殺中軍統制張景、鈐轄喬仲福劉永衡友，前知廬州趙康直、攝知廬州趙不群，以其所部七萬人悉叛歸劉豫。至淮岸，遂殺祉及康直，釋不群使還。浚乃亟遣張宗元使招之，已不及矣」。故「浚遂上章引咎，臺臣交章論列，……時司諫王縉則以罪在劉光世，參政張守期爲力求末減，都官郎官趙令衿則乞留浚，陳公輔則謂不可因將帥而罷宰相，於是罷爲觀文殿大學士，提舉太平觀」。

［七］乃楚州守某者所爲　按，據要録卷一四一紹興十一年八月丙寅條，此「楚州守」，乃左武大夫、添差江南西路兵馬都監、知楚州

樊序。

［八］屏山先生實表之　按，劉子翬熊氏令人陸氏孺人墓表，載於屏山集卷九。

［九］次瑺承務郎出後公弟祕閣公　朱子語類卷一三二中興至今日人物下云：「劉寶學初娶熊氏，生樞密。生次子，方落地，問是男，即命與其弟直閣爲子。熊不樂，都不問，竟以是而没。」

名臣碑傳琬琰集下卷二十四

故太尉威武軍節度使提舉萬壽觀食邑六千一百户食實封貳阡户隴西郡開國公致仕贈開府儀同三司李公行狀[一]

張掄①[二]

曾祖德明，故任皇城使，贈太師、秦國公。

曾祖妣野氏，贈楚國夫人。

祖中言，故任皇城使，贈太師、魏國公。

祖妣折氏，贈韓國夫人。

父永奇，故任同州觀察使、充鄜延路馬步軍副都總管、知鄜州軍州事兼管内安撫使，贈太師、陳國公，謚忠壯。

妣蒙氏，贈越國夫人[三]。

① 張掄　此二字原脱，據庫本及本書體例補。

公諱顯忠，字君錫，綏德青澗人。先名世輔，太上皇帝改賜今名寵嘉之[四]。其先唐諸公子也①，世遠譜不存。由唐至五季，逮我國朝，世爲蘇尾九族都巡檢使②。地扼邊衝，有横山之險，瞰平夏部曲。祖孫相承，長雄其鄉。自公先世，每以恩信得士，士樂爲用。其俗勇鷙果敢，視騎射戰鬬猶食飲之常，攻克守固，號爲鄜延形勝之障。公尤爲雄偉不常者，生而卓異[五]，長七尺，風神堂堂。自幼倜儻有遠略。忠壯秩當任子，公慨然曰：「男兒當自立功名，於戰陣取富貴，何藉門蔭耶？」

建炎二年，王公庶經略鄜延，時忠壯統領本路軍馬，聞金人已入寇，王俾忠壯募士硬探③，忠壯難其人，公年十七④，毅然請行[六]。獲間者十餘人，問得其情，殺之，梟二級以獻[七]。王公壯其勇，爲上功，補初品官[八]，由是漢番寖知名。屬盜蠭起，忠壯輒命公爲先鋒，所向無不殄滅，民恃以安。稍遷鄜延路兵馬都監，兼充第六正將[九]。戎入寇，公屢擊之，自是無敢犯塞。

僞齊僭號，素聞公父子材勇，將大用[一〇]，冀爲己輔，兀朮尤多公才[一一]。而公父子每念：「我宋臣也，二百年世襲禄秩，及此淪陷，乃爲彼用耶？」未嘗不感憤流涕，待之雖厚，終不屑意。一日，忠壯因飲醉，與劉麟争，語數侵之，且及老豫，曰：「吾昔日與爾比肩事宋，不因多故，爾何得至此？今遽以皇子見陵耶？」衆爲之懼，已而勸其謝過，終不少屈。麟方務收人心，外示能容，中實銜之，陰有圖矣。會齊廢[一二]，獲免。

---

① 其先唐諸公子也　按，十將傳李顯忠傳稱其「本唐睿宗之後」。

② 世爲蘇尾九族都巡檢使　「世」，十將傳李顯忠傳作「高曾以來」。

③ 王俾忠壯募士硬探　「募」原作「慕」，據庫本改。

④ 年十七　十將傳李顯忠傳作「年十九」。按，據下文云其紹興九年（一一三九年）年三十，又云其淳熙五年（一一七八年）卒時年六十九，則推知其建炎二年（一一二八年）時年當十九。

戊午歲，公知同州，與王世忠號鐵幡竿者，令頓遇等潛謀通蜀，將距渭水，共爲恢復之舉。乃遣使臣白彦忠、黄士成、崔佺以書抵宣撫吴公玠，冀出兵外應。西元帥撒里曷者，虜酋之親弟也[一三]，挾貴驕恣，過郡邑，則擇良家或官吏妻女侍飲，不從則陰賊之，公常扼腕。一日召公計事，公疑不利於己，移疾不往。撒里曷怒，領兵數百人，并其首領桀黠者百餘，欲以掩公[一四]。至則踞坐聽事，公使人扶掖見之。撒里曷作色誚公，公謝以墜馬傷足，請犒從者。公密戒左右多與之酒，使盡醉，悉殺之别館，又殺其親兵數百人，出伏甲於幕下，擒撒里曷縛馬上，將以南歸爲質，謀迎北狩之還。公有恩於州人，州人甚愛之，見公舉事，咸讙呼鼓舞，以手加額曰：「復見趙官家有日矣。」擁逼出門。會有人告變，捕公者兵刃四合。公與親隨崔皋、拓跋忠等近百人決圍而出，且戰且前，由漢村經臨高原、撲地河、五交原，凡關隘兵悉控扼，公每揮戈大呼馳之，莫不驚潰。公衆憩原上，望追騎益多，公擁撒里曷謂追者曰：「迫我急，即急殺之矣。」故虜騎尾而不逼。有勸公殺以絶望者，公曰：「彼衆我寡，殺之肯舍我乎？雖死無益，吾固有所處。」乃解其縛，謂曰：「欲生耶？欲死耶？能從我三事，我活汝，不則殺汝。吾以死戰，追騎皆非我敵，汝嘗見吾戰矣，豈誑汝者？」撒里曷曰：「公果活我，唯公命。」公於是授之三箭，使折以自誓。公曰：「汝國本遠夷，大宋優禮厚幣，講好脩睦，而汝國遽墜大信，猖狂至此，我宋何負焉？今還語而主，歸我二聖，復我疆土，繼好息兵，免南北生靈無罪被殺，一也。造謀舉事，悉自我出，吾家屬洎同州之民無與也，汝無遷怒，戮及不辜，二也。吾既舍汝，汝無縱兵追我，我再獲汝，必不汝放，三也。」撒里曷聽命惟謹，次第折箭，且曰：「或敢背盟，有如此箭！」公麾之使去[一五]。虜騎得薩里曷，即東馳，莫敢回顧。公始欲擁撒里曷歸朝，值洛水汎溢，無舟不得渡，又虜人會合諸道軍馬，斷南歸之路，公不得已，遂奔夏國。

公鄉里鄰於夏境，夏人服其家世久矣。公至，夏主甚喜，遣翰林學士楊其姓者郊勞，禮意良厚。楊推誠，公亦無隱，自兹無彼我之間。楊因暇日語及金人自得志於中原，恃其强盛，每見侵陵，亦有并吞之意。知公雄傑，故深相結納，將倚爲用。有間者從延安來，報自公之西，金人即飭五路兵分捕公之家屬二百口，無長少悉遇害[一六]。公抱終天之痛，每念之，切齒裂眥，恨不即死以復。天大雪，公中夜自挈壺酒過楊，楊延之卧内，相與對酌，因愬父兄遇害甚慘，泣數行下，屬楊借兵，將以復讎。楊惻然，翌日爲公請，夏主曰：「彼能爲我立功，固不靳借兵。」

時有酋豪號青面野叉者，有射騎數萬，恃勇桀驁，要索無厭，擾邊十餘年矣。夏主患之，顧國中無能制之者，以是屬公，公欣然自任。問須兵幾何，公曰：「當以計取，得精鋭五百足矣。」夏主曰：「此虜未易輕圖。」與騎三千[一七]。公命裹糧捲甲，晝夜疾驅。既逼其境，遇行者則俘以自隨。奄至其穴，乃伏騎于旁岡阜間，譟其三面。虜倉卒惶駭。野叉者金冠鐵面具，晝若鬼物，故號「野叉」。少選，野叉持大刀，跨馬名赤驰，指呼布陣。公謂之曰：「汝徒恃犬羊衆，實不勇。果勇，能與我挑戰乎？」野叉問公爲誰，公曰：「因汝不臣其主，汝主有請大國，命我伐汝。無多言，速出戰。」野叉怒，揮刀躍馬而前。公豫戒一騎，俟我與之交馳，從傍過之。及鋒未接，一騎出焉。野叉顧視間，公伺隙投鎗，徒手捽其背。野叉身偃，公挾以歸。其徒窘蹙散遁，伏騎乘之，餘衆悉降。獻俘之日，夏主大悦，將妻以女，公辭以父喪。即日出兵十萬授公，乃鼓行而東[一八]。

先是，金人既族其家，度公必爲復讎之舉，兼自丙午歲用兵，至是幾及一紀，彼既厭兵，且數爲王師敗於兩淮，思欲息肩，割三京請和[一九]；知公之在夏，未嘗一日忘東向也。公軍所至，無不望風迎降，獨延安閉門拒守。公謂之曰：「吾之此來，止求告捕害吾親者，若得其人，吾於延安之人何憾焉？」已而監軍薛昭者縋城見公，云：「始告捕者蘇常、柳仲二人耳。」俄有捕其人以獻者，公詰之，遽服，因剖心以祭。時金人既還侵地，國家肆赦安集，薛因出詔示公，公未悉真僞。有耿焕者多識，與公有舊，爲公言：「真詔也。」公即率所部南望拜赦[二〇]，郡人安堵。

公流離僑寄於三國間十有餘年，備歷艱險，還朝之志，萬折必東。顧勢未可，姑待効見，歸報朝廷。及三京既還，無所用力，因說夏人俱南。夏人往往懷土，公度不可强，但取願從者得二千餘人。公鄜延舊部曲數萬衆，皆願隨公。蓋公在長安，被詔止許量帶軍馬前來赴闕，又於内揀選三千人。時夏國招撫使王樞見公說夏人歸南，反謀公歸夏，公大怒，遂擒王樞，同時領衆歸朝[二一]。太上皇帝賜對便殿，玉音獎諭曰：「卿忠義歸朝，立功顯著。」燕犒錫賚，恩意甚渥，即授公護國軍承宣使、龍神衛四厢都指揮使、兼樞密院都統制。時公方年三十，實紹興九年也。

明年，金人叛盟，兀朮寇邊，朝廷大舉進討。劉公光世充三京等路宣撫處置使，表公爲本司前軍都統制。上以宸翰賜公曰：「卿將所部與張俊會合，如立奇功，與卿建節。」諸將會淮西，戰于柘皋，兀朮大敗[二二]。公軍追至孔城，奪耄倪之被虜者以萬計。賊退，召赴闕，以功除保信軍節度使、兩浙東路馬步軍都總管①[二三]。

公生西邊，長遊隴、蜀、梁、宋間，熟悉虜情，至山川險易、兵馬强弱如指掌，因上恢復之策於朝。時當軸者方主和議，慮公矛盾，以事降平海軍承宣使[二四]。公居丹丘，從容暇豫，與參政錢公端禮、賀公允中、兩府曹公勛②、郡守蕭公振日爲棊酒之樂，徜徉于泉石間，無閑廢色。時巖壑朱公敦儒亦居是邦，群公每有勝致，朱必以詩詞紀之，如是者十餘年。會時宰物故，太上皇帝知公被黜非辜，召還，復寧國軍節度使、殿前司右軍統制[二五]。歲餘，改選鋒統制。殿帥楊和王存中奏太上曰：「以李顯忠才氣，豈宜處之偏裨？」太上然之，陞選鋒都統制，賜

① 兩浙東路馬步軍都總管　「都總管」，要録卷一三九紹興十二年十二月癸酉條、北盟會編卷二一二紹興十二年二月十六日條及十將傳、宋史李顯忠傳皆稱其爲副都總管，當是。

② 兩府曹公勛　據宋史卷三七九曹勛傳，其時官「保信軍承宣使、樞密副都承旨」，未嘗爲兩府，此云不確。

田六十頃①。

辛巳歲，逆亮犯順。秋八月，公以池州都統移軍舒城，除御營先鋒都統制。候騎報賊東京郭副留、韓將軍兵萬人渡淮。十月四日，公領趙康年、曹高麥、韋永壽、劉彪等與虜戰于大人洲，首剉其鋒，乘勝掩擊過淮，虜軍溺死者千餘人，俘降甚衆[二六]。復還舒城，入合淝，又攜張師顔馬司精鋭，由安豐花靨鎮取順昌。公先聲所暨，城中震悚，至則拔之，擒王千户等，俘降數千人。又遣曹高麥分兵襲蒙城，擒劉承德而還[二七]。

後亮親擁兵犯淮西，朝廷命建康都統王權拒于合淝。權退保和州，竟失守[二八]。有詔命公駐軍蕪湖，以扼裕谿口之衝。尋報權棄軍渡江，人情恟懼，督府被旨罷權兵柄，檄公會軍采石。始，權失律也，時雍國虞公允文參贊督府，訪權所以敗之實。其軍咸詆權失，且曰：「非我輩不戰之罪，亦非虜之善勝，蓋權望風先遁，我輩何能自振？」雍公曰：「朝廷已令池州李都統交此軍，爾謂如何？」衆合辭云：「用李公，則我等有所賴[二九]。」公於是領權軍，兼淮南西路制置使，京畿、河北西路、淮北壽亳州招討使②。

亮至楊林，瞰江築高臺，植二黄旗，中張黄蓋。亮躬擐金甲，執小紅旗麾軍，恃衆以爲江可渡也。公即措畫，依山列馬步軍成陣[三〇]，五分戈船，以其二泊於東西兩岸，其一泊中流，藏其二於蘆洲港中。頃之，賊麾戰艦渡江，呼聲震天地。賊舟及岸，虜漸登陸，遣時俊、王琪、盛新、戴皐、張振、張榮逆擊之。我師賈勇，一以當十，俘斬之餘，降者甚衆。又疾遣戈船併進，以神臂剋敵弓射之，中者洞貫，虜溺水死者不可勝計，賊舡於是退遁。向者港中所匿戈船出斷其後，奪賊船二十餘艘。繼以輕舸縱火，焚其戰艦，火光蔽江，煙焰徹天。亮既敗，公遂募軍

① 賜田六十頃　宋會要輯稿食貨一〇之二九作「賜田六十三頃」。按，此舉成數。

② 兼淮南西路制置使京畿河北西路淮北壽亳州招討使　按，據要録卷一九四，李顯忠爲此職在紹興三十一年十一月癸巳，已在采石之戰以後。

校抵亮所，諭之曰：「今管軍非王權，乃曩時擒撒里曷李世輔。汝衆逼江，將何爲？曷若稍却，容我渡軍，爲一戰決勝負？今汝臨水而陣，是不欲戰也。」亮聞之，走淮東，尚留精兵於和爲後拒。公分兵絶江，陣于和之城下。賊出迎敵，公身先將士，殊死戰，賊敗走入城。我軍躡之，賊縱火，公領軍塗甲冒火而進，遂復和州[三一]。公又遣韋永壽、頓遇、趙宣、李宗正等襲至香林塘，追擊大破之。又分遣將校於蜀山段寨以來，邀擊虜衆，所向無不克捷[三二]。

公伺得亮將犯京口，乃遣戈舡，令戰士踏車，左右旹峨，巨艦舳艫相銜，掀舞於湍流駭浪中，逆折下上，勢若遊龍。諸酋憑壘觀之，莫不喪氣。亮乃作僞詔，遣校尉張千秩挐舟來諭王權①[三三]，謂亮提兵往瓜洲，似與權有先約。雍公與公議，公曰：「此其用間耳。然亦當以朝廷已罷王權之事答之，庶絶其冀望。」雍公以爲然，遂作檄曰：「昨王權望風退舍，使汝鴟張至此。朝廷已將權重置憲典，今統兵乃李世輔也，汝豈不知其名？若往瓜洲渡江，我固有以相待，無虚言見怵，但備一戰，以決雌雄可也。」遣所獲女真二人賫往。亮得書大怒，數諸酋以不用命致楊林之敗，將斬之。諸酋哀懇，久之曰：「姑赦汝。旦日各得戰艦百艘，約五日必絶江，違令者死。」諸酋退，自計曰：「南人用李世輔統兵，爲備甚固。我輩進必敗，退則誅，進退等死，死中求生可乎？」遂殺亮[三四]。亮斃，詔班師，以功擢侍衛馬司，諸子得對便殿，各賜金帶。

今上皇帝登極，公陛對，論用兵大計稱旨，蒙玉音獎諭，賜田七十頃。明年，擢領殿巖。會都督張魏公自任恢復之責，以招撫使命公節制殿前、馬司及池州駐劄御前諸軍，由淮西而進，建康都統邵宏淵爲之副，建康、鎮江駐劄御前諸軍及步司軍馬隸焉，進自淮東。公即禡牙建旆，誓衆啓行。五月甲午渡淮。丙申，僞都統蕭琦領兵

① 遣校尉張千秩挐舟來諭王權　「秩」，庫本作「秋」；要録卷一九四紹興三十一年十一月丁丑條乃作「張千」。

拒戰于陡溝①，張左右翼。公指謂諸將曰：「此所謂拐子馬，虜之長技也。」張榮請爲先鋒，公授以方略，一鼓而虜騎奔潰。丁酉，公進軍距靈壁纔數里，蕭陳以待。公遣時俊、員琦率兵擊之，張師顔等繼進。良久，公遣曹高麥等以千騎横衝賊軍，又遣李舜舉領白旗子策之。蕭大敗，轉城西遁。靈壁城中步卒三千洎僞官相繼出降，遂收復靈壁。公入城撫定，令軍中無得虜掠，市肆仍故。公謂父老曰：「朝廷本圖拯遺民於塗炭，非欲多殺示威，父老宜宣德意，勿懷疑懼。」無不南向稽顙感泣者。公命植二旗，謂降者曰：「爾輩爲虜脅耳，願歸朝者立黄旗下，當補授官資。願歸本國者立白旗下。」有立白旗下者，悉遣去[三五]。

初，約邵宏淵取虹縣，公取靈壁，然後併兵而西。公剋期得靈壁矣，聞邵猶攻虹縣未下。戊戌，公領輕騎東趨虹縣，遣靈壁降人入城諭以禍福曰②：「汝逃則無所，戰則不敵，能死決戰，不然速降，猶保首領。城破，必殺無赦。」頃之，大周仁踰城詣軍前曰：「我等素聞李公威名，餘則不知也。今願以城降。」至晚開門，與蒲察徒穆、久安、李千户等率衆出降[三六]。邵之圍虹縣也，凡數日不能下，及公至始降。邵以功不自己，嫌隙始萌[三七]。公趣邵奏捷[三八]，邵曰：「虜降相公耳，宏淵敢奏捷乎？」公曰：「此來本爲國事，將此功與公奏捷，願無疑也。」邵終怏怏③，乃曰：「今收復兩城，功已顯著，請從此回軍，以全功賞。」公言：「男師廉、師顔與都統男世雄同得聖訓，令到南京，然後取旨。今大軍入境，纔得二邑，以何爲辭，而遽回軍？萬一摇動衆心，有誤大計。」邵愈不協，乃與其徒唱言「虜且大至，吾屬虜矣」。公曰：「今軍勢方張，正當仰遵聖訓，復故地，以慰中原來蘇之望。」遂軍

---

① 僞都統蕭琦領兵拒戰于陡溝　「蕭琦」原作「蕭錡」，據十將傳、宋史李顯忠傳及下文改。

② 遣靈壁降人入城諭以禍福曰　「降人」，十將傳李顯忠傳稱「所降契丹人」。

③ 邵終怏怏　「怏怏」原作「快快」，據文海本、庫本改。

靈壁。癸卯，蕭琦領家屬降公於静安鎮，公待以禮，命將官吴温館伴。

甲辰，公軍傅于宿州城東。公軍自入境，秋毫不擾，所至壺漿接踵，人情翕然，咸謂復見天日，於是盡得虚實。是日，邵軍亦至，始合戰于城南，地名大王湖。自旦至晡，凡數十陣，虜軍敗北，殺萬餘人。其大漢軍釋甲棄仗，稽顙乞降者亦萬數。乙巳，公閉營休士，邵與張訓通、王存皆言：「軍止有來早一食，且乏攻具，以何攻城？不若還軍靈壁，就糧而歸。」公曰：「所以約賫軍食者，正欲宿州就糧耳。」令諸軍破城早飯，邵衆竊笑。公遂申嚴賞罰，率厲將士。翌日丙午，曉色未分，不施攻具，士卒坎城争先而上，即開門進軍，與城内賊軍巷戰。公麾軍盪擊之，遂收復宿州[三九]。破賊而食，果如公言。邵軍尚未越濠，遂遣撥發官王儀等屢往督促，邵始渡濠登城。郡帑金帛，即追庫務官吏對，邵宏淵等按簿籍，僅得十萬緡，米斛半之，公盡以犒軍[四〇]。使劉持攝州事，用郡人所舉也。

前此，都督魏公移書於公曰：「昨陛辭日，面奉聖訓，軍馬渡淮，即令邵侯聽公節制。」仍令具知稟守待繳奏，邵殊不樂。至是，復以公移俾分節制[四一]。邵益銜公，殆不可與共功矣。

庚戌，僞元帥勃撒領兵來自南京，號十萬，合宿州散卒，大戰于城南[四二]。兩軍殺伐相當。是日，統制李福輒離陣數里，匿于櫻桃園，適督府察視王實者見之，爲公言。又李保棄其軍號，隱避不戰。公召福、保，對諸將詰其罪，二人伏辜①，遂斬之。公與邵議曰：「虜既數敗，諸公以謂進兵如何？」邵曰：「今得宿州，虜雖敗走，必以重兵拒我於南京。」公曰：「虜又敗，當如何？」邵曰：「拱州必有虜兵。」又曰：「聞虜已召陝西諸路軍馬會於東京，必來大戰。」公笑謂邵曰：「不然。今虜數爲王師所敗，其心固怯。我師乘破竹之勢，南京之兵，吾勝之必矣。

① 二人伏辜 「二人」原作「一人」，據庫本改。按，宋史李顯忠傳云「統制李福、統領李保各以所部退避，皆斬以徇」。

然後取徐州。徐州有糧八十萬，吾得徐，則軍食足，乃可休士，傳檄山東。蓋山東吾向知亳州，嘗以恩結其人，頗見信重。聞吾提兵之來，山東必響應，則不勞而下也。山東既下，可以重賞募土豪數萬爲前驅，王師繼之，則河南故地指日可復。雖陝西兵至，道路遥遠，人馬疲困，吾以逸待勞，戰必勝矣。況陝西之兵皆吾鄉里部曲，必不爲虜用，此吾萬全之策也①。」邵雖心伏其謀，以歸心之切，終不以爲然。

辛亥遲明，親援枹鼓，激勵士衆。戰酣，公免冑躍馬揮戈，所向披靡，孛撒退却者三，虜大敗西走[四三]。時宏淵擁兵坐視，且與其將佐宣言曰：「當此盛夏，摇扇於清涼，猶且畏熱，況烈日中被甲苦戰，人何以堪？」衆心遂摇，無鬭志矣。壬子夜，忽鼓譟，公遣騎覘之，曰：「建康中軍統制周宏及邵都統子世雄，陽爲虜劫寨自遁。」黎明，馬軍去幾盡。癸丑，督府命移軍入城。虜謂我怯，乃率餘兵攻南城，又分兵潛攻東北。城陷，虜兵已登陴。公親揮鉅斧，手殺數十百人，將士爭奮擊②，虜下城。虜兵攻南城者斃於礨木矢石，積尸齊羊馬墻，壕水盡赤。

虜既數敗，苦熱乏食，咸已遠遁，乃揚言陝西兵二十萬將至。邵衆既扇於前，及聞此，士心益不固。公曉之曰：「始吾奄至，出其不意，入境半月，而南兵之救方來。陝西去此幾里，而能遽至邪？若以盛夏不可興師，周宣王六月北伐，諸葛亮五月渡瀘，自古豈無盛夏而成功者乎？此特虜見怖而走，止我追兵耳。姑留一日觀之。」於是有中公以飛語者曰：「是欲降敵耳，不然，盍去？」至晚，一城恟恟。公度不可遏，乃歎曰：「天未欲平中原邪？而沮撓若此！」會勑書至，有「見可而進，勿墮虜計」之語[四四]。公遂整軍而歸[四五]。且宿州之戰，非公之過，蓋緣當時督府所委節制不專，加以邵宏淵、王存等不能仰體國家用兵大計，而乃倡言惑動士卒，各懷歸心，遂

① 此吾萬全之策也　「全」字原闕，據文海本、庫本補。
② 將士爭奮擊　「奮」字原闕，據庫本補。

致統兵官輒敢衷私領兵遁歸，無所忌憚。

公自提軍渡淮，首尾二十日，與强敵七戰七克，連拔三城，降虜右翼都統蕭琦、萬户蒲察徒穆、國戚同知大周仁、三百户、百人長及正軍等。破宿州，斬麻葉萬户、柳葉千户，城内外殺死并捉到番賊，及當陣殺死左翼都統，前後降到并累殺死虜衆共四萬餘人。於是軍聲大振，士卒咸有吞敵之氣。大軍所至，秋毫無犯，是以中原之民日望王師之來，以爲内應。公所統軍馬，連日接戰，傷折不過千人，諸司自有實籍可見。公提大軍渡淮，入賊之境，不備芻糧，就敵糧草。至於首先登城、巷戰立功、傷中將士，亦是就宿州府庫金銀錢帛以充激賞。且宿州之役，係國家恢復大計，旬日間連下三城，殺降數萬，虜衆奔北不暇。賊所起山東、河北簽軍皆欲内叛相應，賊勢危亡，指日可待。不幸宏淵等自棄大功，怯戰退走，誤國大事，更相鼓唱，張大虜勢，復以退師爲是。公還師至盱眙，見魏公，納印待罪，唯歸過於己，不復自明，俟命於建康。除醴泉觀使，奉朝請。趣召赴闕奏事，中途得旨，責授果州團練副使，安置長沙。居九月，上知符離之役特以邵宏淵不協故，過不在公，移撫州。歲餘，又移信州。

乾道改元，召還，復容州防禦使[四六]，兩錫白金六萬兩、絹三千匹①、綿一萬兩，尋復隨州觀察使，除兩浙東路馬步軍副都總管。丐祠，改提舉台州崇道觀。再召，除威武軍節度使、左金吾衛上將軍[四七]，賜第輦下。六年，再除侍衛馬司。一日，對策選德殿②，上愛其姿貌魁傑，命寫真閣下。越明年，按視營屯，還敷奏，深合上意，復太尉，録前功也。是歲冬，以馬帥移屯建康。九年春，引病丐祠，提舉江州太平興國宮，居會稽，歲賜米三千

① 兩錫白金六萬兩絹三千匹　按，十將傳、宋史李顯忠傳稱賜白金三萬兩、絹三萬匹。

② 對策選德殿　「策」字原闕，據庫本補。按，宋史卷一五四輿服志六宮室云：「淳熙初，孝宗始作射殿，謂之選德殿。」此時乃乾道間，故云「對策選德殿」者不確。

碩[四八]。閲五年，上思之，淳熙四年十月，詔以提舉萬壽觀奉朝請，遣中使勞問於江津，賜銀合茶藥。入見，上撫存甚渥，時給真俸，俾葺居第[四九]，又出内帑金賜之。人知上用公意未替也。無何，以疾薨于賜第之正寢，實五年七月朔旦①，春秋六十有九。訃聞，天子震悼，輟視朝一日，贈開府儀同三司、隴西郡開國公、食邑六千一百户、食實封貳阡户，賵典有加②，官其後七人，命臨安府給葬事。以其年九月乙酉，安厝于紹興府山陰縣承務鄉秦望山之原，福國夫人周氏附焉。

公初娶福國夫人；再醮趙氏，和政郡夫人；繼室以王氏，信安郡夫人。子男十六人：師政，武經郎；師道，武翼郎，皆戰没③；師雄，武功大夫、閤門祇候；師廉，終武功大夫；師閔，武功大夫、閤門祇候，充兩浙東路兵馬都監；師文，武功大夫、東南第四將；師顔，右武大夫、高州刺史，提舉建寧府武夷山冲佑觀，隴西縣開國子，食邑五百户；師孟，終武功郎；師正，武略大夫，充江南東路兵馬鈐轄；師古，武略大夫，充紹興府兵馬鈐轄；師武，忠訓郎；師説，承信郎、監潭州南嶽廟；師尹，承信郎、閤門看班祇候、監潭州南嶽廟；師旦④，秉義郎、監潭州南嶽廟；師直，忠訓郎；師禹，保義郎；師英，未仕。女六人⑤：長嘗適武功大夫焦顯祖，伉儷不協，今歸

---

① 實五年七月朔旦　按，李顯忠之卒日，宋史卷三五孝宗紀所載同；十將傳李顯忠傳稱在「淳熙八年七月一日」，宋史李顯忠傳係於淳熙四年七月。據十將傳李顯忠傳云其建炎二年年十九，則年六十九卒時正淳熙五年。

② 賵典有加　「賵」，庫本作「贈」。

③ 師政武經郎師道武翼郎皆戰没　按，據十將傳李顯忠傳，李顯忠叛金，其家人被戮殺，其中包括其「姪師道，子師政」。則師道爲其侄，非其子。

④ 師旦　原作「師且」，據庫本改。

⑤ 女六人　按，下文依次詳述李顯忠六女情況，而後又云「餘在室」，則此「六人」與「餘在室」二者必有一誤。

寧；次適武義大夫韋世昌；次適秉義郎、閤門祗候王瓚；次適修武郎、新差充京畿第二將趙鼒①；次適承節郎孔居義；次爲尼；餘在室。孫男十人：諤、讜、誼、訢、詢、詵、謙、諫、議、諲。諤與詢、議皆承節郎，餘孫男女二十餘人尚幼。

公智勇根於天性，自其兒時無他好，與鄉里同輩惟以馳射爲戲，不捨晝夜。夜則對燭二燈，人挾一矢射之，中者使不中者負而返，公常十中八九。一日行壽春道中，馬忽辟易，有虎自林間躍出。公背發一矢，中口貫頷于地，後騎争以戈斃之。公之用兵，奇智百出②，以勇果濟之，故先計而後戰，卒如所料。遇大敵，餘人奪氣，公方優游甚暇，屢以少擊衆取勝。御軍嚴肅，令使必行。諸子有從軍者，臨敵，公常戒之曰：「汝曹無恃我故不用命，軍有常刑，必不汝私。」於是諸子奮勇先登，皆立奇功，果毅英發，以名節自期。公雖不喜文飾，然前代治亂、近時得失，亹亹言之，使人聽之不倦。議論切中於事情，人所不逮。未嘗學書，而筆力自然遒勁，蓋其心畫也。

踈財重義，親舊部曲間，葬死字孤，一無靳色，至有官之者。聞人疾病，若痛在己，命醫求藥，汲汲恐不及，賴以全活者甚衆。都統吴公錫與公同寮殿巖，吴約以女爲公子婦。比吴死，其家遭寇，流落江西，不敢冀復婚約。公備聘幣，具賫媵，不遠數千里，遣人迎之，曰：「豈以生死貴賤異吾心哉！」故楊和王多公勇於義，待遇餽給，特異於衆。及楊王薨，公感其知己，號慕若喪所親，殺名馬以祭。前此，池州軍中將佐、使臣例不理磨勘，及公任都

① 新差充京畿第二將趙鼒　「鼒」，庫本作「鼐」。按，皇宋中興兩朝聖政卷五四淳熙二年六月癸亥條載「李顯忠奏陳乞女夫添差東南第四副將趙鼐差遣」，亦作「鼐」。

② 奇智百出　「智」，庫本作「計」。

統，爲奏請以年勞理磨勘轉秩，自是請給封贈並依資任，自公啓也。又諸路州軍有貸命卒配役于軍者，皆悍勇可用，日繫鐵索，夜囚土牢，死而後已。公愍之曰：「使功不如使過。」因奏盡釋之，隨材分隸行間。在安豐，咸死戰立功，報公之德。

公平日不以勢進人，任材而已。不喜干人以私，有斥不以罪，或忠而獲譴者，雖千里必追贐之，且爲直其事。見一善必稱獎如自己出，聞人過則掩匿庇覆之不暇。御下有不可犯之色①，及待士，和氣如春，所至坐客隨滿。公自奉至薄，而遇材武智勇之士有乏絶者②，必賑之無所悋惜，且曰：「吾爲國家養之，以備一朝之用。」故俸賜隨得隨盡。上知其用不足，嘗賜田以周之。平時與人談論，無非愛君憂國，其於財利未嘗一語及之。薨背之後，家無餘資。

公氣雄萬夫，與故郡王韓公世忠同鄉里，韓每以豪勇服人。公累世將家，駐兵陜右，夏人不敢輒寇邊境，蓋公名著山西，而未嘗少屈於韓。及公歸朝，韓力於上前奏乞公於麾下，上以公才非韓所能服，遂以樞密院都統制處之[五〇]。公特立不倚，唯以忠誠結知冕旒。人謂義不忘君如關雲長③，忠不恤家如李良器，子儀之寬厚得人，光弼之嚴明御下，公兼四者之美，而能持之以恭，守之以謙，故秩視槐鼎，生榮没哀，子孫詵詵，復盛一門[五一]，亦天有以報之也。

方靖康之難，要金曳紫，保寵固位，或北面犬豕，助桀吠堯者有之，而公遨遊三國，萬死來歸，忠烈昭然，上貫

---

① 御下有不可犯之色　「色」原作「免」，據文海本、庫本改。
② 而遇材武智勇之士有乏絶者　「材」原作「林」，據文海本、庫本改。
③ 人謂義不忘君如關雲長　「忘」原作「志」，據文海本、庫本改。

白日①。及敗兀朮於柘皋，挫逆亮於采石，西取順昌，北復符離，雖志不克就②，亦足暴白於世矣。逮啓手足，呼門人、諸子謂之曰：「吾束髮從軍，及壯爲將，殺伐不爲不多，然未嘗以私憾戮一人。今年幾七十，官至二府，行矣，無纖毫累③。所不獲者，國恩未報，大讎未復耳。」且屬諸子曰：「汝曹當竭節盡忠，以追繼吾志，則吾死瞑目矣。」且口占遺表之意，言竟，寂然而逝。

葬且有日，諸孤俾狀其行事，將請謚于太常[五二]，揭碑于神道，以圖不朽，而傳無窮。以掄同朝之久，知公爲詳，故不果辭，敬爲次第其實，以告太史氏。謹狀。

淳熙五年八月日，寧武軍承宣使、知閤門事兼客省四方館事張掄狀。

辨證：

[一] 故太尉威武軍節度使提擧萬壽觀食邑六千一百户食實封貳阡户隴西郡開國公致仕贈開府儀同三司李公行狀　按，李顯忠，十將傳卷三、宋史卷三六七有傳。

[二] 張掄　掄字才甫，自號静樂居士、蓮社居士，開封人。紹興間累官武翼大夫、貴州刺史，兩浙西路馬步軍副都統、總管，知閤門事。淳熙間爲寧武軍承宣使，淳熙末知池州。

[三] 曾祖德明至贈越國夫人　按，周必大文忠集卷九八太尉寧國軍節度使主管侍衛馬軍司公事李顯忠封贈三代有曾祖任皇城使贈太傅德明特贈太師、故曾祖母楚國夫人野氏特贈秦國夫人，故祖任供備庫使贈太師中言特追封和國公、故祖母魯國夫人折氏特贈魏

① 上貫白日　「白」，庫本作「天」。

② 雖志不克就　「雖」原作「錐」，據庫本改。

③ 無纖毫累　「纖毫」原作「有毫」，據鐵琴銅劍樓本、庫本改。

國夫人，故父任同州觀察使贈太師追封衛國公永奇追封楚國公，故母越國夫人拓跋氏繼母周國夫人蒙氏並特贈楚國夫人制詞。

〔四〕先名世輔太上皇帝改賜今名寵嘉之　要録卷一三二紹興九年九月戊寅朔條載：「龍神衛四廂都指揮使、護國軍承宣使李世輔言：『初歸朝日，有父母兄弟之讎，臣曾報復，乞待罪。』詔世輔有功鄜延，特放罪。後四月引對便殿，上諭曰：『卿忠義歸朝，立功顯著。』乃起復故官，賜名忠輔，除樞密院都統制。俄又賜名顯忠。」十將傳李顯忠傳稱宋高宗先「賜名忠輔，越數日，又賜名顯忠」。

〔五〕生而卓異　十將傳李顯忠傳云「顯忠之在母也，數日不能娩，有僧過門聞之，入觀之曰：『所生乃男子，當以刀劍七、弓矢鎧甲各一置母左右，夜未半鷄鳴犬吠，必生也。』果然。顯忠之生也，立於蓐，火光粲然，其族皆以爲異」。

〔六〕年十七毅然請行　宋史李顯忠傳云：「經略王庶命永奇募間者，得張琦；更求一人，顯忠請行。永奇曰：『汝未涉歷，行必累琦。』顯忠曰：『顯忠年小，膽氣不小，必不累琦，當與琦俱。』」

〔七〕獲間者十餘人問得其情殺之梟二級以獻　十將傳李顯忠傳稱其與張琦「三日至同州三十里漢村，窑穴中有虜人夜宿，顯忠令琦執馬韁絏顯忠入窑穴中，有十七人，獨一人不寐，顯忠先殺之，然後殲其餘，取首級二級及二馬出，餘馬悉折其足，與琦偕還。比曉至立進河，問人，曰：『虜悉在同州，將至此。』琦欲行速，顯忠曰：『雖百騎來不足畏，當盡死力殺之。』一日而後返」。

〔八〕補初品官　十將傳李顯忠傳云時「以樞密院空名宣劄補承信郎，充第三隊將」。

〔九〕稍遷鄜延路兵馬都監兼充第六正將　十將傳李顯忠傳云：「會夏國重兵侵威戎城，正將張濟偕顯忠追之至瓦窑港，遇夏國伏兵五千餘人。顯忠以其卒三百餘騎交戰，夏賊大敗，斬虜首二百級，得馬三百餘匹。濟以告經略制置使司，補保義郎，充鄜延路第六將。」

〔一〇〕僞齊僭號素聞公父子材勇將大用　宋史李顯忠傳云「金人陷延安，授顯忠父子官」。十將傳李顯忠傳稱「金國劉豫僞齊劉麟來陝西撫諭，授永奇隴州防禦使、充鄜州馬軍副都總管兼沿邊措置使，綏德軍置司。顯忠授武節大夫、鄜延路兵馬都監主管第六將，兼蘇尾九族都巡檢使」。

〔一一〕兀朮尤多公才　宋史李顯忠傳云：「會劉豫令顯忠帥馬軍赴東京，永奇密戒之曰：『汝若得乘機，即歸本朝，無以我故貳其志。事成，我亦不朽矣。』顯忠至東京，劉麟喜之，授南路鈐轄。乃密遣其客雷燦以蠟書赴行在。已而豫廢，兀朮以萬騎馳獵淮上，與顯忠獨立馬圍場間。顯忠戒吴俊往探淮水可度馬處，欲執兀朮歸朝。俊還，顯忠馳問之，爲竹刺傷馬而止。兀朮授顯忠承宣使，知同州。」十將傳李顯忠傳云：「金將「兀述以萬騎馳獵淮上圍場，廣袤數十里。兀述與顯忠獨立馬圍場間。……兀述令顯忠射生，顯忠曰：『小人廢齊人也，不敢執弓劍。』兀述自解腰間弓箭佩刀與之，顯忠馳射雉兔數十。忽一野彘帶箭而來，兀述命顯忠避之，顯忠躍馬以佩刀迎彘，揮中其口而剖之。兀述喜，以手撫其背，解柹紅袍與之曰：『子真將軍也。』……既而兀述還東京，犒諸虜酋，顯忠亦與焉。兀述胡語指畫言射圍事，衆酋皆起拜如慶賀禮。顯忠問左右，皆曰：『拜賀太子郎君得將軍也。』居數日，授顯忠定國軍承宣使、知同州」。

〔一二〕會齊廢　按北盟會編卷一八二引金虜節要云：「（劉）豫之立也，高慶裔推之，粘罕主之，虜主吴乞買從之。豫知恩悉出三人，又三人虜之最用事者，每歲厚有饋獻，蔑視其他酋長，故餘者無不憾之，以謂我等衝冒矢石，拓闢土地，皆爲慶裔輩所賣矣。豫雖有此怨謗，而未至廢逐者，以吴乞買在位，粘罕當權，慶裔用事耳。至是，吴乞買已死，慶裔伏誅，粘罕繼亡，則豫之廢也必矣。」宋史卷四七五劉豫傳云：「紹興七年八月，宋統制酈瓊以兵三萬叛降劉豫，「勸豫入寇。豫復乞師金人，且言瓊欲自效。金人恐豫兵衆難制，欲以計除之，乃佯言瓊降恐詐，命散其兵。金人業已廢豫，而豫日益請兵，遂以女真萬户束拔爲元帥府左都監屯太原，渤海萬户大撻不也爲右都監屯河間。於是尚書省奏豫治國無狀，當廢。十一月丙午，廢豫爲蜀王」。

〔一三〕西元帥撒里曷者虜酋之親弟也　金史卷八四完顏杲傳云：「杲本名撒离喝，安帝六代孫，泰州婆盧火之族，胡魯補山之子。……撒离喝嘗爲世祖養子。」

〔一四〕撒里曷怒領兵數百人并其首領桀黠者百餘欲以掩公　要録卷一二四紹興八年「是冬」條載：「左監軍薩里罕自大同之陜西見左都監布爾噶蘇，議割地事。」注引行狀此段文字，且曰：「以張滙節要考之，薩里罕是行因見布爾噶蘇計事，非掩世輔而出，蓋行述容有潤色也。」

〔一五〕公麾之使去　宋史李顯忠傳稱「遂推之下山崖，追兵争救得免」，十將傳李顯忠傳略同。按，要録卷一二四紹興八年十二月末條注曰：「徐夢莘北盟會編云：『世輔與知華州王世忠謀歸朝，爲其下告變於珠赫貝勒，世忠被殺，金人西元帥薩里罕來同州謀殺世輔。世輔伏兵州廨，執薩里罕率兵走。半塗，薩里罕説世輔曰：「欲執我何往也？」世輔曰：「往江南歸大宋耳。」薩里罕曰：「若往江南，江南與大金和議，大金以河南之地許歸江南，江南喜於得地講和，必送我歸本國，汝則被害矣。」世輔曰：「何以爲信？」薩里罕乃於近體楮衣中取出一文字，即金國主密發來退地之文。世輔信之，遂暫放薩里罕令去。世輔出奔，爲金人所追，且行且戰，其下皆盡。金人遂殺世輔一家親屬。」此所云與諸書差不同。」

［一六］金人即飭五路兵分捕公之家屬二百口無長少悉遇害　宋史李顯忠傳云「顯忠攜老幼長驅而北，至鄜城縣，急遣人告永奇。永奇即挈家出城，至馬翅谷口，爲金人所及，家屬二百口皆遇害。是日，天昏大雪，延安人聞之皆泣下。顯忠僅以二十六人奔夏國」。十將傳李顯忠傳云：「永奇到延長縣境，遇舊怨王智高率衆圍遏，力不敵，欲入延安府，至馬翅谷口，爲經略司將官楊仲所害。……永奇被害，顯忠母蒙氏并弟世壽、世延、一失其名，妻周氏、二妹、姪師道、子師政，經略司執以赴西元帥府，周氏暨二妹、餘婦女悉送燕京，母蒙氏、三弟并子侄，凡内外親男子，皆於鳳翔府銀泰門誅之。」

［一七］與騎三千　十將傳李顯忠傳云時「夏人遣翰林楊文璞與拓跋忠偕來宥州，視顯忠何如人。文璞見顯忠問故，顯忠以實告之，文璞曰：『爾欲如何？』顯忠曰：『顯忠若得二十萬人，不半年可取陝西五路，及生擒金國元帥撒里曷。既定陝西，則河東亦爲我有，盡以歸於夏。顯忠亦得以報不共戴天之讐也。』文璞好酒，常求良醞餽之，盡索從者所有金帛器皿，得金千兩、銀二千兩、紵絲羅三十餘疋，以示文璞曰：『倘得翰林一言，當以此爲謝。』文璞本夏國寒素，心悦之，乃偕拓跋忠走馬再詣衙頭，且言：『顯忠人材超異磊落。』又言於罔相國，罔猶豫間，文璞曰：『素哆兄弟嘗言：「衙頭若不起兵，我家自有精鋭十萬衆，我自出兵助之。」顯忠亦曰：「不數日到漢界，於蘇尾九族起正軍及番漢餘丁十萬人，不半年定陝西。」素哆白：「果如此，我兄弟叔姪義當分而主之可也。」』衙頭以問罔相國，罔曰：『一箇單身人，自南而來，如何便與之兵？未審渠能出戰否？』文璞曰：『吾國有青面之擾，蓋其犯法屢黥，涅其面額皆徧，故號之爲青面夜叉云。若試令顯忠擊之，能與不能，於此可見。成功則與之起兵，若敗事則死於青面之手，非我不用之也。』罔曰：『善。』乃以金牌移文書宥州監軍司，以兵五千人騎與顯忠。」

［一八］即日出兵十萬授公乃鼓行而東　要録卷一二九紹興九年六月壬申條注引趙甡之遺史曰：「初，李世輔奔夏國，乃説夏國發兵可以取陝西五路。夏國主信之，發兵五萬，別差都統與世輔共總兵政，以宰相王樞監其軍，長驅至延安府三十里下寨。」又曰：「按甡之所云失於太誇，嘗以諸書互考之，顯忠説夏國之詞當以甡之所云爲正。若行狀第以爲借兵復仇，則蕞爾小國空引弦之衆，以資降將之私，必無此理，固不可信也。費士戣用兵録稱王樞止是夏人遣來關中訪尋金人所掠生口，而甡之以爲顯忠監軍。以事考之，必是樞與顯

忠偕來，蓋西人尚疑顯忠，固宜以其臣監之也，但非宰相耳。行狀稱出兵十萬，遺史稱發兵五萬，按夏國褊小，而顯忠之行倉卒，恐不能發兵如此之多。」按，十將傳卷三、宋史李顯忠傳稱出兵「二十萬」。

〔一九〕割三京請和　宋史卷二九高宗紀載紹興八年十二月「丁丑，詔：『金國使來，盡割河南、陝西故地，通好于我。』」

〔二〇〕公即率所部南望拜赦　宋史李顯忠傳云：「顯忠引兵至延安，總管趙惟清大呼曰：『鄜延路今復歸宋矣，已有赦書。』顯忠與官吏觀赦書列拜，顯忠大哭，衆皆哭，百姓哭聲不絕。」按，十將傳李顯忠傳略同。

〔二一〕同時領衆歸朝　宋史李顯忠傳云：李顯忠「擒王樞縛之。夏人以鐵鷂子軍來，顯忠以所部拒之，馳揮雙刀，所向披靡，夏兵大潰，殺死蹂踐無慮萬人，獲馬四萬疋。顯忠揭榜招兵，以『紹興九年』爲文書，每得一人，予馬一匹，旬日間得萬人，皆驍勇少壯。又擒害其父母弟姪者，皆斬於東城之內。行至鄜州，已有馬步軍四萬餘。撒里曷在耀州，聞顯忠來，一夕遁去」。按，宋史所述頗爲誇飾。又要録卷一二九紹興九年六月壬申條稱李顯忠「才入境，即望闕遥拜，言本國主喜甚，再三感聖恩，將遣使入貢。（樓）炤聞之，因與宣諭使周聿皆以書招世輔歸朝，且命行府準備差遣王晞韓護樞赴行在」。

〔二二〕諸將會淮西戰于柘皐兀朮大敗　要録卷一三九紹興十一年二月丁亥條云：「淮北宣撫副使楊沂中、判官劉錡、淮西宣撫司都統制王德、統制官田師中張子蓋及金人戰於柘皐鎮，敗之。」注曰：「趙甡之遺史、熊克小曆皆稱烏珠以鐵騎十餘萬夾道而陳，案三宣撫所申止稱邢王、韓將軍、王太子大兵及自盧州前來烏珠軍馬，蓋烏珠自盧州濟師，非其親出也，甡之、克小誤。」宋史李顯忠傳云：「兀朮犯合肥，手詔以軍與張俊會。顯忠至孔城鎮，與敵戰，敗之。兀朮謂韓常曰：『李世輔歸宋，不曾立功，此人敢勇，宜且避之。』乃焚廬江而走。顯忠欲追之與死戰，俊以奉旨監護，慮失顯忠，遂各以軍還。」

〔二三〕以功除保信軍節度使兩浙東路馬步軍都總管　要録卷一三九紹興十二年十二月癸酉條載龍神衛四廂都指揮使、護國軍承宣使、御前統制兼樞密院都統制李顯忠爲保信軍節度使、兩浙東路馬步軍副都總管，云：「顯忠在池州，引疾求去，故有是命。」

〔二四〕時當軸者方主和議慮公矛盾以事降平海軍承宣使　要録卷一五七紹興十八年五月癸未條云：「保信軍節度使、龍神衛四廂都指揮使、添差兩浙東路馬步軍副都總管李顯忠落軍職，降授平海軍承宣使，提舉台州崇道觀，本州居住。先是，金使嘗言顯忠私遣過界，詔令分析，會顯忠上恢復之策於朝，秦檜怒，乃奏顯忠不遵稟聞，止用申狀，故有是命。」注曰：「此以日曆及顯忠行狀、趙甡之遺史參修。遺史云：『李顯忠聞其妻周氏在黄龍府作繡工，遣三人往取之，共許金千兩，各人奏補承信郎。三人果至黄龍府，用籠床去其裹隔盛周氏，載之以車，遂達江南。三人皆喜曰：「太尉更有妹在燕山府，願復取之。」是時楊存中亦遣人取其故妻，止于平江，用别宅居之，以再娶趙氏，不容其來也。金人使來，因奏：「今講和，乃有臣僚多以金銀遣人來取其家屬，恐大金皇帝聞之不便。」上乃責顯忠落節鉞，宫祠。存中以顯忠獨被責，而己無罪，遂賂遺顯忠不已，且稱其才宜復用，而顯忠亦閑居七年。』……孫覿撰楊存中妻楊國夫人趙氏墓表云：『夫人歸楊氏時，少師猶未著内籍。未幾四方盜起，夫人攜諸幼于兵戈中，間關百難，涉閲數載，卒保其家。而少師亦還朝，典軍爲大將。』則趙氏非存中貴後所娶，與牲之所云不同，當考。」

〔一二五〕復寧國軍節度使殿前司右軍統制　要録卷一六四紹興二十三年正月己酉條云：「降授平海軍承宣使、提舉台州崇道觀、台州居住李顯忠復寧國軍節度使，以赦叙也。顯忠再除節鉞，不降麻，亦非故事。」注曰：「顯忠行狀云：『降居丹邱十餘年，會時宰物故，太上皇帝知公被黜非辜，召還，復寧國軍節度使。』誤也，今不取。」

〔一二六〕乘勝掩擊過淮虜軍溺死者千餘人俘降甚衆　中興禦侮録卷上云：「初三日，亮親行營壘督諸軍，戰衆數十萬壁淮岸，連營三百里，與官軍對拒。初四日，攻安豐，陷之，分兵四掠。李顯忠將孔福迎拒于正陽，遇虜萬户郭副留、韓將軍甲士二千，戰於大人洲，敗之。賊復召生兵數千，整陣再鼓，官軍乘勝搏之，虜三戰皆敗，掩殺入淮，死傷略盡。」

〔一二七〕擒劉承德而還　要録卷一九三紹興三十一年十月辛丑條云：「是日，金人自渦口繫橋渡淮。先是，池州都統制李顯忠提兵在壽春、安豐之間，欲回軍廬州，徐觀其變，至謝步，諜報敵自正陽渡淮矣，正陽屬安豐軍。參議官劉光輔曰：『若欲尋戰功，豈可退却？宜據形勢之地結壘以待之，見利則進，策之上也。』顯忠從之，得低山深林可以設伏，顯忠率腹心百餘騎轉山取路，敵直掩顯忠之背，顯忠覺之，率諸將邀截，獲數人。俄聞敵大至，遂自峽山路渡大江以歸。」

〔一二八〕權退保和州竟失守　要録卷一九三紹興三十一年十月戊申條云：「是日夜漏下二鼓，王權自廬州引兵遁，屯昭關。初，金主亮在壽春欲渡淮，繫浮橋已成，邏者獲權軍擺鋪數人，中有一曹司，亮見之，問權所在，曹司曰：『在廬州。』又問有兵幾何，曰：『有兵五萬。』亮曰：『是也，吾知之矣。』乃以金十餘兩遺曹司，且令附書與權。權聞亮已渡淮，遂自廬州退兵，沿路作虚寨。以敵遊騎爲權軍所執，權與之酒，問其虚實，有都壕寨者曰：『大金起兵六十萬，以十萬出清河口不戰，但爲疑兵，以當淮東之軍，以二十萬分往京西，三十萬隨郎主來，其十萬人出戰，十萬人護駕，十萬人奪渡江。』權曰：『不可當也，宜引避之。』遂退保和州，令破敵軍收後。」北盟會編卷二三五云：「先是，劉錡遣都統王權將兵迎敵，逗留不進，爲自安之計。錡再檄權往壽春，權不聽命，以威協總領都潔、漕使李若川固請于朝，乞留權守和州。錡復督行，權不得已，三日發一軍，凡二十四日，僅發八軍，止于廬州戍守。故金人至淮，得以維橋從容而進，如入無人之境。權懼，旋奔廬州，回屯昭關，將士皆請戰，權乃領親兵先遁，麾衆使退。敵騎至尉子橋，始遣統制官姚興一軍三千人迎敵，興戮力死戰，數告急于王權，權于仙宗山上以群刀斧手自衛，殊無援意。興勢雖欲却，然猶殺敵數百人，擒渠率而回。會敵假立權幟以誤興，奔而入，遂與其徒俱陷。權猶走旗獻捷，冀以欺罔自解。是後不復更與敵接，徑回和州。州城新築，而所儲資糧可爲數月計，權志不在守，乃給衆曰：『已得金字牌聖旨，令棄城守江。』遂自焚西門，棄和州，先奔采石渡江。」

［二九］用李公則我等有所賴　要録卷一九四紹興三十一年十一月乙亥條云：「允文召其統制張振、王琪、時俊、戴臯、盛新等與語，問之曰：『敵萬一得濟，汝輩走亦何之？今前控大江，地利在我，孰若死中求生？且朝廷養汝輩三十年，顧不能一戰報國？』衆曰：『豈不欲戰，誰主張者？』允文曰：『汝輩止坐王權之謬至此，今朝廷已別選將將此軍矣。』衆愕立曰：『誰也？』允文曰：『李顯忠。』衆皆曰：『得人矣。』」

［三〇］公即措畫依山列馬步軍成陣　按，李顯忠實於宋、金采石之戰後方抵采石，故此下所述李顯忠指揮作戰之文字，大體抄録自楊萬里所撰虞允文神道碑。楊萬里集卷一二〇宋故左丞相節度使雍國公贈太師謚忠肅虞公神道碑云：「公即與時俊等謀，整步騎爲陣，分戈船爲五：其二上下東西兩涯爲游軍，其一載精兵於中流以待戰，其二伏内港以備不測。號令甫畢，公復上馬至水濱，見北岸有一高臺，其上立大朱繡旗，左右各二環立侍者。中張一大黄蓋，有一人被黄金鎧，據胡床坐其下者，逆亮也。忽虜衆大呼，聲動天地。亮親秉一小朱旗，麾舟數百艘，絶江而來，一瞬間七十餘舟已達南岸。其登岸者與官軍戰，我師小却。公乘馬往來陣間，顧見時俊，撫其背曰：『汝膽略聞四方，今作氣否？若立陣後，則兒女子耳。』俊回顧曰：『舍人在此耶？』即手揮双長刀，出陣奮擊。士皆殊死戰，無不一當百，俘斬略盡。其中流者船小而卒衆，又自争舟，兵刃隔塞，運棹不俊。而我之蒙衝往來如飛，横突亂刺。虜舟被溺死者數萬，頃刻江水爲丹。虜引餘舟遁去。公命强弓勁弩追射之，虜兵多傷。至夜師還，數尸四千有七百，殺萬户二人，生得千户五人，女真五百人。是夕，公具捷奏以聞。椎牛釃酒，大饗將士。公謂虜明日必復來，乃與諸將再往水濱，整列步騎戈船，出海鰌船五之二，以其半直北岸上流

楊林河口，以遏虜舟之所自出。丁丑，虜衆如牆而進，我師射之，應弦而倒死者萬計。舟來未已，海鰌逆擊，虜舟大敗。顧見我師扼其歸路，即縱火自焚。我師舉火盡焚其餘二百艘。逆亮遁去，入揚州。」要録卷一九四紹興三十一年十一月丁丑條注曰：「李顯忠行狀又盡以爲顯忠之功，尤爲謬妄。蓋敵舟之來在丙子，顯忠之至在丁丑，方捍敵之時，顯忠實未至也。」

［三一］遂復和州　要録卷一九五紹興三十一年十二月乙巳條云：「淮西制置使李顯忠自蕪湖引兵渡江。時金人尚屯鷄籠山，而顯忠兵在沙上，觀文殿大學士、判建康府張浚自長沙聞命，即日首塗，過池陽往勞，以建康激賞犒之。……浚諭顯忠曰：『聖駕將巡幸至此，而敵未退，得無慮乎？』顯忠乃以大軍濟江，去和州三十里，與之相持，然敵亦未退。」又甲寅條云：「是日，淮西制置使李顯忠與金人戰於楊林渡，却之，將士死者千四百人，殺傷大當。翌日，敵乃去。」丁巳條云：「李顯忠遣統制官張榮逐敵至全椒縣，敗之，得敵所獲老弱萬餘口。日暮，顯忠入和州。」按，此時完顏亮已死於揚州。又周必大文忠集卷一六三親征録紹興三十一年十二月辛酉條云：「初，金之殘兵屯和州雞籠山，李顯忠攻之不克，亡失兩將。金兵緩轡徐歸，顯忠躡其後而不敢逼，久之，方出境。」

［三二］所向無不克捷　宋史李顯忠傳云時李顯忠「軍至横山澗，與金射鵰軍戰，統制頓遇重傷，韋永壽死之，敵兵敗走」。北盟會編卷二四八紹興三十一年十二月二十八日條云：「據建康府駐劄御前諸軍都統制李顯忠、池州都統邵宏淵等申：『今月十七日早，親率軍馬，乘勢跟蹤追襲金賊。離和州三十里，地名横山澗，其賊連發煙號，勾添精鋭騎兵數千騎，雁翅擺列拐子馬，衝擊官軍。當職遂分布馬步軍，賈勇將士，戮力分頭趕敵，及戒諭官兵不得砍級。奔馬一擁，奔入賊陣，自辰時與敵鏖戰，至午時殺賊敗走，趕殺三十餘里，其賊取香林蕩路前去。殺死番賊并掩擁入溝澗，及活捉到千户、百人長，并騾馬衣甲器械無數。除已再遣軍追襲外，委是大獲勝捷。』又報：『再遣都統官張榮統率全軍追襲，至十九日未時，至全椒縣界地名馬村後河楚湄溝趕上，與賊對敵，殺死番賊并掩擁入河不知其數。收到被擄鄉民老小數千人，即時撫恤，各令隨便歸業，奪到馬騾軍器等。除已跟蹤追襲外，委是大獲勝捷。』又據建康府駐劄御前諸軍都統制、淮南兩路制置使、京畿河北淮北壽亳州招討使李顯忠黄旗走報，契丹虜酋自完顏亮被殺之後，淮東番賊遁走，唯留精鋭三萬户在和州爲殿後。顯忠近已統兵收復和州，趕殺番賊於横山澗、後河，兩次獲捷，相繼遣發統制官耿卞、孔福、張榮、時俊、李福、王浩，統領官張淵、王洪、范卞、元復、朱進、董超、王宗、高端志、董安、劉源、閔珪軍馬，并續遣發池州都統邵宏淵，以及顯忠親統其餘諸軍，於十二月二十八日起離和州，二十九日至仙蹤山白陵橋趕上番賊見陣，追襲番賊至淮河地名墈澗。番賊半渡，統率諸軍掩擊，賊衆溺死不知其數，

奪下牛畜、被擄老小五千餘人，已即時撫恤，放令逐便歸業，委是大獲勝捷。兼顯忠已差人撫定廬、亳等州并管屬縣鎮。今來淮西諸郡委無賊馬，一路肅静，商賈通行，人民復業。」

〔三三〕公伺得亮將犯京口至遣校尉張千秩拏舟來諭王權　要録卷一九四紹興三十一年十一月丁丑條云金主完顔亮因渡江攻取采石作戰失敗，「乃口占詔書，命參知政事李通書之以招王權曰：『朕提兵南渡，汝昨望風，不敢相敵，已見汝具嚴天威。朕今至江上，見南岸兵亦不多，但朕所創舟與南岸大小不侔，兼汝舟師進退有度，朕甚賞愛。若盡陪臣之禮，舉軍來降，高爵厚禄，朕所不吝。若執迷不返，朕今往瓜洲渡江，必不汝赦。』遣瓜洲所掠鎮江軍校尉張千拏舟持書至軍前，將士皆變色。允文亟曰：『此反間也，欲攜我衆耳。』時新除都統制李顯忠適自蕪湖至，謂允文曰：『雖如此，亦當以朝廷已罪王權之事答之，庶絶其冀望。』允文以爲然，遂作檄曰：『昨王權望風退舍，使汝鴟張至此。朝廷已將權重寘典憲，今統兵乃李世輔也，汝豈不知其名？若往瓜洲渡江，我固有以相待，無虚言見怵，但備一戰，以決雌雄可也。』遣所獲女真二人齎往，亮得書大怒，遂焚宫人所乘龍鳳車，斬梁漢臣及造舟者二人，於是始有瓜洲之議。」又癸未條云：「初，金主亮既往淮東，中書舍人虞允文謂建康都統制李顯忠曰：『京口無備，我今欲往，公能分兵見助否？』顯忠曰：『惟命。』即分主管侍衛步軍司公事李捧軍一萬六千人及戈船來會京口。允文至建康，留守張燾謂曰：『亮約八日來此會食，使燾安往？』衆議可以往鎮江者，皆有艱色。燾曰：『虞舍人已立大功，可任此責。』允文欣然從之。」宋史卷三六七楊存中傳云：「劉汜戰敗于瓜洲，命存中往京口，爲守江計。虞允文自采石來會，存中與之協力拒敵，敵不能濟。」按，完顔亮遺王權書在采石初敗時，而宋水軍「戈舡，令戰士踏車，左右岢峨，巨艦舳艫相銜，掀舞於湍流駭浪中」，實在瓜洲江中，且李顯忠亦未嘗率軍離淮西東抵京口，行狀云云，欲誇飾李顯忠戰功而大謬於事實。

〔三四〕遂殺亮　大金國志卷一五海陵煬王紀載：完顔亮「已聞李寶由海道入膠西，焚我戰艦，而荆鄂成閔諸軍方順流而下，主愈忿，乃回揚州，召諸將，約三日畢濟，過期盡殺之。諸將相與謀曰：『南軍有備如此，進有濟殺之禍，退有盡戮之憂，奈何？』其中一將曰：『等死，求生可乎？』衆皆曰：『願聞教。』有總管萬載曰：『殺郎主，却與南宋通和歸鄉，則生矣。』衆皆一辭，曰：『諾。』主有紫茸等『細軍』，不遣臨敵，專以自衛，諸將雖欲殺逆，而細軍衛之甚嚴。衆因謂細軍曰：『淮東子女玉帛皆逃在泰州，我輩急欲渡江，汝等何不白郎主往取之？』細軍欣然共請，主從之，于是細軍去者過半。主語威勝統軍耶律勸農曰：『爾所將勝兵，我明日自點，數少必誅汝！』

勸農自計兵已亡過半，與其子宿直將軍毋里謀，亦欲弒主。乙未，諸將集兵萬餘人，控弦直入主寢帳中，左右親軍散走，諸將射帳中，矢下如雨，主即崩，并殺妃侍與謀事者十餘人」。

〔三五〕有立白旗下者悉遣去　十將傳李顯忠傳云時「願歸南者二千餘人，餘千人欲還北，顯忠以驟馬畀之使還鄉」。

〔三六〕與蒲察徒穆久安李千户等率衆出降　十將傳李顯忠傳云：時「城中人始知靈壁已破，有登城大呼者，欲見顯忠，顯忠擐甲城下，與同知大周仁語，大周仁虜國貴戚也。大周仁意猶懼宏淵，問焉，顯忠曰：『宏淵受我節制。』又曰：『我等歸降，得無殺人否？』顯忠曰：『若拜降，不殺一人。』又曰：『懇爲誓否？』顯忠折箭以誓。大周仁是夜率衆降軍前。翼日，蒲察徒穆亦出城降。」

〔三七〕嫌隙始萌　宋史李顯忠傳云時「宏淵恥功不自己出；又有降千户訴宏淵之卒奪其佩刀，顯忠立斬之，由是二將益不相能」。

〔三八〕公趣邵奏捷　按宋會要輯稿兵一四之四四載：隆興元年「五月十日，節制淮東屯駐軍馬邵宏淵言：『奉指揮將帶軍馬措置招接，攻取虹縣。於五月九日五更激勵諸軍，與南城蕃賊鬥敵，其賊勢力不加，奪路盡入北城，閉門堅守。緣北城盡是磚壁，城濠闊遠，匱積汴水，堅固圍遶，未易攻打。宏淵扎縛雲梯，安立砲座，繫格橋道，召募敢死登城之人。初一日絶早下手攻城，其賊自知決不可保，遂投拜。計招降到蒲察徒穆、大周仁并千户趙受、李公輔以下正軍家人、奴婢、老小一萬餘人，收到糧米一萬五千餘碩，衣甲四千餘付，並弓弩、箭鑿等，鞍馬、騾驢四千餘頭匹。』」

〔三九〕遂收復宿州　宋會要輯稿兵一四之四五載：隆興元年五月「二十一日，淮西招撫使李顯忠、御前諸軍都統制邵宏淵申：『統率馬步軍於五月十四日到宿州城下，探得蕃賊馬軍二萬餘騎、步軍一萬餘人於城西南十里許，先僭地利，布列陣勢。顯忠等與賊接戰，轉鬥十餘里，往返分合，鏖戰數十，自辰至申，賊兵敗走。追逐二十餘里，横屍遍野，堆積如阜，餘黨遂遁。』二十二日，李顯忠申：『今月十四日，於宿州西南殺退蕃酋左右監軍，賊遂至城下，尋招降奚軍，諭以天時人事逆順之意。其僞知州女真輔國統二萬餘衆，堅壁拒抗不降。顯忠等於十六日早，遣馬軍四邊伺連蕃賊接戰，於是分列軍馬東南北一帶，顯忠統率；西南北一帶，邵宏淵統率，四圍擺布。真賊矢石如雨，顯忠等重賞召募先登，士卒用命，遂涉濠水，直抵城下，不施攻城器具，踴躍而上。東北首先登城，摇旗賈衆，與賊短刃相接。續次西北甲軍登城，次復四圍諸軍相應，各於女口夾間交戰，移時賊兵退走下城，諸軍官兵與賊鏖戰，殺戮殆盡，及殺降到女真、契丹、渤海、奚軍等三千餘人，拘收到糧斛五萬餘碩。』」

〔四〇〕邵宏淵等按簿籍僅得十萬緡米斛半之公盡以犒軍　按，建炎以來朝野雜記甲集卷二〇癸未甲申和戰本末云：「宏淵與顯忠不相能，而顯忠又私其金帛，不以犒士，士憤怨。」宋史卷三七四胡銓傳云：「大將李顯忠私其金帛，且與邵宏淵忿爭。」又，楊萬里集卷二有路逢故將軍李顯忠以符離之役私其府庫士怨而遺謫居長沙詩。

〔四一〕復以公移俾分節制　齊東野語卷二張魏公三戰本末略符離之師云：「時張浚乃移書，令宏淵聽顯忠節制，宏淵不悦。已而復令顯忠、宏淵同節制，於是悉無體統矣」。

〔四二〕僞元帥勃撒領兵來自南京號十萬合宿州散卒大戰于城南　宋會要輯稿兵一四之四五載：隆興元年五月「二十六日，淮南京畿京東河北路招討使李顯忠申：『於今月十六日收復宿州了當，屯兵城下，措置進取。探得歸德府僞元帥會合諸處蕃賊軍馬，欲來復取宿州，顯忠預於宿州城外布列陣勢，以待賊軍。今月二十日辰時，僞元帥領五萬餘衆，並係馬軍，衝突官軍，箭簇如雨，東西陣脚二十餘里。顯忠勸勵將士，極力鬥敵，馬步軍既擁而上，轉戰迴旋百餘合。申時後，賊兵敗北，追十餘里，殺死不知其數。』」又金史卷八七紇石烈志寧傳云：「志寧以精兵萬人，發自睢陽，趨宿州。……世輔聞志寧軍止萬人，甚易之，曰：『當令十人執一人也。』括里等問候人所見上將旗幟，知是志寧，謂世輔曰：『此撒合輦監軍也，軍至萬人，慎毋輕之。』大定三年五月二十日，志寧將至宿州，乃令從軍盡執旗幟，駐州西爲疑兵，三猛安兵駐州南。志寧自以大軍駐州東南，阨其歸路。世輔望見州西兵旌旗蔽野，果謂大軍在州西，而謂東南兵少不足慮，先擊之。以步騎數萬，皆執盾，背城爲陣，外以行馬捍之。使別將將兵三千，出自東門，欲自陣後攻志寧軍，萬户蒲查擊敗之。右翼萬户夾谷清臣爲前行，撤毁行馬，短兵接戰，世輔軍亂，諸將乘之，追殺至城下。」

〔四三〕戰酣公免胄躍馬揮戈所向披靡孛撒退却者三虜大敗西走　中興禦侮録卷下云：「二十二日，賊益生兵，與官軍再戰，殺傷相當。顯忠見陣勢危急，遽脱去兜鍪，持大斧，躬入賊陣，奮擊殺數十人，臨陣斬虜左翼統軍千户等，賊衆大敗，退營四十里。顯忠、宏淵亦斂兵，入城休士。」又金史卷八七紇石烈志寧傳云：二十日「夕，世輔盡按敗將，將斬之，其統制常吉懼而來奔，盡得城中虛實。明日，世輔悉兵出戰，騎兵居前，志寧使夾谷清臣當之。世輔別將以五六千騎爲一隊，與清臣遇，清臣踵擊之，宋將不能反旆。志寧麾諸軍力戰，世輔復大敗，走者自相蹈藉，僵尸相枕，爭城門而入，門填塞，人人自阻，遂緣城而上，我軍自濠外射之，往往墮死於隍間，殺騎士萬五千、步卒三萬餘人。」

〔四四〕會勑書至有見可而進勿墮虜計之語　齊東野語卷二張魏公三戰本末略符離之師云時前綫報至「孝宗聞之，手書與浚曰：『近日邊報，中外鼓舞，十年來無此克捷。以盛夏人疲，急召李顯忠等還師。』未達間，忽報金人副元帥紇石烈志寧大軍且至」云云。

〔四五〕公遂整軍而歸　中興禦侮録卷下云：「是夕，諸軍忽譁争金帛，委棄兵仗，相繼潰散。顯忠聞亂，率麾下親信揚言劫寨而出城，衆大敗退，微服雜士伍中，潛奔泗上，士卒亡者大半，喪器甲軍須不可勝計。時虜營望見城中列炬鼓譟出兵，謂將襲己，皆散走險。明旦覘知，稍復來集争城，宏淵遂收餘衆與賊巷戰，敗績，還保泗州。」又金史卷八七紇石烈志寧傳云：「世輔乘夜脱走。明日，夾谷清臣、張師忠追及世輔，斬首四千餘，赴水死者不可勝計，獲甲三萬，他兵仗甚衆。」按，與行狀云云頗異。

〔四六〕復容州防禦使　宋會要輯稿職官七六之五五云：乾道元年「十二月二十一日，詔責授果州團練副使、信州安置李顯忠與敘復正任觀察使，已而改敘防禦使，任便居住。先是，顯忠再以赦量移，至是有旨復正任觀察使，臣僚論其冒干貨賄，不恤士卒，符離之戰，軍士戰馬之死亡，兵器甲冑之散失，莫知其數，褫官竄責，尚爲輕典，遽爾收敘，人言謂何？於是止敘防禦使」。又十將傳、宋史李顯忠傳云其「乃還會稽」。

〔四七〕左金吾衛上將軍　按建炎以來朝野雜記甲集卷一〇環衛官云：「環衛官者，唐有之，領宿衛兵，若今之三衙。祖宗時，其官不廢，然無職事，但以處藩帥代還及宗室除拜而已。元豐改官制，外臣皆不除，惟宗室則如故。隆興中，孝宗始命學士洪景伯等討論故事，因復置，以授武臣。……皆有添給及從人，而無職事。若除管軍則解，或領閤門、皇城司之類，則仍帶焉。惟戚里子弟不除。是時，李太尉顯忠首除左金吾衛上將軍，上諭湯慶公（思退）曰：『此正如文臣館閣耳，平時在環衛中，庶見得人才。』」

〔四八〕歲賜米三千碩　建炎以來朝野雜記乙集卷三孝宗善馭將云：「孝宗天資英武，尤善馭將。……顯忠晚年再典騎軍，以病廢，詔常俸外，歲以上供米三千斛給之。」

〔四九〕俾葺居第　十將傳、宋史李顯忠傳稱天子命「再葺前所賜第賜之」。

〔五〇〕與故郡王韓公世忠同鄉里至遂以樞密院都統制處之　要録卷一三二紹興九年九月戊寅條注引行狀此段文字，且曰：「靖康、建炎之間，世忠已立功，爲觀察使，而顯忠尚未官，且年小於世忠二十餘，固非其儕匹也。顯忠既歸朝，繼爲劉光世、楊存中軍中統制，而世忠視存中爲先達，且威名、年位又皆過之，存中能服，顯忠胡謂不能服之哉？蓋自趙鼎再相，朝廷漸欲易置偏裨，秦檜又忌世忠，故不欲驍將畀之耳。行狀緣飾而云，蓋非其實。」

［五一］子孫詵詵復盛一門　按，皇宋中興兩朝聖政卷五七淳熙六年六月戊戌條載：「呈臨安府勘到李顯忠諸子師説等無禮於繼母王氏，令其子師古行財傾陷異母兄弟等事。上曰：『師説兄弟呼母爲侍婢，可謂悖禮。其母多出貨財以傾之，豈爲母之道耶？母子皆當抵重罪。』」

［五二］將請謚于太常　按，宋史李顯忠傳云「謚忠襄」。

名臣碑傳琬琰集下卷二十五

書虞雍公守唐鄧事[一]　眉山任燮[二]

紹興初，秦檜議和，割唐、鄧遺虜[三]，以襄陽三十里前爲境。三十二年，逆亮敗盟，自率大兵渡淮窺江，遣劉蕚一軍由光化順流徑薄襄陽城下[四]。亮意不在襄漢，但分兵使相牽。亮敗死，蕚亟徹去，唐、鄧民開門納官軍。明年春，高宗視師建康，命中書舍人虞公宣諭川陝[五]。然陝西之師非京西合勢，莫可進討；非京西屯守，莫可牽制。故陝西之勢，其重乃在京西，爲今日最急之策，宜速以重兵據確山一帶之險，以保唐、鄧。

時王彦取陝西數郡兵，止六千人，屯商州。公奏乞駐兵唐、鄧，令吴拱分精兵二萬人，從鄧州路與王彦會商州，以萬人守潼關，使河南虜兵不得援長安；以萬人與王彦合力取長安，吴璘、姚仲徐擁大兵震關輔，使陝右虜兵無援，可不戰遁去[六]。會吴璘破大散關，進兵向西北，與虜相持德順，而吴拱乃被旨屯郢州。公又奏：「郢去唐、鄧數百里，緩急難以相應，且唐、鄧無屯兵，恐京西虜兵無所顧忌，引兵向陝以助合喜，則吴璘未必成功；使或成功，用兵力亦倍。乞且令吴拱、李道於襄陽歇泊，仍更兵戍唐、鄧。若京西之虜分兵向陝，則令引兵擣其虚。」未報。

是歲六月，壽皇受禪，和戰議未決。論者多欲棄陝西新復州郡[七]，公亦奏乞歸班。而吴璘在德順事急，約公會議。公至秦州，又具劄子與汪澈同申前議，乞以重兵據唐、鄧，分兵二三萬人，由内鄉出商於，守潼關，焚大慶橋，與王彦合勢取長安。因長安之粮，可取河南；因河南之粮，會諸軍可取汴。兵力既全，饋運亦省。至於兩河，因民之心，可傳檄而定。無何，省符以公知夔州[八]，繼被旨留吴璘軍前議事。又起赴行在，遂詔吴璘班師，盡棄陝西新復州郡。公還，奏事殿上，以笏畫地爲陝西形勢，論辨甚悉。上憮然有悔意，以公知太平州[九]。

襄陽有警，再召公，除兵部尚書、湖北京西制置使[一〇]，節制趙撙、王宣軍馬。公陛辭，即於上前論今新復州郡，雖陝西已棄，而唐、鄧、海、泗尚存。唐、鄧爲荆襄藩籬，且平原廣袤，實爲恢復勝勢所在，决不可棄。既至襄陽，即與諸將議城唐。時虜已遣使議和，必欲求割唐、鄧、海、泗四郡。朝廷遣胡昉還聘[一一]，虜留之，聲言沙河造橋，襄、葉置熢燧，必欲取唐、鄧。公知虜恐我得唐、鄧勝勢，則中原人心自歸，其憂大矣，故絶欲市和以得唐、鄧。於是章凡十餘上，乞不棄唐、鄧。其後竟城唐。

公之城唐也，或言虜重兵壓境。公料虜自逆亮之殞，兵散馬多死，契丹、渤海益張，兩河民日起，必無能爲。公乃行，以數百騎出唐城，欲至赭陽陂，以安衆心。遣人伺虜，還言：「虜將蕭定遠聞官軍在唐，以四千騎走汴矣。」公遂還唐、鄧間，士民争持酒來獻，羅拜馬前，乞朝廷勿棄二城。公皆勞勉之，懽悦而去。會和議成，將割地。初，公上章剴切，有云：「朝廷必欲割唐、鄧，臣即掛冠而去。」至是，遂上丐老之章，有旨赴闕，以户部尚書韓仲通制置荆襄，割唐、鄧、海、泗以和。

夔嘗論諸葛孔明草廬中與昭烈論取天下①，先取荆、益，待天下有變，則一軍出隴右，一軍出荆襄，亦欲犄角取雍耳。其後關羽已失襄陽，則孔明右臂已斷，天下形勢非復草廬中所料。是故魏延嘗欲以奇兵取長安，孔明

① 夔嘗論諸葛孔明草廬中與昭烈論取天下　「昭烈」原作「昭列」，據文海本、庫本及三國志卷三二蜀書二先主傳改。

不之從，蓋無以爲之掎角故也。天若祚漢，關羽尚在襄陽，孔明以大軍出隴右，而許、洛之間又有徙都之警，則孔明可以端坐而得長安，何至乘危徼倖，用魏延之策哉！自頃中原有事，忠肅虞公既成采石之功，朝廷付以襄漢上流重任。公知唐、鄧勝勢可以牽制虜兵，則隴右之師可以平取長安，乃專意保唐、鄧。虜亦覺之，請和以求割地益堅。惜乎！和則堅矣，而天下勝勢，孔明之所欲而不之得者，一旦在我而未獲收其功也。因具著之，以明天下形勢之所在，俾後有考焉。紹熙二年上元，眉山任燮述。

辨證：

[一] 書虞雍公守唐鄧事　按，虞允文，官拜宰相，封雍國公。十將傳卷七、宋史卷三八三有傳，楊萬里集卷一二〇載有宋故左丞相節度使雍國公贈太師謚忠肅虞公神道碑。

[二] 眉山任燮　燮，南宋前期眉山（今屬四川）人。事跡不詳。

[三] 紹興初秦檜議和割唐鄧遺虜　宋史卷二九高宗紀六載：紹興十一年十一月，「與金國和議，成立盟書，約以淮水中流畫疆，割唐、鄧二州畀之，歲奉銀二十五萬兩、絹二十五萬匹，休兵息民，各守境土」。按，此云「紹興初」者誤。

[四] 三十二年逆亮敗盟自率大兵渡淮窺江遣劉蕚一軍由光化順流徑薄襄陽城下　宋史卷三二高宗紀九載：紹興三十一年七月，「金主亮徙都汴京，命其臣劉蕚由唐鄧瞰荊襄，張中彥、王彥章據秦鳳窺巴蜀，蘇保衡、完顏鄭家奴由海道趨兩浙」。十二月，「金人犯漢南之茨湖，鄂州軍士史俊登其舟，獲一將，諸軍繼進，遂擊却之。……金統軍劉蕚聞茨湖敗，亦退師」。按，此云「三十二年」者亦不確。

[五] 命中書舍人虞公宣諭川陝　要録卷一九七紹興三十二年二月戊戌朔條載「中書舍人、權直學士院兼侍講虞允文試兵部尚書，充川陝宣諭使，措置招軍買馬，且與吳璘相見議事」。

[六] 公奏乞駐兵唐鄧至可不戰遁去　要録卷一九八紹興三十二年三月辛酉條載：「允文之出使也，與京西制置使吳珙、荆南都統制李道軍於襄陽，至是又與四川宣撫司吳璘會於河池，前後博議經略中原之策，令董庠守淮東，郭振守淮西，趙撙次信陽，李道進新野，

吴拱與王彦合軍於商川，吴璘、姚仲以大軍出關輔，因長安之糧以取河南，因河南之糧而會諸軍以取汴，則兵力全而饟道省，至如兩河可傳檄而定，遂驛疏以聞。」

〔七〕論者多欲棄陝西新復州郡　十將傳虞允文傳云：「參知政事史浩議欲棄陝西新復諸州，臺諫袁季、任古附其說，蜀人楊民望時爲吏部郎，亦建言棄三路。」按，「三路」，據宋會要輯稿兵二九之一一，乃指秦鳳、涇原、熙河三路。

〔八〕省符以公知夔州　十將傳虞允文傳云時「允文上疏力争，大略言：『恢復莫先於陝西，而陝西五路新復州縣可保與否，又係於德順之存亡，一旦棄之，則窺蜀之路愈多，西和階成利害至重。』前後凡上十五疏，且與宰相陳康伯書言之，康伯是其說，牽於同列不可回也。上欲召問陝西事，執政又忌其來，以顯謨閣直學士知夔州」。按，宋史虞允文傳略同。

〔九〕以公知太平州　楊萬里集卷一二〇虞公神道碑云：「公既忤時宰，於是有當塗之命。」

〔一〇〕除兵部尚書湖北京西制置使　宋史全文卷二四上載：隆興元年五月，宋軍敗於符離。「秋七月庚寅朔，以虞允文爲湖北京西制置使」。時宋廷議割沿淮四州以和金，「廷臣多言可以與之議和，而四州之地不可輕棄，而湖北京西制置使虞允文乃陳不可與和，四州之地與和尚原、商於一帶之險不可以輕棄，累疏争之」。

〔一一〕朝廷遣胡昉還聘　按本書中集卷五五張忠獻公浚行狀云：「虜都元帥僕散忠義與紇石列志寧並貽書三省、密院，欲索四郡及歲幣等。時湯思退爲右相，……尤急於求和，遂遣盧仲賢、李栻持書報虜，並借職事官以往。……上因其辭，戒勿許四郡，而宰執則令仲賢等許之無傷。栻至境，託故不行，獨仲賢往。僕散忠義懼之以威，仲賢遂鼠伏拱手，稱歸當稟命許四郡，願持書復來。仲賢見公，謬稱虜有數十萬之衆近邊，若不速許四郡，今冬必入寇。……時栻復被旨令入奏。公命栻奏仲賢辱國無狀，上怒，下仲賢大理寺。思退皇懼，百端救之，至與左相陳康伯叩頭殿上乞去。上不悦，猶鐫仲賢官。思退及其黨懼，益大倡和議，建議王之望、龍大淵爲通問使副。上……留使人，而令通書官胡昉、楊由義先往諭虜帥以四郡不可割之意。」宋史全文卷二四上云「未幾，敵羈胡昉等，上聞之，謂浚曰：『和議之不成，天也，自此事歸一矣。』」

王昱墓誌銘 并序[一]

南陽滕宗諒撰[二]

夫文灼於外，而釣名駕説熏疊于時者，欲其潛愛恕於心術，汰勝尚於意表，亦以鮮矣。道行於官，而欲至心得光顯當朝者，求其敦潔而恥浮，濬進而勇退，厥惟艱哉！其有體真師常，先行後學，進退蹈道，終始可述，則見之於太原王公焉。

公當真宗皇帝世，以縣佐吏有文，選入閣下，隸崇文院，典理御書，日以進用。入朝侃侃①，居群以和，人推爲長者。出牧五郡，所至職辦，因俗爲政，不務皦察，時號爲循吏。今天子明道建元之初，抗章引年，朝廷不欲奪其志，許以本官致仕，命一子自布衣試秘書省校書郎，蓋所以享耆德而嘉廉退也。得謝之後，疏林壑以放志，治丹石以佐疾，接鄉里以信順，訓子弟以端孝。嗚呼！昊天不憖，弗報永齡，以景祐二年九月十一日，考終于建陽縣群玉鄉崇德里之第，享年七十四。明年二月，葬于所居之南山顛也。

公諱昱，字公旦。世家于建陽。曾祖諱磻，祖樞，考綸，皆蘊龍德，生值唐季，四海圮裂，葆光全素，羡慶厥後。由公之貴，烈考贈尚書度支郎中，母封南陽縣太君劉氏，繼母丁氏封清河縣太君。公才具夙成，年十八歲，以文行高妙爲本郡舉首。咸平初，登禮部上第，除舒州桐城縣主簿，陞大理評事，再遷殿中丞，改太常博士，轉尚書屯田、度支二曹員外郎，典職崇文院校勘、秘閣校理②[三]。知柳州，坐鄰郡大賊奔佚界上，捕之不得時，黜臨江

① 入朝侃侃　「入」，宋文鑑卷一四四王公旦墓誌銘作「立」。

② 典職崇文院校勘秘閣校理　宋文鑑卷一四四王公旦墓誌銘作「典職崇文院秘閣」。

軍監新塗縣酒稅[四]，內徙楚州監稅，復知南康軍。召還，隸職中秘，出守潤州。逾年，移牧武昌。再丁內艱，以度支郎復告①。居閣下者歲久，以便鄉里求知邵武軍②，得之，遂老于家。

夫人嚴氏，早亡；繼室仁和縣君沈氏，左右君子，動循禮則。子四人：長曰楷，前漳州長泰縣令；次曰格，汀州司法參軍；次曰栩，太廟齋郎；次曰杞，今校書也。女三人：長適嚴氏，次適范氏，次尚幼。

宗諒接公之德舊矣，嘗宰武陽，居公治下，公晚以少子結義於予。諸孤之將議葬也，使家老狀公之行，千里重趼，且來乞文，以誌神隧。紀信示遠，予不讓也宜矣。晏詹嗣而銘曰：

建水之靈，武夷之英③。猗歟王公，才爲時生。賢推仕漢，帝選登瀛。直如朱紘，瑩若壺冰。出守藩方，入趨臺閣。德化優柔，文鋒錯落。播在民謠，賡于聖作。辭絶累句，言無宿諾。致政於君，歸全返真。雅合天道，光昭搢紳。有典有則，不緇不磷。壽鍾五福，慶延後昆。隱隱南山，悠悠東渚。草没新阡，煙昏拱樹。勒砥礎兮，識太原君子之墓。

辨證：

[一] 王昱墓誌銘　本墓誌又載於宋文鑑卷一四四，題曰「王公旦墓誌銘」。

[二] 滕宗諒　宗諒（九九〇～一〇四七年）字子京，河南洛陽人。大中祥符八年進士，官至天章閣待制、環慶路經略安撫招討使。宋史卷三〇三有傳，本書中集卷二載有范仲淹滕待制宗諒墓誌銘。按，南陽爲滕氏郡望。

① 以度支郎復告　「告」，宋文鑑卷一四四王公旦墓誌銘作「吉」。

② 以便鄉里求知邵武軍　宋文鑑卷一四四王公旦墓誌銘無「鄉里」二字。

③ 建水之靈武夷之英　宋文鑑卷一四四王公旦墓誌銘作「建水之英武夷之靈」。

〔三〕典職崇文院校勘秘閣校理　宋會要輯稿崇儒四之二云：「真宗咸平二年閏三月，詔：『三館寫四部書一本來上，當置禁中太清樓以便觀覽。』崇文院言：『先準詔寫四部書一本以備藏於太清樓，今未校者僅二萬卷。』真宗曰：『如龍圖閣所藏書，朕嘗閱覽，其間尚多訛舛。大凡讎校，尤須精至，可特詔委流内銓於常選人中，擇歷任無過知書者以名聞。』又命吏部侍郎陳恕、知制誥楊億同試詩、論各一首於銀臺司，第其優劣，得前大名府館陶尉劉筠、前陳州宛丘尉慎鏞、前均州鄖鄉尉沈京、前壽州安豐令張正符、前蔡州上蔡尉張遵、前光州固始尉聶震等六人。又詔有司推擇，再得四人，亦命恕等考試，得前舒州桐城簿王昱凡七人，并令於崇文院校勘，給本官俸料。」

〔四〕坐鄰郡大賊奔佚界上捕之不得時黜臨江軍監新塗縣酒税　按宋史卷四六六張繼能傳云：景德「四年，宜州卒陳進爲亂。初，知州劉永規馭下嚴酷，課澄海卒伐木葺州廨，數不中程即杖之，至有率妻孥趣山林以采者，雖甚風雨，不停其役。故進因衆怨，殺永規及監軍國鈞，擁判官盧成均爲帥，據其城。七月奏至，詔東上閤門使忠州刺史曹利用、供備庫使賀州刺史張煦爲廣南東西路安撫使，如京副使張從古及繼能副之，虞部員外郎薛顔同勾當轉運事，發荆湖蘄黄州兵討之。上語近臣曰：『番禺寶貨雄富，賊若募驍果，立謀主，沿流東下趣廣州，則爲患深矣。』遣内侍高品周文質使廣州，監屯兵，會鄰路巡檢使控要路，集東西海戰棹扼端州峽口。賊悉衆來攻柳城縣，殿直韓明、許貴、郝惟和以所部兵千餘禦敵，明、貴死之，惟和僅以身免。成均奉宜州印遣使詣舒賁求赦罪。是夕，進復陷柳城，官軍退保象州。賊又寇懷遠軍，知軍、殿直任吉與邕桂巡檢、殿直張崇寶、侍禁張守榮擊走之。賊退而復集者累日，吉輩固守，屢與鬥，大獲其器甲。又攻天河砦，砦兵甚少，監軍奉職錢吉部分嚴整，一戰敗之。賊衆屢衄，頗潰去，衆心攜貳，將棄宜州，以家屬之悼耄者五百人隕江中，率其衆裁三千趣柳、象，將入容管。初至柳州，限江不能渡。知州王昱望賊遁走，城遂陷。」

附録

附録一　各家著録及題跋

晁氏寶文堂書目　上　史　　明　晁瑮

宋名臣琬琰録。

會稽鈕氏世學樓珍藏圖書目　　明　鈕緯

名臣碑傳琬琰集　一百另七卷。宋刊本。宋杜大珪編。自序。每頁十四行，行二十二字。

江陰李氏得月樓書目摘録　　明　李鶚翀

琬琰集。上廿七卷，中五十五卷，下廿五卷。杜大珪，宋版。

脈望館書目　黄字號　史類　職官　　明　趙琦美

宋琬琰集八本。

又　宇字號　史類　傳記

琬琰集八本。又十六本。二套。

澹生堂藏書目 史部下　　明　祁承㸁

宋名臣琬琰集一百七卷。杜大珪輯。上中下三集。

徐氏家藏書目卷二　　明　徐𤊹

宋名臣琬琰録一百七卷。蜀杜大珪。

笠澤堂書目 譜傳　　明　王道明

名臣琬琰録十二册。

絳雲樓書目卷一　　清　錢謙益

杜大珪宋名臣琬琰集。

也是園藏書目録卷二史部 名臣　　清　錢曾

杜大珪名臣琬琰三集一百七卷。

季滄葦藏書目 宋元雜板書 史部　　清　季振宜

名臣碑傳琬琰三集共一百七卷。十六本。

傳是樓宋元板書目　清　徐乾學

名臣碑傳琬琰集。三十本。元板。

傳是樓書目　史部　清　徐乾學

名臣碑傳琬琰之集八十卷。宋杜大珪。八本。

培林堂書目　史部　清　徐秉義

宋名臣琬琰集二十五卷。杜大珪編，眉州進士。

怡府書目　清　允祥

名臣碑傳琬琰之集一套。抄本。計十二本。

振綺堂書目　史部　名臣　清　汪憲

名臣碑傳琬琰之集二十四册，内鈔補六册，上集二十七卷、中集五十五卷、下集二十五卷。宋杜大珪編。自序。季滄葦藏本，宋紹熙原刊本。

馬氏唫香館藏書目　清　馬瀛

宋板琬琰集。四套。

孫氏祠堂書目内編卷三史學 傳記　清　孫星衍

名臣碑傳琬琰集，上集二十七卷，中集五十五卷，下集二十五卷。宋杜大珪撰，宋刊本。

平津館鑒藏記書籍續編 宋版　清　孫星衍

新刊名臣碑傳琬琰之集，上廿七卷、中五十五卷、下廿五卷。題眉州進士杜大珪編。前有紹熙甲寅序稱：國朝人物之盛，自建隆、乾德之肇造，建炎、紹興之中天，因時輩出。好事者因集神道、誌銘、家傳云著者爲一編。序非杜大珪作也。

宋藝文志、晁氏讀書志、陳氏書録解題俱無。此書每葉卅行，行廿五字。收藏有「楝亭曹氏藏書」朱文長印，「曹仁虎印」白文方印，「來應習庵」朱文方印，「長白敷槎氏堇齋昌齡圖書印」朱文方印。

帶經堂書目卷二史部 傳記類　清　陳徵芝

名臣碑傳琬琰集一百七卷。元刻配明鈔本。宋杜大珪編。

欽定續文獻通考卷一六五經籍考　清　敕撰

杜大珪名臣碑傳琬琰集一百七卷。大珪，眉州人。

臣等謹案：大珪自署稱進士，而序作於紹熙甲寅，則光宗時人矣。

浙江採集遺書總録戊集傳記類二　清　沈初等

名臣碑傳琬琰集一百七卷。刊本。右宋進士眉州杜大圭輯取諸家所作名臣碑傳等文彙而録之，分爲三集。

欲各存其生平本末，後之良史得采擇焉。

四庫全書總目卷五七史部十三傳記類一　清　永瑢等

名臣碑傳琬琰集一百七卷。浙江孫仰曾家藏本。宋杜大珪編。大珪眉山人，其仕履不可考，自署稱進士，而序作於紹熙甲寅，則光宗時人矣。墓碑最盛於東漢，别傳則盛於漢魏之間。張晏註史記，據墓碑知伏生名勝；司馬貞作史記索隱，據班固泗上亭長碑知昭靈夫人姓温；裴松之註三國志，亦多引别傳。其遺文佚事，往往補正史所不及，故講史學者恒資考證焉。由唐及宋，撰述彌繁。雖其間韓愈載筆不乏諛言，李繁摛詞亦多誣説，而其議論之同異，遷轉之次序，拜罷之歲月，則較史家爲真。故李燾作續通鑑長編，李心傳作繫年要録，往往採用，蓋以此也。顧石本不盡拓摹，文集又皆散見，互考爲難。大珪乃蒐合諸篇，共爲三集。上集凡二十七卷，中集凡五十五卷，下集凡二十五卷。起自建隆、乾德，訖於建炎、紹興，大約隨得隨編，不甚拘時代體製。要其梗概，則上集神道碑，中集誌銘、行狀，下集别傳爲多。多採諸家别集，而亦間及於實録、國史，一代鉅公之始末，亦約略具是矣。中如丁謂、王欽若、吕惠卿、章惇、曾布之類，皆當時所謂姦邪，而並得預於名臣，其去取殊爲未當。然朱子名臣言行録、趙汝愚名臣奏議亦濫及於丁謂、王安石、吕惠卿諸人。蓋時代既近，恩怨猶存，其所甄别，自不及後世之公，此亦事理之恒，賢者有所不免，固不能獨爲大珪責矣。

四庫全書簡明目録卷六史部七傳記類　清　永瑢等

名臣碑傳琬炎集一百七卷。宋杜大珪編。蒐録名臣碑傳，上起建隆，下訖紹興，不拘時代，亦不拘體製；無所删竄，亦無所去取；但隨得隨編，共成三集。皆全載原文，以待後人之論定。較以當代之人，權當代之流品，曲徇愛憎，徒釀朋黨者，其用心相去遠矣。

思適齋書跋卷二史部　清　顧廣圻

名臣碑傳琬琰集八十卷。宋刻本。孫淵翁從五硯主人得此，知少上集，時在德州，札余屬購其全寄去，因以重者見歸。忽忽十餘年，未曾一讀。前歲，張古餘留一鈔本於揚州，近始攜回，兼借他本勘對，正其錯，補其缺，去其重，略得就緒，視鈔爲勝矣。中集十七卷第六葉仍闕如也。憶小讀書堆藏初印本，似宜有之，惜今不知散落何地。即淵翁家全本，亦不審無恙否耳？上集補鈔，月爲帙，仍闕廿七卷第五葉。道光四年三月望前三日。

天一閣書目卷二之一史部一傳記類　清　范邦甸等

名臣碑傳琬琰集，上二十七卷、中五十五卷、下二十五卷。紅絲欄鈔本。宋眉州進士杜大珪編。紹興甲寅暮春序云：「自建隆、乾德之肇造，暨建炎、紹興之中天，豐功偉烈，焜耀方册。求之記事之書，未易殫究。雜出於野史見聞者，其事又裂而不全，未足以觀其人之出處本末。因集神道、誌銘、家傳之類，著爲一編，以便後學之有志於前言往行者。」

愛日精廬藏書志卷十三史部　傳記類　清　张金吾

新刊名臣碑傳琬炎之集，前集二十七卷、中集五十五卷、下集二十五卷。抄本。宋眉州進士杜大珪編。自序曰：「國朝人物之盛，遠追唐虞三代之英，秦漢以來鮮儷矣。建隆、乾德之肇造，暨建炎、紹興之中天，因時輩出，豐功偉烈，焜耀方册。雖埋光鏟采、位不稱其德者，亦各有記於時。欲求之記事之書，則灝灝噩噩，未易單究。雜出於野史見聞者，其事又裂而不全，未足以觀其人之出處本末。好事者因集神道、誌銘、家傳之著者爲一編，以便後學之有志於前言往行者。韓退之韓洪碑、杜牧之譚忠傳，今質諸正史而皆合。學者將階此以攷信於得失之迹，不爲無助云。紹熙甲寅暮春之初謹書。」

鐵琴銅劍樓藏書目録卷十史部三傳記類　清　瞿鏞

新刊名臣碑傳琬琰之集一百七卷。宋刊本。題眉川進士杜大珪編。目録分上、中、下：上二十七卷，神道碑；中五十五卷，誌銘、行狀；下二十五卷，傳，第二十二卷以後雜以謚議行狀。宋朝名臣事實略具於此。前有紹興甲寅序，不題名。每半葉十五行，行二十五字。楮墨精好，洵爲宋槧之善本。

鐵琴銅劍樓藏宋元本書目　史部　清　瞿鏞

新刊名臣碑傳琬琰之集一百七卷。宋刊本。每半葉十五行，行二十五字。楮墨精好，洵爲宋槧之善本。

增訂四庫簡明目録標注卷六史部七傳記類　名人之屬　清　邵懿辰撰　近人　邵章續録

名臣碑傳琬琰集一百七卷。宋杜大珪編。上集二十七卷，中集五十五卷，下集二十五卷。路有宋刊本。陽湖孫氏有宋刊本。四庫著録係浙江孫仰曾家藏本。天一閣亦有鈔本。振綺堂有宋刊本。二十四册，内鈔補六册，係季滄葦藏本。

〔附録〕余於戊辰在滬上書肆曾見宋刊小字本，惜不全。（詒讓）

〔續録〕孫氏藏宋刊本，半葉十行，行二十五字，上二十七卷，中五十五卷，下二十五卷。莫友芝謂實明初刊本。傳沅叔收得宋小字本，讓與董授經，復歸袁寒雲。顧鶴逸藏宋刊皇朝名臣續碑傳琬琰録，前集八卷，後集八卷，十二行、二十三字。鮑以文跋，又録孫淵如跋。刻殊草率，疑元翻本。舊抄本，十五行，行二十五字。經鉏堂抄本。

宋元舊本書經眼録卷一　清　莫友芝

新刊名臣碑傳琬琰集一百七卷。宋本。半葉十五行，行二十五字。

藏園訂補郘亭知見傳本書目卷五史部　傳記類　清　莫友芝撰　近人　傅增湘訂補

名臣碑傳琬琰集一百七卷。宋杜大珪編。四庫著録依浙江孫仲曾家本。路小洲有宋刊本。天一閣有抄本。陽湖孫氏有宋刊。每頁二十行，行二十五字。上二十七卷，中二十五卷，下二十五卷。稱宋本，實明初刊本。

〔補〕宋刊元明遞修本，十五行、二十五字，白口，左右雙闌。前有序，大字，半葉七行。余藏一本，曹寅、揆敘、孫星衍遞藏。鄧邦述群碧樓藏一帙。四明書肆見一帙，有季振宜印。清經鉏堂影宋寫本，緑格，十五行二十五字，左闌外下方有「經鉏堂重録宋本」七字。有苕溪漫士跋。翰文齋見。

結一廬書目卷二史部　傳記類　清　朱學勤

名臣碑傳琬琰集一百七卷。計八本。宋杜大珪編。宋刊本。

別本結一廬書目 舊版　清　朱學勤

名臣碑傳琬琰之集一百七卷。宋杜大珪編。八册。

滂喜齋藏書記卷一經部 史部　清　潘祖蔭

宋刻名臣碑傳琬琰集一百七集。題眉山進士杜大珪編。目録分上、中、下，上二十七卷，中五十五卷，下二十五卷。宋朝名臣事實略具於此。舊爲項藥師藏書，近時鮑子年亦經收藏。

附藏印：檇李項藥師藏、浙西世家、萬卷樓藏書記、鮑康讀過、鮑氏、曾在鮑子年處、子年所藏、臆園主人、觀古閣印。

又：

宋刻名臣碑傳琬琰集殘本二十七卷。一函五册。此宋刻小字本也。每半葉十五行，行二十五字。較前一本爲精。惜僅存中集卷二十九至末，凡二十七卷。馬笏齋藏書。

附藏印：馬玉堂、笏齋。

善本書室藏書志卷九史部七　清　丁丙

新刊名臣碑傳琬琰之集，前集二十七卷、中集五十五卷、下集二十五卷。影宋抄本。馬二槎藏書。眉州進士杜大珪編。大珪仕履無攷。紹熙甲寅暮春自序云：「國朝人物之盛，遠追唐虞三代之英，秦漢以來鮮儷矣。建隆、乾德之肇造，暨建炎、紹興之中天，因時輩出，豐功偉烈，焜耀方册。雖埋光鏟采、位不稱其德者，亦各有記於時。欲求之記事之書，則灝灝噩噩，未易單究。雜出於野史見聞者，其事又裂而不全，未足以觀其人之出處本末。好事者因集神道、誌銘、家傳之著者爲一編，以便後學之有志於前言往行者。韓退之韓洪碑、杜牧之譚忠傳，今質諸正史而皆合。學者將階此以攷信於得失之迹，不爲無助云。」有「二槎祕籍」、「海昌馬氏」、「漢晉齋鑒藏」諸印。

八千卷樓書目卷五史部傳記類　清　丁立中

名臣碑傳琬琰集一百七卷。宋杜大珪編。抄本。

皕宋樓藏書志卷二七史部 傳記類二　清　陸心源

新刊名臣碑傳琬琰之集，前集二十七卷、中集五十五卷、下集二十五卷。宋刊本。宋眉州進士杜大珪編。自序曰：「國朝人物之盛，遠追唐虞三代之英，秦漢以來鮮儷矣。建隆、乾德之肇造，暨建炎、紹興之中天，因時輩出，豐功偉烈，焜耀方册。雖埋光鏟采、位不稱其德者，亦各有紀於時。欲求之記事之書，則灝灝噩噩，未易單究。雜出於野史見聞者，其事又裂而不全，未足以觀其人之出處本末。好事者因集神道、誌銘、家傳之著者爲一編，以便後學之有志於前言往行者。韓退之韓洪碑、杜牧之譚忠傳，今質諸正史而皆合。學者將階此以攷信于得失之迹，不爲無助云。紹熙甲寅暮春之初謹書。」

儀顧堂題跋卷四　清　陸心源

新刊名臣碑傳琬炎之集，上二十七卷，中五十五卷，下二十五卷，題曰眉州進士杜大珪編。宋刊本。每頁三十行，每行二十五字。前有紹熙甲寅無名氏序。北宋名臣碑傳墓誌略具於斯。三集所録，多取之隆平集。惟姑溪居士李之儀所撰范公行狀，今載忠宣集中，此本未録。南宋祇録張浚行狀、劉珙行狀、劉子羽墓誌碑銘、李顯忠行狀、虞雍公守唐事，而于李忠定綱、种忠憲師道、宗忠簡澤、趙忠簡鼎、吕忠穆頤浩、胡忠簡銓、岳武穆飛、韓忠武世忠、朱文公熹、吕成公祖謙、趙忠定汝愚誌狀不登一字，亦缺典也。

嘉業堂藏書志卷二史部　傳記類　清　繆荃孫　吴昌綬　董康

新刊名臣碑傳琬琰集一百七卷。宋刻殘本。宋杜大珪撰。大珪眉州人。其書起自建隆、乾德，訖於建炎、紹興。上集神道，中集志銘、行狀，下集别傳，多採諸家别集，而亦間録於實録、國史。宋刊本。每葉三十行，行二十五字。高六寸，廣四寸四分。白口，單邊，版心存「琬琰」二字，字畫精妙。上二十七卷，缺一、二、三、四、十四之十八；中五十五卷，缺十八之五十二；下二十五卷，缺十三之二十五，共五十一卷，得半之遺，缺葉亦多。（繆稿）

杜大珪編。上集缺一之四，中集缺十八之五十二，下集缺十三之二十五。每半葉十五行，行二十五字。中縫標「琬琰幾」，或僅舉一字，或任意缺「王」旁，或標一名字。每卷首尾二葉則全缺。虞山瞿氏亦藏有宋本，行數同，惟行首卷字下有「第」字，各卷首尾仍標名，以是知此書宋時有兩本也。曩見各家所藏皆明時覆刻，雖爲殘帙，殊堪珍密。舊爲獨山莫氏藏書，有「莫印彝孫」朱文、「莫印繩孫」白文、「均方」等記。（吴稿）

抱經樓藏書志卷二二傳記類二　清　沈德壽

名臣碑傳琬琰之集，前集二十七卷、中集五十五卷、下集二十五卷。九芝龕抄本。宋眉州進士杜大珪編。自序曰：「國朝人物之盛，遠追唐虞三代之英，秦漢以來鮮儷矣。建隆、乾德之肇造，暨建炎、紹興之中天，因時輩出，豐功偉烈，焜耀方册。雖埋光鏟采，位不稱其德者，亦各有紀於時。欲求之記事之書，則灝灝噩噩，未易單究。雜出於野史見聞者，其事又裂而不全，未足以觀其人之出處本末。好事者因集神道、誌銘、家傳之著者爲一編，以便後學之有志於前言往行者。韓退之韓洪碑、杜牧之譚忠傳，今質諸正史而皆合。學者將階此以攷信于得失之迹，不爲無助云。紹熙甲寅暮春之初謹書。」

四庫全書總目提要補正卷十九傳記類　清　胡玉縉

名臣碑傳琬琰集一百七卷。起自建隆、乾德，訖於建炎、紹興。大約隨得隨編，不甚拘時代體制。要其梗概，則上集神道碑，中集志銘行狀，下集别傳爲多，多採諸家别集，而亦間及於實録、國史。一代鉅公之始末，亦約略具是矣。

陸氏儀顧堂題跋宋本名臣碑傳琬琰之集跋云：「三集所録，多取之隆平集。惟姑溪居士李之儀所撰范公行狀，今載忠宣集中，此本未録。南宋祇録張浚行狀、劉珙行狀、劉子羽墓誌碑銘、李顯忠行狀、虞雍公守唐事，而于李忠定綱、种忠憲師道、宗忠簡澤、趙忠簡鼎、吕忠穆頤浩、胡忠簡銓、岳武穆飛、韓忠武世忠、朱文公熹、吕成公祖謙、趙忠定汝愚誌狀不登一字，亦缺典也。」

宋元本行格表卷下　清　江標

宋新刊名臣碑傳琬琰集，行二十五字。一百七卷。經眼録。平津一本同。儀顧堂題跋曰：「新刊名臣碑版琬琰三集，上二十七卷、中五十五卷、下二十二卷。」瞿目同，□作「碑傳」。儀顧作「碑版」，當譌。

壬子文瀾閣所存書目卷二　近人　錢恂

名臣碑傳琬琰集一百七卷。二十七册。補鈔。

木樨軒藏書書録卷二史部　傳記類　近人　李盛鐸

新刊名臣碑傳琬琰之集一百七卷。宋刊本。半葉十五行，行二十五字。有「長谿守藏室史」白文長方印，「淑六蓺之芳潤」朱文長方印，「驪城徐氏家藏」白文方印。

又：

新刊名臣碑傳琬琰集，上集二十七卷、中集五十五卷、下集二十五卷。宋杜大珪輯。抄本。經鉏堂抄本。行欵悉依宋本。

箋經室所見宋元書題跋　宋槧殘本新刊名臣碑傳琬琰之集跋　近人　曹元忠

宋眉州進士杜大珪編名臣碑傳琬琰之集。每半葉十五行，行二十五字。分上中下三集，都一百七卷。今上集二十七卷，闕前九卷，而十一二卷又闕；中集五十五卷又闕；惟下集二十五卷完全。蓋所存祇八十五卷矣。其書隨得隨編，不拘時代，亦不拘體製，誠如四庫館臣之言。至館臣又謂其無所删竄，亦無所去取，似未盡然。按中集蜀公范鎮司馬文正公光墓誌銘：「公諱光，字君實，自兒童凜然如成人。至既没，其後□遺奏八紙上之，皆手札當世要務。」大珪注云：「已上墓志全文悉取蘇文忠公所撰司馬公行狀，故不復載，獨録范公所序而銘之文云。」樞密院編修官朱熹張忠獻公浚行狀後，大珪記云：「右張忠獻公行狀，其全文僅四萬言，工程急迫，未能全刊，故稍删節。然凡公之大勳勞大議論，大忠大節，不敢稍遺焉。」則亦未嘗無删竄也。又中集自文忠公富弼富秦公言墓誌銘以至景文公宋祁宋府君玘行狀此四卷後，大珪記云：「右富秦公已下至宋府君玘十五人碑銘，雖非一時柱石大臣，而皆源祥基慶，以大其後，爲時名人，有足觀考，故特附之於此。」則亦未嘗無所去取也。夫館臣之爲此言，不過形容其隨得隨編，心無適莫耳。豈知大珪之心所以隨得隨編者，在乎深恐靖康以前文獻無征，於是汲汲焉迫而出之。故其下集取曾太史鞏隆平集，於李文定公迪下注云「遺直之碑闕」，吕文靖公夷簡下注云「懷忠之碑闕」，劉丞相沆下注云「思賢之碑闕」。就大珪所注，可見北宋名人奉勑建立之碑，至南渡時已有遺佚，不得已乃取隆平集補之，郡齋讀書志所謂「隆平集二十卷，皇朝曾鞏撰，記五朝君臣事蹟」是也。然則大珪此書，重在囊括朝章、網羅國典矣。是以清容居士集有修遼金宋史搜訪遺書條列事狀，備載纂修史傳應用各書，而以琬琰集居首，亦謂：「淳熙以前之實録、小傳、行狀、墓誌、神道碑，略具於此名臣碑傳琬琰之集也。」四庫館臣爲簡明目録時，寧未之見耶？則不得不揭其抱殘守闕之苦心已。

群碧樓善本書録卷一　近人　鄧邦述

新刊名臣碑傳琬琰之集，上二十七卷、中五十五卷、下二十五卷，三十二册。宋杜大珪編。宋刊本。題眉州進士杜大珪編。每半葉十五行，行二十五字。有「謙牧堂藏書記」、「謙牧堂書畫記」兩印。宋人編此書，爲後世開蒐集史料之塗。明清繼起，皆有纂述，惜皆不能備也。此宋本，余於光緒丁未得之都中。世頗希遘，而闕葉尚多，須求佳本補寫，方爲完璧。天假以年，此志不難副也。甲寅十月，正闇。

雙鑑樓善本書目卷二史部　近人　傅增湘

名臣碑傳琬琰集一百七卷。宋刊本。十五行、二十五字，白口，雙闌，版心記字數、人名。有曹楝亭、長白敷槎氏堇齋昌齡、孫淵如藏書諸印。

雙鑑樓珍藏秘笈目録　近人　傅增湘

宋本名臣碑傳琬琰集一百七卷。歷藏長白敷槎氏、曹楝亭、孫淵如諸家，有印。上中下三集，共一百七卷。十五行、二十五字。

藏園群書經眼録卷四史部二　近人　傅增湘

新刊名臣碑傳琬琰三集，上集二十七卷、中集五十五卷、下集二十五卷。宋杜大珪輯。宋刊明修本。半葉十五行，行二十五字，白口，左右雙闌，間有黑口。版心間記字數及人名。缺上集第十一卷及十二卷第一、二兩葉。鈐有「乙酉年收藏圖書記」一印。癸丑。

又：

新刊名臣碑傳琬琰三集，上集二十七卷、中集五十五卷、下集二十五卷。宋杜大珪輯。宋刊元明遞修本。半葉十五行，行二十五字，白口，左右雙闌，密行細字，刻工甚精。世傳以爲宋本，己未七月見之于上海，惜其不完，棄置不顧。節前羅子經來函，謂二百餘元可購，且所缺只四卷，似不難寫補，因馳書取之，重其爲鄉賢之著作也。郘亭書目云「陽湖孫氏有宋刊」，今此書正有「伯淵宋元祕籍」、「孫星衍伯淵氏」二印，蓋即五松園舊物，確爲宋本者也。鄧氏群碧樓有此本，當借影以補足之。前有大字序，半葉七行，題「紹熙甲寅暮春之初謹書」，不著撰人。藏印列後：「楝亭曹氏藏書」朱，「長白敷槎氏堇齋昌齡圖書印」朱，「曹仁虎印」白，「來應習菴」、「林元潤印」

白,「孚嚴」、「得心子章」、「頤煊審定」、「伯淵宋元祕籍」、「孫星衍伯淵氏」白,「小學齋」、「辛卯」、「黄鈞」朱白,「次歐」、「當湖小重山館胡氏篋江珍藏」。己未歲收得。

又:

新刊名臣碑傳琬琰三集,上集二十七卷、中集五十五卷、下集二十五卷。宋杜大珪輯。經鉏堂重録宋本,半葉十五行,行二十五字,竹紙緑格本,左闌外下方有「經鉏堂重録宋本」七字。前有序文,半葉七行。

「辛丑仲冬,得見袁氏五硯樓藏宋刻本名臣碑傳琬琰之集中下兩集,惟缺上集,後有顧千里跋云:『曾見陽城張古餘所藏抄本,極其精善。』歷年訪購其書,遇有此本,不惜重價,質衣而得。復與宋本比校,缺者依張本抄補,張本所缺依宋校補,惟再少上集十一卷至十二卷第四葉止、二十二卷第七葉,中集十七卷第六葉,無能補足耳。又金佗粹編續編依宋本重録,九朝編年、宣靖備史、太平治迹統類均依竹垞藏本重録,備存宋史之源流,亦藝林快事也。苕溪漫士記。」

「癸卯仲夏,錫山邵氏藏有宋刊,予購得,較之袁本缺葉尚多,舛訛亦復不少。幸彼此不同,惟上集十一卷及二十二卷第七葉補全,餘則仍缺,俟再得五葉之備可稱完璧云。苕溪漫士又記。」

「乙巳暮春,從士禮居轉購上集十二卷補全。又記。」

鈐有:「苕溪漫士之印」朱文印。翰文齋送閲,索二百五十元。庚午六月二十一日記。

善本書所見録卷二史部　近人　羅振常

新刊名臣碑傳琬琰三集一百七卷。宋杜大珪編,上集二十七卷、中集五十五卷、下集二十五卷。明初復刊宋本。前有紹興甲寅自序、目録。

又：

新刊名臣碑傳琬琰三集一百七卷。半頁十五行，行二十五字，單框，雙魚尾。前有紹興甲寅不著名序，序後有俞曲園題識、翰林院印（朱方）、楊鼎（朱長方）、重遠書樓（仝上）印。

別宥齋書目　史部　傳記類　近人　朱鼎煦

新刊名臣碑傳琬琰之集。宋刊本。存中集卷十四之卷廿二。半葉十五行，每行廿五字，白口，雙魚尾，左右雙線，上下單線，書背有中三二字。書衣舊題曰「宋刻名臣碑傳琬琰之集」。卷十四之卷廿二壹本。南平余氏藏印。

寒雲日記鈔　乙卯日記　近人　袁克文

八月二十日。得宋刊新刊名臣碑傳琬琰集，上集二十七卷，中集五十五卷，下集二十五卷，共一百零七卷。元印明裝，綾衣題字猶明人手筆，古色可玩。半葉十五行，行二十五字。卷首有「己卯年考藏圖書記」朱文方印。

販書偶記續編卷六傳記類　近人　孫殿起

名臣碑傳琬琰之集一百七卷。宋眉州杜大珪編，約乾隆間影宋抄本。

文禄堂訪書記卷二　近人　王文進

新刊名臣碑傳琬琰之集一百七卷。宋杜大珪撰。宋建刻本。半葉十五行，行廿五字。白口。紹興甲寅自序。有「楝亭曹氏藏書」、「長白敷槎氏堇齋昌齡圖書印」、「孫星衍」、「伯淵宋元秘笈」、「當湖小重山館」、「胡氏篋江珍藏」、「頤煊審定」、「川學齋」、「黄鈞」、「次甌」各印。

伏跗室善本書記　名臣碑傳琬琰之集　近人　馮昭適

南宋槧本新刊名臣碑傳琬琰之集，上二十七卷、中五十五卷、下二十五卷，共一百零七卷，十六本。眉州進士杜大珪編。前有紹熙甲寅暮春之初謹書序，半葉七行，每行十二字；目録半葉十四行，集文半頁十五行，每行廿五字；註雙行，每行廿五字。白口，雙魚尾，上下單闌，左右雙闌，板心記「琬琰幾」，或「卷幾」，或「炎幾」，或「宛幾」，或「卑」，或「琬卑幾」，或「琰卑幾」，或「卑幾」，或「琬琰卑」，或「宛炎名幾」，或「名幾」，或「宛名幾」，或「志幾」，或「琰名幾」，或「炎名幾」，或「幾卷」，或「琬琰幾名」等。下記刊工姓「何立可立丘」等各一字。版式高米突尺十九生的，寬十三生的四。全書計宋槧七百八十七葉，鈔補三十葉，刻本配補九葉；共八百二十六葉。每頁內有襯紙。收藏有「季振宜印」、「滄葦」朱文大小方印，「季振宜藏書」朱文長印，「伏跗室馮貞群印」、「馮群」白文方印，「伏跗室藏書印」、「孟顓貞群過眼」、「曼儒」朱文方印，「伯後伏跗室朱文」橢圓印。第一本首副葉有「道光戊戌六月一日嶺東練廷黄觀」、「道光二十年二月廿六日寶山毛嶽生觀」諸題記。其書籤舊題曰「宋板名臣碑傳琬琰之集。上編四本，中編八本，下編四本，共十六本。蘇州季滄葦藏本。此書蘇州季滄葦藏本。滄葦名振宜，後歸方既堂河道家，壬子年買來」。不知何人所書。其各卷鈔補刻本配補時寫列左方：

上集：琬琰一第四葉、五葉、七葉；琬琰三第三葉；宛五第三葉；琰十第五葉，有夾紙書曰「此穎濱遺老傳上第五頁，宜歸入下編」；琬琰十二第一葉、二葉、三葉、四葉、五葉、六葉鈔補。宛琰十二第一葉鈔補，空格無文字，有夾紙書曰「此三頁乃是曾太師公亮行狀」；第二葉、三葉、四葉刻本配補；第十葉有夾紙書曰「第十葉誤以他卷入」。炎十四第三葉鈔補。宛卑二十二第二葉，宛炎二十四第四葉，宛炎二十五第一葉、五葉；卑二十六第六葉，有夾紙書曰「此頁即趙樞密神道碑」；琬琰二十七第三葉鈔補。中集：目録第一葉，炎名九第三葉，宛炎十七第六葉，宛炎十九第二葉鈔補。琬琰二十五第二葉、三葉鈔補，空格無文字。宛炎二十九第八葉鈔補。宛炎三十第六葉，宛三十一第四葉，宛三十二第五葉有夾紙曰「此頁是孫待制文」，琬三十四第一葉二葉；宛炎三十六第三葉有夾紙書曰「方進用過事，此頁非此篇本文」。宛炎名四十六第六葉，琬四十八第九葉刻補，宛炎五十五第廿五葉鈔補，空格無文字；下集：目録第一葉，宛炎五第五葉，宛炎六第三葉，宛炎九第一葉有夾紙書曰「此頁原文在初編卷十内」，宛炎十一第五葉鈔補。

民國三年夏，家父孟顓先生在書賈家得是集，見其字體古秀，紙色舊黃，每本鈐有季振宜等藏印，識爲宋本，乃市歸。檢季滄葦書目，集數卷數本數皆同，蓋確泰興季氏舊物也。喜甚。俄有人來購，願出價銀一千六百版，父不許，藏之伏跗室已二十一年矣。按是集今藏者，就所聞見：汪憲振綺堂（案：邵氏四庫簡明目録標注「名臣碑傳琬琰集」條稱「振綺堂有宋刊本廿四册，内抄補六册，係季滄葦藏本」），盩厔路小洲家，潘祖蔭滂喜齋，劉承幹嘉業堂，傅增湘雙鑑樓，浙江省立圖書館，北平圖書館，仁和王綬珊家，朱鼎煦別宥齋，蕭山朱翼盦家，吾家伏跗室，日本岩崎氏静嘉堂文庫，凡十二部。而首尾全者僅滂喜齋、雙鑑樓、王綬珊家、伏跗室、静嘉堂五部，誠天壤間秘笈矣。

是集之名並本數，與明趙琦美脈望館書目、清錢謙益絳雲樓書目均合。考脈望館書後歸絳雲樓，見錢遵王寒食夜夢牧翁詩自註。絳雲樓書後歸季振宜静思堂，見黄丕烈季滄葦書目序。是集或即脈望、絳雲舊物乎？

蕭山朱酇卿丈煦藏是集一册，存中集卷十四之卷廿二，行款板式與伏跗室藏本同。丈言：「昔遊上海，于書友王晉卿處見宋版白棉紙是集，蕭山朱翼盦藏本，索價銀一千八百版。翌日再往，晉卿載書往北平矣。」是集閱世凡七百四十餘年，而哀然巨編，首尾完整，殆前人保藏之力歟！爰作是集記現存流傳表，各藏書家録鈔附集後，庶有得者倍加珍護，永永流傳，豈非後人之責哉？

宋版名臣碑傳琬琰集現存流傳表，凡殘本記其見存卷數。

季振宜静思堂——馮貞群伏跗室。

曹寅楝亭——曹仁虎習庵——富察昌齡謙益堂——孫星衍平津館——傅增湘雙鑑樓。邵懿辰四庫簡明目録標注、莫友芝郘亭知見傳本書目、江標宋元本行格表均著録。

陸心源皕宋樓——日本岩崎氏静嘉堂文庫。江標宋元本行格表、楊守敬留真譜均著録。

楊氏重遠書樓——孫仰曾壽松堂浙江採集遺書總録、涵秋閣鈔各省進呈書目、清四庫全書總目、簡明目録、邵懿辰四庫簡明目録標注、莫友芝郘亭知見傳本書目均著録。——浙江省立圖書館。

瞿鏞鐵琴銅劍樓——仁和王綬珊家。

項藥師萬卷堂——鮑康觀古閣——馬玉堂笏齋——潘祖蔭滂喜齋。

汪憲振綺堂。

盩厔路小洲家。

劉承幹嘉業堂存五十卷。

蕭山朱翼盦家。

南平余氏。存中集卷十四至廿二凡九卷。——朱鼎煦別宥齋。

北平圖書館。存三十七卷，上集十六至二十七、下集一至二十五。

北平圖書館善本書目卷二史部 傳記類 總録之屬　趙萬里

新刊名臣碑傳琬琰之集一百七卷。宋杜大珪輯。宋刻元明遞修本。存三十七卷。上集十六至二十七，下集一至二十五。

宋槧名臣碑傳琬琰之集題記　張崟

南宋槧新刊名臣碑傳琬琰之集，上集二十七卷、中集五十五卷、下集二十五卷，都一百零七卷。宋眉州杜大珪編。大珪仕履無考，自署稱進士。前有紹熙甲寅暮春光宗五年無名氏序，故四庫館臣謂珪亦光宗時人。其書所收，上起建隆，下訖紹興，大抵上集神道碑，中集誌銘行狀，下集則別傳爲多。多采自諸家別集，間及實録、國史，一代名公事實略具於斯，而往往有足補正史所不及。

全書八百五十五頁，鈔配二百三十三頁，中集末卷缺第二十五頁。每頁三十行，行二十五字，目録惟行數稍異，作二十八行。白口，雙魚尾，左右雙線邊；上魚尾下記卷數，作「琬琰幾」「宛炎幾」，或「宛幾」「炎幾」「卑幾」「宛名幾」等。書口上端偶記字數，中集廿四卷末頁。下魚尾下記頁數，間鏤刻工姓名「可」或「丘」一字；然僅上集卷六第六頁，作「三」字，案當爲「丘」之損字。卷二十首頁，中集卷四十第四頁，此三頁並有「丘」字。上集卷七第三頁，卷九末頁，卷廿七第七頁，及中集卅八九至四十等三卷之末頁並有「可」字。其鈔配之卷卅末頁及卅五第四頁亦照寫「可」字。又卷卅鈔配本之首頁版心有「于」字，當亦原刻之刊工也。有之而已。聞日本靜嘉堂本即皕宋樓本。刻工有「何」姓，則此「可」字當即偏旁省字也。

諱字有：墨圍、闕筆、加注三法：

上集卷八四頁第十四行「汝亦宜清慎畏戢」。全書似止此一例。

上集廿七卷四頁廿二行「慎賞罰」。

中集四十五卷七葉十二行「慎不可聽其言也」。以上二「慎」字闕末筆。

上集九卷首頁六行「而景欲太上皇帝御名。患中原，陰使人害密國公」。

上集廿二卷五頁廿九行「元昊遣伊州刺史賀從來」，「從」下注云「神廟傍諱」。又六頁首行「從」字下注同。又二十五卷二頁五行「會廣西鈐轄陳」下注云「同英廟諱」。凡三見。

惟亦有避有不避，如宋高諱構及其嫌名「溝」「講」「遘」「搆」之爲字成或不成。

上集一卷八頁十八行「祖搆太子中允」。又二卷三頁十六行「望講宗社之正謀」。

上集二卷五頁廿一行「猜萌構隙」。

中集四十卷四頁□行「講左氏春秋」，四十八卷首頁十五行「璆生公之皇祖構」，又五十一卷五頁二行「交構兩宫」。

以上並於所從之「冓」字闕中一豎筆，以下則否。

上集四卷六頁廿四行「仲歸李氏昭遘」，又九卷首頁十行「至講武殿」，上集十七卷首頁廿六行「葬開封之祥符縣黄溝鄉大里之原」。中集十七卷首頁二十一及二十六行「獨稱公所講有師法」、「數辭講禁中」，中集卅八卷五頁首行「攻溝關」，又四十四卷四頁廿一行「擇名儒敦勸講」，又五十一卷十九行「爲國子直講」，又上集二十一卷三頁首行「小人連構大獄」。

欽宗諱桓及嫌名「完」「垣」之既避。

中集四卷三頁廿九行「盤桓家食」，四十二卷八頁八行「盤桓遯世」，又五頁十四行「殯壞公爲完之」，「桓」「完」二字並顯闕末筆。又中集卅七卷首頁十五行「除知長垣縣」之「垣」字右偏所從「日」字上筆闕，或爲印損亦未可知。

而中集四十八卷有「洹」字不避。

中集四十八卷首頁六行「祖朏生洹爲登州録事參軍，洹生全爲處士」。

「朗」宋始祖名玄朗。「讓」英宗父濮安懿王名允讓。並缺筆。

上集四卷六頁十三行「胡氏父廷朗」，「月」旁空中二畫。全書似亦止此孤例。

中集四十卷首頁廿七行「公因讓其從父」，又四頁十四行「廉讓之士」。案「讓」字，全書所見「襄」旁之中二「口」字並作「厶」，或作「八」字，如此處所舉第二例即是。上集卷二十三首「佘襄公靖神道碑」中諸「襄」則否。

而「敬」太祖祖諱。「義」太宗諱光義。「恒」真宗。「曙」英宗。「頊」神宗。又不避。

上集五卷八頁廿二行「雖幼賤必盡敬」，中集五十一卷末頁十九行「歷事四朝皆爲人主所敬」。

中集四十一卷四頁十四行「父思義」，又四十三卷二頁首行「詔馬軍劉光義爲歸州行營前軍副部署」。

此見曹武惠王彬行狀，凡數見。

上集三卷廿五行「而節操有恒」。

中集四十六卷三頁十九行「季適昭弟曙」。惟訛「曙」從「日」旁。又嫌名「樹」字亦不避，見中集四十四卷五頁十行張詠行狀「庭樹槁枝」。

上集一卷首頁九行「其先顓頊裔」。趙普神道碑。

惟光宗諱惇，及其嫌名「敦」字，始終不避。

如章丞相惇傳下集卷十六。中及他傳涉及章名之諸「惇」字，以迄中集廿四卷末頁「平生云爲莊重惇謹」、四十五卷八頁九行「惇睦尤至」。

上集二十卷六頁「殿中丞敦緒」，廿五行「至於敦尚契舊」。

中集四十二卷八頁三行「鋪敦深入」，四十六卷二頁十七行「上命貴臣敦喻」。

孝宗諱慎，則除前舉外加墨圍及缺末筆二例外，率于右旁「真」字中闕一畫，核以避諱學通例，似此書確爲光宗朝槧本，不第無名氏紹熙五年之序足資證明也。惟爾許鉅帙，容非短時期所能雕鑱斷手，或經始于淳熙孝宗之世，完成于紹熙光宗之季，故「構」字乃有「太上皇帝御名」之注耳。雖其間諱避不一，似不無補版之嫌，然此亦坊刻不精密之慣習，觀中集四十六卷四頁馮侍講行狀之同頁諱避錯出。

馮侍講行狀題中「講」字闕避，而同頁廿五行「會講員闕」不避，同頁廿九行「國子監直講」又缺筆。

可以釋然也。其最足疑者，厥惟中集五十一卷五、六兩頁及五十二卷末頁，蓋字體疎散，匡闌不整，作風與全書他頁獨異耳。

全書刻字頗多俗體，如：「國」之從「王」，三見於上集廿二卷三頁，四見于四頁，一見于中集五十一卷十二。「體」字之右傍從「本」，中集五十二卷十二頁等頁。「廟」之去從「苗」，中集四十九卷首頁。「學」下集十四卷等頁。「舉」之並從「文」首下集十四卷末頁等頁。等，不一而足；譌字如「賢」之作「腎」，中集二卷首頁。「白」字誤「自」，同上十五卷八頁「皆敍事呂白」。「未」之譌「夫」同上六頁「其心可見也夫幾譯詔獄起」。等亦多，均足徵其爲坊刻也。

書爲錢唐孫氏壽松堂舊物。乾隆修四庫，徵書海内，孫氏應詔進書二百三十一種，與瓶花齋吳氏玉墀振綺堂汪氏如琛同邀佩文韻府之賜，此書即二百餘部中之一，故今原封皮尚有「乾隆三十八年十一月浙江巡撫三寶送到孫仰曾家藏琬琰集壹部計書十六本」朱文長方木記，而序文首頁亦有滿漢合璧朱文翰林院大方印也。四庫録副著録後，底本及乾道臨安志等並仍發還原主。及咸豐庚申、辛酉之間，赭寇擾杭，壽松堂兩罹兵燹，民國二年，又被祝融之禍，縹緗美富，悉化劫灰，僅一二攜在行篋暨流落外間者，得存其百一而已。此書辛未踵臨安志後塵，乾道臨安志僅有孫氏景宋刻本版片，現歸本館。展轉爲山陰楊氏鼎重遠書樓所得，故今書有其藏印：

「楊鼎」朱文長方印，見序末頁。

「重遠書樓」朱文長方印，見序末頁、上集卷一首頁及中集目録首頁、下集卷一首頁。觀此頁「壽松堂書畫記」蓋章在楊印之上，則此鈔補當出楊氏矣。

「楊氏家藏」朱文長方印，見各集目録首頁。

案：鼎字禹銘，號守白，又號器之。兩浙輶軒續録補遺卷五載其檢藏書有感詩五古一首，有云：「辛勤十七載，書卷四萬餘。積之頗不易，愛惜逾璠璵。」蓋亦清季浙東之名藏書家也。趙之謙自序仰視千七百二十九鶴齋叢書稱：「道光己酉，我鄉沈氏鳴野山房藏書初散，精本半歸楊器之。」則楊氏此本，或得諸沈霞西復燦家歟？楊氏「雖有豚犬兒，何由望脱穎」，檢藏書有感詩句。故所有秘笈，不能世守，卒于光緒乙未二十一年歲除，以五百金見俞樾春在堂詩録卷十五題歲暮歸書圖書小引。歸之原主孫氏。孫氏喜趙璧重得，亟爲重裝，倩陳藍洲豪先生爲繢歲暮歸書圖，編徵名人題詠，裱爲長卷，以留紀念。越四十許歲，至民國二十一年十一月，始由本館重價得之。壽松堂後人孫康侯先生，且舉家藏淳化閣帖石刻八十一片以媵焉。

客歲，上海商務印書館四部叢刊續編，乞本館是書及明萬曆覆宋括蒼本沈氏三先生集影印入編，既已訖事，書還本館，異日版行，世當競誦也。惟攝影本版式縮小，字畫又不免間有描畫處，則此祖本，究仍不失爲人間稀籍耳。

原書共十六册，亂後襯訂重裝，始成卅二本，就中原刻全帙，計有：上集卷五至九第三册，十五至十八第六册，中集十三至十六第十三册，二十一至二十四十五册，四十一至四十三第二十册，四十八至五十四第廿二、三两册，下集七至十第廿七册，十三至十五第廿九册等九本；全鈔配者有：中集卷六至十二第十二册，卷卅三至卅六第十八册，下集卷三至六第廿六册，下集卷二十至末第卅一册等六册，餘多僅鈔配一二三册。

今世知見傳本，除館藏者外，尚有：江安傅氏增湘雙鑑樓藏鐵琴銅劍樓舊藏本，南林劉氏承幹嘉業堂本存五十卷，甬上朱氏鼎煦別有齋本聞得諸南平余氏，存中集卷十四至廿二等九卷，北平國立北平圖書館本存上集卷十六至二十七、下集一至二十五共三十七卷，慈谿馮氏貞群伏跗室之季滄葦舊藏本，及日本静嘉堂文庫之皕宋樓舊藏本諸家，而伏跗室本既亦經芮補，與館藏同。潘氏滂喜齋本，及盩厔路氏本，蕭山朱翼盦本，又不知流傳何許。則其真可謂完帙無缺者，僅雙鑑樓及九峯舊廬之瞿氏本耳。據静嘉堂漢籍分類目録史部傳記類總録門琬琰集條宋刊下注云「補寫」，則皕宋本亦非完帙。

上集序末有「光緒丙申，曲園俞樾觀於右台山館并記」一行，尾鈐朱文葫蘆形「曲園」印。藏印，除浙撫三寶進書木記、翰林院印及楊氏重遠書樓諸記已見前述外，尚有：上集卷一首頁之白文「壽松堂印」方記，及每卷首頁之「壽松堂書畫記」朱文長方印。

著録書目，有：浙江采集遺書總目戊集，四庫全書總目提要，四庫簡明目録，郘亭知見傳本書目，邵氏四庫簡明目録標註等；其涉及此書而無關館藏者，則有：明祁氏淡生堂藏書目，趙氏脈望館書目，清錢氏絳雲樓書目，徐氏傳是樓書目，孫氏平津館鑒藏記書籍續編，季氏延令書目，陸氏心源皕宋樓藏書志，儀顧堂題跋，陸氏樹聲四庫全書簡明目録標註未刊，粤中大圖書館藏本，汪氏振綺堂藏書總目，潘氏滂喜齋藏書記，莫氏宋元本經眼録，徐氏培林堂書目，陳氏帶經堂書目，瞿氏鐵琴銅劍樓藏書目録，民國傅氏雙鑑樓善本書目，趙編北平圖書館善本書目，朱氏别有齋書目，本館善本書目稿本，及日本静嘉堂秘籍志等。其影宋及舊抄者，不與焉。此外，尚有楊氏留真譜初編，劉氏嘉業堂善本書影，瞿氏鐵琴銅劍樓宋金元本書影，可以參觀；又季滄葦藏本，伏跗室主馮氏亦攝有書影，參互比較，大致相符。惟嘉業堂本已有爛板，瞿季兩家藏本筆畫略粗，當係印刷時代較後故耳。

著硯樓讀書記　明覆宋本名臣碑傳琬琰集　今人　潘景鄭

一代名臣言行，未可盡傳於史，有碑傳以補其遺佚，後人有所考證，探賾索微，端賴於斯。歷覽漢魏以降，代有述作，薈萃之業，大抵側重詞句，選别菁英，其爲傳録之事，又多割裂斷碎，出以己見，事簡而理疏，猶不如史傳之得體，以此傳人，其可得乎？世稱碑傳載筆類多諛辭誣説，淆惑後人。予謂審别行誼，在所抉擇，人云亦云，原非爲學之方。譬如山海所藏，未必盡皆珍錯，求之者各盡其所欲耳。予讀杜大珪氏名臣碑傳琬琰集，竊有慕乎其薈萃之功。開往古未有之宏業，啓後來踵述之規範，雖甄别未必盡是，而椎輪大輅，昭兹來許，抑亦不朽之盛事矣。其書都一百七卷，離爲三集：上集神道碑，凡二十七卷；中集誌銘、行狀，凡五十五卷；下集别傳，凡二十五卷。上起建隆、乾德，下迄建炎、紹興，有宋一代名臣行事粲然大備。惜其書流傳藏家，沿稱宋槧，就余目覩，未敢置信，實皆明代覆本而已。曩歲聞浙江圖書館得孫氏壽松堂所藏一帙，詫爲壓庫之秘，撰文詳考，蔚爲盛事。洎後涵芬樓蓄意影印，經亂中輟。吾家舊藏二本，其一殘蠹過半，然天壤間僅存三五，已如景星慶雲，光耀宇宙，能不以寶玉大弓並視耶？暇時流覽所及，輒思歸熙甫宋史恨之少語，斯書網羅放失，足爲宋史之羽翼，徵文備獻，非典型而何？至兩本款式内容與夫典藏源流，已詳藏書記中，兹不具贅。戊寅九月十六日。

別宥齋藏書目録 史部 傳記類 總傳　天一閣博物館編

新刊名臣碑傳琬琰之集，上集二十七卷、中集五十五卷、下集二十五卷。宋杜大珪編。宋刻元明遞修本，一册。存上集九卷：十四至二十二。有「朱別宥收藏記」朱文長方印、「香句賞心」朱文方印、「蕭山朱氏」朱文長方印。

附録二　琬琰集刪存目録

卷一

趙中令公普神道碑　太宗
韓忠獻公琦兩朝顧命定策元勳之碑　神宗
寇忠愍公準旌忠之碑　孫抃
丁文簡公度崇儒之碑　孫抃
宋景文公祁神道碑　范鎮
王太師珪神道碑　李清臣
韓獻肅公絳忠弼之碑　李清臣
吳武安玠功績記　明庭傑
韓忠武王世忠中興佐命定國元勳之碑　趙雄
吳武順王璘安民保蜀定功同德之碑　王曮
呂文穆公蒙正神道碑　富弼
孫威敏公沔神道碑　畢仲游

呂惠穆公公弼神道碑　范　鎮
范忠獻公雍神道碑　范　鎮

卷二

馬忠肅公亮墓誌銘　晏　殊
張樞密奎墓誌銘　富　弼
范文正公仲淹墓誌銘　富　弼
張御史唐英墓誌銘　張商英
石工部揚休墓誌　范　鎮
宋諫議敏求墓誌銘　范　鎮
司馬文正公光墓誌銘　范　鎮
王尚書陶墓誌銘　范　鎮
鮮于諫議侁墓誌銘　范　鎮
孫學士洙墓誌銘　李清臣
吴正憲公充墓誌銘　李清臣
王學士存墓誌銘　曾　肇
陳少卿希亮墓誌銘　范　鎮
彭待制汝礪墓誌銘　曾　肇
趙待制開墓誌銘　李　燾

唐資政重墓誌銘　劉　岑
楊文安公椿墓誌銘　陳良祐
晁太史補之墓誌銘　張　耒
劉檢討羲叟墓誌銘　范　鎮
富秦公言墓誌銘　富　弼
韓太保惟忠墓表　李清臣
何廬江隱侯澤墓誌銘　張商英
曾博士易占神道碑　李清臣
張寺丞文蔚墓誌銘　范　鎮
曹武惠王彬行狀　李宗諤
王文正公曾行狀　富　弼
韓忠獻公琦行狀　李清臣
曾舍人鞏行狀　曾　肇
曾太師公亮行狀　曾　肇
杜御史莘老行狀　查　籥

卷三

潘武惠公美傳　實　録
王中書全斌傳　實　録

張文定公齊賢傳　實録
范忠文公傳跋　劉安世
吕正獻公公著傳　實録
文忠烈公彦博傳　實録
劉右丞摯傳　實録
王荆公安石傳　實録
吕參政惠卿傳　實録
唐參政介傳　實録
鄭翰林獬　實録
吴給事中復　實録
陳成肅公升之　實録
吕汲公大防傳　實録
馮文簡公京傳　實録
張少保商英傳　實録
韓侍郎維傳　實録
蔡忠懷公確傳　實録
章丞相惇傳　實録
范直講祖禹傳　實録
鄒司諫浩傳　實録

劉諫議安世傳　實録
曾文肅公布傳　實録
曾文昭公肇　實録
王懿恪公拱辰　實録
韓太保縝傳　實録
程宗丞顥　實録
程侍講頤　實録
宋故觀文殿學士太中大夫知建康軍府事兼管内勸農使充江南東路安撫使馬步軍都總管兼營田使兼行宮留守彭城郡開國侯食邑一千六百户食實封二百户賜紫金魚袋贈光禄大夫劉公行狀　劉　玶
劉珙謚議　宋若水
劉珙覆謚議　張叔椿
宋故左朝議大夫充徽猷閣待制致仕彭城縣開國子食邑五百户贈少傅劉公墓志銘　張　栻
故太尉威武軍節度使提舉萬壽觀食邑六千一百户食實封二千户隴西郡開國公致仕贈開府儀同三司李公行狀　張　掄
書虞雍公守唐鄧事允文　任　燮
王學士昱墓誌銘　滕宗諒

附録三　宋杜大珪皇朝名臣續碑傳琬琰録爲僞書考

顧宏義　吕曉闖

北京圖書館出版社出版的中華再造善本金元編史部收有題名宋杜大珪輯的皇朝名臣續碑傳琬琰録，云「據楊氏楓江書屋藏元刻本影印」。然據筆者比勘有關資料以後發現，此書實是一部僞書，即後人僅將南宋李幼武所纂的宋名臣言行録别集之著者名、書名置换爲杜大珪皇朝名臣續碑傳琬琰録，而充作杜氏之作。現申述理由如下。

一、皇朝名臣續碑傳琬琰録及其著録

皇朝名臣續碑傳琬琰録（以下簡稱續琬琰録）全書分上、下兩集，各有八卷，共十册、十六卷。半葉十二行，行二十三字，黑口，雙魚尾，左右雙邊。間有書耳記本頁傳主名姓，個别卷、篇之末載録傳主名，然無規律可循。書前有鮑廷博跋、鮑廷博録孫淵如（孫星衍）跋及徐渭仁跋三篇，並有題記一行：「淵翁所藏並無續集。」扉頁有鮑正言題記，云：「嘉慶十年（一八〇五年）録於趙氏竹崦庵。」

鮑廷博跋撰於嘉慶十二年，略云：

一日，偶從盧弓父齋中，茗談移晷，出宋刊本名臣續碑傳琬琰録以贈。其分一十六卷。……然病其序目闕佚，欲思補綴完善。遍訪藏書家，邈不可得。即名家書目，亦未收度。卷首有汲古閣毛氏藏印，考毛氏書目又缺而不載。……及學士告歸族里，急買舟往謁。復言：「此册乃南宋槧本，每卷首刊『皇朝』之字，頁尾有□□小字云云。歷考其源，定以南渡始刊，適變孽之秋，書逢否塞，故流傳頗少。」予聆承其指，訪諸名家，凡宋、元刊本及明鈔等書，並余所有元刻名臣琬琰之集百七卷，相與比較，乃知學士之言不我欺也。暨往役四明，登天一閣，得見明人鈔本，首尾完善，予狂喜欲絶，手録其佚而裝之。

鮑氏移録孫星衍跋於丙戌年（道光六年，一八二六年）云：

杜大珪續名臣碑傳琬琰録上下兩集，十六卷，不載於宋史藝文志，惟馬端臨文獻通攷經籍志著録名臣碑傳琬琰之集，前集二十七卷，中集五十五卷，下集二十五卷。續集上、下十六卷，眉州進士杜大珪編集。予讀其書，大有分□。於前集、中集、下集百七卷，上迄建隆，下至紹興，隨編其成書三集，皆載原文。而於宋人述事，不敢過爲褒貶之辭。且書成於南渡之世，故志舊聞未盡散失，間有可補正史之闕焉。

徐渭仁跋云：

此書四庫未經採録。天一閣廔有明人寫本。此本十六卷，巋然獨存，爲絶無廔有之書，主者寶之。按此書體例稍變於前書，所採皆國史、實録遺聞佚事之見於著録者。以文謂仿例於前，非也。

案：以文乃鮑廷博之字，可知徐氏之跋當晚於鮑氏。又從書前題記「淵翁所藏並無續集」上看，孫星衍平津館並未收藏有續琬琰録一書。

此本續琬琰録中鈐有「毛」「晉」朱文連珠印，「毛扆之印」朱文正方印，「臣」「椂」朱文連珠印，「抱經堂藏書印」白文長方印，「歙西長塘鮑氏知不足齋藏書印」朱文正方印，「知不足齋藏書印」朱文正方印，「養一」白文長方印，「曾窺未見書」朱文正方印，「上海徐渭仁收藏印」朱文長方印，「曾爲徐紫珊所藏」朱文長方印等藏章。除毛氏汲古閣、盧文弨（弓父）抱經堂、鮑氏知不足齋外，此「養一」乃陽湖人李兆洛之號，其字申耆，嘉慶十年進士；徐渭仁（？～一八五三年）字文臺，号紫珊等，上海縣人。據查此書宋、元、明諸家書目皆未著録，連毛氏汲古閣以及清代前期的藏書目亦皆未見收録，直至清末、民國初年藏書目中方見其蹤。據筆者所見，著録此書的諸家藏書目爲：

傅增湘藏本顧鶴逸書目「宋元舊槧」①中收録續名臣碑傳琬琰録上、下集，計十册，云「宋本」、「孤本」。案：顧鶴逸（一八六五～一九三〇年）名麟士（亦寫作「麐士」），字鶴逸，号西津漁父、鶴廬主人，室名過雲樓、怡園。

莫友芝撰、傅增湘訂補藏園訂補郘亭知見傳本書目卷五補録皇朝名臣續碑傳琬琰録前集八卷、後集八卷：「宋杜大珪輯。元刊本，十二行，二十三字。鮑廷博録孫星衍跋并自跋，徐渭仁跋。顧麐士怡園藏，號爲宋刊。」②

傅增湘藏園群書經眼録卷四著録皇朝名臣續碑傳琬琰録十六卷：「宋眉山杜大珪編。前集八卷，後集八卷。宋刊本，疑元翻本。十二行，二十三字。有鮑廷博跋，并録孫星衍跋。又徐渭仁跋。顧逸鶴藏書，壬子（一九一二年）二月十一日觀。」③

邵懿辰撰、近人邵章續録增訂四庫簡明目録標注卷六「續録」云：「顧鶴逸藏宋刊皇朝名臣續碑傳琬琰録，

① 載國立北平圖書館館刊第五卷第六號，又收入煮雨山房輯中國著名藏書家書目匯刊（近代卷）第二十二册，商務印書館二〇〇五年版。

② （清）莫友芝撰、傅增湘訂補：藏園訂補郘亭知見傳本書目卷五上，中華書局二〇〇九年版，第三二一頁。

③ 傅增湘：藏園群書經眼録卷四，中華書局二〇〇九年版，第二八五頁。

前集八卷，後集八卷。十二行，二十三字。鮑以文跋，又録孫淵如跋。刻殊草率，疑元翻本。」①

可見其著録内容主要爲顧鶴逸藏本情況，此本格式以及避宋諱字、於指稱宋天子及其年號之前皆空一格等，當是前人指認其爲宋刊的重要依據。然該本版心下記刻工名，有周壽、周同、葉松、林安、虞亮、子記（虞子記）、子名、劉本、劉宗、劉子和、劉宣、劉貫、伯美、媿伯美、媿名、江同、江屋、原禮（吴原禮）、六晏、六彦、六安、士達、延生、名仲、孟尤、付彦成、付資、志道、彦正、景中等人。據王肇文主編古籍宋元刊工姓名索引，②除六安、士達、延生、名仲、孟尤數人外，其餘刊工分别參與刊刻了元大德十年刊南史、大德信州路刊北史、元刊遼史，以及至正五年江浙刊金史，其中個别人還曾參與刊刻了元刊十行本十三經注疏、元延祐饒州路刊文獻通考。據此可知該本非宋刊，而屬元刊，故此後改稱「元刊本」、「元翻本」。但細察其本，且有多次補版的痕跡，可知其當非初版。

關於續琬琰録，諸藏家及書目皆稱其撰者爲宋杜大珪，但似未見有人發見其與南宋後期李幼武所纂修的宋名臣言行録别集（以下簡稱言行録别集）實爲一書。

二、續琬琰録與言行録别集内容之比較

李氏言行録别集乃續朱熹八朝名臣言行録而作，分上、下各十三卷，計二十六卷。比對續琬琰録與言行録别集二書文字，除每卷卷首、撰者名不同外，續琬琰録上集八卷，實爲言行録别集下集卷一至卷八，而續琬琰録下集八卷，則爲言行録别集上集卷一至卷八，而未取言行録别集上集卷九至卷十三、下集卷九至卷十三。詳見下表。

① （清）邵懿辰撰、邵章續録：增訂四庫簡明目録標注卷六，上海古籍出版社一九五九年版，第二五七頁。

② 王肇文主編：古籍宋元刊工姓名索引，上海古籍出版社一九九〇年版。

續琬琰録	言行録別集
上集卷一李綱忠定公	下集卷一李綱忠定公
上集卷二呂頤浩成國忠穆公 朱勝非忠靖公	下集卷二呂頤浩成國忠穆公 朱勝非忠靖公
上集卷三張浚魏國忠獻公	下集卷三張浚魏國忠獻公
上集卷四趙鼎	下集卷四趙鼎
上集卷五宗澤忠簡公	下集卷五宗澤忠簡公
上集卷六楊沂中和國武恭王 韓世忠蘄國忠武王	下集卷六楊沂中和國武恭王 韓世忠蘄國忠武王
上集卷七劉光世鄜國武僖王 張俊循國忠烈王	下集卷七劉光世鄜國武僖王 張俊循國忠烈王
上集卷八岳飛信國武穆王	下集卷八岳飛信國武穆王
	下集卷九張九成崇國文忠公 晏敦復
	下集卷十劉錡武穆公
	下集卷十一李顯忠忠襄公
	下集卷十二劉子羽
	下集卷十三胡銓忠簡公

續表

續琬琰録	言行録別集
下集卷一李邴文肅公 權邦彦 張守文靖公	上集卷一李邴文肅公 權邦彦 張守文靖公
下集卷二陳康伯魯國文正公 范宗尹 朱倬忠靖公	上集卷二陳康伯魯國文正公 范宗尹 朱倬忠靖公
下集卷三張燾忠定公 鄭瑴 滕康 王庶敏節公 沈與求 汪澈莊敏公 周麟之	上集卷三張燾忠定公 鄭瑴 滕康 王庶敏節公 沈與求 汪澈莊敏公 周麟之
下集卷四葉夢得 程瑀 王大寶	上集卷四葉夢得 程瑀 王大寶
下集卷五廖剛 胡舜陟 衛膚敏 陳公輔 陳戩	上集卷五廖剛 胡舜陟 衛膚敏 陳公輔 陳戩

續表

續琬琰録	言行録別集
下集卷六張闡忠簡公 王縉 杜莘老 黃龜年 辛次膺簡穆公	上集卷六張闡忠簡公 王縉 杜莘老 黃龜年 辛次膺簡穆公
下集卷七汪藻 綦崈禮北海先生 呂本中	上集卷七汪藻 綦崈禮北海先生 呂本中
下集卷八王居正 胡寅 潘良貴	上集卷八王居正 胡寅 潘良貴
	上集卷九吳玠涪國武安王 吳璘信國武順王
	上集卷十周葵簡惠公 王庭珪盧溪先生 范如圭 翁蒙之
	上集卷十一向子諲 向子忞 陳規

續表

續琬琰録	言行録別集
	上集卷十二趙密 王德 張子蓋 李寶
	上集卷十三李彦仙 趙立 魏勝 忠壯公

此處言行録別集乃用清道光元年洪氏歙績學堂覆元刊本宋名臣言行録。①不但兩書所收録之人物相同，其具體文字及其段落次序，經筆者比對，除存在少量錯頁以及個別文字有正體俗體、正訛、脱誤之類出入外，基本全同。其錯頁如續琬琰録上集卷一「李綱」條，其第七、八兩葉互倒，而第三葉下至第五葉下之間亦有整段文字的顛倒；下集卷七之第四、五兩葉，即「汪藻」條的末葉與「綦密禮」條的首葉互倒。又，上集卷五「宗澤」條與下集卷五「胡舜陟」條，其第四葉整版對换；而下集卷七「汪藻」條的首葉，實乃誤用上集卷七「劉光世」之首葉。

由此可證，從其内容而言，續琬琰録與言行録別集雖有書名、撰者名以及卷數多少不一之異，但顯然並非二書，其中必有一僞。

① 收入宋代傳記資料叢刊第二五、二六册，北京圖書館出版社二〇〇六年版。其中李幼武別集，題作四朝名臣言行録別集。

三、續琬琰録乃僞書之考證

對於續琬琰録、言行録别集二書何真何僞，筆者擬從著者情況、著述體例以及歷代書目著録等方面予以討論。

續琬琰録署稱「眉山杜大珪編纂集」。案杜大珪撰有名臣碑傳琬琰集（以下簡稱琬琰集）一百零七卷。四庫全書總目卷五七名臣碑傳琬琰集提要云「大珪，眉州人，其仕履不可考。自署稱進士，而序作於紹熙甲寅，則光宗時人矣」。①所謂「自署稱進士」，乃指傳世本②卷首目録署有「眉山進士杜大珪編」；而其序又未署名。琬琰集下集卷二五收載眉山任燮撰於紹熙二年上元的書虞雍公守鄧唐事，此當爲其所收的撰寫時間最晚之文。此也可作爲清館臣琬琰集提要認定杜大珪爲「光宗時人」之一證。關於琬琰集之序撰者，孫星衍平津館鑒藏書籍續編宋版據此序有云「國朝人物之盛」、「因時輩出，好事者因集神道誌銘、家傳之著者爲一編」，而斷言「序非大珪作也」，③然亦未言何人所撰。此外則未見其他有關杜大珪生平事跡的史料。

言行録别集著者爲李幼武，四庫全書總目卷五七宋名臣言行録提要云幼武「字士英，廬陵人。據其續集序文，蓋理宗時所作，其始末則未詳」。④明葉盛水東日記卷十六云宋名臣言行録前集、後集爲朱熹所纂修，而續集、别集、外集，「有景定辛酉浚儀趙崇硂引云其外孫明溪李幼武士英所輯」。⑤餘亦不詳。趙崇硂，宋史宗室表

① （清）永瑢等：四庫全書總目卷五七，中華書局一九九七年版，第八〇六頁。
② 如臺灣文海出版社一九六九年影印舊鈔本、鐵琴銅劍樓藏宋本（今藏國家圖書館，收入再造善本）等。
③ （清）孫星衍：平津館鑒藏書籍續編宋版，上海古籍出版社二〇〇八年版，第一四八頁。
④ 四庫全書總目卷五七，第八〇五頁。
⑤ （明）葉盛：水東日記卷十六，中華書局一九八〇年版，第一六〇頁。

有載，云是太宗長子漢王元佐之九世孫。①

傳世本宋名臣言行録合朱熹的前集十卷、後集十四卷，李幼武的續集八卷、別集二十六卷、外録十七卷，計七十五卷。與續琬琰録迥然有異，李幼武之書，歷代著録、引録者代不乏人。如宋趙希弁讀書附志卷上：「十二朝名臣言行録七十二卷，右八朝朱文公所編也，四朝乃後人所續者。」②對此「七十二卷」，清館臣宋名臣言行録提要認爲「今合五集計之實七十五卷，殆傳刻者誤以『五』爲『二』歟」。③清天禄琳琅書目卷五宋名臣言行録稱「明焦竑經籍志載朱子宋名臣言行録七十五卷」，④即合計朱、李五集而言。明朱明鎬史糾卷五藝文志云：「續名臣言行録，志（宋史藝文志）中以爲不知誰氏所撰。此書成于李士英之手，李固考亭之自出也。」⑤又，明孫鑛書畫跋跋卷一宋先司諫公告身真蹟：「司諫王公者名縉，見宋名臣言行録別集第六卷。」⑥檢今傳本言行録別集，王縉言行正載於上集第六卷。清陳元龍格致鏡原卷五二云：「李幼武名臣言行録韓世忠與烏珠（兀朮）相持於黃天蕩，世忠以所佩金鳳餅傳酒縱飲示之。」⑦檢韓世忠此事正載於言行録別集下集第六卷。

上文已言及李氏之書乃續朱熹八朝名臣言行録而作，故其書體例與八朝名臣言行録一致：先列某人之生

① （元）脱脱等：宋史卷二二四宗室世系表十，中華書局一九八五年版，第六六三五頁。
② （宋）趙希弁：讀書附志卷上，載（宋）晁公武撰、孫猛校證：郡齋讀書志校證，上海古籍出版社二〇一一年版，第一一三四頁。
③ 四庫全書總目卷五七，第八〇五頁。
④ （清）于敏中等：天禄琳琅書目卷五，上海古籍出版社二〇〇七年版，第一五八頁。
⑤ （明）朱明鎬：史糾卷五，上海古籍出版社影印四庫全書本，第六八八册，第五一八頁。
⑥ （明）孫鑛：書畫跋跋卷一，上海古籍出版社影印四庫全書本，第八一六册，第二四頁。
⑦ （清）陳元龍：格致鏡原卷五二，上海古籍出版社影印四庫全書本，第一〇三二册，第八〇頁。

平小傳，後編列節録自行狀、墓誌、筆記、野史等史料，以示其言行節誼。但琬琰集的體例卻與之不同。琬琰集序稱其書爲「集神道誌銘、家傳之著者爲一編」，即其彙集整篇之文成一編，而非節録文字。由此在後世形成兩種不同的著述體例，前者如明徐紘編明名臣琬琰録二十四卷、續録二十二卷；後者如明尹真撰南宋名臣言行録十六卷，清沈佳撰明儒言行録十卷、續録二卷等。至如元蘇天爵所撰元朝名臣事略十五卷，四庫全書總目卷五八指出其體例「大抵據諸家文集所載墓碑、墓誌、行狀、家傳爲多，其雜書可徵信者亦採掇焉，一一註其所出，以示有徵，蓋仿朱子名臣言行録例；而始末較詳，又兼仿杜大珪名臣碑傳琬琰集例，但有所棄取，不盡録全篇耳」。①明確無誤地指出朱熹言行録載録史料的體例是「採掇」，而杜氏琬琰集卻是「盡録全篇」。孫星衍續琬琰録跋云「續編（續琬琰録）十六卷，仿例於前三集（琬琰集）」，徐渭仁之跋對此未予認可，稱續琬琰録「體例稍變於前書」。從上文分析來看，續琬琰録號稱杜大珪續琬琰集而作，然其體例，卻同於朱熹言行録，而迥異於琬琰集。

由此可證，所謂續琬琰録，究其實，乃是一部截取李幼武言行録別集而加改頭换面以託名杜大珪編纂的僞書而已。

四、續琬琰録僞造時間之臆測

據上則續琬琰録當僞造於何時，由於筆者所見史料有欠充分，而難以就此作出明確的判斷，故下文擬據現有資料對這一問題試加探討，以期有助於相關研究的深化。

續琬琰録雖清代中期以前諸家書目皆未有著録，也未見有人曾加引録，但因傳世本卷首有汲古閣毛氏藏

① 四庫全書總目卷五八，第八一〇頁。

印，故似可推測僞造本書的上限當在明代晚期。而又因傳世本卷首有鮑正言嘉慶十年題記以及鮑廷博嘉慶十二年跋文，則其僞造之下限當在清代嘉慶前期。當然，如若此題記與跋文也出自僞託，則其下限還須往後推延至清代晚期，即傅增湘著録此書之前。

據天禄琳琅書目卷五宋名臣言行録云，「幼武編輯既成，曾自刻梓」。①此初刊本刊印情況如何，史無記載。增訂四庫簡目標注史部七傳記類之「續録」載録宋名臣言行録有「宋刊本」，有「徐積餘藏宋麻沙覆明溪本，十二行，二十三字，宋諱缺筆」。②此所謂「明溪本」，當指李幼武所刊本而言，故而推知李幼武初刊本當也是「十二行，二十三字」，其後元、明諸本版式大體據此。如藏園群書經眼録卷四著録之「元刊本，十二行，二十三字，黑口，左右雙欄」，又「明刊本，十二行，二十三字，白口單欄」。③此外，臺灣故宫博物院藏有元刊本二十四册，著録其牌記曰「宋名臣言行録道光元年歙續學堂洪氏校刊」；版式曰「四周雙欄，版心黑口，雙魚尾，中縫中記卷次及葉次，下記刻工名」；行格爲「十二行，行二十三字」；又云「卷六—八抄配，續集卷一—五爲日本天保十二年翻刻清道光元年續學堂洪氏刊本」，並詳載抄補卷葉情況。④據上述諸本情況來看，其版式與續琬琰録高度相合。而台北故宫博物院藏元刊本，其刻工名：劉虎、子爲、虞亮、虞子記、劉、子高、付、及平、士達、張名遠、付資、文、肖奇、

① 天禄琳琅書目卷五，第一五八頁。
② 增訂四庫簡明目録標注卷六，第二五六頁。
③ 藏園群書經眼録卷四，第二八七頁。
④ 臺北故宫博物院善本古籍數據庫，五朝名臣言行録數據顯示頁面，http ://npmhost.npm.gov.tw/ttscgi/ttsqueryxml ?0 :0 :npmrbxml : 00004087，2012年6月19日。案：此所謂「道光元年續學堂洪氏刊本」，当即增訂四庫簡明目録標注卷六（第二五六頁）所著録的「道光元年洪氏刊仿宋本」。

志道、士通、劉本、陳魯、周易、劉本、娓名、周壽、劉子和、劉宗、侍名仲、孟尤、原礼、江子名、劉宣、劉侍者、周同、付彥成、陳、羅六、范彥从、伯安、劉伯安、宇文、彥正、六安、劉八、子名。①其與上文已言及的續琬琰録刻工名也屬高度重合。因此，從版式上判斷，此續琬琰録與宋名臣言行録元刊本當屬同源，或是前者乃屬將後者改頭换面以託名杜大珪，或是將後世仿刊之本加以僞造以假充宋本。而續琬琰録初出，確以「宋刊本」相詫，如顧鶴逸書目即稱此爲「宋本」、「孤本」。這也與清代佞宋風尚相符，衹是因刻工等信息表明此乃元刻，故傅增湘以下方以「元刊本」著録。

下面再來討論一下鮑氏、孫氏二跋。孫星衍跋云「惟馬端臨文獻通攷經籍志著録名臣碑傳琬琰之集」。此言不確，馬氏文獻通攷經籍志并未著録杜氏琬琰集，著録琬琰集者乃續文獻通攷經籍志。至於孫跋云續琬琰録「仿例」於琬琰集，上文已指出其誤，此不贅。又鮑廷博跋文稱其「病其序目闕佚」，故日後「登天一閣，得見明人鈔本，首尾完善，予狂喜欲絶，手録其佚而裝之」。然諸家書目所見四明天一閣藏有明鈔本杜大珪琬琰集一百七卷，卻無續琬琰録。鮑跋又稱續琬琰録爲「宋刊本」，然其書刻工情況明確其屬元刊。鮑、孫皆爲清代著名藏家，似不當有如此錯訛，且當時其他文獻皆未道及此「宋本」、「孤本」續琬琰録，故疑此二跋不真。綜上而言，續琬琰録的僞造當在清代中葉或稍後。當然，因筆者未能親睹續琬琰録原本，僅據再造善本所收之續琬琰録及相關史料立論，因而目前這只能屬於推測而已，還望有方家於此做進一步的考證。

（載中國典籍與文化二〇一二年第四期）

① 臺北故宮博物院善本古籍數據庫，五朝名臣言行録數據顯示頁面，http ://npmhost.npm.gov.tw/ttscgi/ttsqueryxml ?0 :0 :npmrbxml :000004087，2012年6月19日。

附録四　朱熹張忠獻公浚行狀考異

顧宏義

南宋初名相張浚卒於孝宗隆興二年（一一六四年）八月二十八日，是年十一月辛亥葬衡山縣豐林鄉。此後，朱熹撰其行狀，載於晦庵先生朱文公文集①卷九五，題曰少師保信軍節度使魏國公致仕贈太保張公行狀（以下簡稱張公行狀一），計四萬餘字。然杜大珪名臣碑傳琬琰集②中卷五五亦收録朱熹所撰行狀，題曰張忠獻公浚行狀（以下簡稱張浚行狀二），近二萬字。比勘兩者文字，不僅其内容存在詳略不同，且内中文字亦時見異同，並由此使個別關鍵處之語義相違。今擬比對張公行狀一、張浚行狀二之文字相異處，並進而探析朱熹所撰行狀與其他宋人相關記載之異同，來考析其所隱含之南宋高宗朝政紛争以及複雜之人事關係等原因。

一、張公行狀一、張浚行狀二之文字異同比對

對於張浚行狀二篇幅遠少於張公行狀一的原因，琬琰集之編者於張浚行狀二篇末附録一段文字予以

① （宋）朱熹：晦庵先生朱文公文集，朱傑人、嚴佐之、劉永翔主編：朱子全書，上海古籍出版社、安徽教育出版社二〇〇二年版。按，下文簡稱晦庵集。

② （宋）杜大珪：名臣碑傳琬琰集，清鐵琴銅劍樓藏宋刻元明递修本。按，下文簡稱琬琰集。

說明：

右張忠獻公行狀，其全文僅四萬言。工程急迫，未能全刊，故稍删節。然凡公之大勳勞、大論議、大忠大節，不敢少遺焉。觀者幸察。

即因爲刻印琬琰集趕工期，故將朱熹原文中與張浚「大勳勞、大論議、大忠大節」關係不密切的文字予以删節。確實，經比對兩者，張浚行狀二將張浚所上的奏議多處大段或全部删去，其他與張浚「大勳勞、大論議、大忠大節」關係不太密切的敘述文字亦多予删略，如張浚行狀二篇首「公諱浚」上，張公行狀一還有「本貫漢州綿竹縣仁賢鄉武都里。曾祖文矩，故不仕，贈太師、沂國公。妣沂國夫人楊氏。祖紘，故任殿中丞致仕，贈太師、冀國公。妣冀國夫人趙氏、王氏。父咸，故任宣德郎，贈太師、雍國公。妣秦國夫人計氏」等文句；張浚行狀二述張浚之祖冀公張紘事跡時云「冀公慷慨有大志。慶曆初，魚公周詢、程公戡以公慶曆禦戎策三十篇上，有旨下國子監詳定，召試西掖」，張公行狀一所載則頗爲詳盡：

冀公幼慷慨有大志，不肯屑屑爲舉子業，於書無所不通。慶曆元年，詔舉茂才異等，近臣魚公周詢以公文五十篇應詔，召試秘閣報聞。時西鄙方用兵，魚公謂公曰：「天子以西事未寧，宵旰求賢，惟恐不及，子其可在草野乎？僕當復率賢公卿共薦論，不敢隱也。」遂與程公戡以公慶曆禦戎策三十篇上。公之策大抵謂：「唐之所患，節鎮兵盛；今之所患，中原兵弱。邊鄙有警，無以禦敵，良由四方藩境無調習之甲兵，無親信之士卒。兵以衆合，將以位充，行陳部伍都無倫理，何異驅市人而戰？古者兵出不踰時，今五年矣，民困財匱，黠科不息，生盜賊心，後患未可量也。可不速有改更，圖所以爲靖民威敵久遠之計乎？今當以陝西四路、河北三路、河東一路割兵屬將，公選其人，不拘官品，爲置文臣通曉者二人爲軍謀，而使各得自辟其屬，丁壯之目、財賦之用悉付之，勿使中官擾其事，勿使小人分其權。而通置采訪使二員，分部八路，提其綱領，糾其姦非。如轉運、提刑、運判、監軍可悉罷去，庶幾事權歸一，戎虜可遏，而人民可蘇也。」有旨下國子監詳定以聞，召試西掖。

此亦屬整段、整句刪略者。此外，張浚行狀二內尚有保持原文句而節略或修訂部分文字者，如「仲方生孟常，常生克勤，勤生縟」，張公行狀一作「仲方生孟常，孟常生克勤，克勤生縟」；又「沂公没」，張公行狀一作「沂公蚤世」；「簽判西川」，張公行狀一作「簽書劍南西川節度判官廳公事」等。上述節略，雖使兩篇行狀文字存有詳略之異，但其文義幾無更變。然而還是有部分文句，因其中個別文字有異，卻已影響其語義，甚至致使其義相違者（詳見文末附表。其中因明顯字誤而致訛錯者不列入）。

據此兩篇行狀篇末所署年月，知張公行狀一撰成於乾道三年（一一六七年）十月，而張浚行狀二撰於乾道五年秋八月，則其文字差異，當因後者對前者有所刪節、修改而使然。除上文已述的大段刪略文句以及雖文字有所更改而其文義基本未變等情況外，通過辨析附表所列兩篇文字的差異之處，可知：

其一，因刪節原文，故附表内的大部分文句，張浚行狀二要較張公行狀一簡短，如官銜、術語等大都使用其簡稱，如「安撫使」簡稱「帥」，「御前彊弩効用」簡稱「御弩効用」，將張公行狀二「十二月二十二日制拜公尚書右僕射同中書門下平章事兼樞密使」句中刪去「同中書門下平章事兼樞密使」十二字等。此類例子頗多，不贅言。然通過對比附表，可發現張公行狀一、張浚行狀二於傳鈔、刊行時，皆嘗產生一些訛誤。

如：（一）張浚行狀二「長子即冀公紘也」之「紘」，張公行狀一作「紘」字，按宇文之劭宋故朝請郎守殿中丞騎都尉賜緋魚袋張公墓誌銘亦作「紘」①，是。（二）張浚行狀二「雖公建策之忠始終不二」之「建」，張公行狀一

① 載四川文物一九九三年第六期。

作「遠」字，顯誤。（三）張浚行狀二「豫封麟淮西王，兵凡六萬入寇，已渡淮南」，張公行狀一作「豫封麟淮西王，兵凡六萬人。寇已渡淮南」，此「人」當爲「入」字之訛，由此致今人標點亦有誤。（四）張浚行狀二「公謂虜長於騎，我長於步，制騎莫如弩」，張公行狀一末句作「制步莫如弩」，「步」字顯誤。（五）張浚行狀二「成，五行之象於是大著。又曰：天數二十有五，地數三十，凡天地之數」二十六字，張公行狀一無，然宋中興紀事本末卷六八引張浚言、四朝名臣言行別録卷三張浚魏國忠獻公所引皆同於張浚行狀二，由此可證明張公行狀一中上述文字當於刊刻印行晦庵集時有脱漏。按，以上皆屬張公行狀一之訛誤。

再如：（六）張公行狀一「魚公周詢」之「魚」字，張浚行狀二作「魯」，誤。魚周詢，傳載宋史卷三〇二。（七）張浚行狀二「所講論皆前輩問學之力」之「力」字，張公行狀一作「方」，據上下文義，當作「方」。（八）張浚行狀二「後之人，良將精兵，往往皆當時歸正人也」，據張公行狀一，知「後之人」之「人」爲衍字。（九）張公行狀一「已具奏皇帝記録汝等姓名」之「姓名」，張浚行狀二作「百姓」，據上下文義，可知其誤。按，以上皆屬張浚行狀二之訛誤。

其二，張浚行狀二對張公行狀一頗加刪簡，故而存在因過分刪節而致文義訛誤者。如：（一）張公行狀一「上深然之，公獨與權樞密院檢詳文字劉子羽密謀，夜召子羽」，而張浚行狀二刪去「權樞密院檢詳文字劉子羽」十一字，則缺失張浚與密謀之對象，顯屬誤刪。（二）張公行狀一「上亦以虜欲萃兵寇東南」，原指「虜」計劃集合軍兵南侵，而張浚行狀二刪去「欲」字，則意指已付之行動矣。（三）張公行狀一作「車駕以九月一日進發，逮至平江」，然張浚行狀二刪「逮至」二字，則與高宗的行程不相合。（四）張公行狀一「乃令敏專制弩治車」，「敏」指統制陳敏，張浚行狀二刪去「敏」字，致其語句指向不清。（五）張公行狀一「公有紹興奏議、隆興奏議各十卷」，張浚行狀二無「隆興奏議」四字，亦屬誤刪。

其三，通過對勘兩篇文字，可看出張浚行狀二實有修改潤色張公行狀一文字之處，如：

（一）張公行狀一「人馬死曳滿道」，「死曳」生硬，故張浚行狀二改「曳」字爲「傷」。按，整體而言，張公行狀一文字較見雅拙，而張浚行狀二所修潤者則較爲通俗平易：如張公行狀一「時重湖連年舟楫不通，公舟始行，風日清夷，父老歎息，以爲變殘賊呻吟之區爲和氣也」，「清夷」有清平、太平之義。張浚行狀二改作「風日清爽」，其義遜於原文，然言辭較平白。又如張公行狀一「設心措意」、「含毒忍死」、「人情胥悅」，張浚行狀二改作「設心措置」、「含忍一死」、「人情皆悅」，皆後者文字較平易。

（二）張公行狀一「而丙謂公設秘閣以崇儒，擬尚方而鑄印」，然秘閣非臣下所可設置，故張浚行狀二特改「秘閣」爲「秘館」。

（三）張公行狀一「以十一月十四日入見，玉音撫勞」，張浚行狀二改「見」字作「覲」，朝見君王稱覲，顯然「覲」字爲妥。

（四）張公行狀一「上手書賜公曰：覽奏，知湖寇已平。非卿孜孜憂國，不憚勤勞，誰能寬朕憂」，張浚行狀二改「朕」作「心腹」，則由天子一人之憂伸展至社稷心腹之憂，顯然義長。

（五）張公行狀一「方約和時，誓書有不得輒更易大臣之語」，張浚行狀二改爲「方和議初定時，國書中有不得輒更易大臣之語」，其「和議初定時」較「約和時」更見時間明確，且改約和「誓書」爲兩國交聘往來間之「國書」，其爲南宋張目之義愈加顯明。

（六）張公行狀一「且聞頑顏亮篡立」，「頑顏」爲「完顏」之異寫，至張浚行狀二又改「頑顏」爲「頑元」，尚未見其他文獻中有此用法，然從上下文義判斷，絕非誤寫誤改，然皆含有鄙視仇敵、爲南宋張目之義。

（七）張公行狀一「契丹窺見其心，謂晉無人，須求凌侮，日甚一日」，「須求」乃索取之義，張浚行狀二改作

「頻來」，詞義稍異。

（八）張公行狀一「願深惟國計，精選天下巖穴之賢」，張浚行狀二改「國計」爲「有司」，然不及原文有味，但顯屬有意改字。

（九）張公行狀二「使天下之人曉然復知中國之所以異於夷狄，人類之所以異於禽兽者」，張浚行狀二作「使天下之人曉然後知人類之所以異於禽兽，中國之所以異於夷狄者」，①前者表示人們知曉「中國」與「夷狄」不同之理，就如同人與禽獸之區別，而後者則强調既已知曉人與禽獸相異之理，即可明了「中國」與「夷狄」之不同。

（十）張公行狀一篇末署「乾道三年十月日，左迪功郎、特差監潭州南嶽廟朱熹狀」，張浚行狀二作「乾道五年秋八月庚子，左迪功郎、新充樞密院編修官朱熹謹狀」。據束景南朱熹年譜長編②卷上，朱熹於乾道三年八月一日訪張栻於潭州，十一月下旬别張栻東歸。時朱熹官左迪功郎、監潭州南嶽廟。故知張公行狀一乃朱熹在潭州期間所撰。又，朱熹於乾道五年五月差充樞密院編修官，九月丁母憂。則兩篇行狀之末所署的朱熹官銜、年月皆正確無誤。且張浚行狀二「公没五年，上追思公忠烈，慨然感動，詔有司加贈太師，賜謚，太常采公議，以『忠獻』來上，詔可之」三十六字，爲張公行狀一所無，乃屬張浚行狀二添入者，其「公没五年」也正與篇末「乾道五年」歲月相吻合。

其四，張浚行狀二的文字有所增補。如上文所述，張浚行狀二將張公行狀一篇首所載張浚祖先情况的文

① 按，「曉然後」之「後」，據文義似爲「復」字之譌。

② 束景南：朱熹年譜長編，華東師範大學出版社二〇〇一年版。

字删去，故需在行文中補上其名：張公行狀一「長子庭堅，以蔭爲符寶郎」、「符寶之子即沂公也」、「長子即冀公也」，張浚行狀二分別補改作「子庭堅，以唐蔭爲符寶郎」、「沂公文矩，符寶之子也」、「長子即冀公紘也」。又如，張公行狀一「三月八日，東野忽復遽告公」，張浚行狀二改作「知府事湯東野三月八日遽告」，因爲此句上，張浚行狀二删去有關知平江府湯東野之事，故需在此補上「知府事湯」諸字，不然忽然出現「東野」云云，使人不解。

綜上可知，張浚行狀二對張公行狀一之文字修改、潤色，並結合後者對前者述事不確或錯誤之處進行的更正（詳見下文），對張浚形象的著意維護，可證這一修改、潤色應是有明確目的、全面系統的，而絶非如篇末附記所稱乃刊書者因「工程急迫」所做的「稍删節」而已。

二、從兩篇行狀文字異同推斷張浚行狀二之修潤者

在推斷張浚行狀二的修潤者爲誰之前，先辨析其修正張公行狀一敘述史實、職官、地名等方面的不確、錯誤之處。

（一）張公行狀一記靖康時開封圍城中事，述及「虞部郎中宋齊愈」，張浚行狀二改作「虞部員外郎宋齊愈」，據建炎以來繫年要録卷四建炎元年二月辛未條①、三朝北盟會編卷八〇引遺史②等記載，宋齊愈時官尚書右司員外郎，則張浚行狀二改作「員外郎」者是，而稱「虞部」者仍誤。

---

① （宋）李心傳：建炎以來繫年要録卷二建炎元年二月辛未條，上海古籍出版社二〇一八年版，第四九頁。按，以下簡稱要録。

② （宋）徐夢莘：三朝北盟會編卷八〇，上海古籍出版社一九八七年版，第六〇三頁。

（二）張公行狀一記紹興四年秋劉齊軍「引虜大兵繇數路入寇」，而「時大酋兀朮擁兵十萬于維揚」，而據諸史記載，金帥完顔兀朮是時並未統軍南抵揚州，故張浚行狀二改「維揚」作「淮陽」，是。

（三）張公行狀二「且喻良臣等當以建州以南王爾家」，張浚行狀二作「且喻良臣等當以連州以南王爾家」。按「建州」、「連州」，以何者爲是？其實其他宋人史書所載，亦是兩見：三朝北盟會編卷一六五引（張浚）行狀①、中興小紀卷十七②、續宋編年資治通鑑卷三③、宋名臣言行録別集下卷三④等皆作「建州」，而要録卷八二⑤作「連州」，李心傳并特加注曰：「金人言『連州以南』等語，據張浚行狀云爾。按金人前後書辭，止欲畫江爲界，與此不同。王繪語録亦無此説，更當詳考。」然辨析諸記載，可推知云「建州」者出自晦庵集之張公行狀一，稱「連州」者出自載於琬琰集之張浚行狀二。可能經修潤過的張浚行狀二上進史館，爲高宗日曆等所採用，遂爲李心傳所取入要録⑥。

（四）張公行狀一稱張浚「都督建康鎮江府、江池州、江陰軍屯駐軍馬」，然其實當時張浚同時還節制南宋淮南軍馬，故張浚行狀二改爲「都督江淮軍馬」。

① 《三朝北盟會編》卷一六五引《行狀》，第一一九〇頁。
② （宋）熊克：中興小紀卷十七，福建人民出版社一九八五年版，第二一七頁。
③ （宋）劉時舉：續宋編年資治通鑑卷三，上海古籍出版社文淵閣四庫全書本。
④ （宋）李幼武：宋名臣言行録別集下卷三張浚魏國忠獻公，上海古籍出版社文淵閣四庫全書本。
⑤ 要録卷八二紹興四年十一月辛未條，第一三九二頁。按，要録底本作「連州」，整理者據晦庵集之張浚行狀改作「建州」，不妥。
⑥ 按，要録卷一四六紹興十二年九月乙巳條注（第二四八七頁）云：「朱熹撰張浚行狀云：『公去國後，每使至，金主必問公安否。方和議初定，國書中有不得輒更易大臣之語。蓋憚公復用也。』」此所引行狀正屬琬琰集所載張浚行狀二之語，而非張公行狀一内文字，可爲李心傳所引非朱熹行狀原本之又一證。

（五）張公行狀一云「每訓諸子及門人：學以敬爲本，禮以教爲先」，張浚行狀二改「敬」作「禮」。據朱熹年譜長編卷上，朱熹於乾道二年九月「始悟『主敬』思想」①。雖然張栻同爲理學大家，然此一説法顯然與張浚之一貫思想并不相符合，故張浚行狀二特爲改之。

據載朱熹此後嘗對人云：「如某向來張魏公行狀，亦只憑欽夫（張栻字）寫來事實做將去②。」故而元人袁桷有「朱文公作張忠獻行狀，一出南軒（張栻）之筆，不過題官位、姓名而已」③之語。由此，并據上述文字之比勘，則可推知修潤行狀者不是朱熹，雖張浚行狀二篇末署名朱熹，然晦庵集中所收録者乃張公行狀一，而非已有所修潤之張浚行狀二，其原因似即在於此。

從上述張浚行狀二改正張公行狀一記載有誤之文字，可知此修潤朱熹行狀者必定熟知張浚言行者，結合張浚行狀二對張浚言行、功績之拔高，對其争議之處的迴護，大體可推知此修潤者應出自張家子弟、門人，或可能即由張栻所修改。一則朱熹原文因「只憑欽夫寫來事實做將去」，故相關文字對張浚已是多方迴護，然張浚行狀二中所加修飾之文字，更是著意塑造張浚「高大」形象。再則針對張浚生平行事頗有争議或爲人詰責者，張浚行狀二所修改之文字，甚至有不惜扭曲史事者。此下先舉例討論第一個問題。

（一）張公行狀一云「自武夫悍卒、小兒竈婦、深山窮谷、裔夷絶域皆聞公名，盎然歸仰，忠義之感，實自此也」，張浚行狀二改「盎然」作「浩然」。盎然，充溢貌。浩然，乃形容義無反顧貌。顯然，就張浚形象塑造而言，用

---

① 束景南：朱熹年譜長編卷上，第三六一—三六二頁。
② （宋）黎靖德：朱子語類卷一三一中興至今日人物上，中華書局一九八六年版，第三一四九—三一五〇頁。
③ （元）袁桷：清容居士集卷五〇跋外高祖史越王尺牘，上海古籍出版社文淵閣四庫全書本。

「浩然」更佳。

（二）張公行狀一載張浚進所著否泰卦解義，指出「惟易謹君子小人之辨，而二卦則其效之尤深切著明者也」，故「宰執沈該、万俟卨、湯思退等見之大怒」，張浚行狀二改「大怒」作「大恐」。大怒，指宰執諸人見張浚暗喻其爲小人而憤怒；恐，則意味宰執見張浚所進正論而心生恐懼，其義大異。

（三）張公行狀一載隆興北伐時，宋將李顯忠、邵宏淵率軍攻克靈璧、虹縣，張浚聞知以後「親率官屬前駐盱眙，幾便近得以指呼」，隨即金將蕭琦降宋。數日後宋軍「符離之敗」，當時張浚「去宿不四百里，浮言洶動，傳虜且至。官屬中有懷檄以歸者，亦有請公亟南轅者。公不答，遂北渡淮，入泗州城。軍士歸者勞而撫之，……凡數日，上下始知虜初無一騎過宿者，人心始定。時公獨與子栻留盱眙幾月，俾將士悉歸憩而後還維揚」。張浚行狀二乃改「留盱眙幾月」爲「留盱眙數月」。據宋史孝宗紀，隆興元年五月壬寅（十二日），張浚「渡江視師」；癸卯（十三日），金將蕭琦降於李顯忠；甲寅（二十四日），宋軍大潰於符離；六月庚午（十一日），張浚自盱眙歸揚州①。若張浚獲聞宋軍克復靈璧、虹縣消息以後才北上進入盱眙城，至此歸揚州，前後實不滿一月，可見張公行狀一稱「留盱眙幾月」已稍嫌誇詞，至張浚行狀二卻爲高揚張浚身臨危局而鎮定撫衆之膽魄、才幹，便篡改史實而改「幾」爲「數」。

（四）張公行狀一述張浚病危時，囑咐其子曰：「吾嘗相國家，不能恢復中原，盡雪祖宗之恥，不欲歸葬先人墓左。即死，葬我衡山足矣。」朱熹强調張浚因國而輕家、忠孝不能兩全之意，而張浚行狀二改「不欲」爲「不能」，則欲表示張浚未能歸葬家鄉先塋，非是主觀之「不欲」，而是因客觀情況之「不能」。按，由於「不欲」、「不能」皆與

① （元）脱脱等：宋史卷三三孝宗紀一，中華書局一九八五年版，第六二二、六二三頁。

其上語義稍有齟齬，故楊萬里撰張魏公傳時，特改作「不當」①。因楊萬里此張魏公傳乃屬孝宗日曆附傳②，進入「國史」，故宋史張浚傳與宋編年資治通鑑卷八、宋名臣言行録別集下卷三張浚魏國忠獻公、宋史全文卷二四上等皆作「不當」，上承楊傳。

至於張浚一生行事頗有争議者，主要有建炎初年因宋齊愈被殺而彈劾李綱使之罷相、建炎末年富平之敗、紹興七年激發「淮西兵變」、隆興初主持北伐而致宋軍「符離潰敗」等。關於這些事件之記載，張公行狀一、張浚行狀二不僅行文互有異同，且亦與當時其他史籍記載也頗有差異，而與史實不符。

三、行狀對張浚生平有争議事之諱飾

朱熹嘗對其所撰行狀表示：「如某向來張魏公行狀，亦只憑欽夫寫來事實做將去。後見光堯實録，其中煞有不相應處，故於這般文字不敢輕易下筆。趙忠簡行實，向亦嘗爲看一過，其中煞有與魏公同處。或有一事，張氏子弟載之，則以爲盡出張公；趙公子弟載之，則以爲盡出趙公③。」孝宗初年嘗爲宰相的史浩亦云：「蒙示張公行狀，可發一笑。識者觀之，必有公論。」元人袁桷更明確指出「朱文公作張忠獻行狀，……後考三敗事跡，始悔昔年不加審覈，歸咎南軒，然亦無及矣」④。辨析上述朱熹、史浩與袁桷三人之説，可知不僅張浚行狀二與張公行狀一間文字有差異，且兩者與其他文獻記載亦有不同，大致具體表現在：其一，與高宗實録（即光堯實録）

① （宋）楊萬里撰，辛更儒箋校：楊萬里集箋校卷一一五張魏公傳，中華書局二〇〇七年版，第四四二一頁。
② 楊萬里集箋校卷一一〇答謝提幹（第四二〇〇頁）有云：「如某修孝宗日曆，作張魏公、欽夫、李壽翁三傳是也。」
③ 朱子語類卷一三一中興至今日人物上，第三一四九—三一五〇頁。
④ 清容居士集卷五〇跋外高祖史越王尺牘。

「煞有不相應處」；其二，與記載趙鼎事跡的趙忠簡行實對某一事件之記録，「張氏子弟載之，則以爲盡出張公；趙公子弟載之，則以爲盡出趙公」；其三，行狀中與史浩有關者，史浩以爲不合「公論」而「可發一笑」；其四，有關張浚的三次宋軍戰敗，行狀所述與史實不合，等等。

此處先討論有關行狀所載與高宗實録「煞有不相應處」。

按高宗實録，「淳熙十五年（一一八八年）三月十一日，洪邁請開院修纂。慶元三年（一一九七年）二月五日上二百八十卷，起藩邸至紹興十六年，修撰傅伯壽等。嘉泰二年（一二〇二年）正月二十一日又上二百二十卷，起十七年至三十二年，修撰袁説友等。自奉詔至成書，凡十六年，成五百卷」①。據李心傳云「淳熙末修高宗實録，但以他官兼之，至紹熙末年而功未及半」②。而朱熹於紹熙五年（一一九四年）入臨安爲講讀官時，嘗兼實録院同修撰，入院作史館修史例，稱「而今實録，他們也是將日曆作骨」③。則朱熹所見高宗實録，當爲「功未及半」的「起藩邸至紹興十六年」之實録初稿。因朱熹未曾云其所撰行狀何處與高宗實録「煞有不相應處」，宋、元文獻中也不見有相關議論，故今日對此已無從討論。因宋朝修史制度，實録乃主要以日曆爲基礎編撰，而李心傳要録的「主要框架據日曆」④，故此下即以李心傳於要録注文所引文字對張浚行狀所載與日曆等其他文獻相異之處作一比勘。

（一）要録卷十注：「朱熹張浚行狀云『浚劾世忠，上爲奪世忠觀察使』。按，世忠在南京已除承宣使，行狀

① （宋）王應麟：玉海卷四八慶元高宗實録，江蘇古籍出版社、上海書店一九八八年版，第九一二頁。
② （宋）李心傳：建炎以來朝野雜記甲集卷十史館專官，中華書局二〇〇〇年版，第二〇七頁。
③ 朱熹年譜長編卷下，第一一五八、一一八〇—一一八二頁。
④ 梁太濟：建炎以來繫年要録取材考，載氏著：唐宋歷史文獻研究叢稿，上海古籍出版社二〇〇四年版，第一六三頁。

恐誤。今改作『降』字，庶不牴牾。」

（二）卷二三注：「朱熹作張浚行狀云：『浚建議令吕頤浩奉上幸武昌，會浚西行，江浙士大夫摇動頤浩，遂變初議。』按，康以異論而執政，則此議蓋已變矣，不在浚西行之後。意者浚此時正往高郵措置，而康遂得遷邪？或熹所云蓋指東巡之議。今且附見，又於閏八月丁丑申言之。」

（三）卷三七注：「張浚行狀云：『金尼瑪哈益兵二萬，聲言取環慶，公遂決策問罪。敵大恐，急調大帥尼瑪哈等由京西路星夜來陝右，以九月二十間與尼瑪哈等會。』按張匯節要諸書，尼瑪哈時在雲中，未嘗親入關，行狀誤以羅索爲尼瑪哈也。」

（四）卷四八注：「張浚行狀云：『尼瑪哈在陝西病篤，召諸大帥謂曰：「吾自入中國來，未嘗有敢嬰吾鋒者，獨張樞密與我抗。我在，猶不能取，爾曹宜悉此意，務自保而已。」烏珠出而怒曰：「是謂我不能耶？」尼瑪哈死，即合兵來攻。』按諸書，此時尼瑪哈在雲中，寔羅索死，行狀誤也。」

（五）卷五八注：「朱熹撰浚行狀云：『謗者謂浚任劉子羽、吴玠、趙開爲非是。』按，浚用玠，時人皆以爲宜，所以謗子羽及開者，指子羽驕倨，開聚斂耳，於玠無所與。今删潤修入。」

（六）卷七四注：「朱熹撰浚行狀云：『炳言公既得召命，不即出蜀，意有他圖。』按，炳元疏中語不如此，熹誤也。今略删潤附見。」

（七）卷七四又注：「朱熹撰浚行狀云：『辛炳論公設秘館以崇儒，擬尚方而鑄印。』此亦非疏中本語，實當時之謫詞，熹蓋小誤也。」

（八）卷八二注：「金人言『連州以南』等語，據張浚行狀云爾。按，金人前後書辭，止欲畫江爲界，與此不同。王繪語録亦無此説，更當詳考。」

（九）卷八三注：「此以日曆及浚行狀參修。日曆云愈等於今月十四日回，齎到右副元帥回書。十四日，戊子也。行狀以爲乙未，今從日曆。」

（十）卷八三又注：「此據世忠墓碑增入。張浚行狀云：『烏珠約日索戰，公再遣世忠麾下王愈以世忠書往問戰期，愈回，一日而敵宵遁。』二書差不同，今且云『敵遺世忠書』，更須詳考。但碑載此事於世忠凱旋之後，則誤也。日曆通書人乃王愈、王德，而墓碑云張軫、王愈，亦須詳考。」

（十一）卷八九「開資善堂」，云「或謂浚繇此與鼎始有隙」，其注：「趙鼎事實云：『一日，上語鼎曰：「欲令貴州防禦使出閤，選官教之，且就禁中置學館。便建資善堂，庶幾正當，所差官亦有名，仍一依皇子建節、除國公。」鼎乃與同列議選范冲、朱震爲翊善，朝論以二人爲極天下之選。上亦嘗謂鼎曰：「前日臺諫因對，語及資善之建，皆曰：『如朱震、范冲，天生此二人，爲今日資善之用，可謂得人矣。』」然是時建資善及命官與出閤之日，適張浚在外，故憸人得以間之，始見疾矣。』按，浚行狀載上語，已云『不久當令就學』。又時政記亦云上嘗語臣鼎、浚曰『此子天資特異』云云，則浚無容全不知。但封拜之日，浚適在軍中。亦猶韓琦、富弼相失云爾。」

（十二）卷九〇注：「張浚行狀云：『湖寇盡平，老弱不下二十萬。』而日曆云『降賊二萬七千户』，不言人數。今且云不下十餘萬，庶不失實。」

（十三）卷一〇二「於是鼎未欲上幸建康，故對語及之」注：「按朱熹撰張浚行狀云：『公力陳建康之行爲不可緩，朝論同者極鮮。』蓋有所指也。」

（十四）卷一〇六注：「趙鼎事實曰：『鼎移書張浚，令張俊、楊沂中兩軍併力剿滅麟、猊二賊，然後移軍建康，固守江上，以待後來者。諜者言二賊之後，金兵騎不斷，知兵者亦謂金使麟、猊爲前驅，金以精騎繼之，萬一出此，枝梧不暇矣。鼎復以書與浚云：「使張、楊協軍掃蕩之後，敵騎未必不望風而遁，蓋兵家之勢如此。」折彦質亦以書言之尤切，鼎爲上言之，上曰：「此謀之善者也。」因令鼎擬定所以措置之方，上親書賜浚，且曰：「今有數條與卿商量。」初未嘗執定決行之也。其後浚謂沮害其功者，此也。明年言者論折彦質，言淮南之役，首議斂兵，幾敗國事，坐此落職。亦觀望者不詳首尾，一意投合，且出其私意，非公言也。』按此與朱熹所撰張浚行狀及張栻所作王縉墓志全不同，以史及他書考之，其實鼎專爲守江之計，而浚力督諸將進兵，以此異議。」

（十五）卷一〇六又注：「趙甡之遺史云：『劉光世軍廬州，聞劉麟入寇，其勢甚熾，密申宰相趙鼎，乞降樞密院指揮，退保太平州。簽書樞密院事折彦質助爲之請，遂檄光世退軍。張浚大怒，遣向子諲等督光世復還廬州。』林泉野記所書亦同。按，光世但私請于鼎，無緣便降密劄，許其退保。此所云恐誤。然張浚行狀稱鼎欲退合肥之戍，召岳飛之軍東下。而日曆十一月九日癸酉，岳飛奏『依奉處分往江州屯駐』，則是果嘗降此指揮也。甡之或有所據，姑附著之，更俟參考。」

（十六）卷一一一注：「王德爲淮西大將，日曆全不書。據張浚行狀，以爲浚在廬州時，秦檜等所除，而日曆于此日載上論淮西事在主將得人，則必是此日議差除，然不見除目。」又注云：「瓊除左護軍副都統，不見本日。張浚行狀云：『秦檜等奏以王德爲都統制，即軍中取酈瓊副之，公俱以爲不然，奏論之。』按日曆所書，議諸軍置副在浚還朝之後，則二人非並除也。」

（十七）卷一一四注：「張浚行狀云浚以五月九日得請。按，浚初五日尚率百官行事，行狀恐誤。」

（十八）卷一四六注：「朱熹撰張浚行狀云：『公去國後，每使至，金主必問公安否。方和議初定，國書中有不得輒更易大臣之語，蓋憚公復用也。』案，紹興講和録有金國主書三，烏珠書七，並無此語。或又別有書，姑附此，當求他書參考。」

（十九）卷一四七注：「朱熹撰張浚行狀云：『檜既外交仇讐，罔上自肆，惡嫉正論，諱言兵事，自以爲時已太平，日爲浮文侈靡，愚弄天下，獨忌公甚，中丞万俟卨希檜旨，論卜宅僭擬，至做五鳳建樓，上不以爲然。檜遣朝士吳秉信以使事至湖南，有所案驗，且以官爵誘之。秉信造公，見其居不過中人，常產可辨，不覺歎息，反密以檜意告公而歸，且奏其實，檜黜秉信。』案日曆，秉信今年十二月己未遷密院檢詳，此時使尚未回，所謂以官爵誘之者是也。然秉信十四年二月除右司員外郎，其制詞云：『庀官樞省之聯，案視湘潭之境，勤勞靡憚，詳練有聞。』後一十餘日又遷起居舍人。則非使還即被黜矣。」

上述（一）至（五）、（七）、（九）、（十）、（十二）、（十七）、（十九）諸條中，雖張浚行狀所言或有誤，或與日曆等記載不同，然大體屬於年月日、地點以及人名等小訛，應非屬朱熹所云與實録「煞有不相應處」；其（六）、（八）、（十八）諸條，張浚行狀雖引録他人文字，言之鑿鑿，然李心傳經覆核原文，卻是「元疏中語不如此」、「亦無此説」或「並無此語」，故行狀爲「拔高」張浚功績與形象，實有「造作」文字之嫌。而（十一）、（十三）至（十六）諸條，當即屬朱熹所云「張氏子弟載之，則以爲盡出張公；趙公子弟載之，則以爲盡出趙公」之事，而且趙鼎事實也與張浚行狀、高宗實録「煞有不相應處」相關。其所引趙鼎事實，即朱熹所云之趙忠簡行實。

對於張、趙兩家子弟分別爲張浚、趙鼎争功情況，比對要録卷一〇六注所引録趙鼎事實與張浚行狀有關淮西之戰的文字異同，甚爲明顯。

趙鼎事實	張浚行狀
時鼎又督沂中徑趣合肥，以援光世。而張俊謂楊軍新戰勝，當少休。然劉麟已逼合肥，光世輜重已回江北，人情大懼。浚急以書屬鼎曰：「欲上親幸江上，先作一指揮行下，庶諸將用命。」鼎慮行府號令不行，有失機事，即白上：「今者軍事已急，萬一少有差跌，利害不細，須自朝廷主張其事，庶使張浚事有骨肋。」上深以爲然，乃擬呈親筆付浚云：「有不用命，當依軍法從事。」浚乃使人懷此御筆，馳往合肥見光世，徵出示之。光世驚駭，大呼諸將曰：「汝輩且向前，救取吾首級。」即躍馬而出，諸將帥其部曲倉皇追之。麟兵方大集，光世適與之遇，血戰終日，麟遂大敗。是時非朝廷措置，以御筆督之，勝負殊未定。鼎之誠心協濟如此，而議者謂沮軍事，可謂厚誣矣。 初，麟、猊之報甚急，張浚倉皇出江上，未知爲計。鼎白上嚴督諸將，皆鼎自擬詔檢，上親筆付諸將，于是皆恐悚奔命。楊沂中自泗上率吳錫、張宗顏直前，與劉猊遇，多破之，使麟賊失援，大衄而遁。皆鼎之始謀也。	公調度既已定矣，而張俊請益兵之書日上，劉光世亦欲引兵退保。劉豫又令鄉兵僞胡服，於河南諸州十百爲群，由此間者皆言處處有虜騎。趙鼎及簽書樞密折彦質惑之，移書抵公至七八，堅欲（岳）飛軍速下。又擬條畫項目，乞上親書付公。大略欲俊、光世、沂中等退師善還，爲保江之計，不必守前議。公奏：「俊等渡江，則無淮南，而長江之險與虜共矣。淮南之屯正所以屏蔽大江。……願朝廷勿專于中，使諸將不敢觀望。」上手書報公曰：「朕近以邊防所疑事咨問於卿，今覽卿奏，措置方略，審料敵情，條理明甚，俾朕釋然，無復憂顧。非卿識慮高遠，出人意表，何以臻此？」是時，内則廟堂，外則諸將，人人畏怯，務爲退避自全之計。雖公建策之忠始終不二，然握兵在外，間隙易生，向非主上見機之明，不惑群議，則諸將必引而南，大勢傾矣。及奉此詔，異議乃息，而諸將亦始爲固守計。既而賊大張聲勢於淮東，阻韓世忠承楚之兵不敢進，楊沂中亦以十月四日抵濠州。公聞光世已舍廬州而南，淮西人情恟涌，星夜疾馳采石，遣諭光世之衆曰：「有一人渡江，即斬以徇。」光世聞公來采石，大恐，即復駐軍，與沂中接連相應。劉猊分麟兵之半來攻沂中。是月十日，沂中大破猊於藕塘，降殺無遺。猊僅以身免，麟拔柵遁走。

據朱熹所言，知張浚行狀撰寫在前，而趙鼎事實在後。按張浚行狀所言，面對劉齊軍大舉南下，與趙鼎、折彦質驚恐失措不同，張浚指麾不亂，調度有效，并及時上奏高宗，阻止趙鼎「欲俊、光世、沂中等退師善還，爲保江之計」的企圖，而高宗亦接受張浚之策，「手書報公」，而「是時，内則廟堂，外則諸將，人人畏怯，務爲退避自全之計。雖公建策之忠始終不二，然握兵在外，間隙易生，向非主上見機之明，不惑群議，則諸將必引而南，大勢傾矣。及奉此詔，異議乃息，而諸將亦始爲固守計」，是張浚以一己之力排異議、挽狂瀾而終獲淮西

之捷。而趙鼎事實則强調趙鼎身爲宰相，居中調度，當「張浚倉皇出江上，未知爲計」，致書趙鼎「欲上親幸江上，先作一指揮行下，庶諸將用命」時，因「慮行府號令不行，有失機事」，故奏請高宗「親筆」付張浚曰：「有不用命，當依軍法從事。」於是張浚「乃使人懷此御筆，馳往合肥見光世，徵出示之。光世驚駭」而反身迎戰卻敵，並特別指出當時「鼎白上嚴督諸將，皆鼎自擬詔檢，上親筆付諸將，于是皆恐悚奔命」，認爲「是時非朝廷措置，以御筆督之，勝負殊未定。鼎之誠心協濟如此，而議者謂沮軍事，可謂厚誣矣」。内中頗有反擊張浚行狀云云之意。

對於張浚、趙鼎此時處置軍務之優劣，朱熹嘗有如下評論：「若但論理會在朝政，進退人才，趙公又較縝密，無疎失。若論擔當大事，竭力向前，則趙公不如張公。張公雖是竭力擔當，只是他才短，慮事疎處多。盡其才力，方照管得；若才有些不到處，便弄出事來，便是難。趙公也是不諳軍旅之務，所以不敢擔當。萬一金人來到面前，無以應之，不若退避耳。①」此恐亦是當時士人主流想法，故主要依據日曆撰作之要録，所載此次拒敵始末，其文字大致以張浚行狀爲依據。

但比對張浚行狀與要録卷一〇六所載，可發現兩者在部分文字上存有異同，甚至相互矛盾處。如要録載：都督府參議軍事吕祉來奏報「士氣當振，賊鋒可挫，榻前力争至于再四。（折）彦質密奏：『異時誤國，雖斬晁錯以謝天下，亦將何及？』上不聽，乃命祉馳往光世軍中督師」；又云下詔「併以淮西屬（江東宣撫使張）俊主管」。又如：劉光世退軍，張浚遣人阻止，光世「復還廬州。右司諫王縉亦言『主將有慢令不赴期會者，請奮周世

① 朱子語類卷一三一中興至今日人物上，第三一四九頁。

宗、我太祖之英斷，以厲其餘』。上親筆付沂中：『若不進兵，當行軍法①。』」此皆爲張浚行狀所未言及或相矛盾者，也與趙鼎事實記載有異者。即在此國家危急關頭，高宗處置軍務、頒行詔令皆出自其自覺，而非如張浚行狀、趙鼎事實所云，只是在張浚或趙鼎的極力主張下被動行事。也正因爲此，當「趙忠簡行狀，他家子弟欲屬筆於」朱熹，朱熹「不許」，稱「趙忠簡行實，向亦嘗爲看一過，其中煞有與魏公同處。或有一事，張氏子弟載之，則以爲盡出張公；趙公子弟載之，則以爲盡出趙公。某既做了魏公底，以爲出於張公，今又如何説是趙公耶？故某答他家子弟，盡令他轉託陳君舉，見要他去子細推究，參考當時事實，庶得其實而無牴牾耳②」。因此，張浚行狀、趙鼎事實與以日曆爲基礎修成的高宗實録在一些事件之記載「煞有不相應處」，乃是基於三者各自不同立場而寫出對己有利之部分内容而已。

以下再來討論在宋齊愈被誅以後，張浚劾罷李綱宰相一事，張公行狀一與張浚行狀二的記載頗有異同之問題。

朱熹張公行狀一云：「先是，宰相李綱以私意論諫議大夫宋齊愈，腰斬。公與齊愈素善，知齊愈死非其罪，謂上初立，綱以私意殺侍從，典刑不當，有傷新政，恐失人心。既入臺，首論綱罷之。」即因李綱拜相，諫議大夫宋齊愈因立張邦昌「僞楚」一事被誅，張浚爲御史以後，隨即彈劾李綱罷相，乃南宋初年一大事，亦是張氏子弟屢爲張浚洗白之關鍵處。關於此事，朱熹此後嘗對學生説起：「（李綱）相於南京時，建議三事，宋齊愈言之。其時正誅叛人，遂以宋嘗令立張邦昌，戮之。當時人多知是立張邦昌，間有未知者，宋書以示之。及刑，人多冤之。

① 要録卷一〇六紹興六年十月丁酉條、戊戌條，第一七七四、一七七五頁。
② 朱子語類卷一三一中興至今日人物上，第三一五〇頁。

張魏公深言宋甚好人。宋，蜀人。當時模樣，亦是汪、黄所使人。魏公亦汪、黄薦。李罷相，乃魏公言罷也。①」又答學生問「魏公論李丞相章疏中，有『脩怨專殺』等語，似指誅宋齊愈而言，何故」時云：「宋齊愈舊曾論李公來，但他那罪過，亦非小小刑杖斷遺得了。②」上一條文字由包揚記録，下一條乃李儒用記録。據朱子語類卷首姓氏，知李儒用所記乃「己未（慶元五年，一一九九年）所聞」，而包揚乃「癸卯（淳熙十年，一一八三年）、甲辰（淳熙十一年）、乙巳（淳熙十二年）所聞」。可見朱熹於乾道三年撰寫張公行狀時，「亦只憑欽夫寫來事實做將去」，故對張浚所作所爲頗爲迴護，云張浚「知齊愈死非其罪」，「綱以私意殺侍從，典刑不當」，故張浚「既入臺，首論綱罷之」。此後，因對宋齊愈被誅的原委漸次了解，雖仍説宋齊愈「及刑，人多冤之」，然卻指出宋齊愈、張浚皆爲蜀人，宋「是汪、黄所使人」，張「亦汪、黄薦」，故李綱誅宋有「私意」，而張浚論罷李綱亦非出自公心。至紹熙末，朱熹爲史官得見高宗實録，知與張公行狀所記「煞有不相應處」，然後明確指出宋齊愈「嘗令立張邦昌」之「罪過，亦非小小刑杖斷遺得了」。

朱熹張公行狀一雖已對張浚頗加迴護，然而張家子弟猶以爲不足，遂於張浚行狀二内改作：「宰相李綱以私意惡諫議大夫宋齊愈，加之罪，至論腰斬。公知齊愈死非其罪，既入臺，首論綱罷之。」即改「以私意論」爲「以私意惡」，增「加之罪至論」五字，删「與齊愈素善」五字，將「謂上初立，綱以私意殺侍從」改作「大略謂綱雖負才氣，有時望，然以私意殺侍從」，改「恐失人心」爲「不可居相位」，乃欲由此掩飾張浚因「與齊愈素善」之私誼而害公義「首論綱罷之」之實情。

① 朱子語類卷一三一中興至今日人物上，第三一三八頁。
② 朱子語類卷一三一中興至今日人物上，第三一三九頁。

四、乾道五年修改張浚行狀之原因

張浚卒於隆興二年，張栻爲何要在乾道三年方請朱熹撰寫行狀？此當於張家爲張浚請謚有關。按宋制，當家屬欲爲逝去之高官向朝廷請謚時，需其家提供逝者行狀。故朱熹張公行狀有云：「平生言行，非編録可紀。謹掇其大略，以備獻于君父，下之史官，傳之無窮，且將以求當世立言之君子述焉。」據李心傳張虞二丞相賜謚本末載：「阜陵（孝宗）初受禪，首任張魏公以經略中原，禮貌之隆，群公莫及。嘗書聖主得賢臣頌以賜，又親書其生辰而祀之禁中。每有所疑，必先詣欽夫（張栻）示不敢面詰，其尊禮如此。及符離師潰，上眷頓衰，免相西歸，薨於餘干。卹典無加，賜謚不講。後四年，公之門人陳應求入相，明年春二月，乃白贈公太師，賜謚。初議『忠正』，既而以不可爲稱，乃謚『忠獻』焉。①」檢宋史宰輔表，陳俊卿（字應求）於乾道二年十二月除同知樞密院事兼參知政事，三年十一月除參知政事，四年十月拜右相②。因孝宗猶記恨隆興北伐之大敗，故對張浚是「卹典無加，賜謚不講」。待陳俊卿擢任執政以後，張栻始請朱熹撰行狀，直至陳俊卿拜相，上請，孝宗方同意賜張浚謚號。宋史孝宗紀二載乾道五年二月「戊戌，贈張浚太師，謚忠獻③」。於是撰於乾道五年秋八月庚子之張浚行狀，得以添入「公没五年，上追思公忠烈，慨然感動，詔有司加贈太師，賜謚，太常采公議，以忠獻來上，詔可之」三十六字。然而此時張家又對朱熹張公行狀作如此修改、潤色，似與朝廷賜謚以後，張家子弟爲請人撰寫張浚「神道碑」而需提供墓主之行狀相關。

因此，當時實有文字異同、詳略不等之兩份張浚行狀流傳於世，因修改、潤色爲張浚子弟所爲，故晦庵集所

---

① 建炎以來朝野雜記乙集卷八張虞二丞相賜謚本末，第六二七頁。

② 宋史卷二一三宰輔表四，第五五七五—五五七六頁。

③ 宋史卷三四孝宗紀二，第六四五頁。

收乃朱熹原文，而李心傳建炎以來繫年要録所引録者，即經修潤以後之張浚行狀。至於收載於琬琰集之張浚行狀，其底本當非朱熹原本，而爲經張浚子弟修改之本，又經過刊印者於其上大加删節而成。

附：張浚行狀二、張公行狀一部分文字比勘表

	張浚行狀二	張公行狀一
1	子庭堅，以唐蔭爲符寶郎	長子庭堅，以蔭爲符寶郎，後不仕
2	沂公文矩，符寶之子也	符寶之子即沂公也
3	長子即冀公紘也	長子即冀公也
4	魯公周詢	魚公周詢
5	終管幹都進奏院	除管幹都進奏院
6	子雍公某，字君悦	公親教授雍公，雍公字君悦
7	訟于庭者，皆願得下士曹	訟于庭者，皆願得下士曹治
8	虞部員外郎宋齊愈	虞部郎中宋齊愈
9	所講論皆前輩問學之力	所講論皆前輩問學之方
10	公往見（譙定）至再三	公往候見至再三
11	宰相李綱以私意惡諫議大夫宋齊愈，加之罪，至論腰斬。公知齊愈死非其罪，既入臺，首論綱罷之。大略謂綱雖負才氣，有時望，然以私意殺侍從，典刑不當，有傷新政，不可居相位。	宰相李綱以私意論諫議大夫宋齊愈，腰斬。公與齊愈素善，知齊愈死非其罪，謂上初立，綱以私意殺侍從，典刑不當，有傷新政，恐失人心。既入臺，首論綱罷之。
12	公慷慨願留	公獨慷慨願留

續表

	張浚行狀二	張公行狀一
13	已而朱勝非召赴行在，公獨留節制焉	二十日，朱勝非召赴行在，公留節制
14	知府事湯東野三月八日遽告	三月八日，東野忽復遽告公
15	世忠來，事解矣	世忠來，事辦矣
16	薛慶嘯聚淮甸	盜薛慶嘯聚淮甸
17	上深然之，公獨與密謀，夜召子羽	上深然之，公獨與權樞密院檢詳文字劉子羽密謀，夜召子羽
18	子羽已張榜于省門	子羽已張榜于省門外
19	浩然歸仰	盎然歸仰
20	而乞別委大臣與韓世忠鎮淮東	而乞別委大臣韓世忠鎮淮東
21	窺見漢中寔天下形勢之地	竊見漢中寔天下形勢之地
22	天下大計	天下大勢
23	罷斥姦賊	罷斥姦臟
24	陛下果有意於中興	陛下果有意於中興之功
25	上亦以虜萃兵寇東南	上亦以虜欲萃兵寇東南
26	吾自入中國來	吾自入中國
27	乃引師而歸	及引師而歸
28	衆兵至十五萬	聚兵至十五萬
29	以所集之軍當方張之勢	以新集之軍當方張之勢
30	人馬死傷滿道	人馬死曳滿道

續表

	張浚行狀二	張公行狀一
31	而丙謂公設秘**館**以崇儒	而丙謂公設秘閣以崇儒
32	上愕然	上**始**愕然
33	上思公前日之驗	上思公前言之驗
34	以十一月十四日**入覲**，玉音撫勞	以十一月十四日入見，玉音撫勞
35	時大酋兀朮擁兵十萬于**淮陽**	時大酋兀朮擁兵十萬于**維揚**
36	夜與公**遇**于中塗	夜與公逮于中塗
37	且喻良臣等當以**連州**以南王爾家	且喻良臣等當以**建州**以南王爾家
38	**安撫使**席益傳致遠縣囚之	**帥**席益傳致遠縣囚之
39	然誠等屢嘗殺招安	然誠等屢嘗殺招安**使命**
40	誰能寬**心腹**憂	誰能寬**朕**憂
41	風日清爽	風日清**夷**
42	**會**諸將大議防秋之宜	諸將大議防秋之宜
43	故臣待效愚計	故臣**得**效愚計
44	陰已盡	三陰已盡
45	則君子在外，而否之所由生焉。否之上，九陽已盡，復變爲陰	按：無此二十三字。
46	不敢寧處於朝	不敢**皇**寧處於朝

續表

	張浚行狀二	張公行狀一
47	公以東南形勢莫重建康，建康實爲中興根本	公以東南形勢莫重建康，實爲中興根本
48	車駕以九月一日進發平江	車駕以九月一日進發，逮至平江
49	兵凡六萬入寇，已渡淮	兵凡六萬人，寇已渡淮
50	願朝廷勿專于中	願陛下勿專制于中
51	雖公建策之忠始終不二	雖公遠策之忠始終不二
52	又遣内侍賜公端石硯筆墨刀劍犀角	又遣内侍賜公古端石硯筆墨刀劍犀甲
53	獲聞聖訓	昨日獲聞聖訓
54	則被堅執鋭履危犯險者	臣懼被堅執鋭履危犯險者
55	館職未歷民事者，與除通判郡守	館職未歷民事者，除通判郡守
56	每對，必深言讎恥之大，反復再三，未嘗不改容流涕	每對，必深言讎恥之大，反復再三，上未嘗不改容流涕
57	而喜目前少安乎	而幸目前少安乎
58	在陛下勉强圖事而已	在陛下强勉圖事而已
59	設心措置	設心措意
60	姑借和以怠我之心	姑借和以怠我之心
61	至是錡以所部成大功	至是錡竟以所部成大功
62	充萬壽觀	充萬壽觀使
63	檜命臺諫論公章四五上	檜命臺諫論公章四上
64	以特進提舉江州太平興國宫	上以特進提舉江州太平興國宫

續表

	張浚行狀二	張公行狀一
65	武夫健將言公者，必咨嗟歎息	武夫健將言公者咨嗟太息
66	每使至虜，虜主必問公安在	歲時使至虜中，其主必問公安在
67	方和議初定時國書中有不得輒更易大臣之語，蓋憚公復用也	方約和時誓書有不得輒更易大臣之語，蓋懼公復用云
68	意欲剪除海内賢士大夫	意欲先除海内賢士大夫
69	又使江南轉運判官張常先治張宗元獄	又使張常先治張宗元獄
70	且聞頑元亮篡立	且聞頑顔亮篡立
71	蕩然莫爲之備	蕩然無備
72	始欲信其當時必和之説	姑欲信其當時必和之説
73	謂晉無人，頻來凌侮	謂晉無人，須求凌侮
74	含忍一死	含毒忍死
75	宰執沈該万俟卨湯思退等見之大恐	宰執沈該万俟卨湯思退等見之大怒
76	服闋，有旨落職	服闋，得旨落職
77	公德威素著	公德威表著
78	公奏	公念
79	能忍戰苦	能戰忍苦
80	以御弩効用爲名	以御前彊弩効用爲名

續表

	張浚行狀二	張公行狀一
81	公謂虜長於騎，我長於步，制騎莫如弩	公謂虜長於騎，我長於步，制步莫如弩
82	乃令專制弩治車	乃令敏專制弩治車
83	於是東屯盱眙、楚、泗，以扼渦、潁	於是東屯盱眙、楚、泗，以振清河，西屯濠、壽，以扼渦、潁
84	由海窺東萊，由清泗窺淮陽	由東海以窺登、萊，由清河窺淮陽
85	以備臨幸	足備臨幸
86	召公赴行在	首召公赴行在
87	未至國門，敦促再四，即引見	未至國門，敦促再四，至即引見
88	陳鎮淮上	使鎮淮上
89	竊惟國家自渡江已來	竊惟國家自南渡已來
90	賴陝西及東北之人不忘本家	賴陝西及東北之人不忘本朝
91	後之人，良將精兵，往往皆當時歸正人也	後之良將精兵，往往皆當時歸正人也
92	自太上時，已爲此謀	臣自太上時，已爲此謀
93	公以大兵屯盱眙、濠、廬	公以大兵屯盱、泗、濠、廬
94	時虜將蒲察徒穆	時虜將萬户蒲察徒穆
95	顯忠大破之，琦所將萬人降殺殆盡	顯忠大破之，琦所將萬五千人降殺殆盡
96	琦與家屬及千户頭項等百餘人降	琦與家屬及千户頭領等百餘人降
97	十年來無此克捷	數十年來無此克捷
98	公恐盛夏人疲，急召顯忠等還	公以盛夏人疲，急召顯忠等還師

續表

	張浚行狀二	張公行狀一
99	人情**皆**悦	人情**胥**悦
100	時公獨與子栻留盱眙**數**月	時公獨與子栻留盱眙**幾**月
101	正賴卿經畫，他人豈能副**朕**	正賴卿經畫，他人豈能副**卿**
102	今日邊事倚卿爲重	今日邊事**尤**倚卿爲重
103	切不可先啓和之言	切不可先啓**欲**和之言
104	願深惟有司精選天下巖穴之賢	願深惟**國計**，精選天下巖穴之賢
105	稱歸當稟命許四郡	**狀**稱歸當稟命許四郡
106	思退皇懼	思退**等**惶懼
107	至與左相陳康伯叩頭殿上乞去	至與左相陳康伯**等**叩頭殿上乞去
108	亦誠不忍與今日力主和議之臣並**列**於朝	亦誠不忍與今日力主和議之臣並**立**於朝
109	上諭當直學士錢周**材**以注意在公	上諭當直學士錢周**才**以注意在公
110	任**盡**言	任**盡**言
111	及**撫**師江淮	及**總**師江淮
112	太上皇帝亦深怒此**寇**無禮	太上皇帝亦深怒此**虜**無禮
113	公奏胡昉等能不爲敵屈	公奏胡昉等能不爲**虜**屈
114	庶幾諸軍知曲在彼	庶幾諸軍知曲在**虜**
115	**醜**敵未靖	**醜虜**未靖
116	具奏皇帝記録汝等**百姓**	已具奏皇帝記録汝等**姓名**

續表

	張浚行狀二	張公行狀一
117	金人益懼	虜人益懼
118	而穡指公爲拒命跋扈	而穡指公此事爲拒命跋扈
119	不能歸葬先人墓左	不欲歸葬先人墓左
120	二十六日始寢疾	二十二日始寢疾
121	公没五年，上追思公忠烈，慨然感動，詔有司加贈太師，賜謚，太常采公議，以忠獻來上，詔可之	今按：無此三十六字。
122	復土字	復守字
123	使天下之人曉然後知人類之所以異於禽兽，中國之所以異於夷狄者	使天下之人曉然復知中國之所以異於夷狄，人類之所以異於禽兽者
124	有君臣父子之道	今按：無此七字。
125	嘗論易疏曰	嘗論易數曰
126	成五行之象於是大著又曰天數二十有五地數三十凡天地之數	今按：無此二十六字。
127	學以禮爲本，禮以教爲先	學以禮爲本，禮以敬爲先
128	公有紹興奏議各十卷	公有紹興奏議、隆興奏議各十卷
129	詩禮解三卷	詩書禮解三卷
130	非編録可盡	非編録可紀
131	且將以求立言之君子述焉	且將以求當世立言之君子述焉
132	乾道五年秋八月庚子，左迪功郎、新充樞密院編修官朱熹謹狀	乾道三年十月日，左迪功郎、特差監潭州南嶽廟朱熹狀

（載宋學研究第二輯，中華書局二〇二〇年版）

附録五　徵引書目

一、古代典籍

A

安陽集　（宋）韓琦　綫裝書局二〇〇四年宋集珍本叢刊本
安陽縣金石録　（清）武億　北京圖書館出版社二〇〇三年宋代石刻文獻全編本

B

包孝肅奏議集　（宋）包拯　上海古籍出版社文淵閣四庫全書本
包拯集　（宋）包拯撰，楊國宜校注　黄山書社一九九九年版
寶真齋法書贊　（宋）岳珂　上海古籍出版社文淵閣四庫全書本
北窗炙輠録　（宋）施德操　大象出版社二〇〇八年全宋筆記第三編本
避暑録話　（宋）葉夢得　大象出版社二〇〇六年全宋筆記第二編本
避暑漫抄　（宋）陸游　大象出版社二〇一二年全宋筆記第五編本
碧雞漫志　（宋）王灼　古典文學出版社一九五七年版
碧雲騢　（宋）梅堯臣　大象出版社二〇〇三年全宋筆記第一編本

賓退録　（宋）趙與旹　上海古籍出版社一九八三年版
泊宅編　（宋）方勺　中華書局一九八三年版
步里客談　（宋）陳長方　大象出版社二〇〇八年全宋筆記第四編本

C

蔡襄集　（宋）蔡襄　上海古籍出版社一九九六年版
長興集　（宋）沈括　上海古籍出版社文淵閣四庫全書本
晁氏客語　（宋）晁説之　大象出版社二〇〇三年全宋筆記第一編本
成都文類　（宋）袁説友　中華書局二〇一一年版
程氏外書　（宋）程顥、程頤撰，（宋）朱熹編　華東師範大學出版社二〇一〇年朱子全書外編本
程氏遺書　（宋）程顥、程頤撰，（宋）朱熹編　華東師範大學出版社二〇一〇年朱子全書外編本
丞相魏公譚訓　（宋）蘇象先　大象出版社二〇〇八年全宋筆記第三編本
傳家集　（宋）司馬光　上海古籍出版社文淵閣四庫全書本
傳是樓宋元板書目　（清）徐乾學　中國書店二〇〇八年海王邨古籍書目題跋叢刊本
傳是樓書目　（清）徐乾學　中國書店二〇〇八年海王邨古籍書目題跋叢刊本
吹劍録合編（吹劍録、續録、三録、四録）（宋）俞文豹撰，張宗祥校訂　古典文獻出版社一九五八年版
吹劍録外集　（宋）俞文豹　中華書局一九九九年版
春明退朝録　（宋）宋敏求　中華書局一九八〇年版
春秋左傳　楊伯峻注　中華書局一九九〇年版

春渚紀聞　（宋）何薳　中華書局一九八三年版
淳熙嚴州圖經　（宋）陳公亮等　中華書局一九九〇年宋元方志叢刊本
詞品　（明）楊慎　人民文學出版社一九六〇年版
徂徠石先生文集　（宋）石介　中華書局一九八四年版

D

大金國志　（宋）宇文懋昭撰，崔文印校證　中華書局一九八六年版
大清一統志　（清）敕撰　上海古籍出版社文淵閣四庫全書本
大越史記全書　（越南）吴士連撰，陳荆和編校　東京大學東洋文化研究所附屬東洋學文獻セソター刊行委員會昭和五十九年版
帶經堂書目　（清）陳樹杓　清宣統間順德鄧氏風雨樓刊本
道命録　（宋）李心傳　中華書局一九九九年影印知不足齋叢書本
道山清話　（宋）佚名　大象出版社二〇〇六年全宋筆記第二編本
道鄉集　（宋）鄒浩　綫裝書局二〇〇四年宋集珍本叢刊本
道鄉全集　（宋）鄒浩　清道光十一年刻本
帝學　（宋）范祖禹　上海古籍出版社文淵閣四庫全書本
丁晉公談録　（宋）潘汝士　中華書局二〇一二年版
東都事略　（宋）王稱　北京圖書館二〇〇六年宋代傳記資料叢刊本
東家雜記　（宋）孔傳　大象出版社二〇〇八年全宋筆記第三編本

東京夢華録　（宋）孟元老撰，伊永文箋注　中華書局二〇〇六年版
東坡詩集注　（宋）王十朋　上海古籍出版社文淵閣四庫全書本
東坡志林　（宋）蘇軾　大象出版社二〇〇三年全宋筆記第一編本
東軒筆録　（宋）魏泰　中華書局一九八三年版
東原録　（宋）龔鼎臣　大象出版社二〇一七年全宋筆記第八編本
東齋記事　（宋）范鎮　中華書局一九八〇年版
獨醒雜志　（宋）曾敏行　上海古籍出版社一九八六年版

E

鄂國金佗稡編續編校注　（宋）岳珂撰，王曾瑜校注　中華書局一九八九年版
二程集　（宋）程顥、程頤　中華書局一九八一年版

F

范太史集　（宋）范祖禹　上海古籍出版社文淵閣四庫全書本
范文正公尺牘　（宋）范仲淹　四川大學出版社二〇〇七年范仲淹全集本
范文正公文集　（宋）范仲淹　四川大學出版社二〇〇七年范仲淹全集本
范文正公政府奏議　（宋）范仲淹　四川大學出版社二〇〇七年范仲淹全集本
范忠宣公文集　（宋）范純仁　綫裝書局二〇〇四年宋集珍本叢刊本
范忠宣奏議　（宋）范純仁　上海古籍出版社文淵閣四庫全書本
方輿考證　（清）許鴻磐　文物出版社一九九〇年影印濟寧潘氏華鑑閣本

方輿勝覽　（宋）祝穆　中華書局二〇〇三年版
楓窗小牘　（宋）袁褧　大象出版社二〇〇八年全宋筆記第四編本

G

（乾隆）甘肅通志　（清）許容等　上海古籍出版社文淵閣四庫全書本
紺珠集　（宋）朱勝非　上海古籍出版社文淵閣四庫全書本
高齋漫録　（宋）曾慥　大象出版社二〇〇八年全宋筆記第四編本
格致鏡原　（清）陳元龍　上海古籍出版社文淵閣四庫全書本
公是集　（宋）劉敞　上海古籍出版社文淵閣四庫全書本
姑蘇志　（明）王鏊　上海書店一九九〇年天一閣藏明代方志選刊續編本
古今合璧事類備要　（宋）謝維新　上海古籍出版社文淵閣四庫全書本
古今紀要　（宋）黄震　浙江大學出版社二〇一三年黄震全集本
古今事文類聚　（宋）祝穆　上海古籍出版社文淵閣四庫全書本
古今事文類聚新集　（元）富大用　上海古籍出版社文淵閣四庫全書本
古今姓氏書辯證　（宋）鄧名世　上海古籍出版社文淵閣四庫全書本
古今韻會舉要　（元）黄公紹編，熊忠舉要　上海古籍出版社文淵閣四庫全書本
（嘉靖）歸德志　（明）李嵩　上海書店一九九〇年天一閣藏明代方志選刊續編本
歸田録　（宋）歐陽修　中華書局一九八一年版
龜山集　（宋）楊時　上海古籍出版社文淵閣四庫全書本

龜山先生語録　（宋）楊時　上海商務印書館四部叢刊續編本
癸辛雜識　（宋）周密　中華書局一九八八年版
貴耳集　（宋）張端義　大象出版社二〇一三年全宋筆記第六編本
過庭録　（宋）范公偁　中華書局二〇〇二年版
國朝二百家名賢文粹　（宋）佚名　綫裝書局二〇〇四年宋集珍本叢刊本
國老談苑　（宋）王琪　中華書局二〇一二年丁晉公談録（外三種）本

H

漢書　（東漢）班固等撰，（唐）顔師古注　中華書局一九六四年版
韓魏公集　（宋）韓琦　上海商務印書館一九三七年版
韓忠獻公遺事　（宋）强至　大象出版社二〇〇三年全宋筆記第一編本
翰苑群書　（宋）洪遵　清鮑氏知不足齋叢書本
翰苑遺事　（宋）洪遵　大象出版社二〇〇八年全宋筆記第四編本
河東先生集　（宋）柳開　上海商務印書館四部叢刊初編本
河南程氏文集　（宋）程顥　中華書局一九八一年二程集本
河南集　（宋）尹洙　上海商務印書館四部叢刊初編本
河南通志　（清）王士俊等　上海古籍出版社文淵閣四庫全書本
河朔訪古記　（元）納新　上海古籍出版社文淵閣四庫全書本
鶴林玉露　（宋）羅大經　中華書局一九八三年版

鶴山先生大全集　（宋）魏了翁　上海商務印書館四部叢刊初編本
鴻慶居士集　（宋）孫覿　上海古籍出版社文淵閣四庫全書本
侯鯖録　（宋）趙德麟　中華書局二〇〇二年版
後漢書　（南朝宋）范曄等　中華書局一九六五年版
後山居士文集　（宋）陳師道　上海古籍出版社一九八四年影印宋本
後山詩注補箋　（宋）陳師道撰，（宋）任淵注，冒廣生補箋　中華書局一九九五年版
後山談叢　（宋）陳師道　中華書局二〇〇七年版
厚德録　（宋）李元綱　大象出版社二〇一三年全宋筆記第六編本
（民國）湖北通志　張仲炘等纂　上海古籍出版社一九九〇年影印本
滹南遺老集校注　（金）王若虛撰，胡傳志、李定幹校注　遼海出版社二〇〇六年版
華陽集　（宋）王珪　上海古籍出版社文淵閣四庫全書本
畫墁集　（宋）張舜民　上海古籍出版社文淵閣四庫全書本
畫墁録　（宋）張舜民　大象出版社二〇〇六年全宋筆記第二編本
淮海集　（宋）秦觀　上海古籍出版社文淵閣四庫全書本
皇朝編年綱目備要　（宋）陳均　中華書局二〇〇六年版
皇朝仕學規範　（宋）張鎡　書目文獻出版社一九九七年北京圖書館古籍珍本叢刊本
皇宋十朝綱要校正　（宋）李埴撰，燕永成校正　中華書局二〇一三年版
皇宋通鑑長編紀事本末　（宋）楊仲良　江蘇古籍出版社一九八八年影印宛委別藏本

皇宋中興兩朝聖政　（宋）留正　江蘇古籍出版社一九八八年影印宛委别藏本
黄帝内經素問　（唐）王冰次注　上海古籍出版社文淵閣四庫全書本
黄氏日抄　（宋）黄震　浙江大學出版社二〇一三年黄震全集本
黄庭堅全集　（宋）黄庭堅　四川大學出版社二〇〇一年版
揮麈後録　（宋）王明清　大象出版社二〇一三年全宋筆記第六編本
揮麈録　（宋）王明清　大象出版社二〇一三年全宋筆記第六編本
揮麈三録　（宋）王明清　大象出版社二〇一三年全宋筆記第六編本
揮麈餘話　（宋）王明清　大象出版社二〇一三年全宋筆記第六編本
（嘉慶）徽縣志　（清）張伯魁等　清嘉慶間刻本
晦庵先生朱文公文集　（宋）朱熹　上海古籍出版社、安徽教育出版社二〇〇二年朱子全書本

J

雞肋編　（宋）莊綽　中華書局一九八三年版
雞肋集　（宋）晁補之　上海商務印書館四部叢刊初編本
積古齋鐘鼎彝器款識　（清）阮元　鳳凰出版社二〇一〇年影印後知不足齋叢書本
記纂淵海　（宋）潘自牧　上海古籍出版社一九九二年影印本
季滄葦藏書目　（清）季振宜　中國書店二〇〇八年海王邨古籍書目題跋叢刊本
家世舊聞　（宋）陸游　中華書局一九九三年版
嘉慶重修一統志　（清）穆彰阿等　上海商務印書館四部叢刊續編本

嘉祐集箋注　（宋）蘇洵撰，曾棗莊、金成禮箋注　上海古籍出版社一九九三年版
甲申聞見二録補遺　（宋）王鞏　大象出版社二〇〇六年全宋筆記第二編本
甲申雜記　（宋）王鞏　大象出版社二〇〇六年全宋筆記第二編本
澗泉日記　（宋）韓淲　上海古籍出版社一九九三年版
建炎以來朝野雜記　（宋）李心傳　中華書局二〇〇〇年版
建炎以來繫年要録　（宋）李心傳　上海古籍出版社二〇一八年版
江鄰幾雜志　（宋）江休復　大象出版社二〇〇三年全宋筆記第一編本
江南野史　（宋）龍衮　杭州出版社二〇〇四年南唐史書彙編本
江西通志　（清）謝旻等　上海古籍出版社文淵閣四庫全書本
江陰李氏得月樓書目摘録　（明）李鶚翀　清光緒二十二年武進盛氏刊常州先哲遺書本
絳雲樓書目　（清）錢謙益　清嘉慶二十五年東武劉氏嘉蔭簃抄本
芥隱筆記　（宋）龔頤正　大象出版社二〇一二年全宋筆記第五編本
金陵新志　（元）張鉉　中華書局宋元方志叢刊本
金石萃編　（清）王昶　中國書店一九八五年版
金史　（元）脱脱等　中華書局一九八五年版
晉書　（唐）房玄齡等　中華書局一九七四年版
錦里耆舊傳　（宋）句延慶　上海古籍出版社文淵閣四庫全書本
錦繡萬花谷　（宋）佚名　上海辭書出版社一九九二年影印明本

盡言集　（宋）劉安世　上海商務印書館四部叢刊續編本
京口耆舊傳　（宋）佚名　上海古籍出版社文淵閣四庫全書本
景定建康志　（宋）周應合　中華書局宋元方志叢刊本
景文集　（宋）宋祁　上海古籍出版社文淵閣四庫全書本
景文集佚存本　（宋）宋祁　上海古籍出版社二〇一二年影印日本宫内廳書陵部藏宋元版漢籍選刊本
九國志　（宋）路振　江蘇古籍出版社一九八八年影印宛委别藏本
救荒活民書　（宋）董煟　上海古籍出版社文淵閣四庫全書本
舊唐書　（五代後晉）劉昫等　中華書局一九七五年版
舊聞證誤　（宋）李心傳　中華書局一九八一年版
舊五代史　（宋）薛居正等　中華書局一九七六年版
居士集　（宋）歐陽修　中華書局二〇〇一年歐陽修全集本
居士外集　（宋）歐陽修　中華書局二〇〇一年歐陽修全集本
郡齋讀書志校證　（宋）晁公武撰、（宋）趙希弁撰，孫猛校證　上海古籍出版社一九九〇年版

K

考古編　（宋）程大昌撰，劉尚榮校證　中華書局二〇〇八年版
肯綮録　（宋）趙叔問　大象出版社二〇〇八年全宋筆記第三編本
孔氏談苑　（宋）孔平仲　中華書局二〇一二年版
會稽鈕氏世學樓珍藏圖書目　（明）鈕緯　清抄本

（嘉泰）會稽志　（宋）施宿等　中華書局宋元方志叢刊本
愧郯録　（宋）岳珂　中華書局二〇一六年版
困學紀聞　（宋）王應麟撰，（清）翁元圻等注　上海古籍出版社二〇〇八年版

L

嬾真子　（宋）馬永卿　大象出版社二〇〇八年全宋筆記第三編本
老學庵筆記　（宋）陸游　中華書局一九七九年版
類編皇朝大事記講義　（宋）吕中　上海人民出版社二〇一四年版
類説　（宋）曾慥　上海古籍出版社文淵閣四庫全書本
冷齋夜話　（宋）釋惠洪　中華書局一九八八年版
禮記　北京大學出版社二〇〇〇年十三經註疏本
笠澤堂書目　（明）王道明　中華書局二〇〇六年宋元明清書目題跋叢刊本
歷代名臣奏議　（明）黄淮、楊士奇　上海古籍出版社一九八九年影印明刊本
梁溪漫志　（宋）費衮　上海古籍出版社一九八五年版
兩宋名賢小集　（宋）陳思編，（元）陳世隆補　上海古籍出版社二〇〇八年版
遼史　（元）脱脱等　中華書局一九七四年版
林和靖集　（宋）林逋　浙江古籍出版社二〇一二年版
臨川先生文集　（宋）王安石　上海商務印書館四部叢刊初編本
臨漢隱居詩話校注　（宋）魏泰撰，陳應鸞校注　巴蜀書社二〇〇一年版

麟臺故事　（宋）程俱撰，張富祥校證　中華書局二〇〇〇年版
六研齋筆記　（明）李日華　鳳凰出版社二〇一〇年版
六一詩話　（宋）歐陽脩　中華書局一九八一年歷代詩話本
隆平集校證　（宋）曾鞏撰，王瑞來校證　中華書局二〇一二年版
龍川别志　（宋）蘇轍　中華書局一九八二年版
龍川略志　（宋）蘇轍　中華書局一九八二年版
龍學文集　（宋）祖無擇　上海古籍出版社文淵閣四庫全書本
隴右金石録　張維　北京圖書館出版社二〇〇三年宋代石刻文獻全編本
樓鑰集　（宋）樓鑰　浙江古籍出版社二〇一〇年版
蘆浦筆記　（宋）劉昌詩　中華書局一九八六年版
潞公集　（宋）文彦博　綫裝書局二〇〇四年宋集珍本叢刊本
吕氏雜記　（宋）吕希哲　大象出版社二〇〇三年全宋筆記第一編本
吕祖謙全集　黄靈庚、吴戰壘主編　浙江古籍出版社二〇〇八年版
郘亭知見傳本書目　（清）莫友芝撰，傅增湘訂補，傅熹年整理　中華書局一九九三年版
欒城後集　（宋）蘇轍　中華書局一九九〇年蘇轍集本
欒城集　（宋）蘇轍　上海古籍出版社一九八七年版
欒城先生遺言　（宋）蘇籀　大象出版社二〇〇八年全宋筆記第三編本
羅湖野録　（宋）釋曉瑩　大象出版社二〇一二年全宋筆記第五編本

羅豫章先生文集　（宋）羅從彦　綫裝書局二〇〇四年宋集珍本叢刊本
洛陽名碑集釋　黄明蘭、朱亮編撰　朝華出版社二〇〇三年版
論語譯注　楊伯峻譯註　中華書局一九八〇年版

M

馬氏唫香館藏書目　（清）馬瀛　清宣統三年海寧費寅抄本
脈望館書目　（明）趙琦美　中華書局宋元明清書目題跋叢刊二〇〇六年版
毛詩正義　北京大學出版社二〇〇〇年十三經註疏整理本
眉公先生晚香堂小品　（明）陳繼儒　廣西師範大學出版社二〇一七年美國哈佛大學哈佛燕京圖書館藏明代善本别集叢刊本
梅磵詩話　（元）韋居安　中華書局一九八三年歷代詩話續編本
捫虱新話　（宋）陳善　大象出版社二〇一二年全宋筆記第五編本
蒙齋集　（宋）袁甫　上海商務印書館四部叢刊初編本
夢溪筆談　（宋）沈括撰，胡道静校證　上海古籍出版社一九八七年版
夢溪補筆談　（宋）沈括撰，胡道静校證　上海古籍出版社一九八七年版
密齋筆記　（宋）謝采伯　上海古籍出版社文淵閣四庫全書本
名賢氏族言行類稿　（宋）章定　上海古籍出版社一九九四年影印本
明道雜誌　（宋）張耒　大象出版社二〇〇六年全宋筆記第二編本

明一統志　（明）李賢等　上海古籍出版社文淵閣四庫全書本
墨池編　（宋）朱長文　浙江人民美術出版社二〇一二年版
墨客揮犀　（宋）彭氏　中華書局二〇〇二年版
墨莊漫録　（宋）張邦基　中華書局二〇〇二年版
默記　（宋）王銍　中華書局一九八一年版
牧庵集　（元）姚燧　上海古籍出版社文淵閣四庫全書本

N

南部新書　（宋）錢易　中華書局二〇〇二年版
南澗甲乙稿　（宋）韓元吉　上海古籍出版社文淵閣四庫全書本
南蘭陵孫尚書大全文集　（宋）孫覿　綫裝書局二〇〇四年宋集珍本叢刊本
南宋館閣録　（宋）陳騤　中華書局一九九八年版
南唐書　（宋）陸游　杭州出版社二〇〇四年南唐史書彙編本
南唐書　（宋）馬令　杭州出版社二〇〇四年南唐史書彙編本
南軒先生文集　（宋）張栻　華東師範大學出版社二〇一〇年朱子全書外編本
南陽集　（宋）韓維　上海古籍出版社文淵閣四庫全書本
能改齋漫録　（宋）吴曾　上海古籍出版社一九七九年新一版
廿二史劄記　（清）趙翼　中華書局一九八四年版

O

歐陽修年譜　（宋）胡柯　中華書局二〇〇一年歐陽修全集本

歐陽脩全集　（宋）歐陽脩　中華書局二〇〇一年版

P

培林堂書目　（清）徐秉義　中國書店二〇〇八年海王邨古籍書目題跋叢刊本

彭城集　（宋）劉攽　上海古籍出版社文淵閣四庫全書本

平津館鑒藏記書籍　（清）孫星衍　中國書店二〇〇八年海王邨古籍書目題跋叢刊本

屏山集　（宋）劉子翬　綫裝書局二〇〇四年宋集珍本叢刊本

萍洲可談　（宋）朱彧　中華書局二〇〇七年版

莆陽比事　（宋）李俊甫　江蘇古籍出版社一九八八年影印宛委別藏本

曝書亭集　（清）朱彝尊　上海商務印書館一九三五年影印本

Q

齊東野語　（宋）周密　中華書局一九八三年版

乾道臨安志　（宋）周淙　中華書局一九九〇年宋元方志叢刊本

琴史　（宋）朱長文　中華書局二〇一〇年版

青箱雜記　（宋）吴處厚　中華書局一九八五年版

（光緒）青陽縣志　（清）華椿　鳳凰出版社二〇一〇年中國地方志集成安徽府縣志輯本

清波別志　（宋）周煇　大象出版社二〇一二年全宋筆記第五編本

清波雜志校注　（宋）周煇撰，劉永翔校注　中華書局一九九四年版
清江三孔集　（宋）孔文仲、孔武仲、孔平仲　綫裝書局二〇〇四年宋集珍本叢刊本
清經世文編　（清）賀長齡、魏源等　中華書局一九九二年影印本
清容居士集　（元）袁桷　上海古籍出版社文淵閣四庫全書本
清夜録　（宋）俞文豹　大象出版社二〇一六年全宋筆記第七編本
仇池筆記　（宋）蘇軾　華東師範大學出版社一九八三年版
曲洧舊聞　（宋）朱弁　中華書局二〇〇二年版
全宋文　曾棗莊等主編　上海辭書出版社、安徽教育出版社二〇〇六年版
全唐詩　（清）曹寅　中華書局一九六〇年版
全唐文　（清）董誥等　中華書局一九八三年影印本
闕里志　（明）陳鎬　四川大学出版社二〇〇五年儒藏本
卻掃編　（宋）徐度　大象出版社二〇〇八年全宋筆記第三編本
群書會元截江網　（宋）佚名　上海古籍出版社文淵閣四庫全書本
群書考索　（宋）章如愚　上海古籍出版社一九九二年影印本

R

日知録集釋　（清）顧炎武撰，黄汝成集釋　上海古籍出版社二〇〇六年版
容齋隨筆　（宋）洪邁　上海古籍出版社一九七八年版
儒林公議　（宋）田況　中華書局二〇一七年版

S

三朝北盟會編　（宋）徐夢莘　上海古籍出版社二〇〇八年第二版
三朝名臣言行録　（宋）朱熹　上海古籍出版社、安徽教育出版社二〇〇二年朱子全書本
三國志　（晉）陳壽　中華書局一九五九年版
三劉家集　（宋）劉元高　上海古籍出版社文淵閣四庫全書本
山堂肆考　（明）彭大翼　上海古籍出版社一九九二年影印本
山右石刻叢編　（清）胡聘之　北京圖書館出版社二〇〇三年宋代石刻文獻全編本
善誘文　（宋）陳録　大象出版社二〇一六年全宋筆記第七編本
（雍正）陝西通志　（清）劉於義等　上海古籍出版社文淵閣四庫全書本
尚書正義　上海古籍出版社二〇〇七年版
邵氏聞見後録　（宋）邵博　中華書局一九八三年版
邵氏聞見録　（宋）邵伯温　中華書局一九八三年版
澠水燕談録　（宋）王闢之　中華書局一九八一年版
聖宋名賢五百家播芳大全文粹　（宋）魏齊賢　上海古籍出版社文淵閣四庫全書本
師友談記　（宋）李廌　中華書局二〇〇二年版
詩話總龜　（宋）阮閲　人民文學出版社一九八七年版
詩林廣記　（宋）蔡正孫　中華書局一九八二年版
石林詩話校注　（宋）葉夢得撰，逯銘昕校注　人民文學出版社二〇一一年版

石林燕語　（宋）葉夢得撰，（宋）宇文紹奕考異　中華書局一九八四年版
石門文字禪　（宋）釋惠洪撰，釋廓門貫徹注　中華書局二〇一二年版
十國春秋　（清）吴任臣　中華書局一九八三年版
十一家注孫子　楊丙安校理　中華書局二〇一二年版
史記　（漢）司馬遷　中華書局一九五九年版
仕學規範　（宋）張鎡　上海古籍出版社文淵閣四庫全書本
書録　（宋）董更　中華書局一九九九年影印知不足齋叢書本
書史　（宋）米芾　大象出版社二〇〇六年全宋筆記第二編本
書齋夜話　（宋）俞琰　江蘇古籍出版社一九八八年影印宛委别藏本
蜀鑑　（宋）郭允蹈　上海古籍出版社文淵閣四庫全書本
蜀中廣記　（明）曹學佺　上海古籍出版社文淵閣四庫全書本
水東日記　（明）葉盛　中華書局一九八〇年版
水心集　（宋）葉適　中華書局一九六一年葉適集本
説郛　（元）陶宗儀　上海古籍出版社一九八八年説郛三種本
司馬光集　（宋）司馬光　四川大學出版社二〇一〇年版
司馬文正公傳家集　（宋）司馬光　上海商務印書館一九三七年萬有文庫本
四朝名臣言行别録　（宋）李幼武　北京圖書館二〇〇六年宋代傳記資料叢刊本
四朝聞見録　（宋）葉紹翁　中華書局一九八九年版

四川通志　（清）黄廷桂等　上海古籍出版社文淵閣四庫全書本
（嘉靖）四川總志　（明）劉大謨等　北京圖書館出版社北京圖書館古籍珍本叢刊本
（萬曆）四川總志　（明）虞懷忠、郭棐等　齊魯書社一九九六年四庫全書存目叢書本
四庫採進書目　吴慰祖校訂　商務印書館一九六〇年版
四庫全書簡明目録　（清）敕撰　上海古籍出版社文淵閣四庫全書本
四庫全書總目　（清）永瑢等　中華書局一九八一年版
四庫提要辨證　余嘉錫　中華書局一九八〇年版
四六話　（宋）王銍　復旦大學出版社二〇〇七年歷代文話本
松窗百説　（宋）李季可　大象出版社二〇一三年全宋筆記第六編本
嵩山文集　（宋）晁説之　上海商務印書館四部叢刊續編本
宋朝南渡十將列傳　（宋）張穎　北京圖書館二〇〇六年宋代傳記資料叢刊本
宋朝事實　（宋）李攸　中華書局一九五五年版
宋朝事實類苑　（宋）江少虞　上海古籍出版社一九八一年版
宋朝諸臣奏議　（宋）趙汝愚　上海古籍出版社一九九九年版
宋大詔令集　（宋）佚名　中華書局一九六二年版
宋范文正公年譜　（宋）樓鑰　臺灣商務印書館一九七八年版
宋會要輯稿　（清）徐松等輯　中華書局一九五七年影印本
宋景文公筆記　（宋）宋祁　大象出版社二〇〇三年全宋筆記第一編本

宋論　（明）王夫之　中華書局一九六四年版
宋名臣言行録别集　（宋）李幼武　上海古籍出版社文淵閣四庫全書本
宋史　（元）脱脱等　中華書局一九八五年版
宋史全文　（元）佚名　中華書局二〇一六年版
宋太宗皇帝實録　（宋）錢若水撰，范學輝校注　中華書局二〇一二年版
宋太宗實録　（宋）錢若水　甘肅人民出版社二〇〇五年版
宋文鑑　（宋）吕祖謙　中華書局一九九二年版
宋宰輔編年録校補　（宋）徐自明撰，王瑞來校補　中華書局一九八六年版
宋中興紀事本末　（宋）熊克　國家圖書館出版社二〇〇五年影印清鈔本
蘇軾詩集　（宋）蘇軾撰，（清）王文誥輯注　中華書局一九八二年版
蘇軾詩集合注　（宋）蘇軾撰，（清）馮應榴輯注　上海古籍出版社二〇〇一年版
蘇軾文集　（宋）蘇軾　中華書局一九八六年版
蘇舜欽集　（宋）蘇舜欽　中華書局一九六一年版
蘇魏公文集　（宋）蘇頌　中華書局一九八八年版
蘇潁濱年表　（宋）孫汝聽　上海古籍出版社一九八九年宋人所撰三蘇年譜彙刊本
蘇轍集　（宋）蘇轍　中華書局一九九〇年版
涑水記聞　（宋）司馬光　中華書局一九八九年版
隨手雜録　（宋）王鞏　中華書局二〇一七年清虚雜著三編本

隋書　（唐）魏徵等　中華書局一九八二年版
遂初堂書目　（宋）尤袤　中華書局二〇〇六年宋元明清書目題跋叢刊本
孫公談圃　（宋）孫升　中華書局二〇一二年版
孫氏祠堂書目　（清）孫星衍　上海古籍出版社二〇〇八年版

T

太常因革禮　（宋）歐陽脩　江蘇古籍出版社一九八八年影印宛委别藏本
太平廣記　（宋）李昉等　中華書局一九六一年版
太平寰宇記　（宋）樂史　中華書局二〇〇七年版
太平治迹統類　（宋）彭百川　廣陵古籍刻印社一九九〇年影印適園叢書本
太史范公文集　（宋）范祖禹　綫裝書局二〇〇四年宋集珍本叢刊本
談苑　（宋）孔平仲　大象出版社二〇〇六年全宋筆記第二編本
澹生堂藏書目　（明）祁承㸁　中華書局二〇〇六年宋元明清書目題跋叢刊本
唐大詔令集　（宋）宋敏求　中華書局二〇〇八年版
唐會要　（宋）王溥　上海古籍出版社二〇一二年版
唐律疏義　（唐）長孫無忌等　中華書局一九八三年版
唐摭言　（五代）王定保　上海古籍出版社一九七八年版
苕溪漁隱叢話　（宋）胡仔　人民文學出版社一九八一年版
鐵圍山叢談　（宋）蔡絛　中華書局一九八三年版

艇齋詩話　（宋）曾季貍　中華書局一九八三年歷代詩話續編本
桯史　（宋）岳珂　中華書局一九八一年版
童蒙訓　（宋）吕本中　上海古籍出版社文淵閣四庫全書本
通鑑問疑　（宋）劉羲仲　上海古籍出版社文淵閣四庫全書本
通鑑續編　（元）陳桱　上海古籍出版社文淵閣四庫全書本
通志　（宋）鄭樵　中華書局一九八七年版
通志二十略　（宋）鄭樵　中華書局一九九五年版
桐陰舊話　（宋）韓元吉　大象出版社二〇〇八年全宋筆記第四編本
投轄録　（宋）王明清　上海古籍出版社一九九一年版

W

外制集　（宋）歐陽脩　中華書局二〇〇一年歐陽修全集本
琬琰集删存　洪業等編　上海古籍出版社一九九〇年版
玩齋集　（元）貢師泰　上海古籍出版社文淵閣四庫全書本
萬姓統譜　（明）淩迪知　上海古籍出版社文淵閣四庫全書本
汪文定公集　（宋）汪應辰　綫裝書局二〇〇四年宋集珍本叢刊本
王荆公年譜考略　（清）蔡上翔　上海人民出版社一九七三年版
王荆文公詩李壁注　（宋）王安石撰，（宋）李壁注　上海古籍出版社一九九三年版
王十朋全集　（宋）王十朋　上海古籍出版社二〇一二年版

王氏談録　（宋）王欽臣　大象出版社二〇〇八年全宋筆記第三編本
王魏公集　（宋）王安禮　綫裝書局二〇〇四年宋集珍本叢刊本
王文公文集　（宋）王安石　上海人民出版社一九七四年版
王文正公筆録　（宋）王曾　中華書局二〇一七年版
王文正公遺事　（宋）王素　中華書局二〇一七年版
渭南文集　（宋）陸游　中華書局一九七六年陸游集本
文昌雜録　（宋）龐元英　中華書局一九五八年版
文恭集　（宋）胡宿　上海古籍出版社文淵閣四庫全書本
文獻通考　（元）馬端臨　中華書局二〇一一年版
文忠集　（宋）周必大　上海古籍出版社文淵閣四庫全書本
文莊集　（宋）夏竦　綫裝書局二〇〇四年宋集珍本叢刊本
聞見近録　（宋）王鞏　大象出版社二〇〇六年全宋筆記第二編本
温公瑣語　（宋）司馬光　中華書局一九八九年涑水記聞本
甕牖閑評　（宋）袁文　上海古籍出版社一九八五年版
吴都文粹續集　（明）錢穀　上海古籍出版社文淵閣四庫全書本
吴興金石記　（清）陸心源　北京圖書館出版社二〇〇三年宋代石刻文獻全編本
五朝名臣言行録　（宋）朱熹　上海古籍出版社、安徽教育出版社二〇〇二年朱子全書本
五代史補　（宋）陶岳　杭州出版社二〇〇四年五代史書彙編本

五燈會元 （宋）釋普濟 中華書局一九八四年版
武經總要 （宋）曾公亮 上海古籍出版社文淵閣四庫全書本
武溪集 （宋）余靖 綫裝書局二〇〇四年宋集珍本叢刊本
武夷新集 （宋）楊億 福建人民出版社二〇〇七年版

X

西湖遊覽志餘 （明）田汝成 上海古籍出版社一九八〇年版
西臺集 （宋）畢仲游 上海古籍出版社文淵閣四庫全書本
西塘集耆舊續聞 （宋）陳鵠 中華書局二〇〇二年版
西塘先生文集 （宋）鄭俠 綫裝書局二〇〇四年宋集珍本叢刊本
西溪叢語 （宋）姚寬 中華書局一九九三年版
西溪文集 （宋）沈遘 上海商務印書館四部叢刊三編本
西夏書事 （清）吴廣成撰，龔世俊等校證 甘肅文化出版社一九九五年版
席上腐談 （元）俞琰 上海古籍出版社文淵閣四庫全書本
習學記言序目 （宋）葉適 中華書局一九七七年版
咸淳臨安志 （宋）潛説友 中華書局一九九〇年宋元方志叢刊本
咸平集 （宋）田錫 巴蜀書社二〇〇八年版
湘山野録 （宋）釋文瑩 中華書局一九八四年版
小畜集 （宋）王禹偁 上海商務印書館四部叢刊初編本

新安文獻志　（明）程敏政　黄山書社二〇〇四年版
（淳熙）新安志　（宋）羅願　中華書局一九九〇年宋元方志叢刊本
新編翰苑新書　（宋）佚名　書目文獻出版社一九九七年北京圖書館古籍珍本叢刊本
新見歐陽脩九十六篇書簡　（宋）歐陽脩撰，洪本健箋注，上海古籍出版社二〇一四年版
新唐書　（宋）歐陽脩、宋祁　中華書局一九七五年版
新五代史　（宋）歐陽脩　中華書局一九七四年版
新中國出土墓誌（河南壹）　中國文物研究所、河南省文物研究所編　文物出版社一九九四年版
徐騎省集　（宋）徐鉉　上海商務印書館四部叢刊初編本
徐氏家藏書目　（明）徐𤊹　中華書局二〇〇六年宋元明清書目題跋叢刊本
續宋編年資治通鑑　（宋）劉時舉　中華書局二〇一四年版
續通志　（清）敕修　上海古籍出版社文淵閣四庫全書本
續文章正宗　（宋）真德秀　綫裝書局二〇〇四年宋集珍本叢刊本
續湘山野録　（宋）釋文瑩　中華書局一九八四年版
續資治通鑑長編　（宋）李燾　中華書局二〇〇四年版
宣和書譜　（宋）佚名　浙江人民美術出版社二〇一二年版
學林　（宋）王觀國　中華書局一九八八年版
學士年表　（宋）佚名　清鮑氏知不足齋叢書本
荀子　（清）荀況撰，王先謙集解　中華書局一九八八年版

Y

巖下放言　（宋）葉夢得　大象出版社二〇〇六年全宋筆記第二編本
演繁露　（宋）程大昌　大象出版社二〇〇八年全宋筆記第四編本
演繁露續集　（宋）程大昌　大象出版社二〇〇八年全宋筆記第四編本
燕翼詒謀録　（宋）王栐　中華書局一九八一年版
楊公筆録　（宋）楊彦齡　大象出版社二〇〇三年全宋筆記第一編本
楊萬里集箋校　（宋）楊萬里撰，辛更儒箋校　中華書局二〇〇七年版
楊文公談苑　（宋）楊億口述、黄鑑筆録、宋庠整理，李裕民輯校　上海古籍出版社一九九三年版
也是園藏書目録　（清）錢曾　中國書店二〇〇八年海王邨古籍書目題跋叢刊本
葉適集　（宋）葉適　中華書局一九六一年版
野客叢書　（宋）王楙　上海古籍出版社一九九一年版
野老紀聞　（宋）王楙　上海古籍出版社一九九一年野客叢書本
猗覺寮雜記　（宋）朱翌　大象出版社二〇〇八年全宋筆記第三編本
夷堅志　（宋）洪邁　中華書局一九八一年版
儀禮注疏　（漢）鄭玄注，（唐）賈公彦疏　上海古籍出版社一九九〇年版
尹文子　厲時熙注　上海人民出版社一九七七年版
永樂大典　（明）解縉等　中華書局一九八六年版
友會談叢　（宋）上官融　江蘇古籍出版社一九八八年影印宛委别藏本

餘師録　（宋）王正德　上海古籍出版社文淵閣四庫全書本
輿地廣記　（宋）歐陽忞　四川大學出版社二〇〇三年版
輿地紀勝　（宋）王象之　四川大學出版社二〇〇五年版
玉海　（宋）王應麟　江蘇古籍出版社、上海書店一九八八年版
玉壺清話　（宋）僧文瑩　中華書局一九八四年版
玉堂嘉話　（元）王惲　中華書局二〇〇六年版
玉照新志　（宋）王明清　上海古籍出版社一九九一年版
寓簡　（宋）沈作喆　大象出版社二〇〇八年全宋筆記第四編本
元城語録解　（宋）馬永卿編，（明）王崇慶解　上海古籍出版社文淵閣四庫全書本
元和郡縣志　（唐）李吉甫　中華書局一九八三年版
元憲集　（宋）宋庠　上海古籍出版社文淵閣四庫全書本
袁桷集　（元）袁桷撰，楊亮校注　中華書局二〇一二年版
月河所聞集　（宋）莫君陳　大象出版社二〇〇三年全宋筆記第一編本
雲巢編　（宋）沈遼　上海商務印書館四部叢刊三編本
雲谷雜記　（宋）張淏　中華書局一九五八年版
雲麓漫鈔　（宋）趙彦衛　古典文學出版社一九五七年版
雲齋廣録　（宋）李獻民　中華書局一九九七年版
鄖溪集　（宋）鄭獬　綫裝書局二〇〇四年宋集珍本叢刊本

Z

曾鞏集　（宋）曾鞏　中華書局一九八四年版
曾文昭公集　（宋）曾肇　綫裝書局二〇〇四年宋集珍本叢刊本
張方平集　（宋）張方平　中州古籍出版社一九九二年版
張乖崖集　（宋）張詠　中華書局二〇〇〇年版
張耒集　（宋）張耒　中華書局一九九〇年版
趙孟頫集　（元）趙孟頫　浙江古籍出版社二〇一二年版
趙清獻公文集　（宋）趙抃　綫裝書局二〇〇四年宋集珍本叢刊本
折獄龜鑑　（宋）鄭克撰，楊奉琨校釋　復旦大學出版社一九八八年版。
浙江採集遺書總録　（清）沈初等　中國書店二〇〇八年海王邨古籍書目題跋叢刊本
珍席放談　（宋）高晦叟　大象出版社二〇〇八年全宋筆記第三編本
振綺堂書目　（清）汪憲　清道光間顧沅抄本
直齋書録解題　（宋）陳振孫　上海古籍出版社一九八七年版
職官分紀　（宋）孫逢吉　上海古籍出版社文淵閣四庫全書本
中山詩話　（宋）劉攽　中華書局一九八一年歷代詩話本
中吴紀聞　（宋）龔明之　上海古籍出版社一九八六年版
中興禮書　（清）徐松　上海古籍出版社二〇〇二年續修四庫全書本
中興小紀　（宋）熊克　福建人民出版社一九八五年版

中興禦侮録　（宋）佚名　大象出版社二〇一二年全宋筆記第五編本
中興戰功録　（宋）李壁　大象出版社二〇一三年全宋筆記第六編本
忠肅集　（宋）劉摯　中華書局二〇〇二年版
忠獻韓魏王別録　（宋）王巖叟　綫裝書局二〇〇四年宋集珍本叢刊本
忠獻韓魏王家傳　（宋）佚名　綫裝書局二〇〇四年宋集珍本叢刊本
忠獻韓魏王遺事　（宋）强至　綫裝書局二〇〇四年宋集珍本叢刊本
周禮注疏　（漢）鄭玄注，（唐）賈公彦疏　上海古籍出版社二〇一〇年版
周易本義　（宋）朱熹　中華書局二〇〇九年版
周易注疏　（三國魏）王弼、（晉）韓康伯注，（唐）孔穎達疏　中華書局一九八〇年十三經註疏本
州縣提綱　（宋）佚名　上海古籍出版社文淵閣四庫全書本
朱子年譜　（清）王懋竑　中華書局一九九八年版
朱子語類　（宋）黎靖德　中華書局一九八六年版
竹隱畸士集　（宋）趙鼎臣　上海古籍出版社文淵閣四庫全書本
麈史　（宋）王得臣　上海古籍出版社一九八六年版
著硯樓讀書記　潘景鄭　遼寧教育出版社二〇〇二年版
自警編　（宋）趙善璙　大象出版社二〇一六年全宋筆記第七編本
資治通鑑　（宋）司馬光撰，（元）胡三省注　中華書局一九九二年版

二、石刻文獻

安化郡夫人富氏墓誌　（宋）蔡駰　載文物出版社一九九四年版新中國出土墓誌（河南壹）

北宋竇儼墓誌疏證　張驍飛　載寧波大學學報（人文科學版）二〇一五年第四期

北宋竇儀墓誌疏證　趙振華　載湖南科技學院學報二〇〇五年第一〇期

北宋王拱辰墓及墓誌　載中原文物一九八五年第四期

北宋五都居士張紘墓誌　寧志奇　載四川文物一九九三年第六期

大宋故贈中書令良僖李公神道之碑　（宋）馮元　載朝華出版社二〇〇三年版洛陽名碑集釋

韓魏公墓誌銘　（宋）陳薦　載胡昌健恭州集安陽金石録韓魏公墓誌銘勘誤補正，重慶出版社二〇〇八年版

開封府題名記　（宋）佚名　載徐伯勇簡介開封府題名記，中原文物一九八六年第二期

宋故清逸處士魏君墓誌銘　（宋）司馬光　載戴尊德司馬光撰魏閑墓誌之研究，文物一九九〇年第十二期

宋故推誠保德功臣資政殿大學士守太子少保致仕上柱國南陽郡開國公食邑二千五百户食實封陸伯户贈太子少師謚清獻趙公神道碑　（宋）蘇軾　上海圖書館藏拓片

宋故宣徽南院使檢校司空太子太保致仕上柱國始平郡開國公食邑八千七百户實封二千七百户贈司徒謚文簡馮公墓誌銘　（宋）彭汝礪　載河南省文物研究所、密縣文物保管所　密縣五虎廟北宋馮京夫婦合葬墓，中原文物一九八七年第四期

宋故右朝議大夫充徽猷閣待制致仕彭城縣開國子食邑五百户贈少傅劉公神道碑銘　（宋）朱熹　上海圖

書館藏拓片

宋故彰德軍節度相州管内觀察處置等使檢校太師持節相州諸軍事相州刺史充大名府路安撫使兼北京留守司公事畿内勸農使上柱國太原郡開國公食邑九千三百户實封三阡肆佰户贈開府儀同三司謚懿恪王公墓誌銘，轉引自洛陽地區文物工作隊北宋王拱辰墓及墓誌　（宋）安燾　載中原文物一九八五年第四期

宋故中大夫同知樞密院事上柱國天水郡開國侯食邑一千二百户食實封三百户贈右銀青光禄大夫謚懿簡趙公神道碑　（宋）范祖禹　載四川大學出版社一九九〇年版四川歷代碑刻

三、今人著述

北京圖書館古籍善本書目　北京圖書館編　書目文獻出版社一九八七年版

曹武惠王彬行狀作者與體裁考述　蘇賢　載歷史文獻研究第三十七輯　華東師範大學出版社二〇一六年版

杜大珪名臣碑傳琬琰集的編纂特點與史學價值　羅炳良　載天津社會科學二〇一〇年第五期

恭州集　胡昌健　重慶出版社二〇〇八年版

密縣五虎廟北宋馮京夫婦合葬墓　載中原文物一九八七年第四期

明代嘉興項氏兄弟藏書考略　沈紅梅　載圖書館工作與研究二〇〇八年第七期

南宋史學史　羅炳良　人民出版社二〇〇八年版

書海揚舲録　沈津　廣西師範大學出版社二〇一六年版

四川歷代碑刻　高文、高成剛　四川大學出版社一九九〇年版

宋登科記考　龔延明、祖慧　江蘇教育出版社二〇〇九年版
宋槧殘本新刊名臣碑傳琬琰之集跋　曹元忠　載文藝雜誌一九一八年第七期
西夏史稿　吳天墀　商務印書館二〇一〇年版
趙普評傳　張其凡　北京出版社一九九一年版

人名索引

本索引收録琬琰集之碑誌傳文之撰者以及墓（傳）主，據漢語拼音爲序編排。若某人，本書既收載其碑誌傳文，又收録其爲他人所撰之碑誌傳文，則於其姓名項下，先排列其碑誌傳之名（括號内人之姓名乃撰者或出處文獻），然後排列其所撰之碑誌名，以仿宋體相區別；若僅收載其碑誌傳文，或僅收載其爲他人所撰之碑誌傳文，則倣上處理。碑誌傳名下之數字，斜杠前爲卷數，後爲頁碼。

包拯

包孝肅公拯（曾鞏）　下卷六/一八四一

畢士安

畢文簡公士安傳（畢仲游）　下卷四/一七八七

畢仲游

孫威敏公沔神道碑　上卷二三/四八四

韓儀公丞相忠彦行狀　中卷五〇/一四六九

畢文簡公士安傳　下卷四/一七八七

蔡齊

蔡文忠公齊行狀（歐陽脩）　中卷四七/一三九五

蔡文忠公齊墓誌銘（范仲淹）　中卷三/六一三

蔡確

蔡忠懷公確傳（實録）　下卷一八/二一一一

曹彬

曹武惠王彬行狀（李宗諤）　中卷四三/一三一三

曹翰

曹翰節使（曾鞏）　下卷五/一八二〇

曹利用
侍中曹公利用（曾鞏）　下卷五／一八一〇
曹瑋
曹武穆公瑋行狀（王安石）　中卷四三／一三二九
晁補之
晁太史補之墓誌銘（張耒）　中卷三四／一一五七
李黄門清臣行狀　中卷四九／一四三九
陳良祐
楊文安公椿墓誌銘　中卷三三／一一三三
陳升之
陳成肅公升之傳（實録）　下卷一五／二〇六四
曹希亮
陳少卿希亮墓誌銘（范鎮）　中卷三一／一〇八九
陳堯佐
陳文惠公堯佐神道碑（歐陽脩）　上卷一五／三四一
程顥
程宗丞顥傳（實録）　下卷二一／二一九四
邵康節先生雍墓誌銘　中卷三四／一一六三
程琳
程文簡公琳墓誌銘（歐陽脩）　中卷二〇／八九四
程文簡公琳旌勞之碑（歐陽脩）　上卷四／七七
程坦
程太師坦墓誌銘（王珪）　中卷四一／一二八四
程頤
程侍講頤傳（實録）　下卷二一／二一九九
程元白
程太師元白墓誌銘（歐陽脩）　中卷四〇／一二六一
种放
种處士放傳（曾鞏）　中卷三八／一二三四
种世衡
种院使世衡神道碑（范仲淹）　上卷二五／五二九
黨進
黨進節使（曾鞏）　下卷五／一八一九
狄青
狄武襄公青神道碑（王珪）　上卷二五／五一九
丁度
丁文簡公度崇儒之碑（孫抃）　上卷三／六七
丁謂
丁晉公謂（曾鞏）　下卷三／一七七七

竇偁
竇參政偁（曾鞏） 下卷八／一八八八
杜杞
杜待制杞墓誌銘（歐陽脩） 中卷一二／七七二
杜莘老
杜御史莘老行狀（查籥） 中卷五四／一五五七
杜衍
杜祁公衍墓誌銘（歐陽脩） 中卷四／六二一
范百禄
范資政百禄墓誌銘（范祖禹） 中卷二九／一〇四五
范純仁
范忠宣公純仁世濟忠直之碑（曾肇） 上卷一一／二一七
范雍
范忠獻公雍墓誌銘（范仲淹） 中卷一〇／七三一
范忠獻公雍神道碑（范鎮） 上卷二六／五四九
范鎮
范忠文公鎮墓誌銘（蘇軾） 中卷一八／八四九
范蜀公鎮傳（司馬光） 下卷九／一九一五
傳跋（劉安世） 下卷九／一九二〇
宋景文公祁神道碑 上卷七／一五〇
呂惠穆公公弼神道碑 上卷二六／五四一
范忠獻公雍神道碑 上卷二六／五四九
石工部揚休墓誌 中卷一六／八二三
宋諫議敏求墓誌 中卷一六／八二七
司馬文正公光墓誌銘 中卷一八／八四七
王尚書陶墓誌銘 中卷二四／九六三
鮮于諫議侁墓誌銘 中卷二四／九六九
陳少卿希亮墓誌銘 中卷三一／一〇八九
羲叟檢討墓誌銘 中卷三八／一二三〇
張寺丞文蔚墓誌銘 中卷四一／一二八二
范質
范魯公質（曾鞏） 下卷三／一七四五
范仲淹
范文正公仲淹墓誌銘（富弼） 中卷一二／七五七
范文正公仲淹神道碑（歐陽脩） 上卷二〇／四一七
張刺史綸神道碑 上卷一八／三八一
李觀察士衡神道碑 上卷一八／三九〇
种院使世衡神道碑 上卷二五／五二九
田諫議錫墓誌銘 中卷二／五八七
滕待制宗諒墓誌銘 中卷二／五九四

蔡文忠公齊墓誌銘　中卷三／六一三
王待制質墓誌銘　中卷七／六八九
范忠獻公雍墓誌銘　中卷一〇／七三一
胡尚書則墓誌銘　中卷一一／七四九
田公紹方墓誌銘　中卷三九／一二五三
謝尚書濤神道碑　中卷四〇／一二六八

范祖禹

范直講祖禹傳（實録）　下卷一九／二一三五
趙樞密瞻神道碑　上卷二七／五六三
郭將軍逵墓誌銘　中卷一三／七七七
司馬諫議康墓誌銘　中卷二三／九五〇
楊待制繪墓志銘　中卷二五／九八〇
范資政百禄墓誌銘　中卷二九／一〇四五
劉秘書恕墓碣　中卷三八／一二二一
邵康節先生雍傳　下卷二一／二一八九

馮京

馮文簡公京傳（實録）　下卷一六／二〇七六

馮守信

馮勤威公守信神道碑（王安石）　上卷一七／三六九

馮元

馮侍講行狀（宋祁）　中卷四六／一三八五

富弼

富鄭公弼顯忠尚德之碑（蘇軾）　上卷五／九五
呂文穆公蒙正神道碑　上卷一五／三三三
張樞密奎墓誌銘　中卷一〇／七三七
范文正公仲淹墓誌銘　中卷一二／七五七
富秦公言墓誌銘　中卷三九／一二四五
王文正公曾行狀　中卷四四／一三三九

富言

富秦公言墓誌銘（富弼）　中卷三九／一二四五

符彦卿

符彦卿太師（曾鞏）　下卷五／一八二五

高繼勳

高康王繼勳克勤敏功鍾慶之碑（王珪）　上卷九／一九二

高若訥

高文莊公若訥墓誌銘（宋祁）　中卷六／六七九

高瓊

高衛王瓊決策定難顯忠基慶之碑（王珪）　上卷九／一八三

郭進
郭進巡檢（曾鞏）　下卷五／一八一七
郭逵
郭將軍逵墓誌銘（范祖禹）　中卷一三／七七七
韓絳
韓獻肅公絳忠弼之碑（李清臣）　上卷一〇／一九九
韓琦
韓忠獻公琦行狀（李清臣）　中卷四八／一四〇七
兩朝顧命定策元勳之碑（神宗皇帝）　上卷一／一六
張忠定公詠神道碑　上卷一六／三四九
墓表　中卷三六／一一九九
韓世忠
韓忠武王世忠中興佐命定國元勳之碑（趙雄）
上卷一三／二七一
韓惟忠
韓太保惟忠墓表（李清臣）　中卷四一／一二七九
韓維
韓侍郎維傳（實録）　下卷一七／二〇九五
韓億
韓忠憲公億（曾鞏）　下卷八／一八九九
韓縝
韓太保縝傳（實録）　下卷二〇／二一七九
韓忠彥
韓儀公丞相忠彥行狀（畢仲游）　中卷五〇／一四六九
何澤
何廬江隱侯澤墓誌銘（張商英）　中卷四一／一二八八
胡宿
胡太傅宿墓誌銘（歐陽脩）　中卷五／六五五
胡瑗
胡先生瑗墓表（歐陽脩）　中卷三五／一一六九
胡則
胡尚書則墓誌銘（范仲淹）　中卷一一／七四九
賈昌朝
賈文元公昌期墓誌銘（王珪）　中卷一七／八三五
賈文元公昌朝神道碑（王安石）　上卷六／一二八
賈黯
賈翰林黯墓誌（王珪）　中卷九／七二二
賈注
賈令君注墓誌銘（宋祁）　中卷三九／一二四八

康延澤
康刺史延澤神道碑（王禹偁）　上卷一七／三七三
孔道輔
孔中丞道輔墓誌銘（王安石）　中卷一四／七九七
孔旼
孔處士旼墓誌銘（王安石）　中卷三五／一一七九
寇準
寇忠愍公準旌忠之碑（孫抃）　上卷二／三三
李常
李中丞常行狀（秦觀）　中卷五三／一五四八
李處耘
李處耘（曾鞏）　下卷五／一八〇三
李迪
李文定公迪（曾鞏）　下卷三／一七八一
李昉
李文正公昉（曾鞏）　下卷三／一七五六
李漢超
李漢超觀察（曾鞏）　下卷五／一八一四
李沆
李文靖公沆（曾鞏）　下卷三／一七六五
李繼隆
李繼隆（曾鞏）　下卷五／一八〇三
李清臣
李黄門清臣行狀（晁補之）　中卷四九／一四三九
王太師珪神道碑臣　上卷八／一七二
韓獻肅公絳忠弼之碑　上卷一〇／一九九
孫學士洙墓誌銘　中卷二五／九七七
吴正憲公充墓誌銘　中卷二七／一〇一五
韓太保惟忠墓表　中卷四一／一二七九
曾博士易占神道碑　中卷四二／一三〇一
韓忠獻公琦行狀　中卷四八／一四〇七
李若谷
參政李公若谷（曾鞏）　下卷六／一八二九
李士衡
李觀察士衡神道碑（范仲淹）　上卷一八／三九〇
李燾
趙待制開墓誌銘　中卷三二／一一一一
李顯忠
故太尉威武軍節度使提舉萬壽觀食邑六千一百户食實封二千

户隴西郡開國公致仕贈開府儀同三司李公行狀（張掄）
下卷二四／二二六一

李宗諤

李宗諤（曾鞏）　下卷三／一七五六
曹武惠王彬行狀　中卷四三／一三一三

梁適

梁莊肅公適墓誌銘（王珪）　中卷二八／一〇三三

林逋

林逋（曾鞏）　中卷三八／一二三九

劉安世

劉諫議安世傳（實録）　下卷一九／二一五〇
傳跋　下卷九／一九二〇

劉岑

唐資政公重墓誌銘　中卷三三／一一二五

劉敞

劉學士敞墓誌銘（歐陽脩）　中卷三四／一一四八
劉磨勘府君式家傳　中卷四〇／一二七五

劉珙

宋故觀文殿學士太中大夫知建康軍府事兼管內勸農使充江南
東路安撫使馬步軍都總管兼營田使兼行宮留守彭城郡開國
侯食邑一千六百户食實封二百户賜紫金魚袋贈光禄大夫劉
公行狀（劉玶）　下卷二二／二二〇七
賜謚指揮　下卷二二／二二二八
謚議（宋若水）　下卷二二／二二三〇
覆謚議（張叔椿）　下卷二二／二二三二

劉沆

劉丞相沆（曾鞏）　下卷八／一九〇九

劉玶

宋故觀文殿學士太中大夫知建康軍府事兼管內勸農使充江南
東路安撫使馬步軍都總管兼營田使兼行宮留守彭城郡開國
侯食邑一千六百户食實封二百户賜紫金魚袋贈光禄大夫劉
公行狀　下卷二二／二二〇七

劉式

劉磨勘府君式家傳（劉敞）　中卷四〇／一二七五

劉恕

劉秘書恕墓碣（范祖禹）　中卷三八／一二二一
十國紀年序（司馬光）　中卷三八／一二二六

劉羲叟

羲叟檢討墓誌銘（范鎮）　中卷三八／一二三〇
劉羲叟（曾鞏）　下卷七／一八七九

劉摯
劉右丞摯傳（實録）　下卷一三／二〇〇七
劉子羽
宋故右朝議大夫充徽猷閣待制致仕彭城縣開國子食邑五百户
　贈少傅劉公墓誌銘（張栻）　下卷二三／二二三五
宋故右朝議大夫充徽猷閣待制致仕彭城縣開國子食邑五百户
　贈少傅劉公神道碑銘（朱熹）　下卷二三／二二四七
柳開
柳開（曾鞏）　下卷七／一八七一
盧多遜
盧丞相多遜（曾鞏）　下卷三／一七五四
魯宗道
魯肅簡公宗道（曾鞏）　下卷八／一八九二
吕大防
吕汲公大防傳（實録）　下卷一六／二〇七一
吕端
吕正惠公端（曾鞏）　下卷三／一七六一
吕公弼
吕惠穆公公弼神道碑（范鎮）　上卷二六／五四一
吕公綽
吕諫議公綽墓誌銘（王珪）　中卷一五／八一五
吕公著
吕正獻公公著傳（實録）　下卷一〇／一九二七
吕誨
吕中丞誨墓誌銘（司馬光）　中卷二四／九五五
吕惠卿
吕參政惠卿傳（實録）　下卷一四／二〇四〇
吕蒙正
吕文穆公蒙正神道碑（富弼）　上卷一五／三三三
吕夷簡
吕文靖公夷簡（曾鞏）　下卷八／一八八三
吕餘慶
吕餘慶（曾鞏）　下卷三／一七六一
馬亮
馬忠肅公亮墓誌銘（晏殊）　中卷一／五七三
馬知節
馬正惠公知節神道碑（王安石）　上卷一九／三九九
梅聖俞
梅直講聖俞墓誌銘（歐陽脩）　中卷三四／一一四三

梅詢
梅給事詢墓誌銘（歐陽脩） 中卷三六／一一八七
明庭傑
功績記 上卷一二／二五六
歐陽觀
瀧岡阡墓表（歐陽脩） 中卷四〇／一二六四
歐陽脩
歐陽文忠公脩神道碑（蘇轍） 上卷二四／四九七
王文正公旦全德元老之碑 上卷二／四八
晏元獻公殊舊學之碑 上卷三／五九
程文簡公琳旌勞之碑 上卷四／七七
陳文惠公堯佐神道碑 上卷一五／三四一
曾諫議大夫致堯神道碑 上卷一六／三六二
王武恭公德用神道碑 上卷一九／四〇八
范文正公仲淹神道碑 上卷二〇／四一七
王待制質神道碑 上卷二一／四四七
余襄公靖神道碑 上卷二三／四七七
杜祁公衍墓誌銘 中卷四／六二一
胡太傅宿墓誌銘 中卷五／六五五
孫待制甫墓誌銘 中卷七／六九四
書墓誌後 中卷七／七〇〇
王文安公堯臣墓誌銘 中卷八／七〇三
吴正肅公育墓誌銘 中卷八／七一一
張翰林錫墓誌銘 中卷九／七一九
杜待制杞墓誌銘 中卷一二／七七二
許待制元墓誌銘 中卷一五／八一一
薛簡肅公奎墓誌銘 中卷二〇／八八七
程文簡公琳墓誌銘 中卷二〇／八九四
楊諫議偕墓誌銘 中卷二一／九〇一
謝學士絳墓誌銘 中卷二一／九〇六
梅直講聖俞墓誌銘 中卷三四／一一四三
劉學士敞墓誌銘 中卷三四／一一四八
胡先生瑗墓表 中卷三五／一一六九
孫先生復墓誌銘 中卷三五／一一七二
徂徠先生石介墓誌銘 中卷三五／一一七五
石校理曼卿墓表 中卷三六／一一八三
梅給事詢墓誌銘 中卷三六／一一八七
尹學士洙墓誌銘 中卷三六／一一九三

蘇長史舜欽墓誌銘　中卷三七／一二〇七
王翰林洙墓誌銘　中卷三七／一二一一
尹博士源墓誌銘　中卷三七／一二一七
程太師元白墓誌銘　中卷四〇／一二六一
瀧岡阡墓表　中卷四〇／一二六四
老蘇先生洵墓誌銘　中卷四二／一二九一
蔡文忠公齊行狀　中卷四七／一三九五

潘美

潘武惠公美傳（實録）　下卷一／一七一一

龐籍

龐莊敏公籍墓誌銘（司馬光）　中卷六／六六五
龐莊敏公籍神道碑（王珪）　上卷二二／四六二

彭汝礪

彭待制汝礪墓誌銘（曾肇）　中卷三一／一一〇〇

戚綸

戚學士綸（曾鞏）　下卷七／一八四九

錢若水

學士錢公若水（曾鞏）　下卷六／一八三六

秦觀

鮮于諫議侁行狀　中卷五三／一五三九
李中丞常行狀　中卷五三／一五四八

任夔

書虞雍公守唐鄧事　下卷二五／二二八九

邵亢

邵安簡公亢墓誌銘（王珪）　中卷一九／八七九

邵雍

邵康節先生雍墓誌銘（程顥）　中卷三四／一一六三
邵康節先生雍傳（范祖禹）　下卷二一／二一八九

神宗皇帝

兩朝顧命定策元勳之碑　上卷一／一六

沈遘

沈翰林遘墓誌銘（王安石）　中卷一四／八〇六

盛度

盛文肅公度（曾鞏）　下卷八／一八九五

石介

徂徠先生石介墓誌銘（歐陽脩）　中卷三五／一一七五

石曼卿

石校理曼卿墓表（歐陽脩）　中卷三六／一一八三

石揚休

石工部揚休墓誌（范鎮）　中卷一六／八二三

司馬光
司馬文正公光行狀（蘇軾）　中卷五一／一四八九
司馬文正公光墓誌銘（范鎮）　中卷一八／八四七
司馬文正公光忠清粹德之碑（蘇軾）　上卷六／一一九
周侍郎沆神道碑　上卷二七／五五七
碑陰　中卷二／五九三
龐莊敏公籍墓誌銘　中卷六／六六五
張恭安公存墓誌銘　中卷一一／七四三
呂中丞誨墓誌銘　中卷二四／九五五
十國紀年序　中卷三八／一二二六
魏處士閑墓誌銘　中卷三八／一二三二
范蜀公鎮傳　下卷九／一九一五
司馬康
司馬諫議康墓誌銘（范祖禹）　中卷二三／九五〇
宋白
宋文安公白（曾鞏）　下卷七／一八六二
宋敏求
宋諫議敏求墓誌（范鎮）　中卷一六／八二七
宋祁
宋景文公祁神道碑（范鎮）　上卷七／一五〇
張文懿公士遜舊德之碑　上卷四／八四
章丞相得象墓誌銘　中卷四／六三〇
王文正公曾墓誌銘　中卷五／六四一
王文正公曾碑陰　中卷五／六六二
高文莊公若訥墓誌銘　中卷六／六七九
賈令君注墓誌銘　中卷三九／一二四八
宋府君玘行狀　中卷四二／一三〇八
張忠定公詠行狀　中卷四四／一三四六
孫宣公奭行狀　中卷四六／一三七七
馮侍講行狀　中卷四六／一三八五
宋玘
宋府君玘行狀（宋祁）　中卷四二／一三〇八
宋若水
謚議　下卷二二／二二三〇
宋綬
宋宣憲公綬（曾鞏）　下卷八／一九〇三
宋庠
宋元憲公庠忠規德範之碑（王珪）　上卷七／一四一
蘇安世
蘇員外安世墓誌銘（王安石）　中卷三一／一〇九六

蘇軾
蘇文忠公軾墓誌銘（蘇轍） 中卷二六／九八九
富鄭公弼顯忠尚德之碑 上卷五／九五
司馬文正公光忠清粹德之碑 上卷六／一一九
趙清獻公抃愛直之碑 上卷八／一五九
趙康靖公槩神道碑 上卷二〇／四三二
張文定公方平墓誌銘 中卷二二／九一一
滕學士甫墓誌銘 中卷二三／九三九
王懿敏公素真贊 中卷二八／一〇四二
司馬文正公光行狀 中卷五一／一四八九
蘇舜欽
蘇長史舜欽墓誌銘（歐陽脩） 中卷三七／一二〇七
蘇頌
蘇丞相頌墓誌銘（曾肇） 中卷三〇／一〇六一
孫文懿公抃行狀 中卷四五／一三五五
蘇序
蘇職方序墓誌銘（曾鞏） 中卷三九／一二五六
蘇洵
老蘇先生洵墓誌銘（歐陽脩） 中卷四二／一二九一
墓表（張方平） 中卷四二／一二九五
蘇易簡
蘇學士易簡（曾鞏） 下卷七／一八七六
蘇轍
潁濱遺老傳上（蘇轍） 下卷一一／一九四五
潁濱遺老傳下（蘇轍） 下卷一二／一九六七
歐陽文忠公脩神道碑 上卷二四／四九七
范忠文公鎮墓誌銘 中卷一八／八四九
蘇文忠公軾墓誌銘 中卷二六／九八九
潁濱遺老傳上 下卷一一／一九四五
潁濱遺老傳下 下卷一二／一九六七
孫抃
孫文懿公抃行狀（蘇頌） 中卷四五／一三五五
寇忠愍公準旌忠之碑 上卷二／三三
丁文簡公度崇儒之碑 上卷三／六七
孫甫
孫待制甫行狀（曾鞏） 中卷四七／一四〇〇
孫待制甫墓誌銘（歐陽脩） 中卷七／六九四
書墓誌後（司馬光） 中卷七／七〇〇

孫復
孫先生復墓誌銘（歐陽脩）　中巻三五／一一七二
孫何
孫學士何（曾鞏）　下巻七／一八六〇
孫沔
孫威敏公沔神道碑（畢仲游）　上巻二三／四八四
孫奭
孫宣公奭行狀（宋祁）　中巻四六／一三七七
孫庸
孫府君庸墓誌銘（王禹偁）　中巻四二／一三〇五
孫洙
孫學士洙墓誌銘（李清臣）　中巻二五／九七七
太宗皇帝
趙中令公普神道碑　上巻一／三
唐重
唐資政公重墓誌銘（劉岑）　中巻三三／一一二五
唐介
唐質肅公介墓誌銘（王珪）　中巻一九／八六九
唐參政介傳（實録）　下巻一五／二〇五一
陶穀
陶翰林穀（曾鞏）　下巻七／一八四七
滕甫
滕學士甫墓誌銘（蘇軾）　中巻二三／九三九
滕宗諒
滕待制宗諒墓誌銘（范仲淹）　中巻二／五九四
王昱墓誌銘并序（滕宗諒）　下巻二五／二二九三
田況
田太傅況墓誌銘（王安石）　中巻三／六〇七
田紹方
田公紹方墓誌銘（范仲淹）　中巻三九／一二五三
田錫
田諫議錫墓誌銘（范仲淹）　中巻二／五八七
碑陰（司馬光）　中巻二／五九三
王安石
王荊公安石傳（實録）　下巻一四／二〇二一
賈文元公昌朝神道碑　上巻六／一二八
馮勤威公守信神道碑　上巻一七／三六九
馬正惠公知節神道碑　上巻一九／三九九

周安惠公起神道碑　上卷二一／四四三
曾諫議致堯墓誌銘石　中卷二／六〇一
田太傅況墓誌銘　中卷三／六〇七
孔中丞道輔墓誌銘　中卷一四／七九七
沈翰林遘墓誌銘　中卷一四／八〇六
蘇員外安世墓誌銘　中卷三一／一〇九六
孔處士旼墓誌銘　中卷三五／一一七九
曹武穆公瑋行狀　中卷四三／一三二九

王存

王學士存墓誌銘（曾肇）　中卷三〇／一〇七七

王旦

王文正公旦全德元老之碑（歐陽脩）　上卷二／四八

王德用

王武恭公德用神道碑（歐陽脩）　上卷一九／四〇八

王拱辰

王懿恪公拱辰傳（實録）　下卷二〇／二一七三

王珪

王太師珪神道碑（李清臣）　上卷八／一七二
宋元憲公庠忠規德範之碑　上卷七／一四一
高衛王瓊決策定難顯忠基慶之碑　上卷九／一八三
高康王繼勳克勤敏功鍾慶之碑　上卷九／一九二
夏文莊公竦神道碑　上卷二二／四五三
龐莊敏公籍神道碑　上卷二二／四六二
狄武襄公青神道碑　上卷二五／五一九
賈翰林黯墓誌　中卷九／七二二
呂諫議公綽墓誌銘　中卷一五／八一五
賈文元公昌期墓誌銘　中卷一七／八三五
唐質肅公介墓誌銘　中卷一九／八六九
邵安簡公亢墓誌銘　中卷一九／八七九
王懿敏公素墓誌銘　中卷二七／一〇二四
梁莊肅公適墓誌銘　中卷二八／一〇三三
程太師坦墓誌銘　中卷四一／一二八四

王綸

吴武安公玠神道碑　上卷一二／二三九

王溥

王文康公溥（曾鞏）　下卷三／一七五〇

王全斌

王中書全斌傳（實録）　下卷一／一七二〇

王欽若
王文穆公欽若（曾鞏）　下卷三／一七七〇
王素
王懿敏公素墓誌銘（王珪）　中卷二七／一〇二四
王懿敏公素真贊（蘇軾）　中卷二八／一〇四二
王陶
王尚書陶墓誌銘（范鎮）　中卷二四／九六三
王曮
吳武順王璘安民保蜀定功同德之碑曮　上卷一四／三一五
王堯臣
王文安公堯臣墓誌銘（歐陽脩）　中卷八／七〇三
王昱
王昱墓誌銘并序（滕宗諒）　下卷二五／二二九三
王禹偁
王翰林禹偁（曾鞏）　下卷七／一八五七
康刺史延澤神道碑　上卷一七／三七三
孫府君庸墓誌銘　中卷四二／一三〇五
王曾
王文正公曾行狀（富弼）　中卷四四／一三三九
王文正公曾墓誌銘（宋祁）　中卷五／六四一
王文正公曾碑陰（宋祁）　中卷五／六六二
王質
王待制質墓誌銘（范仲淹）　中卷七／六八九
王待制質神道碑（歐陽脩）　上卷二一／四四七
王中正
王中正（曾鞏）　中卷三八／一二四一
王洙
王翰林洙墓誌銘（歐陽脩）　中卷三七／一二一一
魏仁浦
魏丞相仁浦（曾鞏）　下卷三／一七四七
魏閑
魏處士閑墓誌銘（司馬光）　中卷三八／一二三二
文彦博
文忠烈公彦博傳（實録）　下卷一三／一九八九
吳充
吳正憲公充墓誌銘（李清臣）　中卷二七／一〇一五
吳玠
吳武安公玠神道碑（王綸）　上卷一二／二三九

吴武安公功績記序引（張發）　上卷一二／二五二
功績記（明庭傑）　上卷一二／二五六
吴璘
吴武順王璘安民保蜀定功同德之碑（王曮）　上卷一四／三一五
吴育
吴正肅公育墓誌銘（歐陽脩）　中卷八／七一一
吴中復
吴給事中復傳（實録）　下卷一五／二〇六〇
夏竦
夏文莊公竦神道碑（王珪）　上卷二二／四五三
鮮于侁
鮮于諫議侁行狀（秦觀）　中卷五三／一五三九
鮮于諫議侁墓誌銘（范鎮）　中卷二四／九六九
向敏中
向文簡公敏中（曾鞏）　下卷三／一七六七
謝絳
謝學士絳墓誌銘（歐陽脩）　中卷二一／九〇六
謝濤
謝尚書濤神道碑（范仲淹）　中卷四〇／一二六八
許元
許待制元墓誌銘（歐陽脩）　中卷一五／八一一
徐復
沖晦處士徐復傳（曾鞏）　下卷二一／二一九一
徐鉉
徐常侍鉉（曾鞏）　下卷七／一八五二
薛居正
薛文惠公居正（曾鞏）　下卷三／一七五二
薛奎
薛簡肅公奎墓誌銘（歐陽脩）　中卷二〇／八八七
晏殊
晏元獻公殊舊學之碑（歐陽脩）　上卷三／五九
馬忠肅公亮墓誌銘　中卷一／五七三
楊椿
楊文安公椿墓誌銘（陳良祐）　中卷三三／一一三三
楊徽之
楊文莊公徽之（曾鞏）　下卷七／一八五五
楊繪
楊待制繪墓志銘（范祖禹）　中卷二五／九八〇

楊偕

楊諫議偕墓誌銘（歐陽脩） 中卷二一／九〇一

楊億

楊文公億（曾鞏） 下卷七／一八六四

尹源

尹博士源墓誌銘（歐陽脩） 中卷三七／一二一七

尹洙

尹學士洙墓誌銘（歐陽脩） 中卷三六／一一九三

墓表（韓琦） 中卷三六／一一九九

佘靖

佘襄公靖神道碑（歐陽脩） 上卷二三／四七七

虞允文

書虞雍公守唐鄧事（任燮） 下卷二五／二二八九

查籥

杜御史莘老行狀 中卷五四／一五五七

張存

張恭安公存墓誌銘（司馬光） 中卷一一／七四三

張發

吴武安公功績記序引 上卷一二／二五二

張方平

張文定公方平墓誌銘（蘇軾） 中卷二二／九一一

墓表 中卷四二／一二九五

張浚

張忠獻公浚行狀（朱熹） 中卷五五／一五六七

張奎

張樞密奎墓誌銘（富弼） 中卷一〇／七三七

張耒

晁太史補之墓誌銘 中卷三四／一一五七

張綸

張刺史綸神道碑（范仲淹） 上卷一八／三八一

張掄

故太尉威武軍節度使提舉萬壽觀食邑六千一百户食實封二千户隴西郡開國公致仕贈開府儀同三司李公行狀 下卷二四／二二六一

張齊賢

張文定公齊賢傳（實録） 下卷二／一七二九

張商英

張少保商英傳（實録） 下卷一六／二〇八五

張御史唐英墓誌銘　中卷一四／八〇一
何廬江隱侯澤墓誌銘　中卷四一／一二八八

張士遜

張文懿公士遜舊德之碑（宋祁）　上卷四／八四

張栻

宋故右朝議大夫充徽猷閣待制致仕彭城縣開國子食邑五百户
　贈少傅劉公墓誌銘　下卷二三／二二三五

張叔椿

覆謚議　下卷二二／二二三二

張唐英

張御史唐英墓誌銘（張商英）　中卷一四／八〇一

張文蔚

張寺丞文蔚墓誌銘（范鎮）　中卷四一／一二八二

張錫

張翰林錫墓誌銘（歐陽脩）　中卷九／七一九

張詠

張忠定公詠行狀（宋祁）　中卷四四／一三四六
張忠定公詠神道碑（韓琦）　上卷一六／三四九

章得象

章丞相得象墓誌銘（宋祁）　中卷四／六三〇

章惇

章丞相惇傳（實録）　下卷一八／二一二七

趙抃

趙清獻公抃愛直之碑（蘇軾）　上卷八／一五九

趙槩

趙康靖公槩神道碑（蘇軾）　上卷二〇／四三二

趙開

趙待制開墓誌銘（李燾）　中卷三二／一一一一

趙普

趙中令公普神道碑（太宗皇帝）　上卷一／三

趙雄

韓忠武王世忠中興佐命定國元勳之碑　上卷一三／二七一

趙瞻

趙樞密瞻神道碑（范祖禹）　上卷二七／五六三

鄭獬

鄭翰林獬傳（實録）　下卷一五／二〇五六

周沆

周侍郎沆神道碑（司馬光）　上卷二七／五五七

周起

周安惠公起神道碑（王安石）　上卷二一／四四三

曾布
曾文肅公布傳（實録） 下卷二〇/二一五七
曾公亮
曾太師公亮行狀（曾肇） 中卷五二/一五二七
曾肇
曾舍人鞏行狀（曾肇） 中卷四九/一四五七
种處士放傳 中卷三八/一二三四
林逋 中卷三八/一二三九
王中正 中卷三八/一二四一
蘇職方序墓誌銘 中卷三九/一二五六
孫待制甫行狀 中卷四七/一四〇〇
范魯公質 下卷三/一七四五
魏丞相仁浦 下卷三/一七四七
王文康公溥 下卷三/一七五〇
薛文惠公居正 下卷三/一七五二
盧丞相多遜 下卷三/一七五四
李文正公昉 子宗諤 下卷三/一七五六
呂正惠公端 兄餘慶 下卷三/一七六一
李文靖公沆 下卷三/一七六五
向文簡公敏中 下卷三/一七六七
王文穆公欽若 下卷三/一七七〇
丁晉公謂 下卷三/一七七七
李文定公迪 下卷三/一七八一
李處耘 子繼隆 下卷五/一八〇三
侍中曹公利用 下卷五/一八一〇
李漢超觀察 下卷五/一八一四
郭進巡檢 下卷五/一八一七
黨進節使 下卷五/一八一九
曹翰節使 下卷五/一八二〇
符彦卿太師 下卷五/一八二五
參政李公若谷 下卷六/一八二九
學士錢公若水 下卷六/一八三六
包孝肅公拯 下卷六/一八四一
陶翰林穀 下卷七/一八四七
戚學士綸 下卷七/一八四九
徐常侍鉉 下卷七/一八五二
楊文莊公徽之 下卷七/一八五五
王翰林禹偁 下卷七/一八五七

孫學士何　下卷七／一八六〇
宋文安公白　下卷七／一八六二
楊文公億　下卷七／一八六四
柳開　下卷七／一八七一
蘇學士易簡　子耆　孫舜欽　下卷七／一八七六
劉羲叟　下卷七／一八七九
吕文靖公夷簡　下卷八／一八八三
竇參政偁　下卷八／一八八八
魯肅簡公宗道　下卷八／一八九二
盛文肅公度　下卷八／一八九五
韓忠憲公億　下卷八／一八九九
宋宣憲公綬　下卷八／一九〇三
劉丞相沆　下卷八／一九〇九
沖晦處士徐復傳　下卷二一／二一九一

曾易占

曾博士易占神道碑（李清臣）　中卷四二／一三〇一

曾肇

曾舍人肇傳（實録）　下卷二〇／二一六五
范忠宣公純仁世濟忠直之碑　上卷一一／二一一七
蘇丞相頌墓誌銘　中卷三〇／一〇六一
王學士存墓誌銘　中卷三〇／一〇七七
彭待制汝礪墓誌銘　中卷三一／一一〇〇
曾舍人鞏行狀　中卷四九／一四五七
曾太師公亮行狀　中卷五二／一五二七

曾致堯

曾諫議致堯墓誌銘（王安石）　中卷二／六〇一
曾諫議大夫致堯神道碑（歐陽脩）　上卷一六／三六二

鄒浩

鄒司諫浩傳（實録）　下卷一九／二一四五

朱熹

張忠獻公浚行狀　中卷五五／一五六七
宋故右朝議大夫充徽猷閣待制致仕彭城縣開國子食邑五百户
　贈少傅劉公神道碑銘熹　下卷二三／二二四七

圖書在版編目(CIP)數據

名臣碑傳琬琰集校證/(宋)杜大珪編;顧宏義,蘇賢校證.--上海:上海古籍出版社,2021.12（2024.5重印）
ISBN 978-7-5732-0163-8

Ⅰ.①名… Ⅱ.①杜… ②顧… ③蘇… Ⅲ.①歷史人物-列傳-中國-宋代 Ⅳ.①K820.44

中國版本圖書館 CIP 數據核字(2021)第 243790 號

國家古籍整理出版專項經費資助項目

名臣碑傳琬琰集校證
（全五册）
[宋]杜大珪 編
顧宏義　蘇賢 校證

上海古籍出版社　出版發行
（上海市閔行區號景路 159 弄 1—5 號 A 座 5F　郵政編碼 201101）
（1）網址：www.guji.com.cn
（2）E-mail：guji1@guji.com.cn
（3）易文網網址：www.ewen.co
上海世紀嘉晋數字信息技術有限公司印刷
開本 710×1000　1/16　印張 156.25　插頁 12　字數 2,109,000
2021 年 12 月第 1 版　2024 年 5 月第 2 次印刷
ISBN 978-7-5732-0163-8
K·3101　定價：660.00 圓
如有質量問題，請與承印公司聯繫